Corporate Restructuring And Insolvency In Asia

亚洲（亚太）企业重组与破产制度

亚洲商法研究所 著
Asian Business Law Institute

孟天一
张怡扬 李文琳 梁爽 徐彦婷 译

法律出版社
LAW PRESS · CHINA
北京

CORPORATE RESTRUCTURING AND INSOLVENCY IN ASIA

Joint project with

the International Insolvency Institute

Asian Business Law Institute

About the Asian Business Law Institute

The Asian Business Law Institute is a neutral, non-profit permanent institute based in Singapore that is dedicated to providing practical guidance in the field of Asian legal development and promoting the convergence of Asian business laws.

DISCLAIMER

COPYRIGHT

The Secretariat
Asian Business Law Institute
#08 - 06 The Adelphi
Singapore 179803
Tel No: (+65) 6335 5098
E-mail: info@ abli. asia

著作权合同登记号
图字:01 - 2021 - 2547

序　　言

“破产”与“重组”这两个词的形象，通常与一种冗长复杂的处置程序相联系，这一程序涉及企业倒闭、员工失业等因素，还伴随社会和经济上的紊乱与损失。

面对企业经营失败带来的紧迫难题，一种能作出有效应对、高效处置的制度极其重要，这一重要性超越程序需处理的问题本身，而与一国（实为“区域”）吸引投资、促进经济发展的能力具有长期相关性。目前已有不少国际组织致力于这一法律领域的发展，包括联合国国际贸易法委员会第五工作组（UNCITRAL Working Group V）、世界银行（the World Bank）、亚洲开发银行（the Asian Development Bank）、国际破产协会（INSOL International）、国际破产研究所（International Insolvency Institute）等。在此仅作部分列举，但已足够说明这一领域得到的关注和重视。

在“破产与重组”主题热度的背后，蕴藏着未言明的愿望，即面对各地制度差异化、碎片化的现状，即使不能彻底解决，也应尽力弥合，在理念和原则上推进融合与协调，进而寻求破解之道。一方面，在目前实践中，各地制度上的“碎片化”为“管辖权套利”（jurisdictional arbitrage）提供了空间，导致跨境破产与重组在时间和成本上本可避免的明显低效。这对任何有生命力的投资环境而言，都可谓一种“诅咒”。另一方面，从私人投资的视角也可理解，投资者会更倾向于在破产制度公开、透明、可预测，且地区间制度能整体协调的区域进行投资，确保其投资一旦陷入困境，总能以高效且公平的方式退出。此外，跨境贸易、跨国企业的扩增代表如今的商业现实，跨境重组和重整的发展前景也日益清晰。因此，综合以上现实因素，要在现有背景下更好救治企业的“经济病”，建立一系列由各法域所共享的跨境破产与重组原则极具重要性。

对于亚洲地区而言，在破产与重组方面实现区域协调和制度和谐，更是具有特殊动力。根据亚洲开发银行的统计，亚洲要在经济发展中保持强劲增长势头，同时有效应对气候变化、贫困等问题，需在2030年之前，每年取得1.7万亿美元的投资。举例而言，仅在电力、水与卫生、交通、电信这4个关键基础设施建设领域，东南亚各国就需在2016年至2030年筹集27.6亿至31.5亿美元，或者约等于其国内生产总值5%～5.7%的资金。

目前，在促进制度和谐的道路上，坚实的步伐已经迈出。联合国国际贸易法委员会依托其第五工作组卓有成效的工作，出色地应对了国际破产制度碎片化的问题，从1997年出台第一部《跨国界破产示范法》，到2019年出台《企业集团破产示范法》，该组织以开创性的“示范法”形式作出了巨大贡献。本书委员会也采用了所有相关的示范法。另一个发展里程碑是成立了“破产司法交流联盟”（Judicial Insolvency Network，以下简称JIN联盟）。该联盟以促进法院之间的沟通与合作为宗旨，意在将最佳实践引入跨境破产与重组实务之中，是体现了司法思维之领导力的优秀范例。JIN联盟成立后首个贡献即出台了《法院之间关于跨境破产事务交流合作指引》（以下简称《JIN指引》，JIN Guidelines），该文件为法院间的沟通交流与合作提供了指引原则，目前已被不少重要司法管辖区的法院采纳。

但是，仍有大量工作有待推进。正因如此，2016年亚洲商法研究所（the Asian Business Law Institute）的董事会决定，“破产与重组”是值得探究和认真追求的项目主题。经与亚洲乃至全球的破产界领军专家召开研讨会，并与国际破产研究所的领导团队详细研讨，亚洲商法研究所、国际破产研究所正式设立了“亚洲企业重组原则联合项目”（ABLI-Ⅲ Asian Principles of Business Restructuring project，以下简称联合项目）。本次联合项目是亚洲商法研究所首次与国际组织开展合作。事实上，能够与国际破产研究所这样富有声望且恪守原则的组织实现合作，也体现了这项工作的重要性。

联合项目的推进计划经过了各参与方的仔细推敲。在最初的构想中，联合项目的最终目标是形成一系列同时覆盖庭内重整和庭外重组的共享原则，我们命名为“企业重组的亚洲原则”（the Asian Principles of Business Restructuring，以下简称亚洲重组原则）。“亚洲重组原则”旨在为亚太地区的法官、破产从业者、立法者、政策制定者提供有用参考，使各方了解管理和推进这类重组活动的共同方法。基于这一目标,我们认为有必要在开始阶段对亚洲现有的庭内、庭外企业重组制度进行全面的“测绘”与“制图”。这一工作有助于全面观测目前各地的破产制度及其配套,了解各地制度背景,为整体评估“亚洲重组原则”可采用的实际方法和具体形式提供支持。为此,我们选定了16个司法管辖区,具体包括东南亚国家联盟的全部10个成员国、澳大利亚、印度、日本、韩国和中国的内地及香港特别行政区。

汇编出版这16个司法管辖区的制度报告,标志着联合项目第一阶段任务的圆满完成。各项制度报告均在同一份详细问卷(问题清单)的指引下编写。该份问卷是由联合项目咨询和工作委员会成员精心编制而成,细分为8个部分和200多项问题,广泛涵盖了管理人等主体的职权、中止效力、重整融资、优先权、清偿顺序、境外债权人待遇、国际或跨境破产与重组等问题。各司法管辖区的制度报告均由当地破产从业者(同时为破产法专家)撰写而成,经过富有国际声誉的破产法专家审阅。如果分开阅读各项制度报告,每项报告都深入探讨了该司法管辖区关于重组的法律规定和实践规则;如果综合阅读各项制度报告,这一系列报告还提供了各地现行制度的横向比较和综合情况。事实上,本次汇编更是在历史上首次实现对东盟国家现有的重组与破产制度的全面介绍。

如果没有众多贡献者在时间和精力上的自愿付出,编写本书的愿景不可能实现。据我们所知,近100名来自世界各地的学术界、司法界和实务届人士实际参与了本次大型制度汇编工作。首先,我们应当对所有的报告作者致以感谢,感谢他们以匠心打磨了各司法管辖区的制度报告,分享了他们的专业知识和实务经验。我们也应当感谢联合项目咨询和工作委员会的所有成员,感谢他们为本项目的推进提供的全面指导,包括对文稿的细致审阅以及对问卷的精心设计。我们也希望能一并感谢亚洲商法研究所、国际破产研究所团队对这个重大项目进行的协调工作,感谢学术出版社(Academy Publishing)对各个章节所作的细致编辑。

本书的出版,为联合项目下一阶段更具挑战性的任务奠定了基础,即对各项制度报告的核心内容加以提炼,制定完成“亚洲重组原则”。我们希望,“亚洲重组原则”一旦成功制定发布,能立即实现我们最初构想的目标:作为解决亚洲企业破产与重组问题的基石,为各方提供具有共识性的制度与规则基础。我们希望通过这一举措,实现相关区域破产与重组法律规则在理念和方法上的融合,以此促进贸易、吸引投资、鼓励创业,并最终助力亚洲民生的改善。

最后,我们怀着沉痛的心情,将本书献给2018年8月逝世的高木新二郎博士(Dr. Shinjiro Takagi)。高木博士是本项目构思阶段国际破产研究所工作组的初始成员,自始至终都是本项目最坚定的支持者。让我们感到欣慰的是,本书的质量达到了高木博士一直以来为其工作设定的高标准,未来“亚洲重组原则”的出台,也将有助于实现高木博士关于建立更美好世界的愿景。

令人激动的征程就在前方,我们就本书的出版对亚洲商法研究所、国际破产研究所表示祝贺,同时,我们也对项目第二阶段的工作充满期待。

欧颂律(James Allsop AO)

澳大利亚联邦法院前首席大法官

加南 · 拉美斯(Kannan Ramesh)

新加坡最高法院上诉审判庭法官

译　者　序

2020年10月，中共中央、国务院发布《深圳建设中国特色社会主义先行示范区综合改革试点实施方案（2020—2025年）》，并以附件形式印发首批40条授权事项清单，提出在深圳"试行破产预重整制度，探索建立泛亚太地区破产重整中心"。① 2020年11月，最高人民法院发布《关于支持和保障深圳建设中国特色社会主义先行示范区的意见》，明文支持深圳"探索建立泛亚太地区破产重整中心"，②引发社会各界广泛关注。

随着我国高水平对外开放的不断推进，这一探索目标日益体现出其重大意义。2022年1月，以东盟十国和中国、日本、韩国、澳大利亚、新西兰五国参加的《区域全面经济伙伴关系协定》（RCEP）正式生效，目前已获十五国全部核准，标志着目前世界上覆盖人口最多、经贸规模最大、最具发展潜力的自贸区进入全面实施阶段。仅在2023年第一季度，受惠于RCEP带来的红利，我国与第一大贸易伙伴东盟的贸易总值即达1.56万亿元，同比增长16.1%，占我国外贸比重的15.8%。③ 随着全球产业链、供应链深度调整，亚太区域贸易与投资的高频互动、加速融合、高速增长已

---

① 《深圳建设中国特色社会主义先行示范区综合改革试点首批授权事项清单》，载中华人民共和国中央人民政府官网，http://www.gov.cn/xinwen/2020-10/18/content_5552152.htm。

② 《最高人民法院关于支持和保障深圳建设中国特色社会主义先行示范区的意见》，载中华人民共和国最高人民法院官网，https://www.court.gov.cn/zixun-xiangqing-269501.html。

③ 《贸易快报|2023年第一季度中国—东盟贸易简况》，载中华人民共和国商务部官网，http://asean.mofcom.gov.cn/article/jmxw/202304/20230403404216.shtml。

是不争的商业贸易现实，泛亚太地区重组与破产的实践需求已然箭在弦上，相关制度改革也亟须加速推进。

与此同时，亚太地区的其他国家也在积极追寻同一愿景。2020 年，新加坡亚洲商法研究所（Asian Business Law Institute）①和总部位于美国的国际破产研究所（International Insolvency Institute）联合策划、整编并出版了《亚洲（亚太）公司重组与破产制度》（Corporate Restructuring and Insolvency in Asia）②，对东盟十国、澳大利亚、日本、韩国、印度、中国内地及香港特别行政区的企业重组与破产制度进行了全面测绘，为亚太地区企业重组与破产的理论研究、制度发展和实践指引奠定了重要基础。本书的出现，为中国相关改革与实践提供了"按图索骥"的宝贵工具，这也是译者努力将其引入中文领域的动因之一。

一、《亚洲（亚太）企业重组与破产制度》的产生背景

澳大利亚联邦法院时任首席大法官欧颂律和新加坡最高法院法官加南·拉美斯在《亚洲（亚太）企业重组与破产制度》的序言中介绍，本书是"亚洲企业重组原则联合项目"（ABLI-Ⅲ Asian Principles of Business Restructuring Project）第一阶段的重要成果，该联合项目以建立一系列由亚州（亚太）共享的企业重组原则为愿景，超过百名破产领域的法官、专家学者、资深律师参与了本书编写过程。③ 在编写方法上，本书采用了统一问卷式的组织方式，于 2019 年 2 月联合发布《亚洲企业重组问卷》（Asian Principles of Business Restructuring Questionnaire），内容涵盖破产法渊源、担保制度、企业类型、法院体系等制度背景、庭内与庭外程序、"破产职务承担者"（insolvency office-holders）、中止效力、重整融资（rescue financing）、职工保护、反破产欺诈等具体制度，企业集团破产、中小微企业破产、跨境破产等特殊规则，总计列

① 亚洲商法研究所（Asian Business Law Institute，ABLI）成立于 2016 年 1 月，是设立于新加坡的中立、非营利性研究机构，其研究项目以"亚洲中心"（Asian-centric）为关注点，坚持多元化、实践导向和项目推进战略，旨在促进亚洲商法的融合和整合。该研究所的工作目标在于，消除亚洲法律体系之间阻碍贸易自由的非必要分歧和阻碍，其董事会由新加坡最高法院首席大法官梅达顺（Sundaresh Menon）主持，亚太各法域的法官、学者、律师等专家参与其中，我国最高人民法院多位国际商法专家法官在亚洲商法研究所担任理事。具体参见亚洲商法研究所官网，https://abli.asia/。

② 本书中文版并非亚洲商法研究所、国际破产研究所的官方翻译，英文原版可在以下网址付费购买：https://abli.asia/abli-projects/asian-principles-of-business-restructuring/。

③ Paul Omar Review of Corporate Restructuring and Insolvency in Asia：2020，INSOL International Insolvency Review，Vol. 29，No. 3. Wiley Subscription Services，Inc，p. 421，2020.

举了超过200项具体问题。[①] 亚太地区的专家基于该问卷框架,编写形成各自司法管辖区的制度报告,经国际破产法专家审查确定后,最终汇编形成《亚洲(亚太)企业重组与破产制度》。正如《国际破产评论》所指出的,本书是巨大耐心和精深技术的产物。[②]

二、《亚洲(亚太)企业重组与破产制度》的重要意义

可以说,《亚洲(亚太)企业重组与破产制度》一书实现了多项"首创",在英文领域,本书既是国际上首个集中研究东盟十国和亚太区域企业重组与破产制度的权威成果,也是对文莱、老挝、缅甸相关制度的首次介绍。在中文领域,本书也可成为研究我国许多重要贸易伙伴国家企业重组与破产制度的基础资料,助力实现对亚太区域相关制度全貌的整体掌握,为未来各项改革实践提供基准和依据。

同时,本书兼具理论研究与实践指引的价值。一方面,本书在体系化问卷的指引下写就,保持了相似体例,整体展现了亚太区域企业重组与破产制度的发展现状和区域特点,提供了横向比较的优质资源,每份报告均全面梳理法律规则,客观还原实践情况,对学者、立法者、政策制定者均具有较大参考价值。另一方面,本书以极其翔实的脚注为实务人士提供了清晰指引,据译者统计,全书共引注3759项,各项报告的重要内容均引注至具体法条和案例,为参与跨境重组与破产业务的法官、律师、会计师、金融专业人士,以及"走出去"的中国企业、企业家、银行家都提供了严谨、清晰、实用的专业工具。译者在中文版中也完整保留了英文版引注和双语版文件附录,方便读者进一步查询和使用。

三、《亚洲(亚太)企业重组与破产制度》的翻译工作

本书的翻译工作收获与挑战并存,本书各项报告横跨普通法系和大陆法系法域,涵盖法律制度、司法体系、破产法、金融法、公司法等方方面面,涉及不同地区发展阶段和地域特点,部分专业名词缺少统一、准确的中文对应。为做好翻译工作,译者团队采用了"穷尽检索、严格考证、谨慎创新"的翻译方法,首先穷尽检索相关中文书籍、期刊、司法文书、新闻报道等资料,收集整理各类译法和表述差异,反复进行多

---

① 《亚洲企业重组原则问卷》英文版可在以下网址免费下载:https://abli.asia/wp-content/uploads/sites/3/2022/11/Asian-Principles-of-Business-Restructuring-Questionnaire_online_version.pdf。

② Paul Omar Review of Corporate Restructuring and Insolvency in Asia: 2020, INSOL International Insolvency Review, Vol. 29, No. 3. Wiley Subscription Services, Inc., p. 421, 2020.

轮的事实核查、集中讨论和研究考证，最后在各类译法中进行审慎选择，在无对应译法时进行谨慎创新。希望以此方式提升翻译上的统一性、专业性和严谨性，准确还原本书的丰富内容。此外，为确保准确性和时效性，译者团队还对重要规则进行了延伸核查，在颗粒度上对部分细节进行了补充，希望能最大限度还原各司法管辖区的规则全貌和制度细节。

本书的译者团队由 5 人组成，孟天一负责全书的组织翻译和修改统稿工作，同时主译序言、中国、日本、新加坡、越南报告等部分，张怡扬主译澳大利亚、马来西亚、老挝报告部分，李文琳主译中国香港特别行政区、菲律宾、缅甸报告部分，梁爽主译印度、柬埔寨报告部分，徐彦婷主译韩国、缅甸、文莱、泰国报告部分。本书的翻译工作历时一年，过程远比设想时艰辛，时间也远超计划，译者团队的学识、学力和经验有限，虽然已尽最大努力做好本书翻译工作，但难免存在错漏和不当之处，在此也请同仁们多反馈宝贵意见，帮助我们做好改进工作。[①]

四、致谢

《亚洲(亚太)公司重组与破产制度》在国内正式出版，我们要向作出重要贡献的朋友们表示感谢。感谢亚洲商法研究所高级经理沈昊昱专业细致的沟通以及对译者团队耐心热忱的支持，沈昊昱经理还为国内读者及时更新了部分报告并增加了各国最新推出的中小微企业重组与破产制度介绍；感谢法律出版社蒋橙编辑严谨细致的工作以及在出版过程中给予的全面帮助；感谢深圳市中级人民法院同事们在翻译过程中的不吝赐教与无私分享；感谢家人们对我们的热情鼓励与全力支持。没有你们，就没有本书的成功出版。

孟天一

2023 年 5 月 16 日

① 联系邮箱：simplemty@163.com。

目 录

contents

澳大利亚制度报告

附：澳大利亚小型企业专用破产制度

（2021年1月1日起实施）

文莱制度报告

柬埔寨制度报告

中国制度报告*

* 本报告未涵盖中国香港特别行政区、中国澳门特别行政区和中国台湾地区。

中国香港特别行政区制度报告

印度制度报告

附：印度中小微企业“预先打包”式破产程序

印度尼西亚制度报告

日本制度报告

老挝制度报告

马来西亚制度报告

缅甸制度报告

菲律宾制度报告

新加坡制度报告

韩国制度报告

泰国制度报告

越南制度报告

澳大利亚制度报告

Maria O'Brien, Partner, Baker McKenzie
Timothy Sackar, Partner, Clayton Utz

本报告分为四个部分。第一部分简要概述澳大利亚破产制度，介绍澳大利亚法中可选择适用的重组机制和正式破产程序，同时探讨澳大利亚常用的企业组织形式、财产担保、法院参与、董事义务、企业集团、破产职务承担者等重点问题。第二部分和第三部分聚焦于重整程序，分别重点介绍“自愿管理”(voluntary administration)程序和“债务偿还安排”(schemes of arrangement)程序。第四部分主要探讨跨境破产相关问题。

一、澳大利亚破产法律制度概述

(一)简介

澳大利亚的破产制度是在普通法的制度背景下运行的，该普通法制度源于英国 1
的普通法体系。澳大利亚于1901年依据《宪法》建立了联邦制政体。作为联邦政体的一部分，立法权和司法权被依法分配至联邦政府和州、地区一级的政府，两级政府均享有相互独立的司法管辖权，设有各自的议会和法院系统。因此，澳大利亚破产法同时涉及联邦法和各州、地区的法律。同时，澳大利亚的正式法律渊源主要包括两种：一是制定法(由联邦议会、6个州议会和2个地区议会制定的法律)；二是普通法(由澳大利亚联邦法院、州法院发展形成的判例法)。

1. 澳大利亚破产法的渊源

澳大利亚的企业破产法主要规定于《2001年公司法(联邦)》(以下简称《公司 2
法》)和相关附属法规中，具体包括：

(1)《公司法》附表2中的《破产实务安排(公司)》(以下简称《破产实务安排》)；

(2)《2001 年公司条例(联邦)》(以下简称《公司条例》);

(3)《2016 年破产实务规则(公司)(联邦)》(以下简称《破产规则》)。

3 由于澳大利亚《宪法》历史上从未明文授予联邦政府规管公司的权力,对公司进行规管一直是澳大利亚各州和地区政府的职责,而各州、地区通过的公司相关立法多以英国的公司法为基础。① 但是,为回应澳大利亚高等法院对联邦公司立法合宪性效力作出的两个判决,②在将各州、地区的立法权移交至联邦政府之后,联邦通过了《公司法》,该法于 2001 年 7 月 1 日生效施行。

4 澳大利亚的个人破产制度规定于《1966 年破产法(联邦)》及其附属法规中(包括《1996 年破产条例(联邦)》)。澳大利亚的个人破产法与企业破产法存在若干相似之处,特别是在《2016 年破产法改革法(联邦)》对《公司法》作出修订后更为明显,该次修订对个人、企业破产制度的条款和概念进行了统一。

5 澳大利亚还于 2008 年颁布了《跨境破产法(联邦)》(以下简称《跨境破产法》),正式采纳了《联合国贸易法委员会跨国界破产示范法》(以下简称《示范法》),且赋予《示范法》国内法效力。本报告第四部分将探讨《示范法》相关内容。

6 澳大利亚在制定和实施破产法及其实践相关的制度规则时,作为步骤之一,立法机关通常需采用一种咨询程序,在不同阶段征求行业参与者、利益相关者、机构等利害关系主体的意见。在咨询过程中,专业机构往往会成为关键的意见提供者。而立法机关则会吸收各方反馈的意见,从中提取信息和建议,再用于政策制定。咨询活动可以采取多种形式,包括直接询问、圆桌会议、主题论文、选题论文、咨询文件、立法草案征求意见稿等。咨询的实质性质和具体范围设置则取决于相关法律的适用范围和复杂程度。

7 2018 年,澳大利亚为改革当时的破产法及其实践中的"安全港"规则③开展了咨询。在该次立法过程中,政府发布了一份提案,邀请相关行业参与者提出意见和建议。随后,相关部门发布了该次立法草案的公开征求意见稿,④进一步征求相关人士和机构的意见和反馈。这一立法范例充分诠释了这类咨询过程。

---

① Centre for Corporate Law, University of Melbourne Law School, *Key Documents in the History of Australian Corporate Law*.

② Corporations Bill 2001 Explanatory Memorandum at p. 3.

③ 将于本报告第 29 段探讨。

④ Insolvency Law Reform Bill 2013 Explanatory Material, <https://treasury.gov.au/consultation/insolvency-law-reform-bill> (accessed 10 January 2020).

2. 法院管辖

澳大利亚法院负责对破产法进行解释，各法院所作的解释将按一般审级规则成为具有相应约束力的判例。澳大利亚法院在对相关法律作解释时，可以参考其他司法管辖区的类似立法或判例，这类参考对象通常是英国、美国、加拿大、新西兰和中国香港特别行政区等其他普通法司法管辖区。 8

澳大利亚破产程序适用的管辖规则与其他民事诉讼程序相同。澳大利亚联邦法院与各州、地区的最高法院同时享有《公司法》相关案件的管辖权，《公司法》的程序规则也在联邦法院与各州、地区的最高法院之间实现了协调适用。根据《跨境破产法》的规定，联邦法院和各州、地区的最高法院同时享有跨境破产案件的管辖权。 9

3. 法院实务与程序

除了上文述及的《破产实务安排》《公司条例》《破产规则》，“法庭规则”（rules of court）和具有法律效力的立法文件也对破产实务和程序作出规定。这类法庭规则和立法文件适用于在具体法院启动和推进特定事项的程序。[①] 除此之外，法院还会发布相关“实践指引”（practice notes），对现行立法和监管规定进行补充，并为在该法院进行的具体程序事项提供指引。[②] 10

4. 破产程序中的法院职能

除本报告第三部分探讨的债务偿还安排程序中会涉及两次法院听证和多类须经法院批准的事项之外，在澳大利亚破产程序中，法院并不发挥主导作用，也非必须参与企业破产程序之。法院对破产程序行使监督职能的性质和范围，很大程度上取决于案件本身的具体情况。 11

在任何一个自愿管理、清算（liquidation）或接管（receivership）程序中（下文均会述及），法院均可能很少参与，甚至不参与整个程序过程。但鉴于《公司法》授予了法院广泛的监督职权，联邦法院和各州、地区的最高法院也确实对破产程序发挥了重要的监督作用，法院监督的内容主要有以下方面： 12

---

① For example, Federal Court (Corporations) Rules 2000 (Cth) and Supreme Court (Corporations) Rules 1999 (NSW).

② 例如，the Federal Court of Australia, Commercial and Corporations Practice Note, Schedule 1（适用于所有企业破产相关事项），Practice Note No. SC EQ 4 – Corporations List（适用于所有在新南威尔士州高等法院进行的企业破产相关事项）。

（1）破产执业者，在《公司法》的规定中指正式的“注册清算人”，包括接管人、自愿管理人和清算人；[①]

（2）对公司实施的“外部管理”（the external administration of companies）程序，包括自愿管理、“公司安排契约”（deed of company arrangement）、清算和临时清算（provisional liquidation）。[②] 需重点指出的是，法院有权“在其认为适当的时候作出与外部管理程序有关的命令”[③]。法院既可依职权，也可依公司的监管机构、债权人或高级管理人员（senior executives）的申请而作出这类命令。[④]

（二）澳大利亚公司的特征和监管规则

1. 澳大利亚公司的特征

13 澳大利亚根据公司的组织结构来区分公司类型。《公司法》第2B章概括了公司的基本特征。最为常用的公司类型为“公众公司”（public company）和“私人公司”（proprietary company）。《公司法》未明确定义公众公司[⑤]，但明确定义了“私人公司”[⑥]。一家公司须为股份有限公司（limited by shares）或者股份无限责任公司（unlimited with share capital），方可注册为私人公司。[⑦] 而公众公司则须为以下类型之一：股份有限公司、有限担保责任公司（limited by guarantee）、股份无限责任公司或者无责任公司（no-liability）。[⑧]

14 公司在获得澳大利亚证券和投资委员会[⑨]（以下简称澳证投委）注册之时成立。股份有限公司基于有限责任原则设立，其成员仅在由自身持有但未实缴股份的数额范围内（如有）承担责任。[⑩] 在澳大利亚，大多数公司属于私人公司。[⑪] 私人股份有限公司和公众股份有限公司则是最为常见的公司类型。合伙则是另一种常见的组

---

① Insolvency Practice Schedule（Corporations） Div 45.

② Insolvency Practice Schedule （Corporations） Div 5 –15 and Div 90.

③ Insolvency Practice Schedule （Corporations） Div 90 –15.

④ Insolvency Practice Schedule （Corporations） Div 90 –20.

⑤ 《公司法》第9条将“公众公司”定义为“除私人公司以外的公司”。

⑥ Corporations Act 2001 （Cth） ss. 9 and 45A（1）.

⑦ Corporations Act 2001 （Cth） s. 112（1）.

⑧ Corporations Act 2001 （Cth） s. 112（1）.

⑨ Corporations Act 2001 （Cth） s. 119.

⑩ Corporations Act 2001 （Cth） s. 9.

⑪ See Company Law Review Bill 1997 Explanatory Memorandum at para. 7. 2.

织结构,其组织形式须符合制定法的规定。①

2. 澳证投委

澳证投委是独立的公司监管机构,有权就违反《公司法》的行为进行检控,也是 15
唯一以政府身份参与企业拯救活动的监管机构。

澳证投委发布有各类不具有约束力的监管指引,其中有部分是关于企业破产 16
的。这些指引未必直接说明法律,但为破产执业者等企业拯救活动参与方指明其依法应承担的责任。目前破产相关的指引性文件涵盖董事防止破产交易的义务、②清算人的注册、③“外部管理人”(external administrators)的报告义务等主题。④

(三)澳大利亚的财产担保规则

在澳大利亚,公司、个人借款人进行商业融资时常用于设置担保的财产类型有: 17
土地或土地之上的利益;厂房;设备及贸易存货;无形动产(choses in action)、存款;股权;等等。

有效设立担保权的过程,可能会依担保人(the security provider or grantor)属于 18
公司还是个人而有所不同。一般而言,担保权基于普通担保协议等担保文件设立。而“个人财产”(personal property,为澳大利亚的法律术语)之上的担保权则应适用《2009年个人财产担保法(联邦)》(以下简称《个人财产担保法》)。《个人财产担保法》对其定义的“个人财产”之上同时存在的担保权规定了优先次序。因此,在涉及“个人财产”之上的担保权优先规则时,现行制定法应当优先于原普通法规则适用。

《个人财产担保法》定义的“个人财产”范围相当广泛,为土地和土地上附着物 19
以外的任何财产。⑤ 该法还将“担保权”定义为,在各类交易方式中,设置于个人财产之上,并可以从实质上确保债务受偿或其他义务履行的权益。⑥ 尽管如此,仍有特定权利或利益不属于《个人财产担保法》的适用范围,包括“优先权”(lien)或任一类

---

① Corporations Act 2001 (Cth) s. 115.

② Australian Securities and Investments Commission, *Regulatory Guide* 217: *Duty to Prevent Insolvent Trading: Guide for Directors* (July 2010).

③ Australian Securities and Investments Commission, *Regulatory Guide* 258: *Registered Liquidators: Registration, Disciplinary Actions and Insurance Requirements* (March 2017).

④ Australian Securities and Investments Commission, *Regulatory Guide* 16: *External Administrators-Reporting and Lodging* (July 2008).

⑤ Personal Properties Securities Act 2009 (Cth) s. 10.

⑥ Personal Properties Securities Act 2009 (Cth) s. 12.

型的“抵销权”。[①]

20 澳大利亚还根据《个人财产担保法》的规定设立有国家个人财产担保登记处(以下简称登记处)。[②] 该登记处并不是个人财产权属或所有权的登记机关,其登记行为也不发生“所有权变动或者确权”的效力。与之相对,登记处发挥的是一种“公告栏”(noticeboard)作用,以公开担保提供者的方式公告个人财产之上可能存在的担保权。虽然这类登记并非强制性要求,但可以起“公示”(perfect,或称“完善”)的作用,并解决担保权优先次序的争议,尤其是当存在未登记的担保权或者在后登记的担保权时,这类登记的作用会更加凸显。

21 申请人可以通过澳大利亚金融安全局或者登记处的网站,按照规定形式向登记处提交登记申请并附“融资情况声明”(financing statement)。[③]

22 任何人均可通过登记处查询某一项担保权的具体登记信息,或者查询与特定担保人相关的担保权登记信息。

(四)董事义务

1. 困境企业中的董事义务

23 所有企业的董事均对澳证投委负有义务,即使是困境企业的董事也是如此。董事负有的义务中包含报告义务,包括提交财务报表、及时更新企业信息(如注册办公地、持股情况和管理人员信息)的义务。[④]

24 根据澳大利亚证券交易所(以下简称澳证交所)上市规则的规定,上市公司应对其重大信息作持续披露。[⑤] 当公司知悉某一信息,且有合理预期该信息会对公司股价产生重大影响时,必须立即将该信息报送至澳证交所。上市公司的董事有义务持续遵守这一披露规定,直到公司被指定了外部管理人并由管理人代为履行这一职责。根据澳证交所的上市规则,公司被指定接管人、管理人或清算人均属应立即披露的信息。实际上,这类公司很可能在被指定外部管理人之前就已处于暂停交易(停盘)的状态。

25 而对于企业陷入困境但尚未破产时的董事披露义务,目前的规定则不太明确。

---

① Personal Properties Securities Act 2009 (Cth) s. 8.

② 登记处的网站由澳大利亚金融安全局负责运营,网址为 https://www.ppsr.gov.au/(accessed 10 January 2020)。

③ Personal Properties Securities Act 2009 (Cth) s. 153.

④ Corporations Act 2001 (Cth) Pts 2B. 5, 2C. 1 and 2D. 5.

⑤ Australian Securities Exchange Listing Rules ch. 3, r 3. 1.

澳证交所在其有关持续披露义务的指引规定中指出,董事依据“安全港”规则提出抗辩的(下文将述及,即董事针对破产交易依法享有的抗辩),这一抗辩事实本身无须被披露,因为“大多数投资者会期望困境企业的董事去思考,对于企业及其利益相关方而言,是否有比采用破产管理方式更好的替代选择”①。然而,只要公司的下一步行动计划不再处于秘密状态或者已被最终确定,则应当予以披露。这就意味着,董事在困境处置过程中需不断衡量自身是否已履行披露义务。

对于困境企业的董事而言,在破产前程序和破产程序中,有两个事项需予以重点关注:职工债权和欠付税款。董事必须确保公司根据《1992 年超级年金担保(管理)法(联邦)》的规定继续支付工资和应缴纳的超级年金。职工债权中的未获偿部分,即公司应给付职工的必要款项,应当优先于其他所有无担保债权受偿。② 澳大利亚税务局负责监管澳大利亚超级年金和税收的扣缴。如果公司未履行超级年金或就业税的代扣责任,澳大利亚税务局可以向董事个人追收欠缴的款项。但如果公司进入了自愿管理或清算程序,则在特定情形中可不向董事个人进行追收。③ 一般情况下,公司未支付税款的,澳大利亚税务局可以向其发出“法定偿债书”(statutory demand)。经此方式公司仍不支付的,澳大利亚税务局可推定公司已破产,并据此对公司启动法院清算程序。 26

2. 防止破产交易的义务

公司的董事还负有防止公司在破产状态下交易的法定义务。④ 董事如合理怀疑公司将因为或者可能因为负担某项债务而破产,应当阻止公司承担该项债务和其他债务,并为公司指定自愿管理人;董事无法阻止该项交易的,应当退出董事会以避免为破产交易承担个人责任。⑤ 27

董事未能防止破产交易的,可能受到民事处罚,构成欺诈的,还可能面临刑事处罚。⑥ 董事被判定构成刑事犯罪的,可能受到罚款、监禁等处罚,并因此丧失担任董事的资格。此外,由于破产交易属于违反董事义务的行为,澳证投委、清算人或债权人还可对董事个人提起诉讼并要求赔偿。 28

① Australian Securities Exchange Listing Rules Guidance Note 8, *Continuous Disclosure: Listing Rules* 3.1 –3.1*B* (23 August 2019) Pt 5.10 at p.40 –41.

② Corporations Act 2001 (Cth) s.556.

③ Australian Tax Office, *Penalties, Amendments and Objections* (8 October 2018).

④ Corporations Act 2001 (Cth) s.588G.

⑤ Morley v. Statewide Tobacco Services Ltd. (1992) 8 ACSR 305.

⑥ Corporations Act 2001 (Cth) ss.588G(2) –588G(3).

3."安全港"改革

29 公司董事怀疑公司处于破产状态或可能破产的,2017年实施的制度改革为其提供了"安全港"保护规则①。"安全港"保护的起始时点为董事开始为公司采取自救措施之时,并持续一段合理期间,但相关措施须有合理可能为公司带来优于管理型、清算型程序的结果。在判断是否"有合理可能"为公司带来更优结果时,需对一系列因素加以考虑,包括:②

(1)该董事是否对公司的财务状况充分知情(properly informed);

(2)该董事是否采取适当措施,防止公司高管和职工做出影响公司偿债能力的不当行为;

(3)该董事是否采取措施,确保公司能持续保有与公司规模、性质相符的适当财务记录;

(4)该董事是否从有资质的适当机构获取建议(且该机构已获得充分的信息,以提出适当的建议);

(5)该董事是否制定重组方案以改善公司的财务状况。

30 此外,当公司陷入困境或濒临破产时,根据董事"以公司利益而诚信行事"的义务要求,③公司高管在决策时可能还需考虑债权人的利益。

4.外部管理程序中的公司董事和高管的义务

31 公司一旦被指定外部管理人,将触发公司董事和高管的特定义务。这类义务的核心在于协助外部管理人履行职责:

(1)在公司被指定自愿管理人后的5个工作日内,董事应当向管理人提供有关公司经营、财产、事务和财务情况的报告。④ 没有合理理由未提供上述报告的,构成一项罪行。

(2)在公司被指定清算人后,公司高管应当立即交出其持有的所有公司账册,并在清算人的合理要求下与其会见,按清算人要求提供信息,或按清算人的要求以其他合理方式为公司清算提供协助。⑤ 没有合理理由未能遵守前述义务的,构成一项严格责任的罪行。

---

① Corporations Act 2001 (Cth) ss. 588GA –588GB.

② Corporations Act 2001 (Cth) s. 588GA(2).

③ Corporations Act 2001 (Cth) s. 181.

④ Corporations Act 2001 (Cth) s. 438B(2).

⑤ Corporations Act 2001 (Cth) s. 530A.

(五)适用于企业债务人的正式破产程序

本部分主要简述澳大利亚适用于企业的两类正式破产程序:接管程序和清算程序。 32

这类正式破产程序一般仅适用于《公司法》定义下的“公司”,即根据《公司法》注册的公司,以及《公司法》第5.7B、5.8部分中规定的“规定机构”,以及《公司法》第5B.1部分规定的“可登记的非法人组织”(unincorporated registrable body)。[1] 澳大利亚目前共有四类适用于企业的正式破产程序: 33

(1)自愿管理;

(2)债务偿还安排;

(3)清算(或称清盘,liquidation or winding up)[2];

(4)接管。

在澳大利亚,不同类型的破产程序之间没有层级或优先次序之分。准确来说,选择何种破产机制取决于程序启动方的意愿(如公司债务人或其他利害关系方,一般以债权人为主)和他们寻求实现的结果。在澳大利亚破产程序中,外国债权人与国内债权人享有同等待遇。 34

1. 清算

清算是终局性的破产程序。这类程序会指定有资质的独立人士(清算人)来接管公司,并基于有序清算公司事务、保障全体债权人利益的目的,归集公司资产、清偿公司债务,最终将公司正式注销。[3] 35

在清算程序中,清算人应履行下列职责: 36

(1)分析公司账册和财务记录,确定公司破产的具体时间和具体情形。

(2)调查公司事务,确定任何可能增加公司资产的潜在“诉因”(cause of action)。在某些情况下,清算人可决定对董事和高管开展“公开检查”(public examinations),以获取更多信息和证据。

(3)遵守各类法定的报告义务,包括向债权人和澳证投委报告有关信息。

---

① Corporations Act 2001 (Cth) s. 9.

② 需指出,虽然澳大利亚仍存在“临时清算”(provisional liquidation)规则,但其在功能上已被1993年引入的自愿管理程序取代,因此已很少被使用,故本报告不再作具体介绍。

③ See generally Pts 5. 4 and 5. 4B of the Corporations Act 2001 (Cth).

(4)变价公司资产,并依照《公司法》规定的顺序清偿公司债务。① 履行该项职责时,清算人享有广泛的裁量权,包括有权在破产清算中撤销导致公司破产的交易,即所谓"可撤销交易"。②

(5)在财产分配的目的下,组织债权申报并审查债权证明。

37 公司可以通过以下方式指定公司清算人:

(1)由公司成员(股东)自愿通过特别决议(由占75%以上的股东决议通过)指定。这一方式被称为"股东自愿清算"。③ 在通过特别决议之前,公司董事还必须通过一项关于公司"具备偿债能力"(solvent)的决议。④

(2)由公司债权人指定。这一方式被称为"债权人自愿清算"。由债权人进行指定的前提为,公司董事未能在清算中作出关于公司"具备偿债能力的宣告"(declaration of solvency),或者债权人在自愿管理程序的第二次债权人会议上决议清算该公司。

(3)由法院进行指定。法院可以依公司债权人、董事或股东的申请指定清算人,即所谓的"强制清算"或"法院颁令清算"(court-ordered winding up)。

(4)由澳证投委进行指定。公司已停止股票交易且不再遵守报告义务的,如满足特定条件,澳证投委可以为处理这类公司而指定清算人。⑤

38 公司一经指定清算人,法定的自动中止效力将及于其所有债权,包括发生于指定清算人之前并在清算期间持续存在的债权(但也有少数例外情形)。自动中止制度既适用于法院颁令清算,⑥也适用于自愿清算。⑦ 但是,即使指定了清算人,担保债权人仍可变价出售或者以其他方式处置担保财产。清算人负责控制公司的业务、财产和事务。公司的董事和管理者则丧失为公司行事或者代表公司行事的权力。

39 在澳大利亚法的规定中,清算人也属于公司高管,自受指定之时起即对公司负有《公司法》第180条至第184条规定的董事和高管法定义务。概括来说,这些义务

---

① Corporations Act 2001 (Cth) s.477.

② Corporations Act 2001 (Cth) ss.588FA–588FE.

③ Corporations Act 2001 (Cth) ss.491 and 9.

④ Corporations Act 2001 (Cth) s.494.

⑤ Corporations Act 2001 (Cth) s.489EA.

⑥ Corporations Act 2001 (Cth) ss.467(7) and 471B.

⑦ Corporations Act 2001 (Cth) s.500.

要求董事和高管审慎、勤勉、诚实行事，以公司最佳利益并基于适当目的行使职权，同时不得不当使用因其地位、职权取得的信息。但需指出，清算人并不对单独的债权人负有上述义务。[①]

在清算程序中，公司董事有义务为清算人履职提供协助。[②] 40

1.1 清算程序中的债权清偿顺序

无担保债权人如需向清算中的公司主张债权，应当在清算人组织的债权申报中提交债权证明。清算人将对每一项债权进行审查，并在7日内将确认、部分确认或不予确认的结果通知无担保债权人。无担保债权人对审查结果不服的，有权在清算人指定的期限内向法院提起诉讼。 41

清算中的清偿顺序为：[③] 42

(1)一般而言，担保债权人能够对抵押物行使担保权而受偿。但是，符合条件的职工债权(定义见下文)可以优先于"流动担保权"(circulating security interest，一种成文法化的浮动抵押权)受偿，[④]但职工债权可优先于流动担保权受偿的范围，仅以流动担保外其他财产无法满足职工债权的部分为限。[⑤]

(2)债权人的权利已受保于某保单的，有权优先于其他无担保债权人获得该保单的净额收益部分。[⑥]

(3)"程序前"职工债权人的特定权益优先于"程序前"普通无担保债权人[在上述(1)项所述的范围内，还可能包括担保债权人]，具体包括：

①就职工在清算前的劳动应付的工资、"超级年金分担额"(super annuation contributions)和"超级年金保证金"(super annuation guarantee charge)；

②在清算开始前已产生的人身损害赔偿金；

③在清算开始之时或之前所产生的员工"准假期间"(leave period)的应付报酬；

④裁员补偿金(redundancy compensation)。

---

① Macks v. Viscariello (2017) 353 ALR 201.

② Corporations Act 2001 (Cth) s.530A. 参见本报告第31(2)段。

③ 不包括根据《公司法》第556(1)条(b)款享有优先权的公司清算申请费。

④ 根据《个人财产担保法》的规定，如果流动担保权益设于该法规定的流动担保财产之上，且抵押人对该财产享有所有权，那么流动担保权益即构成一类担保权——实际上是成文法化的浮动抵押。

⑤ Corporations Act 2001 (Cth) s.561.

⑥ Corporations Act 2001 (Cth) s.562.

（上述职工优先受偿权益除第②项之外，须为由符合条件的职工享有的权益。）[①]

（4）除前述类型的债权之外，其他在程序前产生的无担保债权均以相同顺位同比例受偿。

43 在清算程序中，职工可以向联邦政府的"公平权益保障"（fair entitlements guarantee）机制请求支付其职工债权。[②] 在公司进入清算程序且无法清偿职工债权时，根据规则，该机制可以部分支付符合条件的职工债权（不包含超级年金）。联邦政府和为清偿职工债权提供资金的债权人，均可按其支付的金额，代位享有相应优先权。[③]

1.2 清算中的撤销、偏颇清偿和追回规则

44 《公司法》第5.7B第2部分（Division 2）规定了澳大利亚的"可撤销交易"。该部分的规定只适用于清算程序，并且只有清算人有权申请法院[④]作出撤销交易的命令。[⑤]

45 在澳大利亚，清算人可申请撤销的交易主要有以下类型：

（1）"偏颇清偿"（unfair preferences）。当一项交易（通常是公司向个别债权人支付款项）满足下列条件时，属于可撤销的偏颇清偿行为：

①公司和债权人为交易的相对方；

②该交易为"破产交易"（一般是指，当该交易发生时公司已破产或将因该交易而陷入破产）；

③该交易是在"临界日"（relation-back day，定义见下文）之前的6个月内进行的（交易相对方为公司关联人的，则为4年内）；

④对特定的无担保债权而言，作为交易结果，相关债权人从该交易中所得的数

---

① Corporations Act 2001 (Cth) ss. 556(1)(e) to 556(1)(h)；"被排除的职工"（excluded employees，即在过去12个月内曾任董事的职工，或当时是董事配偶或亲属的职工）享有的优先权将会受到限制。职工的优先权可扩大适用于向债务人公司预付资金以支付上述第42(3)①、③项所列职工债权的资金提供者，这类资金提供者可以代位享有相应优先权：见《公司法》第560条。符合资格的职工债权也可优先于特定担保权受偿，如本报告第42(1)段所述"流通担保权益"相关的担保权。

② Fair Entitlements Guarantee Act 2012 (Cth).

③ Corporations Act 2001 (Cth) s.560.

④ 债权人不能直接向法院申请撤销可撤销交易，除非清算人已将该诉因让与该债权人，See Insolvency Practice Schedule (Corporations) Div 100 –5。

⑤ See generally ss 588FE and 588FF of the Corporations Act 2001 (Cth).

额,大于交易撤销后债权人在清算程序中的受偿数额。偏颇清偿行为无须证明债权人方有主观故意。

(2)"非商业交易"(uncommercial transactions)。对于一项发生在"临界日"之前2年内(交易相对方为公司关联人的,则为4年内)的"非商业交易",如果该交易达成或生效之时公司已破产或因该交易而陷入破产的,则该交易可撤销。在评估一项交易是否属于"非商业"时,应当考虑该交易给公司和其他交易相对方带来的利益和损害等因素。"非商业交易"的判定标准曾被形容为"对于如此量级的交易,其交易议价情况无法用正常的商业惯例来解释"①。非商业交易包括但不限于以低价处置公司资产的行为。

(3)"与董事关联的不合理交易"(unreasonable director-related transactions)。此类交易包括:

①公司支付行为;

②公司处分其财产的行为;

③公司提供担保的行为;

④如果一项交易使破产公司对其董事(或董事的关联人)负有上述支付、财产处分或者提供担保的义务,则该交易可撤销。这项交易必须发生或生效于临界日之前的4年内,或者在临界日之后、清算开始前。此外,该交易须为一个理性的人在公司所处情形下不会达成的交易。

(4)"不公平借贷行为"(unfair loans)。如果相关方在清算开始之日或之前,向破产公司提供借款的条件可被认定为不公平条款(如过高的利息或费用)的,该借贷行为可撤销。

对于可撤销交易而言,"临界日"是一个关键概念。"临界日"时点一般为清算 46
开始之日,但也可能早于清算实际开始之日。例如,在自愿管理程序之后立即开始清算,则"临界日"为指定自愿管理人之日。②

清算人往往会以偏颇清偿为由向债权人要求追回款项,原因在于,偏颇清偿的 47
判断标准更侧重于偏颇清偿的效果,而非主观意图或者交易价格。对于偏颇清偿或者非商业交易撤销之诉的被告而言,其可使用的法定抗辩理由也较为有限。③

① Demondrille Nominees Pty Ltd. v. Kevin R Shirlaw & Cornelis Holdings Pty Ltd. (1997) 25 ACSR 535.

② 关于"临界日"的定义可见于《公司法》第91条。

③ Corporations Act 2001 (Cth) s. 588FG.

2. 接管

48 担保债权人可以使用接管程序(在《公司法》中亦称为“接管控制”(take-over control)。这一程序允许担保债权人在其担保债权遭受违约时,以指定第三方接管担保财产并变现的方式,清偿其担保债权。① 此外,接管程序还有另一种不太常见的使用方式,即由法院指定接管人从而保护公司资产或开展法院要求完成的特定事项。

49 一般来说,接管人应当在受到指定后对担保财产实施接管,并可以为了担保债权人的利益而代表公司出售或处分该财产。就这一点而言,接管人的权力取代了董事权力,但除此之外,董事仍然保留其职责和职权。②

50 接管人享有的权力主要由担保文件条款授予,但《公司法》赋权接管人“在澳大利亚及其他地方,为实现接管人被指定完成的目标,进行与该目标相关的、附带的所有必要事项或便宜开展的事项”③。同时,接管人不会对公司的无担保债权等其他类型债权进行处理。

51 一般而言,接管人出售担保财产之所得将按照以下清偿顺序进行分配④:

(1)支付接管人的报酬和费用。

(2)如果是出售“流动资产”之所得,则按照以下顺序先予清偿特定优先债权:

①因接管人出售担保财产而发生的成本和费用;

②特定优先债权,包括符合条件的职工债权(如果相关偿付义务尚未转移给新主体)等;

③浮动担保债权。

(3)清偿公司的担保债权(包括相关利息、成本和费用)。

(4)如有剩余财产,则归属公司。

52 对于任何拟通过接管程序实施重组的策略而言,上述规则非常重要[例如,为获得权属而借贷的“贷转股”(loan-to-own)等情形]。因此,重组活动的各方应当时刻注意遵守该分配规则,确保整个过程符合法律规定。

53 接管人也属于公司的高管,与公司的董事和高管一样,对公司负有《公司法》第

---

① See Pt 5. 2 of the Corporations Act 2001 (Cth).

② 值得注意的是,尽管并未得到澳大利亚的正式承认,但担保债权人是可以通过指定接管人来实施“债权竞购”(credit bidding)的。

③ Corporations Act 2001 (Cth) s. 420.

④ 应遵循担保文件的条款和《公司法》第 433 条的规定。

180 条至第 184 条规定的法定义务(参见本报告第 39 段)。

除非担保文件另有说明,[①]否则接管人主要对指定其履职的人(担保债权人)负有义务。但是,接管人在对公司财产行使出售权时,还负有尽"所有合理注意"的法定义务,即应当至少取得所售财产的市场价值,或者在无市场价值的情况下,取得合理的最大价值。[②] 法院判例曾对该法定义务作出解释,认为应更侧重于接管人在行使财产出售权时所遵循的程序,而非最终的出售价格。[③] 54

接管程序可以与自愿管理程序或清算程序同时进行,此外,接管程序还可以通过出售担保财产的方式(如"债权竞购",credit bid)进行企业拯救。 55

指定接管人本身并不会自动产生中止公司法律程序的效力(除非同时指定了自愿管理人等其他类型的外部管理人)。同时,指定接管人也不能阻却其他债权人或者第三方向公司追收债权。但是,如果其他债权人或者第三方追收的债权为无担保债权的,一般将后于各担保债权受偿。 56

(六)可供选择的重组机制

1. 庭外重组

尽管澳大利亚并未就庭外重组的实施建立正式法律制度,但已形成一系列与达成"合意型重组"(consensual restructuring)相关的市场惯例,包括: 57

(1)"中止协议"(standstill arrangements),即债权人同意暂缓执行其债权,但作为对价,债务人需采取某些指定步骤(如加强财务信息报告、进行财产出售等);

(2)重组协调协议或执行协议(restructuring co-ordination or implementation agreements),即公司与其债权人协商一致采取某些拟定的步骤,以具体方式合理地或尽最大努力实现重组。这类协议通常需要债权人承诺不出售债权,或者如要出售其债权,须确保债权受让人同意受相关重组协调协议约束。

2. 庭内重组

在澳大利亚,庭内重组机制主要有:以最终形成公司安排契约为目标的自愿管理程序(详见本报告第二部分);债权人式债务偿还安排程序(creditors' scheme of arrangement)(详见本报告第三部分)。基于公司安排契约进行的企业重组活动有时 58

---

① Re Vimbos Ltd. (1900) 1 Ch 470 at 473.

② Corporations Act 2001 (Cth) s. 420A.

③ Florgate Uniforms Pty Ltd. v. Orders (2004) 11 VR 54; 187 FLR 142 at [443]; Boz One Pty Ltd. v. McLellan (2014) VSC 208 at [721].

会与接管程序同时进行，以此方式实现有效力的“债权竞购”。

59 以公司安排契约、债务偿还安排为基础的重组计划具有一定灵活性，可以采用的方式包括修改偿债条款、出售业务或资产、向第三方转让公司股权的控制权、就公司债务达成和解（包括程序前的合同债权）、实施债转股、发行新证券或者注入新资本、将财产或债务转移至另一实体等。

60 法律并未限制可提出公司安排契约的主体。尽管制定法也未明确管理人应提交契约草案的具体时间，但因审议契约草案的第二次债权人会议一般将在相对短的时间内召开，在法院未以命令方式延长会议召集期限的情况下，有意提出公司安排契约的主体理应迅速采取行动。

61 对于债务偿还安排而言，公司或受影响的债权人均可启动谈判并提出适用债务偿还安排程序的“建议”（proposal）。由于关于“债务偿还安排计划”（以下简称安排计划）的谈判是在无正式破产程序的情况下进行的，因此也无关于具体期限的规定。

62 公司安排契约或者安排计划一旦生效，对于所有受其影响的债权人（达成公司安排契约的）①或者相关组别内的全部债权人（达成安排计划的）均有约束力，无论债权人是否选择投票，甚至债权人从未收到相关通知，也是如此。② 虽然公司安排契约将约束全体债权人和公司成员，③但担保债权人仍可行使其担保权④，除非契约中另有约定且相关担保债权人已投票同意，或者法院另行作出命令予以限制。⑤ 而安排计划仅约束该计划下的特定债权人组，如仅约束担保债权人。因此，一项安排计划可以比公司安排契约更具针对性。另外，这两类机制均可约束由国家所享有的债权。

63 全体债权人（公司安排契约中）或者相关组别内的债权人（债务偿还安排中）会在被召集对“重组计划草案”进行表决（详见本报告第二、三部分）的不久前收到计划草案通知。而在此之前，由于早期尚未收到正式通知，债权人一般不会参与对计划内容的谈判。但是，管理人或者公司（视情形）为了使公司安排契约或安排计划成功通过，必然会采取必要措施，与关键的利益相关方提前接洽磋商，以确保满足通过

---

① Corporations Act 2001 (Cth) s. 444D. 债权范围为公司安排契约中规定的“相关日期”（一般为自愿管理启动之日）前发生的债权。

② Corporations Act 2001 (Cth) s. 411(4).

③ Corporations Act 2001 (Cth) s. 444G.

④ Corporations Act 2001 (Cth) s. 444D.

⑤ Corporations Act 2001 (Cth) s. 444F.

计划所需的“法定多数”标准。

澳大利亚法并未专门规定“预重整”(pre-packs)制度,实务中也相对不常见。但是,澳大利亚可以通过自愿管理程序或公司安排契约来进行“预先计划的交易”(pre-planned transaction),以此方式实施预重整。但作为实施“预先计划的交易”的前提,管理人需确信具有以下情形之一:该交易的达成过程是“足够稳健”(sufficiently robust)的;基于某些特定的原因是正当的,如取得了担保债权人或“特许人”(franchisor)的支持等;由于特定业务的性质,延迟进行该交易将造成严重损害的。管理人一般会按自己的方式去识别重组公司可能需要的交易。 64

债务偿还安排中的计划本质上也属于一种“预先打包”(pre-packaged)的重组计划。一般在申请法院召集债权人会议(或债权人组的会议)并审议安排计划的草案之前,该安排计划至少会取得公司和部分受影响债权人的同意。 65

一方面,公司安排契约、安排计划一经必要多数决通过,将对持异议的利益相关方具有约束力。但是,除非法院作出命令,否则公司安排契约不能约束持异议的担保债权人。① 另一方面,安排计划可以在特定债权人组内产生强制约束力(如对优先债权人组内的异议债权人)。 66

公司安排契约或者安排计划还可导致股东丧失其股权、股权的潜在价值和其持有的劣后债权。 67

一般情况下,随着公司安排契约或安排计划开始执行,各项重组安排会立即生效。② 债权确认和财产分配程序需要 6 ~ 12 个月,如其中存在“递延对价”(deferred consideration)、临时分配(interim dividends)或长期未决的债权争议,则可能需要更长时间。 68

3. 选择公司安排契约或债务偿还安排机制的原则

自澳大利亚 1993 年引入自愿管理制度后,公司安排契约已经成为澳大利亚最为常见的公司重组方式,因为该机制相对快捷且成本较低(可完全无法院参与),同时相对灵活(可以使用法院命令)。 69

相较之下,在澳大利亚引入自愿管理制度后,债权人主导的债务偿还安排程序则不如之前常用,因为该程序被认为更耗费时间和成本(需进行两次法院听证)。 70

尽管如此,债务偿还安排程序通常应用于以下情形: 71

① Corporations Act 2001 (Cth) s. 444F.

② 包括各债权被立即转至“债权人信托”,同时由收购方接管公司股权的情形。

(1)无须与全体债权人达成重组,而仅需与一个或数个债权人组达成重组的情形(通常用于担保债权人,如通过一项安排计划对持异议的担保债权人产生强制约束力);

(2)需要第三方披露的情形(third-party releases)(在公司安排契约中不允许进行)。

72 此外,相较于经债权人表决通过的安排计划,公司安排契约具有更多的可撤销情形。

(七)职工

73 如本报告第42段所述,在澳大利亚的公司清算程序中,符合法定条件且在程序前发生的职工债权享有优先受偿权。处于管理人或接管人控制下的公司如决定继续留用职工,该管理人或接管人个人应对该职工在受雇期间产生的工资和职工权益承担责任。①

74 在澳大利亚,雇主一般不直接向职工发放退休金。但是,雇主依法有义务定期向职工的超级年金基金按职工工资的一定比例缴纳"分担额"(contributions)。各类超级年金的基金均由第三方持有并管理。在这一制度保护下,即使职工的超级年金基金未得到足额缴纳,向职工支付的义务也不属于雇主责任。因此在澳大利亚企业重组中,超级年金或退休金权益的重要性并不如其他国家或地区。

75 在正式破产程序中,终结雇佣关系通常是基于"裁员"(redundancy)的理由。如果该裁员满足《2009年公平工作法(联邦)》(以下简称《公平工作法》)规定的"真诚的裁员"(genuine redundancy),则不会导致"不当解雇"(unfair dismissal)的赔偿请求权。裁员一旦发生,应休假期、长期服务假、裁员通知与遣散费等各项应计的职工权益将因此"固定"。

76 在公司股权收购情形中,因为职工的雇主并未实际变化,因此原有的雇佣合同继续有效,雇主在已有雇佣关系中应承担的责任也不发生变化。②

77 根据澳大利亚法的规定,在财产出售中不能直接在公司之间"转让"职工。要实

---

① Corporations Act 2001 (Cth) ss. 443A and 419.

② 这类"责任"包括:(1)现有的合同条款和雇佣条件;(2)任何应适用的"奖励"(award)规则或其他行业规则;(3)根据服务年限应累计计算的职工权益价值,如事假(包括病假和护理假)、年假、长期服务假、裁员通知相关的权益和遣散费(如有);(4)因劳动享有的其他形式休假权(如育儿假);(5)因原雇主未能遵守以上第(1)、(2)项而产生的责任。

现职工的转移，现雇主需与受影响的职工终止雇佣关系，而新雇主应基于协商一致的条件、条款重新聘用该职工。

企业出售财产的行为经常会触发《公平工作法》中的“业务转让”规定。在澳大利亚，职工的“持续服务”期限是计算年休假、因私请假（病假和看护假）等部分法定职工权益的依据。根据《公平工作法》，公司业务转让后，法律将推定，受转移职工的服务期限在新旧雇主之间是连续计算的。[①] 78

在清算、自愿管理和公司安排契约中，职工债权人有权享有与其他无担保债权人相同的表决和参与权，并且往往可以通过控制“人数票”来影响债权人的各类决议，包括申请解除指定现任清算人、管理人或者“契约管理人”（deed administrator）。 79

在澳大利亚劳动法的保护下，作为职工代表的工会通常在破产程序中十分活跃。尽管在部分大型的自愿管理案例中，法院曾颁令允许职工的集体代表参与程序并投票，但法律本身并未对工会等职工代表机构参与程序的方式作出具体规定。但是，因为职工债权人往往可以控制债权人达成各类决议时的“人数票”，所以工会可以在正式破产程序中发挥重要作用。 80

（八）企业集团

具有以下情形之一的，清算人可以在获得债权人同意后作出宣告，“合并”（pool）正在清算中的“两个以上公司组成的集团”：[②] 81

（1）相关公司是相互关联的法人主体；

（2）相关公司共同对一项或多项债务负有责任；

（3）相关公司共同持有或运营的特定财产曾经或正在被用于公司集团共同实施的业务、计划或营业中；

（4）相关公司中的一家或多家公司持有的特定财产曾经或正在被用于公司集团共同实施的业务、计划或营业中。[③]

清算人决定合并清算的，应当在5个工作日内分别召集相关公司符合条件的无担保债权人召开会议，取得债权人对合并清算的同意。[④] 在清算人发出的通知中，必 82

---

① Fair Work Act 2009 (Cth) s.22. 但对于与年假和裁员相关的先前服务，非关联实体可决定不予承认。

② Corporations Act 2001 (Cth) s.579E.

③ Corporations Act 2001 (Cth) Pt 5.6, Div 8.

④ Corporations Act 2001 (Cth) s.577.

须附有一份书面说明，说明合并清算是否会对符合条件的无担保债权人造成不利影响；或者当合并决定符合无担保债权人利益时，说明回收清偿的可能性和其他相关信息。[①] 如果合并决定未获债权人通过，则应取消合并。作为替代选择，清算人可以申请由法院批准合并决定。[②] 然而，如果合并决定会对符合条件的无担保债权人造成损害，或者法院已知悉无担保债权人不同意合并的，应当不予批准。[③]

83 如果“合并宣告”(pooling declaration)最终作出，将发生以下法律效力：

(1)集团内各公司应对集团中其他公司的应付债务和向集团内其他公司提出的权利主张承担连带责任；

(2)集团内公司之间的应付债权债务消灭；

(3)集团内公司之间的权利主张消灭。

84 在自愿决定或者法院颁令合并清算后，企业集团可以合并召开各类公司会议。[④]

85 不同于清算程序，法律未规定适用于自愿管理和公司安排契约的公司“合并”机制。然而，一般情况下，集团内各公司均会被指定相同的自愿管理人，法院也曾在合适的案件中。[⑤] 例如，各公司需对债务承担连带责任的案件，[⑥]批准公司安排契约对关联公司的合并。因此，目前常用的方法为，由企业集团达成实质上“经合并的”公司安排契约，其中的所有债权人(集团内部的债权除外)均从同一个资产池中受偿。

86 相关方可以向法院申请召开会议，在同一程序中对多家公司共同的安排计划进行表决，从而获得一系列“经合并的”法院命令。[⑦] 但除非有合适情形，法院一般不会命令企业集团合并召开会议。[⑧] 此外，法律还就协助大型企业集团合并重组作出特别规定，如果某集团要将子公司的全部资产和负债转移至母公司，可以允许在该集团内，仅召集一个会议并制作一份“解释性说明”。[⑨]

---

① Insolvency Practice Rules (Corporations) 2016 (Cth) r.75 – 180.

② Corporations Act 2001 (Cth) s.579E.

③ Corporations Act 2001 (Cth) s.579E(10).

④ Corporations Act 2001 (Cth) s.579L.

⑤ For example, Mentha v. GE Capital Ltd. (1997) 154 ALR 565; 27 ACSR 696; and Re Humphris, in the matter of ACN *004 987 866* Pty Ltd. [2003] FCA 849.

⑥ 例如，企业集团内各公司通常签订有交叉担保协议，在集团内其他公司清算时为其债务提供担保，以此方式取得澳证投委有关财务报告的豁免。

⑦ Re Safety Fix Pty Ltd. (1962) VR 467.

⑧ Re Casablanca Wines Bar Pty Ltd. (1978) 3 ACLR 318.

⑨ Corporations Act 2001 (Cth) ss.411(1A), 411(1B) and 412(1)(a).

（九）对破产程序及破产执业者的监管

只有符合资质并经澳证投委注册的破产执业者，才可以在破产程序中接受指定。公司的“外部管理人”（管理人、公司安排契约的管理人、清算人和临时清算人）①和接管人均应独立于公司履职，且不得在公司或破产程序参与者处存在任何私人利益和商业利益，无论这一利益是“真实”（real）存在的，或是“被认为”（perceived）存在的。另外，在澳大利亚的庭外重组等“破产前程序”中，一般并无破产执业者参与。 87

破产执业者以及外部管理程序或破产程序中的所有行为都会受到监管。实施监管的主体主要为法院（如上所述）和澳证投委。其中，澳证投委作为整个破产制度的常规监管机构，将同时负责对破产执业者（包括执业注册）的监管以及对整体破产办理机制的规管。 88

外部管理人一经指定，应当将相关指定通知报澳证投委备案。② 此外，外部管理人如认为公司的高管、职工或者成员可能涉及公司相关犯罪，也应当向澳证投委报告。③ 89

当澳证投委有理由相信，清算人自身已出现违反《公司法》规定的行为，或者导致其所任职的公司违反《公司法》的规定，或者存在其他未能适当履职等情形时，可以发出一份“说明情况通知”（a “show cause” notice），要求已注册的清算人说明其应继续被保持注册状态的事实和理由。④ 如果清算人未作回应，澳证投委可以召集一个委员会来决定清算人的注册状态。如该委员会得出不利于清算人的结论，可导致暂停执业、撤销注册等后果。 90

债权人及其他适格第三方可以在法庭上挑战外部管理人的决定，并可以就外部管理人违反上文各类义务的行为提出指控。至于外部管理人违反义务导致的具体处罚，取决于相关义务的性质。例如，外部管理人未能像公司董事一样遵照注意和勤勉义务行事的，会受到民事处罚，⑤过失或故意违反注意和勤勉义务的，则可能构 91

---

① Insolvency Practice Schedule (Corporations) Div 5 -20.

② Corporations Act 2001 (Cth) ss. 415, 427, 450A and 537; Insolvency Practice Rules (Corporations) 2016 (Cth) r. 70 -60.

③ Corporations Act 2001 (Cth) ss. 422 and 438D.

④ Insolvency Practice Schedule (Corporations) Div 40.

⑤ Corporations Act 2001 (Cth) s. 180.

成刑事犯罪。[①]

92 此外，作为澳证投委同意注册的前提之一，外部管理人须保有“适当”（adequate）的“执业赔偿和忠实责任保险”（professional indemnity and fidelity insurance）。[②] 澳证投委将根据一系列具体情况来评估是否“适当”，[③]并且在澳证投委颁发注册证书之前，这类保险须已设置到位。[④]

93 各类利益相关方也会在破产程序中发挥监督作用。其中，债权人的监督作用尤为重要，其既可申请法院对破产执业者所作决定进行审查，[⑤]也享有获取信息、参与决策等权利。此外，公司处于外部管理程序中的，债权人可以设立检查委员会来对程序中的破产执业者进行监督和指导。[⑥]

94 相关行业组织还会从另一个层面提供监督。这类组织[⑦]不但监督其破产执业者成员的行为，还会发布对其成员具有约束力的行业标准与行为守则。这类行业自治规则为破产前程序和正式破产程序提供了更深层面的监督。

（十）上市公司相关问题

95 对于在澳证交所上市的公司，除需遵守《公司法》之外，还受澳证交所上市规则的约束。该上市规则同时对上市公司及上市公司的关联方具有约束力。[⑧]

96 澳证交所还会就特定主题发布指引性文件，阐明澳证交所关于某具体问题的立场。对于上市公司及其关联方，澳证交所的上市规则，尤其是持续披露义务等要求，必须严格遵守。在公司陷入破产或者濒临破产时，持续披露义务将成为关注焦点。

97 在上市公司破产程序中需特别注意，上市公司暂停股票交易并不中止持续披露义务的履行。

---

① Corporations Act 2001 (Cth) s. 184.

② Insolvency Practice Schedule (Corporations) Div 25 -1.

③ Australian Securities and Investments Commission, *Regulatory Guide 258: Registered Liquidators: Registration, Disciplinary Actions and Insurance Requirements* (March 2017) at RG 258. 237 - RG 258. 255.

④ Australian Securities and Investments Commission, *Regulatory Guide 258: Registered Liquidators: Registration, Disciplinary Actions and Insurance Requirements* (March 2017) at RG 258. 226.

⑤ Insolvency Practice Schedule (Corporations) Div 90.

⑥ Insolvency Practice Schedule (Corporations) Div 80.

⑦ 例如，“澳大利亚破产重组和事业再生协会”（the Australian Restructuring Insolvency and Turnaround Association）以及“事业再生管理协会”（the Turnaround Management Association）。

⑧ Corporations Act 2001 (Cth) s. 793C.

根据澳证交所上市规则,面临破产的上市公司还需考虑的因素包括需经股东批准的事项范围,包括发行证券、重组现有资本(通过企业改组、回购)、处分主营业务等。 98

二、自愿管理程序

(一)概述

《公司法》第5.3A部分规定了适用于企业的自愿管理程序。该程序自公司指定自愿管理人时启动。① 自愿管理程序的宗旨为,以最大化公司存续之可能的方式,管理破产公司的业务、财产和事务,但如果公司已不具存续可能性,则需为公司债权人和成员实现比立即清算更优的回报。② 99

自愿管理人有义务向公司的债权人报告其建议采取的处置方式,须为以下选项之一: 100

(1)将公司控制权交还董事(不再采取其他措施);

(2)"清盘"公司并启动清算程序;

(3)推动达成公司安排契约。债权人、董事或其他存在利害关系的第三方可以(但非应当)提出公司安排契约草案,并可在草案中设置公司业务出售或者重组条款。公司安排契约通常会载明由公司从"契约基金"(deed fund)中向债权人作分配,以此方式换取公司所负债务的消灭和免除。一般情况下,这类对债权人的分配仅为"较小比例"(a cents in the dollar)的部分清偿。

在第二次债权人会议上,债权人将表决确定处置方式。 101

(二)自愿管理人的指定

有权为公司指定自愿管理人的主体如下: 102

(1)公司的董事经决议,认为公司已陷入破产或者可能破产的,可以为公司指定自愿管理人;③

(2)担保债权人持有的担保权覆盖公司的全部资产或者实质上的全部资产,并且已因债务人违约而可以行权的,担保债权人可以为公司指定自愿管理人;④

---

① Corporations Act 2001 (Cth) s.435C (1).

② Corporations Act 2001 (Cth) s.435A.

③ Corporations 2001 (Cth) Act s.436A.

④ Corporations 2001 (Cth) Act s.436C.

(3)清算人或临时清算人认为公司已陷入破产或可能破产的,可以为公司指定自愿管理人。[①]

如果在自愿管理程序的第二次债权人会议上,债权人通过了清算公司的决议,则自愿管理人自动成为清算人,但债权人在会议上另行决议由他人担任清算人的除外。[②]

103 为减少潜在的利益冲突,自愿管理人应当在接受指定前披露与履职相关的所有关系。[③]

(三)法定的延期偿付及中止

104 公司一经指定自愿管理人,将对所有针对该公司的权利主张产生法定中止效力(除少数例外情形)。[④] 因此,除了特定的例外情形,未经自愿管理人同意或法院准许,不得进行以下行为:

(1)财产处于公司使用或占有中的,其所有人或出租人不得收回该财产;

(2)不得启动或继续进行针对公司的法院程序;

(3)担保债权人不得对公司行使担保权,但担保权可覆盖公司全部资产或者实质上全部资产的担保债权人除外;

(4)对于2018年7月1日之后订立的合同,如果合同中约定了以公司进入自愿管理程序为"激活"条件的权利(称为"破产约定"权,"*ipso facto*" rights),该权利不具执行力(本报告第108、109段将进一步探讨)。

105 重要的是,在自愿管理人获指定后[⑤]的13个工作日内,或者在自愿管理人按要求向担保债权人发出指定通知后的13个工作日内,担保权范围覆盖公司全部或者实质上全部资产的担保债权人可以为担保财产指定接管人(管理人同意基于《公司法》第440B条规定行使担保权的,可以延后指定接管人)。除此之外,担保债权人只能在自愿管理人同意或者法院准许的情况下行使担保权。

106 违反法定的延期偿付和中止规定属于犯罪行为。[⑥] 澳证投委有权对违反《公司

---

① Corporations 2001 (Cth) Act s.436B.

② Corporations 2001 (Cth) Act s.446A.

③ Corporations 2001 (Cth) Act ss.436DA and 60.

④ Corporations 2001 (Cth) Act ss.440A－440JA.

⑤ Corporations Act 2001 (Cth) s.441A;该法第9条规定了"决定期间"(decision period)的定义。

⑥ Corporations Act 2001 (Cth) s.1311.

法》的行为启动追责程序。[1]

关于待履行合同是否会因自愿管理人的指定而自动终止的问题,澳大利亚法未作具体规定,对合同的实际影响将取决于该合同的具体条款。 107

对于2018 年7 月1 日以后订立的合同,如果合同约定了无须管理人同意或法院准许而仅以公司进入自愿管理程序为触发条件的权利,澳大利亚法自动中止该权利的行使。[2] 但对于这一限制,现有规则中存在大量可适用的豁免和例外。[3] 108

前述针对"破产约定"权的中止仅适用于指定自愿管理人的情形,并不适用于其他因违约或合同性"破产约定"而触发的权利(译者注:如约定以进入清算为触发条件),但是,如果与这些权利相关的约定实质上等同于以指定自愿管理人为触发条件,则仍将被中止行使。[4] 109

此外,关于公共服务合同的具体处理规则,公司指定了清算人、临时清算人、管理人、契约管理人、接管人或"接管经理人"(receiver and manager)的,向公司提供电力、煤气、水或"运输服务"(电信服务)的供应商不能仅仅以指定了破产执业者或启动程序为由终止合同。[5] 这一限制是对澳大利亚法关于"破产约定"权一般性中止规则的补充规定。 110

(四)自愿管理人的职权

自愿管理人一经指定,将接管公司业务、财产和事务的控制权。公司的董事和管理人员则失去为公司行事和代表公司行事的权力。 111

在自愿管理程序期间,如果担保债权人有效指定了一名接管人,该接管人将取得对担保财产的控制权,并可按担保债权人的指示处置该财产。在这种情形中,未经接管人的指示,自愿管理人不得自行处置担保财产,但应继续在其职位上履行召集债权人会议等法定职责。 112

自愿管理人享有公司及其董事依法享有的所有权力,包括罢免或任命董事、代表公司提起诉讼、开展业务经营和管理公司的财产和事务,以及终止和处分公司全 113

---

① Corporations Act 2001 (Cth) s. 1315(1)(a).

② Corporations Act 2001 (Cth) ss. 415D -415G,434J -434M and 451E -451H.

③ Corporations Regulations 2001 (Cth) reg 5. 3A. 50(2); Corporations (Stay on Enforcing Certain Rights) Declaration 2018 (Cth).

④ Corporations Act 2001 (Cth) ss. 415D -415G,434J -434M and 451E -451H.

⑤ Corporations Act 2001 (Cth) s. 600F.

部或部分业务和财产等。[1] 自愿管理程序中公司的董事有义务协助自愿管理人履职，包括遵守本报告第31(1)段所述的义务。

(五)自愿管理人的义务

114 自愿管理人属于公司高级管理人员，因此也对公司负有《公司法》第180～184条规定的董事、高级管理人员法定义务(本报告第39段述及)。

115 自愿管理人有义务以公司全体债权人的最佳利益行事。全体债权人包括担保债权人、优先债权人和无担保债权人。自愿管理人的主要职责是向债权人报告有关情况，包括当债权人投票决定公司未来处置方式时，就符合债权人最佳利益的可选方式(主要为是否应结束自愿管理、达成公司安排契约或者清算该公司)，提供意见并说明理由。[2] 这类意见应当遵循本报告第99段列明的宗旨。

(六)公司安排契约的提出

116 公司安排契约可用于在公司与债权人之间达成有效力的和解。该契约经债权人以单一组别方式表决通过即为生效，[3]无须经过法院的批准。

117 根据《公司法》的规定，公司安排契约须明确包含以下内容：

(1)管理人信息；

(2)可用于清偿债权人的公司财产；

(3)公司安排契约规定的"延缓偿付期"(moratorium period)的性质和期间；

(4)获免除的公司债务额；

(5)公司安排契约开始执行与继续执行的条件(如有)；

(6)公司安排契约的终止情形；

(7)在受公司安排契约约束的债权人之间，关于"处置财产"(releasing property)所得的分配顺序；

(8)可被纳入公司安排契约的债权的最晚产生日期(该日期不得晚于自愿管理程序开始之日)。[4]

118 公司安排契约由自愿管理人负责协商制定。由于存在法定期限，这一过程相对

---

① Corporations Act 2001 (Cth) ss. 437A and 442A－442F.

② Corporations Act 2001 (Cth) s. 439A－439C; Insolvency Practice Rules (Corporations) 2016 (Cth) r. 75－225(3).

③ 管理人在自愿管理期间出售公司资产无须债权人批准。

④ Corporations Act 2001 (Cth) s. 444A.

较快，即公司安排契约应当自指定自愿管理人之日起的35个工作日左右获得执行。[①] 这一期限可以被依法延长，法院既可以命令方式延长债权人会议的召集期间（通常出现在大型、复杂的自愿管理程序中，如涉及企业集团的自愿管理程序），[②]也可以延期召开第二次债权人会议，一般最长可延期45个工作日，[③]但法院可以判令继续延期。[④]

自愿管理人应当向债权人发出第二次债权人会议的通知，同时应附有载明以下 119
信息的报告：

（1）公司的财务状况；

（2）公司安排契约草案的具体内容；

（3）自愿管理人认为在清算中属可撤销并可追回财产的交易；

（4）在执行公司安排契约、实施公司清算或将公司交还董事控制三个选项之间，自愿管理人关于哪一项措施更符合债权人利益的意见，同时须提供已由自愿管理人知悉且能使债权人对此作“知情决策”（informed decision）的其他信息。[⑤]

在公司安排契约草案中，如包含该契约获通过后立即生效，并且各债权将被转 120
移至债权人信托的内容，那么根据澳证投委的要求，自愿管理人应当在报告中说明这一安排的具体情况。[⑥] 自愿管理人向债权人作出的报告无须包括任何第三方评估的内容。但是，自愿管理人会对公司安排契约草案中或者清算中债权的预期回收情况进行估算。[⑦]

澳大利亚法并未对依据公司安排契约进行的财产出售活动作具体指引，也未要 121
求这类财产出售行为需经法院批准。但是，相关安排如涉及收购方以零对价、无对价受让公司股权，需经法院批准。[⑧]

当存在与自愿管理程序同时进行的接管程序且出售公司财产的主体为接管人 122
时，接管人有义务以不低于市场价值的价格出售财产，不存在市场价值的，则应以考

---

① Corporations Act 2001 (Cth) ss. 439A and 444B.

② Corporations Act 2001 (Cth) ss. 439A(6) and 439A(7).

③ Insolvency Practice Rules (Corporations) 2016 (Cth) r. 75 –140(3).

④ Corporations Act 2001 (Cth) s. 447A.

⑤ Insolvency Practice Rules (Corporations) 2016 (Cth) r. 75 –225.

⑥ Australian Securities and Investments Commission, *Regulatory Guide* 82: *External Administration: Deeds of Company Arrangement Involving a Creditors' Trust* (December 2018).

⑦ See In the matter of Ten Network Holdings Ltd. [2017] NSWSC 1247 at [52] –[57].

⑧ Corporations Act 2001 (Cth) s. 444GA.

虑所有出售有关情况后可合理取得的最佳价格出售。[①] 尽管自愿管理人也属于“受信人”(fiduciaries)[②]且负有董事义务(如本报告第114段所述),但法律并未明文规定自愿管理人是否负有“取得最佳价格”的类似义务。

123 根据《公司法》第444GA条,在公司安排契约中对公司股份(包括上市公司)进行转让的,需经法院批准。作为该程序的一部分,根据澳证投委的要求,应当通知受影响的股东特定事项,包括按规定提供相关专家证据[③]和可能需要澳证投委给予的特定“豁免”(waiver)等。[④] 此外,公司的股东还有权在关于契约管理人申请的听证中发表意见。[⑤]

124 在自愿管理程序中,一般无须通知股东相关事项(包括公司安排契约草案)。[⑥] 但视公司安排契约的具体条款设置,或涉上市公司的,可能仍需获得澳证投委的豁免或股东同意。[⑦] 然而,通过自愿管理程序、公司安排契约或接管程序进行的出售行为,不适用《澳证交所上市规则》第11.2条关于上市公司“处分主营业务”的规定。[⑧]

(七)债权人的监督

125 在自愿管理程序中,既可通过债权人的全体会议征询债权人意见,也可通过债权人设立的委员会(名为“检查委员会”,committee of inspection)进行:

(1)在自愿管理程序启动后的8个工作日内,应当召集公司的债权人召开第一次会议。该次会议将决定是否设立检查委员会及其具体成员。[⑨] 债权人还可在第一次债权人会议上以决议方式解除对现任自愿管理人的指定,并另行指定他人。[⑩]

---

① Corporations Act 2001 (Cth) s. 420A.

② Blundell v. Macrocom Pty Ltd. (2004) 50 ACSR 549; Re Krejci as Liquidator of Eaton Electrical Services Pty Ltd. (2006) 58 ACSR 403.

③ See Australian Securities and Investments Commission, *Regulatory Guide* 111: *Content of Expert Reports* (March 2011). 根据该文件的要求,将独立的专家证据送达受影响的股东,是豁免适用《公司法》第606条收购要求的前提条件。未能取得豁免的,则需适用《公司法》第606条。

④ 例如,就适用《公司法》第606条相关规定取得“豁免”,否则该条将禁止上市公司或拥有超过50名股东的公司增加20%以上比例的投票权。

⑤ See In the matter of Ten Network Holdings Ltd. [2017] NSWSC 1529.

⑥ 除非股东能够根据《公司法》第600H条的规定证明其享有相关权利。

⑦ 例如,修改公司章程[《公司法》第132(2)条]、与关联方交易(《公司法》第208条)。

⑧ See para. 4.6 of the Australian Securities Exchange Listing Rules Guidance Note 12, *Significant Changes to Activities* (9 March 2018), Brash Holdings Ltd. v. Shafir (1994) 14 ACSR 192; 12 ACLC 619, and Re Eisa Ltd. (2000) 35 ACSR 394; 18 ACLC 810; [2000] NSWSC 940.

⑨ Corporations Act 2001 (Cth) s. 436E(1).

⑩ Corporations Act 2001 (Cth) s. 436E(4).

(2)公司的第二次债权人会议应当自自愿管理程序启动之日起 20 个工作日内召集(程序启动之日非工作日的,则从其后的第一个工作日起算),并在召集期届满之前或之后的 5 个工作日内召开。① 第二次债权人会议的主要任务为,在执行公司安排契约、实施公司清算、交还董事控制三项选择之间,就公司拟采取的措施作出决议。②

(3)如出现特定情形自愿管理人有义务召集债权人会议,包括依检查委员会的书面指示、依占债权总额 25% 以上债权人的请求、③依澳证投委的指示④等。外部管理人也可在不召开正式会议的情况下,组织债权人以书面方式作出决议。⑤

关于债权人会议的人数,需要 2 个以上有表决权的债权人亲自出席或者委托代 126
理人、律师出席,才能满足法定人数要求。⑥

任何主体对公司享有应付债权、权利主张(现在的或未来的、确定的或有的、经 127
确认的或仅关于损害赔偿的),且其应付债权、权利主张发生于相关日期之前的,均可享有表决权。⑦ 债权人会议主席(通常是自愿管理人⑧)有权对表决资格予以确认。⑨ 对于金额尚未确定的债权(如诉讼未决的债权),会议主席需对该项债权进行"合理估值"。⑩ 在实务中,如果债权不具有估值可能性,会议主席一般会将该项债权数额认定为 1 澳元。法院可以依申请处理与表决权相关的争议。

获准参加表决的债权人均享有表决权,并在人数上享有"一票"。⑪ 128

除非被要求采用"投票"(poll)的表决方式,否则债权人一般以"口头"(voice) 129

---

① Corporations Act 2001 (Cth) s. 439A(5);如果自愿管理程序在 12 月启动,或在"受难节"(Good Friday)前的 25 个工作日内启动,则召集期会更长。

② Corporations Act 2001 (Cth) s. 439C.

③ Insolvency Practice Schedule (Corporations) Div 75 -15.

④ Insolvency Practice Schedule (Corporations) Div 75 -20.

⑤ Insolvency Practice Schedule (Corporations) Div 75 -40.

⑥ 如果只有一个债权人享有表决权,则法定人数要求为 1 人, See Insolvency Practice Rules (Corporations) 2016 (Cth) r. 75 -105。

⑦ 根据《公司法》第 553 条的规定,这是适用于清算的规则,但也同样适用于自愿管理, See Brash Holdings Ltd. v. Katile Pty Ltd. [1996] 1 VR 24。

⑧ 根据《公司法》第 439A 条的规定召集的第二次债权人会议,会议主席应当由自愿管理人担任, See Insolvency Practice Rules (Corporations) 2016 (Cth) r. 75 -50。

⑨ Insolvency Practice Rules (Corporations) 2016 (Cth) r. 75 -85(3).

⑩ Insolvency Practice Rules (Corporations) 2016 (Cth) r. 75 -85(4).

⑪ Insolvency Practice Rules (Corporations) 2016 (Cth) r. 75 -85 (2).

方式进行表决。[①] 在以投票方式表决的情形中，表决规则如下：

(1)如果债权人在人数上和所代表债权额上均过半数投票同意某决议事项，则决议获通过；

(2)如果债权人在人数上和所代表债权额上均过半数投票反对某决议事项，则决议被否决；

(3)出现票数僵局的，会议主席拥有"决定票"(casting vote)，但这一规则不适用于有关会议主席薪酬和免职的决议。[②]

130 在会议召集人认为适当且设备条件允许的情况下，债权人可以"以电子方式"(by electronic means)出席会议。[③]

131 债权人可以申请法院对表决结果予以审查，如存在以下情形，则法院有权在审查后撤销该项决议：表决结果系由关联实体决定的，且该结果有违于债权人利益，或者对于投同意票的(抑或投反对票的，视情况而定)债权人的利益，造成了或有合理可能造成损害至不合理的程度。[④] 法院也有权审查会议主席决定票的使用情况，并对决议予以撤销或更改。[⑤]

132 自愿管理程序、公司安排契约中的债权人可以在会议上决定是否设立检查委员会及其成员组成。[⑥]

133 一般情况下，检查委员会的具体职能在于向外部管理人提供咨询、协助并给予指示。自愿管理程序的管理人通常会与检查委员会协商处理有关问题，如公司财产的出售安排、是否申请延长第二次债权人会议的召集时间等。

134 部分事项既可交由债权人决定，也可交由检查委员会决定，包括批准外部管理人的报酬；[⑦]在清算中，批准公司所享有 10 万澳元以上债权的和解；[⑧]在清算中，批准清算人订立期限长于 3 个月的合同。[⑨]

135 以下主体在检查委员会成员的选任中享有特殊权利：代表公司债权总额 10% 以

---

① Insolvency Practice Rules (Corporations) 2016 (Cth) r. 75 –110(1).

② Insolvency Practice Rules (Corporations) 2016 (Cth) r. 75 –115.

③ Insolvency Practice Rules (Corporations) 2016 (Cth) r. 75 –75.

④ Insolvency Practice Schedule (Corporations) Div 75 –41.

⑤ Insolvency Practice Schedule (Corporations) Div 75 –42.

⑥ Insolvency Practice Schedule (Corporations) Div 80 –5.

⑦ Insolvency Practice Schedule (Corporations) Div 60 –10.

⑧ Corporations Act 2001 (Cth) s. 477(2A); Corporations Regulations 2001 (Cth) reg 5. 4. 02.

⑨ Corporations Act 2001 (Cth) s. 477(2B).

上的一个或多个债权人;[①]代表职工债权总额50%以上的一个或多个职工。[②] 除此之外,澳大利亚法还对企业集团合并清算中检查委员会的“合并设立”作出专门规定。[③]

公司债权人、债权人的代理律师、经债权人书面授权的代表或联邦政府的代表(“公平权益保障机制”已支付或可能支付相关的职工债权,且政府已代位取得求偿权时)有资格担任检查委员会成员。[④] 另外,委员会成员如有以下行为之一,将构成一项严格责任的罪行,但债权人对此另有决议的除外: 136

(1)直接或间接从公司的外部管理程序中获得利润或利益;[⑤]

(2)代表公司债权总额10%以上的债权人直接或间接成为公司任意财产的买受人。[⑥]

经检查委员会决定,其成员可以代表委员会对外获取专家的建议或协助,但未经过外部管理人批准,不得因该建议或协助负担费用。[⑦] 在澳大利亚,检查委员会接受外部建议的情况并不常见。 137

(八)自愿管理程序、公司安排契约中的债权顺位

如要成为自愿管理程序中的适格“债权人”,有关主体应当向自愿管理人提交债权证明,并申报具体债权信息。债权人持有“可证债权”(provable claims)的,无论其债权是否附有担保,均可提交债权证明。债权一旦基于表决目的获得了确认,相关债权人即有权通过投票决定公司未来。 138

对于各项债权申报,自愿管理程序仅基于表决目的而进行简易审查,并不进行实质处理,但这仅限于进入公司安排契约或实施清算前的阶段。 139

公司安排契约中的债权优先次序如下: 140

(1)担保债权人未投票同意公司安排契约的,不受公司安排契约的约束。因此,担保债权人一般可以自由行使其担保权,除非公司安排契约对此作出限制,并且担

① Insolvency Practice Schedule (Corporations) Div 80-20.
② Insolvency Practice Schedule (Corporations) Div 80-25.
③ Insolvency Practice Schedule (Corporations) Div 80-26.
④ Insolvency Practice Schedule (Corporations) Div 80-5.
⑤ Insolvency Practice Schedule (Corporations) Div 80-55.
⑥ Insolvency Practice Schedule (Corporations) Div 80-60.
⑦ Insolvency Practice Schedule (Corporations) Div 80-50.

保债权人投票同意该契约。① 因此一般而言，只有在担保债权人利益已获充分保障的情况下才会提出公司安排契约。此外，担保债权人有权在自愿管理程序中就其持有的全部债权数额享有表决权，无须扣除担保权数额。

(2)尽管澳大利亚法未作具体要求，但公司安排契约一般会将受保于保单的权利主张列入清算的优先权，②其法律效果为，这类债权可以就保单范围内的净收益，优先于其他无担保债权受偿。

(3)对于符合条件的职工债权③，公司安排契约应当在条款设置中体现这类债权在清算中享有的优先受偿权。但是，相关职工债权人对此另行达成决议，或者法院作出相反命令的，不受此限。④ 在公司拟继续经营业务、交易的情形中，往往会对这类清算优先权进行调整，因为公司打算在正常经营过程中支付该类职工债权，而不是在公司安排契约中进行清偿、和解。

(4)尽管在无例外情况下，公司安排契约应平等对待程序前发生的无担保债权，但只要公司安排契约未不公平地损害或歧视一个或多个特定债权人，则可以给予特定无优先权的无担保债权人(如非持续供应商)以差别待遇。法院在评估此类问题时，会对该差别待遇是否具有合法理由、是否合理等因素加以考虑。⑤

(九)公司安排契约的终止

141 公司安排契约的终止方式包括以下 4 种：

(1)公司安排契约的条款执行完毕，该契约即告终止。⑥ 在这一情形中，契约管理人需依法履行证明和通知义务，使该契约得以有效终止。⑦

(2)债权人会议以决议方式终止公司安排契约。⑧ 具体而言，如已出现违反公司安排契约的情形，且未在债权人达成终止契约决议前进行补正的，债权人有权以决议方式终止契约。⑨ 此外，如果在相关会议通知中已建议实施清算，则公司将在契

---

① Corporations Act 2001 (Cth) s. 444D(2).
② Corporations Act 2001 (Cth) s. 562.
③ Corporations Act 2001 (Cth) ss. 433 and 561.
④ Corporations Act 2001 (Cth) s. 444DA.
⑤ Corporations Act 2001 (Cth) s. 445D(1)(f); Lam Soon Australia Pty Ltd. v. Molit (No. 55) Pty Ltd. (1996) 70 FCR 34.
⑥ Corporations Act 2001 (Cth) ss. 445C(d) and 445FA.
⑦ Corporations Act 2001 (Cth) s. 445FA(1).
⑧ Corporations Act 2001 (Cth) s. 445C(b).
⑨ Corporations Act 2001 (Cth) s. 445CA.

约终止后进入清算程序,[1]而契约管理人将自动成为清算人。[2]

(3)如出现以下特定情形之一,法院有权直接终止公司安排契约:[3]

①就公司业务、财产、事务或财务状况向管理人、债权人提供的信息是错误的或有误导性的,且有合理预期该信息会对债权人表决是否执行公司安排契约产生实质性影响;[4]

②在该公司安排契约获得通过的会议的会议通知所附文件中载有这类错误的或有误导性的信息;[5]

③会议通知所附文件中存在"疏漏"(omission),且有合理预期该疏漏会对债权人产生实质性影响;[6]

④受该公司安排契约约束的某一主体"实质违反"(material contravention)该契约;[7]

⑤该公司安排契约只有在造成不公正(injustice)或不当延迟(undue delay)的情况下才具有效力;[8]

⑥该公司安排契约(或者其中的条款、相关行为或疏漏)会对个别债权人造成压迫、不公平损害或者歧视,或者违背债权人的整体利益。[9]

债权人、公司、澳证投委或者其他利害关系人均可向法院申请终止公司安排契约。[10] 法院对公司安排契约作出终止命令的,公司将自动转入清算程序,契约管理人自动成为清算人。[11]

(4)公司安排契约规定有终止情形的,则该契约应在规定情形发生时终止。[12]

---

① Corporations Act 2001 (Cth) s. 445E.

② Corporations Act 2001 (Cth) s. 446A(1)(c).

③ Corporations Act 2001 (Cth) ss. 445C(a) and 445D.

④ Corporations Act 2001 (Cth) s. 445D(1)(a).

⑤ Corporations Act 2001 (Cth) s. 445D(1)(b).

⑥ Corporations Act 2001 (Cth) s. 445D(1)(c).

⑦ Corporations Act 2001 (Cth) s. 445D(1)(d).

⑧ Corporations Act 2001 (Cth) s. 445D(1)(e).

⑨ Corporations Act 2001 (Cth) s. 445D(1)(f). 例如,在特定情形中,公司安排契约的规定未能平等对待无担保债权人的,可以以此为由终止该契约, See Lam Soon Australia Pty Ltd. v. Molit (No. 55) Pty Ltd. (1996) 70 FCR 34。为了诱使特定债权人投票同意公司安排契约而作出秘密支付的,则可以据此撤销公司安排契约, See Young v. Sherman (2002) 170 FLR 86。

⑩ Corporations Act 2001 (Cth) s. 445D(2).

⑪ Corporations Act 2001 (Cth) s. 446AA(1)(a).

⑫ Corporations Act 2001 (Cth) s. 445C(c).

此外，契约规定有终止情形发生后公司应实施清算的，则公司应自动转入清算程序，契约管理人成为清算人。①

142 公司安排契约获债权人会议表决通过的，在该会结束后的15个工作日内，或者在法院准许延长的更长期限内（需在前一期限内提出申请），如果公司未能执行该契约，应当自动转入清算程序，自愿管理人成为清算人。②

（十）自愿管理人的费用和报酬

143 对于以下费用，自愿管理人有权从公司的财产中获得法定补偿：

（1）因自愿管理人的履职而产生的债务或责任，有以下几点：

①根据《公司法》应由自愿管理人个人承担的债务、责任，包括因获得服务、物品的费用；借用、租用、使用或者占有的财产的费用；偿付借款、借款利息及借贷成本相关费用；③

②自愿管理人承担的特定缴税义务；④

③自愿管理人在善意且无过失的履职过程中产生的其他债务、责任，或者受到的损害及损失。⑤

（2）自愿管理人的报酬。⑥

144 一般情况下，自愿管理人享有的法定补偿优先于公司所有无担保债务受偿，也优先于以公司财产提供"流动担保权益"的债务受偿。⑦ 但如有以下情形之一，自愿管理人的法定补偿不得先于对公司财产享有"流动担保权益"的债权受偿：⑧

①担保债权人在自愿管理开始之前已经开始执行担保权且持续执行至自愿管理期间的；

②在自愿管理期间启动担保权执行的；

③法定补偿对应的内容是对管理人借款利息或借贷成本的偿付。

自愿管理人的法定补偿应享有"法定优先权"（statutory lien）的保障。⑨

---

① Corporations Act 2001 (Cth) s.446AA(1)(b).

② See Section 444B(2) read together with s.446A(1)(b) of the Corporations Act 2001 (Cth).

③ Corporations Act 2001 (Cth) s.443A.

④ Corporations Act 2001 (Cth) s.443D(a).

⑤ Corporations Act 2001 (Cth) s.443D(aa).

⑥ Corporations Act 2001 (Cth) s.443D(b).

⑦ Corporations Act 2001 (Cth) s.433E(1).

⑧ Corporations Act 2001 (Cth) s.443E.

⑨ Corporations Act 2001 (Cth) s.443F.

自愿管理人有权因其妥善履行必要职责而获取报酬，报酬数额将由债权人或检查委员会（如有）决议确定或法院决定。[①] 在无此类决定时，自愿管理人仅可获得不超过“最大默认金额”（maximum default amount）的合理费用。[②] 这些费用应当从公司资产中优先支付。[③] 145

三、债务偿还安排

（一）简介

澳大利亚的债务偿还安排制度源于英国，属于一类庭内程序，旨在促成债权人和/或股东就其权利达成和解。《公司法》第 5.1 部分规定了澳大利亚的债务偿还安排制度。[④] 146

关于债务偿还安排程序对财务困难债务人的适用条件，《公司法》并不区分“破产前”（pre-insolvency）和“正式破产”（formal insolvency）的概念。不过，债务偿还安排还是经常被作为一项“破产前”的正式程序，如作为董事会依职权指定自愿管理人前的机制选择。 147

债务偿还安排是一类“法院驱动型程序”（court-driven process），该程序主要涉及一份有关公司重组的建议方案，其中可包含对股东权益的和解（所谓“成员安排计划”，members scheme）或者对债权人权益的和解（所谓“债权人安排计划”，creditors scheme）。[⑤] 本报告主要探讨债权人安排计划，该程序适用于与全体债权人或特定债权人组达成和解。 148

一项安排计划可以仅为特定债权人组而制订，并且只对安排计划具体涉及的一组或多组债权人产生约束力，如仅约束担保债权人。因此，相较于公司安排契约，债务偿还安排更具针对性，该程序对应的债权人组数量将根据案件实际而定。 149

安排计划是一种极具灵活性的文件，其具体的性质、效果均取决于该安排计划的条款设置。一方面，一项安排计划既可针对公司的权利主张设定中止期，也可就 150

---

① Insolvency Practice Schedule (Corporations) Divs 60 -5 -60 -10.

② Insolvency Practice Schedule (Corporations) Div 60 -15. 在 2016 年 7 月 1 日后的“财务年度”(financial year)指定自愿管理人的，最高默认金额为 5000 澳元。在 2017 年 7 月 1 日后指定自愿管理人的，则以该财务年度系数乘以上一年度最高金额或规定金额中的较高者作为最高默认金额。

③ Corporations Act 2001 (Cth) s.556(1).

④ Corporations Act 2001 (Cth) s.411.

⑤ Corporations Act 2001 (Cth) Pt 5.1.

公司所负债务达成和解。另一方面，实施债务偿还安排的程序较为复杂，需经两次法院批准。

（二）债权人安排计划

151 公司或已受影响的债权人均可启动磋商并提出适用债务偿还安排程序的建议。而安排计划则应当由公司提出——通常会以公司董事会达成的多数决为依据。一般在公司与受影响的债权人就实施债务偿还安排程序达成“实施约定”（implementation deed）之后，才会提出安排计划。

152 虽然推动程序并正式提出安排计划的主体是债务人，对程序的整体控制仍取决于债务人和债权人之间的具体安排。不过，一项安排计划最终还需由受其影响的债权人表决通过。

153 《公司法》第 411 条规定的债务偿还安排程序为：

（1）法院（在第一次听证中）应当召集一次或者多次会议，由全体债权人或特定债权人组在会上表决安排计划。法院在第一次听证中组织全体债权人或者特定债权人组进行表决的前提为，该安排计划如在此次会议中获表决通过，法院可在无异议的情况下在第二次听证中直接予以批准。不满足此前提的，法院不予组织表决。① 债权人和澳证投委可以委派代表出席第一次听证会。一般而言，在法院的第一次听证中，有关安排计划草案中“权利分组”的适当性问题会受到激烈争论。②

（2）当亲自出席或代理出席会议的全体债权人或相关债权人组过半数投票同意一项安排计划，且其代表的债权额占全部出席并投票的相应债权总额 75% 以上时，该安排计划即获通过。在债务偿还安排程序中，投票资格由会议主席负责确定。③

（3）在债权人对安排计划完成表决后，即使该安排计划已获必要的法定多数决通过，法院在第二次听证中，仍就是否批准该项安排计划享有自由裁量权。债权人、澳证投委可以委派代表出席第二次听证会。澳大利亚法院在行使自由裁量权时，一般会基于“债权人才是其自身商业利益的最佳判断者”的原则进行考量。法院将纳

---

① FT Eastment & Sons Pty Ltd. v. Metal Roof Decking Supplies Pty Ltd. (1977) 3 ACLR 69 at 72; Re Permanent Trustee Co. Ltd. (2002) 43 ACSR 601 at [8] - [10]; Centrebet International Ltd. [2011] FCA 870 at [29].

② Re Prime Infrastructure Holdings Ltd. (2010) 80 ACSR 193 at [17].

③ Corporations Act 2001 (Cth) s. 411(4).

入考量的具体因素包括程序采取的步骤是否适当、信息披露是否充分、法律法规和公共政策要求是否得到遵守、安排计划的提出是否基于善意且公平合理等。[①]

法院一旦批准一项安排计划,不可再对其内容进行修改。[②] 但是,法院有权在批准安排计划的同时,对计划内容作出其认为公正的修改或者增加其认为公正的附加条件。[③] 一般情况下,法院行使这类修改权是为了纠正安排计划中较小的错误、疏漏,或者补正无争议客观情况变化而导致的影响。这类修改通常依债务人的申请作出。曾有判例认为,这类修改须在实质上与债权人表决同意的内容保持一致,[④]但近期的案例表明,法院有权作出更为重大的修改,甚至可以不顾公司对此提出的异议。[⑤] 154

对于法院关于安排计划作出的命令和给予的批准,债权人、受影响的第三方均有权提起上诉。一般情况下,拟上诉的当事人会在第二次法院听证会上申请一项立即生效的临时禁令,阻止债务人将法院关于安排计划的批准命令提交至澳证投委备案,因为安排计划将于备案之时起立即生效。[⑥] 此外,安排计划一经生效,由于对第三方权利的影响,此后的任何上诉均可能"无效"(nugatory)。[⑦] 155

安排计划一旦生效,对相关债权人组中的所有债权人均有约束力,即使有债权人投票反对、弃权甚至从未收到通知,也受该安排计划约束。[⑧] 156

安排计划未获债权人表决通过的,债务偿还安排程序不会自动导入其他程序。如出现以下情形之一,债务偿还安排程序不再继续进行:计划未获任何一个债权人组通过的;计划未获所涉债权人组中的一个或多个组通过,但就其余受影响的债权人组 157

---

① 该列举并未穷尽各类情形,但体现了债务偿还安排大量判例中的实质性审查事项, See generally Re Permanent Trustee Co. Ltd. (2002) 43 ACSR 601; Re Alabama, New Orleans, Texas & Pacific Junction Railway Co. [1891] 1 Ch 213; Re NRMA Ltd. (No. 2) (2000) 34 ACSR 261 and Re Central Pacific Minerals NL [2002] FCA 239。

② Re Challenger Group Holdings Ltd. (2003) 48 ACSR 498 at [18]; 然而,法院曾基于"错漏规则"(slip rule)对明显的错误、疏漏等问题进行小幅修改。

③ Corporations Act 2001 (Cth) s. 411(6); Re Matine Ltd. (1998) 28 ACSR 268.

④ Re Opes Prime Stockbroking Ltd. (No. 2) (2009) 73 ACSR 411; [2009] FCA 864 at [16] - [17].

⑤ Snowside Pty Ltd. as trustee for the Snowside Trust v. Boart Longyear Ltd. (2017) 122 ACSR 291; [2017] NSWCA 215.

⑥ Corporations Act 2001 (Cth) s. 411(10).

⑦ See Re Centro Properties Ltd. and CPT Manager in its capacity as responsible entity of Centro Property Trust [2011] NSWSC 1481.

⑧ Corporations Act 2001 (Cth) s. 411(4).

而言,该计划整体上是相互依存、不可分割的;计划未在第二次听证会上获得法院批准的。如果债务偿还安排程序不再继续进行,则视以下情形分类处理:

(1)债务偿还安排是由清算人建议适用的,公司仍继续实施清算;

(2)如果公司并未处于任何形式的破产程序中,公司将继续由其董事控制。然而,如果公司已经破产或者濒临破产,董事则需考虑是否另外提出一项替代的安排计划、为公司指定自愿管理人或者决议对公司实施清算。

158 一项安排计划可以(但非应当)由"计划管理人"(scheme administrator)负责执行。计划管理人处置公司资产的权力源于计划本身的授权,同时可能受计划条款的限制。同样,按照安排计划实施资金分配的方式、方法也以计划条款为依据。债务偿还安排程序的启动并不导致担保债权人丧失担保权范围内的权利,但安排计划的条款(一经批准和执行)可能导致担保权人丧失这类权利。

159 债务偿还安排程序并无具体时间表。利益相关方在达成安排计划条款后,会尽快推动法院召开第一次听证,进而召集债权人会议进行表决,并在表决通过该安排计划后尽快推动法院召开第二次听证,以使该安排计划获得法院批准。

160 对于债务偿还安排程序的成本和费用,以及管理人的成本和费用(包括管理人报酬),法律并未作具体规定。但是,一项安排计划通常会在其条款中规定,这类成本和费用将优先于程序前发生的债权获得支付。

(三)债务偿还安排程序的文件信息

161 在债务偿还安排程序中,根据法律规定,在表决一项安排计划前需向债权人提供大量信息。公司有义务向债权人发出一份详尽的"解释性说明"(explanatory statement),①该文件应于法院在第一次听证会上批准后发出。解释性说明应当对安排计划的具体细节进行披露,并载明以下内容:②

(1)假如公司在6个月内被实施清算,预计可获分配的金额;

(2)根据安排计划预计可获分配的金额;

(3)安排计划相关的已知债权人名册和债权债务清册[并注明其中的担保债权人和"内部"(internal)债权人③]。

---

① Corporations Act 2001 (Cth) s. 412.

② Corporations Regulations 2001 (Cth) Schedule 8 reg 8201.

③ 即股东、股东的亲属和配偶以及配偶的亲属, See Corporations Regulations 2001 (Cth) Schedule 8 reg 8101。

除上述内容之外,还应附有公司事务报告等规定的附件。①

除非公司本身希望进行第三方评估,否则这类解释性说明中无须包含任何第三方评估的内容。 162

虽然澳大利亚法对向债权人发出的解释性说明作出了诸多要求,但并未对安排计划本身的内容作具体规定。 163

公司应当至少在向法院提交解释性说明的 14 日前,先向澳证投委提交该解释性说明。② 如果该解释性说明在法院第一次听证会上获得批准,则在向债权人会议成员发出召集通知时,应当附上该说明。③ 164

法院命令召开的会议结束后(译者注:表决安排计划的会议),申请方应当发布对批准计划的申请进行听证的公告。④ 关于听证公告的具体形式和发布时间(至少在听证会的前 5 日),法律均有具体规定。⑤ 165

所有根据《公司法》和《公司条例》提交澳证投委备案的公告,均会公布于澳证投委运营的线上公开数据库中。⑥ 安排计划的管理人还应当向澳证投委提交与其获指定相关的全部材料。⑦ 166

一般情况下针对债权人的债务偿还安排程序无须通知股东。⑧ 然而,根据安排计划的具体条款设置,可能仍需取得澳证投委的专门豁免或股东同意。如涉及上市公司,可能还需经澳证交所或股东批准。⑨ 167

(四)债权人监督

债务偿还安排程序中会有一次由法院命令召开的债权人会议(或债权人组会 168

---

① Corporations Regulations 2001 (Cth) Schedule 8 reg 8203.

② Corporations Act 2001 (Cth) s. 411(2).

③ Corporations Act 2001 (Cth) s. 412(1);法院在第一次听证会上作出的命令中,应当决定通知债权人的具体方式,现越来越多采用电子方式通知。

④ 有关听证的公告通常会在公司主要营业地所在州或地区流通发行的日报上公布一次, see r 2. 12 of the Federal Court (Corporation) Rules 2000 (Cth)。

⑤ See for example, Federal Court (Corporations) Rules 2000 (Cth) r. 3. 4 and Schedule 1 Form 6.

⑥ Australian Securities and Investments Commission, *Publishednotices* <https://insolvencynotices.asic.gov.au/> (accessed 10 January 2020).

⑦ Corporations Act 2001 (Cth) ss. 411(9) and 415.

⑧ See for example, *Re Opes Prime Stockbroking Pty Ltd.* (No. 1) (2009) 258 ALR 362; 73 ACSR 385 at [76];《公司法》第 606 条规定,通过债权人债务偿还安排来改变控制权属于豁免情形, See also Corporations Act s. 611 at item 17。

⑨ 例如,修改公司章程[《公司法》第 132(2)条]、与关联方交易(《公司法》第 208 条)或根据澳证交所上市规则第 11. 2 条处分公司的"主营业务"。

议），以对安排计划草案进行表决。相关组别的所有债权人均有权参加投票，这类债权人的范围需根据安排计划的条款内容确定。

169 债务偿还安排中的会议规则应由法院以命令方式确定，一般将以外部管理制度（本报告第125～130段介绍自愿管理时述及）的规则为基础，并作适当调整。

170 如本报告第153～155段所述，债权人可以委托代理人参加两次法院听证，并有权对法院在听证中作出的命令提出上诉。

（五）债务偿还安排中的债权顺位

171 法律并未对债务偿还安排中"程序前"债权的优先权作具体规定。

172 一项安排计划一般只处理一组（有时为多组）债权人的债权。其他债权人组的债权通常情况下不会一同参与和解，而会在计划执行后继续在正常经营过程中获得偿付。

173 一般情况下，考虑到法律对符合条件职工债权待遇的要求，一项安排计划不会将职工债权纳入其债务和解的范围。权益受到安排计划影响的职工，应当在表决通过安排计划的会议上单独作为一个债权人组。① 虽然，严格意义上讲，清算中关于职工债权优先受偿权的规定并不适用于债务偿还安排，但一项安排计划如需处置职工债权（这并不常见），则必须对其法定优先权有所体现。

（六）安排计划的执行

174 在制订安排计划并提交债权人的期间（以及计划执行后），对公司业务的管理、控制方式将取决于公司与债权人达成的具体协议。一般情况下，公司现有管理层仍会继续保持对公司的控制，公司高级管理人员仍可行使其所有职权，但公司与债权人另有约定的，从其约定［例如，在中止协议或"重组协调协议"（restructuring co-ordination deed）中对高级管理人员的行为施加限制］。

175 一项安排计划还会规定债权的审查确认机制。这类机制往往会针对安排计划所涉的债权人组作专门设计。相关破产执业者（计划管理人）将负责债权的审查确认工作。

176 与自愿管理程序类似，法律并未规定待履行合同应在公司启动债务偿还安排程序后自动终止。程序对合同的具体影响取决于合同条款的约定。除此之外，本报告第104（4）段所述的关于自愿管理程序的"破产约定"权利被中止行使的限制（包括

---

① Re Brian Cassidy Electrical Industries Pty Ltd. (1984) 9 ACLR 140.

相关的豁免和例外情形),也适用于特定情形中以公司提出或达成安排计划为触发条件的权利。但适用这一限制的前提是,在提起债务偿还安排的申请时即已说明,该安排计划的目的是为避免公司进入破产清算。

一项安排计划一旦进入执行,按照其条款规定,可能会对该计划拟和解或调整 177
的债权、权利产生中止或延期偿付效力。此外,公司也可在安排计划获得批准和执行之前,申请法院颁令中止针对公司的法律程序。依据安排计划产生的具体中止效力,应视计划的具体条款而定。

四、澳大利亚对外国破产程序的承认与协助

(一)简介

在澳大利亚,外国破产程序主要通过两种方式获得承认。第一种是依据《跨境 178
破产法》获得承认,该法赋予《示范法》以澳大利亚国内法的效力。[①] 第二种是依据《公司法》第 581 条"协助和辅助"(aid and auxiliary)的规定获得承认。[②] 根据该规定,澳大利亚法院可以向外国破产法院提供协助(对部分司法管辖区的法院则为"应当提供协助")。

严格意义上,按照前述方式对外国破产程序予以承认并不等同于允许外国破产 179
职务主体在澳大利亚履行职权,但可使外国破产管理人有资格向澳大利亚法院申请救济。这类救济包括作出阻却债权人追偿债务人资产的保护令、允许外国破产管理人对债务人在澳大利亚的资产行使与相应国内破产程序(如债务人在澳大利亚启动程序)中管理人相同范围的权力。

在大多数情况下,对于试图获得澳大利亚承认的外国破产程序,希望对债务人 180
在澳资产行使职权的外国破产管理人,首选方式是依据《示范法》规则进行申请。这一方式兼具简单性、全面性和确定性。但是,由于《示范法》是对《公司法》规定程序的补充而非替代,在不能适用《示范法》规则时,当事人也可以适用《公司法》第 581 条获取承认。

需说明,在"四、澳大利亚对外国破产程序的承认与协助"的介绍中,《示范法》 181
相关术语的含义应以《示范法》中的定义为准。

---

① 《跨境破产法》第 22 条规定,如《示范法》与《公司法》的规定存在任何不一致,以《示范法》为准。

② 在适用于个人破产的《1966 年破产法(联邦)》第 29 条中,包含与《公司法》第 581 条相同的规定。

(二)采纳《示范法》

182 根据《示范法》规则,在外国启动的破产程序可以获得澳大利亚的承认,但明显违背澳大利亚公共政策的除外。① 澳大利亚在《跨境破产法》中将《示范法》全文作为附表颁布,并“为适应澳大利亚实际而作出尽可能少的必要调整”②。具体而言,相较于《示范法》标准文本,《跨境破产法》替换了与《示范法》第13条第2款相关的脚注。③ 这一替换的效果为,“除税收和社会保障义务之外”的其他外国债权,不会仅因其为外国债权而使受偿顺位后于其他无担保债权。

183 根据《示范法》规则,经合法指定的**外国代表**(Foreign Representative)可以申请澳大利亚法院承认外国破产程序为以下两类程序之一:

(1)**外国主要程序**(Foreign Main Proceeding),即在债务人主要利益中心地(centre of main interests,COMI)启动的破产程序;

(2)**外国非主要程序**(Foreign Non-main Proceeding),即在不属于债务人主要利益中心地但为“营业所”(establishment)所在地启动的外国破产程序。④

184 《跨境破产法》在其解释性备忘录中明确说明,“外国破产程序”这一定义旨在广泛涵盖适用于严重财务困境公司⑤的各类程序。同时,澳大利亚法院也认为,“外国破产程序”的定义已足够宽泛,能够包含破产导致的清算,以及债权人自愿清算、“重整”(reconstructions and reorganisations)、“管理”(administrations)、自愿管理等各类程序。

185 而如果外国破产程序希望依据《示范法》第15条获得澳大利亚承认,⑥外国代表应当向澳大利亚联邦法院或州、地区最高法院提出申请,以外国代表为原告,以债务人为被告。⑦ 此外,这类申请应当作为《2000年联邦法院(公司)规则》表格2中的

---

① 本报告在此仅介绍澳大利亚承认破产程序的问题,不对澳大利亚承认外国判决的问题作探讨。

② Cross-Border Insolvency Bill 2008 Explanatory Memorandum at p.6.

③ Cross-Border Insolvency Act 2008 (Cth) s.12.

④ “营业所”在《示范法》第2(f)条的定义为“债务人以人工和实物或服务进行某种非临时性经济活动的任何营业场所”。

⑤ Cross-Border Insolvency Bill 2008 Explanatory Memorandum Art.2 “Definitions” at p.17.

⑥ 关于对外国破产程序(美国)在澳大利亚获得承认应适用的程序性要求的概况,可参见 Weinstein (Trustee) v. Morris [2016] FCA 993。

⑦ Federal Court (Corporations) Rules 2000 (Cth) r.15A.3(2)(b).

原讼程序(originating process)提出。① 当事人在向法院提交申请的同时,应当同时开启请求法院作出送达指示的“非正审程序”(interlocutory process)②,和依据《示范法》第19条请求给予临时救济的其他“非正审程序”。③

提出承认外国破产程序的申请时,应当同时提交特定的证据材料,包括启动外国破产程序、指定外国代表的证据④、关于外国代表已知的债务人所涉外国破产程序的说明、关于外国代表已知的其他相关澳大利亚破产程序的说明⑤以及一份证明相关事项的“宣誓书”(affidavit,这类事项包括《示范法》第15条第2、3款和《跨境破产法》第13条规定的事项)。⑥ 申请和宣誓书应至少在听证之日的5日前送达债务人。⑦ 186

根据《跨境破产法》的要求,只要在澳大利亚申请承认外国破产程序,均需外国代表就已知的其他相关澳大利亚破产程序作出说明。⑧ 该法还规定,外国代表除应按照第18条(b)项规定在获悉其他外国程序后及时通知法院外,还应在获悉任何澳大利亚破产程序的存在后及时通知法院。⑨ 187

除非法院对此另作命令,外国代表应当通知申请人⑩的全体已知债权人其提交承认申请的情况,并在债务人主要营业地或最后所知的营业地所在州或地区流通发行的日报上发布公告。⑪ 任何拟参加申请听证的人均应在听证日的3日前按规定格 188

---

① 本报告援引的依据为《2000年联邦法院(公司)规则》,但澳大利亚各州和地区的最高法院的规则中也存在相同条款。

② Federal Court (Corporations) Rules 2000 (Cth) rr. 15A.3(1) and 15A.3(3).

③ Federal Court (Corporations) Rules 2000 (Cth) r. 15A.4.

④ 即经核证的关于开启该外国程序和指定该外国代表的决定的副本;或外国法院出具的、证实该外国程序存在和指定该外国代表的证明;或法院可接受的、证明该外国程序存在和指定该外国代表的任何其他证明。Model Law Art. 15(2)(a) and Federal Court (Corporations) Rules 2000 (Cth) r. 15A.3(2)(c).

⑤ Model Law Art. 15, Cross-Border Insolvency Act 2008 (Cth) s. 13; Federal Court (Corporations) Rules 2000 (Cth) r. 15A.3(2)(c);这类对象涵盖根据《1966年破产法(联邦)》(规定个人破产)进行的任何程序;根据《公司法》第5章(规定各类破产程序和针对债权人的债务偿还安排程序)、《公司法》第601CL条(处理已注册外国公司的停止经营问题)、《公司法》附表《破产实务安排》进行的任何程序;以及对债务人财产指定接管人、控制人或“接管控制人”(managing controller)的程序。

⑥ Federal Court (Corporations) Rules 2000 (Cth) r. 15A.3(2)(c).

⑦ Federal Court (Corporations) Rules 2000 (Cth) rr. 15A.3(4) and 2.7(1).

⑧ Cross-Border Insolvency Act 2008 (Cth) s. 13.

⑨ Cross-Border Insolvency Act 2008 (Cth) s. 14.

⑩ Federal Court (Corporations) Rules 2000 (Cth) r. 15A.6(1)(a).

⑪ Federal Court (Corporations) Rules 2000 (Cth) r. 15A.6(1)(b).

式提交并送达[①]“出庭通知”(notice of appearance)以及准备作为其意见依据的“宣誓书”。[②]

189 法院一旦作出承认外国破产程序的命令，外国代表应当尽快将该命令提交“登记”(enter)，[③]并向债务人送达已经登记的命令副本。[④] 此外，外国代表应当就法院作出命令一事，按规定格式向申请人[⑤]所知的全体债权人发出通知，并按规定格式在债务人主要营业地所在州或地区流通发行的日报上发布公告。[⑥]

1. 承认和救济

190 外国破产程序一旦获得澳大利亚法院的承认，外国代表可以申请法院作出一系列命令，为重组或清算债务人资产提供协助。一项外国破产程序的承认效力和具体救济(remedies)取决于该程序是被承认为“外国主要程序”还是“外国非主要程序”。

191 《示范法》第20条规定了外国破产程序被承认为外国主要程序后的自动效力（译者注：为统一相关表述，本部分较联合国官方中文版略有调整）：

(1)中止开启或中止继续进行涉及债务人资产、权利、债务或责任的诉讼或程序；

(2)中止对债务人资产的执行行动；

(3)中止行使对债务人任何资产进行转让、质押或作其他处置的权利。

192 外国破产程序依据《示范法》第20条适用的“自动中止”范围，应当根据《公司法》中与该程序最为相近的破产程序所适用的中止规则确定。当事人如需取得范围更广的中止效力，可以依据《示范法》第21条申请法院作出进一步命令。

193 根据《示范法》第21条的授权，澳大利亚法院在承认外国主要程序或外国非主要程序时，可以依其裁量权给予额外的救济。根据第21条的规定，为对债务人资产或债权人权益给予必要保护，法院可依外国代表的申请给予适当救济，包括但不限于以下第(1)至(7)项所列举的救济方式（译者注：为统一表述，本部分较联合国官

---

① Federal Court (Corporations) Rules 2000 (Cth) r. 15A. 3(5).

② Federal Court (Corporations) Rules 2000 (Cth) r. 2. 9(1).

③ Federal Court (Corporations) Rules 2000 (Cth) r. 15A. 7(1)(a).《2011年联邦法院规则》第39. 34条规定，法院可以在颁布命令时作出指示，根据该规则第39. 35(1)条之规定以法庭认证的方式登记该命令。在这一方式中，法院或“登记官”(registrar)将在命令上签字，并加盖地方登记处的印记或印章。

④ Federal Court (Corporations) Rules 2000 (Cth) r. 15A. 7(1)(b).

⑤ Federal Court (Corporations) Rules 2000 (Cth) r. 15A. 7(1)(c).

⑥ Federal Court (Corporations) Rules 2000 (Cth) r. 15A. 7(1)(d).

方译文略有调整)：

(1)仅在未依第20条规定采取中止措施的情况下,中止开启或中止继续进行涉及债务人资产、权利、债务或责任的诉讼或程序；

(2)仅在未依第20条规定采取中止措施的情况下,中止对债务人资产的执行行动；

(3)仅在未依第20条规定采取中止措施的情况下,中止行使对债务人任何资产进行转让、质押或作其他处置的权利；

(4)就债务人的资产、事务、权利、债务或责任事项提供询问证人、收取证据或传送信息的协助；

(5)“授权”(entrusting,《示范法》中文版中使用“委托”一词)外国代表管理或变卖债务人在本国的全部或部分资产；

(6)延长依据第19条给予的救济；

(7)给予破产执业者以澳大利亚国内程序中可以获得的任何额外救济。

虽然外国非主要程序获得承认后并无任何自动效力,但根据第21条的规定,法 194
院可以依其裁量权给予类似于第20条规定的救济。

2. 法院相关判例

澳大利亚法院在行使《示范法》第21条赋予的自由裁量权时,会倾向于给予外 195
国代表与澳大利亚国内程序相同的保护和权力(在根据澳大利亚法进行的破产程序中,可以当然获得的保护和权力)。

在 Tucker v. Aero Inventory (UK) Ltd. (No. 2)案中,①澳大利亚联邦法院承认 196
某英国管理程序为外国主要程序,并授予英国管理人在押记、担保优先权、质押和租赁财产方面等同于澳大利亚自愿管理人可在程序中当然获得的保护。此外,该公司在澳大利亚所有或控制的资产,包括大量商用飞机消耗性零件等消耗品,都作为该公司业务的一部分被予以分配和出售。

在 Ackers v. Saad Investments Co. Ltd. ②案中,Saad Investments 公司(以下简称 197
Saad 公司)是一家在开曼群岛注册成立的公司。Saad 公司的清算人依据《示范法》在澳大利亚申请将开曼群岛大法院的程序承认为外国程序。在开曼程序中,开曼群岛大法院对 Saad 公司作出清算命令,并指定本案原告担任“联合清算人”(joint official liquidators)。同时,由于 Saad 公司在澳大利亚持有的财产为澳证交所上市股

① [2009] FCA 1481; 77 ACSR 510.

② [2010] FCA 1221.

票，大部分股票之上都存在未决的担保权主张或被其债权人主张抵销，清算人试图以申请承认的方式保护这些资产。对此，澳大利亚联邦法院裁定承认开曼群岛大法院的程序为外国主要程序，并根据《示范法》第21条作出以下命令：

(1)保护Saad公司的在澳资产，给予中止针对Saad公司或其资产的诉讼和执行程序、暂停行使资产转让权利等救济；

(2)授权Saad公司清算人以外国代表的身份管理、变现和分配Saad公司的在澳资产；

(3)授予Saad公司清算人行使澳大利亚清算人依据《公司法》一般可享有的权力。

198 在Raithatha v. Ariel Industries Plc案中，[①]Ariel Industries Plc和Ariel Fasteners Ltd.（均为在英国注册成立的公司，以下统称Ariel系公司）在债权人自愿清盘程序中，根据英国公司注册处的一项行政命令指定了英国清算人。澳大利亚联邦法院裁定承认该英国程序为外国主要程序，并根据《示范法》第21条作出命令，授予英国清算人以管理和变现Ariel系公司在澳资产的权力和澳大利亚清算人依据《公司法》一般可享有的权力，同时规定了中止开启并中止进行针对Ariel系公司或其资产的诉讼程序等效力。

199 与该案类似，在Wood v. Astra Resources Ltd.案中，[②]Astra Resources公司（以下简称Astra公司）在英国注册成立，其英国清算人依据《示范法》申请澳大利亚法院承认英格兰和威尔士高等法院的破产程序。在该程序中，英格兰和威尔士高等法院作出了清算Astra公司的命令。澳大利亚联邦法院裁定承认英国程序为外国主要程序，并依清算人的申请，根据第21条作出救济命令。法院在考虑是否作出命令时，考量了Astra公司债权人的利益，认为单一的清算程序比在澳大利亚和英国分别实施清算更符合Astra公司及其债权人的利益。法院在论述中指出，Astra公司的所有债权人，包括位于英国之外的债权人，都可以在英国的清算程序中申报债权，并与所属债权人组的其他债权人按同一比例参与分配。

（三）《公司法》第581条

200 《公司法》第581条规定了“协助和辅助”（aid and auxiliary）规则。该规则主要适用于外部管理活动中的法院间合作。根据《公司法》第581条(2)款（该条款制定日期早于澳大利亚采纳《示范法》），澳大利亚法院应当向所有对外部管理事务具有

① [2012] FCA 1526; 212 FCR 139.

② [2016] FCA 1192.

管辖权的"特定国家"[1]的法院"给予协助,予以辅助"。

1. 外国法院的请求

《公司法》第581条规定的协助一般依其他国家"适当法院"(appropriate court)的请求提供。这类请求通常会以"请求书"(letter of request)的方式作出。但《公司法》第581条不局限于在法院之间适用。在Re Chow Cho Poon (Private) Ltd.案[2]中,尽管新南威尔士州最高法院并未收到来自新加坡法院的请求,但还是适用了《公司法》第581条,依新加坡清算人的申请向新加坡清算程序给予协助。在该案中,新加坡清算人和Chow Cho Poon公司依据《公司法》第581条(2)(a)项申请澳大利亚法院宣告对新加坡清算人的身份予以承认,并认可其操作Chow Cho Poon公司在澳特定银行账户的权力。这一申请背后的原因在于,如果没有法院作出的命令,澳大利亚银行不会认可新加坡清算人的身份和权力。 201

在同意授予清算人和Chow Cho Poon公司寻求的救济时,新南威尔士州最高法院认为,授予救济的决定为新加坡法院作出的命令增添一重"效力",通过"强力执行"(superimposing)该命令,可对新加坡法院予以协助和支持。虽然有此判例,但在大多数情况下,外国法院的请求仍属于法院提供协助的关键考量因素。 202

2. "第581条"承认的效力

当澳大利亚法院根据第581条"应当"(required to)或者"可以"(elects to)提供协助时,可以如同该事项发生在其管辖区内一样行使权力。外国代表则可以根据第581条请求澳大利亚法院给予必要救济,以保护债务人不受债权人影响,并在执行重整计划特定事项时予以协助。 203

尽管第581条规定赋予法院广泛的权力,但法院对所提供协助的性质和范围仍保有自由裁量权,这降低了该条款在适用上的"商业确定性"(commercial certainty)。相较之下,外国程序在根据《示范法》申请承认和救济时,只需满足特定条件,法院就应当自动给予具体救济(在被承认为外国主要程序时)。因此对于外国代表而言,依据《示范法》提出申请一般为更明智的选择。 204

(四)第601CL条——对外国注册公司的辅助清算

为了保证规则周延性,《公司法》第601CL条(14)款规定,在外国注册成立的公司在其原籍地清算、解散或者注销的,该公司在澳大利亚的代理应当向澳证投委备 205

---

① Corporations Regulations 2001 (Cth) reg 5. 6. 74.

② [2011] NSWSC 300.

案有关通知。

206 第 601CL 条(14)款还规定,依据外国清算人的申请,澳大利亚法院应当为相关外国公司指定澳大利亚清算人。根据第 601CL 条(15)款,澳大利亚清算人有义务追回并变现该公司在澳大利亚的财产,并将净额所得支付外国清算人。

(五)法院间合作

207 为明确《示范法》第 25 条和第 27 条的适用,新南威尔士州最高法院①和澳大利亚联邦法院②发布了形式相近的实务指南。实务指南指出,《示范法》第 25 条中的合作"一般会在法院事先批准的'框架协议'(framework)或议定书约定的范围内进行,针对特定程序并且已为各方所知情"。实务指南还指出,在起草框架协议或者议定书时,各方应参照美国法学会(American Law Institute)和国际破产研究所(International Insolvency Institute)公布的《跨境案件中法院间交流准则》(Guidelines Applicable to Court-to-Court Communication in Cross-Border Cases)和《联合国贸易法委员会跨国界破产合作实务指南》(UNCITRAL Practice Guide on Cross-Border Insolvency Co-operation)等文件。

208 新南威尔士州最高法院在其实务指南中还临时采用了《JIN 指引》,但需受制于法院对《公司规则》或实务指南作的进一步修改。澳大利亚其他州、地区最高法院也都发布了形式有所不同的实务性指引或指南,与实务指南具有相同效力。其中,北领地最高法院在其指南中就直接采纳了《JIN 指引》。③

(六)议定书的使用

209 虽然美国法院已有使用经法院批准的议定书处理跨境破产事务的案例,但是澳

---

① Supreme Court of New South Wales Equity Division, *Practice Note No. SC EQ 6 – Cross-Border Insolvency: Cooperation with Foreign Courts or Foreign Representatives* (15 September 2017).

② Chief Justice J L B Allsop, *Cross-Border Insolvency Practice Note: Cooperation with Foreign Courts or Foreign Representatives* (25 October 2016).

③ Supreme Court of Victoria, *Practice Note*, *SC CC 6: Cross-Border Insolvency Cooperation with Foreign Courts or Representatives and Coordination Agreements* (January 2017); Supreme Court of Western Australia, Consolidated Practice Directions 2009; Supreme Court of Tasmania, Practice Direction No. 2 of 2009, *Cross-Border Insolvency-Cooperation with Foreign Courts Foreign Representatives* (27 February 2009); Supreme Court of the Northern Territory, *Practice Direction No. 4 of 2017: Cross-Border Insolvency.* See generally Sheryl Jackson & Rosalind Mason, *Developments in Court to Court communications in International Insolvency Cases* [2014] UNSW Law Jl 19; (2014) 37(2) UNSW Law Journal 507.

大利亚法院还未办结过涉及议定书使用的案件。[①]

在澳大利亚，最接近于使用议定书的案例是 Parbery; Re Lehman Brothers Australia Limited 案。[②] 在该案中，澳大利亚联邦法院收到一项申请，请求法院根据《跨境破产法》行使权力，就 Lehman 公司在美国进行的破产程序与美国破产法院承办法官 Peck 直接沟通。澳大利亚联邦法院的 Jacobson 法官同意了此项申请，向 Peck 法官说明了该案在澳大利亚的申请情况，并询问 Peck 法官是否准备在征询各方关于具体条款的意见后，制定用于未来沟通交流的议定书。 210

此后，在近期的 In the matter of Halifax Investment Services Pty Ltd. (No. 5)[③]案中，Gleeson 法官表示，法院原则上已准备根据《公司法》第 581 条向新西兰高等法院发出请求书，请求该法院与澳大利亚联邦法院一起依清算人的申请联合处理“混同资金”(comingled funds)问题，但在债权人参加听证等具体安排得到明确之前，这样做还为时尚早。 211

附：本报告引用的法律
Appendix of Legislation Referred to

1.《1966 年破产法(联邦)》，Bankruptcy Act 1966 (Cth)。

2.《1996 年破产条例(联邦)》，Bankruptcy Regulations 1996 (Cth)。

3.《2001 年公司法(联邦)》，Corporations Act 2001 (Cth)。

4.《2001 年公司条例(联邦)》，Corporations Regulations 2001 (Cth)。

5.《2008 年跨境破产法(联邦)》，Cross-Border Insolvency Act 2008 (Cth)。

6.《2009 年公平工作法(联邦)》，Fair Work Act 2009 (Cth)。

7.《2000 年联邦法院(公司)规则(联邦)》，Federal Court (Corporations) Rules 2000 (Cth)。

8.《2016 年破产法改革法(联邦)》，Insolvency Law Reform Act 2016 (Cth)。

9.《2016 年破产实务规则(公司)(联邦)》，Insolvency Practice Rules (Corporations) 2016 (Cth)。

---

① “议定书”为破产执业者之间经法院批准的协议，一般用于处理破产案件中需联合进行的事项，如雷曼兄弟破产案就使用了议定书。

② [2011] FCA 1449.

③ [2019] FCA 1341.

10.《破产实务安排(公司)》,Insolvency Practice Schedule (Corporations)。

11.《2009 年个人财产担保法(联邦)》,Personal Properties Securities Act 2009 (Cth)。

12.《1992 年超级年金担保(管理)法(联邦)》, Superannuation Guarantee (Administration) Act 1992。

13.《1999 年最高法院(公司)规则》(新南威尔士州法), Supreme Court (Corporations) Rules 1999 (NSW)。

附：澳大利亚小型企业专用破产制度

(2021 年 1 月 1 日起实施)

亚洲商法研究所*

1 为了应对新冠疫情(COVID－19)对经济带来的不良影响,澳大利亚政府实施了多项临时性和永久性的改革措施,为陷入财务困境的企业提供救济。其中最为重要的举措是联邦立法通过了《2020 年公司法修正案(公司破产改革)》,①并通过该法案建立了小型企业专用破产制度。该修正案自 2021 年 1 月 1 日起生效实施。

2 这项改革措施于 2020 年 9 月 24 日首次由澳大利亚政府公布,具体举措包括引入新的债务重组程序、经简化的小型企业清算程序等,旨在“降低小型企业清算的复杂性、时间和成本”“使更多澳大利亚小型企业能够迅速重组,在新冠疫情对经济的影响中成功生存”,并在小型企业已不具重组可行性时“尽快实施清算”,以此方式

* 这一关于澳大利亚的更新报告于 2021 年 3 月完成,由亚洲商法研究所的项目经理 Catherine Shen 主笔撰写。本报告与澳大利亚制度报告为相互独立的篇章。为避免出现疑义,需作如下说明:澳大利亚制度报告的作者并未参与撰写本报告。如有任何错漏均由本报告作者承担。

① 《2020 年公司法修正案(公司破产改革)(联邦)》[Corporations Amendment (Corporate Insolvency Reforms) Act 2020 (Cth)]于 2020 年 12 月 10 日获得议会两院的通过,并于 2020 年 12 月 15 日获得“御准”(royal assent)。

为债权人和职工争取更大回报。[1]

下文将具体介绍澳大利亚新引入的小型企业重组程序。 3

一、小型企业重组程序

《2020年公司法修正案(公司破产改革)》引入了小型企业重组程序,具体程序 4
则规定于《2020年公司法修正案(公司破产改革)条例》[Corporations Amendment (Corporate Insolvency Reforms) Regulations 2020]和《2020年破产实务规则(公司)修正案(公司破产改革)规则》[Insolvency Practice Rules (Corporations) Amendment (Corporate Insolvency Reforms) Rules 2020]中。两项法例均于2021年1月1日生效实施。

小型企业重组程序的概括如下:符合程序适用条件的小型企业,可在保持自行 5
管理的同时,与"小型企业重组执业人"(small business restructuring practitioner,以下简称小企业重组人)开展合作,通过与债权人达成并执行重组计划来实施债务重组。

二、程序适用条件

拟适用小型企业重组程序的公司不仅需符合程序适用条件,其董事会还需作出 6
公司已经破产或可能破产并需指定小企业重组人的决议。[2]

在小型企业重组程序开始之日,[3]公司的总负债额不超过100万澳元的,即具备 7
小型企业重组程序的适用资格(此处"负债"的定义为对可确认债务或权利主张的支付义务)。[4] 此外,作为限制条件,该公司之前不得适用小型企业重组程序,且该公司在指定小企业重组人前的7年内,其现任或部分前任董事不得为其担任董事的

① Australian Government, Insolvency Reforms to Support Small Business, 24 September 2020. <https://budget.gov.au/2020-21/content/factsheets/download/insolvency-reforms-factsheet.pdf>(accessed 2 March 2021).

② Corporations Amendment (Corporate Insolvency Reforms) Act 2020 (Cth) Schedule 1 s.453B(1).

③ 即指定小企业重组人之日。See Corporations Amendment (Corporate Insolvency Reforms) Act 2020 (Cth) Schedule 1 s.453A(a).

④ Corporations Amendment (Corporate Insolvency Reforms) Regulations 2020 Schedule 1 regs 5.3B.03(1) and 5.3B.03(5). 职工债权不属于这类"可确认的债权"。See Corporations Amendment (Corporate Insolvency Reforms) Regulations 2020 Schedule 1 reg 5.3B.01.

其他公司使用过小型企业重整程序。[①] 除此之外,该公司正在进行其他任何形式的重组或管理程序的,也不具备适用资格。[②]

三、小企业重组人

8 只有已完成注册的清算人才可担任小企业重组人。[③] 与公司“有关联”的执业者不得被指定为该公司的小企业重组人,但法院准许指定的除外。处于特定情形中的执业者将被视为与公司有关联的人,[④]如对公司或其关联企业负有债务超过5000澳元的债务人,对公司或其关联企业持有债权数额超过5000澳元的债权人(但有部分除外情形),该公司的董事、秘书、高级经理、职工,或者对公司财产享有担保权的其他公司的董事、秘书、高级经理、职工,等等。

9 在现有规则下,破产执业者可以选择只以“小企业重组人”为执业范围而被注册为清算人。[⑤] 相较于普通清算人,这类清算人所需满足的注册要求明显简化。具体而言,只以“小企业重组人”身份注册的清算人需满足的条件仅为:属于经认证的会计师,已具备正确履行小企业重组人职能和义务的能力,并且已满足《破产从业安排(公司)》[Insolvency Practice Schedule (Corporations)]规定的条件。[⑥]

10 小企业重组人一旦被指定,一般不可撤回,[⑦]但是,如出现该重组人去世、辞职等特殊情形,可予以替换。[⑧] 此外,如果公司已处于小型企业重组程序之中,但由于某些原因未有正在履职的小企业重组人,法院也有权依申请指定小企业重组人。[⑨]

---

① Corporations Amendment (Corporate Insolvency Reforms) Act 2020 (Cth) s. 453C read together with Corporations Amendment (Corporate Insolvency Reforms) Regulations 2020 Schedule 1 regs 5. 3B. 03(2) and 5. 3B. 03(3).

② Corporations Amendment (Corporate Insolvency Reforms) Act 2020 (Cth) Schedule 1 s. 453B (2)(a).

③ Corporations Amendment (Corporate Insolvency Reforms) Act 2020 (Cth) Schedule 1 s. 456B.

④ Corporations Amendment (Corporate Insolvency Reforms) Act 2020 (Cth) Schedule 1 s. 456C.

⑤ Insolvency Practice Rules (Corporations) Amendment (Corporate Insolvency Reforms) Rules 2020 Schedule 1 r. 5.

⑥ Insolvency Practice Rules (Corporations) Amendment (Corporate Insolvency Reforms) Rules 2020 Schedule 1 r. 5.

⑦ Corporations Amendment (Corporate Insolvency Reforms) Act 2020 (Cth) Schedule 1 s. 456D.

⑧ Corporations Amendment (Corporate Insolvency Reforms) Act 2020 (Cth) Schedule 1 s. 456E (1).

⑨ Corporations Amendment (Corporate Insolvency Reforms) Act 2020 (Cth) Schedule 1 s. 456E (4).

小企业重组人可以基于以下目的而对公司的业务、财产、事务和财务状况行使调查权： 11

(1)准备重组计划相关“声明”(declaration)；

(2)决定是否终结小型企业重组程序；

(3)处理与债权表有关的争议；

(4)履行小企业重组人的其他职责、职权和义务。①

小企业重组人的报酬可包含两部分：一是固定数额的费用，或者经公司董事会在指定小企业重组人之前同意采取的计算方法计算出的费用；二是根据具体工作计酬，即完成重组计划中具体工作后所得的报酬，或者根据专门的计算方法确定的此类报酬。② 12

小企业重组人就其报酬、因履职产生的债务和费用，享有等同于自愿管理程序中的管理人就上述费用享有的优先权。③ 此外，只要小企业重组人善意履行其职责、职权或义务，不存在履职过失，即有权就其报酬、因履职产生的债务和支出获得法定补偿。④ 13

小企业重组人在履行与重组计划有关的职权和义务时，将作为公司的代理人行事。⑤ 除上述一般性职责之外，小企业重组人还对重组计划负有以下职责： 14

(1)从公司接收资金，并以信托方式为公司持有该资金；

(2)按照重组计划清偿债权人；

(3)依公司董事的请求，按照重组计划变现可用于清偿债权人的资产，并在债权人之间分配资产变现所得；

(4)回答关于小企业重组人为重组计划而履行职能、职权的询问；

(5)为执行重组计划而进行其他附带、必要或便宜的事项。⑥

---

① Corporations Amendment (Corporate Insolvency Reforms) Regulations 2020 Schedule 1 reg 5. 3B. 08.

② Insolvency Practice Rules (Corporations) Amendment (Corporate Insolvency Reforms) Rules 2020 Schedule 1 rr. 60 -1B and 60 -1C.

③ Corporations Act 2001 (Cth) s. 556(1)(c).

④ Corporations Amendment (Corporate Insolvency Reforms) Act 2020 (Cth) Schedule 1 ss. 456K and 456J.

⑤ Corporations Amendment (Corporate Insolvency Reforms) Regulations 2020 Schedule 1 reg 5. 3B. 40.

⑥ Corporations Amendment (Corporate Insolvency Reforms) Regulations 2020 Schedule 1 reg 5. 3B. 37.

15 法律并未禁止小企业重组人根据重组计划出售公司财产并清偿债权人。但对于附有担保的公司财产和被公司占有、使用或控制但为他人所有或出租的财产，①小企业重组人无权处置，除非该处置行为发生在公司的正常业务经营过程中并经担保权人、所有人或出租人书面同意，或者经法院准许进行。② 法院只有在确定已对担保权人、所有人或出租人的利益保护作出适当安排后，才会准许处置这类财产。③ 在重组计划的执行中，针对担保财产的处分行为将消灭担保权。④

16 在小型企业重组程序中，由小企业重组人作出的、经小企业重组人同意后由公司作出的，或者公司依据法院命令作出的支付、交易或者其他“善意作出的”(done in good faith)行为具有法律效力，且不可在其后的公司清算程序中被撤销。⑤

四、可撤销交易、董事义务与“安全港”保护

17 公司在小型企业重组程序中进行的，或根据重组计划进行的偏颇清偿、不公平借款等交易行为，在其后的公司清算（如有）中均属无效，但以下交易情形除外：

(1)该交易是处于小型企业重组程序中的公司在正常业务经营过程中达成的交易，或者是由小企业重组人达成或经其同意达成的交易；

(2)小企业重组人为重组计划而代表公司或依自身职权达成的交易。⑥

18 当公司处于小型企业重组程序之中时，未经小企业重组人书面同意，转让或变更股本等致使公司控制权、所有权变更的行为也属无效。并且，小企业重组人只有在有合理理由相信该转让或变更符合公司债权人的整体最佳利益时，才能对这类行为给予同意。⑦

---

① Corporations Amendment (Corporate Insolvency Reforms) Regulations 2020 Schedule 1 reg 5.3B.39(1).

② Corporations Amendment (Corporate Insolvency Reforms) Regulations 2020 Schedule 1 reg 5.3B.39(2).

③ Corporations Amendment (Corporate Insolvency Reforms) Regulations 2020 Schedule 1 reg 5.3B.39(3).

④ Corporations Amendment (Corporate Insolvency Reforms) Regulations 2020 Schedule 1 reg 5.3B.39(7).

⑤ Corporations Amendment (Corporate Insolvency Reforms) Act 2020 (Cth) Schedule 1 s. 453N.

⑥ Corporations Act 2001 (Cth) ss. 588FE(2C) and 588FE(2D).

⑦ Corporations Amendment (Corporate Insolvency Reforms) Act 2020 (Cth) Schedule 1 ss. 453P(1)-453P(2).

在小型企业重组程序中，公司董事有义务在以下方面协助小企业重组人：列席会议；提供有关公司业务、财产、事务和财务状况的信息；允许小企业重组人检查并复制公司账簿。① 19

小型企业重组程序采用的是债务人自行管理模式，因此这类程序中的公司董事可以继续控制公司经营，但公司董事不得进行或意图进行会对公司资产造成影响的交易或买卖行为，以下交易情形除外： 20

(1)公司正常业务经营过程中的交易；

(2)小企业重组人同意进行的交易；

(3)依据法院命令进行的交易；

(4)因受豁免不适用前述禁止性规定的特定支付行为。②

除非法院另行作出命令，否则违反上述规定的交易行为均属无效。③ 另外，以下行为不属于公司正常业务经营过程中的交易或买卖行为： 21

(1)为清偿个别可确认的债权而进行的交易或买卖；

(2)出售公司的全部或部分业务；

(3)支付分配款项。④

公司董事在自愿管理程序中享有的"安全港"保护规则同样适用于小型企业重组程序。⑤ 22

五、小型企业重组程序的特殊保护

对于小型企业重组程序中的公司，非经法院许可，债权人不得对由公司董事及其亲属为公司债务提供的保证采取执行措施，也不得对此提起诉讼。⑥ 23

---

① Corporations Amendment (Corporate Insolvency Reforms) Act 2020 (Cth) Schedule 1 s. 453F (1).

② Corporations Amendment (Corporate Insolvency Reforms) Act 2020 (Cth) Schedule s. 453L. 具体而言，小企业重组人只有在有合理理由相信达成交易或买卖符合债权人利益时，才可给予同意。See Corporations Amendment (Corporate Insolvency Reforms) Act 2020 (Cth) Schedule s. 453L (6).

③ Corporations Amendment (Corporate Insolvency Reforms) Act 2020 (Cth) Schedule 1 s. 453(L) (5).

④ Corporations Amendment (Corporate Insolvency Reforms) Regulations 2020 Schedule 1 reg 5. 3B. 04(2).

⑤ Corporations Act 2001 (Cth) ss. 588G(2) -588G(3) and s. 588GAAB.

⑥ Corporations Amendment (Corporate Insolvency Reforms) Act 2020 (Cth) Schedule 1 s. 453W.

24 此外，在公司进入小型企业重组程序后，法院如认为继续进行重组程序符合公司债权人利益，将会暂停处理针对该公司的清算申请。①

25 在小型企业重组程序中，非经小企业重组人书面同意或法院许可，第三方不能对公司的财产或者被公司使用、占有或控制的财产行使财产性权利。② 与之类似，小型企业重组程序将中止对公司的诉讼（存在特定例外情形）和执行程序，非经小企业重组人书面同意或法院许可，相关方不得启动或继续进行对公司的诉讼、执行程序。③

26 担保权人享有的担保权范围覆盖公司全部或实质上全部财产的，无论其持有的是一项还是数项担保权，均可在“决定期”（the decision period）之前或决定期内执行其担保权。④ 决定期为自担保权人收到关于小型企业重组程序的通知或自小型企业重组程序开始之时起的13个工作日。⑤

27 除非出现特定例外情形或法院另有命令，对公司的“破产约定”条款在“中止期间”不可执行。中止期间一般为自公司进入小型企业重组程序时起算至程序终结的期间。⑥ 此外，为避免出现疑义，中止限制并不适用于基于公司在小型企业重组程序开始之后达成的合同、协议或安排而产生的权利。⑦

六、重组计划

28 公司一旦向债权人提出重组计划，即会在法律上被视为“破产”（insolvent，也可译为“无力偿债”）。⑧

29 公司的重组计划应当按照规定格式提出，列明公司财产、明确财产处置方式、规

---

① Corporations Amendment (Corporate Insolvency Reforms) Act 2020 (Cth) Schedule 1 s. 453Q (1).

② Corporations Amendment (Corporate Insolvency Reforms) Act 2020 (Cth) Schedule 1 s. 453R.

③ Corporations Amendment (Corporate Insolvency Reforms) Act 2020 (Cth) Schedule 1 ss. 453S and 543T.

④ Corporations Amendment (Corporate Insolvency Reforms) Act 2020 (Cth) Schedule 1 s. 454C.

⑤ Corporations Act 2001 (Cth) s. 9.

⑥ Corporations Amendment (Corporate Insolvency Reforms) Act 2020 (Cth) ss. 454N and 454P.

⑦ Corporations Amendment (Corporate Insolvency Reforms) Act 2020 (Cth) s. 454N(5)(a).

⑧ Corporations Amendment (Corporate Insolvency Reforms) Act 2020 (Cth) ss. 455A(1) –455A (2).

定小企业重组人的报酬并标明董事签署该重组计划的日期。①

重组计划应当纳入一系列标准条款,包括所有可确认债权属于同等顺位,以及 30
当重组计划无法足额清偿全部债务时对债权的分配比例。② 重组计划中与标准条款存在不一致的内容均属无效。③

重组计划应当附一份关于重组建议的说明,该说明也需按规定格式作出,并载 31
明重组计划效力范围内的债权债务清册。④ 债权人有权在重组计划"达成"(made)前对清册记载的事项提出异议⑤[译者注:此"达成"的具体含义可见《2020年公司法修正案(公司破产改革)条例》第5.3B.25条与第5.3B.26条之规定,即指在规定期限内经代表相关债权总额多数的债权人同意该重组计划]。

此外,还需注意,根据法律规定,重组计划不得规定向债权人转让现金以外的公 32
司财产,且重组计划的执行期限自达成之日起,不得超过3年。⑥

重组计划一旦经过公司董事签署,小企业重组人应当尽快将重组计划草案和其 33
他规定文件提交受影响的债权人。债权人则有15个工作日的时间来决定是否同意该重组计划。⑦

重组计划的表决通过标准为:在排除关联债权人等应予排除的债权人之后,在 34
参与投票的债权人中由代表债权额多数的债权人同意通过。⑧

重组计划一经达成,即对可确认债权的持有人和其他相关方(如公司成员)具有 35

① Corporations Amendment (Corporate Insolvency Reforms) Regulations 2020 Schedule 1 reg 5.3B.15(2).

② Corporations Amendment (Corporate Insolvency Reforms) Regulations 2020 Schedule 1 reg 5.3B.27(1).

③ Corporations Amendment (Corporate Insolvency Reforms) Regulations 2020 Schedule 1 reg 5.3B.27(2).

④ Corporations Amendment (Corporate Insolvency Reforms) Regulations 2020 Schedule 1 reg 5.3B.16.

⑤ Corporations Amendment (Corporate Insolvency Reforms) Regulations 2020 Schedule 1 reg 5.3B.22.

⑥ Corporations Amendment (Corporate Insolvency Reforms) Regulations 2020 Schedule 1 reg 5.3B.15(4).

⑦ Corporations Amendment (Corporate Insolvency Reforms) Regulations 2020 Schedule 1 regs 5.3B.21(1) and 5.3B.21(3).

⑧ Corporations Amendment (Corporate Insolvency Reforms) Regulations 2020 Schedule 1 reg 5.3B.25.

约束力。[①] 担保债权人仅在其同意的担保权范围内，或者担保权价值无法覆盖其可确认债权的不足额范围内，受重组计划约束。[②] 此外，重组计划并不禁止担保债权人在计划达成后继续处分或实现担保权，除非担保债权人已同意受该计划作出的禁止性约束，或者法院以命令方式加以禁止。[③]

36 重组计划可以保护公司财产不受计划约束方追偿行为的影响。具体而言，在重组计划的执行中，受计划约束方不得基于其持有的可确认债权申请公司清算，也不得继续进行在计划生效前提出的清算申请。[④] 此外，除非得到法院的许可并遵循法院指定的条件，受计划约束方不得为追收债权而对公司开启或继续进行有关公司财产的诉讼和执行程序。[⑤]

37 如出现下列情形，重组计划将在相关时点终止（以最早之日为准）：[⑥]

（1）重组计划规定的所有义务均已履行完毕，且所有可确认债务均已按计划清偿完毕之日；

（2）法院以命令方式终止重组计划的，则为法院命令中规定之日；

（3）重组计划规定有自计划达成之日起 10 个工作日内需满足特定情形方可生效的，则为生效条件未如期满足且生效期限届满后的第一个工作日；

（4）受计划约束方违反重组计划，且该行为未能在 30 个工作日内得到补正的，则为补正期限届满后的第一个工作日；

（5）公司进入清算或自愿管理程序并指定管理人、清算人或临时清算人之日。

38 债权人不予通过重组计划的，并不会导致程序自动转入自愿管理或清算，但公司董事可以考虑对公司启动自愿管理或清算程序，包括本次改革一并引入的经简化的清算程序。

---

① Corporations Amendment (Corporate Insolvency Reforms) Regulations 2020 Schedule 1 regs 5.3B.29(1) –5.3B.29(2).

② Corporations Amendment (Corporate Insolvency Reforms) Regulations 2020 Schedule 1 reg 5.3B.29(3).

③ Corporations Amendment (Corporate Insolvency Reforms) Regulations 2020 Schedule 1 reg 5.3B.29(4).

④ Corporations Amendment (Corporate Insolvency Reforms) Regulations 2020 Schedule 1 reg 5.3B.30(2).

⑤ Corporations Amendment (Corporate Insolvency Reforms) Regulations 2020 Schedule 1 reg 5.3B.30(3).

⑥ Corporations Amendment (Corporate Insolvency Reforms) Regulations 2020 Schedule 1 reg 5.3B.31(1).

七、小型企业重组程序的终结

公司一经达成重组计划，小型企业重组程序即告终结。① 但在重组计划得以达成前，如出现以下情形，小型企业重组程序也可能终结：② 39

（1）公司宣告重组程序终结；

（2）公司未能自程序启动之日起 20 个工作日内提出重组计划草案；③

（3）公司关于重组计划的建议“失效”（lapse）［译者注：关于“失效”一词的含义可见《2020 年公司法修正案（公司破产改革）条例》第 5.3B.20 条，即重组计划未能根据第 5.3B.25 条（1）款的规定在规定期限内获得债权人通过，或者小企业重组人撤销了关于重组计划的建议］；

（4）公司的小企业重组人依法终结小型企业重组程序；

（5）法院命令终结小型企业重组程序；

（6）公司启动另一类型的外部管理程序。

当小企业重组人有合理理由相信存在以下情形时，可以在任何时间终结公司的小型企业重组程序：④ 40

（1）公司不符合程序适用条件的；

（2）达成重组计划并不符合债权人利益的；

（3）终结重组程序符合债权人利益的；

（4）对公司实施清算符合债权人利益的。

八、过渡安排和关键支持性措施

自 2021 年 1 月 1 日起至 2021 年 3 月 31 日，符合适用资格的小型企业可以向债权人声明其进入小型企业重组程序的意向。企业一旦作出声明，已适用于该企业并持续至 2020 年年底的临时性破产救济，如《2001 年公司法（联邦）》第 588GAAA 条 41

---

① Corporations Amendment (Corporate Insolvency Reforms) Regulations 2020 Schedule 1 reg 5.3B.02(1)(j).

② Corporations Amendment (Corporate Insolvency Reforms) Regulations 2020 Schedule 1 reg 5.3B.02(1)(a) –5.3B.02(1)(g).

③ 该期限可获一次延长，延长时间最多为 10 个工作日。Corporations Amendment (Corporate Insolvency Reforms) Regulations 2020 Schedule 1 regs 5.3B.17(1) –5.3B.17(2).

④ Corporations Amendment (Corporate Insolvency Reforms) Act 2020 (Cth) Schedule 1 s.453J(1)(a).

关于免除破产交易责任的规定，将在 3 个月的期限内继续适用（如获准延期，则延长至 4 个月），直到该企业能够指定一名小企业重组人或其他破产执业者为止。澳大利亚设置这一“过渡期”是为了应对小型企业重组程序在立即适用上可能出现的困难，因为破产执业者仍需时间来进一步熟悉该程序并依法注册为小企业重组人。

42 本次改革还允许在程序中的沟通和投票上应用信息化技术，①并取消了小企业重组人召开债权人现场会议的要求。这一举措将有助于降低小型企业重组程序的时间和成本。

① See generally Corporations Amendment (Corporate Insolvency Reforms) Act 2020 (Cth) Schedule 4.

文莱制度报告

NavaPalaniandy

Partner，Ahmad Isa & Partners

一、概述

文莱达鲁萨兰国(以下简称文莱)采用英美法系制度，法律渊源包括法律、附属法例、伊斯兰法、判例法①和英格兰普通法。② 与其他英美法系法域相同，文莱法院通过“对抗制”(adversarial system)确保司法公正。 1

文莱还建立一套与普通法体系并行的伊斯兰教法院体系(Syariah Court system，又称沙里亚法院体系)，负责处理穆斯林的家庭法、继承法相关事务。③ 自 2013 年起，伊斯兰教法的适用范围扩展至穆斯林的犯罪行为。④ 2

在文莱，某一事项是适用普通法还是伊斯兰法，取决于具体法律规定和落入特定法律适用范围的具体行为。⑤ 3

《商用名称法》适用于独资企业、合伙企业，⑥由于这两类企业设立费用较低、免交所得税，因此属于文莱最为常用的企业组织形式。相较之下，文莱依据《公司法》成立的法人实体则相对较少，⑦因为设立公司的费用较高，且依法还需提交申请并履 4

---

① 文莱已将法院判例纳入破产法的法律渊源。See Re Ramli bin Japar [2009] 2 BLR 44; VSL Systems (B) Sdn Bhd v. ITS Sendirian Berhad [2010] 1 BLR 200.

② 《法律适用法》第 2 条规定，英格兰普通法、衡平法、1951 年 4 月 25 日前在英格兰有效的一般法律，只要文莱本国情况允许，就属于文莱生效法律，但具体需视本地实际和习俗而定。

③ 伊斯兰教法院系统以《沙里亚法院法》为依据设立。

④ Syariah Penal Code Order,2013 (22 October 2013).

⑤ See generally *Southeast Asian Legal Research Guide*: *Introduction to Brunei & its Legal System*, University of Melbourne, <https://unimelb. libguides. com/c. php? g =402982&p =4622754 > (accessed 10 January 2020).

⑥ Cap 92,1984 Rev. Ed.

⑦ Cap 39,2015 Rev. Ed.

行纳税义务。[1]

5 在文莱，借款人常用的财产担保方式包括不动产抵押、公司以其资产为抵押发行债券、权利让与担保、股权质押等。文莱建有担保物电子登记系统，[2]用以登记个人财产（Personal assets，指土地之外的财产）之上设置的担保[3]。公众按规定支付费用后即可查询担保物登记系统的内容。[4] 土地之上的担保权则属于《土地法》的适用范围。[5] 律师在向文莱发展部下属的土地部门支付规定费用后即可查询土地担保权。[6]

6 文莱现行破产制度由两项法律组成，即《个人破产法》[7]和《破产法》（2016 年）（以下简称《破产法》）[8]。《个人破产法》适用于个人破产事务，《破产法》则适用于企业破产事务。

7 《破产法》于 2016 年 3 月 1 日生效，该法整合了原《公司法》中关于企业破产的规定，增加了一些源自英国法、新加坡法的新规定，旨在转变本国的破产文化，更加强调企业拯救和重整，保护全体债权人和债务人的利益。[9]

8 由于文莱的经济主要依赖石油产业且相对独立，1997 年亚洲金融危机和 10 年后的全球经济危机并未对其造成特别大的影响。因而，文莱推动破产制度改革的动

---

① 文莱财政与经济部下属的公司与商业名称登记处数据显示，截至 2019 年 12 月 31 日，文莱的独资企业、合伙企业共计 120, 148 家，本地公众公司和私人公司共计 13, 725 家。See Ministry of Finance and Economy, *Brunei Darussalam*, Statistics < https://www. mofe. gov. bn/divisions/statistics. aspx > (accessed 10 January 2020).

② 担保物登记系统的网址为 < https://crs. ambd. gov. bn/ > (accessed 6 June 2019)。债券、权利转让、股权质押均为经登记生效，See s. 2 (1) read together with ss. 3 and 7 of the Secured Transactions Order, 2016 (1 March 2016)。

③ Secured Transactions Order, 2016 (1 March 2016) ss. 6 and 7.

④ Secured Transactions Regulations 2016 (1 March 2016), Schedule 2. See also *Secured Transactions* Autoriti Monetari Brunei Darussalam, < https://www. ambd. gov. bn/regulatory/collateralregistry > (accessed 15 January 2020). 文莱公众可以免费查询机动车等内含序列号、注册号的财产项目。在实务中，律师事务所倾向于付费进行更全面的查询，以获得有关财产之上全部担保情况的详细报告。

⑤ Cap 40, 1984 Rev. Ed.

⑥ See generally *Buying Property* business BN, < http://business. gov. bn/SitePages/ Buying%20a%20property. aspx > (accessed 10 January 2020).

⑦ Cap 67, 1984 Rev. Ed.

⑧ S 1/2016.

⑨ See generally, *What is Insolvency*? business BN, < http://business. gov. bn/Site Pages/What%20is%20insolvency. aspx > (accessed 24 July 2019).

因主要为提高本国在世界银行营商环境指数中的排名，为外国投资建立更加完善的法律基础。[1]

《破产法》为文莱的企业破产制度带来了诸多变革，本文将着重介绍其中三大 9
亮点：其一，引入"自愿安排（voluntary arrangement）制度"作为企业重整机制。[2]其二，承认破产执业者作为一种新职业。[3] 其三，引入融资新规，即出借人在破产程序开始之后向债务人提供无担保借款的，将在无担保债权人之中以第一顺位受偿[4]。该规则将鼓励出借人在重整程序后提供新资金，这是帮助企业从破产走向恢复的关键。

本报告将在下文详述三大亮点的具体内容。 10

此外，为支持《破产法》实施，文莱还颁布了《破产（司法管理）规则》（2017 11
年）、[5]《破产（清算）规则》（2018 年）、[6]《破产（破产执业者）规则》（2018 年）[7]。但较为遗憾的是，文莱尚未就如何适用新的自愿安排制度出台具体规则。笔者认为，由于实施规则上的空白，自愿安排制度在实务中极易因会议程序和会议本身的合规性而导致诉讼。[8]

文莱的破产案件均由位于斯里巴加湾市的文莱高等法院管辖。[9] 12

二、企业拯救：庭内与庭外

（一）庭外重组

文莱尚未建立可促成庭外重组建立的成熟实践，也未就此形成市场惯例或规 13

---

① Rozaiman Abdul Rahman, *Brunei-Introduction of the Insolvency Order 2016*, Conventus Law (7 July 2017). 文莱在 2015 年营商环境报告中排名第 101 位，See World Bank Group, Doing Business 2015: Going Beyond Efficiency at p.4。随着 2016 年《破产法》生效施行，文莱的营商环境排名升至第 84 位，See World Bank Group, Doing Business 2016: Measuring Regulatory Quality and Efficiency at p.5。2019 年营商环境报告中，文莱排名第 55 位，See World Bank Group, Doing Business 2019: Training for Reform at p.5。

② Insolvency Order, 2016 (S 1/2016) Pt II "Voluntary Arrangements".

③ Insolvency Order, 2016 (S 1/2016) s.217.

④ Insolvency Order, 2016 (S 1/2016) s.147(1).

⑤ S 48/2017.

⑥ S 53/2018.

⑦ Insolvency (Insolvency Practitioners) Rules, 2018 (S 51/2018).

⑧ Insolvency Order, 2016 (S 1/2016) ss.12(6) and 13(2) read together with s.15(1)(b).

⑨ Insolvency Order, 2016 (S 1/2016) s.3 read together with s.97.

则。通常情况下，债务人、债权人通过私下达成的协议进行庭外重组。此外，文莱法也未规定当事人向法院起诉前需首先使用替代性争议解决机制。

（二）《破产法》规定的重整机制选择

14 《破产法》规定的程序可分为两类：(1)以实现企业重整为目的的重整型程序，包括自愿安排、接管(receivership)、司法管理(judicial management)。(2)以自愿或非自愿方式对债务人进行有序清算的企业清算程序。《破产法》规定程序只适用于依据《公司法》成立的公司，①同时法院不可对依法注册并获许可的银行、信贷公司、保险公司以及"伊斯兰保险公司"(takaful companies)作出司法管理令。② 而合伙企业、独资企业破产则属于《个人破产法》的适用范围。

15 首先说明，本报告聚焦于文莱重整型程序，着重介绍自愿安排和司法管理程序，③仅在规则相关部分提及清算程序。

（三）自愿安排程序

16 如前述及，自愿安排是《破产法》新增的重整程序，旨在使债务人有机会与债权人就债务偿还的安排达成和解方案，从而实现企业的重整和自救。

1. 什么是自愿安排？

17 自愿安排是财务困境公司与其债权人就债务偿还安排达成的和解或计划，④其内容可包括组合偿债方式、重组债务、重组所有者或管理层等。⑤ 尽管实施自愿安排的目标在于债务重组，但企业已破产或濒临破产并非该机制的适用前提。⑥

---

① Insolvency Order, 2016 (S 1/2016) s. 3.

② Insolvency Order, 2016 (S 1/2016) s. 32(8). 概括而言，伊斯兰保险公司主要经营伊斯兰保险业务，即由会员贡献资金至资金池，再以该资金池共同担保各会员受到的损失或损害。

③ 接管程序一般也被归为重整型程序，但该程序的宗旨是为指定接管人、经理人的债权人追收债务，而非从整体上重整债务人。虽然法院也有权指定接管人、经理人，但这在文莱实务中很少出现。更为常见的情况则是，权利人根据某项"法律文件"(instrument)有权指定接管人、经理人，并依据该文件接管债务人的资产。受指定的接管人、经理人应采取所有合理且必要的行动，使作出指定的债权人获得清偿。

④ Registry of Companies and Business Names, Ministry of Finance, Brunei Darussalam, *Guide to Resolving Insolvency-The Insolvency Order, 2016*.

⑤ Insolvency Order, 2016 (S 1/2016) s. 8(3).

⑥ 这与司法管理程序不同，司法管理程序的启动条件之一即为债务人无力清偿债务，See s. 32(1)(a) of the Insolvency Order, 2016 (S 1/2016)，详见本报告第 34 段。

2. 谁可以建议实施自愿安排?

如果企业已经进入清算或司法管理程序,则清算人或司法管理人可以提出自愿安排的建议(proposal,或称"建议方案"),①然而,这种情形在实务中并不多见。更为常见的情形是,由未处于司法管理、清算之中企业的董事提出自愿安排的建议方案。② 在这种情形中,董事应当指定一名"被任命人"(nominee),由其监督并推进自愿安排程序。③ 18

3. 中止规则

自愿安排程序无自动中止效力。但提出自愿安排申请的公司董事,可以申请法院给予中止保护。④ 这类中止效力包括不能对债务人提出清算申请;不能指定接管人;担保权人不能采取措施执行担保权;不能对债务人提起诉讼,等等。⑤ 19

如果相关方未申请中止保护,则前述被任命人应当向法院提交报告,说明董事(司法管理人、清算人)提出的自愿安排建议方案是否具有获得通过和执行的合理预期,公司"成员"(member,一般情况下即指股东)和债权人的会议应否召集,以及这类会议的召开日期、时间和地点。⑥ 如果董事申请了中止保护,则被任命人需向董事作出说明,除了上述法院报告要求载明的事项之外,还应就债务人在中止期间是否有足够资金继续经营的问题说明其意见。⑦ 20

中止申请一旦获法院批准,其效力将从申请之日持续至债务人的成员会议、债权人会议召开之日(以两者中较晚一日为准),⑧并最多延长 2 个月。⑨《破产法》附表 1 适用于董事建议实施自愿安排时的中止事项。 21

如第 19 段所述,既然中止效力可以为债务人提供更强保护,那为何仍有实施自愿安排的企业不提出中止申请?这个问题可以从四个方面解答。第一,相关企 22

---

① Insolvency Order,2016 (S 1/2016) ss. 8(1),8(2)(b) and 8(2)(c).

② Insolvency Order,2016 (S 1/2016) ss. 8(1) and 8(2)(a).

③ Insolvency Order,2016 (S 1/2016) ("IO") s. 8(4). 被任命人是担任《破产法》第 217 条(1)(b)项规定职务的破产执业者,关于其职责与权力,详见本报告第 59 ~63 段。

④ Insolvency Order,2016 (S 1/2016) ("IO") s. 9(1). 如本报告第 38 段述及,申请司法管理自动触发《破产法》第 34 条规定的中止效力。因此,如果司法管理人在司法管理期间提出自愿整理的建议,也就无须再申请中止保护。

⑤ Insolvency Order,2016 (S 1/2016) First Schedule para. 23(1).

⑥ Insolvency Order,2016 (S 1/2016) s. 10(2).

⑦ Insolvency Order,2016 (S 1/2016) First Schedule para. 17(2).

⑧ Insolvency Order,2016 (S 1/2016) First Schedule paras. 19(2),39(1) and 42(2).

⑨ Insolvency Order,2016 (S 1/2016) First Schedule para. 42(2).

业不一定有申请中止的资格，如经营保险业务、储蓄业务的债务人即无权适用这类中止规则。① 第二，债务人可能已依法被排除在中止保护之外，②如债务人已启动司法管理程序③，或者债务人原先未能在中止保护下成功完成自愿安排，而在12个月内再次申请自愿安排。④ 第三，债务人一旦获得中止保护，就必须遵守本报告第29段述及的附加限制。第四，在无中止保护的自愿安排中，被任命人不负有召集成员会议和债权人会议的义务，⑤而一旦被授予中止保护，被任命人则有义务召集这类会议。⑥

4. 重整计划

23 申请人提出自愿安排申请时，应当一并提出自愿安排建议方案的条款，即通常所谓的“重整计划”（本文称“recue plan”，在自愿安排中又称为“整理安排”或“自愿安排方案”）。⑦ 法律并未对这类重整计划的内容作最低限制，但该计划需满足以下要求：(1)明确债权人分组；⑧(2)明确对重整计划所涉各类债权的相应处理方式；⑨(3)明确不受重整计划影响的债权人类别；⑩(4)平等对待同一组别内的各项债权，但债权人同意涉其不利待遇的，不受此限。⑪ 此外，重整计划还受到以下限制：(1)未经担保债权人同意，不得影响担保债权行使；⑫(2)未经优先债权人同意，⑬不得违反优先顺序清偿债权。⑭

5. 重整计划的通过和效力

24 自愿安排中的重整计划（建议）一经成员会议和债权人会议表决通过，⑮对在会

① Insolvency Order, 2016 (S 1/2016) First Schedule para. 2.
② Insolvency Order, 2016 (S 1/2016) First Schedule para. 4.
③ Insolvency Order, 2016 (S 1/2016) First Schedule para. 4(1)(a).
④ Insolvency Order, 2016 (S 1/2016) First Schedule para. 4(1)(f).
⑤ Insolvency Order, 2016 (S 1/2016) s. 10(2)(b) read together with s. 11(1).
⑥ Insolvency Order, 2016 (S 1/2016) First Schedule para. 39(1).
⑦ Insolvency Order, 2016 (S 1/2016) s. 10(3)(a).
⑧ Insolvency Order, 2016 (S 1/2016) s. 8(5)(a).
⑨ Insolvency Order, 2016 (S 1/2016) s. 8(5)(c).
⑩ Insolvency Order, 2016 (S 1/2016) s. 8(5)(b).
⑪ Insolvency Order, 2016 (S 1/2016) s. 8(5)(d).
⑫ Insolvency Order, 2016 (S 1/2016) s. 12(3).
⑬ Insolvency Order, 2016 (S 1/2016) s. 12(5).
⑭ Section 12(4)(a) read together with s. 147(1) of the Insolvency Order, 2016 (S 1/2016). 关于债务清偿顺序，见本报告第65段。
⑮ Insolvency Order, 2016 (S 1/2016) ss. 12(1) and 12(2).

议中有表决权的全体权利人均有约束力,无论该权利人是否出席或委派代表出席会议,甚至对如果事先得到通知,本可参与表决的权利人也具约束力。[①] 尽管成员会议和债权人会议还需遵守特定规则,但文莱还未出台这类规则。[②] 因此,关于会议法定人数、通过重整计划的多数决标准等的表决规则,目前尚未得到明确。

在自愿安排中,重整计划如经依法表决通过并生效,应当指定一名监督人(supervisor)负责计划执行,监督人可以由被任命人担任或者由他人担任。[③] 下文将述及,执行还将受到债权人的监督。[④] 25

6. 程序监督

自愿安排程序同时受到债权人、成员和法院的监督。公司成员、债权人监督权主要体现在成员会议和债权人会议是否表决通过重整计划上。[⑤] 在重整计划获得通过并生效后,如果该重整计划对成员或债权人造成了不公平损害,[⑥]或者相关会议存在实质性违规情形,成员、债权人可以向法院提出申请,挑战会议作出的决定。[⑦] 对此,法院可以暂停执行甚至撤销已获通过的自愿安排方案,[⑧]同时指令召集会议,审议经修改的建议方案或重新审议现有方案[⑨],或者在其认为必要时作额外指示。[⑩] 此外,在重整计划执行期间,如果债权人等权利人对监督人(负责计划执行)的履职行为、不作为或决定有异议,可以向法院提出申请,法院可以依法确认、撤销或者修改监督人的行为和决定,并要求相关重整计划对异议债权人所作的清偿不少于该债权人在清算中可获的清偿。[⑪] 26

法院则主要通过以下方式行使监督权:依申请更换被任命人;[⑫]依职权、指定或 27

① Insolvency Order,2016 (S 1/2016) s. 14(2)(b).

② Insolvency Order,2016 (S 1/2016) s. 12(6).

③ Insolvency Order,2016 (S 1/2016) s. 17(2).

④ Insolvency Order,2016 (S 1/2016) s. 17(3).

⑤ Section 12(1) read together with ss. 10(2)(b) and 11(1) of the Insolvency Order,2016 (S 1/2016). 如本报告第 20 段述及,需注意的是,如果被指定人既不是司法管理人也不是清算人,则在未被给予中止保护的自愿整理程序中,债务人的股东会议和债权人会议仅需在该被指定人认为必要时由其召集。

⑥ Insolvency Order,2016 (S 1/2016) s. 15(1)(a).

⑦ Insolvency Order,2016 (S 1/2016) s. 15(1)(b).

⑧ Insolvency Order,2016 (S 1/2016) s. 15(4)(a).

⑨ Insolvency Order,2016 (S 1/2016) s. 15(4)(b).

⑩ Insolvency Order,2016 (S 1/2016) s. 15(6).

⑪ Insolvency Order,2016 (S 1/2016) s. 17(3).

⑫ Insolvency Order,2016 (S 1/2016) s. 10(4).

者更换监督人;[①]对监督人作指示;[②]因获通过的重整计划不公平损害个别成员、债权人而撤销或暂停执行重整计划,[③]要求公司成员、债权人作出修改。[④] 但是,对于经公司成员、债权人通过的重整计划,法院无须作出批准,也无须独立评估其公正性。

28 如果债权人会议与成员会议关于重整计划作出的决议相反,公司成员可以申请法院对此作出决定。[⑤] 法院可颁令以成员会议的决议效力替代债权人会议的决议效力。[⑥] 由此可见,在自愿安排程序中,公司成员较债权人享有更大的控制权。

7. 自愿安排期间的董事义务、责任和权力

29 在自愿安排程序中,公司董事的主要义务在于提供信息,以帮助被任命人提交本报告第20段述及的报告。董事有义务提交的材料包括:载明自愿安排方案具体条款的文件(重整计划草案)、载有债务人和债权人详细信息的企业事务声明等。[⑦] 董事为使重整计划获得通过而作出虚假陈述或其他欺诈行为,或者为获得中止保护而违法犯罪的,依法均应受到惩罚。[⑧] 企业在董事提交自愿安排建议方案之后将保持自行管理,企业的经营、财产和事务均由董事继续控制并管理,但根据法律要求,如果自愿安排会影响某些债权人利益,则必须获得相关债权人的同意。[⑨] 此外,法院依申请给予中止保护的,债务人还将在融资增信,处分有担保财产、无担保财产、支付款项等方面受到限制。一旦违反限制,企业自身及其高管应当承担相应责任。[⑩] 总而言之,企业及其董事在自愿安排中拥有较大的自主权,但并非拥有完全的自主权。

8. 通知与信息公开规则

30 自愿安排程序目前需适用的通知与信息公开规则较少,这可能是因为其制度细则尚未出台。但需注意,不论成员会议和债权人会议是否通过自愿安排建议方案,

---

① Insolvency Order,2016 (S 1/2016) s.17(5).

② Insolvency Order,2016 (S 1/2016) s.17(3)(b).

③ Insolvency Order,2016 (S 1/2016) s.15(4)(a).

④ Insolvency Order,2016 (S 1/2016) s.15(4)(b).

⑤ Insolvency Order,2016 (S 1/2016) s.13(3).

⑥ Insolvency Order,2016 (S 1/2016) s.13(5)(a).

⑦ Insolvency Order,2016 (S 1/2016) s.10(3).

⑧ Insolvency Order,2016 (S 1/2016) ss.16(1) and 18.

⑨ 参见本报告第26段。

⑩ See generally Insolvency Order,2016 (S 1/2016) First Schedule paras.26 –33.

其会议结果均应报告法院,并按规定通知有关方。[①] 另外,如果当事人提出了中止申请,被任命人应当在中止生效之后[②]公告中止情况,同时通知法院、公司注册处、债务人和受到中止效力影响的"申请中债权人"。[③] 而在中止效力结束后,被任命人也应完成与前述基本相同的公开流程。[④]

9. 程序转换

根据《破产法》的规定,自愿安排程序失败后并不会自动转入其他重整、清算程序,但是,如果自愿安排中法院依申请给予了中止保护,而在中止期届满后重整计划仍未获通过,法院可对债务人实施清算。[⑤] 31

10. 自愿安排的实践价值

《破产法》引入的自愿安排制度,为企业增加了一种新类型的重组方式。在该方式中,债务人可以继续控制企业的大部分经营事务,这对害怕在司法管理程序中丧失控制权的债务人极具吸引力。但是,由于目前缺少实施细则,在各类重组方式之中,自愿安排还未成为主流的企业拯救方式。 32

(四)司法管理

司法管理的程序规则规定于《破产法》第四部分。在 2017 年《破产(司法管理)规则》公布实施后,司法管理已发展成为文莱最为有效的企业拯救方式。 33

1. 谁可以申请司法管理以及申请理由?

《破产法》规定,债务人或其债权人认为债务人已经或即将无力清偿债务,[⑥]且债务人满足以下条件之一的,债务人、债权人可以申请法院作出司法管理令,对债务人启动司法管理程序:具有重整成功的合理可能性;保持全部、部分业务继续经营的合 34

---

① Insolvency Order,2016 (S 1/2016) s.12(7).

② 符合法律规定的中止申请一经提交法院,中止效力即告开始。See Insolvency Order,2016(S 1/2016) First Schedule para.19(1).

③ Insolvency Order,2016 (S 1/2016) First Schedule para.21(1)."申请中债权人"(petitioning creditor)指在中止效力启动前已提交清盘申请,且该申请尚未被撤回或者驳回的债权人。See Insolvency Order,2016 (S 1/2016) First Schedule para.21(3).

④ Insolvency Order,2016 (S 1/2016) First Schedule para.22(1).

⑤ Insolvency Order,2016 (S 1/2016) s.99(f).

⑥ 根据《破产法》第 100 条的规定,公司具有以下情形之一的,视为无力清偿债务:(1)债权人要求公司偿付数额超过 10,000 文莱元的债务,而公司"未予支付"(neglected to pay)该债务的;(2)公司未能执行债权人的有利判决、裁定或命令的;(3)经向法院证明,法院确信公司已无力偿还债务的。因此,文莱法院在判定公司是否已无力偿债时,可将或有债务、预期债务纳入考量范围。

理可能性；对于债权人利益，司法管理可实现比清算更有利保护。[①]

2. 什么时候可以适用司法管理？

35 在接管程序中，或者清算申请提出后，法院均可作出司法管理令，[②]但是一旦该公司进入清算程序，便不可再颁令启动司法管理。[③]

3. 司法管理人

36 申请人提出司法管理申请时，应当一并提名司法管理人人选，[④]但法院、债权人有权对该人选提出异议。[⑤]

4. 同意作出司法管理令

37 法院如认为债务人已经或者即将无力清偿债务，[⑥]且作出司法管理令可以实现以下目标之一的，应当作出司法管理令：(1)债务人可能继续生存；(2)债务人的自愿安排方案可能获得通过；(3)债务人可能因此实现比清算更有利的回收结果。[⑦] 2017年颁布的《破产（司法管理）规则》对司法管理程序作出了详细规定。

5. 中止

38 司法管理令一经作出，自动中止保护随即生效。未经司法管理人同意或法院准许，以下行为将被禁止：通过清算债务人的决议；指定接管人、管理人；采取行动执行担保权；收回对债务人物品的占有。此外，在司法管理令生效期间，未经司法管理人同意或法院准许，各方也不得对债务人提起法律诉讼。[⑧]

6. 司法管理期间的有关事项

39 司法管理令的生效期间持续180日，司法管理人可以申请法院予以延长。[⑨] 在司法管理令生效期间，司法管理人应当接管债务人的财产、事务和经营。[⑩] 此外，司

---

① Insolvency Order, 2016 (S 1/2016) s.32(1).

② Insolvency Order, 2016 (S 1/2016) s.35(1). 法院颁布司法管理令，将使接管人、经理人停止履职以及相关清盘申请被驳回。

③ Insolvency Order, 2016 (S 1/2016) s.32(8)(a).

④ Insolvency Order, 2016 (S 1/2016) ("IO") s.32(4)(a). 司法管理人须为担任《破产条例》第217条(1)(a)项规定职务的破产执业者，关于其职责和权力，详见本报告第55~58段。

⑤ 详见本报告第41段。

⑥ Insolvency Order, 2016 (S 1/2016) s.32(2)(a).

⑦ Insolvency Order, 2016 (S 1/2016) s.32(2)(b).

⑧ Insolvency Order, 2016 (S 1/2016) s.35(4).

⑨ Insolvency Order, 2016 (S 1/2016) s.32(9).

⑩ Insolvency Order, 2016 (S 1/2016) s.32(3).

法管理人还应制订名为"建议说明"(statement of proposals)的重整计划,说明如何实现一个或数个司法管理的规定目标(本报告第34段述及),①并且召集债权人会议审议是否通过该重整计划。② 重整计划一旦获得债权人会议通过,司法管理人有义务根据重整计划对企业的财产、事务和经营进行管理,③并在重整计划获得全面执行或者明显无法完成既定目标时,向法院申请解除司法管理令。④ 债权人会议不予通过重整计划的,法院也可解除司法管理令或者采取其他措施。⑤

7. 债权人表决权

债权人参与并监督司法管理程序的重要方式之一,即在债权人会议审议是否通 40
过重整计划时行使表决权。⑥ 作为该次重要会议表决权的前提,债权人需向司法管理人申报债权,只有经债权人会议主席确认后,方可享有表决权。⑦ 债权未获确认的申报人,可以针对债权人会议主席的决定向法院提起诉讼。⑧ 债权存在争议的,债权人会议主席应当允许申报人投票表决,但需作如下标注:如果该债权最终未获确认,其表决票也随之作废。⑨ 在债权人会议上,担保债权人可就其债权总额减去担保权覆盖数额的剩余部分享有表决权。⑩ 债权人在司法管理令作出之日享有的债权数额,减去该日期之后获偿的数额,为其在债权人会议上享有的表决权额。⑪

① Insolvency Order,2016 (S 1/2016) s.44(1)(a).

② Insolvency Order,2016 (S 1/2016) s.45(1).

③ Insolvency Order,2016 (S 1/2016) s.47(1).

④ Insolvency Order,2016 (S 1/2016) s.48(1).

⑤ Insolvency Order,2016 (S 1/2016) s.45(4)(a)(i).

⑥ 关于债权人对司法管理程序的监督,详见本报告第41段。

⑦ Insolvency (Judicial Management) Rules,2017 (S 48/2017) (Judicial Management Rules) r.27(1)(a). 根据《破产(司法管理)规则》第26条的规定,债权人会议主席需由司法管理人担任或者由司法管理人书面指定他人担任。根据该规则第27条(3)款的规定,如果债权人会议主席认为某一债权人未能申报债权是出于该债权人无法控制的原因,则债权人主席可允许该债权人出席会议并投票表决。

⑧ Insolvency (Judicial Management) Rules,2017 (S 48/2017) r.28(2).

⑨ Insolvency (Judicial Management) Rules,2017 (S 48/2017) r.28(3).

⑩ Insolvency (Judicial Management) Rules, 2017 (S 48/2017) (Judicial Management Rules) r.29. 关于可转让票据、所有权保留、分期付款买卖、附条件出售、动产租赁协议相关债权人的表决权问题,参见《破产(司法管理)规则》第30~32条。

⑪ Insolvency (Judicial Management) Rules,2017 (S 48/2017) r.27(5).

8. 程序监督

41 债务人自程序开始阶段即可对司法管理进行监督，因为债权人之“多数”（人数和债权额）可以对被提名的司法管理人人选提出异议，并提出自己的替代人选。[①] 此外，如前所述，债权人拥有是否表决通过司法管理人所提重整计划的决定权。因为只有在债权人之“多数”（人数和债权额）以亲自或代理投票方式表决同意时，重整计划方为通过。[②] 经司法管理人同意，前述债权人之“多数”还可提出并通过对重整计划的调整。[③] 在重整计划获通过之后，债权人会议还可设立债权人委员会以监督司法管理人履职。[④] 另外，如果司法管理人在管理债务人事务、财产、经营的过程中，对债权人造成了不公平损害，则受损债权人可在司法管理令生效期间随时申请法院审查。[⑤] 对于债权人申请事项，法院可视情况以命令方式给予救济，[⑥]确保异议债权人在司法管理中获得的清偿，不少于其可在清算程序中可获的清偿。[⑦] 在司法管理程序期间，司法管理人还应当每12个月向债权人更新一次程序进展情况。[⑧]

42 法院可对司法管理程序行使的控制权丰富且广泛，包括否决司法管理申请人提名的司法管理人人选并另行指定他人；[⑨]在收到申请后至作出决定的期间，指定临时司法管理人；[⑩]准许在司法管理令生效期间对债务人执行担保权或者进行法律诉讼；[⑪]如前述及，视情形作出适当命令以保护债权人和成员利益；在债权人会议不予通过重整计划后作出相应命令；[⑫]传唤债务人高管到庭并向法院提交“书面证词”（affidavit，即“宣誓书”）；[⑬]调查债务人交易情况。[⑭] 此外，文莱法并不要求法院批准债

---

① Insolvency Order, 2016 (S 1/2016) s. 32(4)(c).

② Insolvency Order, 2016 (S 1/2016) ss. 45 (1) and 45(2).

③ Insolvency Order, 2016 (S 1/2016) s. 45(2).

④ Insolvency Order, 2016 (S 1/2016) s. 46.

⑤ Insolvency Order, 2016 (S 1/2016) s. 49(1). 根据该款规定，公司的成员也享有相同权利。

⑥ Insolvency Order, 2016 (S 1/2016) s. 49(2).

⑦ Insolvency Order, 2016 (S 1/2016) s. 49(3).

⑧ Insolvency (Judicial Management) Rules, 2017 (S 48/2017) r. 34(2).

⑨ Insolvency Order, 2016 (S 1/2016) s. 32(4)(b).

⑩ Insolvency Order, 2016 (S 1/2016) s. 32(11)(b).

⑪ Insolvency Order, 2016 (S 1/2016) ss. 35(4)(c) and 35(4)(d).

⑫ Insolvency Order, 2016 (S 1/2016) s. 45(4)(b).

⑬ Insolvency Order, 2016 (S 1/2016) s. 54(1).

⑭ See generally Insolvency Order, 2016 (S 1/2016) s. 54.

权人会议通过的重整计划，只要求司法管理人向法院报告债权人会议所作决定。①

9. 信息披露规则

司法管理申请应当以公告形式在公报(the Gazette)②和当地报纸上公开刊登，然后提交公司注册处登记。③ 司法管理令颁布后，也应当在公报上公布或者按法院指定的其他方式公开。④ 另外，关于债权人会议审议、表决司法管理人建议的重整计划的通知，也应向债务人的所有已知债权人和董事发出，同时在当地报纸上公布。⑤ 对于债权人会议决议结果，司法管理人应当通知全体债权人，在适当情况下，还应一并通知已获通过重整计划的详细内容。⑥ 此外，司法管理人如果认为完整披露董事提交的"事务声明"(the statement of affairs)⑦不利于推进司法管理，可以申请法院作出命令，允许其仅有限度地披露该声明的部分内容。⑧ 43

10. 司法管理期间的董事义务、责任和剩余权力

一方面，司法管理人应当在司法管理令生效期间接管债务人的管理权、控制权，债务人不再自行管理，其董事也失去所有的"剩余权力"。⑨ 另一方面，董事应当向司法管理人提交一份关于企业各类事务的"声明"，详细列举债务人的资产、负债、债权人和所附担保权情况。⑩ 董事还负有配合司法管理人履职的义务，需向司法管理人提供所有相关信息并根据其合理要求参加会议。⑪ 董事未能履行上述法定义务的，应被处以罚款。⑫ 此外，董事还应按照法定要求提交企业年度纳税申报表、《公司法》规定的资产负债表等必要的文件资料。⑬ 44

---

① Insolvency Order,2016 (S 1/2016) s.45(3).

② "公报"一般指刊载政府公文和法律公告的定期出版物。文莱政府公报的网址如下：<http://agc.gov.bn/Lists/gazettelI/AllItems.aspx>(accessed 10 January 2020)。

③ Insolvency Order,2016 (S 1/2016) s.32(5)(a).

④ Insolvency (Judicial Management) Rules,2017 (S 48/2017) r.16(2).

⑤ Insolvency (Judicial Management) Rules,2017 (S 48/2017) rr.25(1) and 25(3).

⑥ Insolvency (Judicial Management) Rules,2017,(S 48/2017) r.34(1).

⑦ 详见本报告第44段。

⑧ Insolvency Order, 2016 (S 1/2016) ss. 42(2) and 43 read together with r. 19(1) of the Insolvency (Judicial Management) Rules,2017 (S 48/2017).

⑨ Insolvency Order,2016 (S 1/2016) s.38(2).

⑩ Insolvency Order,2016 (S 1/2016) ss.43(1) and 43(2).

⑪ Insolvency Order,2016 (S 1/2016) ss.53(1) and 53(2).

⑫ Insolvency Order,2016 (S 1/2016) ss.43(4) and 53(3).

⑬ Companies Act (Cap 39,2015 Rev Ed) ss109 and 302.

11. 程序转换

45 即使司法管理程序最终失败，该程序也不会自动转入清算程序。但是，鉴于企业进入司法管理程序的原因为无力清偿债务或可能无力清偿债务，一旦司法管理程序未能成功，债务人也往往以清算结束。[①]

12. 公共利益申请

46 文莱法规定，财政部可以基于公共利益，对任何一家公司提出司法管理申请，[②]并可根据公众利益需要，提名司法管理人人选。[③]《破产（司法管理）规则》详细规定了基于公众利益的司法管理申请程序。

（五）自愿安排 vs. 司法管理

47 本部分探讨的问题为，既然自愿安排与司法管理均为文莱现行有效的企业拯救方式，那么企业在两项程序之间作选择时应考虑哪些因素？

48 一般情况下，如果债务人同时有资格提出自愿安排和司法管理申请，其会倾向于选择可维持自行管理地位的自愿安排程序。除此之外，在自愿安排程序中，债权人的监督权也会受一定限制，因为召集债权人会议审议并通过重整计划并非其必要条件，法院可以作出命令，以公司成员会议决议替代债权人会议决议。[④] 此外，企业适用自愿安排可实现比重组债务更广的目标，因为无力清偿债务并非自愿安排程序的启动条件。因此可以预见，企业也可利用自愿安排程序来调整其经营结构、开展合并或收购。

49 如果债务人已经或可能无力清偿债务，则债权人可以提出司法管理申请，由司法管理人来管理债务人，以此方式实现债权人对重整过程更大的控制权。另外，如果企业已经或者即将无力清偿债务是管理不当导致的，则申请适用司法管理是债权人的自然选择，因为这样就可由司法管理人替代企业现有管理层。因此在实践中，如果企业已经或可能无力清偿债务，即使该企业及其董事已经提交了自愿安排建议方案，债权人也会继续提出司法管理申请（表 1 为自愿安排程序与司法管理程序的具体差别）。

---

① Insolvency Order,2016 (S 1/2016) s.99(e).

② Insolvency Order,2016 (S 1/2016) s.33(1).

③ Insolvency Order,2016 (S 1/2016) s.32(4)(d).

④ 详见本报告第 20 段、第 28 段。

表 1　自愿安排 vs 司法管理

类型	自愿安排	司法管理
对破产(或濒临破产)的要求	无要求	有要求
申请人	债务人、债务人的董事 司法管理人 清算人	债务人、债务人的董事 债权人
破产执业者	被任命人和/或监督人 司法管理人 清算人	司法管理人
中止	依申请	自动
会议	选择性召开 如果被任命人决定召开会议,应当一并召开成员会议和债权人会议	应当召开 仅需召开债权人会议
重整计划的表决通过	由成员会议和债权人会议表决通过;两个会议决议结果相异的,成员会议的决议效力优先	由债权人会议表决通过(人数和债权额上的多数决)
追回规则[1]	无	有,可追回偏颇清偿

〔1〕详见本报告第 55 段。

但是,从 2016 年文莱破产制度改革前公布的案例来看,一直以来均为债务人在试图获取司法管理令,从而阻却债权人的追偿。① 50

三、破产执业者

《破产法》引入了名为"破产执业者"的新职业,②只有自然人可以从事。③ 在自愿安排和司法管理程序中,司法管理人、被任命人、监督人均须由经注册的破产执业者担任。④ 51

只有具备《破产法》第 222 条认可的专业组织的成员身份,或者按照《破产法》 52

① See for example, in the matter of PDS Abattoir Sdn Bhd [2006] 1 BLR 55 and in the matter of Emergency (Companies Act) Amended Order 1980, Re L & L Engineering Corporation Sdn Bhd [2008] 1 BLR 224.

② Insolvency Order, 2016 (S 1/2016) s. 217.

③ Insolvency Order, 2016 (S 1/2016) s. 221(1).

④ Insolvency Order, 2016 (S 1/2016) s. 217(1).

第224条获得有权机构授权的人，才有资格作为破产执业者执业。截至目前，财政部尚未根据第222条确定任何一家经认可的专业组织。而在2019年5月，第一批的13位破产执业者获得了有权机构的授权，均为注册会计师或执业律师。①

53 《破产（破产执业者）规则》于2018年9月19日生效实施，该法对以下事项作出规定：有权机构在授权审查某人是否适合作为破产执业者时应考量的因素；②破产执业者应满足的教育水平、工作经验、语言技能等条件；③破产执业者提交备案文件、保留履职记录以供审查的义务。④

54 破产执业者在文莱仍属新职业，尚未得到社会广泛认可。在笔者看来，文莱的破产执业者能够与其他国家的同行保持相同的执业标准。同时与文莱其他行业人士一样，如果破产执业者未能满足合理的专业要求和注意义务，将为履职过失承担责任。实际上，在决定授权破产执业者时应审查的事项之一，即该个人是否足够独立、诚实、专业而适合作为破产执业者执业，以及其能否按照公认的专业标准、实践惯例和原则而妥善履行自身职责。⑤

（一）司法管理人

55 只有未担任债务人审计员的注册会计师，可以在司法管理申请中被提名作为司法管理人人选。⑥ 如前所述，司法管理令一旦生效，司法管理人将控制并接管债务人的事务、财产和经营，同时有权基于这一目的而采取相关行动，⑦司法管理人可行使的职权包括融资或借款、在公司财产之上设置担保、起诉和应诉、指定代理人、聘用或解聘职工等。⑧ 另外，司法管理人为了实现司法管理令设定的目标，还可以申请法院授权其处理该公司的附担保财产，以及分期付款买卖协议、动产租赁协议、所有权保留协议涉及的标的物。⑨ 在这类情形中，债权人就上述标的物、担保财产享有的优

---

① Ministry of Finance and Economy, *List of Insolvency Practitioners*, <https://www.mofe.gov.bn/divisions/list-of-insolvency-practitioners.aspx> (accessed 10 January 2020).

② Insolvency (Insolvency Practitioner) Rules, 2018 r. 3.

③ Insolvency (Insolvency Practitioner) Rules, 2018 rr. 4 and 5.

④ See generally Insolvency (Insolvency Practitioner) Rules, 2018 rr. 6 – 10.

⑤ Insolvency (Insolvency Practitioner) Rules, 2018 r. 3(e).

⑥ Insolvency Order, 2016 (S 1/2016) s. 32(4)(a).

⑦ Insolvency Order, 2016 (S 1/2016) ss. 38(1) and 38(3).

⑧ See generally Insolvency Order, 2016 (S 1/2016) Second Schedule.

⑨ Insolvency Order, 2016 (S 1/2016) s. 39(2).

先权不受影响。[①] 另外,司法管理人还有权在司法管理程序中追回偏颇清偿,[②]但在自愿安排程序中无此权力。举例而言,除了部分例外情形,债务人在进入司法管理程序之前2年内达成的"以物抵债(settlement of property)协议"对司法管理人也属无效。[③]

如前述及,司法管理人的主要职责之一为提交重整计划并监督计划执行。重整计划一经通过,司法管理人应当按照该计划管理公司事务,[④]保护公司成员和债权人利益。[⑤] 如果司法管理人认为司法管理令已达到既定目标或者无法达到既定目标,应当向法院申请解除司法管理令。[⑥] 法院对司法管理人享有全面的监督权和控制权。[⑦] 56

司法管理人是公司的代理人,[⑧]按照文莱法,司法管理人需要为其在履职期间签署的、采纳的合同承担个人责任。[⑨] 但司法管理人就其为公司签订、采纳的合同声明了免责的,则无须承担责任。[⑩] 57

另就司法管理人的报酬而言,法院会综合考虑司法管理人付出的合理时间、重整过程的复杂性、司法管理人的工作成果等因素,进而确定其具体报酬。[⑪] 司法管理人的报酬应当从债务人资产中支付,[⑫]债务人资产不足的,则由提出司法管理人人选的申请人补足差额。 58

(二)被任命人或监督人

在公司董事提出自愿安排建议方案且该企业未进入司法管理、清盘程序的情形中,[⑬] 59

① Insolvency Order,2016 (S 1/2016) s.39(4).

② Insolvency Order,2016 (S 1/2016) s.51(1).

③ Section 47(1) of the Bankruptcy Act (Cap 67,1984 Rev Ed) read together with s.51(1) of the Insolvency Order,2016 (S 1/2016).

④ Insolvency Order,2016 (S 1/2016) s.47(1).

⑤ Insolvency Order,2016 (S 1/2016) s.49(1).

⑥ Insolvency Order,2016 (S 1/2016) s.48(1).

⑦ 例如,根据《破产法》第49(4)(a)项赋予法院的权力,如果公司成员、债权人针对司法管理人造成不公正损害的疏忽或行为申请法院作出命令,法院有权规管司法管理人未来对企业事务、经营、财产的管理。

⑧ Insolvency Order,2016 (S 1/2016) s.40(1)(a).

⑨ Insolvency Order,2016 (S 1/2016) s.40(1)(b).

⑩ Insolvency Order,2016 (S 1/2016) s.40(2).

⑪ Insolvency (Judicial Management) Rules,2017 (S 48/2017) rr.36(2) and 36(3).

⑫ Insolvency Order,2016 (S 1/2016) s.41(3)(b).

⑬ 如果自愿安排的建议方案是由司法管理程序或者清算程序中的公司提出,该公司的司法管理人或清算人应当负责实施自愿安排。

自愿安排建议方案(重整计划)获通过前参与程序的破产执业者为被任命人,而负责监督计划执行的破产执业者则被称作监督人,监督人一般由被任命人担任。①

60 应注意,被任命人实际上只是自愿安排程序的促进者。这是因为,如本报告第20段所述,自愿安排程序中的被任命人不同于司法管理人,其只需向法院提交报告,说明自愿安排申请人提出的重整计划是否有获得批准、执行的合理预期。也就是说,被任命人无须在自愿安排中提出重整计划草案。

61 在法院给予中止保护的自愿安排程序中,被任命人的具体行为、疏漏和决定都可能受到相关方的异议和挑战,法院会视情形作出适当命令,全面监管被任命人履职。②

62 自愿安排建议方案一经表决通过,监督人(可能由被任命人担任)将负责监督计划执行。在计划执行中,监督人与司法管理人享有相同职权,③可以申请法院对自愿安排具体事项作出指示。④

63 自愿安排程序中的被任命人不享有任何“追回权”(claw-back power)。目前文莱尚未明确被任命人的报酬规则,但预计将由提出人选的公司或公司董事支付。

四、重整融资

64 自愿安排、司法管理期间发生的费用通常包括破产执业者报酬、债务人经营发生的费用、专业服务费用等。这类费用应从债务资产中支付,不足额部分可能由自愿安排、司法管理申请人补足。⑤ 债务人的股东没有义务向债务人提供资金帮助。

65 困境企业在未被颁令清算时进行的融资均被视为正常经营过程中的融资。但是,借款人在破产程序(包括自愿安排、司法管理)开始后向企业提供的无担保

---

① Insolvency Order,2016 (S 1/2016) s.17(2).

② Insolvency Order,2016 (S 1/2016) First Schedule para.36.

③ See generally Insolvency Order,2016 (S 1/2016) Second Schedule.

④ Insolvency Order,2016 (S 1/2016) s.17(4)(a).

⑤ 一般惯例为,司法管理人会在受指定前得到提名方的保证,即如果公司资产不足以支付司法管理人的履职费用和应得报酬,则由提名方予以补偿。笔者认为,该惯例同样适用于实施自愿安排的公司。但需注意,由于公司在自愿安排期间会持续运转和经营,因此这类补偿在自愿安排中可能不具同等重要性。此外,英国的《1986年破产法》(文莱企业《破产法》的蓝本)规定,监督人可以因履职发生符合合理预期的成本和费用。See Sealy & Milman-Annotated Guide to the Insolvency Legislation 2015 Vol.1 (Sweet & Maxwell,18th ed.,2015) at p.737 -741.

融资，可以优先于其他无担保债权受偿，[1]作为《破产法》新引入的重要制度设计之一，该规则旨在鼓励债权人在程序启动后提供融资，以此为重组尝试提供保障。除此之外，一般只有破产程序费用、职工债权和税款债权属于优先受偿的无担保债权。[2]

此外，鉴于在司法管理程序中，司法管理人有权为使程序获益而出售和处分债 66
务人的财产，因此笔者认为，为了实现司法管理的目标，司法管理人有权资助第三方开展调查活动和追收债权。

五、普通合同与特殊合同

（一）普通合同

自愿安排程序中的公司仍受其待履行合同约束。如需调整合同条款，需经该公 67
司与合同相对方协商变更。

另如本报告第57段所述，司法管理人作为公司的代理人，应当为其在履职期间 68
签署、采纳的合同（括雇佣合同）承担个人责任，但如果具有特定情形，其可以依法免责。

在文莱，合同中的“破产约定条款”，也即一方可以基于相对方破产的事由终止 69
或调整合同的条款，并不因启动自愿安排程序、司法管理程序而无效。因此，文莱的合同中常约定有这类条款。

此外，在符合合同约定的情况下，债务人可以将合同转让或让与第三方。这类 70
合同转让和让与行为适用合同法一般规则。

（二）特殊合同

公司自愿安排程序如果同时获得了中止保护，则未经法院准许，向公司出租场 71
地的土地所有人或者其他出租人不得“以和平进场方式收回场地”（forfeiture by peaceable re-entry）。[3] 另外，未经法院准许，相关权利人也不得收回公司基于分期付款买卖协议购买的标的物。[4]

司法管理令一经作出，未经法院准许或者司法管理人同意，不得收回公司基于 72

---

① Insolvency Order, 2016 (S 1/2016) s. 147(1)(a).

② Insolvency Order, 2016 (S 1/2016) s. 147(1).

③ Insolvency Order, 2016 (S 1/2016) First Schedule para. 23(1)(f).

④ Insolvency Order, 2016 (S 1/2016) First Schedule para. 23(1)(g).

分期付款买卖协议、动产租赁协议和所有权保留协议占有的标的物，[①]但对于分期付款买卖协议和租赁协议标的物之所有人，其可按司法管理令颁布之日其对债务人享有的到期债权额享有表决权。[②]

73 文莱破产法并未对公共服务合同、雇佣合同作特别规定，除了职工可以在清算期间就其特定类型的工资、福利和社保费用分担额享有优先权，目前没有其他特殊规则。[③]

六、其他事项

（一）企业集团破产

74 《破产法》未就企业集团破产设置专门程序，也未对企业集团程序合并的问题作出规定。对于同一企业集团下属的各家公司，文莱法院倾向于区分审理各公司破产案件，除非案件中的债权标的相同且当事人构成相似，才可能合并审理。

（二）中小微企业

75 《破产法》并未针对中小微企业作特别规定。因此，中小微企业根据《破产法》享有的待遇与其他类型的公司相同。另外，中小微企业属于独资企业或合伙企业的，其破产问题应适用《个人破产法》和其他个人破产法规。

（三）跨境破产

76 《破产法》并未规定其域外效力，依其规定仅可适用于文莱境内。[④] 文莱尚未采纳《联合国贸易法委员会跨国界破产示范法》，也未就破产问题签署相关国际公约。2012 年 12 月 5 日，文莱对《破产法》作出修订，规定文莱、马来西亚和新加坡相互承认对方的“破产管理人”（bankruptcy trustees），[⑤]然而这一修订目前尚未生效，同时，《破产法》中也无类似规定可适用于清算人。据笔者所知，除了日常往来中的交流，文莱法官在履行司法职责时很少进行法院间的跨国沟通交流。

---

① Insolvency Order,2016 (S 1/2016) s.35(4)(c).

② Insolvency (Judicial Management) Rules,2017 (S 48/2017) r.32(1).

③ Insolvency Order,2016 (S 1/2016) s.147.

④ 文莱《宪法》第 84D 条规定，文莱法中明文规定具有域外效力的法律规定，可具有域外效力。但因《破产法》未规定其具有域外效力，因此只能在文莱境内适用。

⑤ Bankruptcy Act (Cap 67,1984 Rev Ed) s.115A.

(四)统计数据

总体而言,在文莱公开获取破产统计数据具有较大挑战性,从文莱司法部官网 77
公布的数据来看,①2016 年、2017 年文莱分别作出了 7 项、18 项清盘令,截至 2018 年 11 月,文莱法院在 2018 年作出 5 项清盘令。但文莱重整型程序的数据至今尚无法从公开渠道获取。

附:本报告引用的法律

Appendix of Legislation Referred to

1.《法律适用法》,Application of Laws Act (Cap,2,2009 Rev. Ed)。

2.《个人破产法》,Bankruptcy Act (Cap 67,1984 Rev. Ed)。

3.《商用名称法》,Business Names Act (Cap 92,1984 Rev. Ed)。

4.《公司法》,Companies Act (Cap 39,2015 Rev. Ed)。

5.《文莱达鲁萨兰国宪法》,Constitution of Brunei Darussalam (2011 Rev. Ed)。

6.《破产法》,Insolvency Order,2016 (S 1/2016)。

7.《破产(破产执业者)规则》,Insolvency (Insolvency Practitioner) Rules,2018。

8.《破产(司法管理)规则》,Insolvency (Judicial Management) Rules,2017 (S 48/2017)。

9.《破产(清算)规则》,Insolvency (Winding-up) Rules,2018 (S 53/2018)。

10.《土地法》,Land Code (Cap 40,1984 Rev. Ed)。

11.《担保交易法》,Secured Transactions Order,2016 (1 March 2016)。

12.《担保交易规则》,Secured Transactions Regulations 2016 (1 March 2016)。

13.《沙里亚法院法》Syariah Courts Act (Cap 184,2000 Ed)。

14.《伊斯兰教刑法》,Syariah Penal Code Order,2013 (22 October 2013)。

① State Judiciary Department Brunei Darussalam, *Supreme Court Statistics* (accessed 10 January 2020).

柬埔寨制度报告*

Jay Cohen

一、概述

1 柬埔寨王国的法律体系属大陆法系，早先深受法国法影响。柬埔寨政府于 20 世纪 70 年代推倒并重建了本国法律体系。作为柬埔寨 2004 年加入世界贸易组织的影响之一，为了达到世贸组织对法律框架的要求，柬埔寨政府制订了雄心勃勃的立法计划，一揽子增加了 40 多项新法律。① 而在 2008 年全球经济危机中，柬埔寨因为经济中的财务杠杆率不高，所受的破坏较邻国要小得多。因此可以说，柬埔寨在全球经济危机之后推行法律改革，是为实现对世贸组织的承诺，而非应对全球性经济危机的需要。

2 柬埔寨于 2007 年颁布实施《破产法》，该法适用于法人实体和自然人，但就自然人而言，仅限于从事经营活动的"商人"(business persons)，如经营独资企业的自然人。而对于《银行与金融机构法》②(以下简称《银行法》)《保险法》③《非政府证券发行与交易法》④(以下简称《证券法》)的适用对象，不得直接依据《破产法》启动破产程序，而应适用该行业额外的专门法律规定。⑤《破产法》自颁布以来未受到修订，立法机关也未出台相关"附属立法"(delegated legislation)。因此，对于该法存在的法律空白，现均基于个案补充，未经过系统的改革。至于法律解释层面，柬埔寨的破产案件数量还不多，实践经验仍有待积累。同时，柬埔寨法院并不公开破产案件记录

* 合作者与指导者：Tilleke、Gibbins。

① Ministry of Industry, Mines and Energy, *Private Sector Assessment for theKingdom of Cambodia* (December 2003).

② Law on Banking and Financial Institutions (effective 18 November 1999).

③ Law on Insurance (effective 4 August 2014).

④ Law on Non-Government Securities (19 October 2007).

⑤ Insolvency Law (enacted 2007) Art.6(3).

和相关决定,公众能查询到的情况相当有限。虽然公众可以参加破产庭审,①但法律未明文规定公众有权出席债权人会议和债权人委员会会议,而这两项会议是破产程序的主要环节。

柬埔寨法律允许设立独资企业、普通合伙企业、有限合伙企业、私人有限公司 3
和公众有限公司。② 外国公司也可以在柬埔寨境内设立子公司、代表机构或分支机构。③ 据笔者观察,在柬埔寨设立的经营主体多为独资的小型企业和私人有限公司。

柬埔寨法允许根据《民法典》《担保交易法》设立担保权。④ 一方面,根据《民法 4
典》的规定,只有该法明确规定和定义的担保权类型方属《民法典》担保权。这些担保类型包括所有权保留、质押(针对动产、不动产、债权或其他权利)、抵押权、让与担保和保证。此外,除了抵押权的设立需向柬埔寨土地管理以及城市规划与建设部门进行登记以外,⑤《民法典》规定的其他类型担保权均无须登记。另一方面,《担保交易法》则采用美国法中的担保权设置方法,该法广泛适用于各类基于合同设立和提供的担保权。因此,受担保人和担保人可以依据合同条款而设置担保权的内容。⑥ 依据《担保交易法》设立担保权的,不但应依法"公示"(perfect,或称"完善")其效力,还应当向商业部担保交易备案办公室(Ministry of Commerce's Secured Transactions Filing Office)提交通知。⑦ 担保交易备案办公室的登记记录对公众公开,社会公众可以通过网站(www. setfo. gov. kh)线上免费查询登记信息。此外,关于《民法典》与《担保交易法》的适用关系,根据《民法典实施法》的规定,如果担保

---

① 《法院组织法》第 7 条规定,除非具有庭审公开会妨碍公共秩序等特定限制情形,法院应当公开进行庭审。

② Law on Commercial Rules and Register (as amended, effective 18 November1999) generally; Law on Commercial Enterprises (effective 19 June 2005) Art. 1.

③ Law on Commercial Enterprises (effective 19 June 2005) Arts. 274, 278 and 283.

④ 《民法典》于 2011 年 5 月 31 日通过,2011 年 12 月 31 日生效,《担保交易法》于 2007 年 5 月 24 日通过。《民法典》第 6 卷和《担保交易法》第 4 条规定了担保权相关规则。

⑤ Civil Code (enacted 31 May 2011) Art. 845. "土地登记簿"由柬埔寨土地管理、城市规划与建设部负责保管。

⑥ 根据《担保交易法》第 3 条(7)项,"担保协议"是指"设立或者提供担保权"的协议。另外,该法第 7 条(2)款还规定,担保协议根据协议条款生效。因此,协议各方可以通过担保协议来约定担保权的具体性质。

⑦ Law on Secured Transactions (enacted 24 May 2007) Arts. 10(2), 29 and 30.

协议关于依据《民法典》还是《担保交易法》设立担保权的约定不明，则以《民法典》为设立依据。[1] 因此，协议方可以在担保文件中对设立担保权的具体法律依据进行明确，从而确保该担保权能适用相应法律。《民法典》还允许在义务人全部财产之上，设置"一般法定优先权"（general statutory liens）以及适用于义务人特定财产的"特殊法定优先权"（special statutory liens）。[2] 虽然从技术上讲，柬埔寨法律理应允许对这类优先权进行登记，[3]但由于必要的配套措施尚未出台，目前还无法实际办理登记。

二、拯救：庭外与庭内（治理与监督）

（一）庭外重组

5 柬埔寨的破产实践还处在发展中，《破产法》和其他法律规定既未明文允许采用庭外重组方式，也未对其作出具体规定。此外，柬埔寨也没有成熟的市场惯例和规则以支撑庭外重组活动，同时还无庭外重组后与正式破产程序的衔接规则。总体上，柬埔寨法并不支持庭外重组实践，比如根据《破产法》的强制性规定，债务人自不能清偿超过 5,000,000 瑞尔的到期债务起 30 日内，应当提交破产申请并启动破产程序。[4] 债务人未能在规定期限内提交申请的，因故意或重大过失而导致未能提交申请的义务人将对债权人因此遭受的损失承担个人责任。[5] 同时，因为《破产法》并未明确定义"故意"和"重大过失"的内涵，因此应参照适用《民法典》中关于故意和过失行为的基本定义。[6]

---

① 《民法典实施法》于 2011 年 5 月 31 日颁布。关于担保权是否设立的模糊问题，需参照《民法典》第 75 条或《担保交易法》的规定。

② Civil Code（enacted 31 May 2011）Art. 781.

③ Under the Inter-Ministerial Prakas Concerning Real Rights Registration Procedure Pertaining to the Civil Code, which was enacted on 29 January 2013. 根据该规定，留置权可以办理登记手续。但该法规还未实际实施。在柬埔寨，"parka"即所谓的"部级法规"（ministerial regulation）。

④ Insolvency Law（enacted 2007）Art. 9(1).

⑤ Insolvency Law（enacted 2007）Art. 9(3).

⑥ Under Art. 742 of the Civil Code（enacted 31 May 2011），"故意行为"是指行为人可以预见具体结果并且接受这种结果发生的行为，"疏忽大意" 的行为是指行为人能够预见但因疏忽大意未能预见具体结果的行为，以及义务主体本可避免某种结果但在履行义务期间因疏忽大意导致该结果发生的行为。

同时,如果债务人的资产不足以支付破产程序费用,除非关联方预先足额缴纳相关费用,否则法院将不予启动破产程序并驳回破产申请。[①] 因此,实务中确实会出现个人或公司可能已具备破产原因,但法院却因其资产不足以支付破产程序费用而驳回申请的情况。一旦出现这类情形,债务人和债权人可能还会诉诸于庭外重组方式,尽管柬埔寨法还未对庭外重组作出具体规定。因为除了庭外重组,债务人、债权人已无其他机制可以用来清偿债务和破产处置。 6

综上所述,庭外重组在柬埔寨既无可适用的监管规则或市场惯例,也未明确排除某类债务人开展庭外重组,或者限制特定类型的债权人参与,同时更无支持和促进庭外重组的具体规定。 7

柬埔寨法并不要求,或者说并不特别鼓励在财务困境型案件中使用调解等替代性争议解决方式(ADR)。由于《破产法》对自然人规定有破产申请义务,因故意或重大过失而未能依照柬埔寨法提出破产申请的自然人将对此承担个人责任。[②] 因此,这类申请义务人如果采用了 ADR 方式而未能遵守《破产法》的规定义务,将面临法律风险。 8

(二)破产前程序

据笔者理解,“破产前程序”是指在破产程序正式开始前尝试拯救公司的措施。但《破产法》并未规定适用于财务困境主体的破产前程序,也不存在破产前、破产后程序之分。债务人可以在法院审理破产申请时提出和解方案(plan of compromise)[③](同时说明和解方案是否得到债权人支持),如果法院决定启动破产程序,则会在确定债权人会议日期时,一并参考和解方案的内容。[④] 9

因此,虽然法律未明文规定债务人可以在破产申请前就和解方案进行磋商,但债务人、债权人可以就和解方案开展合作。和解方案一旦获得债权人支持,并在其后或债权人会议通过,法院将据此终结破产程序。[⑤] 10

---

① Insolvency Law (enacted 2007) Art. 16(1). under Art. 4(7) of the Insolvency Law,该条款规定有“关联方”的定义,列举了债务人的股东或董事、债务人股东或董事的配偶、持有债务人 5% 以上股份的人士等 11 类主体。

② 如果债务人属于自然人,则由该自然人提交申请。如果债务人属于公司或者合伙企业,则由其董事、经理或者合伙人履行申请义务并确保提交破产申请。See Art. 9(2) ofthe Insolvency Law (enacted 2007).

③ 关于和解方案的进一步探讨,见第十五部分。

④ Insolvency Law (enacted 2007) Art. 13(2).

⑤ Insolvency Law (enacted 2007) Art. 48(1).

（三）正式破产程序概述

11 自然人和企业均可根据《破产法》启动正式破产程序。《破产法》规定，破产程序旨在“就债务人财产有序、公平、概括性地清偿各项债权，并在利害关系方认为适当时，重整债务人的业务经营”①。

12 根据柬埔寨法，债务人满足以下主体条件之一的，可被启动破产程序：②

（1）依据柬埔寨法设立的法人、合伙企业；

（2）依据外国法设立的法人、合伙企业，且这类法人、合伙企业在柬埔寨境内持有财产，或者其注册地址位于柬埔寨境内。

而要符合“在柬埔寨境内持有资产”的要件，则需满足以下条件之一：③有形财产位于柬埔寨境内；其财产（包括有形财产和知识产权等无形财产）或者权利已经过柬埔寨政府公共登记处的登记。

13 如前述及，如果债务人属于《银行法》《保险法》《证券法》的适用对象，则无法直接依据《破产法》启动破产程序：（1）根据《银行法》，银行和金融机构可依据《银行法》启动破产程序，该程序有别于《破产法》规定程序，需适用《银行法》关于指定临时管理人进场履职、及时确定该银行或金融机构是否已破产、与柬埔寨国家银行开展合作等规定。相关银行、金融机构只要已破产且符合《银行法》规定的其他要求，即满足破产程序的开始条件。④（2）根据《保险法》，保险公司可依据《保险法》启动破产程序，该程序应当按照《保险法》指定临时管理人并确定清偿顺序。⑤（3）根据《证券法》，柬埔寨证券交易委员会总干事有权对《证券法》适用对象指定临时管理人，该法也明文允许依据《破产法》和相关附属立法适用破产程序。⑥ 此外，相较于《破产法》规则，《银行法》《保险法》《证券法》规定的债权清偿顺序也有所区别。⑦

14 《破产法》还对外国、本国债务人作了区分。对于依据外国法设立的债务人，该法仅适用于财产所在地、注册地址位于柬埔寨境内的法人和合伙企业（外国债务

① Insolvency Law (enacted 2007) Art. 2.

② Insolvency Law (enacted 2007) Art. 6(1).

③ Insolvency Law (enacted 2007) Art. 6(2).

④ Law on Banking and Financial Institutions (effective 18 November 1999) Arts. 57 -69.

⑤ Law on Insurance (effective 4 August 2014) Arts. 76 - 80 and 86.

⑥ Law on the Issuance and Trading of Non-Government Securities (effective19 October 2007) Art. 45(2).

⑦ 关于债权清偿顺序的其他内容，参见本报告第 60 段。

人)。但是,《破产法》有关国内债务人的规定也存在模糊之处,即破产程序是仅适用于资产位于柬埔寨境内的国内债务人,还是可扩大至资产位于柬埔寨之外的国内债务人。①

15 《破产法》并未对正式破产程序的优先级或次序作出规定,只是如前述及,一旦相关方提出的和解方案获债权人表决通过、法院批准,则会产生破产程序终结的效果。② 因此在柬埔寨,企业拯救是可以通过和解方案的内容来实现的。

16 债务人、债权人可以提出破产申请的基本条件为:债务人无力清偿合法有效的到期债务,且该债务数额累计超过 5,000,000 瑞尔。③ 以下债务被排除在前述“合法有效的到期债务”之外:

(1)罚款、行政处罚以及其他刑事犯罪、行政违法附带的金钱支付义务;④

(2)占债务人 10% 以上股权额的股东对债务人的借款,或者前述股东对债务人的债务履行保证责任或财产担保责任后享有的追偿权。⑤

申请人应当提出书面的破产申请并签名。破产申请中需包含债务人、申请人的基本信息、申请的理由和证据。债务人自愿提交申请的,还应当列明已知的债权人。⑥ 由此可见,申请人需对债务人处于破产状态承担证明责任。此外,《破产法》还允许公诉人和商业部部长基于公众利益提出破产申请。⑦

17 《破产法》将《银行法》《保险法》《证券法》的适用对象排除在破产程序适用范围之外,除非相关法律明文允许适用。如前述及,上述法律确实允许适用《破产法》规定的破产程序,但需遵守上述法律作出的调整。但是,鉴于柬埔寨破产实践仍在发展中,目前尚未形成对《破产法》标准程序的调整版本,从而适用于上述特殊对象。同样,“大而不倒”的公司、国有企业等其他类型实体的破产也面临类似特殊挑战。

---

① 根据《破产法》第 3 条,在柬埔寨境内“持有资产”的个人和法人实体均属于其适用范围。即使依据第 3 条对国内债务人适用《破产法》,《破产法》也未明文禁止管理人将债务人的境外资产纳入破产程序。根据柬埔寨《民事诉讼法》第 199 条(d)项,除非某国与柬埔寨签订有互惠协定且柬埔寨法院可以依据该互惠协定执行判决,否则该国法院的判决不可在柬埔寨境内获得执行。由于柬埔寨只与越南签订有互惠协定,因此柬埔寨法院可能会认为,因为柬埔寨未与某国签订互惠协定,所以柬埔寨法院的判决无法在该国境内获得执行,这也与《民事诉讼法》的规定精神一致。

② Insolvency Law (enacted 2007) Art. 48(1).

③ Insolvency Law (enacted 2007) Art. 7(1).

④ Insolvency Law (enacted 2007) Art. 36(3).

⑤ Insolvency Law (enacted 2007) Art. 36(5).

⑥ Insolvency Law (enacted 2007) Art. 8(2).

⑦ Insolvency Law (enacted 2007) Art. 8(1).

18 根据柬埔寨法,要提出启动正式破产程序的申请,需证明债务人已无力清偿规定数额以上的合法到期债务。由此可见,柬埔寨要求先确定债务人已经无力偿债(不包括即将无力偿债),方能启动破产程序。同时,《破产法》也不将或有负债、资产负债表等作为确定债务人是否破产的根据。此外,《破产法》并未禁止业务不具有可行性的债务人适用正式破产程序,但债务人要进入破产程序以获取破产保护,必须满足本报告第16段述及的开始条件。

19 如本报告第8段述及,债务人的董事、合伙人或管理者应当在特定情形出现时履行其破产申请义务。该义务通常与《商事企业法》(适用于公司、合伙企业)规定的董事、合伙人义务相对应。[①] 义务人因故意或重大过失而未能履行破产申请义务的,需为债权人因此受到的损失承担个人责任。而多个义务人因故意或重大过失未能履行申请义务的,则需承担相应连带责任。[②] 尽管规则如此设定,理论上债权人也可提起责任追究的诉讼,但笔者尚未发现柬埔寨存在因未履行破产申请义务而承担个人责任的先例。除此之外,一旦债务人的破产程序最终启动,针对上述损失的请求权将纳入债务人的财产,而由管理人代表全体债权人进行追回。[③]

20 债务人自愿提出破产申请的,[④]法院应当自申请提交15日内就是否启动破产程序进行听证;如果申请是由债权人、公司董事、公诉人或商业部部长提出的,则法院应当自申请提交30日内进行听证。法院应当在[⑤]听证结束后的14日内作出是否启动程序的决定。[⑥] 从提交申请到法院决定的这段时间里,法院会依债务人、债权人、公诉人或公司董事的书面申请指定管理人。[⑦] 但由于柬埔寨的破产实践尚未标准化,拖延程序的情况时有发生。

21 管理人在获指定后,可以申请法院解除各类禁令救济,如冻结资产或者中止有担保或无担保债权人针对债务人或"破产财团"提起的诉讼等。[⑧] 法院也可依职权决定解除。[⑨] 但需注意的是,如果债权人试图在破产程序启动前或管理人指定前申

① 破产申请义务总体上与《商事企业法》第289条规定的董事注意义务一致。
② Insolvency Law (enacted 2007) Art. 9(3).
③ Insolvency Law (enacted 2007) Art. 9(3).
④ Insolvency Law (enacted 2007) Art. 12(1).
⑤ Insolvency Law (enacted 2007) Art. 12(2).
⑥ Insolvency Law (enacted 2007) Art. 13(4).
⑦ Insolvency Law (enacted 2007) Art. 11(1). 关于管理人的更多探讨,参见第四部分。
⑧ Insolvency Law (enacted 2007) Art. 11(2).
⑨ Insolvency Law (enacted 2007) Art. 11(2).

请法院作出保护性、临时性措施,无法以《破产法》为依据,法院也不能在《破产法》的制度框架内给予这类保护性或临时性措施。因此在这一阶段,欲取得禁令保护的债权人需以《民事诉讼法》等适用范围广的法律作为申请依据。

在有关启动程序的听证结束之后,法院认为申请理由确实成立的,应当作出启动破产程序的书面裁定。① 法院一旦裁定启动破产程序,应当立即通知"立案部门"(filing offices)和负责财产担保登记的公共登记处。② 除此之外,管理人还应当在7日内在两家以上柬埔寨主要报纸上发布以下信息:③ 22

(1)针对债务人的破产程序已经启动;

(2)提交书面债权证明的截止时间和接收书面债权证明的地址;

(3)召开债权人会议的日期、时间和地点。

管理人在收到债务人提交的声明材料后(其中应已列明已知债权人),应当在7日内将前述第(1)至(3)项的内容,书面通知声明中所列的全体债权人。④

另外,在金融借贷关系中,如果借款人进入正式破产程序,银行应按照《银行、金融机构资产分类和准备金法(部级法规)》⑤的规定"冲销"(write off)相关贷款债权,被冲销的贷款应依照该法规定列入"损失"类别,并由银行按"损失"的贷款数额拨备100%的准备金。⑥ 23

三、支持架构(法院及政府机构)

在柬埔寨,破产程序的最终监督者是法院,而实际执行者则是法院指定的管理人。《破产法》赋予了管理人广泛的职权,包括管理债务人的业务经营、接管全部资产、出售财产、聘请专业人士协助其履职等。⑦ 例如,第一次债权人会议,法官将在管理人的协助下主持该次会议,⑧而其后召开的债权人会议则由管理人独自召集并主 24

---

① Insolvency Law (enacted 2007) Art. 13(1)(a).

② Insolvency Law (enacted 2007) Art. 18(1). 据推测,法院将与管理人协作完成这类事项。

③ Insolvency Law (enacted 2007) Art. 18(2).

④ Insolvency Law (enacted 2007) Art. 18(3).

⑤ Prakas on Asset Classification and Provisioning in Banking and FinancialInstitutions (effective 25 February 2009) Art. 15.

⑥ Prakas on Asset Classification and Provisioning in Banking and FinancialInstitutions (effective 25 February 2009) Art. 13(ii).

⑦ Insolvency Law (enacted 2007) Art. 23.

⑧ Insolvency Law (enacted 2007) Art. 51.

持。[①] 法院在破产程序中的主要职能为决定启动和终止破产程序、根据《破产法》审理争议、给予禁令救济、批准和解方案等。[②]

25 柬埔寨的破产案件数量有限，还未形成较为成熟的实践惯例。实务中的管理人对破产程序的规则、流程拥有一定的实质性的裁量权（但不得超出《破产法》规定的职权范围）。[③] 除管理人之外，国会就破产问题承担一般性立法职责，司法部[④]有权就《破产法》中的破产事务制定次级的法令。但据笔者所知，截至本报告完成之日，未有其他政府机构、专业协会参与破产程序与实践规则的制定。而除法院之外，其他政府机构也不会参与和解方案实践。另就法院间沟通交流而言，《破产法》既未规定也未禁止在国内外法院之间进行沟通交流。但鉴于柬埔寨破产案件数量有限，笔者尚未发现法院间存在这类沟通实例。同时，柬埔寨也不是 JIN 联盟的成员。

26 上市公司破产的，柬埔寨证券交易委员会总干事可以根据《破产法》向法院申请指定管理人。[⑤]

四、破产职务承担者

27 柬埔寨法只规定一类破产职务主体——法院指定的管理人，须由自然人担任。[⑥] 由于柬埔寨未规定破产前程序，只有法院决定启动破产程序之后，管理人才会参与程序。[⑦] 管理人可以聘用会计师等各类专业人士协助自己履行职责。[⑧]

28 《破产法》规定，管理人需符合以下资格要求：

（1）从未因欺诈或违反诚信而被法院定罪；[⑨]

（2）不属于债务人、债权人的关联人；[⑩]

（3）不属于债权人、债务人的配偶或亲属。[⑪]

---

① Insolvency Law (enacted 2007) Art. 73(1).

② Insolvency Law (enacted 2007) Arts. 13(1)(a), 32, 47(2) and 61(1).

③ Insolvency Law (enacted 2007) Art. 23. 关于管理人职权的探讨，参见本报告第 24 段。

④ Insolvency Law (enacted 2007) Art. 68(3).

⑤ Law on the Issuance and Trading of Non-Government Securities (effective19 October 2007) Art. 45(2).

⑥ Insolvency Law (enacted 2007) Art. 68(1).

⑦ Insolvency Law (enacted 2007) Art. 68(1)(b).

⑧ Insolvency Law (enacted 2007) Art. 23(o).

⑨ Insolvency Law (enacted 2007) Art. 68(2)(a).

⑩ Insolvency Law (enacted 2007) Art. 68(2)(b).

⑪ Insolvency Law (enacted 2007) Art. 68(2)(c).

从上述要求可见,债务人的董事、经理不得担任其管理人。[①] 另外,司法部长有权签发部级法规,要求管理人取得司法部作出的资格认证,并设置其他资格条件。[②] 但据笔者所知,目前柬埔寨尚未实际出台这类法规。

29 《破产法》并未明确规定债务人、债权人等主体在选择管理人过程中具体发挥的作用。但由于柬埔寨的破产案件相对较少,有破产实务经验的人士并不多,在选择管理人的过程中,法院、债务人和债权人可能需要相互配合。[③] 在过去的案件中,柬埔寨的会计师和执业律师都曾担任管理人。

30 如出现以下情形之一,法院可以依职权解除管理人的指定:[④]管理人申请解除指定;[⑤]管理人不再具备必要资质;[⑥]管理人未能履行其职责;[⑦]代表51%以上债权总额的债权人申请解除指定。[⑧] 因此,柬埔寨法赋予了债权人对管理人的指定提出"挑战"的权利,但笔者暂未发现挑战管理人指定的实例。

31 如本报告第24段所述,管理人对破产程序享有广泛的管理职权。[⑨] 但应注意,《破产法》并未明文赋权管理人可强制债务人、第三方向其提供文件和信息,但如果债务人和第三方不配合管理人的工作(虽然法律要求债务人全面配合管理人),管理人只能申请法院作出相应命令。[⑩] 由于破产程序对于柬埔寨而言仍是新生事物,大多数个人和企业从未参与过破产程序,这些主体是否会遵守这类要求、服从管理人的命令,一般仍属未知数。

32 在破产程序开始后,管理人应当接管并控制债务人的全部资产。管理人有权出售债务人的部分经营业务,但仅以满足破产程序的必要目标为限。[⑪] 对于债务人,其无权自行出售任何资产,也无权请求管理人出售资产。但是,管理人有意采取以下

① Article 4(7) of the Insolvency Law (enacted 2007) read together with Art. 68(2) ofthe Insolvency Law.

② Insolvency Law (enacted 2007) Art. 68(3).

③ 虽然柬埔寨的破产案件较少,但申请人在提交破产申请时提名管理人的情况很常见。

④ Insolvency Law (enacted 2007) Art. 69(2).

⑤ Insolvency Law (enacted 2007) Art. 69(1)(a).

⑥ Insolvency Law (enacted 2007) Art. 69(1)(b).

⑦ Insolvency Law (enacted 2007) Art. 69(1)(d).

⑧ Insolvency Law (enacted 2007) Art. 69(1)(c).

⑨ Insolvency Law (enacted 2007) Art. 23.

⑩ Insolvency Law (enacted 2007) Art. 22.

⑪ Insolvency Law (enacted 2007) Art. 23(c).

行动的，应通过债权人会议取得债权人同意：①

(1)通过私人协议出售不动产的；

(2)以任何方式向关联方出售、转让财产的；

(3)该交易将不可逆转地妨碍和解方案的提出、批准或执行的。

另外，如果资产出售是依据和解方案进行，②鉴于批准和解方案会导致破产程序终结，所以无须再经管理人同意，但是，法院颁令要求管理人继续监督债务人并确保和解方案执行的，仍需经管理人同意。在后一情形中，法院可依其裁量权确定管理人的监督期限。③

33 管理人的身份相当于"法院职务主体"(court officer)，只对法院负有忠实义务(duty of allegiance)。④ 关于管理人的注意义务标准，根据《破产法》的规定，管理人在履职中应当具备"理性的商业人士"(reasonable business person)在相同情形下应具有的注意和勤勉。⑤ 另外，管理人未能合理注意并勤勉履职而导致相关方遭受损害的，应当对此承担责任。⑥《破产法》还规定，如果管理人的行为构成《刑法典》(2009年11月30日生效施行)规定的犯罪，将根据《刑法典》追究其刑事责任。⑦ 此外，虽然管理人可能因其履职承担较大的责任，但由于职业责任保险在柬埔寨并不常见，管理人很可能并未购买这类保险。

34 管理人应当在债权人会议召开日的5日前编制完成债权表并提交至法院。⑧ 该债权表对外公开，且可供公众免费查阅和检查。⑨ 债权人对其中记载的债权有异议的，可以请求法院审理其争议。⑩

35 管理人应当在第一次债权人会议上报告和说明以下情况：债务人的经营状况；债务人的全部或部分经营活动是否能够维持；和解方案(如有)是否可能获得批准并执行；债权人可能获得的清偿效果。⑪ 在所有可出售的财产处置完毕后，管理人应当

---

① Insolvency Law (enacted 2007) Art. 25(1).

② 关于和解方案的进一步探讨，参见第十五部分。

③ Insolvency Law (enacted 2007) Art. 49(2).

④ Insolvency Law (enacted 2007) Art. 70(1).

⑤ Insolvency Law (enacted 2007) Art. 70(1).

⑥ Insolvency Law (enacted 2007) Art. 70(2).

⑦ Insolvency Law (enacted 2007) Art. 81.

⑧ Insolvency Law (enacted 2007) Art. 39(1).

⑨ Insolvency Law (enacted 2007) Art. 39(1).

⑩ Insolvency Law (enacted 2007) Arts. 55(1) and 55(2).

⑪ Insolvency Law (enacted 2007) Arts. 24(1)(b) and 52.

在30日内就其履职情况向法院提交书面报告。书面报告中应当包含已分配的最终财产数额,以及未获清偿的债务数额。①

破产案件的管理人有权从债务人财产的出售所得中获取报酬。② 债务人财产出售所得不足以支付管理人的报酬和程序费用的,相关破产申请将被驳回。③ 至于管理人报酬的具体计算方法,根据柬埔寨法的规定,管理人应就其履职行为获得"合理的报酬",并就其履职中产生的"合理费用"实报实销。在具体数额计算上,应当考量管理人付出的时间、相关财产总值、程序复杂程度等因素。④ 尽管尚未形成统一的计算方式,但在实务中,管理人报酬一般会与管理人付出的时间成正比。据笔者所知,司法部有权发布管理人的报酬费率,⑤但目前尚未发布。因此,柬埔寨现行的监管规则并未明确管理人的报酬上限。 36

如果债务人财产出售所得不足以支付管理人的报酬,该破产申请将被驳回。管理人不会在"无偿服务"(*pro bono*)的基础上履职,资产不足的主体将无法诉诸破产保护。 37

五、困境企业的董事、管理者

如本报告第19段所述,破产企业的董事、管理者有义务提出破产申请,未能履行该义务的,需就发生的损失承担责任。 38

《破产法》以外的其他法律并未对企业破产中的董事、管理者责任作出规定。但是,董事、管理者在破产程序中的行为构成犯罪的(如欺诈),可依照《刑法》规定进行追责。⑥ 39

企业破产程序启动之后,对债务人财产的管理权将交至破产职务承担者(管理人),债务人不再自行管理其事务。⑦ 由此可见,柬埔寨法律并未采用"债务人自行管理"的概念,《破产法》也不允许债权人、专业顾问、破产管理人对债务人的个别董事进行替代。 40

《破产法》并不认可破产程序开始后债务人的董事、管理者享有所谓的"剩余权 41

① Insolvency Law (enacted 2007) Art. 59.
② Insolvency Law (enacted 2007) Arts. 35(1) and 57(1)(a).
③ Insolvency Law (enacted 2007) Arts. 16(1).
④ Insolvency Law (enacted 2007) Art. 72(1).
⑤ Insolvency Law (enacted 2007) Art. 72(2).
⑥ Insolvency Law (enacted 2007) Art. 81.
⑦ Insolvency Law (enacted 2007) Art. 21.

力”(residual powers),也未明确管理人指定后债务人的董事、管理者负担的具体义务,该法仅概括性地规定了债务人(也即其董事、管理者)应全面配合管理人履职,并向其提供必要的信息。① 管理人人选不得与债务人的董事、管理者存在任何“关联关系”,董事、管理者在破产程序中也不承担具体职能。也就是说,管理人既不可由债务人的股东、董事、管理者、合伙人等“关联人”担任,也不可由债权人担任。② 在柬埔寨法中,债务人的董事、管理者与其管理人之间相互不负义务。除了前面提及的破产申请义务,困境企业的董事、管理者也不对法院以外的监管机构负有义务。

六、程序转换

42 根据《破产法》,各类破产程序之间没有适用上的强制优先次序,也不要求企业清算前须进行重组。债务人、债权人在破产程序中试图实施重组的,应当提交和解方案。③ 但需注意的是,柬埔寨法并不强制要求提出和解方案,即使不提出和解方案,管理人也会继续推进清算。此外,根据《破产法》的规定,相关方只有在破产程序开始后方可使用和解方案,并且和解方案如果未获债权人通过,或者未获法院批准,则应继续清算债务人。④

43 在债务人被清算、解散之后,如果又发现债务人还存在其他资产,则债权被列入债权表且未足额受偿的任一债权人,可以在破产程序终结后的一年内书面申请法院恢复破产程序。⑤ 只要原破产程序终结后发现的财产从未被纳入原程序,⑥则可恢复进行原程序,但如果新发现的财产不足以支付恢复程序费用,则不予恢复原程序。⑦

七、重整融资

44 《破产法》规定,程序费用和恢复程序费用从债务人财产的清算所得中支付。⑧

① Insolvency Law (enacted 2007) Art. 22.

② Insolvency Law (enacted 2007) Arts. 68(2)(b) and 68(2)(c).

③ 关于和解方案的进一步探讨,参见第十五部分。

④ Insolvency Law (enacted 2007) Arts. 47(3) and 54(2)(a).

⑤ Insolvency Law (enacted 2007) Art. 65.

⑥ Insolvency Law (enacted 2007) Art. 66(1)(b).

⑦ Insolvency Law (enacted 2007) Art. 66(2).

⑧ Insolvency Law (enacted 2007) Arts. 35 and 57.

程序费用包括法院费用和成本，管理人的报酬、费用和履职支出，[①]此外还有“破产费用”(administrative claims)，该费用广泛涵盖管理人履职费用和因管理人选择继续履行合同而产生的债权。[②] 从概念上讲，程序费用应包括恢复程序的费用。[③] 而债务人、管理人因制作、提交和解方案而发生的成本、费用则属于破产费用，应从债务人的财产中支付。[④] 同时，债权人在债权人委员会组建、运行期间发生的各项费用，与管理人在破产程序中发生的费用享有相同待遇。[⑤] 但需注意的是，债务人、管理人之外的主体提出和解方案而导致的费用不属于破产费用，由和解方案提出者自行承担。[⑥]

程序费用将在管理人清算债务人财产的过程中获得支付。此外，《破产法》第57条规定了就清算债务人之所得对各类债权的清偿顺序，其中管理人的报酬与费用、破产费用、法院费用和职工工资享有最高级的优先权。 45

《破产法》并未针对企业倒闭或重组前一定期间内债务人的融资行为作规定。因此，柬埔寨不会区别对待庭外重组融资和正式破产程序融资，也不会特殊对待破产申请后和破产程序中的融资。 46

此外，和解方案如获债权人表决通过，则无论债务人的财产之上是否附有担保或优先权，为了促成和解方案履行，均可以对和解方案所涉财产进行出售。[⑦] 然而，对于有担保债权人，管理人如果认为执行担保权符合破产财产的最佳利益，可以允许该担保债权人行使担保权。[⑧] 47

柬埔寨法并未具体要求股东、关联公司向困境债务人提供资金帮助。不过直接或间接持有10%或以上股权的股东向债务人提供的借款，或者前述股东履行保证责任或财产担保责任后对债务人享有的追偿权，都不能在破产程序中获得债权确认。[⑨] 但是，不属于该“应当排除”范围的债权一般可获确认为无担保债权。 48

如本报告第6段所述，只有债务人资产足以支付破产程序费用，或者相关方为此提供了充足资金的，破产程序方可启动。如果相关方预交了诉讼费等程序费用， 49

---

① Insolvency Law (enacted 2007) Art. 4(4).

② Insolvency Law (enacted 2007) Art. 30(6).

③ 关于恢复进行破产程序的探讨，参见本报告第43段。

④ Insolvency Law (enacted 2007) Art. 43.

⑤ Insolvency Law (enacted 2007) Art. 78(2).

⑥ Insolvency Law (enacted 2007) Art. 43.

⑦ Insolvency Law (enacted 2007) Art. 41(1)(d).

⑧ Insolvency Law (enacted 2007) Art. 19(2).

⑨ Insolvency Law (enacted 2007) Art. 36(5).

则在支付该款项后的5年内，可以向该次申请中未履行破产申请义务的义务人主张返还。①

八、中止与延期偿付效力

50 法院一旦裁定破产程序开始，债权人便不得再启动或继续进行针对债务人或其财产的诉讼、执行和其他程序。② 如果债务人是普通合伙或有限合伙企业，则前述中止还适用于因企业债务而针对合伙人资产进行的诉讼、执行程序。③ 另外，管理人在获得指定之后，可以向法院申请解除对债务人资产的冻结，或者申请中止有担保、无担保债权人对债务人或其资产提出的诉讼。④ 这一中止诉讼效力自破产程序开始时生效，至破产程序终结时终止。⑤

51 至于中止制度对担保债权人的影响，担保债权可以按照《破产法》第57条规定的顺位受偿，但管理人认为执行担保权符合破产财产最佳利益的，可允许债权人先行执行担保权。⑥ 未决的诉讼和未执行的判决如果不是由债权人提起，也不会落入中止范围。但法院判决所涉债权很可能被视作无担保债权。

52 虽然柬埔寨尚未明确中止制度是否适用于国内债务人的境外资产，但无论债务人是依据柬埔寨法还是外国法设立，该中止制度都适用于债务人位于柬埔寨境内的资产。⑦ 但需注意，该中止效力并不及于管理人的报酬、费用、支出和管理人在履职中发生的其他破产费用。⑧

53 另外，由于柬埔寨法未对庭外重组作出规定，《破产法》并未规定庭外重组中达成的合同性中止效力，也未为正式破产程序之外的重组谈判提供任何形式的中止保护。

九、普通合同与特殊合同

54 在柬埔寨法中，管理人可以行使的职权之一，即终止、撤销或解除债务人的合

---

① Insolvency Law (enacted 2007) Art. 16(2).
② Insolvency Law (enacted 2007) Art. 19(1).
③ Insolvency Law (enacted 2007) Art. 19(3).
④ Insolvency Law (enacted 2007) Art. 11(2).
⑤ Insolvency Law (enacted 2007) Art. 19(1).
⑥ Insolvency Law (enacted 2007) Art. 19(2).
⑦ 参见本报告第12段和第14段。
⑧ Insolvency Law (enacted 2007) Art. 19(4).

同、协议、交易以及转让行为。[①] 破产程序一旦启动,管理人有权决定是否继续履行债务人与相对方均未履行完毕的合同。[②] 一方面,管理人应当自破产程序开始后 30 日内,书面向合同相对方宣告是否继续履行合同的决定。这一期限经管理人申请和法院批准,可以延长 14 日。[③] 管理人未能在上述期限内作出书面通知的,合同视为终止,合同相对方可作为债权人,就其损害赔偿权在破产程序中申报债权。[④] 另一方面,待履行合同的相对方也可随时向管理人提交书面申请,要求管理人继续履行合同。[⑤] 管理人未能在期限(最长可达 21 日)内宣告其决定的,该合同即告终止,相对方可作为债权人而就其损害赔偿权在破产程序中申报债权。[⑥]

因管理人选择继续履行合同而产生的债权,应作为破产费用而依据《破产法》第 55
57 条优先受偿。[⑦] 如果债权人在破产程序开始时即有权抵销其对债务人的债权债务,则破产程序的启动并不会影响其抵销权行使。[⑧] 但是,有以下情形之一的,撤销权属无效:(1)债权人在破产程序开始之后,对“破产财团”负有债务的;[⑨](2)债权是从其他债权人处取得的;[⑩](3)债权或债务相关交易被撤销的。[⑪] 最后,《破产法》第 36 条列举的债权均不可获得债权确认,包括在破产程序开始之后产生的利息、刑事或行政违法行为导致的罚款和处罚、截止日期后申报的债权等。[⑫]

另外,关于公共服务合同,公共服务提供方不得以破产程序开始为由,或者以债 56
务人未能及时支付破产程序开始前发生的公共服务费用为由,解除、调整或终止其对管理人、债务人的服务供给。[⑬] 如果管理人在破产程序开始后的 30 日内,未能以存款或其他担保为破产程序开始后的公用服务费用提供适当付款保障,公共服务提供商有权在不损害管理人选择履行权的前提下,拒绝达成新的服务合同。[⑭]

---

① Insolvency Law (enacted 2007) Art. 23(1)(l).
② Insolvency Law (enacted 2007) Art. 30(1).
③ Insolvency Law (enacted 2007) Art. 30(2).
④ Insolvency Law (enacted 2007) Art. 30(2).
⑤ Insolvency Law (enacted 2007) Art. 30(3).
⑥ Insolvency Law (enacted 2007) Art. 30(3).
⑦ Insolvency Law (enacted 2007) Art. 30(6). 关于债权清偿顺序,参见本报告第 60 段。
⑧ Insolvency Law (enacted 2007) Art. 34(1).
⑨ Insolvency Law (enacted 2007) Art. 34(2)(a).
⑩ Insolvency Law (enacted 2007) Art. 34(2)(b).
⑪ Insolvency Law (enacted 2007) Art. 34(2)(c).
⑫ Insolvency Law (enacted 2007) Art. 34(2)(d).
⑬ Insolvency Law (enacted 2007) Art. 31(1).
⑭ Insolvency Law (enacted 2007) Art. 31(2).

57 至于破产程序开始后的知识产权及其许可合同(以及域名)的使用、出售、租赁或转让,柬埔寨法未作具体规定。除前述抵销权规则,柬埔寨也未规定如何处理以破产或进入破产程序为触发事由,而调整或终止合同权利条款的效力问题。但是,尽管《破产法》并未明确债务人的合同能否转让或让与其业务的买受人,但从逻辑上推断,管理人选择继续履行合同的,该合同可以转让。

58 虽然《破产法》未明确对金融衍生品合同的处理规则,但是,当某项在市场、证券交易所购买或出售证券、权利类财产的合同,从属于合并了个体合同的大型框架协议时,管理人如决定继续履行合同,应当将所有个体合同作为整体继续履行,而不可只选择继续履行部分合同。①

十、债权顺位、优先权和处理方法

59 作为债权处理程序的第一步,债权人应当在第 22 段所述的截止日期前书面向管理人提交债权证明。② 债权证明应当包含债权的基本信息,包括债权性质、产生原因、发生时间、具体数额、是否附有优先权、相关财产之上所附担保权的性质及顺位等,同时需提交债权证明材料的复印件。③ 管理人应根据上述信息编制债权表,并最迟在债权人会议召开的 5 日前将债权表提交法院。④

60 柬埔寨法中的债权清偿顺序如下:⑤

(1)职工工资、管理人报酬和费用、破产费用、法院费用;

(2)担保债权,以债权中根据第 26 条确定的有担保部分数额为限,或者以有效出售担保财产(抵押物)的净所得数额为限;

(3)未申报的国家税款;

(4)其他无担保债权。

---

① Insolvency Law (enacted 2007) Art. 30(4).

② 实务中,管理人有权自行确定或推迟债权申报的截止日期。如果债权人因未按时申报债权而被排除在债权表之外,目前法律并未明确债权人提起上诉的程序。

③ Insolvency Law (enacted 2007) Arts. 38(1) and 38(2).

④ Insolvency Law (enacted 2007) Art. 39(1).

⑤ Insolvency Law (enacted 2007) Art. 57. The ranking of creditors is different under Art. 64 of the Law on Banking and Financial Institutions (effective 18 November 1999) and Art. 86 of the Law on Insurance (effective 4 August 2014). 根据《银行法》的规定,职工工资的受偿顺位降至第 3 位,国家税款顺位上升至第 2 位。劣后债权和"股权式借款"(equity type loans)处于清偿顺序末位。根据《保险法》的规定,保险索赔人和保险单持有人的债权顺位分列第 2 位和第 3 位,职工工资的顺位则降至第 4 位,国家税款顺位则降至第 6 位。

前述债权应按顺序受偿。债权人因参与破产程序而发生的成本，不属于破产程序的清偿范围。①

管理人和债权人将在第一次债权人会议召开时审核并确认债权表。② 对于债权表所载债权的有效性、数额、担保状态和优先顺位，管理人、债务人、债权人均可提出异议。债权未受管理人或出席债权人会议的债权人异议的，视为在破产程序中已获确认。③ 债权人申报的债权如受到管理人或者其他债权人异议，申报人应当申请法院裁判，法院会以最便捷的方式审理该争议。④ 61

在实务中，第一次债权人会议可能无法完成对全部债权的审查，因此在部分案件中，债权人委员会将协助管理人审核和确认债权。管理人应当根据法院的最终决定作出调整，并将最后确定的债权表提交至法院。⑤ 62

债权人应根据其债权数额所占的比例而平等享有表决权，无须考虑上文所述的清偿顺序，但在和解方案表决中需考虑清偿顺序。⑥ 63

此外，对于什么情形下债权可作为劣后债权，如何作为劣后债权，以及劣后债权应如何表决和清偿，《破产法》未作明确。但是，该法规定，债权人、债务人一致同意某项劣后债权在破产程序中无效力的，可在程序中不予确认。⑦ 另外，关于债权能否交易的问题，《破产法》同样未作规定，笔者也未曾在实务中见过此类交易。 64

十一、外国债权人待遇

关于本国税务机构的债权是否优先于外国税务机构的债权这一问题，《破产法》的规定较为模糊。该法第 57 条规定，“未申报的国家税款”优先于其他可确认的无担保债权受偿，但并未就什么是“国家税款”给出定义。但《银行法》第 64 条明确规定，欠缴“国库”（national treasury）的税款和费用享有优先受偿权，因此，按照“其他法律规定”，柬埔寨税务机构的债权是可以较外国税务机构的债权享有区别待遇的。 65

根据《破产法》的规定，国内、国外债权人享有同等待遇，因此柬埔寨法并不歧视对同一破产财产池主张权利的外国债权人。此外。笔者认为，已尝试追收柬埔寨债务人境外 66

---

① Insolvency Law (enacted 2007) Art. 36(2).

② Insolvency Law (enacted 2007) Art. 53(3).

③ Insolvency Law (enacted 2007) Art. 55(1).

④ Insolvency Law (enacted 2007) Art. 55(2).

⑤ Insolvency Law (enacted 2007) Art. 55(3).

⑥ See Insolvency Law (enacted 2007) Arts. 45 and 75. 关于和解方案的表决规则，参见第十五部分。

⑦ Insolvency Law (enacted 2007) Art. 36(8).

资产的外国债权人，只要其债权未得到有权机构授予的担保，仍属于无担保债权人。

十二、破产程序中的债权人监督

67 《破产法》规定，在破产程序中应当召集债权人会议，[①]且债权人有权在任何一次债权人会议上设立债权人委员会。[②] 债权人委员会将代表全体债权人的整体利益而协助管理人管理财产（依管理人请求）、检查债务人的账簿和履行债权人委托的其他职能。[③] 债权人委员会由不少于3名、不多于9名成员组成，担保债权人、无担保债权人均可作为成员。[④] 债权人设立和运行债权人委员会发生的费用，应当作为管理人在破产程序中发生的费用。[⑤] 除了债权人会议和债权人委员会，债权人没有其他组织形式。

68 一般而言，相较于债权人委员会，债权人会议享有的权利和职能更加广泛。债权人会议有权决定破产程序中的各类事项，包括制定、批准和解方案；解除指定、更换管理人；提出管理人的报酬方案；向债权人委员会提出建议；等等。[⑥]

69 《破产法》还规定了第一次债权人会议和后续债权人会议之间的差异。管理人应当自破产程序启动后7日内公布第一次债权人会议的详细安排，包括会议日期、时间和地点。[⑦] 而后续的债权人会议则不受此限，管理人只要认为召集会议有利于管理破产程序，可以随时依裁量召开债权人会议。[⑧] 另外，债权人也可以向管理人书面申请召集债权人会议。[⑨] 另需说明，仅债权人可以作为债权人会议成员[⑩]并享有表决权。[⑪]

70 债权人会议的决定方式为，由出席会议并投票的债权人以对应债权额的多数决决定，因此，即使有异议债权人存在，债权人会议仍可作出有效决定。[⑫] 对于持异议

---

① Insolvency Law (enacted 2007) Art. 73.
② Insolvency Law (enacted 2007) Art. 76(7).
③ Insolvency Law (enacted 2007) Art. 79.
④ Insolvency Law (enacted 2007) Art. 78(1).
⑤ Insolvency Law (enacted 2007) Art. 78(2).
⑥ Insolvency Law (enacted 2007) Art. 76.
⑦ Insolvency Law (enacted 2007) Art. 18(2)(c).
⑧ Insolvency Law (enacted 2007) Art. 73(1).
⑨ Insolvency Law (enacted 2007) Art. 73(2).
⑩ 尽管《破产法》未明确规定，但在实务中，债权人通常会委托其已全面授权的法律顾问出席债权人会议。
⑪ Insolvency Law (enacted 2007) Art. 75(2).
⑫ Insolvency Law (enacted 2007) Art. 75(1).

的利益相关方，除了破产程序，无其他有约束力的制度工具。柬埔寨法仅规定了表决通过标准，并未对债权人会议的法定人数作要求，也未对会议中压迫少数利益的情况提供保护措施。在债权人会议上，债权未受管理人和其他债权人异议的债权人有权投票，债权存在争议的，只能在管理人或有表决权债权人允许的额度内投票。[①] 各方未能就债权人的会议表决权问题达成一致的，管理人应当书面申请法院作出决定，债权人会议因此延期至法院作出决定的7日后召开。[②] 债权未获确认的，不享有表决权。[③] 在表决方式上，债权人可以亲自或委派代理人出席会议并投票表决。[④]《破产法》未明确允许线上投票和通过电子邮件投票。

债权人会议和债权人委员会的成员不会因其成员身份承担个人责任。同时，债权人会议的成员也一般不能获取报酬。但对于债权人委员会的成员，管理人有权决定给予报酬，目前已有这类先例。[⑤] 71

十三、雇佣、利益相关方和退休金问题

柬埔寨《劳动法》规定，[⑥]企业倒闭并不能免除雇主向企业职工支付款项的法定义务，即使该企业已破产。[⑦] 因此，《劳动法》会为雇主破产情形中的职工提供保护。[⑧] 而在营业整体出售的情形中，《劳动法》也要求新雇主与原企业职工签订劳动 72

① Insolvency Law (enacted 2007) Art. 75(2).

② Insolvency Law (enacted 2007) Art. 75(2).

③ Insolvency Law (enacted 2007) Art. 75(3).

④ Insolvency Law (enacted 2007) Art. 75(4).

⑤ 在MFone的破产程序中，债权人委员会成员每次出席会议均会获得小额“津贴”(stipend)。笔者曾担任MFone破产程序中债权人的律师，该案为柬埔寨第二宗破产程序案例。关于MFone破产案例的详细介绍，参见Daniel de Carteret, *After MFone, Insolvency Perils Remain Numerous in Kingdom*, The Phnom Penh Post (9 January 2015)。

⑥ Labour Law (13 March 1997; amended on 20 July 2007 and 26 June 2018).

⑦ 《劳动法》第73条(6)款规定，固定期限合同届满后，雇主应当根据工资和雇佣期限向职工发放一定比例的“遣散费”。除非合同另有约定，遣散费的金额不得低于聘用期间内已得工资和附加福利总额的5%。根据2019年1月1日生效的规定，签订“未确定期限合同”(undetermined duration contract)的职工，每受雇一年均有权得到相当于其15天薪水的工龄工资(《劳动法》第89条)。这项规定仅适用于未确定期限合同而不适用于固定期限合同。至于2019年之前的工龄(同样仅适用于未固定期限合同的雇员)，《第042/19号关于服装、纺织、制鞋部门以外企业/机构支付2019年前工龄补偿的通知》规定，服装、纺织、制鞋部门以外的雇主无须支付2021年12月以前的工龄工资。但是，2019年前聘用的未确定期限合同在2021年12月前非因该职工的严重过失或者退休、死亡终止的，应当将应付款项一次支付该职工或其的继承人。另外，职工未休其应休年假的，有权获得补偿。

⑧ Labour Law (13 March 1997; last amended 26 June 2018) Art. 87.

合同。除此之外,《破产法》中没有可重组雇佣合同的其他特殊工具。另如上文述及,企业职工有权就其工资债权(包括其他法定款项)足额受偿,并在清算中享有优先受偿权。笔者在实务中也未发现在破产程序中转让雇佣合同的实例。

73 根据《破产法》的规定,债务人全体职工享有平等待遇,不因其是否担任管理职务而受到区别对待。此外,柬埔寨法未对职工之外的其他利益相关方作特殊规定。

74 《破产法》明文授予职工或职工代表参与破产程序的权利。但是职工很可能因被拖欠工资而成为债权人,因此有权参加债权人会议。在实践中,职工可能会依托少数职工代表出席债权人会议,也可能在债权人委员会中担任成员。

75 根据柬埔寨法,雇主有义务为其雇员缴纳社会保险,而且雇主破产不会影响其已向国家社会保障基金支付的款项。但需指出,柬埔寨并不要求国内的雇主向其雇员提供退休金。

十四、撤销权、追回规则和安全港条款

76 柬埔寨法律允许管理人(也仅限于管理人)向法院提交"诉状"(complaint),撤销符合特定要件的交易,包括债务人为欺诈债权人而达成的交易;①债务人未收到对价的交易;②债务人所负义务在价值上显著超过相对方义务的交易;③债务人免除其未到期债权的交易等。④ 这类撤销诉讼的临界期长短取决于具体交易类型,从破产程序开始之日前的6个月到3年不等。⑤ 法院在收到管理人的诉状后,应当召集交易相关方进行听证,并对符合要件的交易予以撤销。⑥

77 法院一旦决定撤销某项交易,该项交易中已经支付的款项、已转让的财产或再次出售所得,均应返还并归入债务人的财产。⑦ 返还了上述款项、财产的相对人如已在交易中给付对价的,有权要求恢复原状或者作为债权人在破产程序中申报债权。⑧此外,虽然《破产法》并未规定这类诉讼的资金来源,但鉴于诉讼费用等管理人的各项支出均会作为破产费用,在财产清算分配中享有最高级别的优先权,《破产法》未

① Insolvency Law (enacted 2007) Art. 32(1).
② Insolvency Law (enacted 2007) Art. 32(2).
③ Insolvency Law (enacted 2007) Art. 32(3).
④ Insolvency Law (enacted 2007) Arts. 32(4), 32(5) and 32(6).
⑤ Insolvency Law (enacted 2007) Art. 32.
⑥ Insolvency Law (enacted 2007) Art. 32.
⑦ Insolvency Law (enacted 2007) Art. 33(1).
⑧ Insolvency Law (enacted 2007) Art. 33(2).

对为撤销权诉讼提供资金的协议给予特别保护。

十五、重整计划与营运出售

如本报告第42段述及,《破产法》规定有和解方案制度,该制度只能在正式破产程序启动后适用。[①] 和解方案为相关方提供了另一种选择,即与债权人达成和解,从而保护债务人的整体或部分业务继续经营,从而实现重整。然而,和解方案并非仅关注企业拯救,而是旨在达成符合债权人利益的解决方案。只要债权人认为是适当的,债务人即可按和解方案的安排继续进行其全部或部分经营活动。 78

和解方案应当满足以下法定要求:说明和解方案的执行期间、[②]足额支付破产程序各项费用、[③]各组别内的债权人享有平等待遇、[④]对异议债权人的清偿数额不少于其在清算中可受偿的数额等[⑤]。另外,和解方案应当预见,在和解方案规定的债权人权益足额受偿前,债务人的股东、合伙人不得取得特定的收入、分红、股权或其他款项。[⑥] 因此,和解方案是可以影响股东权益的。 79

债务人[⑦]、管理人[⑧]均有权提出和解方案草案。如果债务人未能在第一次债权人会议上提出和解方案,或者该会议未能通过债务人提出的和解方案,债权人可以延期召开会议,但延期时长不得超过60日。在此期间,管理人、代表债权额总额1/5以上的单个或数个债权人,均有权提交和解方案草案。[⑨] 虽然《破产法》未明文规定债权人参与和解方案谈判的权利,但鉴于和解方案需经债权人通过,所以债权人理应可以参与这类谈判。 80

和解方案无论由哪一方制作,最迟需在拟审议该和解方案的债权人会议(可为第一次或后续的债权人会议)召开之日的7日前,将草案提交至法院[⑩]。法院应当将 81

---

① 关于和解方案的总体规则,参见 Insolvency Law (enacted 2007) Arts. 40 –50。关于和解方案的其他法定要求,请参见本报告第91段。

② Insolvency Law (enacted 2007) Art. 41(1).

③ Insolvency Law (enacted 2007) Art. 41(2).

④ Insolvency Law (enacted 2007) Art. 47(2)(b).

⑤ Insolvency Law (enacted 2007) Art. 47(2)(c).

⑥ Insolvency Law (enacted 2007) Art. 47(2)(e).

⑦ Insolvency Law (enacted 2007) Arts. 13(2) and 54(2).

⑧ Insolvency Law (enacted 2007) Art. 23(1)(n).

⑨ Insolvency Law (enacted 2007) Art. 54(2)(a).

⑩ Insolvency Law (enacted 2007) Art. 44.

当事人提交的和解方案草案向社会公开，公众可以免费查阅。①

82 此外，债权人会议如要对和解方案进行表决，首先应将债权人分为3个组别：②

(1)担保债权人；

(2)持有第57条(1)(c)项债权(未申报的国家税款)的债权人；

(3)持有第57条(1)(d)项债权(所有已确认的无担保债权)的债权人。

债权未获确认的债权人，对和解方案不享有表决权。

83 此外，债权人对和解方案的表决权还受以下条件制约：

(1)根据和解方案，债权人的权益未受损害或者影响的，不享有表决权。③

(2)持有担保债权的债权人，只在以下情形中享有表决权：①债权人持有的债权总额超过已由管理人确定的附担保部分债权额，或者超过担保物出售所得金额的；④②债权人放弃其财产担保的。⑤

84 也就是说，根据《破产法》的规定，担保债权人可以将其超过担保物价值部分的债权作为无担保债权行使表决权。债权人也可放弃其财产担保而享有普通债权的表决权。

85 和解方案的表决通过标准有以下两类：(1)各债权人组均表决通过和解方案，且各组均经代表出席债权人3/4以上债权额的债权人表决同意；⑥(2)至少1个债权人组表决通过和解方案，且投票同意的债权人代表全体债权人的债权总额的3/4以上。⑦《破产法》不要求和解方案需经企业股东表决通过。

86 未经债权人表决通过的和解方案不具执行力。柬埔寨法中没有强制批准规定，实践中也未有这一选项。一旦和解方案草案被债权人否决，将对该企业实施清算。⑧

87 和解方案一经债权人表决通过，管理人应当自通过之日起7日内将和解方案提交法院审查批准。⑨ 如果对和解方案的表决符合《破产法》规定，并且同一组内债权

---

① Insolvency Law (enacted 2007) Art. 40.
② Insolvency Law (enacted 2007) Art. 45(1).
③ Insolvency Law (enacted 2007) Art. 46(1).
④ Insolvency Law (enacted 2007) Art. 46(2)(a).
⑤ Insolvency Law (enacted 2007) Art. 46(2)(b).
⑥ Insolvency Law (enacted 2007) Art. 45(2)(a).
⑦ Insolvency Law (enacted 2007) Art. 45(2)(b).
⑧ Insolvency Law (enacted 2007) Arts. 54(2) and 54(3).
⑨ Insolvency Law (enacted 2007) Art. 47(1).

人得到平等对待等法定条件得到满足,法院应当予以批准。[①] 需注意,《破产法》并不要求法院对和解方案的整体公平性进行评估。但只要和解方案未能满足上述条件,法院将不予批准该方案,并依照《破产法》的规定启动清算。[②]

对于和解方案,法院只能整体批准或不予批准,不得对和解方案的具体条款进 88
行修改。

和解方案一经债权人通过、法院批准,将使未受确认的债权消灭(但不包括与刑 89
事、行政违法相关的罚款、处罚),该方案对全体债权人均有约束力,包括异议债权人、未收到通知的债权人、收到通知但未出席会议或未表决方案的债权人等。[③] 另外,法院批准和解方案还会产生终结破产程序的效果,并由此起算和解方案的执行期限。[④] 此外,《破产法》未明确允许对法院批准和解方案的裁定提起上诉。

对和解方案持异议的债权人还依法受到一定保护,即只有债权人根据和解方案 90
的受偿数额不少于其在债务人清算中可获得的受偿数额时,该和解方案才可约束异议债权人。[⑤] 另外,对于第一次债权人会议之外的会议达成的决定,如果债权人未获得有关该次会议的适当通知,该次会议表决通过和解方案等决议均属无效。[⑥]

相关方应当根据和解方案的条款内容开展执行,执行期限不得超过法院批准和 91
解方案后的2年。[⑦] 在和解方案执行期间,债务人每签发一份商业文件,都必须包含债务人正在执行和解方案的声明。[⑧] 法院认为有必要的,可以自和解方案批准之日起,命令管理人在方案执行期间继续监督债务人。[⑨] 和解方案未能在规定期限内执行完毕的,法院应当裁定恢复破产程序,对债务人进行清算。[⑩]

法院不予批准和解方案的,应当一并裁定对企业开始清算。[⑪] 92

柬埔寨法并未规定“预先打包式出售”(pre-packaged sales),实践中也没有能印 93
证可行性的实例。理论上,债务人可以申请启动破产程序,其后再努力说服管理人,

---

① Insolvency Law (enacted 2007) Art. 47(2).
② Insolvency Law (enacted 2007) Art. 47(3).
③ Insolvency Law (enacted 2007) Art. 48(2).
④ Insolvency Law (enacted 2007) Art. 48(1).
⑤ Insolvency Law (enacted 2007) Art. 47(2)(c).
⑥ Insolvency Law (enacted 2007) Art. 74(3).
⑦ Insolvency Law (enacted 2007) Art. 48(1).
⑧ Insolvency Law (enacted 2007) Art. 49(1).
⑨ Insolvency Law (enacted 2007) Art. 49(2).
⑩ Insolvency Law (enacted 2007) Art. 50.
⑪ Insolvency Law (enacted 2007) Art. 47(3).

使其认同“预先打包式出售”是最佳的和解方案。但鉴于和解方案须经债权人通过和法院批准，因此柬埔寨的“预先打包式出售”不同于其他法域通行的做法，仍属于正式破产程序的一部分。

94 根据企业治理相关法律，上市公司应当向股东披露所有可能影响股东决策的信息，[1]还应当向柬埔寨证券交易委员会提交财务状况等需持续披露的文件。[2] 最后，上市公司还应满足“特别披露”要求，包括披露“主要银行债权人提出的启动重组、清算、解散、破产程序请求”，以及提出破产申请等可能对公司产生重大影响的事件。[3]

95 《破产法》中未包含“免除第三方责任”(third-party releases)的规定，实务中也暂未出现允许或禁止第三方免除的案例。理论上，和解方案可以纳入免除第三方责任的内容，但该方案最后需经债权人表决通过和法院批准。

96 另需说明，在柬埔寨一般定义中，出售企业和其主要财产是指将企业的股份、财产转移至新所有者，并重新登记企业所有权。此外，另一种有利于收购方的出售方式是，购买原企业的主要资产并将其转移至新设企业或现有企业，然后注销并清算原企业。《破产法》并未明确债务人执行完毕和解方案后对企业实体的处理问题，从实践上预测，相关企业要么出售，要么倒闭。

十六、企业集团破产

97 《破产法》既未对企业集团破产作特殊规定，也未就企业集团的构成给出定义。同时，《破产法》也未规定是否允许企业集团在程序上合并破产或者实质合并破产。对于企业集团或一组关联公司同时被申请破产，应如何处理这一情形和能否合并程序的问题，《破产法》的规定较为模糊。笔者也认为，鉴于柬埔寨仅少量企业曾实际启动破产程序，企业集团破产“首案”的办理方式仍存在较大未知数。

98 此外，《破产法》规定，持有债务人10%以上股权的股东为债务人提供的借款或保证，不可在破产程序中获得确认。[4] 因此，企业集团内部公司之间相互提供借款、保证的，将可能落入《破产法》这一规则的适用范围。

---

① Prakas on Corporate Governance for Listed Companies (31 December 2009) Art. 47.

② See generally the Prakas on Corporate Disclosure (27 April 2012).

③ Prakas on Corporate Disclosure (27 April 2012) Art. 5(17).

④ Insolvency Law (enacted 2007) Art. 36(5). See also para. 48 above.

十七、中小企业破产

《破产法》未就中小微企业破产问题作特殊规定，也未规定适用于中小微企业的简化重组方式和破产程序。[①] 鉴于在柬埔寨境内持有资产的商人、贸易者和法人均适用《破产法》，[②]因此中小微企业适用的破产程序与本报告所述程序基本一致。在实务中，如无预先足额缴纳相关费用而债务人的资产又不足以支付破产程序费用，法院将不予启动破产程序并驳回破产申请，[③]这一规则可能会在财务上阻碍中小微企业依据柬埔寨法获得破产保护，因为中型、小型企业的资产很可能无法覆盖破产程序费用。 99

十八、国际与跨境破产法

《破产法》未对柬埔寨破产程序的域外效力作具体规定，其适用对象仅限于柬埔寨境内持有资产的商人、贸易者和法人实体，无论上述对象是依据柬埔寨法还是依据外国法设立。[④] 但需说明的是，《破产法》第 3 条并未明确该法是否适用于同时在柬埔寨内、外持有资产的主体。 100

此外，根据《破产法》第 5 条的规定，《破产法》关于某破产事项未作规定的，适用《民事诉讼法》。[⑤] 因此，对于外国判决的执行，应适用《民事诉讼法》规定的各项指导性原则，即如要执行外国法院作出的判决，需先由有管辖权的柬埔寨法院作出执行裁定。[⑥] 除此之外，执行外国法院判决还需满足以下条件：符合由适当法院行使管辖权的 4 项标准；履行通知义务；不违反公共政策；该国与柬埔寨签订有互惠协定。[⑦] 101

柬埔寨尚未采纳联合国贸易法委员会《跨国界破产示范法》（1997 年）以及《关于承认和执行与破产有关的判决示范法》（2018 年）。据笔者所知，柬埔寨政府尚无 102

---

① Sub-Decree No. 124 R N Cr BK (effective 2 October 2018)。该文件将“小型企业”定义为具有雇员 10 ~50 名，营业额为 250, 000, 000 ~700, 000, 000 瑞尔的企业，将“中型企业”定义为具有雇员 51 ~100 名，营业额为 700, 000, 000 ~4, 000, 000, 000 瑞尔的企业。

② Insolvency Law (enacted 2007) Art. 3.

③ Insolvency Law (enacted 2007) Art. 16(1).

④ Article 3 read together with Art. 16(1) of the Insolvency Law (enacted 2007).

⑤ Insolvency Law (enacted 2007) Art. 5.

⑥ Code of Civil Procedure (effective 6 July 2006) Art. 352(1).

⑦ Code of Civil Procedure (effective 6 July 2006) Arts. 352(2) and 199.

采纳这类示范法或制订相关立法草案的计划，除此之外，柬埔寨法官也未成为《JIN指引》等法院间沟通交流指引性文件的参与方。

十九、其他事项

103 柬埔寨没有关于破产案件数量、破产相关财务指标的官方统计数据。

104 虽然《破产法》已实施十余年，但大多数柬埔寨人对于“破产”这一概念仍十分陌生，对破产主题的认知也较为消极。这种思想不仅在社会之中存在，也对部分法律产生影响。例如，《律师法》第31条规定，[①]从未被法院宣告破产是在柬埔寨作为律师执业的资格条件之一。此外，《银行法》第18条也规定，个人曾在柬埔寨境内或境外被宣告破产的，不得担任柬埔寨银行和金融机构的董事会成员或监事会成员。同时，该条规定的另一条件则为不曾犯过“轻罪或重罪”（misdemeanour or felony）。这些条件设置均显示出，在柬埔寨人观念里，专业人士破产被认为是道德上的失败。

105 虽然《破产法》规定了基本破产规则和程序，理论上应出现一定数量的破产申请，但实际上，柬埔寨破产案件屈指可数，大量破产企业因为资产不足以支付管理人或破产程序的费用而无法满足启动破产程序的条件，从而失去了依据《破产法》获得救济的可能性。因此，如果这一“资产充足性”要求能被废止，则企业获得破产保护的可能性将大大增强，但如果继续阻却这类企业启动破产程序，将产生大量已陷入破产但因资产不足而不可获得破产保护的僵尸企业。

106 进一步讲，鉴于《破产法》的适用范围仅限于“商人和法人”，所以商人以外的市场主体无权获得破产保护。因此，如果能将《破产法》的适用范围扩大至全部市场主体而不论其是否属于商主体，同时废除“资产足以支付管理人、破产程序费用”的条件，破产法的可适用性将大大增强，从而为更多的债务人提供经济再生的机会。

附：本报告所引用的法律：
Appendix of Legislation Referred to

1.《民法典》，Civil Code（enacted 31 May 2011）。

2.《民事诉讼法》，Code of Civil Procedure（effective 6 July 2006）。

3.《刑法典》，Criminal Code（effective 30 November 2009）。

---

① Law on the Bar (effective 22 August 2005).

4.《破产法》,Insolvency Law (enacted 2007)。

5.《劳动法》,Labour Law (13 March 1997; last amended 26 June 2018)。

6.《银行与金融机构法》,Law on Banking and Financial Institutions (effective 18 November 1999)。

7.《保险法》,Law on Insurance (effective 4 August 2014)。

8.《商事企业法》,Law on Commercial Enterprises (effective 19 June 2005)。

9.《商事规则与注册法》, Law on Commercial Rules and Register (as amended, effective 18 November 1999)。

10.《担保交易法》,Law on Secured Transactions (enacted on 24 May 2007)。

11.《律师执业资格法》,Law on the Bar (effective 22 August 2005)。

12.《民法典实施法》,Law on the Implementation of the Civil Code (enacted 31 May 2011)。

13.《非政府证券发行与交易法》,Law on the Issuance and Trading of Non-Government Securities (effective 19 October 2007)。

14.《法院组织法》,Law on the Organization of the Courts (effective 16 July 2014)。

15.《第042/19号关于服装、纺织、制鞋部门以外企业/机构支付2019年前工龄补偿的通知》,Notification No. 042/19 on the Payment of Seniority Indemnity before 2019 for Enterprises/Establishments Besides Garment, Textile and Footwear Sectors (22 March 2019)。

16.《银行、金融机构资产分类和准备金法(部级法规)》,Prakas on Asset Classification and Provisioning in Banking and Financial Institutions (effective 25 February 2009)。

17.《关于公司信息披露的规定(部级法规)》,Prakas on Corporate Disclosure (27 April 2012)。

18.《关于上市企业公司治理的规定(部级法规)》, Prakas on Corporate Governance for Listed Companies (31 December 2009)。

19.《第"124 R N Cr BK"号次级法令》, Sub-Decree No. 124 R N Cr BK (effective 2 October 2018)。

中国制度报告*

沈雨晗　金杜律师事务所合伙人
彭　飞　法治日报记者

一、概述

(一)法律体系

1　中国实行以宪法为核心的五层次法律体系:第一层次为宪法;第二层次为国家立法机关,即全国人民代表大会及其常务委员会制定的法律;第三层次为国务院制定的行政法规;第四层次为地方各级人民代表大会及其常务委员会制定的地方性法规、自治区条例、专门条例;第五层次为部门规章和地方政府规章。其中,宪法具有最高的法律效力。① 而法律如与行政法规、地方性法规及规章不一致时,法律优先适用。②

(二)破产制度

2　中国尚未出台全国性的个人破产法。③ 因此,本报告仅就企业破产问题进行探讨。

3　《企业破产法》是适用于企业破产程序的主要法律。④ 该法由全国人大常委会制定,自 2007 年 6 月 1 日起生效实施,适用范围包括在中国境内设立的各类企业

---

* 本报告中文版经孟天一修改并更新。本报告未涵盖中国香港特别行政区、中国澳门特别行政区和中国台湾地区。

① 《立法法》(2000 年 3 月 15 日颁布;2000 年 7 月 1 日生效施行;2015 年 3 月 15 日修正)第 87 条。

② 《立法法》第 88 条。

③ 2019 年 7 月 16 日,在国家发改委牵头下,十三部委联合印发《加快完善市场主体退出制度改革方案》,将建立自然人破产制度作为下一步的重要工作任务之一。其后,浙江省温州市成为全国个人破产首个"试点"城市,浙江省平阳县人民法院办结首例具有个人破产实质的案件。2020 年 8 月 26 日,《深圳经济特区个人破产条例》由深圳市人大常委会审议通过,2021 年 3 月 1 日生效施行,成为中国首部个人破产试点法规。此外,浙江省高级人民法院也于 2020 年 12 月 2 日发布了《浙江法院个人债务集中清理(类个人破产)工作指引(试行)》。

④ 《企业破产法》(2006 年 8 月 27 日颁布;2007 年 6 月 1 日生效)。

法人[①]以及合伙企业等不具有法人资格的组织。[②]

《企业破产法》可以适用于金融机构。对于满足《企业破产法》适用条件的金融机构,国家金融监督管理机构可以单独提出重整或破产清算申请。[③] 此外,对于已经或可能发生信用危机、将严重影响存款人利益的商业银行,国务院银行业监督管理机构有权实施接管。[④] 这一商业银行接管机制旨在保护存款人的利益、恢复商业银行的正常经营能力,同时被接管银行的债权债务也不会因接管而变化。[⑤] 而对于各类银行业金融机构,如果某机构已经或可能发生信用危机,严重损害存款人及其他客户合法权益,国务院银行业监督管理机构可以对该机构实施接管或者促成机构重组。[⑥] 例如,2019 年上半年,包商银行出现严重信用危机,中国银行保险监督管理委员会(以下简称银保监会)依法决定对包商银行实施接管,且已批复同意该行进入破产程序。[⑦] 另据人民银行、银保监会、中国证券监督管理委员会(以下简称证监会)公布的文件,中国目前正在建立系统重要性金融机构特别处置机制,该机制将涵盖金融机构恢复和处置计划,可处置性评估、处置资金策略等方面的内容。[⑧] 4

就中国破产法的发展历程而言,2007 年施行的《企业破产法》是中国在完善破产制度上的重大突破。该法取代了原先只适用于国有企业的《企业破产法(试行)》。后者在实施初期很少适用,直到 20 世纪 90 年代中期,随着中国资本市场结构转型和现代化改革的力度加大,对该法的适用才有所增加。 5

从层级上看,《企业破产法》属于国家立法机关制定的基本法律,位于法律体系 6

---

① 《企业破产法》第 2 条。

② 《企业破产法》第 135 条。

③ 《企业破产法》第 134 条。参见本报告第 18 段中的破产程序适用条件。

④ 《商业银行法》(1995 年 5 月 10 日颁布;1995 年 7 月 1 日生效;最近一次修改于 2015 年 8 月 29 日)第 64 条。

⑤ 《商业银行法》第 64 条。

⑥ 《银行业监督管理法》(2003 年 12 月 27 日颁布;2004 年 2 月 1 日生效施行;2006 年 10 月 31 日修正)第 38 条。

⑦ "Troubled Baoshang Bank Approved to Begin Bankruptcy Procedures" Bloomberg (23 November 2020).

⑧ 参见《中国人民银行、中国银行保险监督管理委员会、中国证券监督管理委员会关于完善系统重要性金融机构监管的指导意见》(2018 年 11 月 27 日发布)第 5 页。

的第二层次，与《民法典》[①]《公司法》[②]等基本法律同级。原则上，企业破产的事项均需适用《企业破产法》，但法律法规另有规定的，或者《企业破产法》本身未作规定的，适用其他法律法规。[③] 例如，《公司法》规定，对公司、企业破产负有个人责任的董事或管理者（经理、厂长），在破产公司、企业清算完结之日起 3 年内，不得担任其他公司、企业的董事、监事、高级管理人员。[④] 另外，关于公司解散和强制清算的程序和规则，也应适用《公司法》。[⑤] 而对于破产案件审理程序，《企业破产法》未作规定的，则应适用《民事诉讼法》。[⑥]

7 在司法实践中，最高人民法院有权制定并发布司法解释，[⑦]指导具体法律适用问题。在破产法领域，最高人民法院分别于 2011 年、2013 年和 2019 年发布了三个司法解释：《最高人民法院关于适用〈中华人民共和国企业破产法〉若干问题的规定（一）》《最高人民法院关于适用〈中华人民共和国企业破产法〉若干问题的规定（二）》《最高人民法院关于适用〈中华人民共和国企业破产法〉若干问题的规定（三）》[⑧]（以下分别简称《破产法司法解释（一）》《破产法司法解释（二）》《破产法司法解释（三）》）。

8 在中国，一方面，法院先例虽有实践上的指导价值，但对于个案没有法律约束力，[⑨]

---

① 《民法典》（2020 年 5 月 28 日颁布；2021 年 1 月 1 日生效）。

② 《公司法》（2006 年 1 月 1 日生效施行；最近一次修改于 2018 年 10 月 26 日）。

③ 这类“其他法律法规”包括《民法典》《公司法》《民事诉讼法》（1991 年 4 月 9 日颁布；最近一次修改于 2021 年 12 月 24 日）；以及原《合同法》、原《物权法》（2021 年 1 月 1 日废止）。

④ 《公司法》第 146 条第 1 款第 3 项。

⑤ 见《公司法》第 10 章第 1 款第 3 项。

⑥ 《企业破产法》第 4 条。

⑦ 根据《最高人民法院关于司法解释工作的规定》（2007 年 3 月 9 日发布；2007 年 4 月 1 日生效；最近一次修改于 2021 年 6 月 9 日）第 5 条，最高人民法院发布的司法解释，具有法律效力。然而，关于司法解释的效力问题一直是理论界争论的焦点。参见王成：《最高法院司法解释效力研究》，载《中外法学》2016 年第 1 期。

⑧ 这三个最高人民法院司法解释可引注如下：(1)《最高人民法院关于适用〈中华人民共和国企业破产法〉若干问题的规定（一）》（法释〔2011〕22 号，2011 年 9 月 9 日发布；2011 年 9 月 26 日生效）；(2)《最高人民法院关于适用〈中华人民共和国企业破产法〉若干问题的规定（二）》（法释〔2013〕22 号，2013 年 9 月 5 日发布；2013 年 9 月 16 日生效；2020 年 12 月 29 日修正）；(3)《最高人民法院关于适用〈中华人民共和国企业破产法〉若干问题的规定（三）》（法释〔2019〕3 号，2019 年 3 月 27 日发布；2019 年 3 月 28 日生效；2020 年 12 月 29 日修正）。

⑨ 2016 年至 2018 年，最高人民法院公布了“十大破产典型案例”。这些案例涉及重整、破产清算、破产程序合并、破产程序转换等方面。这类典型案例虽不具有约束力，但具有很大的实践参考价值，因为人民法院会从案例中提炼出一定原则，供以后的同类型案件参照适用。

"商业判断规则"等软法原则也不能作为案件审理的法律渊源。另一方面,中国在发展破产法的过程中已充分借鉴国际优秀实践。例如,在设计破产重整制度时,中国立法者既研究了美国、法国、德国、英国、澳大利亚、日本等国的立法,也咨询了前述国家的破产法专家,最后以美国《破产法》第 11 章程序为参照模板,起草了《企业破产法》的重整部分。

(三)财产担保制度

9 中国主要有三种财产担保方式。第一种为抵押,设立这类担保权不以转移财产占有为条件。① 可抵押的财产类型有:(1)建筑物和其他土地附着物;(2)建设用地使用权;(3)海域使用权(原《物权法》中为"以招标、拍卖、公开协商等方式取得的荒地等土地承包经营权");(4)生产设备、原材料、半成品、产品;(5)正在建造的建筑物、船舶、航空器;(6)交通运输工具等。② 以前述第(1)至(3)项财产类型或者正在建造的建筑物抵押的,该抵押权须经登记方可生效。③ 以前述第(4)(6)项规定的财产和正在建造的船舶、航空器抵押的,该抵押权自合同生效时设立,未经登记的,不得对抗善意第三人。④ 关于具体登记方式,对不动产的抵押登记一般在自然资源部及地方主管部门下设的不动产登记中心办理。⑤ 对船舶、渔船之外类型动产的抵押登记,则在当地市场监督管理部门办理。⑥ 目前中国已采取举措,出台《动产和权利担保统一登记办法》,推动实现由人民银行征信中心的线上系统来统一办理动产和权利担保登记。⑦

10 第二种财产担保方式为质押,质押可设定于动产及权利之上,但需向受质人转移受质押财产的占有。⑧ 大多数的质权无须登记,但以下列财产设定质押的除外:

---

① 《民法典》第 394 条,原《物权法》第 179 条。

② 《民法典》第 395 条,原《物权法》第 180 条。

③ 《民法典》第 402 条,原《物权法》第 187 条。

④ 《民法典》第 403 条,原《物权法》第 188 条。

⑤ 《不动产登记暂行条例》(2014 年 11 月 24 日发布;2015 年 3 月 1 日生效施行;2019 年 3 月 24 日修正)第 6、15 条。此外,还存在针对船舶、渔船、航空器和机动车辆抵押的特殊规定和规则。

⑥ 《动产抵押登记办法》(2007 年 10 月 12 日公布生效;最近一次修改于 2019 年 3 月 18 日;现已失效)第 2 条。

⑦ 《动产和权利担保统一登记办法》(2021 年 12 月 28 日发布;2022 年 2 月 1 日生效);另参见中国人民银行征信中心动产融资统一登记公示系统网,https://www.zhongdengwang.org.cn/zhongdeng/index.shtml,2020 年 1 月 10 日访问。

⑧ 《民法典》第 425 条,原《物权法》第 208 条。

(1)以汇票、支票、本票、债券、存款单、仓单、提单出质,但没有权利凭证的;[①](2) 以基金份额、股权出质的;[②](3)以知识产权出质的;[③](4) 以应收账款出质的。[④]

11 第三种财产担保方式为动产留置,即当债务人不能履行到期债务时,债权人可以留置合法占有的债务人动产。[⑤] 中国法律并未强制要求对留置权进行登记,但相关方可以选择在人民银行征信中心登记留置权。[⑥]

二、《企业破产法》规定的破产程序

12 本报告中的"破产"一词统指破产清算、重整、和解三类程序的集合。三类破产程序均旨在公平清理债权债务,保护债权人和债务人的合法权益,维护社会主义市场经济秩序。[⑦] 三者之间的主要区别在于程序的最终目的。一方面,重整、和解程序的目的在于解决企业财务困境,通过债务和解、业务重组等方式,确保债务人法人资格存续,助力实现持续经营。但如本报告第 57 段所述,人民法院在重整程序中享有更大的权力,因为法院可强制批准重整计划,但不可强制批准和解协议。另一方面,相对于重整、和解程序,破产清算程序则旨在向全体债权人公平分配债务人的剩余财产,在清算完成后,债务人的法律人格一般不再存续。[⑧]

13 破产清算、重整、和解三类程序之间不存在法定优先次序。启动哪类破产程序,完全由申请人(债务人或债权人)考虑相关情况后自行决定。不过,如果受到特定情形的触发,破产程序可以转换。

---

① 《民法典》第 441 条,原《物权法》第 224 条。

② 《民法典》第 443 条,原《物权法》第 226 条。同时参见《工商行政管理机关股权出质登记办法》(2008 年 9 月 1 日发布;2008 年 10 月 1 日生效施行;2016 年 4 月 29 日修订;现已被修改)。

③ 《民法典》第 444 条,原《物权法》第 227 条。同时参见《注册商标专用权质押登记程序规定》(2020 年 4 月 22 日发布;2020 年 5 月 1 日生效);《专利权质押登记办法》(2010 年 8 月 26 日发布;2010 年 10 月 1 日生效;已失效;现行有效的为知识产权局于 2021 年 11 月 15 日发布的《专利权质押登记办法》);《著作权质权登记办法》(2010 年 11 月 25 日发布;2011 年 1 月 1 日生效)。

④ 《民法典》第 445 条,原《物权法》第 228 条。《动产和权利担保统一登记办法》(2021 年 12 月 28 日发布;2022 年 2 月 1 日生效),原《应收账款质押登记办法》于 2022 年 2 月 1 日废止(2019 年 11 月 22 日发布,2020 年 1 月 1 日生效)。

⑤ 《民法典》第 447 条,原《物权法》第 230 条。

⑥ 《中国人民银行征信中心动产融资统一登记公示系统操作规则》(2019 年 4 月 28 日修订并生效)第 15 条。

⑦ 《企业破产法》第 1 条。

⑧ 《企业破产法》第 121 条。

(一)破产清算转重整、和解

在以下两种情形中,破产清算程序可能转入重整或和解程序:(1)破产清算转重整。债权人申请对债务人进行破产清算的,在人民法院受理破产清算申请后、宣告债务人破产前,债务人或出资额占债务人注册资本10%以上的出资人可以提出重整申请,法院可裁定转入重整程序。[①] (2)破产清算转和解。在人民法院受理破产清算申请后、宣告债务人破产前,债务人可以提出和解协议草案并申请和解,[②]法院可裁定转入和解程序。在这两种情形中,破产程序的转换都非自动发生,只有经人民法院审查认为相关申请符合《企业破产法》规定的,才会准许转换。[③] 14

(二)重整转破产清算

重整程序可能以两种方式转入破产清算:(1)依申请转换。在重整期间,有以下情形之一的,经人民法院经管理人或者利害关系人[④]申请,人民法院应当裁定终止重整程序,并宣告债务人破产:①债务人经营状况和财产状况继续恶化的;②债务人有欺诈、恶意减少其财产或者其他显著不利于债权人的行为的;③债务人的行为致使管理人[⑤]无法执行职务的;[⑥]④债务人不能执行或者不执行重整计划的。[⑦] (2)依职权转换。在重整期间,有以下情形之一的,人民法院应当依职权裁定终止重整程序,并宣告债务人破产:①债务人[⑧]或管理人未按期提出重整计划草案的;[⑨]②重整计划草案未获债权人会议通过[⑩]或者未获人民法院批准的。[⑪] 15

---

① 《企业破产法》第70条。

② 《企业破产法》第95条。

③ 《企业破产法》第71条(重整)及第96条(和解)。对于两种情形下的重整、和解申请,人民法院会按照本报告第18段所述的标准进行审查。

④ 《企业破产法》未对"利害关系人"作出定义。本文作者持以下观点:利害关系人可包括债务人、债权人、股东以及职工。

⑤ 本报告第三部分"破产程序通则"将详述破产管理人的职能。

⑥ 《企业破产法》第78条。

⑦ 《企业破产法》第93条。

⑧ 在中国,人民法院应当在重整期间指定管理人接管债务人。只有在人民法院准许的情况下,债务人才可以自行管理其财产和营业事务。并且,债务人自行管理其事务的,必须在管理人的监督下进行。参见《企业破产法》第73条。

⑨ 《企业破产法》第79条。

⑩ 本报告第29~31段将详述债务人会议的职权。

⑪ 《企业破产法》第88条。

（三）和解转破产清算

16 在和解程序中，和解协议草案未获债权人会议通过或者人民法院认可的，人民法院应当裁定终止和解程序，宣告债务人破产并进行清算。① 根据破产法规定，和解程序向破产清算的转换自动进行，无须另行提出申请。

三、破产程序通则

（一）申请人

17 债务人可以自愿提出破产清算、重整或和解申请，而债权人则只能对债务人提出重整或破产清算申请。② 企业自愿提出破产申请的，必须由股东大会作出决议，其中股份有限公司需经代表2/3以上表决权的股东表决通过。③

18 如要启动破产程序，债务人应当同时在“现金流”加“资产负债表”的标准上符合破产条件，即债务人不能清偿到期债务，并且资产不足以清偿全部债务或者明显缺乏清偿能力。④ 债务人符合前述破产条件，或者有明显丧失清偿能力可能的，也可以对其提出重整申请。⑤ 债务人的资产负债表、审计报告、资产评估报告等材料显示其全部资产不足以偿付全部债务的，人民法院应当认定该债务人的资产不足以清偿全部债务，但有证据证明其资产大于负债的除外。⑥ 此外，就重整原因中的“明显丧失清偿能力”而言，债务人如存在以下无法清偿债务的情形，即使其资产大于负债，人民法院也应当认定其明显缺乏清偿能力：(1)债务人资金严重不足或财产不能变现的；(2)债务人的法定代表人下落不明且无其他人员负责管理财产的；(3)债务人经人民法院强制执行后仍无法清偿债务的；(4)长期亏损且经营扭亏困难的；(5)导致债务人丧失清偿能力的其他情形。⑦

（二）法院管辖

19 在破产案件的地域管辖上，《企业破产法》规定，应由债务人住所地的人民法院

① 《企业破产法》第99条。
② 《企业破产法》第7条。
③ 《公司法》第37(九)、43、103条。
④ 《企业破产法》第2条第1款，同时参见《破产法司法解释(一)》第1条。换言之，即债务人破产应同时满足“现金流”标准和“资产负债表”标准。
⑤ 《企业破产法》第2条第2款。
⑥ 《破产法司法解释(一)》第3条。
⑦ 《破产法司法解释(一)》第4条。

管辖。[①] 而在破产案件的级别管辖上，需视情形作出区分：上市公司的重整案件一般应由中级人民法院管辖，[②]而除上市公司以外其他企业的破产案件，无论涉及的债务数额大小，一般应由与该企业登记机关同级的人民法院管辖。[③] 在审理机构上，中国尚未设立专门的破产法院，但根据2016年8月最高人民法院出台的文件[④]，直辖市应当至少明确一个中级人民法院设立清算与破产审判庭，省会城市、副省级城市所在地的中级人民法院必须设立清算与破产审判庭。[⑤] 此外，截至2023年6月，北京、上海、深圳、天津、广州、温州、重庆、杭州等地共设立15家破产法庭。这类破产法庭的管辖范围并非仅限于破产案件。如北京破产法庭受理的案件类型就包括：(1)北京市区级以上（包括本级）登记部门核准登记公司（企业）的强制清算和破产案件；(2)前述案件的衍生诉讼案件；(3)跨境破产案件；(4)其他应当受理的案件。[⑥] 虽然各地破产法庭的英文译名和办公场所设置各异，但中国的破产法庭不是独立的法院，而是中级人民法院架构下的内设部门。

（三）破产管理人

根据《企业破产法》的规定，人民法院在受理破产清算、重整以及和解申请时，应 20
当同时指定破产管理人（以下简称管理人）。[⑦] 律师事务所、会计师事务所、破产清算事务所或清算组均可担任管理人。[⑧] 针对管理人指定工作，最高人民法院规定，各高级人民法院应当根据本辖区内律师事务所、会计师事务所、破产清算事务所的数量，以及专业人士和企业破产案件的数量，确定由高级人民法院自行编制管理人名

---

① 《企业破产法》第3条。企业债务人的住所地是指其主要办事机构所在地。债务人没有这类办事机构或其主要办事机构所在地不能确定的，其注册地或者登记地为住所地。

② 《最高人民法院印发〈关于审理上市公司破产重整案件工作座谈会纪要〉的通知》（法〔2012〕261号，2012年10月29日发布并生效）。

③ 《最高人民法院关于审理企业破产案件若干问题的规定》（2002年7月30日发布；2002年9月1日生效）第2条。尽管该司法文件在《企业破产法》颁布前就已发布，但其并未废止而是继续在实践中得到遵循。

④ 《最高人民法院印发〈关于在中级人民法院设立清算与破产审判庭的工作方案〉的通知》（法〔2016〕209号，2016年6月21日发布并生效）。

⑤ 中国仅有北京、上海、天津、重庆四个直辖市。已成立的各破产法庭都在其名称的官方翻译中称自己为“Bankruptcy Courts”。但就算地点分设，破产审判庭仍是中级人民法院管理层级中的内设部门，其中文名称是“法庭”而非“法院”。

⑥ 《北京破产法庭揭牌成立　刘贵祥出席并讲话》，载中华人民共和国最高人民法院官网，https://www.court.gov.cn/zixun-xiangqing-141372.html，2019年1月30日访问。

⑦ 《企业破产法》第13条。

⑧ 《企业破产法》第24条。

册,或者由辖区内一家中级人民法院编制管理人名册。① 此外,各地应分别编制社会中介机构管理人名册和个人管理人名册。② 在目前实践中,各地法院一般还制定有适用于本辖区内管理人的地方性制度。③

21 在重整程序期间,经债务人申请、人民法院批准,债务人可以在管理人的监督下自行管理财产和营业事务,并由债务人行使管理人的职权。④ 另外,根据最高人民法院关于管理人报酬的规定,人民法院一般根据债务人最终清偿的财产价值,在规定的比例范围内确定管理人的具体报酬。⑤ 在重整程序中,管理人报酬方案应当被列入重整计划草案。⑥

22 管理人的职责除了接管债务人的财产和营业事务,还包括《企业破产法》第25条规定的债权登记审查、财产状况调查、财产处分变现等具体职责。以下为管理人的部分重要职责。

1. 通知债权人

23 实践中,自人民法院裁定受理破产申请之日起的25日内,管理人将协助人民法院通知债务人的全体已知债权人并且进行公告。这类通知、公告应当载明的事项包括破产申请受理情况、债权申报相关要求、第一次债权人会议的时间和地点等。⑦

2. 对债权申报登记造册

24 在各债权人完成债权申报后,管理人应当对债权证明材料登记造册、逐项审查,编制债权表。⑧ 该债权表应当被提交至第一次债权人会议进行核查。债务人、债权人对债权表记载的债权没有异议的,人民法院应裁定是否确认相关债权。债务人、

---

① 《最高人民法院关于审理企业破产案件指定管理人的规定》(法释〔2007〕8号,2007年4月12日发布;2007年6月1日生效)第2条。

② 《最高人民法院关于审理企业破产案件指定管理人的规定》(法释〔2007〕8号,2007年4月12日发布;2007年6月1日生效) 第2条。

③ 例如,上海市高级人民法院就管理人监管工作出台了一系列规范性文件,包括《上海法院企业破产案件管理人工作职责指引》[沪高法(审)〔2014〕号,2014年8月25日发布]、《上海市高级人民法院企业破产案件管理人管理办法》(沪高法(审)〔2014〕8号,2014年9月19日发布)、《上海法院企业破产案件管理人信息披露规则(试行)》(2018年11月15日发布)。

④ 《企业破产法》第73条。

⑤ 《最高人民法院关于审理企业破产案件确定管理人报酬的规定》(法释〔2007〕9号,2007年4月12日发布;2007年6月1日生效)第2条。

⑥ 《最高人民法院关于审理企业破产案件确定管理人报酬的规定》(法释〔2007〕9号,2007年4月12日发布;2007年6月1日生效)第10条。

⑦ 《企业破产法》第14条。

⑧ 《企业破产法》第57条。

债权人对债权表记载的债权有异议的,可以向受理破产申请的人民法院提起诉讼。①

管理人审查债权证明材料时,一般会要求债权人提交经适当方式核证的原件副 25
本,但有时也会接受以电子方式提交的补充材料。在实务中,管理人可以通过各类电子通信方式联系债权人。而在近期的一些大型破产案件中,不少管理人已开始通过手机应用来接收债权申报。

3. 保全财产

为向全体债权人提供平等保护,《企业破产法》规定有若干用以维持债务人财产 26
现状的规则。

(1)防止偏颇清偿。《企业破产法》规定,人民法院受理破产申请后,债务人对个别债权人作出的清偿行为无效。② 同时,鉴于管理人的主要职责为接管债务人的财产、控制开支等,③因此管理人必须防止在破产程序开始后的期间内发生偏颇清偿行为。

(2) 收回债权和财产。实务中,在人民法院受理破产申请后,管理人会对债务人持有的债权进行追收,并追回他人占有但为债务人所有的财产。④

(3)撤销涉及债务人财产的特定行为。在人民法院受理破产申请前的一年内,管理人有权请求人民法院撤销下列行为:①无偿转让财产的行为;②以明显不合理的价格进行交易的行为;③对无财产担保债务提供财产担保的行为;④提前清偿未到期债务的行为;⑤放弃债权的行为。⑤ 此外,管理人还有权请求人民法院撤销受理破产申请前 6 个月内的个别清偿行为,但该个别清偿行为使债务人财产受益的除外。⑥

(4)选择继续履行或终止待履行合同。在破产申请受理之日起 2 个月内,对于债务人在破产申请受理前成立而双方均未履行完毕的双务合同,管理人有权选择继

---

① 《企业破产法》第 58 条。

② 《企业破产法》第 16 条。

③ 《企业破产法》第 25 条第 1 款第 1、4 项。

④ 《企业破产法》第 17 条仅要求债务人的债务人(次债务人)或者财产持有人向管理人清偿债务或者交付财产,并没有明确规定管理人是否对这类债权和财产负有追收义务。根据《破产法司法解释(二)》第 23 条赋予的权力,债权人会议可以在管理人未能向次债务人追收债权或者未能向债务人财产的出资人追收财产时,向人民法院申请更换管理人。因此在实务中,管理人必须主动追收这类债权及财产。

⑤ 《企业破产法》第 31 条。

⑥ 《企业破产法》第 32 条。

续履行或解除。[1] 在中国,待履行合同规则适用于所有类型的合同。[2]

(5)承继未结民事诉讼和仲裁。自人民法院受理破产申请开始,民事诉讼或仲裁程序均应受到自动中止制度的限制。[3] 但在管理人接管债务人财产之后,受中止的未结诉讼和仲裁继续进行。[4] 在实务中,管理人会协助人民法院执行“自动中止”效力,并代表债务人参加诉讼和仲裁程序。

4. 审计与评估资产

27 尽管法律并无明确要求,但实务中管理人一般会聘请会计师事务所和评估机构对债务人资产开展审计、评估,其目的在于:(1)明确债务人现有资产组合;(2)获取出售债务人财产的基准价;(3)为制作重整计划草案而计算假设破产清算情形中的债务清偿比例,确保重整中预期的清偿比例高于假设破产清算情形中的清偿比例。[5]

5. 债权申报

28 就债权申报规则而言,自人民法院发布受理破产申请公告之日起算,债权申报期限最短不少于30日,最长不超过3个月。未到期债权在破产申请受理时视为到期。[6] 附利息的债权自破产申请受理时停止计息。[7] 债权人可以就附条件、附期限、诉讼和仲裁未决的债权进行申报。[8] 债权人在进行申报时,应当书面说明其债权数额和有无设定财产担保等情况,并提交相应证据。[9]

(四)债权人会议和债权人委员会

29 依法向管理人申报债权的债权人,为债权人会议成员,有权参加债权人会议并投票表决。[10] 债权人会议不仅是债权人在破产程序中行使权利的场所,也是监督管理人履职或者债务人自行管理的机构。[11] 根据破产法规定,人民法院应当从有表决

---

① 《企业破产法》第18条。
② 中国破产制度尚未对各类许可合同、知识产权合同等特殊合同作出特殊规定。可以预计,待履行合同规则将成为未来《企业破产法》修改的热点问题。
③ 关于中止制度,将于本报告第34段具体介绍。
④ 《企业破产法》第20条。
⑤ 《企业破产法》第87条第2款第3项。
⑥ 《企业破产法》第46条第1款。
⑦ 《企业破产法》第46条第2款。
⑧ 《企业破产法》第47条。
⑨ 《企业破产法》第49条。
⑩ 《企业破产法》第59条第1款。
⑪ 《企业破产法》第61条。

权的债权人中指定一名债权人会议主席。①

破产法并未对债权人会议召开的地点作要求。一般来说,法院法庭、企业办公地点、体育馆、大型会议室等都为召开债权人会议的适宜场所。目前实务中召开网络债权人会议的案件越来越多。例如,不少案件都通过“全国企业破产重整信息网”这一国家破产重整信息网平台②召开网络债权人会议。 30

债权人会议可行使的职权包括核查债权;申请人民法院更换管理人;审查管理人费用和报酬;监督管理人履职;选任和更换债权人委员会成员;决定继续或者停止债务人的营业;通过重整计划或和解协议;通过债务人的财产管理方案、破产财产③变价方案、分配方案;等等。④ 除了表决重整计划草案投票(详见本报告第54~58段),债权人会议的决议、决定应由出席会议的有表决权债权人过半数通过,并且其所代表的债权额占无担保债权总额的1/2以上。⑤ 31

债权人会议可决定设立债权人委员。该委员会可以由多名债权人代表和1名职工或工会代表组成,总人数不得超过9名。⑥ 一般在实务中,只有债权人数量众多的大型案件才会设立债权人委员会,因为较大数量债权人的参与会显著提高债权人会议的召集难度。 32

债权人委员会可行使的职权则包括监督债务人财产的管理和处分;监督破产财产的分配;提议召开债权人会议;债权人会议委托的其他职权,如申请人民法院更换管理人、决定继续或停止债务人营业等。⑦ 此外,债权人委员会在履行职务时,有权要求管理人、债务人的工作人员就自身职责范围内的事务进行说明或提供相关文件。⑧ 在设立债权人委员会的案件中,管理人实施以下行为的,应当及时报告债权人委员会:借款;设定财产担保;履行待履行合同;放弃权利;取回担保物;转让土地、房屋等不动产权益;转让探矿权、采矿权、知识产权等财产权;转让债务人的全部库 33

---

① 《企业破产法》第60条第1款。

② 全国企业破产重整信息平台,http://pccz.court.gov.cn/pcajxxw/index/xxwsy,2020年1月10日访问。该网站由最高人民法院运营,对债务人信息、典型案例、生效裁判文书等进行公开。目前该网站只有中文版本。

③ 在债务人被宣告破产后,债务人可被称为破产人,债务人的财产应作为破产财产。参见《企业破产法》第107条第2款。

④ 《企业破产法》第61条第1款。

⑤ 《企业破产法》第64条第1款。

⑥ 《企业破产法》第67条第1款。

⑦ 《企业破产法》第68条第1款。

⑧ 《企业破产法》第68条第2款。

存、业务、债权、有价证券等;处分对债权人利益有重大影响的其他财产。①

(五)自动中止

34 如前述及,根据破产法规定,破产申请一经人民法院受理,自动中止制度开始生效。该中止效力的范围如下:

(1)解除财产保全和强制执行措施。该中止效力一经产生,有关债务人财产的保全措施应当解除,执行程序应当中止。② 破产程序对执行程序的中止效力将持续整个破产程序期间。

(2)中止其他法律程序。该中止效力一经产生,针对债务人的未结民事诉讼(无论由哪个法院审理)和仲裁均应中止。在管理人接管债务人财产后,被中止的相关诉讼或仲裁程序继续进行。③

(3)中止担保权行使(仅重整程序)。根据破产法规定,重整程序一经开始,在整个程序期间,对债务人特定财产享有的担保权应中止行使。但是,如果担保物有损坏或者价值明显减少可能,足以危害担保权人行使权利的,担保权人可向人民法院申请恢复行使担保权。④

35 根据破产法的规定,中国破产程序的效力及于债务人位于中国之外的财产。⑤ 但实际上,相关的境外司法管辖区能否中止针对债务人境外财产的诉讼和执行程序,取决于中国破产程序能否获得当地法院的承认和执行。截至目前,境外司法管辖区在跨境背景下直接执行中国破产程序中止效力的案例并未出现,但在实践中,中国破产程序在境外依据当地法律获得"中止救济"的案例确已出现。⑥

四、"无产可破"案件

36 一方面,对于债务人没有或仅有极少剩余财产的破产案件,即所谓"无产可破"案件,破产法未作特别规定。根据法律规定,债务人现有财产不足以清偿破产费用

① 《企业破产法》第 69 条第 1 款。
② 《企业破产法》第 19 条。
③ 《企业破产法》第 20 条。
④ 《企业破产法》第 75 条第 1 款。
⑤ 《企业破产法》第 5 条第 1 款。
⑥ 在"浙江尖山光电股份有限公司破产重整案"中,新泽西州法院作出判决,根据美国《破产法》第 15 章的规定对债务人给予中止程序的救济。可参见本报告第 85 段。

的，法院应裁定终结破产程序。① 但是，鉴于这类"无产可破"案件的债务人财产和负债情况一般比较明确，可以适用非正式的"简易程序"进行审理。依托这类"简易程序"设计，人民法院可以进一步简化破产案件审理程序、缩短程序时间，从而加快案件办理的整体流程。②

另一方面，为了保护"无产可破"案件中管理人的利益，部分法院建立有"管理人援助资金"试点项目，用于保障管理人就其履职获得报酬。例如，深圳市建立了破产案件管理人援助资金制度，在该制度中，当地政府所作的财政拨款和深圳市中级人民法院按比例从管理人报酬中提取的款项组成了援助资金池。③ 当债务人无财产可供支付破产费用时，管理人可以申请使用该援助资金，从而获得报酬。④ 37

五、困境企业董事、管理者的责任与义务

根据中国法的规定，企业董事无论在企业破产前或进入破产程序后，均负有忠实、勤勉义务。⑤ 而企业的董事、监事或高级管理人员如果违反忠实、勤勉义务，导致所在企业破产，应当依法承担民事责任，且自破产程序终结之日起的3年内，不得担任任何一家企业的董事、监事或高级管理人员。⑥ 38

在实践中，债务人的董事、监事或高级管理人员有义务返还其从债务人处获得的非正常收入和侵占的企业财产。⑦ 在管理人调查确定破产企业的职工债权时，债 39

① 《企业破产法》第43条第4款。破产费用包括破产案件的诉讼费用；管理、变价和分配债务人财产的费用；管理人执行职务的费用、报酬和聘用工作人员的费用。另根据《破产法司法解释(三)》第1条，如果人民法院裁定受理了破产申请，该公司的强制清算费用、未终结的执行程序中产生的评估费、公告费、保管费等执行费用，也可作为破产费用。

② 《全国法院破产审判工作会议纪要》第29段。《全国法院破产审判工作会议纪要》是最高人民法院2018年3月4日发布的司法文件。

③ 《深圳市中级人民法院破产案件管理人援助资金管理和使用办法》(2013年7月18日通过；2015年3月12日修订)第2条第1款。

④ 《深圳市中级人民法院破产案件管理人援助资金管理和使用办法》(2013年7月18日通过；2015年3月12日修订)第7条第1项。

⑤ 《公司法》第148条列举了董事禁止实施的行为，其中包括：违反公司章程的规定，未经股东会、股东大会或者董事会同意，为他人提供担保、订立合同、进行交易等。

⑥ 《企业破产法》第125条。

⑦ 《企业破产法》第36条只规定管理人应当追回这类收入和财产，而未规定董事、监事、高级管理人员相应的返还义务。《破产法司法解释(二)》第24条第2款规定，债务人的董事、监事、高级管理人员拒不向管理人返还上述债务人财产，管理人主张上述人员予以返还的，人民法院应当支持。因此，笔者认为债务人的董事、监事、高级管理人员有义务返还非正常收入和因侵占取得的债务人财产。

务人的董事、监事和高级管理人员的工资应当按照该企业职工的平均工资计算。①

40 破产程序开始后(根据中国法的规定,"程序开始"指人民法院正式受理破产申请之后),债务人的法定代表人、法院指定的财务管理人员和其他经营管理人员,依法负有以下义务:(1)妥善保管由该人员控制、管理的债务人财产和印章、账簿、文书等资料;(2)根据人民法院、管理人的要求开展工作,如实回答相关问题;(3)列席债权人会议,如实回答债权人的询问;(4)未经人民法院许可,不得离开住所地;(5)不得新任其他企业的董事、监事和高级管理人员。②

41 在中国,困境企业的董事没有提出企业破产申请的法律义务。

六、庭内重整与庭外重组

(一)庭外重组

42 中国的庭外重组实践仍处在"婴儿期"。囿于正式程序、规则方面的空白,中国的庭外重组仅由债务人、债权人自行开展、自主决定,并没有法院参与。一般而言,庭外重组会依据《公司法》《民法典》《证券法》③等法律法规进行。目前实践中常用的重组方式包括:以物抵债、债转股、调整借贷条款、削减债务本金、降低债务利率、减少应付利息等。实务中更为常见的安排是困境主体同时使用多种重组方式。例如,债务人可以分别与每个债权人开展"平行谈判",以此方式实现贷款展期、利率降低、新增授信等具体目的。除此之外,债务人也可以选择组建债权人委员会,以此方式与债权人进行"整体"谈判,同步采取出售低利润资产、寻找投资人、接洽资产管理公司、获取过桥贷款、启动预重整等自救措施。④

43 尽管中国尚未就庭外重组出台专门的法律法规,但为促进庭外重组发展,中国已发布多项政策性文件,采取了减轻企业社保缴费负担、允许延期缴纳税款、⑤在19个省设立纾困型基金等具体措施。⑥

---

① 《企业破产法》第113条第3款。

② 《企业破产法》第15条第1款。

③ 1999年7月1日施行;最近一次修改于2019年12月28日。

④ 本报告第45~49段将详细探讨预重整制度。

⑤ 《国家税务总局关于实施进一步支持和服务民营经济发展若干措施的通知》(2018年11月16日发布)。

⑥ 例如,《中共上海市委上海市人民政府关于全面提升民营经济活力大力促进民营经济健康发展的若干意见》(沪委发〔2018〕27号,2018年11月4日发布)第13段。

近年来,在政府的大力倡导下,银行业和企业界自身的推动下,相较于正式的破产程序,庭外重组已经成为一种颇受欢迎的替代选择,尤其契合以优化资产负债率为目的的大型企业重组需要。表 1 为中国近年来庭外重组实务的部分典型案例: 44

表 1 庭外重组典型案例

企业名称	年份	资产规模	庭外重组方案
佳兆业集团	2015	超过 154 亿美元〔1〕	相关方达成了典型的债务重组方案,该方案在未改变债务本金的情况下,调整了债务利息和偿债期限
中钢集团	2016	44.9 亿美元	债务人与 6 家银行达成了债务重组协议,依托该协议,相关方设计了一种混合型的重组安排,其中包括延长偿债期限、按一定条件分两批实施债转股等
中国铁路物资集团	2017	42.6 亿美元〔2〕	为支持该企业重组,资产管理公司主导的基金向债务人注入资金。相关方分别就银行贷款和私募债券制定了偿债方案,同时给予全体债权人债转股选择权

〔1〕按 2015 年年底 1 美元兑 6.49 元人民币的汇率中间价计算。
〔2〕按 2017 年年底 1 美元兑 6.53 元人民币的汇率中间价计算。

(二)预重整

虽然《企业破产法》未具体规定“预重整”制度,但《全国法院破产审判工作会议纪要》明确指出,法院应当支持庭外重组向庭内重整的衔接转换。以重组方案为例,债务人与债权人、出资人在正式重整前的庭外重组谈判中拟定有框架性重组方案的,可以作为正式重整程序中拟定重整计划的基础。① 因此,预重整既可被视为庭外重组的延伸,也可被视为庭内重整的前奏。此外,预重整除了关乎债务人、债权人的利益,一般还会涉及股东、职工代表、地方政府、人民法院、各方聘请的专业顾问等利益相关方。 45

中国第二重型机械集团公司与二重集团(德阳)重型装备股份有限公司重整案是预重整的成功案例。② 在该案中,二重集团在预重整阶段即与其出资人、主要金融机构债权人就金融债权重组达成了框架性方案,在其后的重整程序中,相关方又以 46

① 《全国法院破产审判工作会议纪要》第 22 条。
② (2015)德民破字第 4 号,该案为 2016 年最高人民法院公布的十大破产典型案例。

该方案为基础制作了正式的重整计划草案，从而加速了整体重整过程。深圳市福昌电子技术有限公司案是另一预重整典型案例，[①]在该案中，人民法院在重整程序正式开始前即指定管理人进场履职，在预重整阶段，管理人既完成了债务人财产、负债情况尽职调查等工作，也有效确保该公司的业务经营、生产制造不受影响，最终助力该公司重整成功。

47 从实践案例可见，中国目前主要有三种预重整模式：

(1)法院指导的预重整。在深圳市福昌电子技术有限公司重整案中，人民法院在重整申请审查阶段即指定了预重整管理人。相关方在正式重整程序开始前拟定了框架性的重整计划草案。

(2)债权人主导的预重整。该模式下，人民法院可以暂缓决定是否受理重整申请，对该申请进行"预登记"，其后指定一名主要债权人主导推进债务人重组和重整进程，尤其注重发挥该债权人在寻找投资人和调查财产方面的作用。

(3)债务人自愿启动的预重整。二重集团重整案是债务人自愿启动预重整的典型范例。具体来说，在预重整的第一阶段，债务人只会与主要债权人、出资人、潜在的投资人进行谈判，寻求达成框架性的重整计划草案，只有该阶段目标完成后，才会向人民法院提交重整申请，并向全体债权人披露更多信息。

48 预重整与庭外重组之间的重要区别在于，预重整是庭内重整程序的前奏，以正式重整程序为规则背景；而庭外重组则是以高效、保密的方式解决债务人财务困境的机制，法院并未实际参与。但是，鉴于预重整仍属于非正式的庭外程序，预计未来法院的参与会相对有限，债务人自愿启动或债权人主导的案件会更加普遍。

49 对于案情复杂或人民法院受理破产申请前未出现意向投资人的案件，预重整具有重要实践意义。其原因在于，预重整可以"缓冲"时间，促使各方通过谈判达成统一的重整路线图，为拟订重整计划草案设定基础，从而大幅度缩短重整程序的"庭内"运行时间。

(三)重整程序

50 重整程序的核心在于制作、表决和执行重整计划。

51 一般而言，管理人或债务人应当自重整程序开始之日起6个月内，向人民法院

---

① (2016)粤03民破143号，该案为最高人民法院2017年公布的破产典型案例。

和债权人会议提交重整计划草案。有正当理由的，人民法院可以根据债务人或管理人的申请对该期限予以延长。① 自收到重整计划草案之日起，人民法院应在30日内召开债权人会议，对重整计划草案进行表决。② 重整计划获债权人会议通过的，债务人或管理人应当自重整计划通过之日起10日内向人民法院申请批准重整计划。人民法院应当自收到该申请之日起30日内审查并裁定是否批准重整计划。③ 重整计划一经债权人会议通过、人民法院批准，对全体债权人均有约束力。

1. 制作重整计划草案

管理人或自行管理的债务人有义务制作重整计划草案，重整计划草案应当包括以下内容：债务人的经营方案、债权分类情况、债权调整方案、债权受偿方案、重整计划的执行期限、重整计划执行的监督期限等。④ 此外，如果重整计划草案会影响出资人权益，还应包括出资人权益调整方案。⑤ 52

债务的调整和清偿安排可能是一份重整计划中最为重要的内容。常用的债务调整、清偿方式包括现金清偿；延期清偿；部分清偿；实施债转股；为注资发行新股票、债券；等等。此外，出资人自然会关注重整计划出资人权益的调整安排。重整对出资人权益的典型安排是，企业原出资人以零对价让渡部分股权，以该部分股权清偿债权人、补偿新投资人。 53

2. 第一次表决重整计划

在大部分的重整案件中，重整计划草案会在第二次债权人会议上投票表决。⑥ 各债权人应当按照担保债权、职工债权、税款债权、普通债权等债权类别分组。⑦ 出席债权人会议的同一表决组债权人过半数同意重整计划草案，并且其所代表的债权额占该组债权总额的2/3以上的，即为该表决组通过重整计划。⑧ 54

如前所述，重整计划草案涉及出资人权益调整事项的，应当设出资人组，以使出 55

① 《企业破产法》第79条第1、2款。
② 《企业破产法》第84条第1款。
③ 《企业破产法》第86条。
④ 《企业破产法》第81条。
⑤ 《企业破产法》第85条。
⑥ 第一次债权人会议的首要任务是让每个债权人核查、确认经管理人登记、审查、编制后的各项债权，参见《企业破产法》第58条。
⑦ 《企业破产法》第82条。
⑧ 《企业破产法》第84条第2款。

资人能够对该事项行使表决权。① 然而,《企业破产法》并未对出资人组的表决通过标准作出规定。实践中,《公司法》规定的股东表决规则适用于出资人组,也即,持有 2/3 以上表决权的出资人表决同意权益调整方案的,即为出资人组通过该方案。②

56 各债权人表决组和出资人表决组(如适用)均通过重整计划草案的,该重整计划即为通过。③

3. 二次表决和强制批准

57 在重整程序第一次表决中,重整计划草案未获得部分表决组通过的,法律允许相关表决组再表决一次。具体而言,二次表决仅适用于首次表决中已有一个或数个表决组表决通过的情形,并且只适用于首次表决中未通过重整计划草案的表决组。相关表决组拒绝二次表决或者二次表决仍未通过的,债务人或管理人有权申请人民法院强制批准重整计划,但强制批准重整计划需满足下列条件:

(1)就特定财产优先受偿的债权人就该特定财产将获得全额清偿,其因延期清偿所受的损失将得到公平补偿,并且其担保权益未受到实质性损害,或者该表决组已经通过重整计划草案;④

(2)职工债权、税款债权获得全额清偿,或者相应表决组已经通过重整计划草案;⑤

(3)普通债权获得的清偿比例,不低于其在假设破产清算情形中所能获得的清偿比例,或者相关表决组已经通过重整计划草案;⑥

(4)对出资人权益的调整公平、公正,或者出资人组已经通过重整计划草案;⑦

(5)公平对待同一表决组的成员,并且所规定的债权清偿顺序不违反破产清算

---

① 《企业破产法》第 85 条第 2 款。

② 《公司法》第 43 条第 2 款。

③ 《企业破产法》第 86 条第 1 款。

④ 《企业破产法》第 87 条第 2 款第 1 项。

⑤ 《企业破产法》第 87 条第 2 款第 2 项。

⑥ 《企业破产法》第 87 条第 2 款第 3 项。

⑦ 《企业破产法》第 87 条第 2 款第 4 项。此外,根据《最高人民法院关于正确审理企业破产案件为维护市场经济秩序提供司法保障若干问题的意见》第 7 条,人民法院适用强制批准裁量权挽救危困企业时,要保证反对重整计划草案的债权人或者出资人在重整中至少可以获得在破产清算中本可获得的清偿。对于重整计划草案被提请批准时依照破产清算程序所能获得的清偿比例的确定,应充分考虑其计算方法是否科学、客观、准确,是否充分保护了利害关系人的应有利益。人民法院要严格审查重整计划草案,综合考虑社会公共利益,积极审慎适用强制批准裁量权。对不符合强制批准条件的,不能借挽救企业之名违法行使强裁权。

中的清偿顺序;①

(6)债务人的经营方案具有可行性。②

二次表决与首次表决适用相同的程序规则。但因法律并未明确首次表决后进行二次表决(如有)的时限,债务人有时会试图以拖延程序进程的方式,不断消耗债权人,迫使债权人接受相对不利的重整计划。 58

4. 执行重整计划

重整计划获得法院批准之后,由债务人负责执行,③在重整计划执行期间,管理人负责履行监督职责。④ 债务人不能执行或者不执行重整计划的,经管理人或者利害关系人申请,人民法院应当裁定终止重整计划执行,并宣告债务人破产。⑤ 59

七、企业集团破产

虽然《企业破产法》并未规定破产程序合并规则,但根据最高人员法院在《全国法院破产审判工作会议纪要》第六部分所作的指引,破产程序合并既可以是多个独立程序的组合(协调审理或称程序合并),也可以是经合并后的单一程序(实质合并)。但一般情况下,人民法院在决定以实质合并方式审理时会较为审慎,只有存在企业集团成员之间法人人格高度混同,将严重损害债权人公平清偿利益,且区分各关联企业财产成本过高情形的,才可适用实质合并方式审理。⑥ 在管辖上,实质合并后的破产案件应由企业集团中核心控制企业住所地的人民法院管辖。⑦ 核心控制企业不明确的,由关联企业中主要财产所在地人民法院管辖。如果地方法院之间对此发生管辖权争议,应当报请共同的上级人民法院指定管辖。⑧ 60

东北特钢集团重整案是适用程序合并审理的典型代表案例。尽管东北特钢集团及其两个子公司的破产程序在法律上相互独立,但三个破产程序共享同一份重整计划,该计划整体涵盖了三个独立法人的重整安排。⑨ 61

---

① 《企业破产法》第 87 条第 2 款第 5 项。本报告第 64 段将会详细讨论债权清偿顺序。
② 《企业破产法》第 87 条第 2 款第 6 项。
③ 《企业破产法》第 89 条第 1 款。
④ 《企业破产法》第 90 条第 1 款。
⑤ 《企业破产法》第 93 条第 1 款。
⑥ 《全国法院破产审判工作会议纪要》第 32 条。
⑦ 《全国法院破产审判工作会议纪要》第 35 条。
⑧ 《全国法院破产审判工作会议纪要》第 35 条。
⑨ (2016)辽 02 破 2、3、4 号。

62 冰箱制造商“新飞电器”(具体为河南新飞电器有限公司、河南新飞家电有限公司以及河南新飞制冷器具有限公司)重整案则是适用实质合并方式审理的典型案例。在该案中,人民法院经审查认为,三家新飞系公司的资产负债严重交织混同,以至于在法律上区分已没有意义,因此为保障全体债权人的利益,对三家公司裁定适用实质合并方式审理。①

八、上市公司重整

63 另就上市公司重整而言,这类案件除需适用《企业破产法》,还需适用《关于审理上市公司破产重整案件工作座谈会纪要》、《证券法》以及证监会发布的规定②、证券交易所上市规则③等。例如,根据《证券法》和证监会的规定,上市公司的信息披露活动和特定重组安排(如重大资产重组安排)④可能涉及行政审批权问题,因此除需经人民法院批准之外,还需经证监会审批。

九、债权顺位和重整融资

64 如前述及,人民法院在批准重整计划之前,需确保债权位阶规则得到严格遵守,换言之,债权人在重整程序中享有的顺位利益应与其在破产清算程序中享有的顺位利益相同。在破产清算程序中,担保债权人可以先就特定担保物优先受偿(在无在建工程价款等法定优先权的情况下),⑤其后各类债权顺位如下:(1)破产费用;(2)共益债务;(3)职工的工资和医疗、伤残补助、抚恤费用,应当划入职工个人账户的基本养老保险、基本医疗保险费用,根据法律法规应当支付给职工的补偿金;(4)债务人所欠的其他社会保险费用和税款;(5)普通无担保债权。⑥

65 另就重整程序中的融资活动而言,重整案件中设立了债权人委员会的,在重整程序开始之后,管理人或自行管理的债务人实施新的借款行为,应当报告债权人委

---

① (2016)豫07民破9号。

② 《上市公司重大资产重组管理办法》(2014年10月23日发布;2014年11月23日生效施行;最近一次修改于2020年3月20日)即是这类规定。

③ 《上海证券交易所股票上市规则》(2020年12月31日修订;2022年1月7日重新修订发布)。

④ 参见中国证监会《关于规范上市公司重大资产重组若干问题的规定》(2008年4月16日发布;2016年9月9日修订)。

⑤ 《企业破产法》第109条。

⑥ 《企业破产法》第113条。

员会;未设立债权人委员会的,应当报告人民法院。[①] 关于这类融资活动,最高人民法院在《破产法司法解释(三)》中所作的规定比原先更为严格。根据最高人民法院的规定,相关借款行为须为债务人继续营业所必需,并且需经债权人会议表决通过,或者在第一次债权人会议前经人民法院许可。[②] 这类借款如满足特定条件,可以归入共益债权,优先于普通无担保债权受偿。但根据中国破产法,借款债权不能优先于已有担保权而享有所谓的“超级优先权”(super priority)。[③]

在中国现有规定中,只有以借款方式进行的重整融资才可适用共益债权优先受 66
偿规则。目前尚不明确应如何处理其他类型的重整融资。

而在破产程序正式开始前为债务人制作重整计划草案提供资金的借款人,不能 67
因此享有任何优先权。

十、和解

破产法中的“和解”具有双重含义。第一种“和解”为《企业破产法》中依申请启 68
动或转换的正式破产程序,即所谓“强制和解”。在该程序中,债权人会议以法定多数决通过的和解协议,经人民法院认可后,该和解协议所作的债权调整将强制约束持异议的无担保债权人。第二种“和解”为“民事和解”,是破产程序中全体当事人基于自愿原则对自身权利进行的处分,并不具有强制效力。在民事和解中,在人民法院受理破产申请后,债务人为了避免进入破产清算等,可以基于自愿原则与全体债权人(包括有担保、无担保债权人)就债务处理安排达成协议,并向法院申请认可。该协议经人民法院裁定认可的,可以使破产程序得到终结。基于介绍中国破产制度的目的,本报告主要探讨的是“强制和解”意义上的和解程序。

启动和解程序的申请只能由债务人提出,债务人既可以直接向人民法院申请和 69
解,也可在人民法院受理破产清算申请后、宣告债务人破产前,向人民法院申请和解。[④] 债务人在提出和解申请的同时,应当一并提出和解协议草案。[⑤]

人民法院经审查认为和解申请符合《企业破产法》规定的,将会裁定和解,予以 70
公告,并召集债权人会议讨论和解协议草案。自人民法院裁定和解之日起,担保债

---

① 《企业破产法》第69条。
② 《破产法司法解释(三)》第2条。
③ 《破产法司法解释(三)》第2条。
④ 《企业破产法》第95条第1款。
⑤ 《企业破产法》第95条第2款。

权人可以行使担保权。[①]

71 关于和解协议的内容，法律未作明确要求。一般情况下，和解协议应包含以下内容：(1)清偿债务的方法；(2)清偿债务的期限；(3)清偿债务的财产来源。

72 债权人会议通过和解协议的决议，应由出席会议的有表决权债权人过半数同意，并且其所代表的债权额占无财产担保债权总额的2/3以上。[②] 债权人会议通过和解协议后，人民法院应裁定是否认可，[③]和解协议一经人民法院认可，对债务人和全体无担保债权人均有约束力。[④] 如果和解协议草案未获债权人会议通过，或者未获得人民法院认可，该和解程序终止，人民法院应当宣告债务人破产，并对其进行破产清算。[⑤]

73 和解协议经人民法院裁定认可后，债务人应当按和解协议约定的条件清偿债务。[⑥] 和解协议执行完毕后，对于和解协议减免的债务，债务人不再承担清偿责任。[⑦]

74 担保债权人可以在和解程序之外行使担保权，而无担保债权人应根据和解协议约定的数额、期限和方式要求受偿，同时不得超出和解协议的条款规定追收债权。无担保债权人未依法申报债权的，在和解协议执行期间不得行使其债权。[⑧]

75 对于债务人以欺诈或其他违法方式达成的和解协议，人民法院应当裁定该和解协议无效，并宣告债务人破产。[⑨]

76 债务人不能执行或者不执行和解协议的，经无担保债权人申请，人民法院应当裁定终止和解协议执行，并宣告债务人破产。[⑩] 在前述情形中，无担保债权人在和解协议中所作的债权调整承诺失效，其债权未受偿部分将在其后的破产程序中作为破产债权。[⑪] 而该债权已受偿的部分不可追回。

---

① 《企业破产法》第96条。
② 《企业破产法》第97条。
③ 《企业破产法》第98条。
④ 《企业破产法》第100条第1款。
⑤ 《企业破产法》第99条。
⑥ 《企业破产法》第102条。
⑦ 《企业破产法》第94条。
⑧ 《企业破产法》第100条第3款。
⑨ 《企业破产法》第103条第1款。
⑩ 《企业破产法》第104条第1款。
⑪ 《企业破产法》第104条第2款。

十一、境外债权人与跨境破产

(一)境外债权人的权利

根据《企业破产法》的规定,中国境内外的债权人应当受到平等保护,两者在债权分组、受偿待遇、清偿顺序和表决权规则上没有区别。但是,境外债权人在向管理人申报债权并提交债权证明材料时,应当提交按法定要求经公证、认证的文件和身份证明材料。① 77

如第35段所述,在中国启动的破产程序将归集处理债务人的境外资产,中国法院指定的管理人有义务追回债务人位于境外的财产。如果涉及境外财产的交易行为符合第26段所述的撤销权规则,管理人也有权申请撤销。然而在实践中,囿于中国与境外破产程序互认机制的空白,境外财产的追回需以该财产所在地的司法程序为实现手段,因此实际上比较困难。 78

(二)跨境破产问题

中国尚未采纳联合国国际贸易法委员会《跨国界破产示范法》(1997年)(以下简称《示范法》)和《国际贸易法委员会关于承认与执行与破产有关的判决示范法》(2018年)。本报告作者也暂未了解中国拟采纳《示范法》的具体时间表。按照现行规则,对于外国法院在破产案件中作出涉及中国境内财产的生效判决和裁定,如果申请中国法院予以承认和执行,中国法院应当根据中国缔结或参加的国际条约,或者根据互惠原则进行审查。在无国际条约而依据互惠原则审查的情形中,中国法院经审查认为,该申请不违反中国法律的基本原则,不损害国家主权、安全和社会公共利益,不损害中国领域内债权人的合法权益的,应当裁定予以承认和执行。② 79

另就海峡两岸暨香港、澳门之间的跨境破产协作而言,在内地(大陆)与港澳台地区之间已出台的司法互助文件中,最高人民法院、香港特别行政区政府《关于内地与香港特别行政区法院相互认可和执行民商事案件判决的安排》(尚未生效)③明确 80

---

① 《最高人民法院关于民事诉讼证据的若干规定》(2001年12月21日发布;2002年4月1日生效;最近一次修正于2019年12月25日)第16条。

② 《企业破产法》第5条第2款。应当指出,目前为止《破产法》第5条还未经司法实践检验。

③ 2019年1月18日发布;参见第3条第5项。

将破产案件的判决排除在该文件适用范围之外,而《最高人民法院关于内地与澳门特别行政区关于相互认可和执行民商事判决的安排》[①]《海峡两岸共同打击犯罪及司法互助协议》[②]则未作这种排除。目前,由于海峡两岸暨香港、澳门的跨境破产协作机制仍处于"拼接而成"的状态,缺乏体系化的构建,[③]各方都有不少呼吁,要建立完善海峡两岸暨香港、澳门的跨境破产协作机制。2021 年 5 月 14 日,最高人民法院与香港特区政府在深圳签署《关于内地与香港特别行政区法院相互认可和协助破产程序的会谈纪要》。[④] 同日,最高人民法院发布《关于开展认可和协助香港特别行政区破产程序试点工作的意见》。[⑤] 在这一新机制下,内地管理人可以向香港高等法院申请认可和协助内地破产程序,香港清盘人或临时清盘人可以向上海、厦门、深圳三地的中级人民法院申请认可和协助符合规定条件的香港清盘程序和公司债务重组程序。

81 另外,《全国法院破产审判工作会议纪要》明确指出,即使中国法院认可了外国法院作出的破产案件判决、裁定,债务人位于中国境内的财产也只有在全额清偿国内担保债权、职工债权、社保债权、税款债权等优先债权之后,才可根据外国判决、裁定就剩余财产进行分配。[⑥]

82 尽管中国尚未参与任何破产主题的国际条约,但中国法院已多次基于双边司法协助条约或互惠原则,认可外国破产案件的判决或裁定。2003 年,中国法院首次认可外国破产案件判决。在该案中,广东省佛山市中级人民法院依据《中华人民共和国和意大利共和国关于民事司法协助的条约》,[⑦]裁定认可意大利米兰法院作出的破产宣告判决及"转让被没收财产"(transfer the confiscated property)的命令。[⑧] 其

① 2006 年 3 月 21 日发布;2006 年 4 月 1 日生效。

② 2009 年 4 月 26 日签署。

③ 参见龚新怡:《中国各司法管辖区跨境破产合作的平衡方式(A Balanced Way for China's Inter-Regional Cross-Border Insolvency Cooperation)》,载 https://openaccess.leidenuniv.nl/handle/1887/43357 (accessed 10 January 2020)。

④ 《最高人民法院和香港特别行政区政府关于内地与香港特别行政区法院相互认可和协助破产程序的会谈纪要》(2021 年 5 月 14 日发布)。

⑤ 法发〔2021〕15 号(2021 年 5 月 11 日发布)。

⑥ 《全国法院破产审判工作会议纪要》第 50 条。

⑦ 《中华人民共和国和意大利共和国关于民事司法协助的条约》(1991 年 5 月 20 日签署;自 1995 年 1 月 1 日起生效)。

⑧ B&T Ceramic Groups 有限公司破产案,(2000)佛中法经初第字 663 号。

后，中国法院根据中国、法国之间的双边条约[①]认可了法国破产案件判决、裁定；[②]依照互惠原则认可了德国法院破产案件有关判决、裁定；[③]依照互惠原则承认了新加坡司法管理人身份。[④] 最高人民法院曾在其公布案例中予以明确，外国投资者的司法管理人（judicial manager）、清盘人（liquidator）的民事权利能力及民事行为能力等事项，应当适用该外国投资者登记地的法律。[⑤]

鉴于中国尚未采纳《示范法》，中国一般不会对外国的破产程序本身予以承认。因此，目前通过外国破产程序直接对中国境内发生效力是不太可能的。但是，根据最新建立的内地与香港地区相互认可和协助破产程序的机制，香港地区的破产程序是可以获得内地认可并发生效力的。 83

在《全国法院破产审判工作会议纪要》对跨境破产问题作出重要指示后，本报告作者也期待中国在跨境破产的立法探索和个案试点上取得更多积极突破。 84

尽管案例数量有限，但内地破产程序已多次在境外获得承认。1999 年，在内地、香港地区之间无可相关立法或条约的情况下，香港高等法院对广东国际信托投资公司的内地破产程序予以承认，在该案中，香港地区不但承认了广东省高级人民法院作出的破产宣告判决，而且确认了清算组的诉请，这为清算组追回债务人内地之外的财产铺平了道路。[⑥] 2014 年，浙江尖山光电股份有限公司（以下简称尖山光电）申请美国法院承认该公司于中国启动的重整程序。2014 年 8 月 12 日，美国新泽西州破产法院法官 Gloria M. Burns 批准了债务人的申请，承认中国破产程序具有美国法 85

① 《中华人民共和国和法兰西共和国关于民事、商事司法协助的协定》（1987 年 5 月 4 日签署）。

② 法国百高洋行（PELLIS CORIUM，P. E. L. C. O. R.）破产案，（2005）穗中法民三初字第 146 号。该案中，广州市中级人民法院承认了法国普瓦提艾商业法院对法国百高洋行破产案作出的判决。该判决内容包括：裁定法国百高洋行进入破产清算程序及指定管理人。参见广州市中级人民法院民事裁定书，（2005）穗中法民三初字第 146 号。

③ 2012 Sascha Rudolf Seehaus 案，鄂武汉中民商外初字第 00016 号。该案中，武汉市中级人民法院承认了德国法院关于指定外国管理人的裁定，并对该管理人履职的特定方面进行监管。For a discussion of the case，See Béligh Elbalti，"Reciprocity and the Recognition and Enforcement of Foreign Judgments：A Lot of Bark But Not Much Bite" (2017) 13 Journal of Private International Law 184 at 203，fn 102.

④ （2020）闽 72 民初 334 号。

⑤ 新加坡中华环保科技集团有限公司与大拇指环保科技集团（福建）有限公司股东出资纠纷案，最高人民法院民事裁定书，（2005）民四终字第 20 号。该案为人民法院发布的"一带一路"典型案例。

⑥ 中国香港特别行政区高等法院原讼法庭第 15651/1999 号案件（案号 HCA 15651/1999）。关于该案的详细探讨，参见石静霞："Recent Developments in Chinese Cross-Border Insolvencies" International Insolvency Institute。

中“外国主要程序”的效力，其中包括对中国重整程序的各类保护效力予以承认。[1]该案对于中外跨境破产协作的实践发展具有里程碑式的意义。在尖山光电案的5年后，2019年8月8日，美国法院第二次承认了中国重整程序。在该案中，美国纽约南区破产法院承认洛娃科技实业集团有限公司（以下简称洛娃集团）的重整程序为“外国主要程序”。美国法院这一决定使债权人在美对洛娃集团提起的诉讼受到中止。[2] 2019年12月18日，我国香港地区法院在上海华信案中，对内地公司破产清算程序及其内地管理人予以承认，同时授予内地管理人调查资产、保护账簿、阻止资产处置等权力。[3] 2021年9月，香港地区法院对在内地启动的海航集团重整程序予以承认。[4] 该案是香港地区法院首次承认在内地启动的重整程序。另据中国媒体报道，2020年7月，新加坡高等法院裁定承认南京破产法庭审理的江苏舜天船舶发展有限公司破产清算程序为外国主要程序，并对中国管理人的身份予以承认。[5]

十二、统计数据及信息公开

86 中国暂无官方机构负责逐年收集、统计破产案件相关数据。不过，尽管无对破产案件数据定期公开的强制要求，在最高人民法院年度工作报告和法治日报[6]等法律媒体上，部分破产案件数据已向社会公开（见表2）。

表2　2003～2018年破产案件数量

案件（审结）	年度	数量/件	来源
公司清算和破产案件	2018	16,000	最高人民法院工作报告（2019）
破产案件	2017	12,000	最高人民法院工作报告（2018）
破产案件	2016	3373	最高人民法院工作报告（2017）

① 尖山光电公司申请跨境破产协助案在美国的案号为 In Re Zhejiang Topoint Photovoltaic Co., Ltd. Debtors Case No. 14－24549（GMB）Leagle（12 August 2014），https://www.leagle.com/decision/inbco20150512650（accessed 9 July 2019）。Citation for the Chinese case is（2014）Jia Hai Po Zi No. 1－5. 尖山光电破产重整案在中国的相关案号为（2014）嘉海破字第1－5号。

② In re Reward Science and Technology Industry Group Co., Ltd. No. 19－12908（MEW）. 洛娃集团破产重整案在中国的相关案号为（2019）京0105破申20号、21号、22号。

③ 在上海华信国际集团有限公司一案中，本文作者为获得承认的管理人团队成员。

④ Re HNA Group Co. Limited [2021] HKCFI 2897.

⑤《首例！我国破产程序及破产管理人身份获新加坡法院认可》，载南京审判网，2020年11月11日。

⑥《法治日报》创刊于1980年8月1日，是中国订阅人数最多的法律类报纸。

续表

案件(审结)	年度	数量/件	来源
破产案件	2013	1998	最高人民法院工作报告(2014)
破产案件	2012	2100	法制日报
破产案件	2011	2531	法制日报
破产案件	2010	3567	法制日报
破产案件	2009	3573	法制日报
破产案件	2008	3749	法制日报
破产案件	2007	4200	法制日报
破产案件	2006	4755	法制日报
破产案件	2005	3436	法制日报
破产案件	2004	5777	法制日报
破产案件	2003	6795	法制日报

87 根据最高人民法院的统计，自 2007 年《企业破产法》实施以来，2008 年至 2015 年，全国法院新收各类破产案件共 19,551 件，审结包括同一期间旧存案件在内的破产案件 21,995 件。①

88 2016 年以来，在供给侧结构性改革和"清理僵尸企业"工作的推动下，破产案件数量大幅增长。据最高人民法院统计，2016 年，全国共受理企业破产案件 5665 件，较前一年同比上升 53.8%。② 2017 年全国法院新收破产案件数量升至 9542 件，③ 2018 年 1 月至 10 月，新收各类破产案件达到 12,502 件。④

89 全国企业破产重整案件信息网上可以查询到关于重整案件时长的信息。以上

① 中央政府门户网：《破产审判让"僵尸企业"重整再生》，载中央人民政府网，http://www.gov.cn/xinwen/2016-06/22/content_5084258.htm。

② 人民法院报：《最高人民法院通报破产审判工作情况》，载最高人民法院网 2017 年 2 月 25 日，http://www.court.gov.cn/zixunxiangqing-36762.html。

③ 最高人民法院：《最高法召开发布会介绍法院破产审判工作情况》，载最高人民法院网 2018 年 3 月 6 日，http://www.court.gov.cn/zixunxiangqing-83772.html。

④ 《第二届市场化破产论坛在深圳召开》，载人民法院报，http://rmfyb.chinacourt.org/paper/html/2018-10/20/content_144653.htm?div=-1。

市公司重整为例，截至本报告英文版发布之日，共有54家上市公司完成重整。前50家公司重整的平均时长（由重整申请受理之日起至重整程序终止）为148日，其中最快的用时33日，①最慢的用时376日。② 这些上市公司的重整计划执行时间平均为227日，但各公司之间差异较大，其中最短的用时26日，最长的用时超过4年。③

90 在中国，除预重整后进入正式破产程序的案件之外，其他庭外重组数据很少公开。

附：本报告引用的法律法规、规范性文件和政策性文件
Appendix of Legislation, Regulatory Documents and Policy Measures Referred to

1.《上市公司重大资产重组管理办法》，Administrative Measures for the Material Asset Restructurings of Listed Companies（2014年10月23日发布，2014年11月23日生效，最近一次修改于2020年3月20日）。

2.《上海市高级人民法院企业破产案件管理人管理办法》，Administrative Measures of the Shanghai High People's Court for Enterprise Bankruptcy Case Administrators［沪高法（审）〔2014〕8号，2014年9月19日发布］。

3.《关于内地与香港特别行政区法院相互认可和执行民商事案件判决的安排》，Arrangement on Reciprocal Recognition and Enforcement of Judgments in Civil and Commercial Matters by the Courts of the Mainland and of the Hong Kong Special Administrative Region（2019年1月18日发布，尚未生效）。

4.《内地与澳门特别行政区关于相互认可和执行民商事判决的安排》，Arrangements Between Mainland China and the Macao Special Administrative Region on Mutual Recognition and Enforcement of Civil and Commercial Judgments（2006年3月21日发布，2006年4月1日生效）。

5.《中华人民共和国民法典》，Civil Code of the People's Republic of China（2020年5月28日颁布，2021年1月1日生效）。

---

① 广西慧球科技股份有限公司（原名广西北生药业股份有限公司）案。

② 深圳中华自行车（集团）股份有限公司破产重整案。

③ 西安宏盛科技发展股份有限公司破产重整案。

6.《中华人民共和国和意大利共和国关于民事司法协助的条约》,Civil Judicial Assistance between the People's Republic of China and the Republic of Italy(1991 年 5 月 20 日签署,自 1995 年 1 月 1 日起生效)。

7.《中华人民共和国民事诉讼法》,Civil Procedure Law of the People's Republic of China(1991 年 4 月 9 日颁布,最近一次修改于 2021 年 12 月 24 日)。

8.《中华人民共和国公司法》,Company Law of the People's Republic of China (2005 年 10 月 27 日修订通过,2006 年 1 月 1 日生效, 最近一次修改于 2018 年 10 月 26 日)。

9.《中华人民共和国宪法》,Constitution of the People's Republic of China(1982 年 12 月 4 日颁布生效,最近一次修改于 2018 年 3 月 11 日)。

10.《海峡两岸共同打击犯罪及司法互助协议》,Cross-Straits Joint Crime-fighting and Judicial Mutual Assistance Agreement(2009 年 4 月 26 日签署)。

11.《中华人民共和国企业破产法》,Enterprise Bankruptcy Law of the People's Republic of China(2006 年 8 月 27 日颁布,2007 年 6 月 1 日生效)。

12.《上海法院企业破产案件管理人工作职责指引》,Guidelines of Shanghai Courts for the Duties of Enterprise Bankruptcy Case Administrations(2014 年 8 月 25 日发布)。

13.《浙江法院个人债务集中清理(类个人破产)工作指引(试行)》,Guidelines for Concentrated Clearing of Personal Debts (Quasi Personal Bankruptcy) of Zhejiang Courts (for Trial Implementation)(2020 年 12 月 2 日发布)。

14.《中国人民银行、中国银行保险监督管理委员会、中国证券监督管理委员会关于完善系统重要性金融机构监管的指导意见》,Guiding Opinions of the People's Bank of China,the China Banking and Insurance Regulatory Commission and the China Securities Regulatory Commission on Improving the Regulation of Systemically Important Financial Institutions(银发〔2018〕301 号,2018 年 11 月 26 日发布)。

15.《不动产登记暂行条例》,Interim Regulations on the Registration of Immovable Property(国务院令第 656 号,2014 年 11 月 24 日发布,2015 年 3 月 1 日生效,2019 年 3 月 24 日修订)。

16.《中华人民共和国商业银行法》,Law of the People's Republic of China on Commercial Banks(1995 年 5 月 10 日颁布,1995 年 7 月 1 日生效,2015 年 8 月 29 日最近一次修正)。

17.《中华人民共和国银行业监督管理法》,Law of the People's Republic of China on the Supervision and Administration of the Banking Industry(2003 年 12 月 27 日颁布,2004 年 2 月 1 日生效,2006 年 10 月 31 日修正)。

18.《中华人民共和国立法法》,Legislation Law of the People's Republic of China(2000 年 3 月 15 日颁布,2000 年 7 月 1 日生效,2015 年 3 月 15 日修正)。

19.《上海证券交易所股票上市规则》,Listing Rules of Shanghai Stock Exchange(2020 年 12 月 31 日修订,2022 年 1 月 7 日重新修订发布)。

20.《深圳证券交易所股票上市规则》,Listing Rules of Shenzhen Stock Exchange(2020 年 12 月 31 日修订,2022 年 1 月 7 日重新修订发布)。

21.《动产抵押登记办法》,Measures for the Registration of Moveable Property(2007 年 10 月 12 日发布生效,最近一次修改于 2019 年 3 月 18 日,现已失效)。

22.《动产和权利担保统一登记办法》,Measures for Unified Registration of Security over Moveable property and Rights(2021 年 12 月 28 日发布,2022 年 2 月 1 日生效)。

23.《著作权质权登记办法》,Measures for the Registration of the Pledge of Copyrights (2010 年 11 月 25 日发布,2011 年 1 月 1 日生效)。

24.《专利权质押登记办法》,Measures for the Registration of the Pledge of Patents(2010 年 8 月 26 日发布,2010 年 10 月 1 日生效,已失效,现行有效的为国家知识产权局于 2021 年 11 月 15 日发布的《专利权质押登记办法》)。

25.《工商行政管理机关股权出质登记办法》,Measures of Administrations for Industry and Commerce for the Registration of the Pledge of Shares(2008 年 9 月 1 日发布,2008 年 10 月 1 日生效,2016 年 4 月 29 日修订,现已被修改)。

26.《深圳市中级人民法院破产案件管理人援助资金管理和使用办法》,Measures of the Shenzhen Intermediate People's Court for the Management and Use of the Administrator Assistance Fund(2013 年 7 月 18 日通过,2015 年 3 月 12 日修订)。

27.《全国法院破产审判工作会议纪要》,Minutes of the National Court Work Conference on Bankruptcy Trials(2018 年 3 月 4 日发布)。

28.《国家税务总局关于实施进一步支持和服务民营经济发展若干措施的通知》,Notice of the State Administration of Taxation on Implementing Several Measures to Further Support and Serve the Development of the Private Economic Sector(2018 年 11 月 16 日发布)。

29.《最高人民法院关于正确审理企业破产案件为维护市场经济秩序提供司法保障若干问题的意见》,Opinions of the Supreme People's Court on Several Issues on Correctly Hearing Enterprise Bankruptcy Cases to Provide Judicial Safeguards for Maintaining the Order of the Market Economy(2009 年 6 月 12 日发布)。

30.《最高人民法院关于开展认可和协助香港特别行政区破产程序试点工作的意见》,Opinions of the Supreme People's Court on the Pilot Work of Recognising and Assisting Bankruptcy Proceedings in the Hong Kong Special Administrative Region(2021 年 5 月 11 日公布)。

31.《深圳经济特区个人破产条例》,Personal Bankruptcy Regulations of the Shenzhen Special Economic Zone(2020 年 8 月 31 日颁布,2021 年 3 月 1 日实施)。

32.《注册商标专用权质押登记程序规定》,Provisions on the Registration Procedures for the Pledge over the Right to Exclusive Use of Trademarks(2020 年 4 月 22 日发布,2020 年 5 月 1 日生效)。

33.《最高人民法院关于审理企业破产案件指定管理人的规定》,Provisions of the Supreme People's Court on Appointing Administrators for Enterprise Bankruptcy Cases(法释〔2007〕8 号,2007 年 4 月 12 日发布,2007 年 6 月 1 日生效)。

34.《最高人民法院关于审理企业破产案件确定管理人报酬的规定》,Provisions of the Supreme People's Court on Determining the Remuneration of Administrators in Hearing Enterprise Bankruptcy Cases(法释〔2007〕9 号,2007 年 4 月 12 日,2007 年 6 月 1 日生效)。

35.《最高人民法院关于司法解释工作的规定》,Provisions of the Supreme People's Court on Judicial Interpretations(2007 年 3 月 9 日发布,2007 年 4 月 1 日生效,最近一次修改于 2021 年 6 月 9 日)。

36.《最高人民法院关于适用〈中华人民共和国企业破产法〉若干问题的规定(一)》,Provisions (I) of the Supreme People's Court on Several Issues concerning the Application of the Enterprise Bankruptcy Law of the People's Republic of China(法释〔2011〕22 号,2011 年 9 月 9 日发布,2011 年 9 月 26 日生效)。

37.《最高人民法院关于适用〈中华人民共和国企业破产法〉若干问题的规定(二)》,Provisions (II) of the Supreme People's Court on Several Issues concerning the Application of the Enterprise Bankruptcy Law of the People's Republic of China(法释〔2013〕22 号,2013 年 9 月 5 日发布,2013 年 9 月 16 日生效,2020 年 12 月 29 日修正)。

38.《最高人民法院关于适用〈中华人民共和国企业破产法〉若干问题的规定（三）》,Provisions（III）of the Supreme People's Court on Several Issues concerning the Application of the Enterprise Bankruptcy Law of the People's Republic of China（法释〔2019〕3号,2019年3月27日发布,2019年3月28日生效,2020年12月29日修正）。

39.《最高人民法院关于审理企业破产案件若干问题的规定》,Provisions of the Supreme People's Court on Several Issues concerning the Hearing of Enterprise Bankruptcy Cases（2002年7月30日发布,2002年9月1日生效）。

40.《最高人民法院和香港特别行政区政府关于内地与香港特别行政区法院相互认可和协助破产程序的会谈纪要》,Record of Meeting of the Supreme People's Court and the Government of the Hong Kong Special Administrative Region on Mutual Recognition of and Assistance to Bankruptcy（Insolvency）Proceedings between the Courts of the Mainland and of the Hong Kong Special Administrative Region（2021年5月14日发布）。

41.《加快完善市场主体退出制度改革方案》,Reform Plan for Accelerating Improvements of the Exit System for Market Players（2019年6月22日发布）。

42.《中国人民银行征信中心动产融资统一登记公示系统操作规则》,Registration Guidelines of the Moveable Property Financing Uniform Registration and Disclosure System of the Credit Reference Center of the People's Bank of China（2019年4月28日修订并生效）。

43.《上海法院企业破产案件管理人信息披露规则（试行）》,Rules of Shanghai Courts on Information Disclosure by Bankruptcy Case Administrators（for Trial Implementation）（2018年11月15日发布）。

44.《中华人民共和国证券法》,Securities Law of the People's Republic of China（1999年7月1日生效,最近一次修改于2019年12月28日）。

45.《最高人民法院关于民事诉讼证据的若干规定》,Several Provisions of the Supreme People's Court on Evidence in Civil Litigation（2001年12月21日发布,2002年4月1日生效,最近一次修正于2019年12月25日）。

46.《中共上海市委上海市人民政府关于全面提升民营经济活力大力促进民营经济健康发展的若干意见》,Several Opinions of the Shanghai Party Committee of the Communist Party of China and the Shanghai Municipal People's Government on

Comprehensively Enhancing the Vitality, and Vigorously Promoting the Healthy Development, of the Private Sector of the Economy(沪委发〔2018〕27 号,2018 年 11 月 4 日发布)。

47.《关于审理上市公司破产重整案件工作座谈会纪要》, Summary of Minutes of the Symposium on the Trial of Cases concerning Bankruptcy Reorganization of Listed Companies(法〔2012〕261 号,2012 年 10 月 29 日发布)。

48.《中华人民共和国和法兰西共和国关于民事、商事司法协助的协定》, Treaty between the People's Republic of China and the Republic of France on Judicial Assistance in Civil and Commercial Matters (1987 年 5 月 4 日签署)。

49.《最高人民法院关于在中级人民法院设立清算与破产审判庭的工作方案》, Work Plan of the Supreme People's Court for Establishing Liquidation and Bankruptcy Chambers within Intermediate People's Courts(法〔2016〕209 号,2016 年 6 月 21 日发布)。

中国香港特别行政区制度报告

Tom Pugh Partner, Mayer Brown

一、概述

(一)背景概览

1 1997年7月1日,中国对香港恢复行使主权,建立香港特别行政区。1990年4月4日,全国人民代表大会表决通过了宪制性法律文件——《中华人民共和国香港特别行政区基本法》①,该法规定在50年内对香港实行"一国两制"制度,同时,支撑香港成为国际金融和商业中心的现有政治、社会、商业以及法律制度也能够继续保留。

2 香港的法律制度以英国普通法和衡平法为基础,遵循法治和司法独立等原则,可以为自由贸易经济体系有效运转提供支撑,并对政府干预进行必要限制。

3 香港的破产法律制度建立于英国《1948年公司法》②规则之上。香港虽未经历英国破产法现代化的过程,也缺少如新加坡破产交易的商业化发展过程,但凭借其既有的现代化法律方法,配合灵活、务实的具体举措,香港逐步发展完善了其破产与重组法律制度,为国际信贷商业银行、雷曼兄弟等大型全球性企业的困境处理提供了行之有效的破产与重组机制。

4 香港证券交易所(以下简称港交所)是全球最大的证券交易所之一。港交所大部分上市公司都在内地持有资产并经营业务。

5 香港不仅是中国内地企业主要的离岸融资中心,还发挥着联系内地市场的重要"枢纽"作用。截至2018年年底,在香港上市的内地公司共计1146个,相关市值合

① Basic Law of the Hong Kong Special Administrative Region of the People's Republic of China (enacted 1 July 1997).

② C 38.

计约2.6万亿美元,占资本市场总值的68%。[①] 在这一背景下,香港破产法律制度的基础需求场景自然为:处置和应对在加勒比(离岸)地区注册成立、在香港上市融资而主要资产在内地的企业集团的经营失败问题。

香港一直以"债务偿还安排"(scheme of arrangement)作为其主要债务重组工具。但因缺少类似"管理(administration)程序""司法管理(judicial management)程序"的法定拯救程序,困境企业在香港进行重组时,一般需将债务偿还安排与法定清盘程序结合起来,以获得中止债权行使的法律效力。香港企业的重组活动往往涉及清盘和执行程序,这些程序自然也成为重组谈判中的重要考量。所以本报告在探讨重组制度时也会一并介绍香港的清盘程序。 6

1. 企业形式

境外企业常以下列企业组织形式在香港经营业务: 7

(1)注册成立公司;

(2)设立分支机构(branch office);

(3)设立公司代表机构(representative office)。

在香港,各类金融机构等在特定业务领域经营的企业,未经相关监管机构事前专门许可或以其他方式作出同意,不得自行在香港开展业务。 8

根据《2018年公司(修订)条例》的要求,香港注册公司必须披露并登记[②]对公司具有重大控制权的人(其中包括直接或间接持有超过25%股权或表决权的自然人,或者可对公司施加重大影响或进行控制的自然人)[③]。虽然关于上述人员的登记信息无须提交至公司注册处的公共记录中,但必须根据执法人员的要求提供。[④] 9

相较而言,境外公司更倾向于在香港成立"子公司"而非"分公司",主要原因在于,子公司是完全独立于母公司的法人实体。母公司一般无须对子公司债务负责,除非母公司提供了保证或其他形式的担保。 10

根据香港特区法律规定,境外企业在香港设立的分支机构或代表机构不具有独立的法律人格,实质上与企业自身并无区别。 11

---

① *Economic and Trade Information on Hong Kong*, Hong Kong Trade Development Council (28 November 2019) <www.hktdc.com/Research> (accessed 7 January 2020).

② Companies Ordinance (Cap 622) Subdivision 2 (653H) of Division 2A, s.4.

③ Companies Ordinance (Cap 622) Schedule 5A (Part 1), s.6.

④ Companies Ordinance (Cap 622) Subdivision 5 (653W) of Division 2A, s.4.

12 香港相对少见的企业类型还包括独资企业、合伙和有限合伙。独资企业、合伙企业并非独立的法人实体，其债务和责任均归属于独资企业的所有者或者合伙人个人。合伙人必须对合伙企业的全部债务负责，相应地，合伙企业财产、权利也归属于全体合伙人。

13 合伙企业一般以书面合伙协议为基础。《合伙条例》[①]规定了适用于合伙的法律规则和合伙人权利和义务[②]，包括无书面合伙协议时需适用的规则。在香港，成立个人独资企业、合伙企业的唯一的程序性步骤就是取得“商业登记证”(business registration certificate)。

14 有限合伙企业的合伙人中必须包括一个或多个普通合伙人，由普通合伙人负责合伙企业的日常管理，并对合伙的全部债务和责任承担无限责任，同时，有限合伙中还应包括一个或多个有限合伙人。有限合伙人以其出资额为限，对债务或其他责任承担有限责任。但作为获得有限责任制度保护的前提，有限合伙人不得管理或控制有限合伙企业，也无权作为有限合伙企业的代理人。

2. 整体发展趋势

15 总体而言，在缺少法定拯救型程序(如英国管理程序)的情况下，香港对困境企业采取了“债权人友好型”处置模式。随着香港信用工具的不断丰富，香港对债务与经营困境的处理方式也持续呈现由“清盘”转向“再融资”(refinancing)的整体趋势。香港破产管理署[③]公布的数据显示，尽管在2009年，因全球性金融危机，香港的强制清盘申请数小幅增长，但总体上申请数和颁发法令数仍呈下降趋势。以2003年为例，该年强制清盘申请总数为1451件，其中1248件获准进入清盘程序，而2018年全年的强制清盘申请数仅为367件，其中255件获准进入清盘程序。

16 债务偿还安排一直以来是香港重要的债务重组工具，未来也将继续如此。[④] 同时，由于港交所许多上市公司都在离岸地区注册成立，香港和离岸司法管辖区平行实施债务偿还安排的情形已越发常见。

17 近几年，亚洲地区对美国《破产法》第11章[⑤]重整程序的关注与日俱增，债务人

---

① Cap 38.

② 《合伙条例》(第38章)第7、8、11条规定了合伙人的权利和义务。

③ Official Receiver's Office, The Government of the Hong Kong Special Administrative Region < www.oro.gov.hk/cgi-bin/oro/stat.cgi > (accessed 7 January 2020).

④ 参见本报告第二部分。

⑤ 11 USC.

自行管理模式结合所谓的“全球性中止效力”,对于以家族方式管理经营的亚洲大型企业债务人极具吸引力,但相关重整费用可能仍令人望而却步。另外,根据美国破产法院采用的管辖规则,债务人不论是否在美国实际经营,或者是否有美国债权人,均可能受到美国破产法院的管辖。这种相对宽松的管辖规则虽然进一步提升了对债务人的吸引力,但也加深了出借资金方的顾虑。①

(二)重组与破产法律制度概述

香港已经建立起成熟的市场经济制度以及可靠、独立的司法体系,因此,破产法和依托司法判例形成的法律原则,被视为香港市场经济的必要保障。 18

我国香港地区的破产法律制度以英国和威尔士在《1986年破产条例》颁布前的破产法为蓝本,②目前没有专门的法定“破产前”机制,以避免债务人进入正式破产程序,或者帮助困境债务人在启动破产程序前实现“软着陆”。 19

《公司(清盘及杂项条文)条例》③(以下简称《清盘条例》)及其附属法例,规定了香港公司和在香港注册的境外公司的清盘规则。后香港又通过《2016年公司(清盘及杂项条文)(修订)条例》(以下简称《清盘修订条例》)对《清盘条例》的有关内容进行了修订,相关修订已于2017年2月13日生效。 20

香港个人破产法的规则主要规定于《破产条例》④之中。此外,如果《清盘条例》明文规定需参照适用《破产条例》,则《破产条例》的部分规定也适用于企业破产事务,主要涉及债权申报⑤、破产抵销⑥等。除此之外,有关重整和破产的法律法规还 21

---

① 美国《破产法》第109条(a)项规定了在美国启动破产程序的基本要求:“不论本条其他规定,只有居住在美国或在美国拥有住所地、营业地或财产的主体才可作为本条规定下的债务人。”为满足“拥有财产”要求,最为常见的做法便是在美国的银行开立账户,或者代表债务人及其关联方支付聘请美国律所的定金。See TMT Procurement Corporation, et al., US Bankruptcy Court Southern District of Texas, Case No. 13-33763 (Jointly Administered) and In re: China Fishery Group Limited (Cayman), et al., US Bankruptcy Court Southern District of New York, Case No. 16-11895 (Jointly Administered).

② 除了《香港特别行政区基本法》(1997年7月1日施行)附件中列明的国防、外交等相关法律,内地的全国性法律一般不适用于香港。

③ Cap 32.

④ Cap 6.

⑤ Bankruptcy Ordinance (Cap 6) s. 34.

⑥ Bankruptcy Ordinance (Cap 6) s. 35.

包括(1)《公司条例》[①];(2)《公司(清盘)规则》[②];(3)《破产规则》[③];(4)《物业转易及财产条例》[④];(5)《业务转让(债权人保障)条例》[⑤]。

22 特定受监管行业的主体,还需额外适用、遵守其他专门性法律规定。[⑥]

23 由于我国香港地区破产法缺少法定的破产重整程序,因此,香港困境企业无法以美国《破产法》第11章重整程序或英国和威尔士破产法管理程序允许的方式继续交易。这一制度局限性自1995年香港首次提出引入“临时监管”(provisional supervision)程序时即引发了热烈讨论。2013年4月,香港特区政府重新启动关于“临时监管”规则的公众咨询。[⑦] 2014年,香港公布“一揽子”立法提案,据称得到了立法会财经事务委员会和其他利益相关方的广泛支持。香港财经事务与库务局曾对外声称已制定起草说明,计划于2020年下半年将相关法案提交至立法会。[⑧]

24 香港企业的重组方式主要有债务偿还安排、“临时清盘”(provisional liquidation)程序。虽然困境企业可单独或组合适用上述程序,但这一替代方案缺少其他国家法定企业拯救制度所具有的确定性,例如,债务偿还安排并无中止债权行使的效力;而在企业拯救之需求十分迫切时,为委任临时清盘人而证明公司资产正遭受风险也绝非易事。因此,香港一直试图强化破产立法以提高债务回收的确定性。不过,即使在现有规则下,债务偿还安排也较具实践活力,并在债务重组等方面被证明有效。

25 因此,除适用正式清盘和临时清盘程序之外,香港公司还往往根据《公司条例》第670、673条和第674条的规定,尝试通过债务偿还安排以重组债务。未破产的公司,或者事实上不可能进入正式破产程序的公司,也可以把债务偿还安排作为独立的

---

① Cap 622.

② Cap 32H.

③ Cap 6A.

④ Cap 219.

⑤ Cap 49.

⑥ 例如,经香港金融管理局依据《银行业条例》(Cap 155)授权而成为认可机构的银行;获证券及期货事务监察委员会许可而可从事《证券及期货条例》(Cap 571)规定的“一类受监管活动”(Type 1 regulated activity,即交易证券)的证券交易员;获保险业监管局依据《保险业条例》(Cap 41)授权的保险公司。

⑦ Financial Services and the Treasury Bureau, Improvement of Corporate Insolvency Law Legislative Proposals-Consultation Document (April 2013).

⑧ *Complete list of Reports Tabulated According to Implementation Status* Law Reform Commission of Hong Kong, < https://www. hkreform. gov. hk/en/ implementation/#c > (accessed 20 January 2020).

程序，用于重组债务。但当公司已经出现财务困难且面临债权人诉讼风险时，也可适用正式清盘或临时清盘程序，以此方式寻求法定中止效力的保护。因此，尽管将个案中债务人的复杂情形套入既定“公式”具有挑战性，但在实践中成功也属常态。

香港法规定，如果公司面临资产减损的现实风险，则公司或债权人可以申请指定临时清盘人（provisional liquidator）。[①] 临时清盘人的主要职责为：在法院颁布清盘令（清盘程序开始）至正式指定清盘人的期间，维持公司的资产和经营现状。 26

临时清盘人自获指定开始即应全面接管公司的财产和经营事务，[②]这是为了在时间紧迫的情况下保护好公司的资产安全，直至正式清盘程序启动；同时，临时清盘人一经指定，未经法院准许，所有针对公司的诉讼或其他法律程序均不得启动，[③]这可为困境公司提供一定“喘息空间”。 27

临时清盘人可借助这一中止效力的保护，与债权人共同推动并达成重组。临时清盘程序的首要目标一般为保护公司资产[④]，而在保护公司资产的首要目标下，虽然不可能仅基于公司拯救的目标而指定临时清盘人，但在公司资产能获保全后，临时清盘人可得到进一步的授权以实施公司拯救。[⑤] 28

在香港，公司的上市地位被认为是一种资产，[⑥]有时甚至是可有效推动公司重组、实现债务回收的主要资产。因此，使用临时清盘程序进行债务重组时，经常会涉及上市公司恢复股票交易的问题，在此情形下，投资人一般愿意注入资金或在适当情形中投入资产以获得公司股票，当然，股票交易能否恢复仍取决于监管方的批准和确认。[⑦] 29

对于在香港之外注册成立的公司，能否在注册成立地指定临时清盘人并进行企业重组取决于当地的法律。但境外公司在其注册成立地指定了临时清盘人的，该临时清盘人往往希望获得香港的承认，临时清盘人可以从作指定的境外法院获取“请求书”（letter of request）并向香港法院请求承认其清盘人身份，并基于普通法原则授 30

---

① Re Plus Holdings Ltd. [2007] 2 HKLRD 725.

② Companies (Winding-Up and Miscellaneous Provisions) Ordinance (Cap 32) s. 197.

③ Companies (Winding-Up and Miscellaneous Provisions) Ordinance (Cap 32) s. 186.

④ Re Legend International Resorts [2006] 2 HKLRD 192; Re Plus Holdings Ltd. [2007] 2 HKLRD 725.

⑤ China Solar Energy Holdings Ltd. [2018] HKCFI 555.

⑥ China Solar Energy Holdings Ltd. [2018] HKCFI 555 at [39(5)].

⑦ See Z-Obee Holdings Limited [2018] 1 HKLRD 165.

权其行使职权。①

1. 替代性争议解决方式(ADR)

31 香港并未特别强调在破产时需以仲裁或调解方式解决争议。相较而言,在并非因为破产或无力清偿到期债务,而且因为股东间争议或其他商事纠纷导致公司面临清盘危险时,调解或仲裁的作用可能更加凸显。②

2. 英国普通法的适用

32 我国香港地区在 1997 年 7 月 1 日之前即已通过《英国法律应用条例》③第 3 条第(1)款引入了英国普通法和衡平法规则。

33 根据《基本法》第 160 条的规定,香港采纳了 1997 年 6 月 30 日前已生效实施的法律,但对《英国法律应用条例》等法律予以排除适用。不过,尽管《英国法律应用条例》现已失效,但香港法院目前仍区分不同情形而对英国判例予以参照:(1)根据《香港回归条例》④第 7 条的规定,1997 年 7 月 1 日前已作出的英国判例已被采纳为香港适用的普通法规则,属于对香港法院有约束力的判例;(2)在 1997 年 7 月 1 日后英国作出的判例,虽不对香港法院具有约束力,但鉴于香港法与英国法存在诸多相似性,这些判例仍属于有说服力的判例。⑤

34 此外,《基本法》第 84 条还规定,香港法院可以参照适用其他普通法司法管辖区的判例,香港终审法院和香港司法机构还有权邀请其他普通法司法管辖区的法官参与香港司法程序。

(三)担保制度

35 香港法规定了四类基于合意产生的担保方式:

(1)“按揭”(mortgage),分为法定按揭和衡平按揭,这类担保方式需将担保财产所有权或“衡平法下的所有者权益”(equitable proprietary interest)转移至债权人,但债务人一般仍可继续占财产并享有衡平法上的赎回权。

---

① Joint Official Liquidators of A Co. v. B Co. [2014] 4 HKLRD 374.

② 2011 年 6 月,《仲裁条例》(Cap 609)生效施行,该条例在《联合国国际贸易法委员会国际商事仲裁示范法》的基础上对香港境内和国际的仲裁规则进行了统一。一年后,《调解条例》(Cap 620)颁布并于 2013 年 1 月 1 日正式施行。《调解条例》为香港的调解程序提供了正式法律框架,旨在促进、鼓励和助力调解解纷机制的发展,同时进一步确保调解保密性。

③ Cap 88.

④ Instrument A601.

⑤ Hong Kong Reunification Ordinance (Instrument A601) s. 6.

(2)“押记”(charge),包括固定押记和浮动押记,这类担保方式无须转移对财产的占有或者法定、“受益性”(beneficial)的所有权,但需以担保财产上的衡平法权益为债权人提供担保,债权人有权为获得清偿而对该担保财产进行变价,而已设押记的财产一般可由债务人继续占有。

(3)“质押”(pledge),该类担保以保留财产作为其担保方式,相关财产应可通过转移占有方式转让,而质权人有权在债务人违约时出售质押物。

(4)“特殊担保”(lien,或称“优先权”),具体包括允许债权人占有债务人财产直到债权受偿的普通法权利;“合同担保”(contractual liens),总体上与质押相似,但债权人原先占有财产并非基于担保目的(特别是在附有债权人出售权时);“衡平担保”(equitable liens),这类担保优先权依据法律生效,既无须正式协议,也无须转移占有。

担保权生效还需满足一定形式要件(具体形式要件根据担保类型而有所不同)。 36
以登记为例,一项押记应进行登记而未登记的,尽管在担保方之间仍属有效,但无法对抗清盘人和公司债权人。但需注意,这一登记要求不适用于未在香港注册的境外公司,无论该公司是否在香港设有营业地点。此外,在新《公司条例》颁布实施后,押记的登记期限被缩短至1个月,而押记的完整登记文件也应建档并公开。① 此外,如果担保涉及土地,还需遵守额外的法律规定。

债权人持有固定押记的,将在公司清盘财产的分配中享有第一顺位。② 而在担 37
保权实现后债权仍无法足额受偿的,担保债权人有权继续要求将未受偿的部分作为无担保债权受偿。

债权人(通常为银行)如果在公司的营业和资产上设置有固定押记或者持有 38
“浮动押记债券”(floating charge debenture),一般会以委任“接管人”(receiver)的方式执行其债权。虽然委任接管人可以在清盘程序之外进行,但“接管程序”(receivership)通常也是债务人破产的先兆。此外,如果公司在清盘前12个月内为无关联的第三方设立浮动押记,或者在清盘前的2年内为公司关联方设立浮动押记,该押记的效力可能会受到公司清盘人的起诉挑战,但押记使公司受益的除外。③

至于法定按揭权的实现,相较于出售方式,“丧失抵押物赎回权”(foreclosure,以 39

① Companies Ordinance (Cap 622) ss. 335,336 and 338 -340.

② Companies (Winding-Up and Miscellaneous Provisions) Ordinance (Cap 32) s. 265 (1).

③ Companies (Winding-Up and Miscellaneous Provisions) Ordinance (Cap 32) ss. 267 and 267A.

下简称止赎权)是另一种不同的法定救济。止赎权将使按揭人丧失通过全额清偿债务来赎回担保财产的权利,也即消灭衡平法上的赎回权。一旦法院批准止赎权行使,按揭权人将成为担保财产在普通法、衡平法上的完全所有人,有权自由出售财产,而无须受制于赎回权等按揭人享有的权利。[①]

40 此外,对于出售回购、售后回租、分期付款买卖、应收账款融资等各类型商业交易,法院将会根据交易的经济效果和在特定情形下财产权属转让目的等因素,判断一项交易是否类似于设定担保,进而决定是否将财产转让重新定性为担保性行为。

41 尽管香港相关判例有限,但香港法院大概率还是会遵循英国法院对上述交易性质问题的分析。[②] 如在 Secretary for Justice v. Global Merchant Funding Ltd. [③]一案中,香港终审法院就曾确认,其将遵循英国法院在应收账款融资交易类案件中的分析。

42 在交易中,债权人除了设置各类担保,还可以约定所有权保留条款,也称"罗马尔帕条款"(*Romalpa* clause),以担保债务的履行。供货合同通常会设置这类条款,债权人可据此保留货物所有权,直到债务人全额偿付货款和其他应付款项。但是,直接约定出售货物所得之归属的条款可能被视作浮动押记,未经登记,一旦债务人进入清盘程序,该条款一般被视为无效。[④] 但在实践中,依据罗马尔帕条款对出售所得主张权利的,鲜少成功。

(四)抵销

43 根据《清盘条例》第 264 条的规定,破产程序开始后,公司应当遵守《破产条例》第 35 条[该条经《1996 年银行业(修订)条例》修改]关于破产抵销的规定。

44 《破产条例》第 35 条规定的破产抵销,是强制、自动、自行进行的,不可通过协议

---

① 例如,在 Traffic Stream (BVI) Infrastructure Ltd. v. The JP Morgan Chase Bank [2005] HKEC 791; [2005] HKCFI 231 一案中,Reyes 法官指出(判决第 41、42 段):止赎权消灭了赎回权(equity of redemption),银行(如果愿意),可以申请法院作出止赎令,止赎的结果将是银行有权获得相关股份或资产出售的全部收益,而无须再向 Traffic Stream BVI 公司负责,因为后者的赎回权已经消灭。但是,止赎权并非银行行使按揭权的必要手段,止赎权只是消除了银行就行权所得对 Traffic Stream BVI 公司负有的义务。在目前实践中,止赎程序已很少启用,因为该程序不但耗费时间和金钱,而且程序将由法院主导而非按揭权人控制;法院可以重新审理止赎令;按揭权人一般会因此失去主张债权的权利。

② See for example, Re George Inglefield Ltd. [1933] Ch 1 & Welsh Development Agency v. Export Finance Co. Ltd. [1992] BCLC 148.

③ [2015] 2 HKLRD 843.

④ Companies Ordinance (Cap 622) s.337.

约定排除。[①] 法院颁布清盘令之日即为债权债务抵销之日,[②]即便是“未结算”的债权也属于破产抵销的适用范围。

合同约定的抵销一般有效,只要约定实现的效果未违反《破产条例》第35条的规定效果。 45

根据《破产条例》第35条的规定,强制抵销的适用条件为,债务人在破产之日与相对方相互负有债务。一般而言,这一“相互性”要求意味着,抵销应当在互享同类权利的相对方之间进行,且相对方须在协议和协议项下的每项交易中以个人名义承担义务、独立享有权利;此外,如果相对方向债务人授信时已知道对债务人的清盘申请的,不能抵销。[③] 46

根据普通法,银行一般还有权行使“银行抵销权”(banker's set-off),也被称为合并账户权(right to combine accounts)。具体是指,当债务人在银行开立有数个账户,其中至少1个账户负债、1个账户有余额时,则银行可行使抵销权。银行可以自动执行这一救济,无须履行其他手续。 47

二、企业拯救:庭外与庭内(治理与监督)

(一) 主要框架

在香港,庭外重组一般以债务人、债权人协商并达成协议的方式进行,如前所述,重组活动有时还会结合使用债务偿还安排程序,尽管债务偿还安排机制会涉及法院程序和监督。 48

1. 企业困境的处理方法

债务人对银行负有债务的,除可根据《清盘条例》《公司条例》进行重组之外,还可依据《香港企业财务困难处理守则》[④](以下简称《处理守则》)处理其债务困境。《处理守则》规定了银行债权人参与企业庭外重组活动时适用的原则。 49

尽管《处理守则》并非法律,但理论上各银行会遵循《处理守则》的规定,高效快捷地开展合作,达成重组方案,并在无法达成重组时,接受监管机构的审查监督。但 50

---

① National Westminster Bank Ltd. v. Halesowen Presswork & Assemblies Ltd. [1972] AC 785.

② MS Fashions Ltd. v. BCCI SA [1993] Ch 425; In re First Bangkok City Finance Ltd. [1993] 2 HKLR 408.

③ Bankruptcy Ordinance (Cap 6) s. 35.

④ 该文件由香港金融管理局与香港银行公会联合发布,参见 https://www.hkma.gov.hk/media/eng/publication-and-research/quarterly-bulletin/qb9911/fa03.pdf,2020年1月7日访问。

是,由于《处理守则》仅适用于银行债权人,因此,在债务人、银行努力协商重组方案期间,债券持有人、对冲基金债权人、职工债权人、贸易债权人等主体只能继续推进对债务人的执行程序。

2. 债务偿还安排

51 债务偿还安排是正式法律程序,根据《公司条例》第13部第2分部的规定进行。

52 债务偿还安排计划(以下简称安排计划)是指由公司与股东和/或债权人(或某组债权人)达成的具有约束力的债务安排或和解计划。在债务偿还安排制度中,即使少数股东、债权人提出异议,也可依法达成对全体股东、债权人(或某组债权人)均具约束力的安排或和解计划。

53 安排计划的内容具有一定灵活性。立法并未对安排计划的条款设置作出规定,但相关计划需由债权人表决通过并经法院批准。

54 完成债务偿还安排程序须至少经过两次法庭听证,①安排计划的表决通过则需经出席会议并投票的债权人过半数同意,且其所代表的债权额占出席并投票的债权人债权总额的75%以上。②

55 香港法院有权管辖并批准香港公司、在香港注册的境外公司、"非注册公司"的安排计划。但前述公司须至少与香港具备"充分联系",香港法院才可对其行使管辖权。

56 关于批准境外公司安排计划的问题,《公司条例》规定,对于"根据《清盘条例》可被清盘的(liable to be wound up)公司"的安排计划,香港法院可以批准。③ 这一表述的模糊之处在于:是否只要境外公司满足《清盘条例》第327条规定的标准和三个核心要求,法院就可对其安排计划予以批准④? 还是说"可清盘"是指不但该公司需满足《清盘条例》第327条规定和三个核心要求,而且香港法院还需对该公司清盘享有管辖权?

57 英国法院认为,对债务偿还安排进行管辖并不以法院已满足清盘管辖权的相关要件为前提。⑤ 这一观点赋予了法院在批准境外公司的安排计划方面广泛的管辖权:法院只要未来可能对相关境外公司具有清盘管辖权,便有权批准该公司的安排

---

① Companies Ordinance (Cap 622) ss. 670 and 673.

② Companies Ordinance (Cap 622) s. 674.

③ Companies Ordinance (Cap 622) s. 668(1).

④ 参见第十二部分清盘背景下对三项核心要求的讨论。

⑤ Re Drax Holdings Ltd. [2004] 1 WLR 1049.

计划。

而至于香港是否采纳了英国判例这一观点,目前存在争议。① 根据法律条文本身"平实而自然"(plain and natural)的意思,《公司条例》第673条适用于在向法院申请批准安排计划之时已符合清盘条件的公司,而根据《公司条例》第668条第1款以及第673条的字面意思,香港法院对安排计划的管辖权是与清盘管辖权挂钩的,同时,也缺少超出字面意思去理解该条规定的合理理由。此外,鉴于近期香港法院倾向于限制根据《清盘条例》第327条而对境外公司行使"过度管辖权"(exorbitant jurisdiction)的情况,因此关于对境外公司试图通过债务偿还安排来强制约束债权人(或其成员)的管辖权问题时,香港或许会采取类似态度。 58

当公司与债权人(或任一债权人组),公司与其成员(或任一成员组)提出和解或安排计划时,应当向法院申请召集相关会议。② 相关表决组均通过和解或安排计划的,法院可予以批准。③ 但是,法院并非当然地、自动地批准安排计划,相关计划还需满足以下条件:(1)符合法律规定;(2)各公司成员或债权人分组合理;(3)会议是根据法院的指示(如有)依法进行的。④ 对此,法院还可施加其他条件。在批准安排计划的听证会上,法院会听取受该计划影响方提出的异议。在会议上未提出异议和未出席听证会的人,无权提出上诉,除非法院明确颁令予以准许。 59

虽然对于特定类型的公司成员安排计划(members' schemes of arrangement),香港法已取消适用"人数决"或者由法院视情况决定是否适用"人数决",但对于债权人安排计划,"人数决"仍然适用,这是因为立法者在原《公司条例》的修订中认为,债权人安排计划的表决无须应对投票操纵和股票代持问题。⑤ 60

修订后的《公司条例》以其第675条规定,赋予了法院在公司重组与合并方面更 61

---

① 在 Re LDK Solar Co. Ltd. [2015] 1 HKLRD 458 案中,Lam 法官在附带意见中指出,尽管债务人破产且无力清偿债务的事实已经符合《清盘条例》327条(3)(b)项要求,但其倾向于采用英国方法。而在 Re Winsway Enterprises Holdings Limited [2017] 1 HKLRD 1 一案中,夏利士法官(Harris J.)引用了"LDK Solar"一案,并强调将清盘境外公司的管辖问题等同于批准安排计划的管辖问题是错误的:"它们实质上发挥不同作用,因而必须分别给予不同考虑。清盘令涉及整个香港的破产法律制度,而为达成债务和解或妥协的安排计划的目标则更为特定且有限。应予以考虑的是一项安排计划及其功用与香港之间的联系,即使该'联系'不足以满足第一项核心要求而可使法院作出清盘令,但对于批准安排计划的管辖权来说,可能已具有充分联系……"

② Companies Ordinance (Cap 622) s. 673.

③ Companies Ordinance (Cap 622) s. 673.

④ See Mongolian Mining Corp [2018] HKCFI 2035.

⑤ See Companies Ordinance (Cap 622) ss. 668 –677.

大的权力,大幅提升了公司涉及财产、债务方面的重组能力,而根据《公司条例》修订前《清盘条例》下的判例,个人服务合同(如雇佣合同)是不可转让的。

(二)正式破产程序概览

62 香港公司可启动或适用的破产程序及其组合包括:

(1)自动清盘(voluntary liquidation)或强制清盘(compulsory liquidation)。后一程序根据法院依清盘申请颁布的清盘令启动。

① 自动清盘一般根据公司股东在庭外形成的决议启动,分为:

(a)成员自动清盘,由过半数董事出具"具备偿债能力宣告"(declaration of solvency)启动,声明公司有能力在清盘程序启动后的12个月内全额清偿债务;

(b)债权人自动清盘,如果董事未出具"具备偿债能力宣告",或者该声明因未满足规定要件而无效的,则在股东会决议后启动债权人自动清盘。

香港法律还特别规定,在不召开股东会的情况下,允许公司董事启动自动清盘的程序。① 该自动清盘由董事会启动,需形成决议如下:公司因债务原因已无法继续经营,董事们认为有必要对公司进行清盘,但通过其他法定程序清盘公司不具有合理性和可行性,并就此说明理由。但是,在境外注册成立的公司,即使在香港有营业地点,也不能适用自动清盘。

②强制清盘。强制清盘是指香港法院根据《清盘条例》依申请清盘相关公司的程序。有资格启动强制清盘的主体包括债务人(公司)、公司成员、债权人等;对银行业、保险业等特定受到监管行业的公司启动强制清盘的,还需遵守其他行业相关的法律规定;政府认为清盘某公司有利于公共利益的,也有权申请该公司强制清盘。

(2)债务偿还安排。根据《公司条例》和《清盘条例》第254条的规定,公司与债权人(或债权人组)可以就债务进行协商,并达成和解或安排计划(前述的安排计划);该计划如果经法定多数的债权人表决通过,并依照《公司条例》经法院批准,对全体债权人(或相关债权人组)均具有法律上的约束力。

(3)委任接管人、经理人。相关方可委任接管人或经理人,接管公司全部财产并经营公司业务,接管可受到法院命令或担保文件条款的影响、约束。

63 当事人有权自行选择破产程序,但是,不同的破产程序对于主体资格的要求并不相同,特定情形中还需经法院批准。如前述及,在香港企业拯救实践中,经常会在

---

① Companies (Winding-Up and Miscellaneous Provisions) Ordinance (Cap 32) s. 228A.

公司财产面临减损风险时启动临时清盘程序，并在其后使用债务偿还安排程序来实现债务和解（临时清盘程序同时进行）。

尽管股东或公司在合适情形中也会提出强制清盘申请，但通常强制清盘申请会由债权人提出，由法院颁令启动。法律明确规定了申请强制清盘的理由，[①]其中最为常见的是公司无力清偿债务，这一“无力偿债”要件既可由申请人按优势证据规则进行证明，也可根据公司被送达“法定偿债书”（statutory demand）后 3 周内仍未能清偿债务的事实进行推定；另一申请理由则是对清盘该公司“公平且公正”（just and equitable）。除此之外，申请还需满足特定的通知、备案和公开要求。 64

香港法律并未规定何为“破产”（insolvency），而是明确定义了“无力偿债”（the inability to pay debts），并在《清盘条例》第 178 条中，详细列举了可推定某公司无力偿债的具体情形。 65

债权人对债务人的债权（现有、或有或预计的）须为已结算确定的到期债权，才有权提出清盘申请。如果申请人的债权尚未到期、未来到期或仍为“或有”的，法院通常不会审查该申请，除非相关方为程序性费用提供担保并且初步证明启动清盘条件已被满足。此外，如果债权本身即存在一定实质性争议，则债权人不能据该债权提出清盘申请。[②] 此外，根据法律规定，债权数额超过 10,000 港元的债权人才可以提出清盘申请。[③] 66

《清盘条例》第 177 条（1）（a）项规定，公司成员就公司清盘达成特别决议的，可以由法院对公司实施清盘。虽然理论上来说，只要通过公司成员决议，公司即有权获颁清盘令，但是仍可能存在阻却法院颁布清盘令的情况，其中最为常见的便是，公司通过成员决议时存在欺诈或恶意（特别是公司的唯一股东是企业集团中另一成员的情形）。[④] 如果不存在欺诈或恶意情形，又能够通过前述特别决议的，一般这种情况下，公司依据《清盘条例》第 228 条（1）（b）项启动自动清盘程序会更为快捷和经济。 67

此外，由他人提出清盘申请并不会影响债务人对债权人负有的持续性偿付义 68

---

① Companies (Winding-Up and Miscellaneous Provisions) Ordinance (Cap 32) s. 179.

② See An Feng International Trading Ltd. v. Honour Link International Development Ltd. [1999] HKEC 1438. An Feng International Trading Ltd. v. Honour Link International Development Ltd. [1999] HKEC 1438.

③ Companies (Winding-Up and Miscellaneous Provisions) Ordinance (Cap 32) s. 178.

④ See Tam Po Kei v. Tam Bo Kin (No. 1) [2011] 1 HKLRD 537.

务。但是,法院一旦颁布清盘令,清盘财产现状将会“结晶”(crystallise),如果此时公司的实际资产小于负债,则无担保债权人等可能面临无法足额受偿的局面。

69 清盘令系为公司全体债权人的利益而颁布。因此,法院在裁量是否作出清盘令时,会考虑异议债权人等所有债权人的意愿。但是,是否颁布清盘令仍取决于法院的自由裁量权。[①]

70 在强制清盘申请提交后、法院颁布清盘令前,公司、债权人、分担人(contributory,即清盘程序中的公司成员或其他清算连带责任人)可向法院申请中止或限制债务人的未结诉讼等法律程序。同时,一旦法院颁布清盘令,未经法院准许,任何人不得提起或继续进行针对债务人的诉讼或其他法律程序。[②]

71 从提交清盘申请到法院听证可能有数周的间隔时间。如果法院最终颁布清盘令,那么在此期间任何未经法院批准的公司财产处分、成员变更行为,均属无效。[③]正因如此,公开清盘申请很可能导致债务人的银行账户被采取冻结措施。

1. 临时清盘程序

1.1 债权人自动清盘

72 根据《清盘条例》第228A条的规定,破产公司的董事可通过自愿委任临时清盘人的方式启动自动清盘程序。[④]

73 临时清盘人的职责仅限于监管并保护公司的资产。只有在对公司启动清盘没有其他“合理可行”(reasonably practicable)的替代方式时,方可使用临时清盘。[⑤]

74 自委任临时清盘人之日起,应当在28日内召集债权人会议。[⑥] 在此期间,临时清盘人无权处分公司的任何资产,除非相关财产未及时处置可能导致价值减损,可能需在召开债权人会议之前处理完毕,如易腐物或金融工具等才可以先行处置。

75 为了避免这类庭外指定程序受到滥用,《清盘修订条例》对临时清盘人的主体资格进行了限制:临时清盘人必须由事务律师(solicitor)或符合《专业会计师条例》[⑦]

---

① Re Finbo Engineering Co. Ltd. [1998] HKLRD 695.

② Companies (Winding-Up and Miscellaneous Provisions) Ordinance (Cap 32) s. 186.

③ Companies (Winding-Up and Miscellaneous Provisions) Ordinance (Cap 32) s. 182.

④ See para. 62(a) above.

⑤ Companies (Winding-Up and Miscellaneous Provisions) Ordinance (Cap 32) s. 228A.

⑥ Companies (Winding-Up and Miscellaneous Provisions) Ordinance (Cap 32) s. 228A(1)(a)(iii).

⑦ Cap 50. See also Companies (Winding-Up and Miscellaneous Provisions) Ordinance (Cap 32) s. 228A(8)(b).

规定的注册会计师担任。

1.2 “T 名册”指定清盘人

根据《清盘条例》第 194 条(1A)项的规定,在法院作出清盘令并指定破产管理署署长作为临时清盘人之后,认为该公司资产少于 200,000 港元的,破产管理署署长将通过“T 名册”(Panel T,译者注:“T 名册”指选定小额案件清盘人的规则,即破产管理署就案件费用进行反向招标竞价、由竞标机构中价低者担任清盘人的方式),指定一名私营机构代其履行清盘人职务。但如果被清盘公司的资产超过 200,000 港元,破产管理署署长将继续担任临时清盘人,直至债权人会议指定清盘人。 76

1.3 临时清盘人的主要指定方式

指定临时清盘人的最主要方式仍是依据《清盘条例》第 193 条进行指定。根据该条规定,在清盘申请提交后,申请人或其他债权人认为公司财产正处于危险之中的,可以向法院申请指定临时清盘人。 77

如果法院认为财产确实处于危险之中,可以指定临时清盘人监管并保护公司的资产,直到对清盘申请进行听证。鉴于提交申请到举行听证的时间间隔可能长达 2、3 个月,因此只要条件允许,债权人一般都会申请指定临时清盘人。 78

临时清盘人一旦获得指定,任何针对公司的诉讼或其他法律程序均应自动中止;任何人意图对债务人提起或继续进行诉讼等法律程序的,只能在获法院准许后进行。① 79

2. 其他法律中有关公司清盘的规定

2.1 银行业

根据《银行业条例》②第 122 条的规定,财政司司长有权申请对香港“认可机构”(authorised institution)实施清盘,原讼法庭可依据《清盘条例》第 177 条或以清盘符合公共利益为由对认可机构作出清盘令。《清盘条例》中关于债权人自动清盘的规定并不适用于银行业清盘。 80

财政司司长也可依据《银行业条例》第 53 条的规定,以公共利益③为由,申请对认可机构实施清盘。④ 81

① Companies (Winding-Up and Miscellaneous Provisions) Ordinance (Cap 32) s. 186.

② Cap 155.

③ See Re BCCI Finance International Ltd. [1992] HKEC 481 and Re BCCI Finance International Ltd. [1992] HKEC 479.

④ Banking Ordinance (Cap 155) s. 53 (1)(c)(iii).

2.2 保险业

82 《保险业条例》[①]第42条至第49B条对保险公司清盘作出了规定。当保险公司资产与负债之间的差额低于《保险业条例》第10条规定的“法定偿付准备金”(statutory margin of solvency)的有关数额时,可推定该保险公司已无力清偿债务。

83 《保险业条例》第43条规定,法院可根据《清盘条例》的规定或依据10位以上保单持有人的申请,对保险公司作出清盘令。保险业监督局(以下简称保监局)也可基于清盘符合公共利益等理由,向法院申请对保险公司实施清盘。[②]

2.3 上市公司

84 《证券及期货条例》[③]第212条规定,对于一家根据《清盘条例》可被清盘的公司(认可机构除外),证监会从维护公共利益角度认为应当对该公司实施清盘的,可以以清盘该公司属公平公正为由提交申请。

85 如果证监会认为某家上市公司或原上市公司在经营或管理事务中存在以下情形,可以向原讼法庭提出清盘该公司的申请:(1)压迫公司全体或部分成员;(2)存在挪用资金、欺诈、渎职或者其他针对公司全体或部分成员的不当行为;(3)导致公司部分成员未能知悉其本应合理获得的公司经营信息;(4)不公平损害成员利益。[④]

3. 银行处置机制

86 近年来,在全球性金融危机的警醒下,金融稳定理事会(Financial Stability Board)承担起为系统重要性金融机构建立稳健、安全破产处置机制的重任。

87 鉴于香港的国际金融中心地位和作为金融稳定理事会地区成员的身份,立法会于2016年6月22日颁布了《金融机构(处置机制)条例》[⑤],该条例于2017年7月7日生效施行(部分规定有待额外规定出台后生效)。

88 《金融机构(处置机制)条例》旨在增强香港金融体系的韧性,建立同时在银行、保险、证券和期货领域实施的跨金融部门破产处置机制。

89 香港金融管理局(以下简称金管局)、保监局和证监会均已获授权作为“处置当局”(resolution authorities),其职权包括核销或转换银行业认可机构发行的资金票

① Cap 41.
② Insurance Companies Ordinance (Cap 41) s.44(3).
③ Cap 571.
④ Securities and Futures Ordinance (Cap 571) s.214(1).
⑤ Cap 628.

据;①处置监管范围内的控股公司或集团公司;②对境外监管方的处置行为进行认可。③ 如果濒临倒闭的金融机构的业务横跨多个领域,则由其中一个监管机构作为主导的处置当局,牵头开展协调处置。④

《金融机构(处置机制)条例》为处置当局提供了多种可单独或组合使用的“稳定”措施,⑤主要包括将倒闭金融机构、其整体或部分业务转让至市场上的收购方、过渡机构(或称架桥机构)或资产管理公司;⑥实施“强制性自救”(statutory bail-in);⑦在其他方式无效时使用最后手段——将金融机构发行的证券转让给《金融机构(处置机制)条例》第6条规定的“暂时公有公司”(temporary public ownership company),这一方式将涉及公共资金使用。⑧ 90

此外,如果对某个金融机构的破产处置实质上具有跨境性质,则该处置活动的关键在于境外司法管辖区是否会相互认可处置行为。《金融机构(处置机制)条例》规定,香港有权认可境外的处置当局采取的处置措施,并由香港处置当局给予支持。⑨ 91

金管局作为《金融机构(处置机制)条例》规定的处置当局,出台了《金融机构(处置机制)(吸收亏损能力规定——银行界)规则》⑩(以下简称《吸收亏损能力规则》),该规则于2018年12月14日生效,旨在限制金融机构倒闭对公共利益可能造成的潜在损害。为达到金融稳定委员会设定的国际标准,《吸收亏损能力规则》对认可机构及其集团公司作出最低亏损吸收能力要求。此外,金管局还进一步制定了附属《实务守则》,补充细化《吸收亏损能力规则》的规定,为金融机构遵守、执行《吸收亏损能力规则》提供指引。《吸收亏损能力规则》要求银行保持充足的资本,以确保金融机构在遇到困难时,由其股东和债权人承担损失,而非依赖公共纾困兜底。 92

---

① Financial Institutions (Resolution) Ordinance (Cap 628) s. 31.

② Financial Institutions (Resolution) Ordinance (Cap 628) ss. 28 and 29.

③ Financial Institutions (Resolution) Ordinance (Cap 628) s. 187.

④ For example, ss. 7 and 9 of the Financial Institutions (Resolution) Ordinance (Cap 628).

⑤ Financial Institutions (Resolution) Ordinance (Cap 628) s. 33.

⑥ Financial Institutions (Resolution) Ordinance (Cap 628) Pt 5 “Resolution”, subdivisions 2, 3 and 4.

⑦ Financial Institutions (Resolution) Ordinance (Cap 628) Pt 5 “Resolution”, subdivision 5.

⑧ Financial Institutions (Resolution) Ordinance (Cap 628) Pt 5 “Resolution”, subdivision 6.

⑨ Financial Institutions (Resolution) Ordinance (Cap 628) ss. 187 and 188. 89 L. N. 195 of 2018.

⑩ L. N. 195 of 2018.

三、支持架构(法院及政府机构)

93 对于香港的庭外重组,由特定主体负责监督庭外重组过程的情况并不常见,对庭外重组的监督一般依赖参与者之间自行就信息相关权利、义务达成的约定。但是,经债权人要求或根据特定情况需要,也可通过委任重组官(restructuring officer)、履行监督职责的会计师等职务主体,提高重组过程的透明度,建立明确的信息报告渠道。此外,由于香港的重组活动经常涉及破产程序,因此下文概括了香港清盘程序中各类要素及其相互作用,这些要素也与"意在重组而非清盘"的情形有所关联。

94 对于涉及债务偿还安排程序的庭外重组,香港法院实施监督的方式主要为举行听证、审查是否批准安排计划。对于安排计划持异议的债权人,可在听证会上说明该计划的不公平或不妥当之处。除此之外,法院在批准一项安排计划之前,还需确认该计划符合特定条件,包括:(1)符合法定要求;(2)各表决组召开的会议均得到公平代表;(3)法定多数人的行为是善意的,不存在强迫少数的情况;(4)计划符合公平性要求;(5)计划中不存在会导致该计划违反法律或无法实施的缺陷。①

95 另外,对于银行集团的重组活动,《处理守则》②为金管局牵头下的银行间合作提供了机制框架。在必要时,作为最后手段,金管局将成为"诚实中间人"(honest broker),帮助谈判达成结果。但这类谈判活动主要由主导银行、指导委员会、公司及其顾问参与并推进,金管局并不会具体参与其中。

96 一般情况下,金管局只有在少数银行(有时只有单一银行)拒绝签署重组协议或者威胁要启动诉讼(如实现担保权)并可能因此导致重组失败的情形中,才需要进行介入。如果少数银行以其反对意见"钳制"了多数意见,则一般会要求这些银行解释其立场,并要求其权衡自身行为的成本和潜在收益。

97 而对于不同类型的清盘程序,香港法院的程序监督职能和参与程度亦有所不同。首先需说明,下文探讨的内容均假设以法院强制清盘程序为背景,除非另作说明。在清盘程序中,当事人可就清盘中的有关事项申请法院听证审理并作出决定,包括但不限于:(1)准许对公司提起或继续进行法律程序;③(2)撤回法院指定清盘

① Re PCCW Ltd. [2009] 3 HKC 292.

② 参见本报告第49段。

③ Companies (Winding-Up and Miscellaneous Provisions) Ordinance (Cap 32) s. 186.

人、特别经理人的命令或解除指定清盘人;(3)决定清盘人的报酬和费用数额;[①](4)颁令核验公司账册和文件;[②](5)颁令逮捕潜逃的公司分担人、高管等。[③]

(一)法院

香港法院是强制清盘程序中不可或缺的部分,并且在自动清盘程序中也发挥着重要作用。 98

香港没有审理破产案件的专门法院,破产案件由高等法院原讼法庭管辖,并由精于公司和破产法律领域且经验丰富的法官负责处理和监督。高等法院有权对在香港注册成立的公司(在特定情形下还包括境外公司)实施清盘。对高等法院裁判上诉的,应当按程序向上诉法庭提出,其后如获准许,还可再向香港终审法院提出。 99

香港的强制清盘程序依申请启动,公司、债权人(包括或有债权人、预期债权人)、分担人可单独或共同向法院提出申请。如果无人对清盘申请提出异议,则该申请将会由"内庭法官"(master in chambers)审理。内庭法官在召开会议、审查文件后,认为申请符合法律规定要求的,将会作出清盘令。但如果该申请受到异议,则应交由普通法官(judge)审查,对于案情复杂的申请,法院一般无法在申请中指定的日期前处理完毕。一般情况下,当事人还会申请进一步提交宣誓书(affidavits)或请求法院作出指示。 100

在自动清盘中,法院一般只有在必要时才会介入。因此,尽管仍受到法院指示和指令的约束,但自动清盘程序并非由法院指定的职务主体(officer of the court)负责实施或代为推进,因此,自动清盘程序本质上更类似于私人安排。但对于在自动清盘中产生的问题,法院有权审理相关申请并作出决定。 101

根据香港法,对于在香港之外注册成立的公司,如果其注册成立地法律赋予清盘人的权力与香港破产法律相似,则香港法院可以对该地指定的公司清盘人给予承认和协助。[④] 近年来,境外申请香港法院承认和协助的案件数量持续增长,而对于依据境外法院请求书提出的破产协助申请,香港法院通常会以固定格式的命令批准 102

---

① For example, ss. 196 and 216 of the Companies (Winding-Up and Miscellaneous Provisions) Ordinance (Cap 32).

② Companies (Winding-Up and Miscellaneous Provisions) Ordinance (Cap 32) ss. 211 and 219.

③ Companies (Winding-Up and Miscellaneous Provisions) Ordinance (Cap 32) s. 224.

④ Joint Official Liquidators of A Co. v. B Co. [2014] 4 HKLRD 374.

协助。

103 为进一步鼓励和加强在不同司法管辖区进行平行破产程序的两地法院间的沟通交流，JIN 联盟于 2016 年出台新的指引文件 ——《JIN 指引》。我国香港地区的公司法领域法官以观察员身份参加了成立大会，①尽管这可视为香港法院的公司法官支持该指引文件及其目标，但目前香港还未正式采纳《JIN 指引》。

104 尽管不少司法管辖区的法院都表示愿意对其他司法管辖区的破产程序给予协助，但由于诉讼必然具有的对抗性以及破产从业者可能在无意间因接受境外司法管辖而面临的风险，跨境破产的司法协助程序通常比理想状态效率更低而成本更高。

105 为了解决这类问题，《JIN 指引》针对在平行程序中可能需要寻求法院间合作的下列重要方面，建立了兼顾各方利益的指引性规则：

（1）平行程序中法院可相互协同，共享命令、判决、理据等其他程序文件。②

（2）法院可向其他司法管辖区的程序相关方送达程序性通知，法院可允许在其他司法管辖区居住的公民出席庭审、听证而无须“接受其司法管辖”（submitting to the court's jurisdiction）。③

（3）法院可对其他司法管辖区的法院命令、法律或规则予以承认，无须提交额外的证明（除非存在有依据且合理的异议）。④

（4）审理平行程序的法院可在适当时联合听证。⑤

（二）破产管理署署长

106 破产管理署署长由行政长官任命，获委任的署长须具有在香港、英国或其他规定地区的法律执业资格。⑥

107 破产管理署主要负责办理强制清盘案件。除非法院颁布清盘令之时指定由破产管理署署长之外的人担任临时清盘人，破产管理署署长将因该职位受委任成为公

---

① 其他参与者包括澳大利亚（联邦及新南威尔士州）、百慕大群岛、加拿大（安大略省）、开曼群岛、英国和威尔士、新加坡和美国（特拉华州及纽约南区）。

② Judicial Insolvency Network Guidelines, Guideline 7.

③ Judicial Insolvency Network Guidelines, Guideline 9.

④ Judicial Insolvency Network Guidelines, Guidelines 12 and 13.

⑤ Judicial Insolvency Network Guidelines, Annex A.

⑥ 根据《破产条例》（Cap 6），第 75 条（2）款的规定，受委任的人员必须具备《律政人员条例》（Cap 87）附表 2 中列明的法律执业资格，同时根据《清盘条例》（Cap 32）第 2 条（1）款的规定，这一规则同样适用于企业清盘。

司的临时清盘人并依法履职,直到正式指定的清盘人可以履职为止。①

破产管理署署长在担任清盘人的期间将作为受法院指定的职务主体履职;在清盘过程中,署长将作为公司的代理人,依照《清盘条例》的规定在法院监督下履行职责。法院应以一般性指示或特别指示的方式,确定应当由署长本人履行的清盘行为、职责范围以及其他可由破产管理署日常雇佣或管理的工作人员代为履行的事项。 108

在自动清盘案件中,破产管理署只负责根据《清盘条例》第285条和《公司清盘规则》第183条的规定,对尚未被主张权属以及尚未分配的资金进行保管。 109

(三) 临时清盘人

在申请人提出清盘申请后,法院作出清盘令前,法院可以随时指定临时清盘人接管并保护公司财产,②从而在法院对申请进行全面审查前,维持债务人财产现状、防范资产减损风险。因此,临时清盘人的职权是有限的,且必须在法院指定清盘人的命令中列明(其后可依申请修改)。而一旦正式清盘人获得指定,临时清盘人应当向正式清盘人移交其所保管的全部公司资产。③ 110

(四) 清盘人

不同于部分司法管辖区,香港并不要求清盘人必须具备某类资格或牌照。但即使如此,实践中的清盘人一般为“持牌”(licensed)的破产执业者、会计师或其他具备必要商业经验的专业人士。 111

清盘人的职能包括:(1)归集公司资产,清算公司债务并在债权人与股东之间分配剩余资金;(2)调查公司倒闭的原因和与公司相关的交易、管理行为。 112

在法院进行的清盘程序中,清盘人作为法院职务承担者,应当在清盘的利益相关方之间公正履职,对法院和全体债权人负有义务。清盘人应承担调查公司事务的职责,而法院则应监督清盘人是否履行职责。 113

清盘人可就清盘中出现的任何具体事项请求法院指示。④ 任何人认为其因清盘人的行为或决定受损的,也有权就此向法院提出申请。法院可依申请确认、撤销、修 114

---

① Companies (Winding-Up and Miscellaneous Provisions) Ordinance (Cap 32) s. 194(1)(a).

② Companies (Winding-Up and Miscellaneous Provisions) Ordinance (Cap 32) s. 193(1).

③ Companies (Winding-Up and Miscellaneous Provisions) Ordinance (Cap 32) s. 197.

④ Companies (Winding-Up and Miscellaneous Provisions) Ordinance (Cap 32) s. 200(3).

改清盘人受到异议的行为或决定，并作出法院认为公正的命令。①

115 清盘人在履职过程中享有广泛的处分权，其中部分权力需经法院或审查委员会（如有）批准后行使，如公司债权人、分担人、主张权利方与债务人达成和解或安排计划、放弃"繁苛负担财产"（onerous property）等②；以及部分无须批准即可行使的职权，如变价公司财产、处理债权申报等。

116 清盘人在整个清盘程序期间还会受到破产管理署署长的监督。破产管理署署长有权将经审查委员会确定的清盘人报酬标准（香港法中称为"酬金"）提交法院审查。③ 如有需要，清盘人必须向破产管理署署长提供所有的账目、账簿以供审计。破产管理署署长必须"全盘把握"（take cognisance）清盘人履行职权和职责的情况，同时有权决定是否提请法院对清盘人履职进行审查监督。④

117 清盘人以其个人名义履职，并可能因其任期内的履职行为承担责任。在强制清盘程序中，清盘人作为法院职务承担者履职。根据《清盘条例》第199条的规定，经法院或审查委员会批准，清盘人可以以公司的名义或代表公司起诉或应诉。⑤ 清盘人代表破产公司起诉时，如果该诉讼失败，则清盘人可能需对诉讼费用承担个人责任。但是，只有清盘人的起诉行为被证明为不合理且不适当时，法院才会作出诉讼费用由清盘人承担的不利命令。⑥ 为了保护自身权益，清盘人需对开展诉讼的理由留存记录，考虑其"受保情况"（insured position）或者在资助协议中设置应对不利命令的其他保护。而对于清算中公司因债权争议提起的诉讼，被告一方可申请为其诉讼费用提供担保。

118 特定的诉讼类型只能以清盘人的个人名义提起，主要为无效处分和偏颇清偿诉讼。⑦ 由于这几类诉讼只能以清盘人名义提起，清盘人不得不承受相关诉讼费用不利命令的负面影响，但清盘人有权从公司的资产中获得补偿。

119 而清盘人以公司名义诉讼所面临的风险是，公司因此承担的诉讼费用将会优先于清盘人的酬金和清盘人聘请顾问产生的费用受偿。

---

① Companies (Winding-Up and Miscellaneous Provisions) Ordinance (Cap 32) s.200(5).

② 参见本报告第154段至第156段。

③ Companies (Winding-Up and Miscellaneous Provisions) Ordinance (Cap 32) s.196(2A).

④ Companies (Winding-Up and Miscellaneous Provisions) Ordinance (Cap 32) ss.203 and 204.

⑤ Companies (Winding-Up and Miscellaneous Provisions) Ordinance (Cap 32) s.199(4).

⑥ See Super Speed Limited v. Bank of Baroda HCCW 273/2012 and Marshel Exports Limited v. Bank of Baroda HCCW 274/2012.

⑦ Companies (Winding-Up and Miscellaneous Provisions) Ordinance (Cap 32) ss.182 and 266.

清盘令一经作出或临时清盘人一经指定，清盘人或临时清盘人应当接管公司的全部财产。但只有经法院或审查委员会批准，清盘人才可继续经营公司业务，且这类经营仅限于必要且有利于公司清盘的范围。① 一般情况下，临时清盘人无权继续经营公司业务，除非法院在作指定时明确授权。 120

（五）审查委员会

审查委员会是公司债权人的代表，由债权人会议选出，并为全体债权人的利益进行决策。除依法须经审查委员会批准行使的权力以外，清盘人可自行决定向审查委员会汇报、咨询的频次。② 审查委员会的职能包括为清盘人履职提供协助和指导；根据《公司条例》《清盘条例》的规定，批准清盘人行使权力；确定清盘人履职酬金。《清盘修订条例》在这一方面作出多处修改，进一步简化了审查委员会适用的程序并推动清盘程序"去法院化"，从而减少清盘程序的时间和成本。 121

（六）债权人

清盘人可以为了明确利益相关方的意愿而召集债权人会议或者分担人会议；债权人或分担人作出决议，指示清盘人召集会议，或者代表1/10以上相应总额的债权人或分担人书面要求召集会议的，清盘人应当召集会议。③ 122

清盘人需综合考虑债权人、分担人会议的决议和审查委员会的决定，如果两者存在冲突，则清盘人应当优先以债权人、分担人会议的决议指示为准。④ 123

（七）处置当局

在涉《金融机构（处置机制）条例》和系统重要性金融机构处置问题时，部分特殊因素需加以考虑。作为处置当局（resolution authorities）香港金管局、保监局和证监局被法律赋予了一系列必要的职权，用于恢复困境金融机构稳定，推进处置计划，同时，处置当局有权使用的处置工具和措施也十分丰富。 124

（八）证券交易所在上市公司破产中的角色与定位

在上市公司困境的处置中，不论公司已陷入破产还是濒临破产，港交所均会发 125

---

① Section 199(2) read together with s. 2 of Pt 2 of Schedule 25 of the Companies (Winding-Up and Miscellaneous Provisions) Ordinance (Cap 32).

② Companies (Winding-Up and Miscellaneous Provisions) Ordinance (Cap 32) s. 206A(1).

③ Companies (Winding-Up and Miscellaneous Provisions) Ordinance (Cap 32) s. 200(2).

④ Companies (Winding-Up and Miscellaneous Provisions) Ordinance (Cap 32) s. 200(1).

挥一定作用。在破产前的阶段,港交所可以随时暂停发行人的证券交易,例如,在公司发行人的营业水平或资产不足以保证其继续上市的地位时。[1] 而在上市公司进入接管、清盘等程序的破产阶段,港交所也很可能暂停其股票交易。

126 公司的上市地位被认为是一种有价资产,在清盘、重组背景下将这一资产“变现”(monetise)的能力,取决于港交所能否同意该上市公司的财产处分或恢复交易计划。

四、困境企业的董事

127 董事对公司负有法定义务和信义义务(fiduciary duty),须以公司的最佳利益行事。在公司未陷入破产时,一般将维护股东利益作为评估董事履职的标准,而公司一旦陷入破产,公司债权人的利益将优先于股东利益,成为评估董事行为的重要因素。

128 根据香港《公司条例》的规定,公司董事应履行勤勉、技能和注意义务(the duty of care,skill and diligence),[2]对该义务的规定以《2006 年英国公司法》第 174 条为蓝本,因此也采主观、客观双重标准来判断董事的注意义务标准,即董事在行事时的注意、技能和勤勉标准,应考虑一个理性而勤勉的人:(1)具备一般被认为在履行公司董事职责时应当具备的知识、技能和经验(客观标准);(2)该董事自身实际上具有的特定知识、技能和经验(主观标准)。

129 《清盘条例》[3]还概括性地规定了追究清盘程序中公司的现任、前任高管(包括董事、经理、公司秘书)责任的方法。根据《清盘条例》第 276 条的规定,违反董事义务、偏颇清偿、欺诈性交易等情形均可能触发相关人员的法律责任。

130 清盘人一旦获指定成为公司的代理人,将取代并承接董事的权力和职能。但需注意,董事仍有义务在公司清盘过程中持续协助清盘人履职,未能提供协助的,可能因此面临民事和刑事处罚。但清盘人并不对公司董事负有义务,也无须向董事报告清盘进度。

131 在成员自动清盘程序中,在公司通过自动清盘决议到法院指定清盘人的期间,董事只有经法院准许方可行使职权;而在债权人自动清盘程序中,董事在公司通过自动清盘决议到提名、指定公司清盘人的期间,虽然一般也需经法院准许行使职权,

---

① See for example Listing Rule 6. 01 of the Hong Kong Stock Exchange.

② Companies Ordinance (Cap 622) s. 465.

③ Companies (Winding-Up and Miscellaneous Provisions) Ordinance (Cap 32) s. 276.

但是,董事可不经批准而自主处分易腐物等不及时处分可能贬值的财产,并为保护公司资产采取其他必要措施。①

五、重整融资

香港法并未对困境公司、破产公司借贷问题作特别规定,也未对企业重组和拯救相关的融资问题作具体规定。在破产前,陷入财务困难的公司可以通过庭外重组或债务偿还安排来获得融资。但企业能否获得额外的融资增信很大程度取决于其能否提供足够的财产担保。此外,金融机构还可以继续向公司提供已有的授信额度以支持企业重组。 132

而在公司已破产的情形中,贷款人有时也会为了保全或变价公司财产而注入新资金。这类融资将作为清盘人因履职产生的适当费用,优先于清盘前的无担保债权受偿。 133

在这方面,我国香港地区借鉴澳大利亚法律(而非英国法律)制定如下规定:②如果债权人为保护公司资产或追回财产而支付了相关费用或提供了相应补偿,法院可作出命令,授予该债权人相较于其他债权人的优先地位。 134

法律并未禁止清盘中的公司额外的融资行为。为了筹集资金,清盘人可以在公司无附担保的财产之上设置担保,因融资而发生的担保债权将根据一般清偿顺序享有优先顺位。但是,只要该融资行为未经清盘前担保债权的持有人同意,这类后发生的担保债权无法取得优先于清盘前担保债权的地位。 135

(一)融资的直接成本

一般情况下,企业在清盘前通过庭外重组或债务偿还安排获取融资的,该企业的重组方案或安排计划中一般会明确这类债权的清偿顺位。此外,借款人还需提供还款计划并说明可支持其履行偿付义务的资金来源。 136

《清盘条例》规定的唯一“清盘前”费用即保障公司通过清盘决议、召开第一次债权人会议的费用。 137

清盘人酬金和其他清盘程序发生的成本和费用,应当首先从公司财产处置所得、收益等破产财产中支付,但是未经担保债权人同意,不得出售或处分附有担保的财产。 138

---

① Companies (Winding-Up and Miscellaneous Provisions) Ordinance (Cap 32) s. 250A.

② Companies (Winding-Up and Miscellaneous Provisions) Ordinance (Cap 32) s. 265(5B).

139 但是，如果公司的股东、关联方、内部人员向该公司提供了借款，如果无债权人之间达成的特别协议，则这类出借人将作为普通的无担保债权人，与其他无担保债权人一起按比例受偿。

140 另外，根据香港现有的法律规定，困境企业的股东或关联公司没有向企业提供资金帮助的法定义务。

（二）资助诉讼

141 在香港，清盘人可以为了启动诉讼或者为诉讼提供资金而向第三方出售或转让公司（而非清盘人）享有的“诉因”（cause of action）。

142 但在香港，商业机构并不能直接以资助仲裁、诉讼的方式换取部分仲裁、诉讼收益或其他经济利益。

143 香港法院始终遵守“帮助诉讼”（maintenance）①和“包揽诉讼②”（champerty）原则，禁止第三方资助诉讼的行为，相关行为可能同时构成民事侵权和刑事犯罪，但以下三种情形除外：（1）第三方可以证明其对诉讼结果享有合法利益；（2）当事人可以说服法院，为使其能够获得法律的公正保护，应当准许第三方对诉讼提供资助；（3）该资助行为发生在包括破产程序在内的“杂项程序”中。此外，关于第三方为香港仲裁提供资助的行为是否适用帮助诉讼、包揽诉讼原则这一问题，香港终审法院在 Unruh v. Seeberger 案③中明确表示留待进一步讨论。

144 香港法院在大量案件中批准了清盘人使用第三方提供的资金。例如，香港法院曾批准清盘人达成以下资助安排：以“诉因”作为交换，换取第三方出资人对潜在的追索权开展调查，并为有可行性的诉讼提供资金。④ 至于批准资助的法律依据，并非是清盘人根据《清盘条例》第 199 条依法享有的财产出售权，而是基于“获得法律公正保护”（access to legal justice protection）的理由，即为了在破产财产不足以支付诉

---

① 根据 Winnie Lo v. HKSAR (2012) 15 HKCFAR 16 案判决第 10 段（终审法院常任法官 per Bokhary PJ）引用的 Massai Aviation Services v. Attorney General [2007] UKPC 12 案给出的定义：“对诉讼既无利益关系又缺乏法律可认可的动机去合理化其干预的主体，为诉讼一方给予协助或教唆的行为。”

② 根据 Winnie Lo v. HKSAR (2012) 15 HKCFAR 16 案判决第 10 段（终审法院常任法官 Bokhary PJ）引用的 Massai Aviation Services v. Attorney General [2007] UKPC 12 一案的定义：“一种特殊的帮助诉讼行为，即为了换取诉讼胜利后的部分成果所得或收益而对诉讼给予帮助的行为。”

③ (2007) 10 HKCFAR 31 at [123].

④ Re Cyber Works Audio Video Technology Ltd. [2010] 2 HKLRD 1137; Berman v. SPF CDO I Ltd. [2011] 2 HKLRD 815.

讼资金时,实现对相关方不当行为的追责。

在 Po Yuen (To's) Machine Factory Ltd. 案①中,香港法院批准了清盘人在内地达成第三方资助协议,该协议使用了内地允许的风险代理模式,以约定胜诉酬金(contingency fee)的形式进行第三方资助。法官在附带意见中评论,处理该类问题的首要原则是,清盘人作为法院指定的职务主体,有义务确保债权人的利益以适当的方式得到优先保护。 145

六、中止效力

一般而言,在无清盘程序背景下进行的债务偿还安排,不能对债权人产生普遍的中止效力。尽管实践中香港可能会遵循 Vinashin 案的裁判,在该案中,英国法院认可了适用英国法的安排计划在执行过程中具有中止效力。② 146

然而,在清盘程序中,无担保债权人所作的任何独立诉讼行为均受到严格限制。在提交清盘申请后、法院作出清盘令前,债务人、任何债权人、分担人均有权实施以下行为:③ 147

(1)申请法院中止原讼法庭或上诉法庭正在审理的针对债务人的诉讼等其他法律程序。

(2)如果原讼法庭、上诉法庭以外的其他法院或法庭正在审理针对债务人的诉讼等法律程序,则可申请原讼法庭对该诉讼或程序予以限制。被申请的法院可根据具体案情,以其认为适当的条件中止或限制该程序。法律规定并未明确这类中止是否具有域外效力。

自动清盘程序原则上并不对债务人的诉讼程序产生普遍的中止效力,但一般而言,无担保债权人无法以获得生效裁判文书的方式在清盘程序中取得优势地位。 148

---

① [2012] HKCU 816.

② 参见 Bluecrest Mercantile BV v. Vietnam Shipbuilding Industry Group [2013] EWHC 1146 (Comm) 与 Re Vietnam Shipbuilding Industry Group [2013] EWHC 2476 (Ch)。但是,香港上诉法庭推翻了一审判决,认为重整程序不应对执行程序产生中止效力。而在 Joint Administrators of African Minerals Ltd. v. Madison Pacific Trust Ltd. [2015] 4 HKC 215 案中,法官认为,如果能够证明公司在无力履行偿付义务后恢复了偿付能力,那么继续允许强制执行担保债权将会是不公平的,此时可允许对担保债权发生中止效力(参见 Cukurova Finance International Limited & Others v. Alfa Telecom Turkey Ltd. [2013] ULKPC 2 判决书第 90 段)。如基于上述理由申请法院禁令,申请人需初步证明该案成立,并遵守适用于申请禁令的一般程序性要求,如为损失提供担保等。

③ Companies (Winding-Up and Miscellaneous Provisions) Ordinance (Cap 32) s. 181.

149 尽管债权人之间达成的中止协议属于有效的合同安排，但其既缺少额外的法律规则支持，还受到未参与协议债权人任意行为的影响。并且，这类协议通常会约定有明确的合同终止条款，如在提出清盘申请时终止协议。

150 总体而言，对公司启动清盘程序属于该公司全体债权人的集体性权利，因此法院在裁量是否作出清盘令时，会听取未提出申请的债权人的意见，包括有关清盘申请的异议意见。

151 在清盘程序中，担保债权人可以独立于一般清偿顺序，从担保物变价所得的收益中优先受偿，但担保权为浮动押记的，则担保物的变价所得应先清偿对公司的优先债权，其后再清偿附浮动押记的债权。担保债权人未能足额受偿的，未受偿部分可作为无担保债权申报。

七、合同

152 在考虑可行的公司重组方案和以任何方式正式关停公司时，公司现有合同的影响和相应处理方法都是关键考量因素。

153 在公司破产之前，可对待履行合同造成影响的情形有两种：(1)债权人同意对相关待履行合同进行变更；(2)在债务偿还安排中，相关债权人组表决通过了安排计划，且该计划条款调整了待履行合同中债权人的权利。

154 而在破产情境下，法院有权裁量是否准许清盘人在12个月的期限内（或者在法院批准延长的期限内）放弃“繁苛负担财产”，[①]其中典型的即为租赁财产。根据《清盘条例》第268条的规定，“无利可图合同”（unprofitable contracts）也属于清盘人可放弃的“繁苛负担财产”，但香港关于这方面的判例有限。

155 在雷曼兄弟商业亚洲有限公司的清盘人在清盘中根据《清盘条例》第268条的规定，申请放弃某“结构性融资/证券化合同”后，高等法院于2010年5月19日作出判决，在该案中，Barma法官明确认可，在认定何为“无利可图合同”而可依据《清盘条例》第268条放弃的问题上，应适用澳大利亚Transmetro Corporation Ltd. v. Real Investments Pty Ltd.案[②]中释明的五项原则，该五项原则也在Re SSSL Realisations (2002) Ltd.案[③]中得到了英国上诉法院的认可，具体如下：

① Companies (Winding-Up and Miscellaneous Provisions) Ordinance (Cap 32) s.268.

② [1999] 17 ACLC 1314.

③ [2007] 1 BCLC 29.

(1)如果某合同使公司负有持续性的经济义务或责任,且该义务或责任可被认为是损害债权人利益,也即该合同未能提供充分的互惠利益,该合同为“无利可图”的合同;

(2)构成“无利可图”合同的前提为该合同将导致公司承担一定预期责任;

(3)该合同履行期较长,将拖延对公司事务的清盘,形成无法收回的费用、支出的;

(4)不能仅基于公司在该合同上的经济劣势,就认定该合同“无利可图”,必须关注相关不利因素的性质和成因;

(5)不能仅因为公司本可达成或者谋求更好的交易,就认定该合同“无利可图”。

此外,一方面,即使清盘人已经接管某项财产或对该财产行使所有权,其仍然可 156
以申请放弃财产。① 根据《清盘条例》第268条的规定,“放弃”行为一经作出,立即生效;但是,放弃租赁财产的,在向土地注册处提交备案后生效。②

另一方面,如果合同的相对方要求清盘人决定是否放弃,而清盘人在收到该要 157
求后的28日或法院批准的更长期限内,如果未通知申请人放弃意向,清盘人将被视为已采纳合同,无权再提出放弃。该规则一经适用,其法律效力为:清盘人无权再以通知方式单方面解除合同,而合同相对方则可选择保留合同并主张继续履行。

如果对合同享有权益、负有义务的相对方向法院申请解除合同,法院可以以赔 158
偿合同未履行的损失为条件,颁令解除合同或者以法院认为公正的其他方式处理。任何人因清盘人依据《清盘条例》第268条放弃财产的行为受损的,均可作为公司债权人,以受损金额为限在清盘程序中申报债权。

(一)衍生品合同

如果香港公司在启动清盘前的衍生品合同(如全球证券借贷主协议或全球回购 159
主协议)约定有抵销条款,只要符合一定的前提和条件,这类结算条款将根据合同法规则具有效力。

根据香港法的规定,香港公司的清盘令颁布后,合同约定的净额结算条款一般 160
有效,只要该条款在效果上符合《破产条例》第35条关于破产抵销的规定且不超出其法定范围。换句话说,从公共政策视角考量,一旦合同约定的条款试图实现比《破

① Re Potters Oils Ltd. [1985] BCLC 203.

② See Companies (Winding-up) Rules (Cap 32H) r.63(2).

产条例》更大的破产抵销适用范围,则该条款一般无效。①

161 另外,关于抵销中约定适用的"价值确定"(determination of the values)条款,一般而言,只要非违约方基于善意且以在商业上合理的方式行事,这类条款在总体上被认为有效。

162 当破产程序申报的债权应以港元之外的货币计价时,清盘人应将相关境外货币换算成港元,并按作出清盘令(或视为作出)的第二日香港银行公会发布的买进和卖出电汇汇率的中间值换算;如不存在前述汇率,则根据法院指定的汇率换算。

163 根据香港法,自动执行的终止净额结算条款(close-out netting provision)一般有效,但试图通过约定来实现溯及效力的条款无效。自动终止交易失败的,即使未明确约定,非违约方也可依据普通法就未足额交易的部分主张违约。但是,如果清盘程序已经启动,且清盘人仍愿意并且事实上有能力继续交易,则在这种情况下,相关方不得再主张违约。

164 "反剥夺原则"(anti-deprivation principle)和 British Eagle 案规则②是普通法从破产法核心原则发展而来的规则,即破产债务人不得通过其事务安排阻碍债权人实现合法权益。上述两项规则虽经常同时适用,但所依据的法律基础略有不同。大致来说:

(1)根据反剥夺原则,以下安排无效:①以损害债权人对破产债务人某项具体财产享有的利益为商业目标的安排;②以涉案企业破产为生效条件的安排。

(2)根据 British Eagle 案规则,如果债务人的财产分配安排不符合"同比例清偿"等破产法规定的清盘程序财产分配、处置规则,则该安排无效。

(二)知识产权合同

165 在香港,知识产权可以为公司财产且受到适用于香港的国际知识产权公约③和

---

① See British Eagle International Airlines Ltd. v. Compagnie Nationale Air France [1975] 1 WLR 758; [1975] 2 All ER 390.

② British Eagle International Airlines Ltd. v. Compagnie Nationale Air France [1975] 1 WLR 758; [1975] 2 All ER 390.

③ For example, Paris Convention for the Protection of Industrial Property (20 March 1883; last amended 28 September 1979), Berne Convention for the Protection of Literary and Artistic Works (9 September 1886; last amended 28 September 1979), the World Intellectual Property Organization Copyright Treaty (adopted 20 December 1996), etc.

相关香港法律条例保护。① 除此之外，对知识产权进行出售、出租、转让的，还需遵守相关香港法的规定。

至于知识产权合同，在公司基于某项合同取得知识产权后，知识产权许可人或持有人不得在该公司清盘时终止合同，除非相关合同已作出明确约定。此外，如果清盘人继续使用知识产权，则视为已采纳相关许可合同。 166

如果公司依据许可合同取得某项知识产权，但该项许可合同属“无利可图”或需公司履行繁苛义务（如支付许可费），则清盘人可能将该项许可合同作为“繁苛负担财产”并主张放弃。② 167

（三）租赁合同

根据香港法，自“繁苛负担财产”被放弃之日起，与所放弃财产相关的合同权利、利益、责任即告终止。 168

清盘人放弃租赁权益的，应当立即提交登记部门备案，租赁财产位于香港的，还需在土地注册处登记放弃财产相关通知。放弃财产的通知须符合规定格式，载明所放弃的具体权益，说明已就放弃财产受到通知的人员情况。因此，清盘人只有在进行相关备案登记，并将相关通知送交土地注册处登记备案后（不动产位于香港的），放弃财产的行为方为有效。 169

如果公司清盘人放弃他人转让给公司的租约，在公司清盘后，原先转让租约的一方仍有义务依据协议支付到期租金。但即使放弃租约的公司为原始承租人，对到期租金承担的保证责任和其他依据租赁合同应履行的义务，并不受清盘人放弃租约的影响。 170

此外，即使“主租约”被清盘人放弃，对于转租人和次承租人而言，主租赁关系应被视为继续存在，而房东则保留扣押租金的权利，并有权在被放弃的主租约未被遵守时直接没收租金。 171

（四）破产约定条款

根据香港法，合同方是可以使用“破产约定条款”的。在香港，“合同自由”被视为一项基本的法律原则，并在大多数情况下起决定性作用。《公司条例》《清盘条 172

---

① For example, the Patents Ordinance (Cap 514), the Registered Designs Ordinance (Cap 522), the Copyright Ordinance (Cap 528) and the Trade Marks Ordinance (Cap 559), etc.

② 参见本报告第 154 段至第 156 段。

例》均未限制对破产约定条款的法律效力和实际执行，但是破产约定条款不得违背“反剥夺原则”。[1]

（五）向债务人业务收购方转让或让与合同

173 只要符合合同约定，清盘人是可以将合同转让或让与至破产公司受让方的。但合同约定有禁止或限制转让条款的，如限制变更控制权的条款，则转让合同应取得合同相对方的同意。

（六）业务转让

174 《业务转让（债权人保障）条例》第 3 条（1）项规定，公司业务转让后，受让人应当承担该转让标的业务相关的全部债务和义务，包括税款义务。

175 《业务转让（债权人保障）条例》第 4 条规定了受让人无须承担责任的例外情形：如果业务转让通知于转让前的 1 ~ 4 个月内发出，并于转让之日前完成通知，则受让人无须承担出让人的法律责任。

176 除了涉及清盘人其后的“追回行为”（clawback），转让方涉及财产转让的法律责任将于以下时点消灭：

（1）公告通知的一个月后；

（2）未作有效通知的，法律责任相关的转让行为生效一年后。

八、债权人与债权

177 在清盘程序中，债权的清偿顺位由债权性质决定，如担保债权、法定优先权将依法享有优先顺位。总体来说，清盘程序中债权的清偿顺序或优先权规则，是债务人开展重组谈判的重要基础，也会影响谈判方的议价能力。

178 概括而言，对债务人财产及其收益的分配清偿顺序如下：[2]

（1）固定押记或按揭财产的保管和变现费用，如适用接管程序，则还包括接管人的报酬、接管成本和费用。

（2）受押记或按揭权担保范围内的债权，清偿担保债权后如有剩余，将作为“自由财产”（free assets）清偿无担保债权人（general creditors）。

（3）浮动押记财产的保管和变现费用，如适用接管程序，则还包括接管人的报

---

① 参见本报告第 164 段。

② Companies (Winding-Up and Miscellaneous Provisions) Ordinance (Cap 32) s. 265.

酬、接管成本和费用,以及因履行优先债权的法定偿付义务而发生的成本和费用。

(4)按法定顺序清偿下述(7)至(10)项的优先债权[对“自由财产”的分配顺序,特定情形下优先于(6)(7)项]。

(5)受浮动押记担保范围内的债权。如果在清偿该担保债权后仍有剩余,剩余部分将作为自由财产清偿无担保债权人。一般而言,被浮动押记所覆盖的财产不可用于清偿其他债权,但如果可用于清偿其他债权的财产不足以清偿《清盘条例》第265条(1)项中规定的优先债权,浮动押记财产应优先用于清偿相关优先债权,其后再清偿浮动押记债权。

(6)清盘的成本和费用(包括清盘人根据《清盘条例》第196条享有的报酬)。

(7)职工债权。

(8)政府享有的法定债权,如税款、税金。

(9)如果债务人为银行,则为存款人持有的债权(数额以实际持有的存款总额为限,或者以其根据《存款保障计划条例》①第27条(1)项可获得的补偿金额为限)。

(10)如果债务人为保险公司,被保险人享有的债权数额以被保险人基于保险合同可向保险人主张的数额为限。

(11)土地出租人在清盘令作出前的3个月内以控制债务人动产的方式实现未付租金债权的,有权在该部分动产覆盖范围内优先受偿。

(12)普通债权。

(13)应返还公司分担人的出资。

(14)应支付公司分担人的剩余部分。

《清盘条例》第265条关于优先受偿权的规定冗长且复杂,因此在具体适用时, 179
需认真研究该条文规定以确定具体优先权。

(一)清盘中的债权转让

一般而言,在清盘程序开始后,清盘人有权认可债权转让后的受让人为破产公 180
司的债权人,并就破产财产向其作分配。因此,尽管公司的债务在清盘令作出之日即已确定,但在清盘过程中公司债权人的持有人仍可能变化。

适格申报的债权须为在申请清盘之时仍未受偿的债权。因此,香港并不要求 181

① Cap 581.

“债权人”须为清盘之时对公司持有债权的人，而只需其持有的债权仍未受偿。[①]

182 毫无疑问，我国香港地区清盘程序中的债权交易活动十分活跃。这也是在我国香港地区（以及其他司法管辖区）雷曼兄弟清盘案中体现出的重要特点。虽然清盘人可以认可债权转让通知书的效力（前提是该转让在形式上有效），但其仍可继续要求转让方提交“第 72 号表格”（Form 72，书面授权清盘人将应分配款项支付至另一主体）。[②] 至于清盘人具体采取哪种方式，取决于哪一方式对清盘管理而言更为便利。清盘人有权变更债权人名单，但无权变更已获确认并登记在册的公司债务。

183 清盘人在收到债权转让通知后，如果有合理理由怀疑该债权转让效力，可继续视债权转让人为公司债权人，向其支付分配款项并送达通知。

（二）境外债权人的待遇

184 总体上，香港之外的境外债权人并未受到区别对待，但是基于公共政策的考虑，境外税款债权不可申报。[③]

185 债权人可以申报不以港元为结算货币的债权，清盘人将按第 162 段所述的换算方式，将外币换算成港元。

186 虽然境外法院作出的判决无法直接在香港执行，但如果满足特定条件，一般具有可执行力。具体而言，境外判决如符合《外地判决（限制承认及强制执行）条例》[④]的相关要求和其他法律法规中的特定条件，则可通过普通法诉讼程序或者通过《判决（强制执行措施）条例》[⑤]《外地判决（交互强制执行）条例》[⑥]规定的登记程序获得执行。

九、职工问题

187 公司欠付的职工薪资、代通知金、未休年假薪资、未休法定节假日薪资、遣散费等其他法定或约定款项，职工可以以债权人身份向法院申请公司清盘。

188 基于债券委任的接管人没有义务将债券中载明的固定财产用于清偿职工优先

---

① Re William Hockley Ltd.［1962］1 WLR 555；［1962］2 All ER 111.

② See the appendices to the Companies（Winding-Up）Rules（Cap 32H）.

③ See Government of India v. Taylor［1955］AC 491 and Tae Kim Chang v. Official Receiver［1992］HKCFI 327.

④ Cap 46.

⑤ Cap 9.

⑥ Cap 319.

债权。但是,如果一项浮动押记覆盖的资产可产生实际收益,如雇主工厂的原材料、交易存货、可从公司的债务人处回收的现金等,那么接管人有义务将职工债权优先于债券所附的担保债权进行清偿。

十、撤销、追回规则和"安全港"规定

可由清盘人提起的诉讼主要有两类: 189

(1)以公司名义提起的诉讼。为实现和保障公司在清盘前已享有的权利和债权,清盘人有权以公司名义提起诉讼。不论公司是否已陷入破产,其都可作为适格的原告而基于已有请求权提起诉讼。

(2)以清盘人身份提起的诉讼。除以公司名义进行的诉讼,清盘人还有权"撤销"(avoid)或"回转"(reverse)公司的特定交易,但除非公司进入清盘程序,否则这些交易对公司具有约束力。也就是说,只有在清盘程序中才可适用这类法定撤销权。

如果某公司在依法定程序通过公司资本回赎或回购自身股份后的一年内被强制清盘,则根据《清盘修订条例》的规定,签署了与该回赎、回购行为有关的"偿债能力声明"(solvency statement)的董事,应当与全体原股东就"补足"(contribute)公司资产承担连带责任。但是,相关董事可证明其有合理理由相信偿债能力声明中的意见的,可以据此进行抗辩。① 190

《清盘修订条例》将"低价交易"(transactions at an undervalue)概念引入企业破产程序,填补了香港原先的立法空白。在此之前,虽然低价交易概念广为人知,但仅适用于个人破产程序。因此在立法修改后,清盘人可对以下类型的清盘前交易行为提起诉讼或行使撤销权: 191

(1)低价交易。② 低价交易是指公司未收到任何对价或者收到的对价显著低于己方给付价值的交易。除非法院认为公司是基于继续经营目的和善意达成的交易,并且在交易之时有合理理由相信该交易对公司有利,否则将予以撤销。追溯低价交易的"临界期"是清盘前的5年内。

(2)"偏颇清偿"(unfair preferences)。③ 偏颇清偿,是指该交易因公司有意偏袒某一债权人而使其在破产程序中取得了其本不享有的有利地位。如果有证据证明,

① Companies (Winding-Up and Miscellaneous Provisions) Ordinance (Cap 32) s. 170A.

② Companies (Winding-Up and Miscellaneous Provisions) Ordinance (Cap 32) ss. 265D and 265E.

③ Companies (Winding-Up and Miscellaneous Provisions) Ordinance (Cap 32) ss. 266 and 266A.

偏袒因素影响了公司进入交易(或进行偿付)的决定,且是“决定交易时考虑的因素之一”,则法院应当撤销该交易。[①] 法律并不要求偏袒意图是公司进入交易的主导因素,其只要为众多考虑因素之一即可。除此之外,公司与其关联方(仅因作为职工而关联的不属此类)之间的交易将被推定为偏颇清偿。追溯破产公司与关联方(仅因职工关系关联的除外)之间交易行为的临界期为清盘前的 2 年内,对于其他的偏颇清偿行为的临界期则为清盘前的 6 个月内。

(3)“敲诈性信贷交易”(extortionate extensions of credit)。[②] 此类交易条款通常要求相对方支付过高数额的信贷款项或者其交易条款严重违反公平交易的一般原则。

(4)“浮动押记”(floating charges)。[③]《清盘条例》规定了浮动押记的无效情形:如果公司在清盘开始前 2 年内为公司关联方设立浮动押记(仅因作为职工关联的除外),或者在清盘开始前 1 年内为其他第三方设立浮动押记,而清盘公司在设定该浮动押记时已经破产的或者因设立该浮动押记而破产的,该浮动押记无效。

(5)“具有欺诈故意的交易”(transactions made with the intention of defrauding creditors)。[④] 该行为的证明标准较高,因此这类主张通常很难成功。

十一、企业集团破产

192 香港破产法并未对企业集团破产问题作特别规定,同一程序无法概括性处理两个以上企业实体的破产事务。企业集团中的每个公司均会被视为具有独立法律人格的主体。因此,关于企业集团内企业实体适用破产或重组程序的问题,在实务中是如何妥当平衡庭内破产制度工具和庭外重组安排的问题。

193 不论适用哪种程序,我国香港地区破产制度的一项基本原则为严格承认企业实体的独立法律人格。Kwan 法官在 Re Zhu Kuan (Hong Kong) Co. Ltd. 案中指出,[⑤]“在中国香港,我们没有类似于新西兰等国家或地区的立法规定,不能作出‘合并破产令’(pooling order)而让两个以上清盘中的关联公司在遵守法院命令和可能的附加条件情况下,作为同一实体进行清盘”。因此,我国香港地区所采用的区分企业实

① Re MC Bacon Ltd. (No. 1) [1990] BCLC 324 at 336.
② Companies (Winding-Up and Miscellaneous Provisions) Ordinance (Cap 32) s. 264B.
③ Companies (Winding-Up and Miscellaneous Provisions) Ordinance (Cap 32) ss. 267 and 267A.
④ Conveyancing and Property Ordinance (Cap 219) s. 60.
⑤ [2007] 4 HKLRD 1.

体的清盘方式也意味着,在个案中,如何处理企业集团的问题主要取决于该集团的具体架构。

(一)企业集团倒闭与相关跨境问题

大部分的企业集团在倒闭时会涉及跨境的企业架构。而在跨境处置的背景下, 194
香港解决争议、管控企业财产的能力则很大程度上取决于该境外公司是否可受香港破产管辖,以及境外的破产职务承担者能否获得香港法院的协助。这些问题会在下文跨境破产部分进一步探讨。[①]

(二)企业集团倒闭的处置方法

鉴于香港在企业破产程序中采用区分实体单独处理方式(entity-by-entity approach), 195
法院和破产专业人士已发展出不少协调处置企业集团破产问题的实用方法。

1.“穿透”(drill-down)

在破产案件中,集团控股公司(通常是在香港上市的公司)一般会被指定清盘人 196
等破产职务主体。而对于清盘人而言,其任务为层层“穿透”子公司来寻找通常隐藏在资本架构深处的集团资产。这种方法尤其适用于调查“离岸到本地”(offshore-to-onshore)架构下的企业集团。

2. 破产职务承担者的协调一致

香港法院认可企业集团架构具有的商业性和实用性,因此在实践中,除非存在 197
利益冲突,法院会批准由单一清盘人同时担任集团中所有已进入清盘公司的清盘人。这种较为灵活的方法在 Re Luen Cheong Tai Construction Co. Ltd. 案[②]中得到了充分体现,正如 Kwan 法官在该案中所言“法院针对这种情形采取了切实可行的方法。不可否认,由一名清盘人负责对整个企业集团实施清盘有其优势。因为在进行债权确认时,只要公司之间发生了真实且现实的冲突,清盘人就可向法院请求指示。该方法也正是英国法院在判例中所采用的方法(具体详见 Re Arrows Ltd.[1992] BCC 121 and Re Maxwell Communications Corporation plc [1992] BCC 372)。因此,在这一方面,香港法院遵循了英国法院的判例”。

值得注意,即便香港法院已明确承认对企业集团破产处置时保持清盘人协调一 198
致的价值,但法院仍会确保每家公司的破产财产得到独立管理,并且避免某一家公

---

① 参见本报告第十二部分。

② [2002] HKEC 1544; [2002] HKCFI 1013 at [17].

司发生的破产费用由集团内其他公司承担。①

十二、国际破产及跨境破产法

（一）清盘境外公司

199 根据《清盘条例》第 X 部分的规定，高等法院对“非注册公司”（unregistered company）的清盘案件享有专属管辖权。“非注册公司”包括依据《公司条例》或旧《公司条例》（第 XVI 部分）第 333 条（3）项规定的已在香港注册的非香港公司（registered non-HongKong company）。② 因此，对于依照《公司条例》第 XVI 部分的规定已在香港注册的境外公司，以及在满足《清盘条例》第 327 条规定条件的未在香港注册的境外公司，高等法院均可行使清盘管辖权。

200 根据《清盘条例》第 327 条的规定，非注册公司：

（1）不可启动自动清盘程序。

（2）满足以下条件之一的，可启动强制清盘程序：

①该公司已解散或停止营业，或仅为清算而继续营业；

②该公司无力清偿债务；

③法院认为清盘该公司是公平公正的。

201 香港法院“可以”对满足第 327 条规定条件之一的境外公司行使清盘管辖权。至于法院是否行使这一管辖权，则属于其自由裁量范围，与此同时，境外公司或其债权人须与香港之间存在充分联系，才能为法院行使所谓“过度管辖权”提供合法性依据。③ 但是，具备管辖权只是基础性要求，法院还需确认香港是清盘该公司的“合适管辖地”（appropriate forum）。④

202 当法院裁量是否对境外公司行使清盘管辖权时，一般需考虑三项要求：⑤

---

① Re Zhu Kuan (Hong Kong) Co. Ltd. [2007] 4 HKLRD 1.

② Companies (Winding-Up and Miscellaneous Provisions) Ordinance (Cap 32) s. 326(2).

③ Re China Medical Technologies Inc [2014] HKEC 620; [2014] HKCFI 656, per Harris J. at [27] and [56].

④ Re Harrods (Buenos Aires) Ltd. [1992] Ch 72; Re Wallace Smith & Co. Ltd. [1992] BCLC 970.

⑤ 上述要求源于英国判例 Re Real Estate Development Co. [1991] BCLC 210 案的判决，该案中，Knox 法官认为，如果公司与英国不存在充分联系，则根本不存在可作出清盘令的管辖权，另参见 Morritt 法官在 Stocnzia Gdanska SA v. Latreefers Inc (No. 2) [2001] BCC 174 案以及 Kwan 法官在 Re Information Security One Ltd. [2007]3 HKLRD 780 案中作出的附带意见。

(1) 境外公司与香港之间是否具有充分联系(sufficient connection),其中,“充分联系”可能具有的表现形式之一,是该公司在香港境内持有财产;

(2)清盘令有使申请人受益的合理可能性;

(3)法院可对在公司财产分配中的一名或多名利益相关方行使司法管辖权。①

在 Re China Medical 案②中,相关方请求香港法院对上述常被称为“三项核心要求”的适用问题作出明确,即这些因素是判断香港法院是否具有管辖权的要件,还是法院在考虑是否行使裁量权时的指引性要素。③ 203

Re China Medical 一案的案情为,一家在纳斯达克上市的开曼公司 China Medical,以间接持股中国内地子公司的方式实际经营,其架构中还包括一家由英属维京群岛注册成立的公司控股的香港控股公司,这在我国香港地区属于常见的集团架构。China Medical 公司通过发行股票和以美元计价的无担保可转债来进行融资,后因无法支付债券到期利息而违约,并在开曼被指定了清盘人。此后,开曼的清盘人依据当时有效的《清盘条例》第 221 条请求我国香港地区作出清盘令,其主要目的在于获取香港在强制清盘中可授权清盘人使用的调查工具。④ 另外,China Medical 公司在香港开立了账户作为资金中转渠道,同时该公司在香港境内仅有一名持有 4139 美元到期债权的债权人,而公司的总债务已超过 400, 000, 000 美元。 204

对此,夏利士法官(Harris J)认为,“三项核心要求”是法院在自由裁量是否行使管辖权时所考虑的要素,而非判断香港法院是否具备管辖权的要件。⑤ 也就是说,相关公司只要满足《清盘条例》第 327 条规定的任一条件,法院即具备对清盘相关境外 205

① Morritt 法官在 Stocnzia Gdanska SA v. Latreefers Inc (No. 2) [2001] BCC 174 案中提出的标准也在 Re Beauty China Holdings Ltd. [2009] 6 HKC 351 一案中得到了应用。另参见 Re Gottinghen Trading Ltd. [2012] 3 HKLRD 453; Re Pioneer Iron and Steel Group Co. Ltd. [2013] HKEC 317; Re China Medical Technologies [2014] HKEC 620; [2014] HKCFI 656; and Kam Leung Sui Kwan v. Kam Kwan Lai (2015) 18 HKCFAR 501。

② [2014] HKEC 620; [2014] HKCFI 656.

③ 对于该问题,英国法的态度也一直未明确,直到 Re Drax Holdings Ltd. [2004] 1 WLR 903 案提出了法院在行使自由裁量权时应考虑的三个条件。该问题之所以不明确,是因为最初在 Real Estate Development Co. [1991] BCLC 210 案中,Knox 法官认为如果公司与英国之间不具有充分联系,则根本“不存在可作出清盘令的管辖权”,而其后在 Stocnzia Gdanska SA v. Latreefers Inc (No. 2) [2001] BCC 174 案中,Morritt 法官似乎在判决书第 30 段的论述中又混淆了该问题。

④ See s. 286B of the Companies (Winding-Up and Miscellaneous Provisions) Ordinance (Cap 32).

⑤ 香港终审法院在 Kam Leung Sui Kwan v. Kam Kwan Lai (2015) 18 HKCFAR 501 一案中作出了相同判定。

公司的管辖权，而法院只在裁量是否行使管辖权时，才会进一步考虑上述核心要求。

1. 第一项核心要求

206 根据第一项核心要求，清盘公司须与香港具有充分联系。而如何判断是否具有充分联系，则交由法官在个案中进行自由裁量。实践中，法院认定具有充分联系的情形包括：境外公司在香港设有营业地①；在香港境内持有财产（包括可追诉的诉因）或者预期将转移财产至香港②；公司职工在香港享有法定权益；债权发生于香港（但需注意本报告第三项核心要求对债权数额的要求）。

207 尽管《清盘条例》第327条适用于是否作出清盘令，但经常作为选择，用于获得《公司条例》第724、725条中偏颇清偿行为的救济。在行使清盘管辖权前，法院对"充分联系"的要求一般会与清盘申请的基础依据相关联。③ 尽管如此，根据终审法院的相关判例，法院对于公司股东申请清盘相关的"充分联系"证明要求，并不比债权人申请破产更严格。④

208 要达到法院作出清盘令所要求的"充分联系"程度，还取决于其他核心要求是否均已得到满足。在 Re China Medical 案中，法院认为该案并未满足第三项核心要求（见本报告）。夏利士法官指出，必须明确证明香港是该公司主要活动的中心地，才能证明该公司与香港之间具有充分联系。根据该案事实，夏利士法官认为香港仅在该公司的经营活动中处于次要位置，香港与该公司之间并不具有可为法院作出清盘令提供正当理由的"充分联系"。此外，法院认为，鉴于资金本身所具有的流动性和易于转移至其他司法管辖区的特性，仅凭借在香港银行账户中存放有资金收益的事实，并不足以证明公司与香港之间具有"充分联系"。

2. 第二项核心要求

209 在 Re China Medical 案中，当事人主张，法院作出清盘令将使公司受益，因为清盘令允许调查活动，有助于查明公司事务状况，因此满足了第二项核心要求。法院

① 《公司条例》（Cap622）第774条规定了"营业地"的定义，该条与旧《公司条例》第341条的规定完全相同，法院对"营业地点"的解释采用一种宽泛且符合常理的方法。在 Kam Leung Sui Kwan v. Kam Kwan Lai (2015) 18 HKCFAR 501 一案中，香港终审法院维持了下级法院的判决，该案根据《公司条例》第341条（1）项的表述判断，要证明一个企业在香港具有"营业地点"，该企业须在香港开展规律性的业务活动（而非仅仅是行政管理活动），并拥有永久性的实际经营地点。

② Re Irish Shipping Ltd. [1985] HKLR 437.

③ Re Gottinghen Trading Ltd. [2012] 3 HKLRD 453.

④ Re Gottinghen Trading Ltd. [2012] 3 HKLRD 453.

对此并未予以认可，法院指出，虽然原《清盘条例》第 221 条①规定的调查权在部分程序阶段有其好处，但该调查权本身并不是法院是否清盘境外公司的裁量理由。

因此，Re China Medical 案的裁判结果说明，香港法院不会仅仅为了让境外清盘人行使香港清盘人享有的调查权而作出清盘令，只有在清盘该公司的理由本身具有说服力时，法院才会对其行使清盘管辖权。 210

3. 第三项核心要求

法官认为，在对第三项核心要求的考量中，相关人员不仅应与本司法管辖区具有充分联系，还应对公司清盘享有充分利益，这样才能对法院的"超范围管辖"提供合法性依据。而在 Re China Medical 案中，法官认为第三项核心要求未得到满足的主要原因在于，相较于该公司 400, 000, 000 美元的负债总额，香港债权人持有的债权数额实在太小。 211

另外，在程序上，如果申请人在申请清盘境外非注册公司时未能说明该公司与香港之间的联系，法院应当依法驳回该申请，且不允许补正。在 Armada (Singapore) Pte Ltd. v. Grand China Logistics Holding (Group) Co. Ltd. 案中，②申请人以已向债务人的上海注册办事处送达法定偿债书为由，向法院提起清盘申请，但未提及该公司与香港之间具有任何联系。夏利士法官驳回了该申请并再次重申，对境外公司实施清盘仍属超范围管辖，只有在境外公司与香港具有充分联系时方可行使管辖权。 212

(二)跨境破产程序的协助

在香港立法中，对于寻求获取破产救济的境外破产职务主体，香港并无给予承认与协助的法定机制。但长期以来，只要境外破产程序所在地的破产法制度，与香港法实质性相似，香港法院就会承认该破产程序指定的管理人身份，③而作为承认结果，香港法院将不允许在香港进行可能干预境外破产程序的诉讼活动。④ 但需指出，这一"承认"不同于香港法院给予的实质性跨境破产协助，在实质性的协助中，境外破产职务主体可在香港以管理人身份行使职权。 213

---

① Now s. 286B of the Companies (Winding-Up and Miscellaneous Provisions) Ordinance (Cap 32).

② [2013] HKEC 1517; [2013] HKCFI 1572.

③ Modern Terminals (Berth 5) Ltd. v. States Steamship Co. [1979] HKLR 512 at 514.

④ Modern Terminals (Berth 5) Ltd. v. States Steamship Co. [1979] HKLR 512.

214 在过去的实务中，境外清盘人会试图让自己在香港清盘程序中获指定为清盘人（参见 Re Irish Shipping Ltd. 案①），以此方式适用香港破产法。但是，在近期实践中，香港高等法院更倾向于基于普通法行使其固有管辖权，对境外破产职务主体予以承认和协助，②这也为法院在后续案件中提供更加实质性的破产协助铺平了道路。

215 在 Joint Official Liquidators of A Co. v. B Co. 案中，③一家开曼公司的清盘人，依据开曼法院向香港特别行政区高等法院发出的请求书向香港提出申请，申请事项包括请求香港法院作出向清盘人提供文件的命令等。对此，在参考其他普通法区域的司法实践，尤其在参考英国和威尔士、百慕大群岛的司法实践之后，夏利士法官认为，“目前，特别是在普通法法域，存在一种向所谓‘普及主义’或‘修正的普及主义’发展的趋势”。④ 最后，夏利士法官批准了开曼清盘人的申请并释明，对依据公司注册成立地法律指定的清盘人予以承认，是一项香港法律原则。⑤

216 在向开曼管理人提供协助的同时，香港法院指出，如果某普通法司法管辖区的破产法与香港破产法构成实质性相似，则法院依据该地发出的请求书，可以作出临时清盘人或清盘人有权根据香港破产法获得的命令。⑥ 但是，该案并未讨论如何认定境外破产法与香港法构成实质性相似的问题。值得注意，在涉及这一问题的 Re African Minerals Ltd. 案中⑦，夏利士法官认为，尽管香港法院可以在依裁量权协助境外破产程序上相对宽松，但可作出的命令仍以在香港破产法、普通法、衡平法原则下香港清盘人有权获得的范围为限。在该案中，香港法院驳回了协助申请，其部分原因在于，香港既没有等同于英国管理（administration）程序的制度，也缺乏中止担保债权行使的法律依据。

---

① [1985] HKLR 437.

② Joint Official Liquidators of A Co. v. B Co. [2014] 4 HKLRD 374.

③ [2014] 4 HKLRD 374.

④ Joint Official Liquidators of A Co. v. B Co. [2014] 4 HKLRD 374 at [10]. See also the authorities referred to by Harris J.: In re Impex Services Worldwide Ltd. [2004] BPIR 564; Cambridge Gas Transportation Corp v. Official Committee of Unsecured Creditors of Navigator Holdings Plc [2007] 1 AC 508; Rubin v. Eurofinance SA [2013] 1 AC 236. See further Singularis Holdings Ltd. v. PricewaterhouseCoopers [2015] AC 1675.

⑤ [2014] 4 HKLRD 374 at [7].

⑥ Joint Official Liquidators of A Co. v. B Co. [2014] 4 HKLRD 374 at [18].

⑦ [2015] 4 HKC 215.

(三)自动清盘

香港原讼法庭还曾对由股东会决议启动的境外清盘程序的清盘人作出承认令。① 经过该案,香港法院确认了基于普通法可给予协助的范围已扩大至破产债务人的境外自动清盘程序。而在此之前,对于法院能否对自动清盘程序的清盘人给予协助的问题,自被广泛引用的 Singularis 案中 Sumption 法官的附带意见发表后,一直存有疑问。② 217

香港法官在该判决中指出,"是否给予跨境破产协助的关键并非境外破产职务的承担者是否作为境外法院职务主体履职,而是该境外程序本质上是否为集体程序,从这个角度来说,该境外程序须为'为全体债权人利益进行的集体性债务执行程序',③而修正的普及主义原则的真正关注点应在于破产程序的集体性"④。由此,法官得出结论,不应对"未破产"债务人的境外清算程序(liquidation procedure)的清盘人给予协助,因为该程序不属于集体性破产程序,正如英国枢密院在 Singularis 案中所指出的,未破产时的清算程序更类似于"私人安排"(private arrangement)。⑤ 218

(四)议定书

除 Joint Official Liquidators of A Co. v. B Co. 案外,香港实务中还会涉及议定书的使用。当香港清盘人同时处理位于不同司法管辖区(其一为香港)的企业清盘程序时,香港清盘人可以,也经常与境外破产职务主体签署"议定书"。议定书的使用已日渐成为国际破产实践的共同特征。⑥ 219

香港雷曼兄弟清盘案是企业集团破产处置中使用议定书的典型案例之一,香港清 220

---

① Re Supreme Tycoon Ltd. [2018] 2 HKC 485.

② Singularis Holdings Ltd. v. PricewaterhouseCoopers [2015] AC 1675 at [25].

③ Re Lines Bros Ltd. [1983] Ch 1,20.

④ Cambridge Gas Transportation Corporation v. Official Committee of Unsecured Creditors of Navigator Holdings [2007] 1 AC 508.

⑤ 这一观点与新加坡高等法院在 Re Gulf Pacific Shipping Ltd. [2006] SGHC 287 一案中的观点产生分歧,该案中新加坡法院遵循了美国内华达州破产法院依据《美国破产法》第 15 章承认澳大利亚公司成员自动清盘程序的判例。

⑥ Re Performance Investment Products Corp. Ltd. [2014] HKEC 465; Re Kong Wah Holdings Ltd. [2004] HKCFI 345; [2004] 3 HKC 596 ("Kong Wah"); Re Jinro (HK) International Ltd. [2003] 3 HKLRD 459. 在 Kong Wah 案中,Kwan 法官在判决书第 6 段明确指出,尽管法院不会对任何议定书作出批准,但对于清盘人采用议定书协调各地平行进行清算程序的这种务实做法,法院应当认可清盘人的专业判断。

盘人还在雷曼兄弟财团的全球破产管理人国际议定书签署方中担任了联席主席。议定书是该系列案件为应对历史上最大规模企业倒闭,所采取的全球性处理措施之一。遍布全球的雷曼兄弟系公司的破产职务主体联合签署了议定书,为国际上多个破产程序建立了合作、协作机制和信息共享机制。总体而言,议定书虽不具有强制约束力,但该工具有助于为各地不同破产程序建立沟通交流渠道。同时,相较于单纯依靠正式的司法程序,议定书或许还更有助于高效解决企业集团的内部问题。

附:本报告引用的法律

Appendix of Legislation Referred to

1.《英国法律应用条例》,Application of English Law Ordinance（Cap 88）。

2.《仲裁条例》,Arbitration Ordinance（Cap 609）。

3.《银行业条例》,Banking Ordinance（Cap 155）。

4.《1996 年银行业(修订)条例》,Banking（Amendment）Ordinance 1996。

5.《破产条例》,Bankruptcy Ordinance（Cap 6）。

6.《破产规则》,Bankruptcy Rules（Cap 6A）。

7.《中华人民共和国香港特别行政区基本法》（1997 年 7 月 1 日生效施行）,Basic Law of the Hong Kong Special Administrative Region of the People's Republic of China。

8.《公司条例》,Companies Ordinance（Cap 622）。

9.《2018 年公司(修订)条例》,Companies（Amendment）Ordinance 2018。

10.《2016 年公司(清盘及杂项条文)(修订)条例》,Companies（Winding-Up and Miscellaneous Provisions）（Amendment）Ordinance 2016。

11.《公司(清盘及杂项条文)条例》,Companies（Winding-Up and Miscellaneous Provisions）Ordinance（Cap 32）。

12.《公司清盘规则》,Companies（Winding-up）Rules（Cap 32H）。

13.《物业转易及财产条例》,Conveyancing & Property Ordinance（Cap 219）。

14.《版权条例》,Copyright Ordinance（Cap 528）。

15.《存款保障计划条例》,Deposit Protection Scheme Ordinance（Cap 581）。

16.《金融机构(处置机制)条例》,Financial Institutions（Resolution）Ordinance（Cap 628）。

17.《金融机构(处置机制)(吸收亏损能力规定——银行界)规则》, Financial Institutions (Resolution) (Loss-absorbing Capacity Requirements-Banking Sector) Rules (L N 195 of 2018)。

18.《外地判决(交互强制执行)条例》, Foreign Judgments (Reciprocal Enforcement) Ordinance (Cap 319)。

19.《外地判决(限制承认及强制执行)条例》, Foreign Judgments (Restriction on Recognition and Enforcement) Ordinance (Cap 46)。

20.《香港回归条例》, Hong Kong Reunification Ordinance (Instrument A601)。

21.《保险业条例》, Insurance Companies Ordinance (Cap 41)。

22.《判决(强制执行措施)条例》, Judgment (Facilities for Enforcement) Ordinance (Cap 9)。

23.《调解条例》, Mediation Ordinance (Cap 620)。

24.《合伙条例》, Partnership Ordinance (Cap 38)。

25.《专利条例》, Patents Ordinance (Cap 514)。

26.《专业会计师条例》, Professional Accountants Ordinance (Cap 50)。

27.《注册外观设计条例》, Registered Designs Ordinance (Cap 522)。

28.《证券及期货条例》, Securities and Futures Ordinance (Cap 571)。

29.《商标条例》, Trade Marks Ordinance (Cap 559)。

30.《业务转让(债权人保障)条例》, Transfer of Businesses (Protection of Creditors) Ordinance (Cap 49)。

印度制度报告

Pulkit Gupta
Director, Transaction Advisory Services, EY Restructuring LLP

一、破产法概述

1 印度的破产制度改革是缓慢且渐进式的。破产法改革委员会①在其 2015 年的最终报告中指出,碎片化和低效率是对印度破产制度改革进程最恰当的总结。该报告总结了印度"重整"(resolution)实施中主要存在的两个障碍:一是适用于不同类型债务人的繁杂法律规定导致了适用上的模糊;二是负责裁判破产问题的有权机构缺少相关的商业或金融知识。②

2 对此,破产法改革委员会(the Bankruptcy Law Reforms Commitee)呼吁重新设计整个重整程序,而不是仅完善制度的某一方面,③该委员会建议将处理各类法人实体和个人破产问题的规定集合为一部法律,以该法取代现有各项法律中有关已注册实体破产处置问题的规定。基于破产法改革委员会的建议,印度于 2016 年 5 月 28 日颁布了《2016 年破产法》④(以下简称《破产法》)。

3 《破产法》整合了与破产相关的现行法律规定,为印度的破产立法带来了全面、现代且精细的革命性变化。⑤ 该立法框架旨在使陷入困境的公司债务人实现重整,

---

① 破产法改革委员会于 2014 年成立,由财政部经济事务司设立,负责监督印度的破产立法设计,起草新的立法框架,进而解决印度破产法的问题。See Interim Report of the Bankruptcy Law Reforms Committee (February 2015), <https://www.finmin.nic.in/sites/default/files/Interim_Report_BLRC_0.pdf> (accessed 6 January 2020).

② Bankruptcy Law Reforms Committee, *The Report of the Bankruptcy Law Reforms Committee Volume I: Rationale and Design* (November 2015).

③ Bankruptcy Law Reforms Committee, *The Report of the Bankruptcy Law Reforms Committee Volume I: Rationale and Design* (November 2015) at para. 3. 3. 1.

④ Act No. 31 of 2016.

⑤ 本报告聚焦于探讨企业破产问题,但需说明,《破产法》除了规定企业重整和自愿清算规则,还在第 1 章第三部分规定了个人破产重整规则。

无法重整成功的,则以附时限的方式实施清算。

《破产法》还为印度市场引入"债务人自行管理"到"债权人控制"的范式转换。该法建立的机制由市场决定且受时限约束,尽可能有序地处置破产问题,并在情况需要时易于退出。这一改革赋予了债权人为债务人利益而决策的权利,相对减少了被暂停行使职权的公司发起人或前董事的反对。[①] 综观本报告可见,《破产法》最具决定性的特征是严格的时限规定,这是以前法律相对缺少的。《2019 年破产法(修订条例)》[②]更是规定,企业重整程序应当自程序开始之日起 330 日内完成,其中包括所有的延期时间,以及重整程序相关诉讼所花费的时间。[③] 该次修订旨在确保重整程序能够及时完成,因为法律之前规定的 270 日时限,往往因债务人被提起的法律程序而被违反。 4

《破产法》的目标在于为公司实现破产重整和处置、使其资产价值最大化,鼓励创业精神,提高融资增信的可能性,并在"神圣"的(sacrosanct)秩序中平衡各方利益。[④] 最高法院在一份具有里程碑意义的判决中强调,《破产法》的首要关注点为保护公司主体不受其原有管理层不当行为的影响,防止因清算造成企业死亡,从而确保公司再建和持续经营。[⑤] 因此,《破产法》是有利于帮助公司重新站起来的法律,而不仅仅是债权人的追偿法。[⑥] 5

《破产法》第 238 条规定,《破产法》的规定与其他法律冲突时,《破产法》优先适用。[⑦] 该条规定的效力已受到诸多其他法律的挑战,[⑧]但最高法院在其判决的附带意见中指出,第 238 条使用了最为广泛的条款范围规定,因此,债务人依据其他法律 6

---

① 关于暂停债务人部分权利行使的问题,将在本报告第三部分详述。

② Enacted on 29 July 2019.

③ Insolvency and Bankruptcy Code,2016 (Act No. 31 of 2016) s. 12(3), second proviso.

④ Binani Industries Ltd. v. Bank of Baroda (Company Appeal (AT) (Insolvency) No. 82 of 2018). See also the preamble of the Insolvency and Bankruptcy Code,2016 (Act No. 31 of 2016).

⑤ Swiss Ribbons Pvt Ltd. v. Union of India (2019) 4 SCC 17 at [12].

⑥ Swiss Ribbons Pvt Ltd. v. Union of India (2019) 4 SCC 17 at [12].

⑦ Jagmohan Bajaj v. Shivam Fragrances Pte Ltd. (Company Appeal (AT) (Insolvency) No. 428 of 2018).

⑧ 例如,在《破产法》与所得税法冲突的案件中,法院支持了《破产法》优先适用。See Principal Commissioner of Income Tax v. Monnet Ispat & Energy Ltd. (2018) 304 CTR (SC) 233. 但在另一案中,当《破产法》与《2002 年反洗钱法》冲突时,法院并未支持《破产法》优先适用。See Deputy Director Directorate of Enforcement Delhi v. Axis Bank (CRL A 143/2018; 2 April 2019) (High Court of Delhi).

享有的权利不能阻碍《破产法》的适用。①

二、《破产法》的机制框架

7 《破产法》的一项重大创新是建立了“四大支柱”的运行机制框架，②包括：(1)第一支柱为司法审判机关——国家公司法庭(以下简称公司法庭)，负责审理企业破产案件；(2)第二支柱为监管机构——印度破产委员会(the Insolvency and Bankruptcy Board of India，以下简称破产委员会)，负责监督和管理破产执业者和破产专业组织；(3)第三支柱为监管下履职主体——“破产管理人”(insolvency professionals)职业群体，在《破产法》下破产程序的高效运行中行使关键职能；(4)第四支柱为新产业——名为“信息化公共服务”(information utilities)，这一产业以电子方式保存出借人、借贷条款、条件等情况(见图1)。

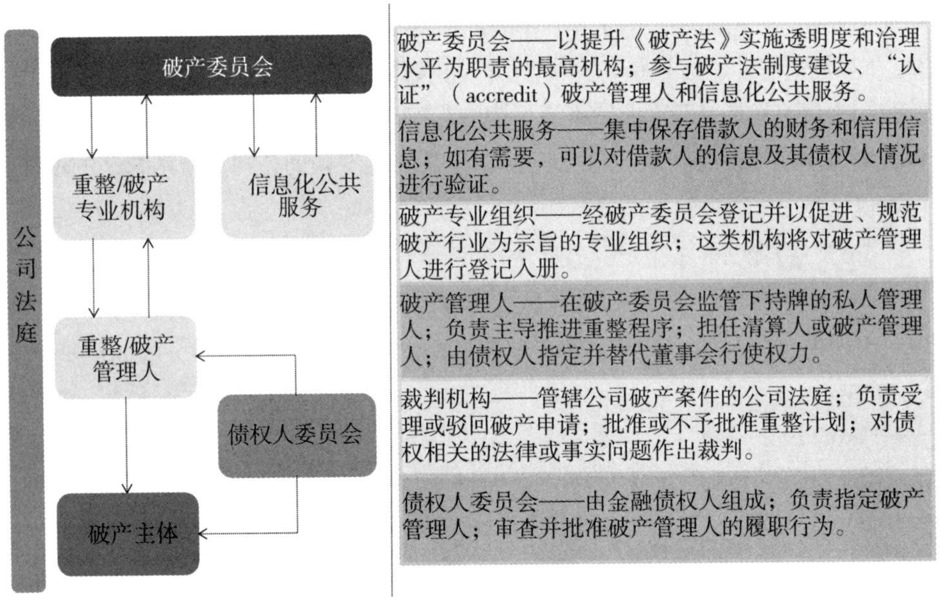

图1 印度破产法“生态系统”

① M/S Innoventive Industries Ltd. v. ICICI Bank (2018) 1 SCC 407 at [55] and [56].

② Insolvency and Bankruptcy Board of India, *Insolvency and Bankruptcy News: Quarterly Newsletter of the Insolvency and Bankruptcy Board of India* (October-December 2016), <https://ibbi.gov.in/uploads/publication/IBBI_Newsletter_Web.pdf> (accessed 15 January 2020).

(一)第一支柱——公司法庭

《破产法》规定,公司法庭是企业重整和清算程序的审判机构,按照公司的"注册办公地"(registered office)享有管辖权。① 公司法庭有权依债权人或债务人的申请启动破产程序。② 即使经债权人委员会③批准,"重整管理人"(resolution professional)④也只有在获得公司法庭批准后,才可将破产程序延长 90 日。⑤ 此外,公司法庭还有权批准重整计划。⑥ 8

相关方对公司法庭的决定不服的,有权在规定期限内向国家公司法上诉法庭(以下简称公司法上诉法庭)提起上诉。⑦ 相关方对公司法上诉法庭的决定不服的,有权在规定期限内就该判决中的法律问题上诉至最高法院。⑧ 9

印度的企业事务部在多地(包括德里、金奈和孟买等国家中心、区域中心)设立了由司法人员和技术人员领导的公司法庭"审判庭"(benches)。⑨ 10

(二)第二支柱——破产委员会

在《破产法》的实施中,破产委员会负责实施《破产法》和规范破产职业群体及破产程序。破产委员会对破产管理人、破产专业组织和信息化公共服务负有监管职责。此外,根据《2017 年公司(注册评估师和评估)规则》⑩,破产委员会还作为"登记机构",对印度评估行业的监管和发展负有职责。⑪ 总体而言,破产委员会应当履行以下职能:⑫ 11

---

① Insolvency and Bankruptcy Code,2016 (Act No.31 of 2016) s.60.

② Insolvency and Bankruptcy Code,2016 (Act No.31 of 2016) ss.7,9 and 10.

③ 关于债权人委员会的具体内容将在本报告第 47 ~50 段详述。

④ Insolvency and Bankruptcy Code,2016 (Act No.31 of 2016) s.5(27). 在本报告中,"重整管理人"(resolution professional)指受委任或指定,负责推进企业破产重整程序的破产管理人,包括临时重整管理人。关于重整管理人的具体内容将在本报告第 12 ~21 段详述。

⑤ Insolvency and Bankruptcy Code,2016 (Act No.31 of 2016) s.12(3).

⑥ Insolvency and Bankruptcy Code,2016 (Act No.31 of 2016) s.2(26). 重整计划指重整方提出的用以实现债务人破产重整和持续经营的计划。关于重整计划和"重整方"的具体内容将在本报告第 56 ~73 段详述。

⑦ Insolvency and Bankruptcy Code,2016 (Act No.31 of 2016) s.61.

⑧ Insolvency and Bankruptcy Code,2016 (Act No.31 of 2016) s.62.

⑨ National Company Law Tribunal, *National Company Law Tribunal Benches* <https://nclt.gov.in/content/national-company-law-tribunal-benches> (accessed 6 January 2020).

⑩ Notified on 18 October 2017.

⑪ Companies (Registered Valuers and Valuation) Rules,2017,r.2(1)(g).

⑫ Insolvency and Bankruptcy Code,2016 (Act No.31 of 2016) s.196.

（1）规范和发展印度破产交易程序和实践；（2）注册和监管破产管理人、破产专业组织、信息化公共服务方等破产服务提供者；（3）对破产交易活动和破产服务提供者进行监督并执法，具体措施包括监督、调查、处理申诉和裁决；（4）通过教育、考试、培训、职业继续教育等方式，促进破产职业发展。

（三）第三支柱——破产管理人

12 印度的破产管理人包括在企业重整程序启动后30日的“临时期间”内指定的临时重整管理人。如经债权人委员会批准，该管理人还将继续推进整个重整程序。

1. 履职资格

13 只有经破产委员会登记注册的人，才能作为破产管理人提供服务。① 目前，自然人要注册为破产管理人，不但需通过设有限额的破产专业考试并完成“注册前”教育课程，还需具备15年管理经验或者10年以上职业经验，包括：（1）注册会计师；（2）公司秘书；（3）“成本会计师”（cost accountant）；（4）相应监管机构或律师公会的成员律师。②

14 此外，个人被判处6个月监禁或以上的刑事处罚，或者涉及“违反公德”（moral turpitude）类罪名的，在刑罚执行完毕之日起的5年内不得注册为破产管理人。③ 曾被判处7年监禁以上刑罚的个人，不得注册为破产管理人。④

15 破产委员会建立有管理人名册，用来指定临时重整管理人或清算人，并与公司法庭共同使用该名册。⑤ 每批管理人名册的有效期为6个月，6个月后由新名册所取代。⑥ 破产管理人进入名册需符合以下条件：（1）没有针对该管理人的未决纪律处分程序；（2）进入名册前的3年内没有刑事犯罪记录；（3）管理人明示有意愿进入名册；（4）管理人承诺履行临时重整管理人、清算人的职责。⑦

---

① Insolvency and Bankruptcy Code, 2016 (Act No. 31 of 2016) s. 206.

② Insolvency and Bankruptcy Board of India (Insolvency Professionals) Regulations, 2016, reg 5.

③ Insolvency and Bankruptcy Board of India (Insolvency Professionals) Regulations, 2016, reg 4 (d).

④ Insolvency and Bankruptcy Board of India (Insolvency Professionals) Regulations, 2016, proviso to reg 4(d).

⑤ Insolvency Professionals to Act as Interim Resolution Professionals and Liquidators (Recommendation) (Second) Guidelines, 2018 (30 November 2018) at para. 6.

⑥ Insolvency Professionals to Act as Interim Resolution Professionals and Liquidators (Recommendation) (Second) Guidelines, 2018 (30 November 2018) at para. 6.

⑦ Insolvency Professionals to Act as Interim Resolution Professionals and Liquidators (Recommendation) (Second) Guidelines, 2018 (30 November 2018) at para. 7.

2. 权力和职能

自公司法庭决定对公司启动破产重整程序之日起，临时重整管理人或重整管理人即可以参与程序。程序开始命令一经作出，债务人董事会或合伙人应当暂停行使职权，并由临时重整管理人或重整管理人予以替代。[①] 自此开始，对公司事务的管理权将交由临时重整管理人或重整管理人行使，而公司高管应向临时重整管理人或重整管理人报告其工作并提供相应的资料和记录。[②] 此外，为债务人提供记账服务的金融机构也应按照临时重整管理人或重整管理人的指示，提供其掌握的债务人相关信息。[③] 16

临时重整管理人或重整管理人应当努力保护债务人的资产价值，管理公司并维持其继续经营。为此，临时重整管理人或重整管理人有权采取以下措施：(1)聘请专业人士；(2)代表债务人签订合同和修改债务人在破产重整程序前已签订的合同；(3)获取临时性融资；(4)对债务人员工作出指示。[④] 17

此外，重整管理人在获得占债权人委员会表决权总额2/3以上的多数同意后，[⑤] 有权采取以下措施：超出债权人委员会决定的限额获取临时性融资；设置担保；与关联方交易；修改公司章程；等等。[⑥] 重整管理人未经债权人委员会同意而采取的行动无效，债权人委员会有权将重整管理人的行为报告至破产委员会，由破产委员会对该管理人采取必要措施。[⑦] 18

3. 履职行为和报酬

破产管理人的履职行为由破产委员会负责监管。因破产管理人履职行为受损害的主体可以向破产监管机构投诉。[⑧] 破产委员会收到投诉后，将在规定期限内[⑨] 根据2017年6月12日生效的《2017年印度破产委员会(检查和调查)规定》，对破产管理人进行检查或者调查。破产委员会还会成立纪律委员会来审议检查或调查的 19

① Insolvency and Bankruptcy Code,2016 (Act No.31 of 2016) s.17(1)(b).
② Insolvency and Bankruptcy Code,2016 (Act No.31 of 2016) s.17(1)(c).
③ Insolvency and Bankruptcy Code,2016 (Act No.31 of 2016) s.17(1)(d).
④ Insolvency and Bankruptcy Code,2016 (Act No.31 of 2016) s.20.
⑤ Insolvency and Bankruptcy Code,2016 (Act No.31 of 2016) s.28(3).
⑥ Insolvency and Bankruptcy Code,2016 (Act No.31 of 2016) s.28.
⑦ Insolvency and Bankruptcy Code,2016 (Act No.31 of 2016) s.28(4).
⑧ Insolvency and Bankruptcy Code,2016 (Act No.31 of 2016) s.217.
⑨ Insolvency and Bankruptcy Code,2016 (Act No.31 of 2016) s.218.

结果。[①] 如果纪律委员会有充分理由相信该投诉成立，可以对破产管理人进行罚款、暂停或者取消其注册资格。[②] 对于违反《破产法》规定而获得非法收益或者避免了自身损失的主体，破产委员会有权要求其上缴与非法收益或避免损失数额相当的金钱。[③]

20 重整管理人在破产重整程序期间购买保险是目前新兴的市场惯例。该保险费构成了企业重整程序费用[④]的一部分，由公司财产支付或者由重整成功的申请人在重整计划中列支（该费用优先于公司其他债务）。[⑤]

21 《破产法》未对管理人报酬作具体规定。《2016年印度破产委员会（破产管理人）规定——破产管理人行为准则》要求，管理人的报酬应当公开透明，合理反映其必要且适当的工作情况。[⑥] 债权人委员会应当对重整管理人发生的费用及其报酬进行确认，该费用构成程序费用的一部分。[⑦] 此外，破产委员会在其2018年6月12日的通知中明确指出，管理人可以基于以下一项标准或多项标准的组合来计算报酬费用：[⑧]（1）按时间计算报酬；（2）预期报酬（设有上限）；（3）固定报酬；（4）按比例计算报酬；（5）风险代理式的或有报酬，但需满足有关管理人诚信和独立性的要求。

4. 破产专业组织

22 破产专业组织是自治性的专业组织，致力于提升破产管理人的专业能力。根据《破产法》的规定，破产委员会应当对破产专业组织的工作进行监督，而破产专业组织则应当对破产管理人的履职行为进行规范和监督。[⑨] 根据《破产法》的授权，破产专业组织应当行使以下职能：[⑩]（1）规范性职能，如起草、制定并公开对所有成员具

① Insolvency and Bankruptcy Code, 2016 (Act No. 31 of 2016) s. 220(1).
② Insolvency and Bankruptcy Code, 2016 (Act No. 31 of 2016) s. 220(2).
③ Insolvency and Bankruptcy Code, 2016 (Act No. 31 of 2016) s. 220(4).
④ 关于企业破产重整程序费用的问题将在本报告第五部分详述。
⑤ Insolvency and Bankruptcy Code, 2016 (Act No. 31 of 2016) s. 53(1)(a).
⑥ Insolvency and Bankruptcy Board of India (Insolvency Professionals) Regulations, 2016 First Schedule (Code of Conduct for Insolvency Professionals).
⑦ Insolvency and Bankruptcy Board of India (Insolvency Resolution Process for Corporate Persons) Regulations, 2016 (enacted 1 December 2016) reg 34.
⑧ Insolvency and Bankruptcy Board of India, *Circular No. IBBI/IP/013/2018: Fee and other Expenses incurred for Corporate Insolvency Resolution Process*, (12 June 2018) at p. 7.
⑨ Bankruptcy Law Reforms Committee, The Report of the Bankruptcy Law Reforms Committee Volume I: Rationale and Design (November 2015) at para. 4. 4. 3.
⑩ Bankruptcy Law Reforms Committee, The Report of the Bankruptcy Law Reforms Committee Volume I: Rationale and Design (November 2015) at para. 4. 4. 4.

有约束力的行为准则;(2)行政性职能,如对成员进行监管、检查和调查、收集管理人履职表现情况等;(3)准司法性职能,如处理受损害方的投诉、处理针对成员的投诉并对此采取适当行动。

(四)第四支柱——信息化公共服务

《破产法》引入了新型且极具竞争力的信息化公共服务,以提供以下核心服务:①(1)接收电子方式提交的财务信息;(2)安全准确地记录财务信息;(3)对财务信息进行核查与认证;(4)向破产委员会聘请的人员提供由其保管的信息。② 此外,管理人还可使用信息化公共服务保存破产重整、清算程序相关的报告、登记和记录,③而信息化公共服务则会作为这些信息的保管方。④ 23

因此,信息化公共服务的主要功能为,提供高质量、经认证的债务和违约信息,尽可能为有时限、高质效的破产程序提供支持。 24

2017 年 8 月 16 日发布的《技术委员会关于信息化公共服务的报告》也为非印度居民和外国侨民提供了注册并使用信息化公共服务的机会,自此,信息化公共服务方可以为上述主体分配独特的身份号码,使其能够提交财务信息。⑤ 25

国家电子政务服务有限公司(National e-Governance Services Limited,以下简称电子政务公司)是第一个获得破产委员会登记的信息化公共服务者,从该公司提交的详细信息可以看出,债权人正越来越多地使用信息化公共服务。2019 年第一季度,共计 173 名金融债权人与电子政务公司签订协议,注册用户 15,085 名,该两项数据在前一个季度分别为 108 名和 10,247 名。⑥ 此外,在该平台上,共计 13,762 笔、 26

---

① Insolvency and Bankruptcy Board of India (Information Utilities) Regulations, 2017 (entry into force 1 April 2017) reg 3(a).

② Insolvency and Bankruptcy Code, 2016 (Act No. 31 of 2016) s. 3(9).

③ Insolvency and Bankruptcy Board of India (Information Utilities) Regulations, 2017 (entry into force 1 April 2017) reg 38(1).

④ Insolvency and Bankruptcy Board of India (Information Utilities) Regulations, 2017 (entry into force 1 April 2017) reg 28(2).

⑤ Insolvency and Bankruptcy Board of India, Guidelines for Technical Standards for the Performance of Core Services and Other Services under the Insolvency and Bankruptcy Board of India (Information Utilities) Regulations, 2017.

⑥ Insolvency and Bankruptcy Board of India, *Insolvency and Bankruptcy: Quarterly Newsletter of the Insolvency and Bankruptcy Board of India*, (January-March 2019) at p. 19, <https://ibbi.gov.in/webadmin/pdf/whatsnew/2019/Apr/NewsLeter%20Jan – %20March., %202019_2019 – 04 – 27%2017:47:25.pdf> (accessed 15 January 2020).

金额41，1498.8亿卢比的贷款记录获得债务人认证。[1] 信息化公共服务的推广使用将有助于消除信息不对称，助力执行《破产法》关于办理时限的规定。

27 除此之外，破产委员会于2019年9月7日作出规定[2]，批准由印度公司事务部[3]的线上MCA21数据库、印度证券化资产重组和担保权中央登记处[4]作为借款人违约记录的保管方。

三、企业重整程序

28 《破产法》允许通过企业重整制度重整不良资产，在重整程序期间，债务人可以中止偿付债务，直至程序结束。在整个重整程序期间，债务人的董事会将被暂停行使权力，其管理权将被转移至独立的管理人，由管理人在债权人委员会的支持和建议下，推进整个重整程序。企业重整程序既可保护公司免受快速增加的金融和经营债务困扰，免受将要进行或正在进行的法律程序影响，还可达成约束所有利益相关方的最终重整计划（见图2）。

（一）程序适用条件

29 根据本报告的归纳，《破产法》的重整和清算程序适用于以下类型企业法人：（1）依据《2013年公司法》成立的公司；[5]（2）适用相关特别法的公司；（3）有限合伙；（4）根据当时生效法律成立的其他组织。[6]

30 《破产法》明确将金融服务者排除在该法适用范围之外。[7] 金融服务提供者的

---

① Insolvency and Bankruptcy Board of India, *Insolvency and Bankruptcy: Quarterly Newsletter of the Insolvency and Bankruptcy Board of India* (January-March 2019) at p. 19, <https://ibbi.gov.in/webadmin/pdf/whatsnew/2019/Apr/NewsLeter%20Jan – %20March.,%202019_2019 – 04 – 27%2017:47:25.pdf> (accessed 15 January 2020).

② Insolvency and Bankruptcy Board of India, *Circular No. IBBI/IU/025/2019: Statutory Repositories under regulation* 21(2)(*c*)(*ii*) *of the Insolvency and Bankruptcy Board of India (Information Utilities) Regulations*, 2017 (7 September 2019).

③ Ministry of Corporate Affairs, Government of India, <http://www.mca.gov.in/ mcafoportal/login.do> (accessed 15 January 2020).

④ Central Registry of Securitisation Asset Reconstruction and Security Interest of India, <https://www.cersai.org.in/CERSAI/> (accessed 15 January 2020).

⑤ Act No. 18 of 2013, notified on 29 August 2013.

⑥ Insolvency and Bankruptcy Code, 2016 (Act No. 31 of 2016) ("IBC") s. 2. 如本报告所述，《破产法》也适用于个人、合伙企业和独资企业破产。

⑦ Insolvency and Bankruptcy Code, 2016 (Act No. 31 of 2016) s. 3(7).

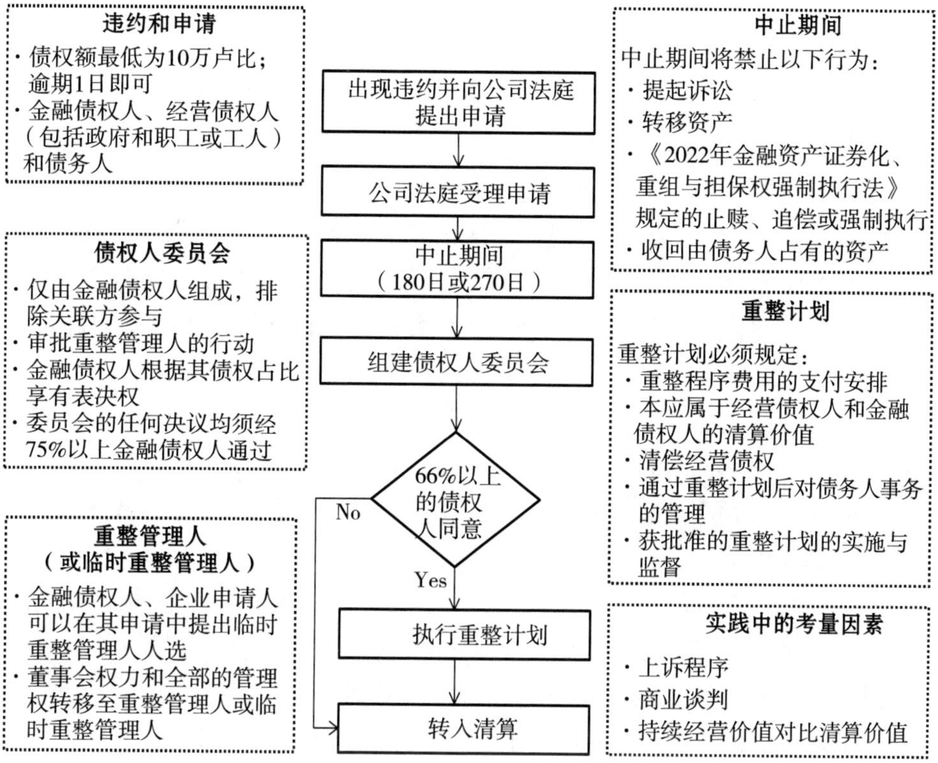

图 2　企业重整程序

定义为，经金融行业监管机构授权或登记，提供金融服务的主体，①其中包括非银行金融机构。②

需要说明的是，《破产法》不可适用于中小微企业，此内容将在第七部分述及。 31

（二）企业重整程序的启动

企业重整程序可依债务人自愿申请或者其金融、经营债权人的申请而启动。③ 32
金融债权和经营债权的区别在于，金融债权是以所欠货币的时间价值为对价而需偿付的债务，④而经营债权则是指因提供货物或服务而产生的债务，包括雇佣产生的债

① Insolvency and Bankruptcy Code, 2016 (Act No. 31 of 2016) s. 3(17).

② Randhiraj Thakur v. M/S Jindal Saxena Financial Services (Company Appeal (AT) (Insolvency) Nos 32 and 50 of 2018).

③ Insolvency and Bankruptcy Code, 2016 (Act No. 31 of 2016) ss. 7, 9 and 10.

④ Insolvency and Bankruptcy Code, 2016 (Act No. 31 of 2016) s. 5(7) and (8).

务和依法需向法定机构支付的到期债务。[1] 启动企业重整程序要求的最低债务违约数额为10万卢比。[2] 根据《破产法》的规定，企业重整程序的启动标准以债务违约为基础，无须考虑债务人的资产负债表、收支盈亏或现金流。具体而言，依利害关系人申请启动重整的程序可详细归纳如下。

1. 金融债权人

33 金融债权人如要启动企业重整程序，须在债务人违约发生后向公司法庭提交申请。[3] 前述债务违约既包括债务人对该申请人所负金融债务的违约，也包括对其他金融债务的违约。[4] 公司法庭确信已发生违约的，应当受理金融债权人提出的申请，[5]并应在收到申请后的14日内审查确定是否存在违约。[6] 公司法庭未能在上述时限内确定债务人是否违约的，应按照法律规定书面记录原因。[7] 对于公司法庭作出的受理或不予受理决定，应当在7日内通知金融债权人和债务人。[8] 另外，金融债权人提出重整申请的，必须一并提出担任重整程序的临时重整管理人人选。[9]

2. 经营债权人

34 经营债权人申请启动企业重整程序的流程与金融债权人的申请流程有所区别。在债务违约发生后，经营债权人应当首先按照《破产法》第8条(1)款规定的方式，向债务人发出要求偿付债务的通知书，或者发出载明偿债金额要求的账单副本。债务人可以在收到偿债要求通知书后的10日内，告知债权人相关债务上存在的争议或未决诉讼、仲裁。[10] 相关债务存在争议的，债务人对经营债权人不构成《破产法》所规定的违约。[11] 如果在前述10日的期限届满后，经营债权人仍未收到债务人的付款或关于债务存在争议的通知的，可以向公司法庭申请对债务人启动重整程序。提出重整申请的经营债权人可以（并非“应当”）推荐1名管理人担任临时重整管理

---

① Insolvency and Bankruptcy Code, 2016 (Act No. 31 of 2016) ss. 5(20) and 5(21).
② Insolvency and Bankruptcy Code, 2016 (Act No. 31 of 2016) s. 4.
③ Insolvency and Bankruptcy Code, 2016 (Act No. 31 of 2016) s. 7(1).
④ Insolvency and Bankruptcy Code, 2016 (Act No. 31 of 2016) s. 7.
⑤ Insolvency and Bankruptcy Code, 2016 (Act No. 31 of 2016) s. 7(5)(a).
⑥ Insolvency and Bankruptcy Code, 2016 (Act No. 31 of 2016) s. 7(4).
⑦ Insolvency and Bankruptcy Code, 2016 (Act No. 31 of 2016) proviso to s. 7(4).
⑧ Insolvency and Bankruptcy Code, 2016 (Act No. 31 of 2016) s. 7(7).
⑨ Insolvency and Bankruptcy Code, 2016 (Act No. 31 of 2016) s. 7(3)(b).
⑩ Insolvency and Bankruptcy Code, 2016 (Act No. 31 of 2016) s. 8(2).
⑪ M/S Innoventive Industries Ltd. v. ICICI Bank (2018) 1 SCC 407 at [29].

人。[①] 经营债权人未推荐临时重整管理人的,公司法庭应当直接指定临时重整管理人。

3. 债务人

出现违约的债务人也可自愿向公司法庭申请启动企业重整程序。[②] 债务人自愿申请重整的,需提交以下材料:公司的会计账册;[③]股东通过的特别决议或者3/4以上合伙人通过的决议;[④]拟指定为临时重整管理人的人选信息。[⑤] 35

任何为重整以外的目的欺诈或恶意启动企业重整程序的人,均将面临公司法庭的罚款惩罚。[⑥] 36

不论哪类主体申请启动重整程序,公司法庭都应自收到申请之日起14日内决定是否受理。[⑦] 但需说明,该期限仅是指导性的,而非强制性的。[⑧] 另外,在提交重整申请和实际启动程序之间,《破产法》并未规定可适用的保护性、临时性措施。公司法庭的官方网站则会对外公开印度破产程序中受理、不予受理的决定和法院在具体办理中作出的裁判、命令。[⑨] 37

(三)中止和延期偿付效力

企业重整程序自申请受理之日开始。[⑩] 该程序具有中止效力,可中止债权人追偿,从而为债务人继续经营提供更好机会。这一中止保护期间为180日,[⑪]但如果符合特定情形,例如,经债权人委员会66%以上的多数决定,或者因案件复杂等原因需更长时间以达成重整计划,则需经公司法庭事前批准,可一次性给予最长可达90日的延期。[⑫] 在企业重整程序开始之日,公司法庭将作出命令,宣布中止以下行为:[⑬](1)对债务人提起新的诉讼,或者继续进行未决的诉讼或其他程序;(2)转让、处置债务人 38

① Insolvency and Bankruptcy Code,2016 (Act No.31 of 2016) s.9(4).
② Insolvency and Bankruptcy Code,2016 (Act No.31 of 2016) s.10(1).
③ Insolvency and Bankruptcy Code,2016 (Act No.31 of 2016) s.10(3)(a).
④ Insolvency and Bankruptcy Code,2016 (Act No.31 of 2016) s.10(3)(c).
⑤ Insolvency and Bankruptcy Code,2016 (Act No.31 of 2016) s.10(3)(b).
⑥ Insolvency and Bankruptcy Code,2016 (Act No.31 of 2016) s.65.
⑦ Insolvency and Bankruptcy Code,2016 (Act No.31 of 2016) ss.7(4),9(4) and 10(4).
⑧ Surendra Trading Company v. Juggilal Kamlapat Jute Mills Company Ltd. 2017 (11) SCALE 634.
⑨ National Company Law Tribunal <https://nclt.gov.in/> (accessed 15 January 2020).
⑩ Insolvency and Bankruptcy Code,2016 (Act No.31 of 2016) s.5(12).
⑪ Section 14(4) read with s.12 of the Insolvency and Bankruptcy Code,2016 (Act No.31 of 2016).
⑫ Insolvency and Bankruptcy Code,2016 (Act No.31 of 2016) s.12(3).
⑬ Insolvency and Bankruptcy Code,2016 (Act No.31 of 2016) s.14.

资产或对债务人资产设置担保；(3)就债务人财产所附担保权行使止赎权、进行追偿或强制执行，包括依据《2002年金融资产证券化、重组与担保权强制执行法》采取行动；①(4)所有权人或出租人对债务人占有的财产进行收回。

39 前述中止效力可及于印度全境。《破产法》并未明确中止是否可以延伸适用于或影响印度之外的行为。但是，重整管理人有权对债务人的全部资产实施控制，包括位于国外的资产。②

40 《破产法》规定，其中止效力不适用于中央政府与金融监管机构协商后以通知方式准许的交易。③ 该法还进一步规定，中止效力不及于为债务人提供保证的保证人。④同时，在中止期间，不得终止、暂停或中断对债务人基本商品、服务的供应。⑤

41 此外，在司法机构的解释中，中止效力也不适用于以下程序：(1)刑事诉讼；⑥(2)《印度宪法》第32、226、236条规定的程序，这类程序涉及宪法权利的行使；⑦(3)有利于债务人的程序。⑧

42 印度现行法律并不承认当事人在庭外重组中达成的合同性中止。《破产法》规定的中止期间也仅适用于由公司法庭颁令启动的庭内企业重整程序。另外，根据印度法律规定，违反中止规定的行为将构成犯罪，具体规则如下：(1)债务人或其高管作出违反中止规定的行为，且该行为系由相关高管明知、故意、授权或准许作出的，

① 印度法承认的担保类型包括质押、抵押、押记、留置等。《2013年公司法》第2(16)条将"担保"(charge)定义为在公司财产、营业之上设置的利益或优先权，其中包括"抵押"(mortgage)。《2013年公司法》第77条则规定，无论公司在其位于印度之内还是之外的财产或营业之上设立担保权，均应自担保设立之日起30日内向公司注册部门登记具体担保信息。担保权一经登记，公司注册部门应当作出担保已获登记的证明。注册部门有义务保管具体担保登记信息，任何人按规定支付一定费用后均可查阅。《2014年公司(担保登记)规则》将MCA21数据库作为担保登记的数据库。此外，第77条还规定，除非公司设立的担保权经过了公司注册部门的登记，否则清算人、债权人无须考虑该担保权。

② Insolvency and Bankruptcy Code, 2016 (Act No. 31 of 2016) s. 18(f)(i).

③ Insolvency and Bankruptcy Code, 2016 (Act No. 31 of 2016) s. 14(3)(a).

④ Insolvency and Bankruptcy Code, 2016 (Act No. 31 of 2016) s. 14(3)(b).

⑤ Insolvency and Bankruptcy Code, 2016 (Act No. 31 of 2016) s. 14(2). 这类"基本供应"(essential supplies)包括电力、水、通信服务和信息技术服务，但债务人生产服务的直接性投入要素不属"基本供应"。See reg 32 of the Insolvency and Bankruptcy Board of India (Insolvency Resolution Process for Corporate Persons) Regulations, 2016 (enacted 1 December 2016).

⑥ Shah Brothers Ispat Pvt Ltd. v. P Mohanraj[CA (IT) (Insolvency) No. 306 of 2018].

⑦ Canara Bank v. Deccan Chronicle Holdings Ltd. 2017 SCC Online NCLAT 255.

⑧ Power Grid Corporation of India v. Jyoti Structures Ltd. [CS (COMM) 470/2016; CC(COMM) 73/2017; 18 July 2019] (Delhi High Court).

可被处以监禁和/或罚款；[①](2)债权人作出违反中止规定的行为，且该行为系由该债权人明知、故意、授权或准许作出的，可被处以监禁和/或罚款。[②]

(四)公告

债权人有意对债务人启动企业重整程序的，无须对其申请进行披露或公开。但是，企业重整程序一经启动，公司法庭指定的临时重整管理人即需在接受指定后的3日内发布公告。[③] 该公告须载有以下信息：债务人名称和地址；临时重整管理人的具体信息；申报债权的截止日期；虚假申报债权或者误导性陈述的惩罚；程序截止日期(如自受理申请后第180日)。[④] 43

此外，该公告还应发布于债务人注册办公地的一份英文报纸和一份当地语言报纸上，同时在债务人和破产委员会网站上公开。[⑤] 44

(五)债权申报与审查

任何人主张其为债务人的经营债权人、金融债权人、“工人”(workmen)或职工的，应当按照公告要求向临时重整管理人申报债权并提交债权证明材料。上述主体须在公告所述的截止日期之前(自企业重整程序启动之日起14日内)申报债权，[⑥]债权人未能按时申报债权的，也允许在程序启动后的90日内向重整管理人申报债权。[⑦] 临时重整管理人或重整管理人(视情况而定)应在债权申报截止日期后的7日内，对各项债权进行审查，编制债权人名单，该名单中应包括债权人名称、债权数额、已确认的债权额和债权所附的担保权(如有)。[⑧] 对于债权上存在的争议，公司法庭为该类争议的解决机构，除此之外，就债权确认而言，《破产法》并未规定其他争议解决机制。 45

---

① Insolvency and Bankruptcy Code,2016 (Act No.31 of 2016) s.74(1).

② Insolvency and Bankruptcy Code,2016 (Act No.31 of 2016) s.74(2).

③ Insolvency and Bankruptcy Code,2016 (Act No.31 of 2016) s.6(1).

④ Insolvency and Bankruptcy Code,2016 (Act No.31 of 2016) s.15.

⑤ Insolvency and Bankruptcy Board of India (Insolvency Resolution Process for Corporate Persons) Regulations,2016 (enacted 1 December 2016) reg 6(2).

⑥ Insolvency and Bankruptcy Board of India (Insolvency Resolution Process for Corporate Persons) Regulations,2016 (enacted 1 December 2016) reg 6(2)(c).

⑦ Insolvency and Bankruptcy Board of India (Insolvency Resolution Process for Corporate Persons) Regulations,2016 (enacted 1 December 2016) reg 12(2).

⑧ Insolvency and Bankruptcy Board of India (Insolvency Resolution Process for Corporate Persons) Regulations,2016 (enacted 1 December 2016) reg 13(1).

46 另外,《破产法》和《2016 年印度破产委员会(企业破产重整程序)规定》(以下简称《企业重整程序规定》)允许债权人在企业重整程序期间将债权转让他人。① 债权转让双方均需向重整管理人提供债权转让或让与的具体条款和买受人、受让人的身份情况。② 同时,鉴于“债权人转让其债权至受让人的,受让人取代转让人地位”,债权受让人可享有的权利也不能优于转让人。③

(六)债权人委员会的组建

47 临时重整管理人在整理完成其收到的债权申报并确定债务人的财务状况后,应当组建一个由债务人全体金融债权人(指金融债权的持有人,而非金融机构债权人)组成的债权人委员会。④ 但是,金融债权人属于债务人关联方的,无权担任债权人委员会代表。也就是说,属于关联方的金融债权人既不能参与债权人委员会审议,也不能对决议事项进行表决。⑤ 而如果债务人不负有金融债务或者全部金融债权人均属其关联方,则债权人委员会须由以下代表组成:⑥(1)债权额最大的前 18 名经营债权人,债务人经营债权人总数少于 18 名的,则为全体经营债权人;(2)由不属于(1)项债权人的全体工人推选的 1 名工人代表;(3)由不属于(1)项债权人的全体职工推选的 1 名职工代表。

48 债权人委员会第一次会议的主要任务为决定重整管理人的指定人选:要么允许临时重整管理人继续担任重整管理人;要么经代表总表决权额 66% 以上的多数金融债权人通过,替换临时重整管理人,指定新的重整管理人。⑦ 债权人委员会决定替换临时重整管理人的,应当将申请书提交公司法庭,由公司法庭再送交破产委员会批准。⑧ 公司法庭将于破产委员会批准之后指定重整管理人。⑨

49 重整管理人可以在其认为必要时召集债权人委员会会议,如果代表债权人委员

① Insolvency and Bankruptcy Code,2016 (Act No. 31 of 2016) s. 28(1).
② Insolvency and Bankruptcy Code,2016 (Act No. 31 of 2016) s. 28(1).
③ Pankaj Yadav v. State Bank of India [NCLAT in CA (IT) (Insolvency) No. 28 of 2018].
④ Insolvency and Bankruptcy Code,2016 (Act No. 31 of 2016) s. 21(1).
⑤ Insolvency and Bankruptcy Code,2016 (Act No. 31 of 2016) s. 21(2).
⑥ Insolvency and Bankruptcy Board of India (Insolvency Resolution Process for Corporate Persons) Regulations,2016 (enacted 1 December 2016) reg 16.
⑦ Insolvency and Bankruptcy Code,2016 (Act No. 31 of 2016) s. 22(2).
⑧ Insolvency and Bankruptcy Code,2016 (Act No. 31 of 2016) s. 22(4).
⑨ Insolvency and Bankruptcy Code,2016 (Act No. 31 of 2016) s. 22(4).

会33%以上表决权的成员要求召集债权人委员会会议,则重整管理人必须召集会议。[①] 召开债权人委员会会议所要求的法定人数为代表33%以上表决权的成员亲自出席或以视频等视听方式出席。[②] 此外,重整管理人应当向债权人委员会全体成员提供具体的表决方法,如电子方式投票、电子投票系统等。[③] 关于债权人委员会会议的通知,应当送达各债权人委员会成员和债务人的董事会成员,经营债权占公司总债务额10%以上的,还应送达各经营债权人或其代表。[④]

鉴于重整管理人的许多行为都需经债权人委员会同意后作出,且债权人委员会2/3以上的多数可以决定更换管理人,[⑤]重整管理人实际上为重整程序的"促成者"(facilitator),受到债权人委员会、公司法庭的监督。[⑥]《破产法》并未规定债权人委员会的成员会因其身份引发个人责任。债权人委员会成员也不能从债务人或重整管理人处获得报酬。 50

(七)信息备忘录(information memorandum)

根据法律规定,重整管理人应当使用其收集到的债务人信息制作信息备忘录,其中载明制作重整计划所需信息。[⑦] 信息备忘录的内容有:债务人资产和负债情况、债务人最近的年度财务报表、经审计的债务人财务报表、债权人清单(包含债权人名称、债权数额、获确认的债权额、所附担保权等)以及债务人与其关联方之间到期债权债务的具体情况。[⑧] 即使未能全面收集到各方面信息,重整管理人也必须按意愿以本人名义"核证"(certify)的完整程度,制作信息备忘录。[⑨] 51

为了通过市场机制为债务人提供继续经营的解决方案,这一类信息备忘录仅在合理期间内向作保密承诺的意向"重整方"("resolution applicant",指提出重整计划 52

① Insolvency and Bankruptcy Board of India (Insolvency Resolution Process for Corporate Persons) Regulations,2016 (enacted 1 December 2016) reg 18.

② Insolvency and Bankruptcy Board of India (Insolvency Resolution Process for Corporate Persons) Regulations,2016 (enacted 1 December 2016) reg 22(1).

③ Insolvency and Bankruptcy Board of India (Insolvency Resolution Process for Corporate Persons) Regulations,2016 (enacted 1 December 2016) reg 26(1).

④ Insolvency and Bankruptcy Code,2016 (Act No.31 of 2016) s.24(3).

⑤ Insolvency and Bankruptcy Code,2016 (Act No.31 of 2016) s.27 (1).

⑥ Swiss Ribbons Pvt Ltd. v. Union of India (2019) 4 SCC 17 at [61].

⑦ Insolvency and Bankruptcy Code,2016 (Act No.31 of 2016) s.29(1).

⑧ Insolvency and Bankruptcy Board of India (Insolvency Resolution Process for Corporate Persons) Regulations,2016 (enacted 1 December 2016) reg 36(2).

⑨ Bankruptcy Law Reforms Committee,Report of the Bankruptcy Law Reforms Committee Volume I: Rationale and Design (November 2015) at para.5.3.2.

的主体）提供。[①] 重整管理人在收到债权人委员会成员作出的保密承诺后，也会以电子形式向该成员提供信息备忘录。[②]

（八）邀约重整意向和提出重整计划要求

53 在企业重整程序期间，重整管理人需公布案件的简要情况，邀约有兴趣且符合资格的意向重整方提出重整计划。[③] 公告应当刊登在公司债务人注册办公地的一份英文报纸和一份当地语言的报纸上，并在债务人和破产委员会的网站上公开。[④] 邀约公告应载明意向重整方[⑤]需满足的条件，并提供提交重整意向可能需要的债务人基本信息。

54 此外，重整管理人还应向意向重整方提供信息备忘录、"评估方法"（evaluation matrix）[⑥]和对重整计划的要求（以下简称重整要求）。[⑦] 提出重整要求的目的在于向意向重整方提供可能有助于其提交重整计划的信息。重整要求将进一步规定提交重整计划的流程，包括重整计划的条款、条件、强制性内容和相应的截止时间。重整要求还包括意向重整方应与重整计划一并提交的各类承诺和声明。

55 综上可见，重整意向邀约、重整要求和评估方法，是决定如何推进企业重整程序并影响程序最终结果的关键性文件。

（九）重整计划

1. 重整方的资格

56 《破产法》第29A条规定了一系列情形，覆盖较为广泛，任何人具有这类情形的，其本人或其联合、协同行动人都将丧失提交重整计划的资格。总体而言，除了部

---

① Insolvency and Bankruptcy Board of India (Insolvency Resolution Process for Corporate Persons) Regulations, 2016 (enacted 1 December 2016) reg 36(4).

② Insolvency and Bankruptcy Board of India (Insolvency Resolution Process for Corporate Persons) Regulations, 2016 (enacted 1 December 2016) reg 36(1).

③ Insolvency and Bankruptcy Board of India (Insolvency Resolution Process for Corporate Persons) Regulations, 2016 (enacted 1 December 2016) reg 36A (1).

④ Insolvency and Bankruptcy Board of India (Insolvency Resolution Process for Corporate Persons) Regulations, 2016 (enacted 1 December 2016) reg 36A (2).

⑤ Insolvency and Bankruptcy Code, 2016 (Act No. 31 of 2016) s. 25(2)(h).

⑥ 评估方法指在审议重整计划时应考虑的参数设置和使用该参数的方法，该评估方法需经债权人委员会批准。See reg 2 (1) (ha) of the Insolvency and Bankruptcy Board of India (Insolvency Resolution Process for Corporate Persons) Regulations, 2016 (enacted 1 December 2016).

⑦ Insolvency and Bankruptcy Board of India (Insolvency Resolution Process for Corporate Persons) Regulations, 2016 (enacted 1 December 2016) reg 36B.

分例外情形，以下主体无资格作为重整方：已经破产但尚未免责的、故意违约的、持有已逾期账户的、有犯罪记录的、被禁止担任董事或被监管机构禁止进入证券市场的、根据《破产法》需对可撤销交易承担责任等。

另外，债权人委员会中的金融债权人也有资格作为重整方。[①] 57

2. 提交重整计划

在企业重整程序中，重整方向重整管理人提交的重整计划可包含以下措施，包括但不限于：[②](1)转让债务人的全部或部分财产；(2)出售债务人的全部或部分财产，无论相关财产之上是否附有担保权；(3)大量获取债务人股份，或通过股票注销、退市等方式对债务人进行收购或合并；(4)满足或调整债务人设立的担保权；(5)补正或免除债务人对到期债务所附条款的违约责任；(6)减少向债权人偿付的金额，也即“削债”(hair-cut)；(7)修改债务人到期债务所附条款，如延期偿债或调整利率；(8)修改债务人的公司章程；(9)为取得现金、财产、证券，交换债权等权益，或者满足其他目的，而发行公司证券；(10)调整债务人提供的货品和服务构成；(11)更新债务人使用的技术；(12)获取中央政府、州政府和其他有权机构的必要许可。 58

重整计划无论采用何种措施，均应解决企业破产问题(也就是拯救失败但具可行性的企业)，并致力于“最大化企业资产价值并平衡全体利益相关者的利益”，但《破产法》并未规定实现这一目标的“形式、方式和方法”。[③] 59

对于适格重整方提交的重整计划，债权人委员会应当进行可操作性和可行性评估。[④] 在评估中，债权人委员会成员应当考虑重整管理人制定的评估方法。[⑤] 60

3. 债权人委员会通过重整计划

在重整方提交重整计划之后，重整管理人应当核查该重整计划是否符合《破产法》的要求。[⑥] 尽管法律未对重整计划实施作要求或限制，但重整管理人仍需确认 61

---

① Insolvency and Bankruptcy Code,2016 (Act No. 31 of 2016) proviso to s. 30(5).

② Insolvency and Bankruptcy Board of India (Insolvency Resolution Process for Corporate Persons) Regulations,2016 (enacted 1 December 2016) reg 37.

③ Naveen Luthra v. Bell Finvest (India) Ltd. [Company Appeal (AT) (Insolvency) Nos 336 of 2017,07 and 10 of 2018].

④ Insolvency and Bankruptcy Code,2016 (Act No. 31 of 2016) s. 30(4).

⑤ Insolvency and Bankruptcy Board of India (Insolvency Resolution Process for Corporate Persons) Regulations,2016 (enacted 1 December 2016) reg 2(h)(ha).

⑥ Insolvency and Bankruptcy Code,2016 (Act No. 31 of 2016) s. 30(2).

重整计划规定有以下内容：(1)优先支付企业重整程序费用。(2)向经营债权人偿付的数额不得低于以下两者之一(以更高者为基准)：①根据第53条进行清算时债权人可获偿的数额；[①]②如果根据重整计划的分配按第53条(1)款规定的清偿顺序进行，债权人可获偿的数额。(3)重整计划获通过后对公司事务管理的安排。(4)对重整计划的执行和监督。[②] 重整计划可以规定向异议金融债权人作偿付，但是该数额不得低于根据《破产法》第53条清算债务人时该债权人可获偿的数额。重整管理人还需确保重整计划没有违反现行法律的规定，并且符合破产委员会的要求。[③]

62 重整管理人在确认重整计划符合上述要求之后，应当将该计划提交债权人委员会独立评估，由代表债权人委员会66%以上表决权的债权人表决通过。[④] 重整管理人有权审查提交给债权人委员会的重整计划，债权人委员会还有权在获重整方同意后就重整计划进行谈判和修改。[⑤]

63 重整方不适格的，债权人委员会不得通过其提交的重整计划。在无其他重整计划可供选择的情况下，债权人委员会可以要求重整管理人邀约各方提出新重整计划。[⑥] 重整计划需载明以下内容：如何处理违约原因；计划的可操作性和可行性；确保计划有效执行的条款；表决通过计划的具体要求(如有)和相应时限；[⑦]重整方具有执行重整计划的能力等。[⑧]

64 债权人委员会承担在财务上重组公司债务的主要责任，其目标是最大化公司资产价值，并以重整债务人替代清算债务人。[⑨] 债权人委员会应当对所有可用的信息和可行的投资机会进行考量，综合评估债务人的重整可能性。[⑩]

---

① 《破产法》第53条规定了对债务人清算中出售资产所得分配时的法定优先次序。总体上按以下顺序清偿债务：企业破产重整程序和清算费用、工人的到期债权、放弃所附担保权的债权、工人以外的职工债权、无担保债权、政府享有的到期债权、优先股股东和普通股股东的权益。

② Insolvency and Bankruptcy Code, 2016 (Act No. 31 of 2016) s. 30(2).

③ Insolvency and Bankruptcy Code, 2016 (Act No. 31 of 2016) ss. 30(2)(e) and 30(2)(f).

④ Insolvency and Bankruptcy Code, 2016 (Act No. 31 of 2016) s. 30(4).

⑤ Binani Industries Ltd. v. Bank of Baroda [Company Appeal (AT) (Insolvency) No. 82 of 2018].

⑥ ArcelorMittal India Pte. Ltd. v. Satish Kumar Gupta (Civil Appeal Nos 9402 – 9405 of 2018) (Supreme Court of India) at [73].

⑦ 这是因为，重整计划中可能包含关于取得有权机构许可的提议，如取得采矿许可、通信许可等。

⑧ Insolvency and Bankruptcy Board of India (Insolvency Resolution Process for Corporate Persons) Regulations, 2016 (enacted 1 December 2016) reg 38(3).

⑨ Swiss Ribbons Pvt Ltd. v. Union of India (2019) 4 SCC 17 at [43].

⑩ Swiss Ribbons Pvt Ltd. v. Union of India (2019) 4 SCC 17 at [43].

4. 公司法庭批准重整计划

重整计划一经债权人委员会通过,即应当提交公司法庭批准。① 公司法庭将审核该计划是否满足《破产法》的各项要求,并基于司法裁量权决定是否批准重整计划。② 重整计划一经公司法庭批准,对债务人、职工、成员、债权人(包括享有法定债权的中央、地方政府或其他有权机构)、保证人和其他利益相关方均有约束力。③ 65

公司法庭对债权人委员会的商业决定既无司法管辖权,也无权进行分析或评估,只能将重整计划按经债权人委员会"同意"的计划进行审查。④ 66

公司法庭认为债权人委员会通过的重整计划符合《破产法》的要求,并且载有确保计划有效执行的规定的,应当予以批准。⑤ 重整计划只要经债权人委员会通过、公司法庭批准,就无须受制于其他第三方的独立审查。 67

在公司法庭批准重整计划之后,自企业重整程序开始时产生的中止效力也随即终止。另外,重整管理人应当将与推进企业重整程序和重整计划有关的所有记录提交破产委员会,由破产委员会保存在其数据库中。⑥ 68

5. 执行重整计划

债务人、高管、债权人或其他受重整计划约束的人,在明知的情况下故意违反重整计划或者教唆他人违反重整计划的,应当受到监禁、罚款等惩罚。⑦ 重整方已作承诺但仍未能执行或遵守经批准的重整计划的,破产委员会应当对其启动刑事追责程序。⑧ 69

为保证公司法庭批准的重整计划得到适当执行,破产委员会对《企业重整程序规定》作出修订:(1)"重整要求"中须包括支付履约保证金的要求,也即在公司法庭批准重整计划之后,如果重整方未能执行或者由其导致未能执行重整计划,该保证金不予返还;⑨(2)重整计划中须包括一项声明,即重整方及其关联方声明以前是否 70

---

① Insolvency and Bankruptcy Code,2016 (Act No.31 of 2016) s.30(6).

② ArcelorMittal India Pte. Ltd. v. Satish Kumar Gupta (Civil Appeal Nos 9402 - 9405 of 2018) (Supreme Court of India) at [73(8)].

③ Insolvency and Bankruptcy Code,2016 (Act No.31 of 2016) s.31(1).

④ K Sashidhar v. Indian Overseas Bank 2019(3) SCALE 6 at [33].

⑤ Insolvency and Bankruptcy Code,2016 (Act No.31 of 2016) s.31(1).

⑥ Insolvency and Bankruptcy Code,2016 (Act No.31 of 2016) s.31(3).

⑦ Insolvency and Bankruptcy Code,2016 (Act No.31 of 2016) s.74(3).

⑧ Insolvency and Bankruptcy Code,2016 (Act No.31 of 2016) s.74(3).

⑨ Insolvency and Bankruptcy Board of India (Insolvency Resolution Process for Corporate Persons) Regulations,2016 (enacted 1 December 2016) reg 36B(4A).

曾经未能执行或者因其导致未能执行重整计划；[①]（3）债权人因公司法庭批准的重整计划未获执行而受损的，可以申请公司法庭作出指示。[②]

71 为保障重整计划有效执行，印度对大量立法规定进行了修改。

72 2017 年 10 月 25 日，印度公司事务部明确说明，如果根据其他法律规定，执行重整计划中的特定事项需经公司股东同意，则当公司法庭批准重整计划之时，即视为公司股东已同意。[③] 印度证券交易委员会在《2018 年印度证券交易委员会（股票退市）（修订）规定》第 3 条[④]中明确规定，上市公司根据已批准的重整计划进行的股票退市活动，如符合以下情形之一，不适用该规定：（1）重整计划规定了该公司股票退市的具体程序。（2）按重整计划规定的价格向现有的公众股东提供“退出选择权”（exit option），这一安排须符合以下规定：①为现有公众股东提供的退出价格，不应低于债务人按法定顺序清偿应付债务后的清算价值；②如果现有“发起人”（promoter）或者任何股东获得了高于①的退出价格，现有其他公众股东也应获得不低于该发起人或股东所得的退出价格；③关于股票退市的具体情况和确定退出价格的合理理由必须在重整计划获批准后的 1 日内向相应证券交易所披露。

73 此外，修订后的《1957 年证券合同规则》规定，已获批准的重整计划如使公司的公众持股比例低于 25%，则 3 年内必须恢复至 25%。[⑤] 这是保护中小股东利益的重要举措。除此之外，证券交易委员会还修订了关于最低公众持股比例、优先股发行、公司退市、公开招股要求等规定，旨在促进重整计划的顺利执行。同时，印度还放宽了上市公司需维持设立审计委员会、提名与薪酬委员会、利益关联方关系委员会的相关要求。2019 年 2 月，印度储备银行（印度央行）进一步允许重整方按照经批准的方式从认可贷款机构获取外部商业借款，以偿还债务人基于“卢比条款”（rupee-term）取得的借款。[⑥]

---

① Insolvency and Bankruptcy Board of India (Insolvency Resolution Process for Corporate Persons) Regulations, 2016 (enacted 1 December 2016) reg 38(1B).

② Insolvency and Bankruptcy Board of India (Insolvency Resolution Process for Corporate Persons) Regulations, 2016 (enacted 1 December 2016) reg 39 (9).

③ Ministry of Corporate Affairs, Government of India, *General Circular No. IBC/01/2017: Clarification regarding Approval of Resolution Plans under Section* 30 *and* 31 *of Insolvency and Bankruptcy Code*, 2016 (25 October 2017).

④ Notified 31 May 2018.

⑤ Securities Contracts (Regulation) Rules, 1957, r 19A(5).

⑥ Reserve Bank of India, *Master Directions-External Commercial Borrowings*, *Trade Credits and Structured Obligations*, (8 August 2019).

6. 达成和解以撤回企业重整程序

74 申请启动重整程序的债权人可以向公司法庭申请撤销其申请。① 债权人向公司法庭提交撤回企业重整程序申请的,须经代表债权人委员会表决权总额 90% 以上成员决议批准。② 对撤回申请设置较高门槛的原因在于,企业重整程序一经启动,便不再是申请人和债务人之间的问题,而是关乎全体债权人的问题。但需注意,债权人委员会在此问题上并不享有最终决定权。③ 如果债权人委员会“武断地”(arbitrarily)拒绝公正的和解或撤回申请,公司法庭和公司法上诉法庭可以依据《破产法》第 60 条的规定,撤销债权人委员会作出的不予批准决定。④ 撤回申请一旦获得批准,将导致企业重整程序终结。另外,在债权人委员会尚未成立之时,任何一方均有权直接向公司法庭提出撤回申请,公司法庭则有权根据《2016 年国家公司法庭规则》第 11 条的规定,在听取全体当事人意见并考虑案件相关的所有事实因素后,批准或不予批准该撤回或和解申请。⑤

7. 程序转换

75 如果出现以下情形之一,可以对债务人启动清算程序:⑥

(1)相关期限届满,公司法庭未收到重整管理人提交的重整计划;(2)公司法庭因重整计划不符合《破产法》而不予批准重整计划的,可一并对债务人作出清算令;(3)重整管理人在重整计划获批准前,可以向公司法庭提交经代表债权人委员会表决权 66% 以上多数通过的清算决定,公司法庭可以据此对债务人作出清算令;(4)如果债务人违反了经公司法庭批准的重整计划,任何因违反重整计划而利益受损的主体,均可向公司法庭申请对债务人作出清算令。

76 然而,印度判例指出,只要“存在一个重整方可以维持公司继续经营,就必须尽一切努力实现该可能性”⑦。由此可见,重整制度毫无疑问是印度《破产法》所强调的重点。

---

① Insolvency and Bankruptcy Code, 2016 (Act No. 31 of 2016) s. 12(A).

② Prem Sagar Mishra v. Orissa Stevedores Ltd. CA(AT) (Insolvency) (No. 116 of 2018).

③ Swiss Ribbons Pvt Ltd. v. Union of India (2019) 4 SCC 17 at [53].

④ Swiss Ribbons Pvt Ltd. v. Union of India (2019) 4 SCC 17 at [53].

⑤ Swiss Ribbons Pvt Ltd. v. Union of India (2019) 4 SCC 17 at [53].

⑥ Insolvency and Bankruptcy Code, 2016 (Act No. 31 of 2016) s. 33.

⑦ ArcelorMittal India Pte. Ltd. v. Satish Kumar Gupta (Civil Appeal Nos 9402 – 9405 of 2018) (Supreme Court of India).

四、困境企业的董事、高管义务

77 如上所述,《破产法》建立于“债权人控制”原则而非“债务人自行管理”模式之上。因此在企业重整程序开始后,公司董事会的权力将先被转移至临时重整管理人①,其后再转移至重整管理人②(负责推进整个企业重整程序,并在整个程序期间管理债务人的日常经营事务)。③

78 重整管理人应当将每次债权人委员会会议的通知发至停止行使职权的董事会成员或合伙人。④ 通知中应当包括会议议程、会议审议事项、相关文件副本(包括重整方提交的重整计划副本)⑤、会议表决事项等。⑥ 董事或合伙人可以出席债权人委员会会议,但不享有表决权。⑦

79 同时,债务人的职工、发起人或其他企业管理有关人员有义务根据重整管理人的要求,协助并配合债务人的事务管理。⑧ 相关义务主体未予协助或配合的,重整管理人有权申请公司法庭就此颁令,公司法庭收到申请后,可以作出命令,要求相关方遵守重整管理人的指示。⑨

80 根据《破产法》的规定,困境企业的董事在企业重整程序启动前和启动后均负有一系列义务。在企业重整程序中,债务人的董事或合伙人如果基于欺诈债权人的主观故意而经营债务人业务,应当按照公司法庭的命令(由重整管理人申请)对债务人财产承担补充责任。⑩ 并且,债务人的董事或合伙人如果知道或者应当知道债务人已陷入困境,且无合理预期能避免启动重整程序,还需对债权人负有义务,即依法开展尽职调查并最小化债权人的损失。⑪

81 此外,如出现以下情形之一,债务人高管可被处以监禁和/或罚款:(1)故意向重

---

① Insolvency and Bankruptcy Code,2016 (Act No.31 of 2016) s.17(1)(b).

② Insolvency and Bankruptcy Code,2016 (Act No.31 of 2016) s.23(2).

③ Insolvency and Bankruptcy Code,2016 (Act No.31 of 2016) s.23(1).

④ Insolvency and Bankruptcy Code,2016 (Act No.31 of 2016) s.24.

⑤ Vijay Kumar Jain v. Standard Chartered Bank 2019 (2) SCALE 352 at [14].

⑥ Insolvency and Bankruptcy Board of India (Insolvency Resolution Process for Corporate Persons) Regulations,2016 (enacted 1 December 2016) reg 21(3).

⑦ Insolvency and Bankruptcy Code,2016 (Act No.31 of 2016) s.24(2).

⑧ Insolvency and Bankruptcy Code,2016 (Act No.31 of 2016) s.19(1).

⑨ Insolvency and Bankruptcy Code,2016 (Act No.31 of 2016) s.19(3).

⑩ Insolvency and Bankruptcy Code,2016 (Act No.31 of 2016) s.66(1).

⑪ Insolvency and Bankruptcy Code,2016 (Act No.31 of 2016) s.66(2).

整管理人隐瞒债务人财产情况;(2)未能交付由其控制的债务人全部或部分财产、账册和文件;(3)未能告知重整管理人他人虚假申报债权;(4)以虚构损失或费用的方式侵占债务人财产。①

同时,债务人的高管如果构成以下罪行,也可被处以监禁和/或罚款:(1)伪造债务人账簿;②(2)在关于债务人事务的声明中故意出现重大遗漏;③(3)向债权人虚假陈诉;④(4)违反中止规定或经批准的重整计划。⑤ 82

五、费用和融资

临时重整管理人、重整管理人负有保护和维持公司财产价值的职责,并有义务以持续经营为目标而管理公司的日常运营和事务。因此,临时重整管理人、重整管理人在履职中必然会产生费用和开支。 83

《破产法》定义的企业重整程序费用包括:⑥(1)临时性融资和因这类融资产生的费用;(2)向重整管理人支付的费用;(3)重整管理人以持续经营的方式经营公司业务产生的费用,如现金流监控、运营管理、法律合规产生的费用;(4)政府为推动企业重整程序而产生的费用。 84

重整方提交的重整计划应当规定企业重整程序的费用优先于公司其他债务,否则该重整计划无法获得批准。⑦ 85

《破产法》并未规定债务人融资在申请重整或程序开始后应强制展期,但债务人在企业重整程序期间提供了担保的临时性融资,应作为程序费用而优先于债务人其他债务受偿。 86

重整管理人认为有必要出售债务人的无抵押财产以更好实现变价价值的,可以出售债务人在正常业务范围之外的无抵押资产。不过,这类出售需符合以下两项条 87

① Insolvency and Bankruptcy Code,2016 (Act No.31 of 2016) s.70(1)(f).

② Insolvency and Bankruptcy Code,2016 (Act No.31 of 2016) s.71.

③ Insolvency and Bankruptcy Code,2016 (Act No.31 of 2016) s.72.

④ Insolvency and Bankruptcy Code,2016 (Act No.31 of 2016) s.73.

⑤ Insolvency and Bankruptcy Code,2016 (Act No.31 of 2016) s.74.

⑥ Insolvency and Bankruptcy Code,2016 (Act No.31 of 2016) s.5(13). 同时参见《2016 年印度破产委员会(企业破产重整程序)规定》,该规定第 31 条将破产重整程序费用定义为:(1)向基本商品和服务供应商支付的费用;(2)向受中止效力损害方支付的费用;(3)临时重整管理人在经批准的履职中发生的费用;(4)重整管理人履职发生的费用;(5)其他与企业破产重整程序直接相关并经债权人委员会批准的费用。

⑦ Insolvency and Bankruptcy Code,2016 (Act No.31 of 2016) s.30(2(a).

件:(1)经代表债权人委员会66%以上表决权的金融债权人同意;(2)企业重整程序期间出售资产的账面价值总额不得超过获重整管理人确认债权总额的10%。[①] 需指出,这类出售无须经司法机关批准。

88 另外,第三方资助诉讼在印度相对而言属于新概念。印度最高法院指出,虽然印度律师不能为其客户的诉讼提供资金,但并未限制第三方(非律师)为诉讼提供资金并在诉讼结果产生后获偿的行为。[②]

六、可撤销交易

89 《破产法》规定有偏颇交易、低价交易、欺诈交易和敲诈性信贷交易四类可撤销交易。重整管理人有权向公司法庭提出申请,撤销某项交易。[③]

(一)偏颇交易(preferential transactions)

90 重整管理人认为债务人存在以下情形之一的,可以申请公司法庭予以撤销:(1)在企业重整程序启动之日前的2年内与关联方进行偏颇交易;(2)在企业重整程序启动之日前的1年内与关联方以外的其他债权人进行偏颇交易。[④] 对于这类申请,公司法庭在审查后可以颁令给予救济,包括要求返还在偏颇交易中转移的财产至债务人、全部或部分免除债务、解除偏颇交易中设置的担保权等。[⑤]

(二)低价交易(undervalued transactions)

91 重整管理人如确定债务人的某项交易构成低价交易,应当向公司法庭申请撤销该项交易并反转其效力。[⑥] 债务人作出的以下交易行为可被认定为属于低价交易:(1)对他人的赠与;(2)债务人在正常经营过程之外与他人达成转让一项或多项财产交易,而交易中相对方所给付的对价远低于债务人给付的对价。[⑦] 此外,就交易发生时间的临界期而言,如果交易的相对方不属于债务人的关联人,则低价交易的临

---

① Insolvency and Bankruptcy Board of India (Insolvency Resolution Process for Corporate Persons) Regulations,2016 (enacted 1 December 2016) reg 29.

② Bar Council of India v. AK Balaji (Civil Appeal Nos 7875 –7879 of 2015).

③ Insolvency and Bankruptcy Code,2016 (Act No. 31 of 2016) s. 25(2)(j). Discussion in this section also applies to liquidators.

④ Insolvency and Bankruptcy Code,2016 (Act No. 31 of 2016) s. 43(1).

⑤ Insolvency and Bankruptcy Code,2016 (Act No. 31 of 2016) s. 44.

⑥ Insolvency and Bankruptcy Code,2016 (Act No. 31 of 2016) s. 45(1).

⑦ Insolvency and Bankruptcy Code,2016 (Act No. 31 of 2016) s. 45(2).

界期为企业重整程序启动前的 1 年内；如果交易对方属于关联人，则临界期是企业重整程序启动前的 2 年内。[①] 对于这类申请，公司法庭在审查后可以要求返还低价交易中被转让的部分财产至债务人、免除或解除低价交易中设置的担保权或者要求相对方给付经独立专业人士确定的交易对价。[②]

（三）欺诈交易（fraudulent transactions）

92 如果公司法庭认为债务人达成的某项低价交易是基于以下故意之一，即构成欺诈交易：(1)将债务人资产置于有权追偿主体可及的范围之外；[③](2)对有权追偿主体的利益造成不利影响。[④] 对于这类交易，公司法庭应当发出命令，恢复交易前的状态，[⑤]保护交易受害者的利益。[⑥] 但是，重整管理人首先应确定债务人是否进行了欺诈交易，[⑦]然后再申请公司法庭给予适当救济。[⑧]

（四）敲诈性信贷交易（extortionate credit transactions）

93 敲诈性信贷交易适用于在企业重整程序启动之日前 2 年内发生的金融债务或经营债务。[⑨] 如果这类债务的交易条款要求债务人支付过高的费用，重整管理人应当向公司法庭申请撤销该项交易。[⑩] 对于这类申请，公司法庭在审查后可以颁令作出救济，包括：要求恢复交易前状态；撤销因该项交易产生的全部或部分债务；修改交易条款；要求该交易相对方返还从该项交易中收到的款项；放弃在交易中设置的担保权。[⑪]

七、中小微企业破产

94 中小微企业“构成了印度经济的基础，是就业、生产、经济增长、创业和普惠金融

① Insolvency and Bankruptcy Code, 2016 (Act No. 31 of 2016) s. 46.
② Insolvency and Bankruptcy Code, 2016 (Act No. 31 of 2016) s. 48.
③ Insolvency and Bankruptcy Code, 2016 (Act No. 31 of 2016) s. 49(1)(a).
④ Insolvency and Bankruptcy Code, 2016 (Act No. 31 of 2016) s. 49(1)(b).
⑤ Insolvency and Bankruptcy Code, 2016 (Act No. 31 of 2016) s. 49(1)(b)(i).
⑥ Insolvency and Bankruptcy Code, 2016 (Act No. 31 of 2016) s. 49(1)(b)(ii).
⑦ Insolvency and Bankruptcy Board of India (Insolvency Resolution Process for Corporate Persons) Regulations, 2016 (enacted 1 December 2016) reg 35(A)(2).
⑧ Insolvency and Bankruptcy Board of India (Insolvency Resolution Process for Corporate Persons) Regulations, 2016 (enacted 1 December 2016) reg 35(A)(3).
⑨ Insolvency and Bankruptcy Code, 2016 (Act No. 31 of 2016) s. 50(1).
⑩ Insolvency and Bankruptcy Code, 2016 (Act No. 31 of 2016) s. 50(1).
⑪ Insolvency and Bankruptcy Code, 2016 (Act No. 31 of 2016) s. 51.

的关键驱动”[①],2015～2016年,中小微企业对印度GDP的贡献度为37.33%。[②] 曾经,中小微企业被划分为参与供应、提供服务的企业以及参与特定产业产品的生产、制造的企业。自2021年4月起,这一分类方式终止生效。取而代之的,是投资不超过1千万卢比且营业额不超过5千万卢比的企业为微型企业;[③]投资不超过1亿卢比且营业额不超过5亿卢比的企业为小型企业;[④]投资不超过5亿卢比且营业额不超过25亿卢比的企业为中型企业。[⑤]

95 2017年11月,印度公司事务部组建了破产委员会,破产委员通过咨询主要利益相关方的方式,对《破产法》进行详细审查。在咨询活动中,曾有利益相关方告知破产委员会,由于不少大型企业正根据《破产法》进行破产程序,中小微企业(通常是大型企业的经营债权人)也正被拖入破产泥潭之中。此外,作为大型企业的经营债权人,中小微企业在程序中所能得到的清算价值也基本可以忽略不计。[⑥]

96 为了解决上述问题,2018年6月6日生效的《2018年破产法(修订条例)》引入了第240A条,明确排除《破产法》许多规定[⑦]对中小微企业型债务人的适用。[⑧] 此外,中央政府还有权基于公众利益,以通知方式对《破产法》规定的适用作出指令:(1)相关规定不适用于中小微企业;(2)按照通知中规定的方式,对中小微企业适用的相关规定予以调整。[⑨]

八、《破产法》规则外的破产重整

97 除了《破产法》规定的机制,印度还存在多种重整机制选择。

---

① Ministry of Corporate Affairs, Government of India, Report of the Insolvency Law Committee (March 2018) at para. 27. 1.

② Ministry of Micro, Small and Medium Enterprises, Government of India, Annual Report 2015 – 16 at p. 9.

③ Ministry of Micro, Small and Medium Enterprises Notification (1 June 2020) read with Micro, Small & Medium Enterprises Development Act, 2006 (Act No. 27 of 2006) s. 7.

④ Ministry of Micro, Small and Medium Enterprises Notification (1 June 2020) read with Micro, Small & Medium Enterprises Development Act, 2006 (Act No. 27 of 2006) s. 7.

⑤ Ministry of Micro, Small and Medium Enterprises Notification (1 June 2020) read with Micro, Small & Medium Enterprises Development Act, 2006 (Act No. 27 of 2006) s. 7.

⑥ Ministry of Corporate Affairs, Government of India, Report of the Insolvency Law Committee (March 2018) at para. 27. 3.

⑦ Insolvency and Bankruptcy Code, 2016 (Act No. 31 of 2016) ss. 29A(c) and 29A(h).

⑧ Insolvency and Bankruptcy Code, 2016 (Act No. 31 of 2016) s. 240A (1).

⑨ Insolvency and Bankruptcy Code, 2016 (Act No. 31 of 2016) s. 240A (2).

《2013 年公司法》规定公司与其债权人或成员之间可以达成“和解”(compromise)或“安排”(arrangement)计划。[①] 一旦相关和解或安排计划草案被正式提交,公司法庭即可依公司或其任一债权人、成员的申请,颁令召集债权人会议或公司成员会议。[②] 关于会议的通知应当送达至所有的债权人、成员和公司债券的持有者。通知需附以下材料:披露和解或安排计划草案具体情况的声明;评估报告副本(如有);关于和解或安排计划对债权人、核心管理人员、公司发起人和非发起人成员的影响。[③] 该通知和相关文件均须送交可能受和解或安排计划草案影响的行业监管机构、主管机构。行业监管机构或主管机构需回复意见的,应当在收到通知后的 30 日内作出回复,否则将被推定为无意见。[④] 和解或安排计划一经代表表决权总额 3/4 以上的公司债权人或者成员表决通过、公司法庭批准,即对公司、全体债权人、成员或清算人(如果公司被清算)均有约束力。[⑤] 此外,公司法庭在批准公司的和解或安排计划时,有权监督计划的执行,并为执行计划而作适当指示或修改。[⑥] 98

印度储备银行于 2019 年 6 月 7 日发布了《2019 年印度储备银行(审慎处置不良资产规则框架)指引》[⑦],经其董事会批准,该指引采纳了一系列的不良资产处置政策,旨在于债务违约发生之前(在依据《破产法》启动程序之前)开启处置进程。该指引规定有 30 日的审查期限,在此期间,贷款人将对借款人作初步审查并决定相应的重整策略和拟采用的重整方法和方案。[⑧] 对此,借款人需在各债权人之间达成协议,为重整方案的执行提供具体依据。[⑨] 这类重整方案须在审查期结束后的 180 日内得到执行,[⑩]否则贷款人需新增 20% 的授信,而如果在审查期届满后的 180 日至审 99

---

① Companies Act (Act No. 18 of 2013) s. 230.

② Companies Act (Act No. 18 of 2013) s. 230(1).

③ Companies Act (Act No. 18 of 2013) s. 230(3).

④ Companies Act (Act No. 18 of 2013) s. 230(5).

⑤ Companies Act (Act No. 18 of 2013) s. 230(6).

⑥ Companies Act (Act No. 18 of 2013) s. 231(1).

⑦ 在该指引发布前,印度最高法院推翻了印度储备银行原先于 2018 年 2 月 12 日作出的规定,该规定强制引用《破产法》中的重整规则。See Dharani Sugars and Chemicals Ltd. v. Union of India 2019 (5) SCALE 629 at [45] and [46].

⑧ Reserve Bank of India (Prudential Framework for Resolution of Stressed Assets) Directions, 2019, cl 9.

⑨ Reserve Bank of India (Prudential Framework for Resolution of Stressed Assets) Directions, 2019, cl 10.

⑩ Reserve Bank of India (Prudential Framework for Resolution of Stressed Assets) Directions, 2019, cl 11.

议期开始后的365日内仍未能执行重整方案，还需额外增加15%的授信。① 重整方案可以使用诉讼、计划或其他任何重组方法，包括由借款人支付所有的到期债务而使账户正常化、向他人或投资者出售风险债务、变更企业所有权和企业重组等。②

九、跨境破产

100 《破产法》中规定有部分涉跨境破产的规则，但总体上数量有限。例如，《破产法》中对"人"（person）的定义包括居住于印度之外的人。③ 因此，《破产法》并不区分国内、国外债权人，而是给予同等地位。④ 此外，外国债权人也有权依据《破产法》开启程序和依法进行诉讼追偿。

101 重整管理人有权收集债务人的资产、财务、经营信息以确定其财务状况，即使相关财产位于国外，只要该项财产记录于债务人的资产负债表中，或者在任何登记机关的登记中为债务人所有，重整管理人便有义务接管。⑤

102 破产委员会正尝试以《联合国贸易法委员会跨国界破产示范法》（1997年）（以下简称《示范法》）为根据，全面建立印度的跨境破产制度，并将《示范法》作为单独的章节引入《破产法》。⑥ 一旦该新的规定获得通过，预计可以全面完善相关立法规定和监管机制，处理准入、承认、救济、合作等核心跨境破产法要素，建立起公平、高效、透明、可预测的跨境破产实践机制。破产委员会建议，印度的跨境破产规定初期首先适用于企业破产领域，在积累实践经验后，再按程序延伸适用至个人破产领域。⑦

103 公司法上诉法庭在2019年7月12日对Jet Airways（India）Ltd.（Offshore Regional Hub）v. State Bank of India一案作出的决定中，处理了在两个司法管辖区

① Reserve Bank of India (Prudential Framework for Resolution of Stressed Assets) Directions,2019, cl 17.

② Reserve Bank of India (Prudential Framework for Resolution of Stressed Assets) Directions,2019, cl 13.

③ Insolvency and Bankruptcy Code,2016 (Act No.31 of 2016) s.2(23).

④ Insolvency and Bankruptcy Code,2016 (Act No.31 of 2016) s.2(23).

⑤ Insolvency and Bankruptcy Code,2016 (Act No.31 of 2016) s.18(i).

⑥ Ministry of Corporate Affairs, Government of India, Report of the Insolvency Law Committee on Cross Border Insolvency (October 2018).

⑦ Ministry of Corporate Affairs, Government of India, Report of the Insolvency Law Committee on Cross Border Insolvency (October 2018) at p.6.

(相互无隶属关系)分别对同一债务人独立进行破产程序的可行性问题。[①] 此案中的"同一债务人"即 Jet Airways(India)公司。该公司在印度(注册办公地)和荷兰(区域中心所在地)分别被启动了独立的企业重整程序和清算程序。在该案中,公司法上诉法庭试图确定,是否可以通过 Jet Airways(India)公司印度重整管理人和可取得公司法上诉法庭承认的荷兰管理人之间达成的协议或备忘录,使印度的程序得以继续推进,从而最大化债务人的资产并平衡全体利益相关方(包括在岸或离岸的债权人、贷款人)的利益。

因此,公司法上诉法庭指示荷兰管理人和印度管理人相互合作。公司法上诉法庭认为,荷兰管理人可以收集离岸债权人的债权情况并将详细信息转交至印度重整管理人处,用以制备"信息备忘录"。荷兰管理人的顾问则保证提供协作,还保证不对其已经或可以接管的债务人离岸动产和不动产,进行出售、转让、租赁或增设第三方利益的行为。此后,公司法上诉法庭也准许了荷兰管理人参加印度的债权人委员会会议,并向其提供会议纪要。 104

另外,美国特拉华州破产法院于 2019 年 11 月 4 日作出命令,承认 SEL Manufacturing 公司的印度破产程序为《美国破产法》第 15 章中的"外国主要程序",这是依据印度《破产法》启动的程序首次获得跨境承认。[②] 105

十、企业集团破产

如今,公司的经济活动已不再通过单一法人实体进行。控股公司的某家子公司破产也可能对其他子公司产生不利影响。这在控股公司与子公司关系紧密且同在一个市场领域经营业务或提供补充性服务时,尤为突出。 106

目前,印度破产法并未就企业集团破产问题给出解决方案,尽管因税务监管、会计处理等方面的原因,印度已对控股公司和子公司间的关系作出一定程度的规范。但需说明,隶属于同一企业集团的不同公司成员破产的,仍需通过不同的破产程序各自处理。这一"碎片化"的处理方式,即由公司法庭不同合议庭审理同一集团内不同公司的破产申请的方式,导致了信息不对称和缺少协调配合,导致了程序拖延和效率低下。在很多情况下,如果缺少对企业集团的协调处置策略,而仅仅重整其中 107

① Jet Airways (India) Ltd. (Offshore Regional Hub) v. State Bank of India [Company Appeal (AT) (Insolvency) No. 707 of 2019].

② Bankruptcy Petition No. 19 - 10988 - MFW (5 June 2019).

一家公司，可能无法实现价值最大化。

108 破产委员会已经认识到，有必要建立一个适用于企业集团破产的法律框架。破产委员会近期已成立工作组，由该工作组负责提出完整的监管制度建议，意在以《破产法》规则为基础，实现对企业集团内公司的重整和清算问题的协调处理。

109 即使企业集团破产方面尚存在制度空白，孟买公司法庭仍在2019年8月8日作出命令，专门指令为实现破产重整而合并 Videocon 集团内多家公司的破产案件。[①] 最开始，数个债权人申请对 Videocon 集团内的15家公司启动企业重整程序，随后 Videocon 作为公司的前董事、发起人和印度国家银行均以债权人身份申请由同一法院审理所有相关问题。孟买公司法庭审查了各公司在控制权、董事、资产、负债等方面的共性，考虑了公司间依赖程度、相互融资、共同金融债权人等方面的情况，指令合并审理 Videocon 集团15家公司中13家公司的重整程序，同时指定同一临时重整管理人主导程序。此外，公司法庭还认为，合并审理集团内另外两家公司并无益处，因此为该两家公司分别指定了独立的临时重整管理人。

附1：本报告引用的法律和政策性文件：
Appendix 1：Legislation and Policies Referred to

1. 破产法改革委员会：《破产法改革委员会报告卷1：法理与设计》，Bankruptcy Law Reforms Committee：The Report of the Bankruptcy Law Reforms Committee Volume I：Rationale and Design（November 2015）。

2.《2013年公司法》，Companies Act，2013（Act No.18 of 2013）。

3.《2017年公司(注册评估师和评估)规则》，Companies（Registered Valuers and Valuation）Rules，2017。

4.《2017年印度破产委员会(信息化公共服务规定)核心服务和其他服务技术标准指南》，Guidelines for Technical Standards for the Performance of Core Services and Other Services under the Insolvency and Bankruptcy Board of India（Information Utilities）Regulations，2017。

5.《2017年印度破产委员会(信息化公共服务)规定》，Insolvency and Bankruptcy Board of India（Information Utilities）Regulations，2017（entry into force 1

① State Bank of India v. Venugopal Dhoot (MA 1306 of 2018 in CP No. 02/2018).

April 2017)。

6.《2017 年印度破产委员会(检查和调查)规定》,Insolvency and Bankruptcy Board of India (Inspection and Investigation) Regulations,2017 (entry into force 12 June 2017)。

7.《2016 年印度破产委员会(破产管理人)规定》的"破产管理人"行为准则,Insolvency and Bankruptcy Board of India (Insolvency Professionals) Regulations,2016。

8.《2016 年印度破产委员会(企业破产重整程序)规定》,Insolvency and Bankruptcy Board of India (Insolvency Resolution Process for Corporate Persons) Regulations,2016 (enacted 1 December 2016)。

9.《2016 年破产法》,Insolvency and Bankruptcy Code,2016 (Act No. 31 of 2016)。

10.《2019 年破产法(修订条例)》,Insolvency and Bankruptcy Code (Amendment Ordinance) Act,2019 (enacted 29 July 2019)。

11.《2018 年破产管理人担任临时重整管理人和清算人(推荐)指南》(第 2 版),Insolvency Professionals to act as Interim Resolution Professionals and Liquidators (Recommendation) (Second) Guidelines,2018 (30 November 2018)。

12. 印度政府公司事务部第 IBC/01/2017 号通知:《关于依据〈2016 年破产法〉第 30 条、第 31 条批准重整计划的说明》,Ministry of Corporate Affairs,Government of India, General Circular No. IBC/01/2017: Clarification regarding Approval of Resolution Plans under Section 30 and 31 of Insolvency and Bankruptcy Code,2016。

13.《2016 年国家公司法庭规则》,National Company Law Tribunal Rules,2016。

14.《破产法委员会报告》,Report of the Insolvency Law Committee (March 2018)。

15.《破产法委员会关于跨境破产问题的报告》,Report of the Insolvency Law Committee on Cross Border Insolvency (October 2018)。

16.《技术委员会关于信息化公共服务的报告》,Report of the Technical Committee on Information Utilities。

17.《2018 年印度证券交易委员会(股票退市)(修订)规定》,SEBI (Delisting of Equity Shares) (Amendment) Regulations,2018 (notified 31 May 2018)。

18.《1957 年证券合同规则》,Securities Contracts (Regulation) Rules,1957。

19.《2002 年金融资产证券化、重组与担保权强制执行法》,Securitisation and Reconstruction of Financial Assets and Enforcement of Security Interest Act,2002。

附 2:《破产法》规定的时限要求

单位:日

序号	关键节点	时限
1	企业破产程序开始 + 指定临时重整管理人	T
2	临时重整管理人发布公告	T + 3
3	债权人申报债权(债权人在 14 日内无法申报的,临时重整管理人、重整管理人可接受 90 日内的申报)	T + 14 / 最多 T + 90
4	临时重整管理人审查债权(收到债权申报后的 7 日内)	T + 21 / 最多 T + 97
5	临时重整管理人申请公司法庭指定各债权人组代表	T + 23
6	临时重整管理人向公司法庭提交报告,证明债权人委员会已成立	T + 23
7	召开债权人委员会第一次会议(提交"成立债权人委员会报告"后的 7 日内,须至少提前 5 日进行会议通知)	T + 30
8	司法机关将临时重整管理人指定为重整管理人	T + 30
9	重整管理人委任评估师	T + 37 (指定临时重整管理人担任重整管理人的); T + 47 (指定他人担任的)
10	重整管理人向债权人委员会成员提交信息备忘录	T + 44 (指定临时重整管理人担任重整管理人的); T + 54 (指定他人担任的)
11	重整管理人对偏颇交易等行为提出意见	T + 75
12	债权人委员会决议确定重整方资格标准,重整管理人准备详细的重整意向邀约并发布"G 表格"(Form G)	T + 75
13	意向重整方提交重整意向并附相关材料(至少在发布重整意向邀约的 15 日后)	T + 90
14	重整管理人对意向重整方开展尽职调查,并向债权人委员会、意向重整方提供适格的意向重整方临时名单	T + 100
15	重整管理人向意向重整方提供评估方法和重整要求	T + 105
16	意向重整方对重整管理人提供的临时名单提出异议	T + 105
17	重整管理人审查异议并向债权人委员会提交适格意向重整方的最终名单	T + 115

续表

序号	关键节点	时限
18	重整管理人对可撤销交易作出决定,并将相关决定报告破产委员会	T + 115
19	重整方提交重整计划	T + 135
20	重整管理人向公司法庭申请撤销可撤销交易	T + 135
21	向公司法庭提交经表决通过的重整计划	T + 165
22	公司法庭批准重整计划	-

附：印度中小微企业“预先打包”式破产程序

亚洲商法研究所*

2021 年 4 月 4 日,印度颁布《2021 年破产法(修订)条例》,通过增加《2016 年破产法》第 III - A 章规定,为印度中小微企业引入了“预先打包”式破产重整程序(以下简称预重整程序),相关规定自颁布之日起立即施行。 1

基于对中小微企业在印度经济中关键作用的认识,结合其特殊的重整需求,印度引入预重整程序旨在为中小微企业重整程序中所有的利益相关者带来“更加便捷,更具成本效益且价值最大化的结果”①。 2

此外,就在预重整程序出台前的 2021 年 3 月 24 日,印度解除了禁止依据《破产法》提出破产申请的一年“中止期”。下文将介绍这类预重整程序的主要特征。 3

---

* 关于印度的更新报告于 2021 年 4 月完成,由亚洲商法研究所项目经理沈昊昱撰写。本报告与“印度制度报告”相互独立。为避免出现疑义,需作如下说明:印度制度报告的作者并未参与本报告的撰写,如有任何错漏,均由本更新报告的作者承担。

① Insolvency and Bankruptcy Code (Amendment) Ordinance,2021 (No. 3 of 2021) preamble.

一、资格、启动和受理

4 只有符合相关法定要求[①]的中小微企业才可适用预重整程序。[②]

5 要适用预重整程序，中小微企业在预重整程序启动之日前的3年内不得适用过预重整程序或者完成过重整程序，[③]也不得正处于重整程序之中或者已被颁令清算，与此同时，该企业还需符合《破产法》第29A条规定的提交重整计划资格。[④]

6 中小微企业预重整程序的启动方式如下：[⑤]

（1）由非关联的金融债权人提议委任一名重整管理人，负责具体推进预重整程序，该提议需经代表相应到期债权总额66%以上的非关联金融债权人同意。

（2）中小微企业的多数董事（或合伙人，视情形而定）作出包含以下内容的声明：①该中小微企业必须在90日内启动预重整程序；②启动预重整程序并未欺诈任何相关方；③被提议委任且其同意委任的重整管理人名称。

（3）中小微企业的成员通过特别决议（或3/4以上的合伙人通过决议，视情形而定），同意提出启动预重整程序的申请。

（4）中小微企业的预重整申请需经代表相应债权额66%以上的非关联金融债权人同意。要取得金融债权人同意，中小微企业需向金融债权人提供以下资料：①第（2）项所述的声明；②第（3）项所述的特别决议或者决议；③符合《2021年破产法（修订）条例》第54K条规定的重整计划草案。

二、申请的受理及其影响

7 中小微企业满足上述资格要求的，可以向国家公司法庭（以下简称公司法庭）提

---

① Ministry of Micro, Small and Medium Enterprises Notification (1 June 2020) read together with Micro, Small & Medium Enterprises Development Act, 2006 (Act No. 27 of 2006) s. 7.

② Insolvency and Bankruptcy Code (Amendment) Ordinance, 2021 (No. 3 of 2021) s. 54A(1).

③ Insolvency and Bankruptcy Code (Amendment) Ordinance, 2021 (No. 3 of 2021) s. 54A(2)(a).

④ Insolvency and Bankruptcy Code (Amendment) Ordinance, 2021 (No. 3 of 2021) ss. 54A(2)(b)-(d). 参见“印度制度报告”第56段关于《2016年破产法》第29A条的具体内容。See Pulkit Gupta, *Jurisdictional Report: India* in Corporate Restructuring and Insolvency in Asia 2020 (Asian Business Law Institute, 2020).

⑤ Insolvency and Bankruptcy Code (Amendment) Ordinance, 2021 (No. 3 of 2021) ss. 54A(2)(e)-(4).

交预重整申请。[①] 公司法庭应当在收到申请后的14日内决定是否受理该申请。申请材料完整齐备的，公司法庭应当予以受理。[②] 申请资料不完整的，公司法庭应当在决定驳回前给予申请人7日的补正材料期限。[③]

公司法庭决定受理预重整申请之日即为预重整程序开始之日。[④] 预重整程序必须在开始后的120日内完结。[⑤] 8

公司法庭在受理预重整申请的同时，应当按《破产法》第14条第1款、第14条第3款的规定作出受限制的中止宣告。[⑥] 此外，只要预重整申请中提议委任的重整管理人人选并未处于未决的纪律处分程序之中，则该人选将被指定为重整管理人。[⑦] 预重整程序重整管理人应当在程序开始之日发布关于启动程序的公告。[⑧] 9

预重整程序的一个关键特征在于中小微企业管理层在预重整程序开始后和整个程序中都将继续管理企业事务，维持企业的资产价值以及持续经营。[⑨] 10

但是，这类"违约债务人自行管理"机制(default debtor-in-possession regime)也应受到债权人的监督。具体而言，债权人委员会(committee of creditors)可以在预重整程序中的任何时间对中小微企业的管理层予以取代，并将企业事务管理权移交至重整管理人。[⑩] 对此，重整管理人应当向公司法庭提交申请，公司法庭认为存在以下情形之一的，将作出命令，授予重整管理人中小微企业管理权：(1)中小微企业事务处理中存在欺诈的；(2)中小微企业事务严重管理不善的。[⑪] 11

① Insolvency and Bankruptcy Code (Amendment) Ordinance, 2021 (No. 3 of 2021) s.54C(1).

② Insolvency and Bankruptcy Code (Amendment) Ordinance, 2021 (No. 3 of 2021) s.54C(4)(a).

③ Insolvency and Bankruptcy Code (Amendment) Ordinance, 2021 (No. 3 of 2021) s.54C(4)(B).

④ Insolvency and Bankruptcy Code (Amendment) Ordinance, 2021 (No. 3 of 2021) s.54C(5).

⑤ Insolvency and Bankruptcy Code (Amendment) Ordinance, 2021 (No. 3 of 2021) s.54D(1).

⑥ Insolvency and Bankruptcy Code (Amendment) Ordinance, 2021 (No. 3 of 2021) s.54E(1)(a).

⑦ Insolvency and Bankruptcy Code (Amendment) Ordinance, 2021 (No. 3 of 2021) s.54E(1)(b).

⑧ Insolvency and Bankruptcy Code (Amendment) Ordinance, 2021 (No. 3 of 2021) s.54E(1)(c).

⑨ Insolvency and Bankruptcy Code (Amendment) Ordinance, 2021 (No. 3 of 2021) ss.54H(a)-(b).

⑩ Insolvency and Bankruptcy Code (Amendment) Ordinance, 2021 (No. 3 of 2021) s.54J(1).

⑪ Insolvency and Bankruptcy Code (Amendment) Ordinance, 2021 (No. 3 of 2021) ss.54J(1)-(2).

三、重整管理人

12 如前所述，重整管理人负责具体推进预重整程序。除了对中小微企业的事务管理进行监督，重整管理人的职责还包括：(1)确认并不断更新中小微企业提交的债权表，同时就债权确认的情况通知各债权人；①(2)组建债权人委员会，召集、出席债权人委员会的会议，并向债权人委员会报告中小微企业管理层违反义务的情况；②(3)以“初始信息备忘录”(preliminary information memorandum)和其他相关信息为基础，制作信息备忘录；③(4)申请撤销交易。④

13 总体而言，重整管理人的职权包括：(1)查阅中小微企业的所有会计账册、记录和相关信息(无论是由中小微企业保存、由信息化公共服务以电子方式提供，还是由政府当局、注册审计师、会计师等保存)；⑤(2)出席董事会会议等中小微企业的会议；⑥(3)聘请律师、会计师等专业人士；⑦(4)收集所有关于中小微企业的信息(如资产情况等)，以调查可撤销交易、欺诈行为或不当交易情况。⑧

14 为配合重整管理人行使法定职权，在重整管理人要求提供信息时，负责管理中小微企业账户的金融机构必须向重整管理人提供其所掌握的全部相关信息。⑨ 中小微企业的员工、发起人和管理层的任何关联人均须向重整管理人提供一切必要协助和支持，确保重整管理人能依法履行职责、行使职权。⑩

---

① Insolvency and Bankruptcy Code (Amendment) Ordinance, 2021 (No. 3 of 2021) ss. 54F(2)(a)-(c).

② Insolvency and Bankruptcy Code (Amendment) Ordinance, 2021 (No. 3 of 2021) ss. 54F(2)(e)-(f).

③ Insolvency and Bankruptcy Code (Amendment) Ordinance, 2021 (No. 3 of 2021) s. 54F(2)(g).

④ Insolvency and Bankruptcy Code (Amendment) Ordinance, 2021 (No. 3 of 2021) s. 54F(2)(h). For voidable transactions in general, See Pulkit Gupta, *Jurisdictional Report: India* in Corporate Restructuring and Insolvency in Asia 2020 (Asian Business Law Institute, 2020) at part F.

⑤ Insolvency and Bankruptcy Code (Amendment) Ordinance, 2021 (No. 3 of 2021) ss. 54F(3)(a)-(c).

⑥ Insolvency and Bankruptcy Code (Amendment) Ordinance, 2021 (No. 3 of 2021) s. 54F(3)(d).

⑦ Insolvency and Bankruptcy Code (Amendment) Ordinance, 2021 (No. 3 of 2021) s. 54F(3)(e).

⑧ Insolvency and Bankruptcy Code (Amendment) Ordinance, 2021 (No. 3 of 2021) s. 54F(3)(f).

⑨ Insolvency and Bankruptcy Code (Amendment) Ordinance, 2021 (No. 3 of 2021) s. 54F(4).

⑩ Insolvency and Bankruptcy Code (Amendment) Ordinance, 2021 (No. 3 of 2021) s. 54F(5).

四、预重整程序流程

15 如上文述及,预重整程序应在开始后的120日内完结。

16 自预重整程序开始后的2日内,中小微企业须向重整管理人提供以下材料:(1)列明各债权人名称、担保权和保证人(如有)的债权表;[1](2)用于制作重整计划的初始信息备忘录;[2](3)重整计划草案。[3] 债权表和初始信息备忘录中出现失实信息的,相关方可能因此承担民事或刑事责任。[4]

17 在预重整程序开始后的7日内,重整管理人应当根据上述债权表组建债权人委员会[5],债权人委员会应在组建完成后的7日内召开第一次会议。[6] 债权人委员会除了可以在规定情形中取代中小微企业的管理层,还有责任审查并决定是否通过中小微企业提交的重整计划。

18 只要中小微企业提交的重整计划草案并未损害任何经营债权人的债权,债权人委员会即有权表决通过该重整计划。[7]

19 如果重整计划草案未获债权人委员会通过或者损害了经营债权,重整管理人应当邀请各意向重整方提交一份或多份新重整计划,与原重整计划草案开展竞争,此后将符合条件的新重整计划(以下简称竞争计划)提交债权人委员会评估。[8] 债权人委员会应当根据在竞争计划提交前重整管理人与申请人沟通达成的"评估标准"(evaluation criteria),从中选出最优的竞争计划。[9]

---

① Insolvency and Bankruptcy Code (Amendment) Ordinance,2021 (No. 3 of 2021) s. 54G(1)(a).

② Insolvency and Bankruptcy Code (Amendment) Ordinance,2021 (No. 3 of 2021) s. 54G(1)(b).

③ Insolvency and Bankruptcy Code (Amendment) Ordinance,2021 (No. 3 of 2021) s.54K(1).

④ Insolvency and Bankruptcy Code (Amendment) Ordinance,2021 (No. 3 of 2021) ss.54G(2)–(4).

⑤ Insolvency and Bankruptcy Code (Amendment) Ordinance,2021 (No. 3 of 2021) s.54I(1). 债权人委员会的成员组成会随着债权表更新一并更新,但是更新不影响债权人委员会已通过决定的效力。

⑥ Insolvency and Bankruptcy Code (Amendment) Ordinance,2021 (No. 3 of 2021) s.54I(2).

⑦ Insolvency and Bankruptcy Code (Amendment) Ordinance,2021 (No. 3 of 2021) s.54K(4).

⑧ Insolvency and Bankruptcy Code (Amendment) Ordinance,2021 (No. 3 of 2021) ss. 54K(5) and (8).

⑨ Insolvency and Bankruptcy Code (Amendment) Ordinance,2021 (No. 3 of 2021) ss. 54K(7)(a) and (9).

20 债权人委员会在选出最优的重整计划之后有两种选择：(1)该竞争计划显著优于原重整计划草案的，可选择直接将该竞争计划报债权人委员会，获通过后再提交至公司法庭；①(2)经审查认为该竞争计划还不符合通过的相关要求，或者未显著优于原重整计划草案的，应与原重整计划草案继续开展竞争，择优选定一项计划报请债权人委员会表决。②

21 在表决重整计划时，无论是在本报告第18段还是第20段的情形中，债权人委员会均需对计划可行性、提议分配方式和法定清偿顺序加以考虑。③ 重整计划的表决通过标准为经代表债权人委员会66%以上表决权总额的债权人同意。④ 但需特别注意，在评估中小微企业某项重整计划的可行性时，如果该计划不稀释企业发起人的股权、表决权、控制权，却削减企业债务，债权人委员会表决通过该计划时必须记录其理由。⑤

22 债权人委员会通过重整计划的，重整管理人应当将该计划提交公司法庭批准。⑥ 重整管理人必须在预重整程序开始后的90日内申请批准重整计划。⑦ 重整计划满足相关要求的，公司法庭应当在收到申请后的30日内予以批准，只要有部分条件未获满足，就应不予批准。⑧ 重整计划一经公司法庭批准，对所有利益相关者（包括中小微企业自身、债权人、成员）均有约束力，本报告第9段述及的“受限制中止效力”也将终止。⑨

五、预重整程序的终止和转换

23 如果债权人委员会不予通过根据本报告第19段选定的重整计划，则重整管理人应当申请终止预重整程序。⑩ 同样，在预重整程序开始后的90日内，重整管理人

---

① Insolvency and Bankruptcy Code (Amendment) Ordinance,2021 (No. 3 of 2021) s.54K(10).

② Insolvency and Bankruptcy Code (Amendment) Ordinance,2021 (No. 3 of 2021) s.54K(11).

③ Insolvency and Bankruptcy Code (Amendment) Ordinance,2021 (No. 3 of 2021) s.54K(13).

④ Insolvency and Bankruptcy Code (Amendment) Ordinance,2021 (No. 3 of 2021) s.54K(13).

⑤ Insolvency and Bankruptcy Code (Amendment) Ordinance,2021 (No. 3 of 2021) s.54K(14).

⑥ Insolvency and Bankruptcy Code (Amendment) Ordinance,2021 (No. 3 of 2021) s.54K(15).

⑦ Insolvency and Bankruptcy Code (Amendment) Ordinance,2021 (No. 3 of 2021) s.54D(2).

⑧ Insolvency and Bankruptcy Code (Amendment) Ordinance,2021 (No. 3 of 2021) ss.54L(1) and (3).

⑨ Insolvency and Bankruptcy Code (Amendment) Ordinance,2021 (No. 3 of 2021) s.54L(2) read together with Insolvency and Bankruptcy Code,2016 (Act No.31 of 2016) ss.31(1) and (3).

⑩ Insolvency and Bankruptcy Code (Amendment) Ordinance,2021 (No. 3 of 2021) s.54K(12).

未能向公司法庭提交经债权人委员会表决通过的重整计划的,也应当申请终止程序。[①] 另外,在重整计划获通过之前,债权人委员会经其表决权总额66%以上的债权人同意,也可申请终止程序。[②] 如果出现上述终止情形,公司法庭应当在收到申请后的30日内作出终止程序的命令,同时对继续进行撤销权程序的方式作出明确。[③] 此外,公司法庭不予批准债权人委员会通过的重整计划的,应当在收到该重整计划后的30日内作出终止程序的命令。[④] 预重整程序因本段所述任一情形而终止的,程序费用由中小微企业承担。[⑤]

虽然重整计划未获批准将导致预重整程序终止,但程序终止一般不会导致中小微企业进入清算。但是,如果公司法庭在程序中已命令将中小微企业的管理权转移至重整管理人,而债权人委员会通过的重整计划未将中小微企业的管理权、控制权变更至企业发起人、实控人、现有管理层以外的主体,那么该公司将被实施清算。如果出现这一情形,公司法庭不仅会拒绝批准重整计划、终止预重整程序,还将通过命令,清算该中小微企业。[⑥] 与之类似,如果预重整程序中公司的管理权和控制权已被转移至重整管理人,但根据本报告第19段选定的重整计划未获得债权人委员会通过,或者在预重整程序启动后的90日内,重整管理人未能向公司法庭提交经债权人委员会通过的重整计划,该公司也将被实施清算。[⑦] 此外,如果中小微企业违反已获批准的重整计划,中小微企业以外的利益受损主体提出申请,公司法庭经审查后也可以颁布清算令。[⑧] 24

如果中小微企业满足《破产法》第2章规定的企业重整程序开始条件,在预重整程序开始后、重整计划获批准前的任何时间,债权人委员会均可经表决权总额66%以上的多数债权人同意,启动企业重整程序。[⑨] 如果出现这一情形,重整管理人应当 25

① Insolvency and Bankruptcy Code (Amendment) Ordinance,2021 (No. 3 of 2021) s.54D(3).
② Insolvency and Bankruptcy Code (Amendment) Ordinance,2021 (No. 3 of 2021) s.54N(2).
③ Insolvency and Bankruptcy Code (Amendment) Ordinance,2021 (No. 3 of 2021) s.54N(1)(b).
④ Insolvency and Bankruptcy Code (Amendment) Ordinance,2021 (No. 3 of 2021) s.54L(3).
⑤ Insolvency and Bankruptcy Code (Amendment) Ordinance,2021 (No. 3 of 2021) s.54N(3).
⑥ Insolvency and Bankruptcy Code (Amendment) Ordinance,2021 (No. 3 of 2021) ss.54(J) and 54L(4).
⑦ Insolvency and Bankruptcy Code (Amendment) Ordinance,2021 (No. 3 of 2021) ss.54(J), 54N(1) and 54N(4).
⑧ Insolvency and Bankruptcy Code,2016 (Act No.31 of 2016) ss.33(3)-(4).
⑨ Insolvency and Bankruptcy Code (Amendment) Ordinance,2021 (No. 3 of 2021) s.54O(1).

将债权人委员会的决议报告公司法庭,公司法庭应在30日内颁令终止预重整程序并启动企业重整程序,同时指定预重整程序中的管理人继续担任企业重整程序的临时重整管理人,并宣告将预重整程序费用纳入企业重整程序费用。① 企业重整程序在命令作出之日起正式开始。②

26 另外,《2021年印度破产委员会(预重整程序)规定》详细规定了预重整程序的程序性事项,如相关表格模版等。③

---

① Insolvency and Bankruptcy Code (Amendment) Ordinance,2021 (No. 3 of 2021) s.54O(2). 关于重整管理人和临时重整管理人在企业重整程序中职能的介绍,参见"印度制度报告"中第12~21段。See Pulkit Gupta, *Jurisdictional Report*: *India* in Corporate Restructuring and Insolvency in Asia 2020 (Asian Business Law Institute,2020).

② Insolvency and Bankruptcy Code (Amendment) Ordinance,2021 (No. 3 of 2021) s.54O(4)(b).关于企业重整程序的介绍,参见"印度制度报告"第三部分。See Pulkit Gupta, *Jurisdictional Report*: *India* in Corporate Restructuring and Insolvency in Asia 2020 (Asian Business Law Institute,2020).

③ Enacted 9 April 2021.

印度尼西亚制度报告

Indri Pramitaswari "Mita" Guritno Partner, Hadiputranto, Hadinoto & Partners Kadir, Andi Y Partner, Hadiputranto, Hadinoto & Partners
Timur Sukirno Chairman and Head of Commercial Dispute Resolution Practice Group, Hadiputranto, Hadinoto & Partners
Agung Wijaya Associate, Hadiputranto, Hadinoto & Partners

一、概述

(一)印度尼西亚破产法改革

印度尼西亚(以下简称印尼)现行法律体系源于荷兰殖民时期的大陆法体系。根据印尼法的规定,在荷兰殖民时期施行的法律、法规,只要未与《1945年印度尼西亚宪法》冲突,并且未被撤销或修订,即自动成为印尼的法律、法规,①其中就包括极少使用的"荷兰破产法"(failissements-verorde-ning)。据报道,1945年到1995年,雅加达总共收到仅20份破产申请,且全部为债务人所提出。 1

在1997年亚洲金融危机后,印尼政府为应对国内迅速增长的不良贷款和因不良贷款而产生的银行业系统性危机,采取了一系列改革措施。这类改革和危机处理措施包括:(1)修订破产法;(2)新设商事法院并配备专业破产法官;(3)设立"印尼银行重组机构"(Indonesian Banking Restructuring Agency)②;(4)引入新的正式庭外 2

---

① Article 2 of the implementing regulation provided in the 1945 Indonesian Constitution.

② 印尼银行重组机构依据《1998年第27号关于设立印尼银行重组机构的总统令》设立。同年,印尼总统颁布了《1998年第34号关于印尼银行重组机构职责与职权的总统令》。印尼银行重组机构的设立旨在监督、管理和重组陷入困境的银行,从而帮助政府保护受亚洲金融危机影响的银行的支付能力。2004年,根据《2004年第15号关于终止和解散印尼银行重组机构的总统令》的规定,印尼银行重组机构终止行使职权。在印尼银行重组机构运行期间,大量的印尼银行将不良应收贷款转让至印尼银行重组机构,由印尼银行重组机构直接与借款人进行贷款债务重组,主要重组方式为在庭外达成重组协议,同时使用债转股、债务展期、债务减免、减免利息、以物抵债等具体方法。

重组机制，即“雅加达措施”(jakarta initiative)。[①]

3 上述破产法修订是指出台《第1998号关于修订破产法的替代性政府规定》，该规定随后于1998年9月9日作为《1998年第4号法》[②]颁布施行，其中还包括设立商事法院的规定。

4 根据《第1998号关于修订破产法的替代性政府规定》第281条第1款的规定，商事法院是印尼的破产专门法院，对破产程序享有专属管辖权。最初只有雅加达中央地区法院设有单独部门作为商事法院，目前，望加锡、棉兰、泗水、三宝垄地区法院均设有商事法院。

（二）现行破产法概况

5 2004年，为满足印尼当时的立法和经济需要，政府通过了更为完善的破产法，即2004年第37号《破产和中止支付法》(以下简称《破产法》)。《破产法》并不区分个人破产和公司破产，所以该法既适用于个人，也适用于公司(无论法人还是非法人主体)。[③]《破产法》也未限制对特定公司类型的适用。[④]

6 《破产法》主要规定了破产清算和重整程序(重整程序又称PKPU程序，在印尼法翻译中表述为“中止支付”程序，即“suspension of payment”)，如申报债权及重整程序的效力。在部分实体问题上，《破产法》引用了《印度尼西亚民法典》[⑤](以下简称《民法典》)的规定，包括债权人分组、法律原则的适用、债权平等原则(债权人地位平等)和按比例分配原则(债务人财产属于债权人享有的担保物，应按比例分配)。[⑥]

7 在印尼商事法院可以援引判例作为裁判依据。虽然印尼不适用“遵循先例”或“先例拘束力”原则，但印尼最高法院的裁判在实践中具有极强的说服力。这是因为，根据印尼的法律，为了法律的确定性和统一性，特定的印尼最高法院裁判决定应被视为“永久法理”(permanent jurisprudence)。

---

① 见本报告第23段。

② “替代性政府规定”(government regulations in lieu of law)是总统颁布的具有法律效力的紧急法规，该法规其后将作为法律草案或者法案提交众议院审议，只有获通过的才能成为正式法律。

③ Law No. 37 of 2004 on Bankruptcy and Suspension of Payment, Art. 1. 11.

④ Law No. 37 of 2004 on Bankruptcy and Suspension of Payment, Art. 1. 11.

⑤ 《民法典》于1847年4月30日作为第23号法通过并于1848年1月生效施行。

⑥ 根据《民法典》第1131、1132条规定的原则，对于《破产法》未规定的事项，一般应适用《民法典》的规定，反之亦然。这两部法律在适用上是相互补充、相互佐证的。

《破产法》是印尼破产监管制度的核心。[①] 该法定义的债务覆盖宽泛,包括任何依协议或法律直接或偶然产生的以印尼盾或任何外国货币计价的债务。[②] 8

《破产法》允许启动两类程序:(1)破产清算程序(以下简称清算程序);[③](2)重整程序。[④] 这两类程序均由商事法院管辖。清算程序旨在清算债务人资产以偿还债务,重整程序则旨在重组债务人债务并重整其业务经营。 9

虽然这两类程序在启动上相互独立,但在印尼,重整程序优先于清算程序被适用,这意味着债务人同时被提交重整申请和清算申请的,法院将优先考虑重整申请。[⑤] 因此,在重整程序期间,各方均不得申请债务人清算。[⑥] 同时,在清算程序中,相关方可以提出"和解方案"(composition plan),一旦和解方案获得通过,则清算程序就此终结。[⑦] 10

启动清算程序需满足以下要求:(1)具有"停止支付"的证据;(2)有两名以上债权人享有到期应付债权。[⑧] 如果债务人有两个或两个以上的债权人,并且不能或者预计不能继续清偿到期债务,债务人或其债权人有权申请对债务人启动重整程序。[⑨] 此外,关于清算程序、重整程序的申请,必须以简单明了的方式进行证明(如提供无须法院作进一步分析的清晰证据)。[⑩] 否则,商事法院将不予受理该申请。不同于其他司法管辖区,《破产法》并未规定与偿债能力相关的净资产或现金流测试。因此只要满足上述两项要求,甚至可以对未破产的债务人启动程序。商事法院将评估当事人提供的证据,确定两项要求是否得到满足,只要有任一项要求未获满足,就不予受理该申请。 11

2012 年 11 月 21 日,印尼最高法院推翻了雅加达中央地区商事法院于 2012 年 9 12

---

① 除非本报告另有说明,否则只有 2007 年第 40 号《有限责任公司法》包含关于公司自愿解散、清算和重整的规定。

② Law No. 37 of 2004 on Bankruptcy and Suspension of Payment, Art. 1. 6.

③ Law No. 37 of 2004 on Bankruptcy and Suspension of Payment, ch II.

④ Law No. 37 of 2004 on Bankruptcy and Suspension of Payment, ch III. 本报告表 2 对清算程序和重整程序进行了比较。

⑤ Law No. 37 of 2004 on Bankruptcy and Suspension of Payment, Arts. 229(3) and 229(4).

⑥ Law No. 37 of 2004 on Bankruptcy and Suspension of Payment, Art. 260.

⑦ Law No. 37 of 2004 on Bankruptcy and Suspension of Payment, Art. 166.

⑧ Law No. 37 of 2004 on Bankruptcy and Suspension of Payment, Art. 2(1).

⑨ Law No. 37 of 2004 on Bankruptcy and Suspension of Payment, Arts. 222(2) and 222(3).

⑩ Law No. 37 of 2004 on Bankruptcy and Suspension of Payment, Art. 8(4).

月 14 日作出的第 48/Pailit/2012/ PN. Niaga. Jkt. Pst. 号裁定，该裁定受理了对印尼最大电信公司之一——PT Telekomunikasi Indonesia 提出的破产申请。雅加达中央地区商事法院裁定受理该破产申请的理由仅为该公司未清偿 53 亿印尼盾债务。但即使在推翻雅加达中央地区商事法院的受理决定时，印尼最高法院也未对该公司偿债能力进行净资产或现金流测试，而是认为该申请未能以简单明了的方式证明债务已经到期并且应予清偿。[①]

13 《破产法》还适用于外国债务人，商事法院可以对在印尼开展商业活动的外国实体或个人行使管辖权。[②] 在过往实践中，法院在判断外国实体是否在印尼开展商业活动时会考虑两个事实：一是该外国实体是否持有印尼政府颁发的在印尼经营业务的营业执照；二是该外国实体是否在印尼设有办事机构。

（三）财产担保和登记

14 印尼法规定的常用财产担保方式包括：（1）土地抵押权；（2）船舶抵押权；（3）质押；（4）信托担保（fiducia security）。

1. 土地抵押权

15 《土地担保法》[③]将“土地抵押权”定义为，为清偿债务而在土地权利上设置的担保权，担保物范围可涵盖与土地不可分割之物（如建筑物和植物）。这类担保权赋予债权人相对其他部分债权人的优先受偿权。[④] 土地抵押权应以协议方式设立并经登记后生效。[⑤] 要执行这类担保权，债权人需提供违约证据（通常为“偿债要求书”）。借款人在收到偿债要求书后仍不能偿还债务的，债权人可以通过公开拍卖或自行出售的方式执行土地抵押权。[⑥]

2. 船舶抵押权

16 在印尼，设置于注册船舶之上的抵押权为船舶抵押权，这类抵押权也可为特定

---

① Supreme Court decision No. 704 K/Pdt. Sus/2012.

② Law No. 37 of 2004 on Bankruptcy and Suspension of Payment, Art. 3(4).

③ No. 4 of 1996.

④ Hak Tanggungan Law (Law No. 4 of 1996) Art. 1(1). 印尼法规定有部分优先权，包括印尼政府税收、职工权益、到期社保权益、所有权保留等，这些法定优先权的受偿顺位优先于土地抵押权。这一原则也适用于下文讨论的船舶抵押权、质押和信托担保。See Arts. 1139 and 1149 of the Indonesian Civil Code (effective January 1848).

⑤ Hak Tanggungan Law (Law No. 4 of 1996) Art. 13.

⑥ Hak Tanggungan Law (Law No. 4 of 1996) Art. 20.

贷款提供担保并使特定债权人相对其他债权人享有优先受偿权。[①] 船舶抵押权以协议方式设立,经登记后生效。[②] 不同于土地抵押权,在偿债要求书被忽视后,债权人只能依据抵押协议或法院命令,以公开拍卖方式执行船舶抵押权。[③]

3. 质押

质押是债权人(质权人)就借款人或者财产所有者(出质人)交付其占有的动产享有的担保权,相较于其他债权人,质权人可就质物出售所得享有优先受偿权。[④] 质押的一个重要特点即质物无须由出质人占有。但是,一旦质物不再由质权人占有或第三人代为占有,则质权消灭,但质物遗失或被盗的除外。[⑤] 17

不同于土地、船舶抵押,质押无须公开登记。在公示方式上,对有形财产进行质押的,以交付质物的方式进行公示;[⑥]对无形资产进行质押的,以通知质权执行对象的方式进行公示。[⑦] 18

质权人有权在债务违约时行使其担保权,但前提是需向借款人发出清楚明确的偿债要求书。一般情况下,质权人可以通过公开拍卖质物的方式行使其权利,但出质人、质权人另有约定的,[⑧]也允许通过自行出售质物的方式行使权利。[⑨] 实务界普遍认为,股权受质人在获得出质人的授权后,可以自行出售受质押的股权。这类授权可以在质押协议中作出约定。另外,上市股票可在股票交易所通过两个股票经纪人完成出售,该出售也被视为符合《民法典》关于公开拍卖的要求。[⑩] 19

4. 信托担保

"信托担保"(fiducia security)是为偿还债务而在以下财产之上设定的担保权:(1)有形或无形动产;(2)不动产。这类标的物既可因持有或转让而已经存在或者 20

---

① Law No. 17 of 2008 on Shipping, Art. 60(1).

② Law No. 17 of 2008 on Shipping, Art. 60.

③ Article 1178 of the Indonesian Civil Code (effective January 1848) read together with Art. 60(4) of the Law No. 17 of 2008 on Shipping.

④ Indonesian Civil Code (effective January 1848) Art. 1150.

⑤ Indonesian Civil Code (effective January 1848) Art. 1152.

⑥ Indonesian Civil Code (effective January 1848) Art. 1152.

⑦ Indonesian Civil Code (effective January 1848) Art. 1153.

⑧ 印尼学者关于"另有约定"(agree otherwise)意思的观点存在分歧,部分学者将其解释为各方可以约定以不同方式进行公开拍卖,而非可以约定自行出售。

⑨ Indonesian Civil Code (effective January 1848) Art. 1153.

⑩ Indonesian Civil Code (effective January 1848) Art. 1155.

未来存在，也可经登记或不经登记，还可为不能在其上设置土地和船舶抵押权之物（以下简称信托担保物）。① 除非双方另有约定，否则信托担保物还包括：（1）信托担保物产生的孳息；（2）就信托担保物享有的保险权益。

21 信托担保与质押不同，设定担保权的主体仍占有信托担保物。② 但信托担保同样可使担保权人优先于其他债权人受偿。③ 信托担保必须在担保协议签订之日起30日内在线上系统登记。④ 公众可在登记系统付费搜索信息，但该系统不提供债务人的担保财产清单。

22 在行使其信托担保权之前，债权人应向借款人发出清楚明确的偿债要求书。信托担保可依据法院执行令，以公开拍卖或自行出售的方式执行担保权。⑤

二、庭外重组和法院监督型程序

（一）庭外重组

23 在印尼，“雅加达措施”曾经在亚洲金融危机后实施数年，建立起正式的庭外重组机制。那时，这一机制以重组企业债务为主要目的，以促进重组和监管机构之间的协作配合为主要特点。⑥ 在雅加达措施终止实施后，印尼不再具有正式的庭外重组机制，各方只能基于合同进行庭外债务重组。

24 印尼也未就庭外重组出台非正式指引。实践中，债务人、债权人一般基于重组协议达成庭外重组，这种重组只对协议方具有约束力，⑦因此，非协议方的债权人并不能从该协议中获益。

25 对于庭外重组，债务人、债权人只要预见债务人将无力清偿债务，就可主动提出与对方谈判协商。庭外重组一般会涉及不同组别的债权人、财务顾问和“指导委员会”（steering committee，由债权人代表、庭外重组管理顾问组成）。目前，印尼没有

---

① Law No. 42 of 1999 on Fiducia Security, Art. 1(2).
② Law No. 42 of 1999 on Fiducia Security, Art. 1 (1).
③ Law No. 42 of 1999 on Fiducia Security, Art. 21.
④ Government Regulation No. 21 of 2015 on Registration of Fiducia Security Procedure and Fees to Process Fiducia Security Deed, Art. 4.
⑤ Law No. 42 of 1999 on Fiducia Security, Art. 29(1).
⑥ Jusuf Anwar, Indonesia's Corporate Debt (Seng Lee Press Pte Ltd, 2001) ch. 19, at p. 187 – 188.
⑦ Indonesian Civil Code (effective January 1848) Art. 1340.

鼓励将庭外重组作为正式破产前置程序或者替代方案的法律制度。

印尼法还要求银行根据贷款、资产的分类对不良贷款进行重组或者计提准 26
备金。①

(二)法院监督型程序

1. 重整程序

印尼重整程序旨在防止短期内可恢复偿债能力的债务人进入破产清算。因此, 27
重整程序可为债务人提供更多时间以履行债务,或者以制作“和解方案”(composition plan)并经法院批准的方式,与债权人达成债务重组。在重整程序期间,债务人将继续自行管理其资产,但对全部或部分资产实施管理上、权属上的特定处分行为时,需经管理人②同意。

重整程序适用于所有类型的债务人,并且国内、国外债权人不会被区别对待。 28

债务人、债权人均有权申请启动重整程序。③ 然而,2011 年第 21 号《金融服务 29
管理局法》颁布后,针对证券公司、证券交易所、清算和托管机构、结算和储蓄机构、保险公司、担保公司、养老基金以及从事公益事业的国有企业的重整程序申请只能由金融服务管理局④提出。⑤

公司经其股东决议同意后,才可自愿提出重整申请。股东会对此类申请的决议 30
标准为,经公司所有股东合法表决权总额 3/4 以上表决通过,且投票同意的股东须代表出席会议股东有效表决权总额的 3/4 以上,但需说明,公司章程可以就此规定

① Bank Indonesia Regulation No. 14/15/PBI/2012 of 2012 on Assessment of Commercial Bank Asset Quality, Arts. 10, 12 (3) (five-tier credit quality classification), 41 (provisioning requirement) and 42 (minimum capital reserve requirement). See also Bank Indonesia Circular Letter No. 15/28/DPNP (31 July 2013) on Assessment of Commercial Bank Asset Quality for the requirements on timeliness of payment of principal and interest.

② 见本报告第四部分关于管理人的进一步探讨。

③ Law No. 37 of 2004 on Bankruptcy and Suspension of Payment, Arts. 222(1) and 222(3).

④ Articles 2(4), 2(5) and 223 of the Law No. 37 of 2004 on Bankruptcy and Suspension of Payment read together with the Law No. 21 of 2011 on the Financial Services Authority.

⑤ 在 2011 年第 21 号《金融服务管理局法》颁布之前,根据《破产法》的规定,债务人是证券公司、证券交易所、清算和托管机构或者结算和储蓄机构的,只能由资本市场监督委员会提出重整申请。债务人是保险公司、担保公司、养老金基金或者从事公益事业的国有企业的,破产申请只能由财政部长提出。

更高的决议通过标准。[①]

31 债权人提出重整申请的，法院应当在20日内作出“临时重整令”（temporary PKPU order）；[②]债务人自愿提出重整申请的，法院应当在3日内作出临时重整令。[③]临时重整程序自法院作出临时重整令起始，最长可达45日。[④]

32 印尼法并未要求重整申请、启动程序的公开，但对于临时重整令，受指定的管理人应当在两类以上全国性报纸上发布。[⑤] 印尼法院的庭审活动均对公众开放，而公众也常通过询问案件书记员和查询法院在线数据库的方式，从“法院登记部门”（court registrar）了解程序状态。

33 在重整程序中，要使和解方案[⑥]生效并对债权人有约束力和解方案需按以下标准表决通过：[⑦]

（1）经出席会议的无担保债权人过半数同意，且投票同意的无担保债权人代表出席会议的无担保债权人已确认或者暂时确认的无担保债权总额的2/3以上。

（2）经出席会议的担保债权人过半数同意，且投票同意的担保债权人代表出席会议的担保债权人所持担保债权总额的2/3以上。

34 如果在临时重整程序期间未能提交和解方案，则债权人需按上述的必要多数标准，表决是否对债务人作出“长期重整令”（permanent PKPU order），但自临时重整令作出之日起算，整个重整期间不得超过270日。[⑧] 长期重整令一旦作出，债务人必须在该“长期重整”程序期间向债权人会议提交和解方案，债权人会议应以相同的“必要多数”标准决议是否通过和解方案。

35 就《破产法》的规定来看，债务人、债权人对重整程序享有平等控制权，例如，双方均有权提名管理人，[⑨]而管理人一经指定，将与债务人共同管理债务人的业务和其他事务。[⑩]

---

① Law No. 40 of 2007 on Limited Liability Companies, Art. 89.

② Law No. 37 of 2004 on Bankruptcy and Suspension of Payment, Art. 225(3).

③ Law No. 37 of 2004 on Bankruptcy and Suspension of Payment, Art. 225(2).

④ Law No. 37 of 2004 on Bankruptcy and Suspension of Payment, Art. 225(4).

⑤ Law No. 37 of 2004 on Bankruptcy and Suspension of Payment, Art. 226(1).

⑥ 见本报告第八部分关于和解方案的进一步探讨。

⑦ Law No. 37 of 2004 on Bankruptcy and Suspension of Payment, Art. 281 (1).

⑧ Law No. 37 of 2004 on Bankruptcy and Suspension of Payment, Art. 228(6).

⑨ Law No. 37 of 2004 on Bankruptcy and Suspension of Payment, Art. 15(2).

⑩ Law No. 37 of 2004 on Bankruptcy and Suspension of Payment, Arts. 225(2) and 225(3).

2. 破产清算程序

根据《破产法》的说明,清算程序旨在有序清算债务人资产并按比例清偿无担保债权人和"优先级债权人"(concurrent creditor)。[①] 在清算程序中,一旦法院宣告债务人破产,债务人随即丧失控制和管理其破产财产的权力,而管理和处分债务人破产财产的权力将被授予管理人("curator"或"bankruptcy receiver",即相应管理人)。[②] 如本报告所述,清算程序也允许在程序中提出和解方案,和解方案一旦获得表决通过,则清算程序终结。 36

所有债务人均可适用清算程序。在清算程序中,国内、国外债权人享有同等待遇。债务人、债权人均可提出破产清算申请(因本报告仅介绍破产清算规则,以下简称清算申请)。[③] 但针对第29段所列债务人提出的清算申请,只能由金融服务管理局提出。公司可按照本报告第30段所述方式,经股东决议同意后自愿提出清算申请。此外,涉及公共利益的清算申请可由检察官提出。[④] 37

清算申请一经登记,法院应当在3日内审查该申请并安排第一次听证。[⑤] 清算申请由债权人提出的,应当在第一次听证的7日以前由法院法警传唤债务人。[⑥] 第一次听证应当在清算申请登记立案后的20日内进行,[⑦]但可以依债务人的申请予以延期。[⑧] 38

法院应当在登记立案后的60日内对清算申请作出决定。[⑨] 债务人、提出申请的债权人或其他债权人均可就该决定向印尼最高法院提起上诉,[⑩]但提起上诉不影响决定执行。[⑪] 印尼最高法院应当在收到上诉申请后的60日内作出决定。[⑫] 债务人 39

---

① 优先级债权人是有权决定债务人是否可以长期中止偿付的债权人。See Law No. 37 of 2004 on Bankruptcy and Suspension of Payment, Elucidation of Art. 228(6).

② 见本报告第四部分关于管理人的进一步探讨。

③ Law No. 37 of 2004 on Bankruptcy and Suspension of Payment, Art. 2(1).

④ Law No. 37 of 2004 on Bankruptcy and Suspension of Payment, Art. 2(2). 目前实践中已有案例,在第02/Pailit/2005/PN-Niaga/Medan号破产案件中,Lubuk Pakam检察署因PT Aneka Surya Agung公司未支付420名职工工资而对该公司提出破产申请。

⑤ Law No. 37 of 2004 on Bankruptcy and Suspension of Payment, Art. 6(5).

⑥ Law No. 37 of 2004 on Bankruptcy and Suspension of Payment, Art. 8(2).

⑦ Law No. 37 of 2004 on Bankruptcy and Suspension of Payment, Art. 6(6).

⑧ Law No. 37 of 2004 on Bankruptcy and Suspension of Payment, Art. 6(7).

⑨ Law No. 37 of 2004 on Bankruptcy and Suspension of Payment, Art. 8(5).

⑩ Law No. 37 of 2004 on Bankruptcy and Suspension of Payment, Arts. 11(1) and 11(3).

⑪ Law No. 37 of 2004 on Bankruptcy and Suspension of Payment, Art. 16(1).

⑫ Law No. 37 of 2004 on Bankruptcy and Suspension of Payment, Art. 13 (3).

一旦被法院宣告破产，将丧失管理和处置破产财产的权力，[1]相关权力将随即被转移至管理人。[2]

40 在清算申请提交后、清算程序开始前的期间内，印尼法允许为保护债务人资产而采取保护性、临时性的措施。例如，商事法院可以依申请对债务人的全部或部分财产发布保全令（"security attachment"，一种禁令类型）。[3] 这类保护性措施不会自动适用，而需依相关方申请，商事法院只有在认为该申请有效且必要时，才会对此作出命令。[4]

41 至于破产信息公开，清算程序类似于重整程序，除受指定的管理人应在两类以上全国性报纸上发布宣告破产的公告以外，清算申请和清算程序启动无须适用任何公开规则。[5]

（三）重整程序和宣告破产的效力

42 在商事法院宣告债务人进入临时重整程序之后，负责监督该案的法官（以下简称监督法官）将指定一名或多名管理人在重整程序中与债务人共同管理债务人财产。[6] 债务人未经管理人同意而发生的债务，只有在有利于债务人财产的情况下，才能从债务人财产中受偿。[7]

43 商事法院宣告债务人破产后，破产债务人将失去管理和处分其破产财产的权力，[8]对破产财产采取法律行为的权力则转移至管理人。[9] 此外，一经宣告破产，保全令（待执行的）涉及的法院执行程序均应中止或解除。[10]

1. 中止效力及其执行

44 重整程序具有中止效力，其间担保债权人不能就其担保物行使权利。[11] 这一中止将持续整个重整程序。从本质上讲，中止制度的主要目的在于增加和解或提升破产财产价值的可能性。

---

① Law No. 37 of 2004 on Bankruptcy and Suspension of Payment, Art. 24 (1).
② Law No. 37 of 2004 on Bankruptcy and Suspension of Payment, Arts. 10(1) and 16(1).
③ Law No. 37 of 2004 on Bankruptcy and Suspension of Payment, Art. 10(1)(a).
④ Law No. 37 of 2004 on Bankruptcy and Suspension of Payment, Art. 10.
⑤ Law No. 37 of 2004 on Bankruptcy and Suspension of Payment, Art. 15(4).
⑥ Law No. 37 of 2004 on Bankruptcy and Suspension of Payment, Arts. 225(2) and 225(3).
⑦ Law No. 37 of 2004 on Bankruptcy and Suspension of Payment, Art. 240(3).
⑧ Law No. 37 of 2004 on Bankruptcy and Suspension of Payment, Arts. 24(1) and 24(2).
⑨ Law No. 37 of 2004 on Bankruptcy and Suspension of Payment, Art. 26(1).
⑩ Jerry Hoff, Undang-undang Kepailitan di Indonesia (Tatanusa, 2000) at p. 85 (translated).
⑪ Law No. 37 of 2004 on Bankruptcy and Suspension of Payment, Art. 242.

具体而言，在宣告重整之前为追收债权启动的强制执行程序也应中止。[①]“长期重整”决定一经作出，针对债务人及其财产的保全措施也应解除。[②] 若有必要，管理人或监督法官也可申请法院解除针对债务人财产的扣押和其他保全措施。[③] 45

同样，在清算程序中，担保权在债务人被宣告破产之日起中止执行，中止期间最长不超过 90 日。[④] 在中止期间届满后，经管理人同意，担保债权人可以按相关条款和条件行使担保权。担保债权人对中止期有异议的，可以向管理人申请加速到期。[⑤] 管理人拒绝该申请的，担保债权人可以向监督法官提出申请。[⑥] 监督法官应当自收到申请之日起 10 日内作出决定。[⑦] 46

2. 对合同的效力

在印尼法中，对债务人宣告破产并不影响其合同的权利和义务，但第三方可以要求管理人在双方约定的期限内明确是否继续履行与债务人之间的待履行合同。[⑧] 双方无法就管理人作决定的期限达成一致的，由监督法官确定。[⑨] 管理人在相关期限内未作决定，或拒绝确认继续履行的，该合同将被依法终止。对此，第三方可作为无担保债权人主张赔偿。[⑩] 相同的规则也适用于重整程序管理人。[⑪] 47

在债务人被宣告破产后，其合同权利和义务保持不变，但是，债务人在被宣告破产后产生的支付义务并不能从破产财产中支付，除非该支付行为将使破产财产获益。[⑫] 48

3. 特殊合同

承租人进入清算程序的，出租人或管理人可以根据协议或惯例，应至少提前 90 日以通知方式终止租赁协议。租金已被预先支付的，在已付租金的租赁期届满前，不得终止协议。[⑬] 承租人进入重整程序的，经管理人同意，也有权终止租赁协议，同 49

---

① Law No. 37 of 2004 on Bankruptcy and Suspension of Payment, Art. 242(1).
② Law No. 37 of 2004 on Bankruptcy and Suspension of Payment, Art. 242(2).
③ Law No. 37 of 2004 on Bankruptcy and Suspension of Payment, Art. 242(2).
④ Law No. 37 of 2004 on Bankruptcy and Suspension of Payment, Art. 56(1).
⑤ Law No. 37 of 2004 on Bankruptcy and Suspension of Payment, Art. 57(2).
⑥ Law No. 37 of 2004 on Bankruptcy and Suspension of Payment, Art. 57(3).
⑦ Law No. 37 of 2004 on Bankruptcy and Suspension of Payment, Art. 57(5).
⑧ Law No. 37 of 2004 on Bankruptcy and Suspension of Payment, Art. 36(1).
⑨ Law No. 37 of 2004 on Bankruptcy and Suspension of Payment, Art. 36(2).
⑩ Law No. 37 of 2004 on Bankruptcy and Suspension of Payment, Art. 36(3).
⑪ Law No. 37 of 2004 on Bankruptcy and Suspension of Payment, Art. 249.
⑫ Law No. 37 of 2004 on Bankruptcy and Suspension of Payment, Art. 25.
⑬ Law No. 37 of 2004 on Bankruptcy and Suspension of Payment, Art. 38.

时受到相同限制。①

50 如果根据已部分履行的协议,一方有义务在特定时间内交付货物但在交付前被宣告破产,则该协议在宣告破产时终止。协议相对方可作为无担保债权人申报债权。②

(四)债权申报和清偿顺序

1. 债权申报

51 一般情况下,私人和公共实体享有的债权不会受到区别对待。各债权人的债权相互独立,不能合并申报。

52 债权人须以书面方式申报债权,列明债权性质和对应数额,并附证明文件(或其副本)以及关于该债权是否附有担保的说明。③

53 在清算程序中,债权人向管理人申报债权可直接或者通过代理人进行,但通过代理人申报债权的,必须提交载有对律师适当授权的委托书。④ 完成申报的债权将由债权人会议核查。

54 同时,债务人应将其财务账册记录提交管理人。⑤ 管理人在审查债权申报时应交叉核对债务人提供的记录。⑥ 债权人对债权有异议的,管理人应与相关债权人沟通讨论。⑦

55 在债权审查中,管理人有权要求债权人提供其未提交的材料、出示原始票据和证据。⑧ 债权一经审查确认,管理人将在破产财产分配表中列明所有已获确认的债权。⑨ 管理人应当根据分配表向债权人作分配。⑩ 该分配表须经监督法官⑪批准,同时债权人有权对该分配表提出异议。⑫

① Law No. 37 of 2004 on Bankruptcy and Suspension of Payment, Art. 251.
② Law No. 37 of 2004 on Bankruptcy and Suspension of Payment, Art. 37(1).
③ Law No. 37 of 2004 on Bankruptcy and Suspension of Payment, Art. 115(1).
④ Law No. 37 of 2004 on Bankruptcy and Suspension of Payment, Art. 269(3).
⑤ Law No. 37 of 2004 on Bankruptcy and Suspension of Payment, Elucidation of Art. 105.
⑥ Law No. 37 of 2004 on Bankruptcy and Suspension of Payment, Art. 116(1)(a).
⑦ Law No. 37 of 2004 on Bankruptcy and Suspension of Payment, Art. 116(1)(b).
⑧ Law No. 37 of 2004 on Bankruptcy and Suspension of Payment, Art. 116(2).
⑨ Law No. 37 of 2004 on Bankruptcy and Suspension of Payment, Art. 189(1).
⑩ Law No. 37 of 2004 on Bankruptcy and Suspension of Payment, Art. 189(2).
⑪ Law No. 37 of 2004 on Bankruptcy and Suspension of Payment, Art. 189(1).
⑫ Law No. 37 of 2004 on Bankruptcy and Suspension of Payment, Art. 193(1).

权利人申报的债权被管理人不予确认的,将提交监督法官处理。① 监督法官未能解决争议的,将提交法院审理,由法院快速作出决定。② 56

债权申报期限由监督法官确定。③ 债权人在期限届满后方申报债权,但申报时间在对债权进行核查的债权人会议召开2日以前的,管理人可以接受申报。④ 57

《破产法》未限制重整、清算程序期间的债权交易,只要债权能有效转让至受让方即可。 58

2. 债权清偿顺序

根据原先印尼法的一般规定,债权清偿顺序如下:⑤(1)税款债权:未缴税款自税款发生之日起5年内享有优先受偿权。(2)"破产财产"债权,包括:①管理人费用;②清算破产财产的费用,如聘请专业人士的费用等;③破产债务人自宣告破产之日起租赁房屋或办公场所的费用;④破产债务人在宣告破产之前或之后应当支付的职工工资。(3)享有本报告第14~22段介绍的4种常用财产担保权的担保债权人。(4)根据2003年第13号《劳动法》的规定,因终止雇佣关系而产生的工资之外的职工权益,如遣散费、长期服务金和其他权利补偿。(5)依法享有优先权的其他债权人。(6)无担保债权人,从剩余财产中按比例受偿。 59

2013年,印尼宪法法院作出判决,⑥进一步确立了职工工资债权的优先顺位。印尼宪法法院宣布: 60

(1)职工工资债权优先于所有类型的债权,包括税款债权和担保债权。

(2)其他类型的职工权益(如遣散费、长期服务金等)优先于担保债权。

由上述规则可见,为保护职工利益,印尼已将雇主被宣告破产后的职工工资债权优先于所有类型的债权受偿。

(五)债权人会议和债权人委员会

1. 债权人会议

债权人会议是召集债权人会面并就债务人拟采取的具体行动进行表决的机制。对于债权人会议的议程,印尼法未作具体要求。债权人会议的职能包括: 61

---

① Law No. 37 of 2004 on Bankruptcy and Suspension of Payment, Art. 194(1).

② Law No. 37 of 2004 on Bankruptcy and Suspension of Payment, Art. 127.

③ Law No. 37 of 2004 on Bankruptcy and Suspension of Payment, Art. 113(1)(a).

④ Law No. 37 of 2004 on Bankruptcy and Suspension of Payment, Art. 133(1).

⑤ See Arts. 1139 – 1149 of the Indonesian Civil Code (effective January 1848).

⑥ Constitutional Court Decision No. 67/PUU-XI/2013.

(1)审查债权;(2)延长或终止重整程序;(3)审议和解方案;(4)讨论更换管理人等。

62 实务中,管理人可以根据债务人、债权人的申请召集债权人会议。在破产程序中,第一次债权人会议应自宣告破产之日起30日内召开。① 每次债权人会议均应由监督法官主持,②管理人、债务人及其债权人按法律要求出席会议。债权人可以由其代理人代表出席(或陪同出席)债权人会议。③

63 债权人会议的表决规则取决于所议事项。在清算程序中表决的一般性事项须经出席债权人会议的所有债权人以简单多数通过决议。④ 然而,在清算程序中通过和解方案的决议须经出席会议的无担保债权人过半数同意,且表决同意的无担保债权人所代表的债权额占出席会议的无担保债权人全部已确认或暂时确认的无担保债权总额的2/3以上。⑤

2. 债权人委员会

64 除了债权人会议,《破产法》还认可债权人委员会是在清算程序、重整程序中债权人利益的代表机构。债权人委员会的主要职责是向管理人⑥提供建议。⑦尽管清算程序中的管理人并不受债权人委员会建议的约束,⑧但重整程序中的管理人必须提请债权人委员会提出建议并予以考虑。⑨《破产法》并未规定债权人委员会提出建议时的表决规则。在印尼的实践中,除非债务人资产丰厚且债权人数量巨大,否则很少设立债权人委员会。

65 在清算程序初期,商事法院认为设立债权人委员会确有必要或者对破产财产有利的,可以在宣告破产裁定或其后的裁定中设立临时债权人委员会,并从已申报债权的债权人中指定3名债权人委员会成员。⑩ 印尼法对这类债权人委员会的成员人

① Law No. 37 of 2004 on Bankruptcy and Suspension of Payment, Art. 86(1).
② Law No. 37 of 2004 on Bankruptcy and Suspension of Payment, Art. 85(1).
③ Law No. 37 of 2004 on Bankruptcy and Suspension of Payment, Art. 87(1).
④ Law No. 37 of 2004 on Bankruptcy and Suspension of Payment, Art. 87(1).
⑤ Law No. 37 of 2004 on Bankruptcy and Suspension of Payment, Art. 151.
⑥ Law No. 37 of 2004 on Bankruptcy and Suspension of Payment, Art. 79(1).
⑦ Law No. 37 of 2004 on Bankruptcy and Suspension of Payment, Art. 231.
⑧ Law No. 37 of 2004 on Bankruptcy and Suspension of Payment, Art. 84(1).
⑨ Law No. 37 of 2004 on Bankruptcy and Suspension of Payment, Art. 231(2).
⑩ Law No. 37 of 2004 on Bankruptcy and Suspension of Payment, Art. 79(1).

数未设上限。商事法院认为有必要的,可在债权审查后设立长期的债权人委员会。①

重整程序中并无前述"临时"或"长期"债权人委员会规则,但如有以下情形之一,商事法院应当设立债权人委员会:②(1) 重整申请涉及的债务性质复杂或者债权人数量巨大的;(2)占已确认债权总额半数以上的债权人要求设立债权人委员会的。印尼法对重整程序的债权人委员会的成员人数未设限制。 66

《破产法》并未规定债权人委员会成员在履行职责时可能承担的责任,但是,债权人委员会成员在履职时未能遵守适当注意义务并对其他债权人或债务人造成损害的,受损方可就该成员的"非法行为"主张责任。《民法典》第 1365 条规定,"非法行为对他人造成损害的,损害人应当赔偿"③。 67

三、商事法院和国家机构的职能

在清算和重整程序中,商事法院的职能仅限于监督程序进行和指定职务主体(清算程序④、重整程序⑤中的监督法官和相应管理人)。此外,商事法院还有权不予批准和解方案。⑥ 商事法院一旦不予批准和解方案,债务人将被宣告破产。⑦ 68

除第 29、37 段所述情形外,即特定政府机构可申请对特定类型的债务人申请启动重整或清算程序,《破产法》并未赋予任何其他国家机构以处置债务人的权力。 69

对于债务人的特定经营领域,部分国家机构可能享有职权。例如,债务人是煤矿经营合同持有人的,应遵守能源和矿产资源部发布的采矿规定。作为煤矿经营合同适用的一般规则,如果清算或重整程序可能导致煤矿经营合同部分条款违约,则能源和矿产资源部可以终止该合同。 70

上市公司破产的,应当就其破产情况向金融服务管理局和证券交易所提交报 71

---

① Law No. 37 of 2004 on Bankruptcy and Suspension of Payment, Art. 80.

② Law No. 37 of 2004 on Bankruptcy and Suspension of Payment, Art. 231(1).

③ 《民法典》并未对"非法行为"(unlawful act)一词作出明确定义。在实践中,"非法行为"被广泛地解释为违反成文法以及违反不成文规范(如道德、习惯和理性)的行为。"非法行为"的概念是开放的,在无须遵循先例的情况下,应由法院决定一项行为是否属于"非法行为"。

④ Law No. 37 of 2004 on Bankruptcy and Suspension of Payment, Art. 15(1).

⑤ Law No. 37 of 2004 on Bankruptcy and Suspension of Payment, Arts. 225(2) and 225(3).

⑥ Law No. 37 of 2004 on Bankruptcy and Suspension of Payment, Art. 159(2).

⑦ 见本报告第 105 段。

告，[①]证券交易所必须在收到报告的当日公开该信息。[②]

四、困境企业的管理者

72 前已述及，重整程序应指定管理人以协助债务人管理其事务，[③]清算程序则应指定管理人和监督法官。[④]

73 在指定重整、清算程序的管理人时，法院应基于申请人的提名进行指定。[⑤] 印尼对管理人的资格要求包括：(1)个人或者事务所；[⑥](2)在法律与人权部完成注册并作为管理人协会的现成员；[⑦](3)具备独立性(与债务人、债权人均无关系)且不得与案件有利益冲突。[⑧]

74 另外，根据《破产法》的规定，管理人超越职权范围行事的，可因其履职而受到惩罚。

（一）重整程序的管理人

75 重整管理人的主要职责之一即与债务人共同管理其事务。[⑨] 对于债务人对其全部或部分财产进行管理上、权属上的特定处分行为，管理人权有批准。[⑩] 管理人还有义务根据监督法官的决定，在两类以上日报发布法院重整债务人的公告。[⑪] 在债权申报期限届满后，管理人还应当制作债权表，列明各债权人的姓名、住所和债权数额。[⑫]

76 在任何时间，法院均可根据监督法官、现任管理人或“多数”债权人的申请，额外

① Financial Services Authority Regulation No. 26/POJK. 04/2017.

② Head of Jakarta Stock Exchange Decision Number Kep – 306/BEJ/07 – 2004 on Regulation Number I-E on the Obligation on Announcement of Information.

③ Law No. 37 of 2004 on Bankruptcy and Suspension of Payment, Arts. 225(2) and 225(3).

④ Law No. 37 of 2004 on Bankruptcy and Suspension of Payment, Art. 15(1).

⑤ Law No. 37 of 2004 on Bankruptcy and Suspension of Payment, Arts. 15(1), 15(2), 225(2) and 225(3).

⑥ Law No. 37 of 2004 on Bankruptcy and Suspension of Payment, Arts. 70(2) and 234(3).

⑦ Law No. 37 of 2004 on Bankruptcy and Suspension of Payment, Art. 70(2)(b) and 234(3)(b).

⑧ Law No. 37 of 2004 on Bankruptcy and Suspension of Payment, Arts. 15(3) and 234(1).

⑨ Law No. 37 of 2004 on Bankruptcy and Suspension of Payment, Arts. 225(2) and 225(3).

⑩ Law No. 37 of 2004 on Bankruptcy and Suspension of Payment, Art. 240(1).

⑪ Law No. 37 of 2004 on Bankruptcy and Suspension of Payment, Art. 226(1).

⑫ Law No. 37 of 2004 on Bankruptcy and Suspension of Payment, Art. 272.

指定管理人或更换现任管理人。[①]

重整程序中的“管理人费用”(administrator’s fee)由监督法官批准,基于债务人负债总额计算,具体如下:[②] 77

(1)重整后达成和解的,该费用不超过负债总额的5.5%。

(2)重整后未达成和解的,该费用不超过负债总额的7.5%。

(二)清算程序的管理人

在债务人被宣告破产前,任何债权人均有权申请商事法院指定临时管理人。[③] 78
一旦债务人被宣告破产,商事法院将根据申请人的提名指定管理人。[④] 在无提名人选的情况下,管理人还可能由遗产管理机构(inheritance house)担任。[⑤]

清算程序管理人的主要职责之一是将破产财产变价(通过公开拍卖或自行出 79
售),然后将出售所得分配给债权人。[⑥] 一般而言,管理人有权管理破产财产,并在监督法官的授权下继续经营债务人的业务。[⑦]

清算程序中的“管理人费用”(curator’s fee)应基于债务人财产价值计算,具体 80
如下:[⑧]

(1)清算程序中达成和解的,管理人费用应根据债务人负债总额计算。

(2)清算程序以处置破产财产告终的,管理人费用应在负债总额之外按处置的破产财产价值计算。

(3)破产申请在上诉或司法审查中被驳回的,管理人费用应由监督法官裁量。

(三)困境企业董事的义务

企业陷入困境的,其董事仍负有善意管理公司、以公司最大利益行事的义务。 81

① Law No. 37 of 2004 on Bankruptcy and Suspension of Payment, Art. 236(3).

② MOLHR Regulation No. 11 of 2016 as amended by MOLHR Regulation No. 2 of 2017 on Guidelines for Remuneration for Curator and Administrator, Art. 5.

③ Law No. 37 of 2004 on Bankruptcy and Suspension of Payment, Art. 10(1)(b).

④ Law No. 37 of 2004 on Bankruptcy and Suspension of Payment, Art. 15(2).

⑤ Law No. 37 of 2004 on Bankruptcy and Suspension of Payment, Art. 70(1).

⑥ See generally Arts. 199 – 202 of the Law No. 37 of 2004 on Bankruptcy and Suspension of Payment.

⑦ Law No. 37 of 2004 on Bankruptcy and Suspension of Payment, Art. 104.

⑧ MOLHR Regulation No. 11 of 2016 as amended by MOLHR Regulation No. 2 of 2017 on Guidelines for Remuneration for Curator and Administrator, Art. 2.

82 董事因过失而未能履行其义务的，应当对此承担个人责任。① 但董事能证明满足以下条件的，无须承担个人责任：②(1)未造成相关损失；(2)善意且审慎地管理公司；(3)未获取个人利益；(4)已采取措施防止损失的发生或继续扩大。

83 代表有表决权股权总额10%以上的股东，有权以公司名义在公司住所地法院对故意或过失造成公司损失的董事提起诉讼，此类诉讼通常被称为衍生诉讼。③

84 如果公司系因董事过错或过失而破产，根据《印度尼西亚刑法典》的规定，④该董事可能受到刑事惩罚。具体而言，董事的以下行为可能构成犯罪⑤：

(1)参与或者同意进行违反公司章程的行为，因此造成公司的全部或部分损失的。

(2)明知借款无法防止公司被清算或重整，参与或者同意以不利条件进行借款，故意拖延清算或重整的。

(3)未能履行依法建立或保管公司财务账册的义务的。

(四)“剩余权力”

85 在重整程序中，经管理人同意，债务人董事可以根据《公司法》和公司章程的规定继续正常履行其职责。⑥

86 在清算程序中，如果法院传唤破产债务人到庭，该债务人的董事仍可作为债务人的代表参加并向监督法官、管理人或债权人委员会提供信息。⑦ 然而，正如本报告所述，一旦债务人被宣告破产，董事即失去了管理债务人财产和继续经营债务人业务的权力。这一权力将被转移至管理人，但部分事项需经债权人委员会或监督法官批准。⑧

五、重整转清算

87 如果出现以下情形之一，重整程序将转入清算程序：

---

① Law No. 40 of 2007 on Limited Liability Companies, Art. 97(3).
② Law No. 40 of 2007 on Limited Liability Companies, Art. 97(5).
③ Law No. 40 of 2007 on Limited Liability Companies, Art. 97(6).
④ The Indonesian Penal Code came into effect on 15 October 1915.
⑤ Indonesian Penal Code (effective 15 October 1915) Art. 398.
⑥ Law No. 37 of 2004 on Bankruptcy and Suspension of Payment, Art. 240(1).
⑦ Article 96 read together with Art. 111 of the Law No. 37 of 2004 on Bankruptcy and Suspension of Payment.
⑧ Law No. 37 of 2004 on Bankruptcy and Suspension of Payment, Art. 24(1).

(1)重整程序中的债务人须在法院受理临时重整申请之日起270日内向债权人提出和解方案。① 在270日期限届满之后,和解方案仍未获得必要多数债权人同意的,债务人将被宣告破产。②

(2)即使和解方案已获必要多数债权人通过,但若出现本报告第105段所述的理由,法院将不予批准。③

六、职工问题

《劳动法》和2004年第2号《劳动争议解决法》是适用于终止劳动关系的主要法律。雇主被宣告破产的,可以终止与其职工的劳动关系。④ 在终止劳动关系时,雇主应当向其职工提供终止劳动关系的法定赔偿金,具体应适用"1×公式"(1×遣散费+1×长期服务金+1×权利补偿)。 88

根据《破产法》的规定,债务人被宣告破产的,其管理人可以提前45日以通知方式终止债务人与其职工之间的劳动关系。⑤ 然而,鉴于《破产法》明确规定,终止劳动关系应适用其他法律法规,上述破产法规则并不排除《劳动法》特殊要求的适用,即终止特定劳动关系需事前获得劳动法庭裁定。⑥ 89

此外,根据《劳动法》的规定,雇主和职工自愿协商终止劳动关系不成的,需经法院批准后终止。⑦ 对此,《劳动法》列明了无须法院事先批准的终止理由,⑧但雇主被宣告破产并不在其列。因此,即使雇主破产,只要雇主和职工未能协商一致终止劳动关系,就需经劳动法庭批准。 90

雇主和职工协商一致终止劳动关系的,需共同签署终止劳动关系的协议。雇主须向劳动法庭登记该协议,该登记程序更像行政程序而非批准程序。双方未能协商一致终止劳动关系的,须通过正式程序取得劳动法院的批准后方能终止劳动关系。该程序大约需要4~6个月的时间,具体包括双方协商、当地劳动部办公室的调解、劳动法庭法律程序等。 91

---

① Law No. 37 of 2004 on Bankruptcy and Suspension of Payment, Act 228(6).
② Law No. 37 of 2004 on Bankruptcy and Suspension of Payment, Arts. 230(1) and 289.
③ Law No. 37 of 2004 on Bankruptcy and Suspension of Payment, Arts. 285(2) and 285(3).
④ Law No. 13 of 2003 on Labour, Art. 165.
⑤ Law No. 37 of 2004 on Bankruptcy and Suspension of Payment, Art. 252(1).
⑥ Law No. 37 of 2004 on Bankruptcy and Suspension of Payment, Art. 39(1).
⑦ Law No. 13 of 2003 on Labour, Art. 151(3).
⑧ Law No. 13 of 2003 on Labour, Art. 154.

92 在印尼,职工还可通过“职工转移”或“终止再聘”的方式更换雇主(见表1)。

表1 “职工转移”对比“终止再聘”

对比项	“职工转移”	“终止再聘”
协议	主要是通过原雇主、职工和新雇主之间的三方转让合同进行; 另一种替代方式为,在现有劳动合同中附加一份附件,在附件中更改雇主名称或者由职工和新雇主签署一份新的劳动合同	原雇主和职工共同签订终止协议,该协议经劳动法庭登记将终止劳动关系;新雇主与该职工再签订新的劳动合同,以“再聘”该职工
服务年数	新雇主应当承认职工的已经服务的年数	职工在新雇主处的服务年数归零
终止赔偿金	无要求	有要求
雇佣条件	新雇主必须接受相同的雇佣条件、工资和福利(另有约定的除外)	新雇主可以自由约定新的雇佣条件
债务承担	现雇主对职工所负的一切债务均转移至新雇主并由新雇主承担	新雇主不再承担原雇主对职工的债务,因为职工与原雇主之间的劳动关系已“完全终止”

93 优先受偿的职工债权包括工资和非工资债权,该内容已在本报告第59、60段述及。

94 职工因达到退休年龄而终止劳动关系的,应当根据“2×公式”(2×遣散费+1×长期服务金+1×权利补偿)享有法定的退休金。法定退休金不能被债务重组,与本报告第88段所述的法定终止赔偿金相同,法定退休金优先于除担保债权外的债权受偿。

95 印尼法对工会参与清算或重整程序的问题未作特别规定。

七、撤销权程序

96 对于债务人损害债权人的行为,印尼法允许撤销或追回。①

97 根据《破产法》的规定,债务人在破产宣告前作出的行为符合以下要件的,属可撤销行为:②

(1)该行为损害了债权人利益。

(2)债务人和交易相对方知道或者应当知道该行为会损害债权人利益(但是依

① Law No.37 of 2004 on Bankruptcy and Suspension of Payment,Art.41(1).

② Law No.37 of 2004 on Bankruptcy and Suspension of Payment,Arts.41(1) and 41(2).

据法律或者诚信达成的协议而作出的行为除外)。

《破产法》还规定有部分法律推定,如果债务人在破产宣告前一年内作出以下行为之一,应推定为债务人和交易相对方知道该行为会损害债权人利益:① 98

(1)达成的协议中债务人所负义务明显高于相对方所负义务。②

(2)偿付未到期债务或者为该类债务提供担保。③

(3)与债务人关联方的交易。④

清算程序中的管理人有权提起撤销权程序。⑤ 重整程序则不允许提起撤销,但需注意,一旦重整程序失败且债务人被宣告破产,撤销规则可适用于债务人在重整程序中的行为。 99

八、重组方案

重组方案中的具体重组方法取决于经各方同意的条款规定。重组方案既可在申请重整前在庭外达成,也可以在重整程序、清算程序中达成(在庭内则为"和解方案")(见表2)。 100

(一)庭外重组方案

庭外重组方案是债务人和参与重组的债权人之间达成的合同性协议。因此,债务人和债权人可以自由决定方案的内容和制备程序。在磋商重组方案的过程中,债务人和债权人认为有必要的,可以请求法院授权⑥进行特定事项(如出售重组方案范围之外的财产,并根据重组方案分配出售所得)。 101

---

① Law No. 37 of 2004 on Bankruptcy and Suspension of Payment, Art. 42.

② Law No. 37 of 2004 on Bankruptcy and Suspension of Payment, Art. 42(a).

③ Law No. 37 of 2004 on Bankruptcy and Suspension of Payment, Art. 42(b).

④ Law No. 37 of 2004 on Bankruptcy and Suspension of Payment, Art. 42(c). 根据 1995 年第 8 号《资本市场法》第 1 条第 1 款的规定,与关联方的交易包括:(1)个人债务人为其家庭利益而进行的交易,或者为公司利益(该债务人或家庭成员是该公司董事、高管或大股东)而进行的交易;(2)公司债务人为公司董事、高管或上述人员家庭成员利益而进行的交易,或者为公司大股东或其家庭成员利益而进行的交易;(3)公司债务人为其他公司利益而进行的交易;(4)交易中一方公司(债务人)的董事、高管或董事、高管的家庭成员是另一方公司的董事、高管的交易;(5)交易中公司债务人的大股东或其家庭成员是另一方公司大股东的交易(反之亦然);(6)交易中债务人是另一家公司董事、高管的交易(反之亦然);(7)交易中债务人与另一方公司同属一个企业集团的交易。

⑤ Law No. 37 of 2004 on Bankruptcy and Suspension of Payment, Art. 47(1).

⑥ 债权人在获得法院授权后,可以直接出售财产而无须启动程序。

102 债务人为公司的，还应遵守公司章程中对达成并实施庭外重组方案是否需经公司授权的具体要求。

（二）由法院批准的和解方案

103 在债务人被宣告重整或破产后，可以以和解方案为载体制作庭内的重组方案。[①] 和解方案由债务人制作并提交债权人表决。[②]

104 经债权人表决通过的和解方案，是债务人与其债权人就债务减免或安排达成的协议。和解方案须载明债务人的偿债时间表，并说明是全部还是部分清偿相关债务。[③]《破产法》对和解方案内容未作要求，债务人及其全体债权人可以自由达成偿债条款。

105 和解方案具有效力的前提为，重整程序的和解方案需在债权人会议上经前述"多数"债权人通过。[④] 和解方案一经债权人通过，法院一般将予以批准。[⑤] 尽管法院并不审查和解方案的整体公平性，但如有以下情形之一，法院应当拒绝批准和解方案：[⑥]

（1）债务人资产（包括所有权保留的财产）远远大于和解方案规定的偿债数额。

（2）和解方案执行不具足够确定性的。[⑦]

（3）和解方案系因欺诈而获得通过的。

（4）专家和管理人费用未获支付，且无法保证支付的。

106 根据《破产法》的规定，和解方案一经法院批准，将约束全体债权人，但投了反对票的担保债权人除外。[⑧] 担保债权人投票反对和解方案的，应当获得清偿，具体清偿数额以其抵押品价值，或者受抵押担保债务的实际价值中较低者为准。[⑨] 另外，投票反对和解方案的债权人有权提起上诉，但上诉不会延缓和解方案执行。[⑩]

---

① Law No. 37 of 2004 on Bankruptcy and Suspension of Payment, Arts. 144, 222(2) and 222(3).

② Law No. 37 of 2004 on Bankruptcy and Suspension of Payment, Arts. 144 and 222.

③ Law No. 37 of 2004 on Bankruptcy and Suspension of Payment, Arts. 222(2) and 222(3).

④ 见本报告第33段。关于清算程序中的和解方案表决通过标准，见本报告第63段。

⑤ Law No. 37 of 2004 on Bankruptcy and Suspension of Payment, Art. 284.

⑥ Law No. 37 of 2004 on Bankruptcy and Suspension of Payment, Art. 285(2).

⑦ 例如，借款人没有其他收入来源。

⑧ Law No. 37 of 2004 on Bankruptcy and Suspension of Payment, Art. 286.

⑨ Law No. 37 of 2004 on Bankruptcy and Suspension of Payment, Art. 281(2).

⑩ Article 285(4) read together with Arts. 12, 13 and 14 of the Law No. 37 of 2004 on Bankruptcy and Suspension of Payment.

和解方案规定对债务人的业务或主要资产进行出售的,只要该出售所得足以清偿债务人的债务,则该出售不影响债务人存续。如果该出售所得不足以清偿债务人债务,则债务人应在完成出售后解散。 107

九、程序费用

重整程序或清算程序中产生的直接费用包括债务人经营成本、管理人费用、法院费用、相关法律顾问费用等。 108

如果要在商事法院启动破产程序,申请人需预先支付"官方费用"(official fees),该费用包括:(1)国家非税收入,其具体金额基于债务人对申请人所负债务计算;(2)法院费用,最高为500万卢比。法庭费用总额将在破产相关裁定中载明。① 109

此外,所有向法院提交的文件(包括证明文件)均须加盖印花税额为6000卢比的印花并经法院确认其效力。② 非印尼语文件必须附官方翻译的印尼语翻译件。③ 官方翻译的收费各异。 110

十、国际和跨境破产法

印尼尚未批准任何具有破产主题的国际条约或示范法,如《联合国贸易法委员会跨国界破产示范法》(1997年)。然而,考虑到东南亚国家联盟经济共同体近年已建立无国界的东盟,如果东盟出台类似于欧盟曾出台的破产多边条约,也不会令人意外。 111

然而,《破产法》的确具有一定的跨境特征。第一,印尼破产判决的效力及于债务人位于任何地方的资产。④ 第二,如本报告第13段所述,商事法院对在印尼境内进行商业活动的外国企业或个人享有管辖权。 112

总体而言,印尼在涉境外破产判决的问题上适用属地主义原则,一般不予承认外国破产判决。外国法院在外国破产程序中作出的判决也无法影响位于印尼的资产,因为一般原则为,外国判决在印尼并不具执行力。⑤ 113

然而,印尼法院可以承认外国指定的破产管理人为外国破产主体的合法代表 114

---

① Law No. 37 of 2004 on Bankruptcy and Suspension of Payment, Elucidation of Art. 17(2).

② Art. 2(3) of the Law No. 13 of 1985 on Stamp Duty.

③ Art. 31(1) of the Law No. 24 of 2009 on Flag, Language, Country Symbol and National Song.

④ Law No. 37 of 2004 on Bankruptcy and Suspension of Payment, Art. 21.

⑤ Reglement op de Burgerlijke rechtvordering, Art. 436.

（如外国指定的破产管理人可以对在印尼持有资产的公司在印尼法院提起诉讼或申请破产）。（见表2）

表2　重整程序和清算程序的比较

对比项	重整程序	清算程序
开始条件	债务人有两名以上债权人，且债务人不能或者预期不能清偿到期应付债权	债务人有两名以上债权人，且债务人未能清偿一项以上到期应付债权
程序效力	债务人继续自行管理，但需经管理人批准，方可对全部或部分资产进行特定管理上、权属上的处分	债务人不再自行管理；管理和处分破产财产的权力将被授予管理人
破产职务主体	管理人有权与债务人共同管理债务人业务和批准债务人对全部或部分资产进行特定管理上、权属上的处分	管理人有权管理债务人资产、继续经营债务人业务（但须经监督法官授权）和清算债务人资产
撤销	无	有
中止	持续整个重整程序，长达270日	自破产宣告之日起最长达90日，且可能提前终止
重整	和解方案未获通过的，债务人将被宣布破产	和解方案未获通过的，清算程序将以清算并解散债务人告终[1]
和解方案表决通过标准	无担保债权人过半数同意且所代表的债权额占无担保债权总额的2/3以上；担保债权人过半数同意且代表的债权额占担保债权总额的2/3以上	无担保债权人过半数同意且所代表的债权额占无担保债权总额的2/3以上

〔1〕Bankruptcy Law, Art. 178.

附：本报告引用的法律、法规

Appendix of Legislation and Regulations Referred to

1. 印度尼西亚银行2012年第14/15/PBI/2012号规定《关于商业银行资产质量评估的规定》，Bank Indonesia Regulation No. 14/15/PBI/2012 of 2012 on Assessment of Commercial Bank Asset Quality。

2. 印度尼西亚银行2013年7月31日第15/28/DPNP号《关于商业银行资产质量评估的通知》，Bank Indonesia Circular Letter No. 15/28/DPNP dated 31 July 2013 on

Assessment of Commercial Bank Asset Quality。

3.《破产法(旧)》,Faillissements-verorde-ning。

4.金融服务管理局第 26/POJK. 04/2017 号规定,Financial Services Authority Regulation No. 26/POJK. 04/2017。

5.《第 1998 号关于修订破产法的替代性政府规定》,Government Regulation in Lieu of Law No. 1998 on the Amendment of The Bankruptcy Law。

6.《2015 年第 21 号关于信托担保登记程序和协议费用的政府规定》,Government Regulation No. 21 of 2015 on Registration of Fiducia Security Procedure and Fees to Process Fiducia Security Deed。

7.《土地抵押法》,Hak Tanggungan Law (Law No. 4 of 1996)。

8.雅加达证券交易所第 Kep – 306/BEJ/07 – 2004 号决定《第 I – E 号关于信息公开义务的规定》,Head of Jakarta Stock Exchange Decision Number Kep – 306/BEJ/07 – 2004 on Regulation Number I-E on the Obligation on Announcement of Information。

9.《印度尼西亚民法典》,Indonesian Civil Code (effective January 1848)。

10.《印度尼西亚刑法典》,Indonesian Penal Code (effective 15 October 1915)。

11.《劳动争议解决法》,Law No. 2 of 2004 on Settlement of Industrial Relations Disputes。

12.《1998 年第 4 号法》,Law No. 4 of 1998 on Bankruptcy。

13.《资本市场法》,Law No. 8 of 1995 on the Capital Market。

14.《劳动法》,Law No. 13 of 2003 on Labour。

15.《航运法》,Law No. 17 of 2008 on Shipping。

16.《金融服务管理局法》,Law No. 21 of 2011 on the Financial Services Authority。

17.《破产和中止支付法》,Law No. 37 of 2004 on Bankruptcy and Suspension of Payment。

18.《有限责任公司法》,Law No. 40 of 2007 on Limited Liability Companies。

19.《信托担保法》,Law No. 42 of 1999 on Fiducia Security。

20.《管理人报酬指引》(法律与人权部 2016 年第 11 号规定,后经 2017 年第 2 号规定修订),MOLHR Regulation No. 11 of 2016 as amended by MOLHR Regulation No. 2 of 2017 on Guidelines for Remuneration for Curator and Administrator。

21.《2004 年第 15 号关于终止和解散印尼银行重组机构的总统令》,Presidential

Regulation No. 15 of 2004 on the Termination of Duties and Dissolution of the Indonesian Banking Restructuring Agency。

22.《1998 年第 27 号关于设立印尼银行重组机构的总统令》, Presidential Regulation No. 27 of 1998 on the Establishment of the Indonesian Banking Restructuring Agency。

23.《1998 年第 34 号关于印尼银行重组机构职责与职权的总统令》, Presidential Regulation No. 34 of 1998 on the Duties and Authorities of the Indonesian Banking Restructuring Agency。

24.《民事诉讼法》, Reglement op de Burgerlijke Rechtvorderin。

日本制度报告

阿部信一郎(Shinichiro Abe)Partner,Kasumigaseki International Law Office
福冈真之介(Shinnosuke Fukuoka)Partner,Nishimura & Asahi
钟江洋祐(Yosuke Kanegae) Partner,Nagashima Ohno & Tsunematsu
仁瓶善太郎(Zentaro Nihei),Partner,Anderson Mori & Tomotsune

一、概述

日本的法律体系属于大陆法系,同时受到一定英美法系的影响。日本法律制度的核心部分由六部基本法典组成(称为"六法"),包括《日本宪法》①、《民法典》②、《刑法典》③、《商法典》④(含公司法⑤)、《民事诉讼法典》⑥、《刑事诉讼法典》⑦。 1

日本的立法机关为日本国会。⑧ 日本最高法院(在日本被称为"最高裁判所")有权在现行法律授权的范围内制定实施规则。⑨ 一般情况下,对于涉及特定政府部门职能的法案,相关职能部门会在内阁法制局的参与下起草立法草案初稿。 2

日本破产制度主要适用的法律包括:(1)《破产(清算)法》⑩;(2)《民事再生法》⑪; 3

---

① Constitution of Japan (3 November 1946).

② Act No. 89 of 27 April 1896. 日本第一部《民法典》于1898年生效。其后100多年里,该部《民法典》未经历重大修改。2017年,日本《民法典》重要修正案通过,该修正案对个人担保作出特定限制、对法定利率和特定权利的时效规定(statute of limitations)作出调整。该修正案中的部分内容于2019年4月生效,其余部分于2020年生效。

③ Act No. 45 of 24 April 1907.

④ Act No. 48 of 9 March 1899.

⑤ Act No. 86 of 26 July 2005.

⑥ Act No. 109 of 26 June 1996.

⑦ Act No. 131 of 10 July 1948.

⑧ Constitution of Japan (3 November 1946) Art. 41.

⑨ Constitution of Japan (3 November 1946) Art. 77.

⑩ Act No. 75 of 2 June 2004.

⑪ Act No. 225 of 22 December 1999.

(3)《公司更生法》[1];(4)《公司法》第二编第九章的“特别清算”部分[2]。上述法律均现行有效[为保持本书各报告的统一,在日本报告中以广义的“破产”词义对应日本法上的“倒产”一词,泛指各类型破产法律规范的总称;以“破产(清算)”对应日本法上仅指破产清算的“破产”一词——译者注]。

4 作为清算型程序,《破产(清算)法》规定的破产清算程序和《公司法》规定的“特别清算程序”(special liquidation procedures)均以清算破产债务人资产为目的。但是就两者之间的区别而言,《破产(清算)法》的适用范围包括法人和自然人,[3]而特别清算程序仅适用于“股份有限公司”(stock corporation),[4]且仅适用于已被解散但按“资产负债表”标准已破产的股份有限公司。[5] 具体而言,在《破产(清算)法》规定的破产清算程序中,法院应当指定“管理人”(trustee)对债务人的境内外资产实施清算,[6]并按法定清偿顺序向债权人分配剩余财产。相较之下,特别清算程序的制度设计则更为便捷且易于使用。公司的股东大会可以以决议方式指定清算人(liquidator)。[7] 该清算人有权向债权人会议提交“协定案”(agreement),以较为灵活的方式按法定顺序进行分配。[8] 这类协定案需经债权人会议的法定多数决议通过。[9] 除此之外,债务人也可通过与每一位债权人达成“双边”和解协议的替代方式来完成特别清算。在日本,特别清算程序还可被用于免税冲销企业集团内部的债权债务。

5 作为清算型程序的替代选择,《民事再生法》《公司更生法》旨在拯救破产债务人,保护其持续经营价值。受到美国破产法的规则影响,日本的民事再生程序以债务人自行管理模式为原则,基本上所有案件都会由债务人自行管理其财产和营业事务,法院则通过指定“监督人”(supervisors)进行监督。但是,如果案件中自行管理的债务人不当管理或者处置财产,或重整该债务人有特殊需要,《民事再

---

① Act No. 154 of 13 December 2002.

② Arts. 510 –574 of the Companies Act (Act No. 86 of 26 July 2005).

③ Bankruptcy Act (Act No. 75 of 2 June 2004) Art. 1.

④ 股份有限公司,或称“株式会社”(Kabushiki-Kaisha),为日本最常见的企业组织形式。

⑤ Companies Act (Act No. 86 of 26 July 2005) Art. 510.

⑥ Bankruptcy Act (Act No. 75 of 2 June 2004) Art. 34. 1.

⑦ Companies Act (Act No. 86 of 26 July 2005) Art. 478(1)(iii).

⑧ Companies Act (Act No. 86 of 26 July 2005) Arts. 563 and 564.

⑨ Companies Act (Act No. 86 of 26 July 2005) Art. 567.

生法》也允许采用“管理人管理”的模式。① 而就《公司更生法》而言，该法的旧版本于 1952 年颁布。1952 年版《公司更生法》曾规定，各债务人的业务均应由法院指定的管理人接管并控制。但在 2002 年，日本通过重大修正案，修改了《公司更生法》这一规则。2002 年版《公司更生法》允许法院从债务人的经营管理层中指定管理人，②即采用所谓的“准债务人自行管理模式”（quasi-DIP）。这一修改使得公司更生程序更加接近美国破产法第 11 章程序设计。除此之外，《民事再生法》《公司更生法》都采纳了“普及主义原则”（principle of universality），明确规定其程序效力及于日本债务人的境内外财产。但需注意的是，公司更生程序与前述的特别清算程序相同，也仅适用于股份有限公司。③ 关于日本四类破产法律的主要特点，参见表 1。

表 1　关于日本四类主要破产法律的特点总结

法律名称	目的	适用范围	程序适用的模式
《破产（清算）法》	清算	自然人、各类法人	通过法院指定的管理人进行清算 + 法院监督
《公司法》（特别清算部分）	清算	仅股份有限公司	自行指定清算人实施清算，或者在无自行指定的清算人时，由法院指定清算人实施清算 + 法院监督
《民事再生法》	拯救	自然人、各类法人	适用债务人自行管理模式重整 + 实务中，法院一般会指定监督人或管理人参与程序 + 法院监督
《公司更生法》	拯救	仅股份有限公司	通过法院指定的管理人实施重整（包括前述“准债务人自行管理”）+ 法院监督

除了前述四类破产法律，为了应对 20 世纪 90 年代初经济泡沫破裂引发的金融 6
危机，日本还全面改革了金融服务业相关法律制度，其举措之一为颁布实施《金融机构更生程序的特例等相关法律》④（以下简称《更生特例法》），为金融机构和金融服务企业提供更为快速便捷的困境处置机制。从内容上来说，《更生特例法》不仅详细规定了金融业债务人应如何调整适用《破产（清算）法》《民事再生法》《公司更生

① Civil Rehabilitation Act (Act No. 225 of 22 December 1999) Art. 64.

② Corporate Reorganization Act (Act No. 154 of 13 December 2002) Art. 67. 3.

③ Corporate Reorganization Act (Act No. 154 of 13 December 2002) Art. 1.

④ Act No. 95 of 21 June 1996.

法》的规则,还对金融业债务人作出若干特殊规定。直至2000年,为了应对20世纪90年代后期出现的日本保险公司破产风潮,日本又进一步修改了《更生特例法》,将保险公司(多为相互保险公司,即“mutual companies”)纳入该法适用范围。因此,在2000年后,日本大多数受到关注的保险公司破产案,如千代田生命案、协荣生命案、大成火灾海上保险公司案等破产案件,均是适用《更生特例法》处理的。

7 就破产信息公开而言,日本尚未建立起完善的破产案件公开制度,以使公众能够充分获取庭内、庭外程序中的法院文件和相关信息。目前,日本仅有部分由职能部门选择性公开的信息可供公众查询。例如,日本最高法院在其自运营的网站中,[①]会选择公开部分日本法院判决,供社会公众在该网站上免费搜索和查阅。而在庭外重组实务中,如果困境公司向某类政府保障性基金申请庭外重组并得到受理,部分基金(并非全部)也可能在其官网项目栏中进行公告。前述政府保障性基金之一的日本地域经济活性化支援机构(the Regional Economy Vitalization Corporation of Japan),就会在网上公布其各项目中的重要决定。[②]

8 关于日本的物权和担保权规则背景,在此可简述如下:在不动产上设定抵押的,可通过在日本法务省下属的法务局[③]进行登记而得到“公示”[④](perfected,或称“完善”,即对第三人产生对抗效力)。社会公众可在法务局付费获取有关抵押登记材料的核证副本。而对于抵押登记信息,社会公众可以在日本关于财产登记的线上数据库中付费查询。[⑤] 另外,在日本转移动产所有权的,应通过交付进行公示,应收账款转让则以通知账款债务人或由债务人作承诺的方式进行“公示”。[⑥] 根据日本法,前述的通知、承诺行为需由附正式日期的第三方证明材料(如附邮戳的文件)加以证明。[⑦]

---

① 日本法院网站“司法统计”栏目(Courts in Japan,“Judicial Statistics”),<http://www.courts.go.jp/app/sihotokei_jp/ search>(accessed 10 January 2020)。

② Regional Economy Vitalization Corporation of Japan (REVIC), <http://www.revic.co.jp/en/about/index.html> (accessed 10 January 2020). See para. 15 below for more discussion on REVIC.

③ Generally ch. 10 of the Civil Code (Act No. 89 of 27 April 1896).

④ 为避免歧义,需进一步说明:在日本,不动产抵押的设立、变更行为本身无须登记。但是,抵押权未经登记的,无论第三人是否知道该抵押权存在,该抵押权均不可对抗第三人。

⑤ Civil Code (Act No. 89 of 27 April 1896) Art. 177.

⑥ Civil Code (Act No. 89 of 27 April 1896) Art. 467.

⑦ “债权让与”(double assignment)情形中的“第三方”包括债权受让人。债务人就债权让与获得通知或作出承诺的,该债权受让人有权向债务人主张债权。但是,前述通知和承诺行为需有附正式日期的证明材料进行证明,否则该债权的受让人不能正式成为债权人。

同时，相关方可依法登记公开动产、应收账款的转让情况，依此方式完成“公示”。[1] 除上述各类担保权之外，“抵销”（set-off）和“净额结算”（netting）也是日本普遍使用的商业工具，二者在实践中共同发挥着重要的担保功能。

9 从下文将述及的各项制度可见，日本总体上被视为“对债务人友好型”（debtor-friendly）国家。在各类破产程序中，本报告主要介绍以拯救债务人为宗旨的破产程序类型，即民事再生程序和公司更生程序，并在述及相关内容时有限度地提及清算型程序。

二、拯救：庭内与庭外

（一）庭外重组

10 为有效应对20世纪90年代初开始的金融危机，日本陆续建立了多项庭外重组制度，全面支持庭外重组实践。举例而言，债务人、债权人在“日本政府认证的机构”（government-licensed organisations）监管下进行庭外重组的，还可享受一定税收优惠。[2]

1. 事业再生 ADR

11 各方在进行庭外重组时，可以选择达成仅具合同法效力的重组协议，也可使用《产业活力再生特别措施法》[3]中的“事业再生 ADR”机制。[4] 该机制日益受到困境企业的欢迎。就具体制度设计而言，事业再生 ADR 以“国际破产协会八项原则”（INSOL 8 principles）为模板，[5]结合日本实际加以吸收，其针对大中型企业重组而设计，主要用于金融债权的重组。

12 在事业再生 ADR 机制中，债务人将维持自行管理状态，由事业再生实务专家作

---

① Act on Special Provisions, etc. of the Civil Code Concerning the Perfection Requirements for the Assignment of Movables and Claims (Act No. 104 of 12 June 1998) Arts. 2 – 4.

② Corporation Tax Act (Act No. 34 of 31 March 1965), Arts. 25. 3, 33. 4 and 59. 2.

③ Act No. 98 of 11 December 2013.

④ Act on Strengthening Industrial Competitiveness (Act No. 98 of 11 December 2013) s. 3.

⑤ 国际破产协会（INSOL）在《关于多方债权人庭外债务重组的全球经验的原则说明二》（INSOL International Statement of Principles for a Global Approach to Multi-Creditor Workouts II）中提出了庭外债务重组的八项原则。INSOL International *Statement of Principles for a Global Approach to Multi-Creditor Workouts II* (Second Edition, April 2017), < https://www.insol.org/_files/Publications/StatementOfPrinciples/Statement%20of%20Principles%20II%2018%20April%202017%20BML.pdf > (accessed 10 January 2020).

为调解员(mediator)参与重组,促使金融债权人和解。关于事业再生 ADR 的参与机构,“再生实务家协会”(the Japanese Association of Turnaround Professionals)是经过法务省认证而有资格参与日本争端解决活动的机构之一,也是唯一一家获得了经济产业省进一步授权参与事业再生 ADR 的机构。在这一“双重授权”下,再生实务家协会作为唯一具备资格的参与机构,有权参与事业再生 ADR 重组活动,引导利害关系人自愿达成和解,帮助企业实现纾困。再生实务家协会为非营利机构。

13 在事业再生 ADR 中达成和解的,需经程序内全体债权人一致同意。然而,根据法律规定,如果某项安排未获 ADR 程序全体债权人一致同意,但其后该事项又被提交至民事再生程序、公司更生程序处理,相关法院应当对事业再生 ADR 中拟定的重组方案予以参考。①

14 尽管事业再生 ADR 并未排除对外国银行等境外金融机构的适用,但目前暂无境外金融债权人进行事业再生 ADR 重组的案例。此外,关于事业再生 ADR 程序能否处理对政府等公共机构所负债务的问题,目前实务中也未明确。

2. 地域经济活性化支援机构

15 日本政府还会为其他庭外重组机制提供支持。例如,日本设有名为“地域经济活性化支援机构”的组织。这类组织为国家所有,以促进地区性困境企业纾困再建、实现区域经济振兴为宗旨。该组织支持庭外重组的主要方式为协调债权人使用各类现有程序、为债务人提供融资等。此外,该机构已采纳“贸易应收账款(trade payable)应当全额受偿”的原则,因为该原则有助于最大限度保护重组企业的价值。

3. 中小企业再生支援协议会

16 日本各地还设有“中小企业再生支援协议会”,这类组织专门为日本各地中小微型企业的业务重组提供支持。②

(二)破产前程序

17 日本法并未规定“破产前程序”。在民事再生、公司更生、破产清算、特别清算四类破产程序中作出选择,是债务人、债权人和律师应作出的首个决定,也是首要决定。因为一旦选定程序,相关方自此之后的所有行动均受该程序选择约束。

---

① Act on Strengthening Industrial Competitiveness (Act No. 98 of 11 December 2013) Arts. 59 and 60.

② 关于中小企业再生支援协议会的进一步介绍,参见本报告第 122 段。

（三）正式破产程序概述

如前所述，在日本四类破产程序中，民事再生、公司更生是以拯救债务人为宗旨 18
的程序。在这两类程序中，日本国内外债权人一般享有同等待遇。① 但是，鉴于《公司更生法》的适用对象仅限于“株式会社”，那么更具体的问题在于，《公司更生法》能否适用于与“株式会社”在组织结构、治理模式、股东有限责任等方面相似的外国公司。对此，学界主流的观点为“可适用”，且实践中也已出现外国公司适用《公司更生法》的案例。其中第一个案例是关于一组由外国注册成立的特殊目的公司组成的集团（special purpose companies group），②在该案中，相关外国子公司的唯一用途仅为持有船舶，而其共同的母公司正在日本申请公司更生，因此，日本法院一并对外国子公司适用了《公司更生法》。③ 另一个案例与一家荷兰离岸钻井公司有关。④ 在该案中，荷兰离岸钻井公司的母公司为日本企业，而该日本企业正在申请公司更生，因此荷兰离岸钻井公司也一并适用了《公司更生法》。⑤ 由上述案例可见，尽管规则仍有待明确，但《公司更生法》可适用于外国企业的共识已逐渐形成。

根据日本法的规定，“重整型程序”（rescue-type procedures，或称“拯救型程序”， 19
即民事再生、公司更生）的适用优先于“清算型程序”（liquidation-style procedures，即破产清算、特别清算）。例如，在针对同一债务人提出的重整型程序申请、清算型程序申请同时存在时，⑥法院可作出中止清算型程序的命令。此外，重整型程序一旦开始，针对同一债务人的清算型程序也应中止。⑦

1. 提出申请

债务人、债权人均有资格提出民事再生申请。⑧ 代表债权额达债务人（公司）实 20
缴资本 10% 以上的债权人，或持有股权表决权额占总额 10% 以上的股东，可以提出

---

① Civil Rehabilitation Act (Act No. 225 of 22 December 1999) Art. 3; Corporate Reorganization Act (Act No. 154 of 13 December 2002) Art. 3.

② 东京地区法院，Heisei 28 (2016) (mi) No. 3 through 40。

③ 东京地区法院，Heisei 28 (2016) (mi) No. 2。

④ 东京地区法院，Heisei 30 (2018) (mi) No. 2。

⑤ 东京地区法院，Heisei 30 (2018) (mi) No. 1。

⑥ Civil Rehabilitation Act (Act No. 225 of 22 December 1999) Art. 26. 1 (i); Corporate Reorganization Act (Act No. 154 of 13 December 2002) Art. 24. 1 (i).

⑦ Civil Rehabilitation Act (Act No. 225 of 22 December 1999) Art. 39. 1; Corporate Reorganization Act (Act No. 154 of 13 December 2002) Art. 50. 1.

⑧ Civil Rehabilitation Act (Act No. 225 of 22 December 1999) Art. 21.

公司更生申请。[1] 除此之外，清算人也有权提出民事再生和公司更生申请。[2] 申请人提出民事再生或公司更生申请的，应当初步证明（也称“疏明”）其申请已满足对应程序的开始条件。[3] 对于基于不正当目的提出的申请，或者有违诚实信用的申请，法院应当依法予以驳回。[4] 在日本，申请人只能以书面方式提交申请，不能线上提交。[5]

2. 程序开始

21 对于民事再生程序、公司更生程序，债务人存在以下情形之一的，即符合两类程序的“开始原因”：(1)导致债务人出现“破产原因”（破产清算程序开始原因）的事实可能发生的；(2)债务人无法在不对自身继续经营造成严重阻碍的情况下清偿到期债务的。[6] 对于申请是否满足相关程序的开始条件，一般由申请人承担证明责任。[7] 另需注意，就申请依据而言，只有债务人可以基于上述第2项理由提出申请。[8] 另外，如需符合第1项理由中所述的“破产原因”，相关方需证明存在以下情形之一：(1)债务人无力清偿到期债务（根据法律规定，可根据债务人整体性停止支付之事实，推定其无力清偿到期债务）；[9](2)债务人的负债大于资产（仅适用于法人）。[10]

22 法院在决定开始重整型程序之前，应当充分考虑债务人职工代表机构的意见。[11]

---

① Corporate Reorganization Act (Act No. 154 of 13 December 2002) Art. 17.

② Civil Rehabilitation Act (Act No. 225 of 22 December 1999) Art. 22; Corporate Reorganization Act (Act No. 154 of 13 December 2002) Art. 18.

③ Civil Rehabilitation Act (Act No. 225 of 22 December 1999) Art. 23. 1; Corporate Reorganization Act (Act No. 154 of 13 December 2002) Art. 20. 1.

④ Civil Rehabilitation Act (Act No. 225 of 22 December 1999) Art. 25(iv); Corporate Reorganization Act (Act No. 154 of 13 December 2002) Art. 41(1)(iv).

⑤ Rules of Civil Rehabilitation (Rules of the Supreme Court No. 3 of 31 January 2000) Art. 2. 1; Rules of Corporate Reorganization (Rules of the Supreme Court No. 2 of 19 February 2003) Art. 1. 1.

⑥ 52 Civil Rehabilitation Act (Act No. 225 of 22 December 1999) Art. 21. 1; Corporate Reorganization Act (Act No. 154 of 13 December 2002) Art. 17. 1.

⑦ Civil Rehabilitation Act (Act No. 225 of 22 December 1999) Art. 23. 1; Corporate Reorganization Act (Act No. 154 of 13 December 2002) Art. 20. 1.

⑧ Civil Rehabilitation Act (Act No. 225 of 22 December 1999) Arts. 21. 1 and 21. 2; Corporate Reorganization Act (Act No. 154 of 13 December 2002) Arts. 17. 1 and 17. 2.

⑨ Bankruptcy Act (Act No. 75 of 2 June 2004) Art. 15. 2 and 16. 2.

⑩ Bankruptcy Act (Act No. 75 of 2 June 2004) Arts. 2. 11, 15. 1 and 16. 1.

⑪ Civil Rehabilitation Act (Act No. 225 of 22 December 1999) Art. 24 -2; Corporate Reorganization Act (Act No. 154 of 13 December 2002) Art. 22. 1.

3. 禁止命令

在民事再生或公司更生申请提出后、法院裁定开始前，如有必要，法院将发出“禁止命令”（injunction orders），中止债务人偿付债务、中止债权人执行债权。① 具体而言，在债务人自愿提出申请的情形中，法院一般会作出中止债务人偿付债务的禁止命令，同时指定一名或数名监督人进行程序监督，②法院认为有必要的，也可以指定一名“保全管理人”（interim trustee）在“保全期间”（interim period）对债务人的资产实施接管。③ 在民事再生程序中，法院还可作出监督命令，禁止债务人在保全期间不经监督人同意而实施特定行为。④ 本报告第 31 ~ 34 段将具体介绍日本制度中各类破产职务主体的职能。 23

4. 开始裁定

重整型程序的申请满足前述实质条件的，法院应当作出“开始裁定”（commencement order）。⑤ 为此，法院可依职权全面调查与申请有关的事实。⑥ 一般情况下，法院会审查申请人提交的各类文件材料，如存货清单、债权人清册、资产负债表、损益表、现金流量表等。⑦ 此外，在日本法律的规定中，除了少数应当举行听证的例外情形，法院无须在裁定开始破产程序之前举行听证。但在实务中，法院一般会在程序开始前对债务人进行非正式听证。这是因为，只有在开始程序的各项实质条件得到充分证明后，⑧法院才会裁定开始程序。对于法院作出的开始裁定，利害关 24

---

① Civil Rehabilitation Act (Act No. 225 of 22 December 1999) Arts. 26. 1 and 30. 1; Corporate Reorganization Act (Act No. 154 of 13 December 2002) Arts. 24. 1 and 28. 1.

② Civil Rehabilitation Act (Act No. 225 of 22 December 1999) Art. 54. 1; Corporate Reorganization Act (Act No. 154 of 13 December 2002) Art. 35. 1.

③ Civil Rehabilitation Act (Act No. 225 of 22 December 1999) Art. 79. 1; Corporate Reorganization Act (Act No. 154 of 13 December 2002) Art. 30. 1.

④ Civil Rehabilitation Act (Act No. 225 of 22 December 1999) Art. 54. 2; Corporate Reorganization Act (Act No. 154 of 13 December 2002) Art. 35. 2.

⑤ Civil Rehabilitation Act (Act No. 225 of 22 December 1999) Arts. 25 and 33. 1; Corporate Reorganization Act (Act No. 154 of 13 December 2002) Art. 41. 1.

⑥ Civil Rehabilitation Act (Act No. 225 of 22 December 1999) Art. 8. 2; Corporate Reorganization Act (Act No. 154 of 13 December 2002) Art. 8. 2.

⑦ Rules of Civil Rehabilitation (Rules of the Supreme Court No. 3 of 31 January 2000) Art. 14. 1; Rules of Corporate Reorganization (Rules of the Supreme Court No. 2 of 19 February 2003) Art. 13. 1. 在破产申请由债务人自愿提出时，部分难以获取的信息可以免除申报。Proviso to Art. 13. 1 of the Rules of Corporate Reorganization.

⑧ See Makoto Ito, Hasan-ho, Minji saisei-ho (Yuhikaku Publishing Co. Ltd., 4th Ed., 2018) at p. 852; Makoto Ito, Kaisha Kosei-ho (Yuhikaku Publishing Co. Ltd., 2012) at p. 93.

系人有权提出上诉，[1]但上诉不会延缓程序的开始。[2]

5. 公告与通知

25 日本会通过刊发“官报”（official gazette）来宣告重整型程序开始。[3] 企业重整程序开始的情况还会反映至相关企业登记信息之中。[4] 除此之外，日本法要求将程序开始情况通知债务人的所有已知债权人（包括住所地位于国外的债权人），[5]但日本法未要求对提出破产申请本身进行登记或公告。

6. 准备金提取要求

26 日本法规定，金融贷款的借款人进入正式破产程序的，贷款银行应当提取一定比例的准备金。具体而言，在破产程序开始之后，银行一般可根据其对该债务人享有的债权额，提取不超过总额50%的“呆账准备金”（allowance for doubtful accounts）。[6]

7. 金融机构破产

27 日本将金融机构破产问题区别于普通企业破产问题处理。只要金融机构可能出现本报告第21段所述的“破产原因”，[7]政府监管机构就可以对金融机构提出民事再生或公司更生申请。除此之外，2014年日本修订了《存款保险法》，[8]在该次修订中，《存款保险法》以金融稳定理事会于2011年发布的《金融机构有效处置机制核心要素》（Key Attributes of Effective Resolution Regimes for Financial Institutions）为基础，[9]引入

---

① Civil Rehabilitation Act (Act No. 225 of 22 December 1999) Art. 36. 1; Corporate Reorganization Act (Act No. 154 of 13 December 2002) Art. 44. 1.

② Civil Rehabilitation Act (Act No. 225 of 22 December 1999) Art. 33. 2; Corporate Reorganization Act (Act No. 154 of 13 December 2002) Art. 41. 2.

③ Civil Rehabilitation Act (Act No. 225 of 22 December 1999) Arts. 35. 1 and 10. 1; Corporate Reorganization Act (Act No. 154 of 13 December 2002) Arts. 43. 1 and 10. 1.

④ Civil Rehabilitation Act (Act No. 225 of 22 December 1999) Art. 11. 1; Corporate Reorganization Act (Act No. 154 of 13 December 2002) Art. 258. 1.

⑤ Civil Rehabilitation Act (Act No. 225 of 22 December 1999) Art. 35. 3 (i); Corporate Reorganization Act (Act No. 154 of 13 December 2002) Art. 43. 3(i).

⑥ Order for Enforcement of the Corporation Tax Act (Cabinet Order No. 97 of 31 March 1965) Art. 96. 1(iii).

⑦ Act on Special Measures for Financial Institutions (Act No. 95 of 21 June 1996) Arts. 377. 1, 446. 1 and 490. 1.

⑧ Act No. 34 of 1 April 1971.

⑨ 《金融机构有效处置机制核心要素》指明了建立有效处置机制所必需的各项核心要素。See Financial Stability Board, Key Attributes of Effective Resolution Regimes for Financial Institutions (15 October 2014) <https://www.fsb.org/wp-content/uploads/r_141015.pdf> (accessed 10 January 2020).

并构建了日本的金融机构有序处置机制。简言之,这一处置机制能够依托相关处置机构(实务中为“日本存款保险公司”——译者注)的权力,及时将困境金融机构的关键职能转移至过桥机构(bridge institutions,又称“架桥机构”),同时执行必要的中止措施,阻断终止金融衍生品协议的行为。

(四)支持架构(法院和政府机构)

1. 法院

日本未设立专门的破产法院,各类破产案件由普通地区法院(地方裁判所)管辖。当事人对地区法院的决定不服的,可向高级法院(高等裁判所)提出上诉。日本对于审理破产案件的法官并未作任何附加或特殊要求,但因东京、大阪地方法院设有破产专业庭,所以一般会认为在这类专业庭任职的法官更具经验。此外,在公司更生程序中,如果重整事项涉及政府许可或审批权,法院也应当听取相关政府机构对于更生计划的意见。[①] 在民事再生程序中,法院还应当听取可代表债务人过半数职工的工会的意见[②](或听取债务人过半数职工代表的意见)。 28

尽管日本法并未明确禁止日本法院就破产案件开展沟通交流,但这类“法院间沟通交流”(court-to-court communication)很少发生。在实务中,日本法院仅会在涉及民事再生转公司更生等国内程序转换时,基于个案进行一定“事实上”(de facto)的沟通。 29

2. 证券交易所

东京证券交易所规定,上市公司有以下情形之一的,东京证券交易所将决定对其终止上市:(1)上市公司持续资不抵债超过 1 年的(一般基于合并后的资产负债表计算);(2)上市公司正在进行破产清算、民事再生、公司更生程序的。[③] 30

(五)破产职务承担者

在民事再生程序中,法院可以(但实际很少)指定管理人,[④]在大多数案件中,法院只会指定一名监督人参与程序。[⑤] 如不指定管理人,债务人的管理层将在监督人的监督下保留其经营管理权。[⑥] 具体而言,法院在裁定程序开始之前即可指定监督 31

---

① Corporate Reorganization Act (Act No. 154 of 13 December 2002) Art. 187.

② See para. 87 below.

③ Securities Listing Regulations of the Tokyo Stock Exchange, Inc (as of 1 June 2018) r. 601.

④ Civil Rehabilitation Act (Act No. 225 of 22 December 1999) Art. 64. 例如,在法院认为必要或者债务人存在不当管理、处置财产的情形时,法院会为该程序指定管理人。

⑤ Civil Rehabilitation Act (Act No. 225 of 22 December 1999) Art. 54.

⑥ Civil Rehabilitation Act (Act No. 225 of 22 December 1999) Art. 54.

人,在程序开始之后,还可以指定该监督人继续担任原职务。① 监督人可以行使的职权包括:调查债务人的经营、财产状况;②向法院报告相关调查情况;③出席债权人会议;④认可破产费用(administrative claims);⑤监督再生计划执行等。⑥ 在实务中,监督人还会承担更为具体的职责,例如,就应否启动民事再生程序向法院提出意见;审查债务人的财务状况;监督投资人选定过程,确保公平公正;对再生计划草案提出意见;在再生计划获批准后监督债务人的活动等。此外,监督人有权要求债务人和债务人的律师、董事、高管、职工等向其报告债务人的财产和经营状况,⑦还可根据法院的特别授权,对特定交易行使撤销权。⑧ 除此之外,法院可在案件保全期间指定一名"调查委员"(examiner),调查法院认为有必要进行调查的事项。⑨ 实践中,因为调查委员的职能与监督人的职能高度相似,所以法院选择指定调查委员的情况比较少见。然而,在非自愿申请(债权人申请)的案件中,当法院不能确定相关申请能否满足程序开始条件时,可能会指定一名调查委员核查相关事实。一般在指定各类破产职务主体时,法院会在充分考虑案件实际后,从有经验的破产专业人士名单中作指定。尽管这类破产专业人士无须经过特别的资质认定,但他们基本都为律师。关于民事再生程序中的"破产职务",参见表2。

表2　民事再生程序中的"破产职务"

破产职务	履职期间(实践中)	关键职能	备注
监督人(实务中都会指定)	提出申请后、程序终结前	监督人的职能总体上可归纳为:是否同意债务人开展特定重要事项,需经同意的事项范围会在法院指定监督人时一并明确;根据法院的特别授权,行使撤销权	

① Civil Rehabilitation Act (Act No. 225 of 22 December 1999) Art. 54. 1.

② Civil Rehabilitation Act (Act No. 225 of 22 December 1999) Art. 59.

③ Civil Rehabilitation Act (Act No. 225 of 22 December 1999) Art. 125. 3.

④ Rules of Civil Rehabilitation (Rules of the Supreme Court No. 3 of 31 January 2000) Art. 49. 1.

⑤ Civil Rehabilitation Act (Act No. 225 of 22 December 1999) Art. 120. 2.

⑥ Civil Rehabilitation Act (Act No. 225 of 22 December 1999) Art. 186. 2.

⑦ Civil Rehabilitation Act (Act No. 225 of 22 December 1999) Art. 59. 1.

⑧ Civil Rehabilitation Act (Act No. 225 of 22 December 1999) Art. 56. 可参见本报告第88、95段对可撤销交易行为的探讨。

⑨ Civil Rehabilitation Act (Act No. 225 of 22 December 1999) Art. 62.

续表

破产职务	履职期间(实践中)	关键职能	备注
调查委员(可指定,但不常指定)	提出申请后、程序终结前	与监督人职能基本相同	指定监督人会限制债务人在经营管理上的自由,法院在审查非自愿申请时,如不确定是否应作出开始裁定,可先指定调查委员参与程序
保全管理人(可指定,但很少指定)	提出申请后、程序开始前	保全管理人享有管理债务人业务、管理和处分债务人财产的专属职权; 保全管理人进行特定行为时须经法院批准,如在正常经营过程之外出售债务人财产等	在2001年《民事再生法》生效实施之时,日本法院曾明确表示,为促进困境债务人的管理层接受并使用这类新程序,法院不会在民事再生程序中为企业指定管理人,然而,在该"无管理人"模式取得十余年的成功之后,法院开始在涉嫌滥用自行管理模式等例外情形中指定管理人,但这类情形仍比较少见
管理人(可指定,但很少指定)	提出申请后、程序终结前	与保全管理人职能相同	与保全管理人相同

在公司更生程序中,法院应当在程序开始之时指定管理人,①而法院在公司更生 32
申请提出后、开始裁定作出前,通常会先行指定一名保全管理人。实践中,保全管理人一般都会在程序开始之时受到法院的指定而继续担任管理人。但是,当法院有意指定债务人的原管理层成员担任管理人(采用"准债务人自行管理"模式)时,通常会在案件初始阶段指定监督人,②而非保全管理人。③ 但鉴于监督人的履职期间在公司更生程序开始之时届满,④当程序开始之后,法院有时也会通过指定调查委员来保持对债务人的严密监督。⑤ 在采用"准债务人自行管理"模式的案件中,法院一般

① Corporate Reorganization Act (Act No. 154 of 13 December 2002) Art. 67. 1.

② Corporate Reorganization Act (Act No. 154 of 13 December 2002) Art. 35. 1.

③ Corporate Reorganization Act (Act No. 154 of 13 December 2002) Arts. 30. 1 and 30. 2.

④ Corporate Reorganization Act (Act No. 154 of 13 December 2002) Art. 35. 1.

⑤ Makoto Ito, Kaisha Kosei-ho (Yuhikaku Publishing Co. Ltd., 2012) at p. 87.

都会从破产专业人士中指定“其他管理人”（在债务人原管理层成员担任的管理人之外担任管理人），或至少从中指定一名监督人，从而使法院可以通过其信任的破产专业人士对债务人的重整活动进行监督。管理人（包括保全管理人）的职权包括管理债务人的各类业务、管理并处分债务人的财产、①行使撤销权等。② 管理人在正常经营过程之外进行特定行为的，如在正常经营过程之外出售债务人财产等，应当事前获得法院的批准。③ 关于公司更生程序中的“破产职务”，参见表3。

表3 公司更生程序中的“破产职务”

破产职务	履职期间(实践中)	关键职能	备注
保全管理人（在不采用“准债务人自行管理”模式时指定）	提出申请后、程序开始前	保全管理人享有管理债务人业务、管理和处分债务人财产的专属职权； 保全管理人从事特定行为时须经法院批准，如在正常经营过程之外出售债务人财产等	实践中，法院一般会在程序正式开始时指定保全管理人继续担任管理人； 保全管理人既不能行使撤销权，也无权承继或终止待履行合同
监督人(实践中仅在“准债务人自行管理”模式中指定)	提出申请后、程序开始前	监督人的职能总体上可归纳为：是否同意债务人开展特定重要事项，须经同意的事项范围会在法院指定监督人时一并明确	法院还可指定有经验的破产从业者担任“监督人兼调查委员”，而不将其指定为保全管理人，这一方式主要用于审查“债务人自行管理”模式的可适用性
调查委员(实践中仅在“准债务人自行管理”模式中指定)	提出申请后、程序终结前	程序开始前：调查债务人是否满足程序开始条件，调查管理层是否对债务人破产负有个人责任等情况； 程序开始后：除调查上述事项外，还应调查债务人的财务报表是否适当，以及债务人的业务经营、财产管理、更生计划草案等情况	

① Corporate Reorganization Act (Act No. 154 of 13 December 2002) Art. 72. 1.

② Corporate Reorganization Act (Act No. 154 of 13 December 2002) Art. 95. 1.

③ Corporate Reorganization Act (Act No. 154 of 13 December 2002) Article 72. 2.

续表

破产职务	履职期间(实践中)	关键职能	备注
管理人(均会指定)	提出申请后、程序终结前	管理债务人的业务、管理和处分债务人的财产、行使撤销权等	在“准债务人自行管理”模式中,法院通常会指定破产专业人士担任“其他管理人”(在原管理层成员担任的管理人之外的管理人),或至少担任监督人,辅助法院进行程序监督

1.注意义务

根据日本法的规定,各类破产职务承担者在履行法定职责时,对程序内债权人等利害关系人负有注意义务。① 一旦该主体违反注意义务,其个人将对利益相关方承担损害赔偿责任。② 对于未能依法履职的主体,法院也可解除指定。③ 此外,日本已有法律并未向破产职务承担者提供正式规则保护,但鉴于该类主体多为律师,一般都属于律师责任保险政策的保护范围,该政策已足够覆盖与其履职相关的法律责任。④ 33

2.提交报告

在民事再生程序、公司更生程序中,管理人需要就两类情况向法院进行报告:(1)就债务人的财产和财务情况进行报告,这类报告应在程序开始之后尽快提交,不得延后;⑤(2)就法律规定的各类情况进行报告,具体包括:导致债务人陷入财务困境的情形、债务人经营和财产状况的发展经过、管理层是否应对财务困境承担个人责任的有关情况、法院要求报告的其他经营及财产事项。⑥ 民事再生程序、公司更生程序的利害关系人有权获取上述报告的副本。⑦ 34

---

① Civil Rehabilitation Act (Act No.225 of 22 December 1999) Art.60.1; Corporate Reorganization Act, Art.80.1. See also Art.85.1 of the Bankruptcy Act (Act No.75 of 2 June 2004).

② Civil Rehabilitation Act (Act No.225 of 22 December 1999) Art.60.2; Corporate Reorganization Act, Art.80.2. See also Art.85.2 of the Bankruptcy Act (Act No.75 of 2 June 2004).

③ Civil Rehabilitation Act (Act No.225 of 22 December 1999) Art.57.2; Corporate Reorganization Act (Act No.154 of 13 December 2002) Art.68.2. See also Art.75.2 of the Bankruptcy Act (Act No.75 of 2 June 2004).

④ 鉴于日本破产从业者的诚信水平、道德标准非常高,实务中触发保险赔付的情况基本不存在。

⑤ Civil Rehabilitation Act (Act No.225 of 22 December 1999) Arts.124.1 and 124.2; Corporate Reorganization Act (Act No.154 of 13 December 2002) Arts.83.1 and 83.3.

⑥ Civil Rehabilitation Act (Act No.225 of 22 December 1999) Art.125; Corporate Reorganization Act (Act No.154 of 13 December 2002) Art.84.

⑦ Civil Rehabilitation Act (Act No.225 of 22 December 1999) Art.16.2; Corporate Reorganization Act (Act No.154 of 13 December 2002) Art.11.2.

（六）困境企业的董事和高管

35 在日本法中，困境企业的董事、高管不负有任何特殊义务，也无申请启动正式破产程序的义务。

36 从上文可见，民事再生程序一般允许债务人的董事、高管保有企业控制权，仅在少数情形下会指定管理人实施接管。相较之下，在公司更生程序中，法院一般会指定管理人接管企业，债务人的董事、高管会失去其自行管理地位，但是，法院采用从董事、高管中指定一人或数人担任管理人的"准债务人自行管理"模式时相关董事、高管可以在该模式下继续保持一定的自行管理状态。

37 在民事再生程序中，债务人的管理层对债权人负有公平、诚实义务（duty of fairness and sincerity），[①]并可能（实践中为"必然"）受到法院、法院指定的监督人的监督。[②] 例如，债务人在正常经营过程之外进行重大交易行为的，应当经过法院的批准，或者根据法院的命令，经过监督人的同意。[③]

38 在公司更生程序中，债务人的董事、高管一般会失去对企业的经营管理权和财产处分权。[④] 董事可行使的职权将限于不会对债务人财务状况产生实际影响的行政性活动，例如召开股东大会等，而业务处分、发放分红等各类公司行为均会受到禁止。但是，更生计划或法律法规另有规定的，从其规定。[⑤]

39 上市公司进入民事再生或公司更生程序的，除非该公司终止上市，否则其董事、高管应当继续履行信息披露义务。

（七）程序转换

40 对于民事再生程序，在再生计划获得债权人会议通过、法院批准之后，如果出现以下情形之一，该民事再生程序终结：(1) 该程序已指定管理人的，再生计划规定的支付义务已得到全部履行，或确定将得到全部履行；(2) 该程序已指定监督人的，再生计划规定的支付义务已得到全部履行，或自再生计划获批准之日起已经过 3 年；(3) 该程序未指定管理人或监督人的，法院对再生计划作出的批准裁定已产生终局

---

① Civil Rehabilitation Act (Act No. 225 of 22 December 1999) Art. 38. 2.
② Civil Rehabilitation Act (Act No. 225 of 22 December 1999) Arts. 41. 1(i) –41. 1(x) and 54. 2.
③ Civil Rehabilitation Act (Act No. 225 of 22 December 1999) Arts. 41. 1(i) and 54. 2.
④ Corporate Reorganization Act (Act No. 154 of 13 December 2002) Art. 72. 1.
⑤ Corporate Reorganization Act (Act No. 154 of 13 December 2002) Art. 72. 1.

效力,不可再上诉。[①]

对于公司更生程序,在更生计划获得债权人会议通过、法院批准之后,如果出现以下情形,该公司更生程序终结:(1)更生计划中规定的各项义务已得到全部履行;(2)更生计划中2/3的支付义务已得到履行且无错漏(但是,法院认为未来有无法履行可能的除外);(3)法院确信更生计划会得到全部履行。[②] 41

重整型程序一旦失败,法院可能(或者需要,视案件情形)依申请,[③]或者依职权,[④]将相关案件转入清算型程序。这类因民事再生或公司更生失败而终止程序的情形包括:未能在法院指定的期限内制作完成重整计划草案(译者注:本报告中的"重整计划"同时包括再生计划与更生计划);重整计划未获债权人会议通过等。[⑤] 42

(八)重整融资

1.共益债权

在探讨日本重整融资规则之前,首先厘清"共益债权"概念会有所帮助。顾名思义,共益债权是既有益于破产程序推进,又有益于全体债权人利益的债权。因而在重整型程序相关的债权中,共益债权享有最高级别的优先权,可在债权到期后不经分配程序而随时受偿。[⑥] 根据日本法律的规定,在破产程序开始后发生的下列债权属于共益债权:[⑦] 43

(1)与推进破产程序直接相关的费用(如管理人等的报酬、[⑧]因债务人继续经营和财产处分而发生的费用等[⑨])。

---

① Civil Rehabilitation Act (Act No. 225 of 22 December 1999) Art. 188.

② Corporate Reorganization Act (Act No. 154 of 13 December 2002) Art. 239.

③ Civil Rehabilitation Act (Act No. 225 of 22 December 1999) Art. 249. 1; Corporate Reorganization Act (Act No. 154 of 13 December 2002) Art. 251. 1.

④ Civil Rehabilitation Act (Act No. 225 of 22 December 1999) Art. 250; Corporate Reorganization Act (Act No. 154 of 13 December 2002) Art. 252.

⑤ Civil Rehabilitation Act (Act No. 225 of 22 December 1999) Art. 191; Corporate Reorganization Act (Act No. 154 of 13 December 2002) Art. 236.

⑥ Civil Rehabilitation Act (Act No. 225 of 22 December 1999) Art. 121. 1; Corporate Reorganization Act (Act No. 154 of 13 December 2002) Art. 132. 1.

⑦ Civil Rehabilitation Act (Act No. 225 of 22 December 1999) Arts. 119, 120 and 120 – 2; Corporate Reorganization Act (Act No. 154 of 13 December 2002) Arts. 127 – 131.

⑧ Civil Rehabilitation Act (Act No. 225 of 22 December 1999) Art. 119 (iv); Corporate Reorganization Act (Act No. 154 of 13 December 2002) Art. 127 (iv).

⑨ Civil Rehabilitation Act (Act No. 225 of 22 December 1999) Art. 119 (ii); Corporate Reorganization Act (Act No. 154 of 13 December 2002) Art. 127 (ii).

（2）为重整债权之共同利益进行诉讼而产生的费用。①

（3）在程序开始后因借款而产生的债权。②

（4）执行重整计划的相关费用。③

在重整案件的保全期间，保全管理人为继续债务人的经营，进行的借款、购买原材料等必要交易行为而发生的债权也属于共益债权。④ 但是，债务人自行的借款行为，只有经法院审查认为该借款为债务人继续经营所必需的，才可被认可为共益债权。⑤

2. DIP 融资

44 根据前述规则，债务人在重整型程序前后取得的 DIP 融资，如果经过法院的批准（或者根据法院授权并经监督人同意），是可以被认可为共益债权的。⑥ 并且，即使相关重整型程序随后转入清算型程序，原程序中的共益债权也将继续保持“财团债权”（estate claims）的地位。⑦

3. 预交费用

45 重整型程序的申请人在提出申请时，应当预先交纳相关费用，具体金额由法院确定。⑧ 债权人而非债务人预交该费用的，则在程序正式开始后，债权人就该费用享有的返还请求权也属于共益债权。⑨

---

① Civil Rehabilitation Act (Act No. 225 of 22 December 1999) Art. 119(i); Corporate Reorganization Act (Act No. 154 of 13 December 2002) Art. 127(i).

② Civil Rehabilitation Act (Act No. 225 of 22 December 1999) Art. 119(v); Corporate Reorganization Act (Act No. 154 of 13 December 2002) Art. 127(v).

③ Civil Rehabilitation Act (Act No. 225 of 22 December 1999) Art119(iii); Corporate Reorganization Act (Act No. 154 of 13 December 2002) Art. 127(iii).

④ Civil Rehabilitation Act (Act No. 225 of 22 December 1999) Art. 120. 4; Corporate Reorganization Act (Act No. 154 of 13 December 2002) Art. 128. 1.

⑤ Civil Rehabilitation Act (Act No. 225 of 22 December 1999) Art. 120. 1; Corporate Reorganization Act (Act No. 154 of 13 December 2002) Art. 128. 2.

⑥ Civil Rehabilitation Act (Act No. 225 of 22 December 1999) Arts. 120. 1, 120. 4 and 119(v); Corporate Reorganization Act (Act No. 154 of 13 December 2002) Arts. 128. 1, 128. 2 and 127(v).

⑦ Civil Rehabilitation Act (Act No. 225 of 22 December 1999) Art. 252. 6; Corporate Reorganization Act (Act No. 154 of 13 December 2002) Art. 254. 6. See also Art. 152. 1 of the Bankruptcy Act (Act No. 75 of 2 June 2004).

⑧ Civil Rehabilitation Act (Act No. 225 of 22 December 1999) Art. 24. 1; Corporate Reorganization Act (Act No. 154 of 13 December 2002) Art. 21. 1.

⑨ Civil Rehabilitation Act (Act No. 225 of 22 December 1999) Art. 119(i); Corporate Reorganization Act (Act No. 154 of 13 December 2002) Art. 127(i).

4. 事业再生 ADR 中的借款

对于债务人在事业再生 ADR 期间取得的借款,如果该借款行为已经过事业再生实务家协会(ADR 提供者)确认,并满足以下条件之一,该借款债权就可较其他债权享有优先待遇:(1)该借款为债务人继续经营所必须的;(2)参与事业再生 ADR 程序的全体债权人同意给予该借款债权以优先地位的。① 然而,即使债务人未能通过事业再生 ADR 程序重组成功,对于有关方在 ADR 期间发放的过桥贷款,只要相关借款行为经过了事业再生实务家协会按前述规则作出的确认,在其后的重整型程序中,该借款债权也可在法院准许下根据重整计划享有优先待遇。② 46

此外,对于股东、关联公司是否要为困境企业提供直接或间接资金帮助的问题,日本法未作具体规定。日本法也未强制规定对股东、内部人对公司的借款作"居次清偿"或"劣后清偿"。然而,民事再生程序、公司更生程序明确允许在重整计划中将同组别的一项债权后于另一项债权受偿,只要该调整不违反公平公正原则即可。③ 47

(九)中止和延期偿付效力

根据一般中止规则,重整型程序一经开始,所有受该程序制约的债权执行、权利行使行为均应自动中止。以民事再生程序为例,其明确禁止相关方在再生计划之外进行清偿、受偿等会导致债权消灭的行为。④ 而民事再生程序一旦开始,涉及"再生债权"的诉讼程序也应自动中止。⑤ 债权人应就有争议的债权依法向法院申报债权。⑥ 债权人申报债权后,债务人不予认可或其他债权人提出异议的,债权人可以申请恢复被中止的诉讼,将不予认可或异议方作为当事人加入诉讼,以诉讼方式确认其债权。⑦ 此外,民事再生程序的中止效力还及于针对债务人财产的强制执行和禁令措施。⑧ 公司更生程序中的中止规则与民事再生程序中的中止规则大致相同。⑨ 48

---

① Act on Strengthening Industrial Competitiveness (Act No. 98 of 11 December 2013) Arts. 58 –60.

② Act on Strengthening Industrial Competitiveness (Act No. 98 of 11 December 2013) Arts. 59 and 60.

③ Civil Rehabilitation Act (Act No. 225 of 22 December 1999) Art. 155. 1; Corporate Reorganization Act (Act No. 154 of 13 December 2002) Art. 168. 1.

④ Civil Rehabilitation Act (Act No. 225 of 22 December 1999) Art. 85. 1.

⑤ Civil Rehabilitation Act (Act No. 225 of 22 December 1999) Art. 40. 1.

⑥ Civil Rehabilitation Act (Act No. 225 of 22 December 1999) Art. 94. 1.

⑦ Civil Rehabilitation Act (Act No. 225 of 22 December 1999) Art. 107. 1.

⑧ Civil Rehabilitation Act (Act No. 225 of 22 December 1999) Art. 39. 1.

⑨ Corporate Reorganization Act (Act No. 154 of 13 December 2002) Arts. 47. 1, 52. 1, 138. 1, 138. 2 and 156. 1.

49 民事再生程序与公司更生程序的区别之一在于程序对担保权的中止效力。在民事再生程序中，担保债权的行使并不落入自动中止范围，除非法院以禁令方式明确中止担保债权行使。[①] 与之相比，公司更生程序的中止效力则同时及于有担保、无担保债权的行使。[②] 不过，这一区别虽看似重大，但在实务中并不明显。这是因为，一般在民事再生案件中，债务人在违约前即会与担保债权人在抵押物价值、偿债计划、禁止丧失抵押品赎回权等方面达成和解。

1. 保全期间的禁令

50 在重整型程序申请提交后、程序正式开始前，法院可以（实践中一般都会）发出禁令，对债务人资产予以保护。这类禁令的内容包括：禁止债务人清偿申请前的债权、[③]中止清算型程序（申请公司更生的，还可中止民事再生程序）、中止强制执行程序[④]等。尽管民事再生程序并无中止担保权行使这类"终极效力"，但法院可发出禁令，在一定期间内禁止全体债权人行使权利（包括担保债权），[⑤]以此方式为债务人与担保债权人进行和解谈判提供"喘息空间"。

2. 域外效力

51 根据日本法的规定，日本重整型程序的中止效力及于日本境外。[⑥] 然而，要使外国法院作出命令，执行日本法规定的中止，日本的管理人或债务人首先需获得对应司法管辖区对其地位的承认，并可能需按照当地法律的规定，满足其他程序性要求。

52 此外，相关方也可以在庭外重组中达成所谓的"中止协议"（standstill agreement，也称为"暂停协议"）。尽管这类协议一经签订，一般能得到各方遵守，但从法律上来讲，这类中止协议仅为合同性义务。

（十）普通合同和特殊合同

53 在重整型程序开始之后，债务人（仅在民事再生程序中）、管理人（在公司更生程序和指定管理人的民事再生程序中）有权选择承继或终止债务人的待履

---

① Civil Rehabilitation Act (Act No. 225 of 22 December 1999) Art. 31. 1; Companies Act (Act No. 86 of 26 July 2005) Art. 516.

② Corporate Reorganization Act (Act No. 154 of 13 December 2002) Art. 47. 1.

③ Civil Rehabilitation Act (Act No. 225 of 22 December 1999) Art. 30. 1; Corporate Reorganization Act (Act No. 154 of 13 December 2002) Art. 28. 1.

④ Civil Rehabilitation Act (Act No. 225 of 22 December 1999) Art. 26. 1; Corporate Reorganization Act (Act No. 154 of 13 December 2002) Art. 24. 1.

⑤ Civil Rehabilitation Act (Act No. 225 of 22 December 1999) Art. 31. 1.

⑥ Civil Rehabilitation Act (Act No. 225 of 22 December 1999) Art. 38. 1; Corporate Reorganization Act (Act No. 154 of 13 December 2002) Art. 72. 1.

行合同。[①] 然而,不同主体在行使该合同选择权时,依法应负有不同义务:民事再生程序中的债务人或管理人负有公平、诚实义务(duty of fairness and sincerity),[②]而公司更生程序中的管理人负有审慎管理者的注意义务(duty of care of a prudent manager,也称"善管注意义务")。[③] 虽然这两种义务在名字上存在差异,但就行使承继或终止合同的选择权而言,两者没有实质区别。

债务人或管理人选择承继待履行合同的,该合同的相对方应当继续履行合同义务,而其依据合同享有的权利属于共益债权。[④] 债务人或管理人选择终止待履行合同的,债务人应当返还其依据该合同取得的财产。债务人或管理人已不再占有合同标的财产的,相对方依据合同享有的损害赔偿权属于共益债权,其他有关的损害赔偿请求权则属于无担保债权。[⑤] 54

就分期付款的租赁合同而言,这类特殊合同中的出租人、承租人均负有未来义务,故这类合同当然属于待履行合同,受债务人、管理人合同选择权的约束。但是,如果承租人已依法对其租约下的租赁权进行"公示",即使出租人进入了民事再生程序或公司更生程序,出租人或其管理人也无权终止租赁合同。[⑥] 55

在日本,各类合同性安排不时会被日本法院以判例方式重新归类。因此,合同相关方并不一定能按合同的字面意思享有权利。例如,在民事再生程序、公司更生程序中,法院会将所有权保留的买卖合同视为财产担保来安排处理,并把保留所有权的一方视为担保债权人。此外,根据判例规则,日本法院会把融资租赁合同视为担保来安排处理,[⑦]并且排除待履行合同规则对融资租赁安排的适用。[⑧] 56

---

① Civil Rehabilitation Act (Act No. 225 of 22 December 1999) Art. 49. 1; Corporate Reorganization Act (Act No. 154 of 13 December 2002) Art. 61. 1.

② Civil Rehabilitation Act (Act No. 225 of 22 December 1999) Art. 38. 2.

③ Corporate Reorganization Act (Act No. 154 of 13 December 2002) Art. 80. 1.

④ Civil Rehabilitation Act (Act No. 225 of 22 December 1999) Art. 49. 4; Corporate Reorganization Act (Act No. 154 of 13 December 2002) Art. 61. 4.

⑤ Civil Rehabilitation Act (Act No. 225 of 22 December 1999) Art. 49. 5; Corporate Reorganization Act (Act No. 154 of 13 December 2002) Art. 61. 5.

⑥ Civil Rehabilitation Act (Act No. 225 of 22 December 1999) Art. 51; Corporate Reorganization Act (Act No. 154 of 13 December 2002) Art. 63.

⑦ 大阪地区法院判决 (1979 年 10 月 30 日) 103 Hanji 957。

⑧ 关于公司更生程序,参见日本最高法院判决(1995 年 4 月 14 日) Minshu Vol. 49, No. 4 at p. 1063。日本最高法院于 2008 年 12 月 16 日作出的判决中遵循了上述案件的说理(reasoning) Minshu Vol. 62, No. 10, at p. 2561。至于在重整案件中的"全额付款的融资租赁合同"(full-payout finance lease agreement),承租人在租约到期前不得解除合同,因此仍承担支付租金的义务。实践中,全额付款的融资租赁安排中的租金数额几乎等于租赁资产的价值和相关成本。

57 在重整型程序开始之后，对债务人负有持续性供给义务的公共服务合同相对方不得以申请前服务费用未获给付为由拒绝继续提供公共服务。[①] 而发生在相关申请提交后、程序开始前的未付公共服务费用，应作为共益债权受偿。[②]

58 在重整型程序开始之后，待履行合同规则同样适用于知识产权许可合同。[③] 当知识产权被许可人为重整债务人时，被许可人或其管理人可以选择承继或终止许可合同，而其许可人一般无权终止该合同。但程序开始前已出现合同终止事由，或者程序开始后出现新的合同终止事由的，许可人有权终止该合同。当知识产权许可人为重整债务人时，相关知识产权许可合同适用与租赁合同类似的规则，即只要该知识产权许可依法经过登记，债务人或其管理人就无权终止该合同。[④]

59 关于金融衍生品合同的处理，日本《金融机构之间的特定金融交易终止净额结算法》（也有译为《金融机构参与的特定金融交易的抛售轧差法》）规定了具体的处理规则。[⑤] 对于破产程序中金融机构之间特定金融交易的“终止净额结算”（close-out netting）问题，该法明确规定，债务人或其管理人应受这类合同条款的约束，合同相对方也有权依据合同进行抵销或净额结算。

60 日本法院曾在重新定性某类型合同为金融安排（finance arrangements，如融资租赁、所有权保留买卖）的判例中，探讨了“破产约定条款”（ipso facto clauses）的效力问题。在该案中，融资租赁中的承租人自愿提出民事再生申请，而其融资租赁合同中约定有以承租人提出这类申请为触发事由的“提前终止条款”。对此，法院认为，融资租赁的出租人不能基于该合同性安排，提前终止租赁合同或要求返还租赁物，因为如果允许出租人依据“破产约定条款”终止合同，那么程序中的承租人将失去根

---

① Civil Rehabilitation Act (Act No. 225 of 22 December 1999) Art. 50. 1; Corporate Reorganization Act (Act No. 154 of 13 December 2002) Art. 62. 1.

② Civil Rehabilitation Act (Act No. 225 of 22 December 1999) Art. 50. 2; Corporate Reorganization Act (Act No. 154 of 13 December 2002) Art. 62. 2.

③ Civil Rehabilitation Act (Act No. 225 of 22 December 1999) Art. 49. 1; Corporate Reorganization Act (Act No. 154 of 13 December 2002) Art. 61. 1.

④ Civil Rehabilitation Act (Act No. 225 of 22 December 1999) Art. 51; Corporate Reorganization Act (Act No. 154 of 13 December 2002) Art. 63. 上述被引用的法条均规定，对于知识产权许可问题，应参照适用（mutatis mutandis）《破产（清算）法》第 56 条“租赁权和其他使用收益权利”部分的规定。

⑤ The Act on Close-Out Netting of Specified Financial Transactions Conducted by Financial Institutions, Act No. 108 of 15 June 1998.

据自身需求决定租赁物处置方式的机会,这有违民事再生程序之目的。① 同样,对于持续性买卖原材料合同或者其他按字面意思可被视为待履行合同的合同,尽管尚未形成判例,但目前日本的共识是破产约定条款无效,因为该条款会使债务人或其管理人的合同选择权落空。

(十一)债权的清偿顺序、优先权和处理方法

在破产程序中,债权会根据其性质进行分组,并按其所属组别享有不同待遇。 61
对于部分债权类型,破产程序不能免除清偿的责任或调整清偿的数额,但一般债权类型不受此限。因此,在相应破产程序中明确具体债权的分类是极其重要的。

1. 担保债权

在民事再生程序中,担保债权人享有独立受偿权。担保债权不仅不受民事再生 62
程序所作债务免除、数额调整的约束,还可独立于程序之外行使。② 担保债权无法就担保物足额受偿的部分则可作为无担保债权参与民事再生程序。③ 相较之下,公司更生程序可中止担保债权行使。因此,在公司更生程序中,担保债权一般按管理人在更生计划中评估的担保物价值额受偿,无法足额受偿的部分(如果有),则作为普通无担保债权受偿。④

2. 共益债权

如本报告第43段所述,在民事再生程序或公司更生程序中,共益债权可在债权 63
到期后随时就债务人的财产受偿,因此,在各类债权中,共益债权享有最高级别的优先权。⑤ 此外,在公司更生程序中,若债务人的现有资产不足以清偿所有共益债权,则各项共益债权应当按比例受偿。⑥ 相较之下,在民事再生程序中,共益债权应与享有"一般优先权"的债权(具有优先受偿地位的无担保债权)⑦共同按照法定的优先次序受偿。⑧

---

① 2007 (Ju) No. 1030,日本最高法院判决(2008年12月16日) Minshu Vol. 62, Issue 10。
② Civil Rehabilitation Act (Act No. 225 of 22 December 1999) Arts. 53. 1 and 53. 2.
③ Civil Rehabilitation Act (Act No. 225 of 22 December 1999) Art. 88.
④ Corporate Reorganization Act (Act No. 154 of 13 December 2002) Art. 2. 10.
⑤ Civil Rehabilitation Act (Act No. 225 of 22 December 1999) Arts. 119 and 121. 1; Corporate Reorganization Act (Act No. 154 of 13 December 2002) Arts. 127 and 132. 1.
⑥ Corporate Reorganization Act (Act No. 154 of 13 December 2002) Art. 133. 1.
⑦ Civil Rehabilitation Act (Act No. 225 of 22 December 1999) Arts. 122. 1 and 122. 2.
⑧ 这是因为,《民事再生法》并无"按比例清偿"(pro-rata payment)的规定。

3. 优先无担保债权

64 优先无担保债权，是指因破产程序开始前的原因或事由产生的，依法享有“法定优先权”（statutory lien）或者其他优先权的债权。未付的职工工资、欠缴的国内税款是典型的优先无担保债权。在公司更生程序中，优先无担保债权虽然不能在程序之外行使，但可按照法院批准的重整计划，优先于普通无担保债权受偿。[①] 相较之下，优先无担保债权一般不受民事再生程序的约束，[②]优先无担保债权人可以在民事再生程序之外随时收回到期债权，除非法院以命令方式加以限制。[③]

4. 普通无担保债权

65 因破产程序开始前的原因或事由产生的债权，只要是不属于前述优先债权类别的，即属于普通无担保债权。在重整型程序中，普通无担保债权不但不可以在程序之外行使，而且必须根据法院批准的重整计划受偿。[④] 在大多数情况下，只有重整计划所作的特定债务免除、偿债条件变更等调整生效之后，程序中的普通无担保债权才可行使并受偿。

5. 劣后债权

66 在日本，债权可依照法律规定或合同约定而劣后清偿。[⑤] 例如，日本法规定，重整型程序开始后产生的新利息以及因违约而产生的损害赔偿、违约金债权，应当劣后于普通债权清偿。[⑥] 另外，债务人与债权人也可在重整型程序开始前约定将特定债权劣后清偿。在各债权类型中，这类由合同约定的劣后债权受偿顺位最低，其顺位劣后于法定劣后债权和其他各类型债权。关于各类债权的优先次序，参见表4。[⑦]

---

① Corporate Reorganization Act (Act No. 154 of 13 December 2002) Arts. 168. 1 and 168. 3.

② Civil Rehabilitation Act (Act No. 225 of 22 December 1999) Art. 122.

③ Civil Rehabilitation Act (Act No. 225 of 22 December 1999) Arts. 121. 3, 122. 1 and 122. 2.

④ Civil Rehabilitation Act (Act No. 225 of 22 December 1999) Arts. 84. 1 and 85. 1; Corporate Reorganization Act (Act No. 154 of 13 December 2002) Arts. 2. 8 and 47. 1.

⑤ Civil Rehabilitation Act (Act No. 225 of 22 December 1999) Art. 84. 2 and Art. 155. 1 proviso; Arts. 35. 4 and 155. 2; Arts. 123. 1 and 123. 2; Corporate Reorganization Act (Act No. 154 of 13 December 2002), Arts. 136. 2 (i) – 136. 2 (iii), 168. 1 proviso (iii); Arts. 43. 4. 1 and 168. 1 proviso (iv); Arts. 134. 1 and 134. 2.

⑥ Civil Rehabilitation Act (Act No. 225 of 22 December 1999) Art. 84. 2 and proviso Art. 155. 1.

⑦ Civil Rehabilitation Act (Act No. 225 of 22 December 1999) Arts. 155. 2 and 35. 4; Corporate Reorganization Act (Act No. 154 of 13 December 2002) Arts. 168. 1 (iv), 168. 3 and 43. 4.

表 4　债权优先次序

债权性质	程序类型	
	民事再生程序	公司更生程序
共益债权	共益债权	共益债权
担保债权	独立受偿权	有担保的更生债权
优先无担保债权	优先受偿的再生债权	优先受偿的更生债权
普通无担保债权	普通再生债权	普通更生债权
法定劣后债权	劣后债权	劣后债权
约定劣后的债权	约定劣后的再生债权	约定劣后的更生债权

为使债权获得确认并按其优先顺位受偿，债权人应当提交相应的债权证明 67
材料。

法院在作出重整型程序开始裁定之时，应当一并明确债权申报期间和相应的审 68
查期间。①

债权人（共益债权人除外）应在债权申报期内向法院提交债权证明材料，从而享 69
有债权人权利，如表决重整计划草案、按经批准的重整计划返还资金、获得清偿等。②在民事再生程序中，债权人因不可归责于自身的事由而未能在规定期间申报债权的，可以在相关事由消除之日起 1 个月内补充申报债权。③ 公司更生程序也允许债权人在类似情形中的补充申报。④

在民事再生程序中，担保债权人的担保权价值不足以覆盖担保债权的，应当提 70
交债权证明材料，明确其中预计无法由担保权覆盖部分的数额，其后该部分债权作为普通无担保债权并根据法院批准的再生计划受偿。⑤ 相较而言，由于公司更生程序将中止担保债权行使，所以该程序中的担保债权人也应当提交债权证明，一并说

① Civil Rehabilitation Act (Act No. 225 of 22 December 1999) Art. 34. 1; Corporate Reorganization Act (Act No. 154 of 13 December 2002) Art. 42. 1.

② Civil Rehabilitation Act (Act No. 225 of 22 December 1999) Art. 94; Corporate Reorganization Act (Act No. 154 of 13 December 2002) Art. 138.

③ Civil Rehabilitation Act (Act No. 225 of 22 December 1999) Art. 95.

④ Corporate Reorganization Act (Act No. 154 of 13 December 2002) Art. 139.

⑤ Civil Rehabilitation Act (Act No. 225 of 22 December 1999) Art. 88.

明其中能被相关担保物合理价值覆盖部分的数额,以及担保权不足以清偿部分的数额。[①]

71 在重整型程序期间,债权人可以随时转让其债权,已经完成债权申报的,应当在债权转让后及时报告权属主体变更的情况。[②]

72 在债权人完成债权申报后,债务人(或其管理人)应当在法院确定的审查期间进行债权审查,[③]逐项决定是否认可,同步编制并提交一份债权人清册,逐项说明是否认可各债权(及相应表决权)的决定。[④]

73 如果某项债权申报得到债务人(或其管理人)的认可,并且其他债权人对此未提出异议,该项债权即被视为确认。[⑤] 各债权人均有权对他人申报的债权提出异议。[⑥] 对于某项债权的存在或其数额,债务人(或其管理人)不予认可或者债权人提出异议的,依被异议方(债权申报人)的申请,法院应当对债权争议事项作出裁判。[⑦] 这类申请必须在债权审查期间届满后 1 个月内提出。[⑧] 法院将根据对异议方、不予认可方进行听证的结果,通过快审程序(fast-track procedure)审查争议债权是否存在,并评估债权的具体内容。[⑨] 债权人对法院就争议债权所作决定不服的,可以依法提起上诉。[⑩]

---

① Corporate Reorganization Act (Act No. 154 of 13 December 2002) Art. 138. 实践中,对于债权人申报的担保债权中所附担保权可能无法覆盖的部分,视为按无担保债权申报的债权。

② Civil Rehabilitation Act (Act No. 225 of 22 December 1999) Art. 96; Corporate Reorganization Act (Act No. 154 of 13 December 2002) Art. 141.

③ Civil Rehabilitation Act (Act No. 225 of 22 December 1999) Art. 101; Corporate Reorganization Act (Act No. 154 of 13 December 2002) Art. 145.

④ Civil Rehabilitation Act (Act No. 225 of 22 December 1999) Art. 99; Corporate Reorganization Act (Act No. 154 of 13 December 2002) Art. 146.

⑤ Civil Rehabilitation Act (Act No. 225 of 22 December 1999) Art. 104. 1; Corporate Reorganization Act (Act No. 154 of 13 December 2002) Art. 150. 1.

⑥ Civil Rehabilitation Act (Act No. 225 of 22 December 1999) Art. 102. 1; Corporate Reorganization Act (Act No. 154 of 13 December 2002) Art. 147. 1.

⑦ Civil Rehabilitation Act (Act No. 225 of 22 December 1999) Art. 105; Corporate Reorganization Act (Act No. 154 of 13 December 2002) Art. 151.

⑧ Civil Rehabilitation Act (Act No. 225 of 22 December 1999) Art. 105. 2; Corporate Reorganization Act (Act No. 154 of 13 December 2002) Art. 151. 2.

⑨ Civil Rehabilitation Act (Act No. 225 of 22 December 1999) Art. 105. 3; Corporate Reorganization Act (Act No. 154 of 13 December 2002) Art. 151. 3.

⑩ Civil Rehabilitation Act (Act No. 225 of 22 December 1999) Art. 106; Corporate Reorganization Act (Act No. 154 of 13 December 2002) Art. 152.

（十二）境外债权人待遇

根据日本法，即使是《多边税收征管互助公约》①缔约国政府持有的税款债权，也不可享有等同于日本国内税款债权的优先地位。② 74

如前所述，日本破产法的效力同时及于债务人位于日本境内与境外的财产。但对于位于日本境外的财产而言，当地有权机构能否对日本破产程序的域外效力给予协助，以及能给予多大程度的协助，取决于当地法律规定和司法实践。但是，如果某一债权人已就债务人的境外财产（如在境外查封的债务人银行账户）获得全部或部分清偿，那么此时应适用"财产混同规则"（hotchpot rule），即在国内同组别的其他债权人获得同一清偿比例之前，已于境外受偿的债权人不得再于日本破产程序之中获得分配。③ 75

（十三）破产程序中的债权人监督

对于各类破产程序，债权人可通过债权人会议、④债权人委员会⑤进行监督。在重整型程序中，法院应当依申请召开债权人会议，有权申请的主体包括：债务人（或其管理人）、法院批准设立的债权人委员、代表债权额占已知债权总额10%以上的债权人。⑥ 另外，目前主流观点认为，如果法院认为召开债权人会议的申请属于滥用 76

---

① 该公约于2013年10月1日对日本生效。Convention on Mutual Administrative Assistance in Tax Matters will Enter into Force for Japan, Ministry of Finance, Japan (1 July 2013) <https://www.mof.go.jp/ english/tax_policy/tax_conventions/press_release/20130701.htm> (accessed 10 January 2020).

② Junichi Matsushita, *Gaikoku no Kokka Kikan ga Yusuru Saiken* [Treatment of Claims Owned by Foreign Government Authorities] in Jigyosaisei No. Jinsokuka [Expediting Business Rehabilitation] (Jigyo Saisei Jinsokuka Kenkyu-kai ed) (Shoji Homu Co. Ltd., 2014) ch. 5, at p. 257.

③ Civil Rehabilitation Act (Act No. 225 of 22 December 1999) Art. 89. 2; Corporate Reorganization Act (Act No. 154 of 13 December 2002) Art. 137. 2.

④ Civil Rehabilitation Act (Act No. 225 of 22 December 1999) Art. 114; Corporate Reorganization Act (Act No. 154 of 13 December 2002) Art. 114.

⑤ Civil Rehabilitation Act (Act No. 225 of 22 December 1999) Art. 117; Corporate Reorganization Act (Act No. 154 of 13 December 2002) Art. 117. 如果债务人在公司更生程序开始之时并未资不抵债，《公司更生法》将允许债务人的股东参与程序。相关股东既可接受法院召集参加"关系人会议"（related parties' meeting，该会议为"债权人会议"的替代机制），也可自愿组成委员会，经法院批准后参与程序。但在日本过去的实践中，在破产程序开始之时，股东所有者权益为正值的案例基本不存在，并且股东从未组建过股东委员会参与程序。因此，下文将着重介绍债权人会议和债权人委员会的内容。

⑥ Civil Rehabilitation Act (Act No. 225 of 22 December 1999) Art. 114; Corporate Reorganization Act (Act No. 154 of 13 December 2002) (Corporate Reorganization Act) Art. 114. 此外，根据《公司更生法》，担保债权人委员会、股东委员会、代表表决权占表决权总额10%或以上的股东也有权申请召开债权人会议。参见《公司更生法》第114条第1款。

权利，召开债权人会议明显缺乏合理性和必要性，或者将产生不合理费用，可以拒绝召开会议的申请。[①] 不过，《民事再生法》《公司更生法》对此并无明文规定。

77 根据法律规定，法院应当召开债权人会议的情形包括：向债权人报告债务人的财产情况；[②]表决重整计划草案；[③]申请债权人会议审议其他事项等。[④]

78 关于日本法中的债权人委员会，在民事再生案件中，法院可批准由无担保债权人组成的债权人委员会参与程序，该委员会有权向法院发表意见、[⑤]获取债务人提交的报告[⑥]、申请法院召开债权人会议等。[⑦] 而在公司更生案件中，债权人可分别组建担保债权人委员会和无担保债权人委员会，这两类委员会均享有等同于债权人委员会的权利。[⑧]

79 在重整型程序中，债权人在法庭外组建的债权人委员会满足下列条件的，法院可以准许该委员会参与程序：[⑨]

（1）委员会成员人数不少于3人、不多于10人。

（2）重整型程序中债权人过半数同意该委员会参与程序。

（3）该委员会能够适当代表程序内债权人的整体利益。

实务中，日本案件很少设立债权人委员会，其原因可能包括：（1）法院关于准许债权人委员会参与程序的要求过于严格，一般情况下难以满足；（2）债权人委员会因聘请专业人士等行为发生的成本和费用不一定会由债务人来承担；[⑩]（3）担保债权

---

① Makoto Ito, Hasan-ho, Minji saisei-ho (Yuhikaku Publishing Co. Ltd., 4th ed., 2018) at p. 888, fn 50; Makoto Ito, Kaisha Kosei-ho (Yuhikaku Publishing Co. Ltd., 2012) at p. 140, fn 76. 195 Civil Rehabilitation Act (Act No. 225 of 22 December 1999) Art. 114; Corporate Reorganization Act (Act No. 154 of 13 December 2002) Art. 114.

② Civil Rehabilitation Act (Act No. 225 of 22 December 1999) Art. 126; Corporate Reorganization Act (Act No. 154 of 13 December 2002) Art. 85.

③ Civil Rehabilitation Act (Act No. 225 of 22 December 1999) Arts. 169. 2 (i) and 169. 2 (iii); Corporate Reorganization Act (Act No. 154 of 13 December 2002) Arts. 189. 2(i) and 189. 2(iii).

④ Civil Rehabilitation Act (Act No. 225 of 22 December 1999) Art. 114; Corporate Reorganization Act (Act No. 154 of 13 December 2002) Art. 114.

⑤ Civil Rehabilitation Act (Act No. 225 of 22 December 1999) Arts. 117. 2, 117. 3 and 118. 2.

⑥ Civil Rehabilitation Act (Act No. 225 of 22 December 1999) Arts. 118 –2 and 118 –3.

⑦ Civil Rehabilitation Act (Act No. 225 of 22 December 1999) Art. 114.

⑧ Corporate Reorganization Act (Act No. 154 of 13 December 2002) Arts. 114, 117. 2, 117. 3, 118. 2, 119 and 120.

⑨ Civil Rehabilitation Act (Act No. 225 of 22 December 1999) Art. 117. 1; Corporate Reorganization Act (Act No. 154 of 13 December 2002) Art. 117. 1.

⑩ 《民事再生法》《公司更生法》均未规定债务人有义务支付债权人（含债权人委员会）因聘请专业人士参与程序而产生的成本、费用。因此，债权人有可能需要自己负担聘请专业人士的相关成本和费用。不过，法院可以对此作出命令，要求债务人给予债权人全部或部分补偿。

人、普通债权人之间的沟通交流并不常见；(4)公众已普遍比较信任法院公正性等。

法院可以随时撤回准许债权人委员会参与破产程序的决定。① 80

债权人会议的成员不会因其会议行为承担个人责任。但对于债权人委员会的 81
成员，如果发现该成员的行为损害了其所代表的债权人利益，该成员可能因此承担个人责任。

债权人委员会的成员不会因其成员身份而自动获酬。但是，相关债权人可以向 82
法院申请由债务人返还因担任债权人委员会成员而发生的费用。法院认可债权人在重整中所作贡献的，将予以准许。②

日本法律并未对债权人会议、债权人委员会的法定参会人数作限制。除重整计 83
划需经债权人会议表决外，一般情况下，重整型程序预计无其他需要表决的事项。因此，《民事再生法》《公司更生法》中唯一关于表决通过标准的规定，即重整计划表决规则。③

(十四)职工、利益相关方以及退休金问题

1. 雇佣合同和职工债权

债务人一旦进入重整型程序，由其作为雇主的雇佣合同也将适用待履行合同规 84
则，其职工不得单方终止雇佣合同。④

就职工工资债权而言，在民事再生程序中，程序开始前应付的工资债权享有优 85
先无担保债权地位，⑤可不经民事再生程序而随时受偿。⑥ 相较之下，在公司更生程序中，程序开始前应付的工资债权可以在6个月的工资数额的范围内享有共益债权地位，⑦剩余部分则作为优先无担保债权受偿。⑧ 但民事再生程序、公司更生程序一

---

① Civil Rehabilitation Act (Act No. 225 of 22 December 1999) Art. 117. 5; Corporate Reorganization Act (Act No. 154 of 13 December 2002) Art. 117. 5.

② Civil Rehabilitation Act (Act No. 225 of 22 December 1999) Art. 117. 4; Corporate Reorganization Act (Act No. 154 of 13 December 2002) Art. 117. 4.

③ 参见本报告第109、110段。

④ Civil Rehabilitation Act (Act No. 225 of 22 December 1999) Art. 49. 1; Corporate Reorganization Act (Act No. 154 of 13 December 2002) Art. 61. 1. 但需注意，当对雇主的破产清算程序启动时，职工有权终止雇佣合同以保护自身利益。参见《民法典》第631条。

⑤ Civil Rehabilitation Act (Act No. 225 of 22 December 1999) Art. 84. 1.

⑥ Civil Rehabilitation Act (Act No. 225 of 22 December 1999) Arts. 122. 1 and 122. 2.

⑦ Corporate Reorganization Act (Act No. 154 of 13 December 2002) Art. 130. 1.

⑧ Corporate Reorganization Act (Act No. 154 of 13 December 2002) Art. 168. 1(ii).

经开始，其后在程序中发生的工资债权均属于共益债权。①

2. 职工转移问题

86 日本破产法并未对职工转移问题作特别规定。一般在进行业务整体出售时，把职工关系从原雇主方转移至业务受让方的，必须经过职工本人同意。但在企业拆分情形中，若要转移原先就参与相关业务的职工，或者转移在剥离协议（divestiture agreement）②、拆分计划（split plan）③中被提名的职工，只需满足“以适当方式通知”等法定要求，即可不经职工本人同意而直接完成转移。④

87 在日本的重整型程序中，工会发挥着重要作用。债务人过半数职工组成的工会（或在未组建工会的情况下，债务人过半数职工的代表），在多个重要的程序节点享有向法院表达意见的机会，这些节点包括：法院裁定程序开始时、⑤法院拟批准业务转让时、⑥债权人会议召开时、⑦对重整计划进行辩论时⑧等。

（十五）撤销、追回规则和“安全港”规定

88 法院在民事再生程序、⑨公司更生程序⑩中指定的管理人，或者在民事再生程序中指定并授权行使撤销权的监督人，⑪如果认为债务人在程序开始前的行为有损于债权人之间的公平关系，或有违相关程序目的，有权依法撤销该行为。

89 概括而言，在日本法的规定中，有三类交易行为可被撤销：（1）欺诈性转移；（2）无偿行为；（3）偏颇清偿。

---

① Corporate Reorganization Act (Act No. 154 of 13 December 2002) Art. 172. 2.

② 向现有公司转移业务的情形。

③ 向新设公司转移业务的情形。

④ Act on the Succession to Labour Contracts upon Company Split (Act No. 103 of 31 May 2000) Art. 4.

⑤ Civil Rehabilitation Act (Act No. 225 of 22 December 1999) Art. 24 –2; Corporate Reorganization Act (Act No. 154 of 13 December 2002) Art. 22. 1.

⑥ Civil Rehabilitation Act (Act No. 225 of 22 December 1999) Art. 42. 3; Corporate Reorganization Act (Act No. 154 of 13 December 2002) Art. 46. 3(iii).

⑦ Civil Rehabilitation Act (Act No. 225 of 22 December 1999) Arts. 115. 3 and Art. 126. 3; Corporate Reorganization Act (Act No. 154 of 13 December 2002) Arts. 85. 3 and 116. 3.

⑧ Civil Rehabilitation Act (Act No. 225 of 22 December 1999) Art. 168; Corporate Reorganization Act (Act No. 154 of 13 December 2002) Art. 174. 3.

⑨ Civil Rehabilitation Act (Act No. 225 of 22 December 1999) Art. 135. 1.

⑩ Corporate Reorganization Act (Act No. 154 of 13 December 2002) Art. 95. 1.

⑪ Civil Rehabilitation Act (Act No. 225 of 22 December 1999) Arts. 135. 1 and 56. 1.

1.“欺诈性转移”(fraudulent conveyance)

债务人明知会减少自身资产、损害债权人利益的行为,不论该行为的发生时间,在重整型程序中均属可撤销行为。但是,上述行为的受益人能够证明其在行为发生时不知道该行为会对债权人造成损害性影响的,该行为不可撤销。① 典型的欺诈性转移即债务人基于隐匿财产或低价处置资产之目的而进行的财产转移行为。除此之外,在债务人对外公开表明全面停止支付(以下简称停止支付)或者在对债务人提出破产申请之后,债务人所作的任何支付行为均属可撤销行为。但是,行为受益人能够证明其不知道债务人停止支付之事实以及该行为会对债权人利益造成损害的,该行为不可撤销。② 90

2.“无偿行为”(gratuitous acts)

无偿行为是欺诈性转移的一种极端类型。以债务人停止支付或提出破产申请之时起算,在该时间点之前6个月内和之后的任何时间,债务人所作的任何无偿行为均属可撤销行为。③ 91

3.“偏颇清偿”(preference)

当债务人已整体性、持续性地不能清偿到期债务(以下简称无力清偿),或在对债务人提出破产申请之后,债务人又对既有债务作出偿付或提供担保行为的,该行为是否可撤销,应考察债权人的主观情况:如果相关债权人在接受偿付或财产担保时已知债务人处于无力清偿、停止支付或提出破产申请状态,那么该行为在之后启动的破产程序中均属可撤销行为。④ 此外,债务人在陷入无力清偿状态之前的30日内,对未到期债务作出的偿付和提供担保行为也属可撤销行为,但相关债权人不知道该行为损害了其他债权人利益的除外。⑤ 92

撤销权一经行使,各方均应返还其从交易相对方处获得的财产,以恢复交易之 93

① Civil Rehabilitation Act (Act No. 225 of 22 December 1999) Art. 127. 1 (i); Corporate Reorganization Act (Act No. 154 of 13 December 2002) Art. 86. 1 (i).

② Civil Rehabilitation Act (Act No. 225 of 22 December 1999) Art. 127. 1 (ii); Corporate Reorganization Act (Act No. 154 of 13 December 2002) Art. 86. 1 (ii).

③ Civil Rehabilitation Act (Act No. 225 of 22 December 1999) Art. 127. 3; Corporate Reorganization Act (Act No. 154 of 13 December 2002) Art. 86. 3.

④ Civil Rehabilitation Act (Act No. 225 of 22 December 1999) Art. 127 – 3. 1 (i); Corporate Reorganization Act (Act No. 154 of 13 December 2002) Art. 86 – 3. 1 (i).

⑤ Civil Rehabilitation Act (Act No. 225 of 22 December 1999) Art. 127 – 3. 1 (ii); Corporate Reorganization Act (Act No. 154 of 13 December 2002) Art. 86 – 3. 1 (ii).

前的状态。[①] 具体而言，在欺诈性转移或无偿行为被撤销时，如果债务人仍占有其在交易中取得的财产，应当返还原物至交易相对方；[②]如果债务人不再持有其在交易中获得的财产，则相对方可按其交付的财产价值享有一项共益债权。[③]

94 在日本的庭外重组活动中，债权人可依据《民法典》中关于"诈害行为"的规定（类似于欺诈性转移、偏颇清偿），以诉讼方式撤销与诈害行为有关的交易。[④] 除此之外，日本法中无其他可适用的撤销权。

95 因撤销权诉讼而发生的成本和费用，应当从债务人的财产中支付。

（十六）重整计划和营运出售

96 重整计划可涉及的范围较为广泛，其中典型内容包括：全部出售或部分出售债务人的资产；变更偿债条款；调整或更新债务；免除债务；解除或修改合同、租约；执行或调整担保权；实施债转股；达成债务和解；发行新证券；获取投资和新资本；进行吸收合并、新设合并等企业结构性变更；调整管理层和公司治理；调整股东的权益和债权；上述内容的自由组合。

97 只要满足庭外重组的有关要求，涉及前述方法的重组方案也可在庭外重组中达成。不过，在庭外重组中，债权人之"多数"无法以表决通过重组方案的方式强制对"少数"异议债权人产生约束力。

98 日本法规定，在重整型程序中，债务人或其管理人应当提出重整计划草案。[⑤] 已完成申报的债权人[⑥]或者债务人的外国破产管理人（foreign trustees）[⑦]，也可以单独提出重整计划草案。在日本法中，债务人并不享有提出重整计划草案的专属期间。但一般情况下，为债权人提出重整计划草案设置的截止日期早于为债务人设置的截止

① Civil Rehabilitation Act（Act No. 225 of 22 December 1999）Act 132. 1；Corporate Reorganization Act（Act No. 154 of 13 December 2002）Art. 91. 1.

② Civil Rehabilitation Act（Act No. 225 of 22 December 1999）Art. 132 －2. 1（i）；Corporate Reorganization Act（Act No. 154 of 13 December 2002）Art. 91 －2. 1（i）.

③ Civil Rehabilitation Act（Act No. 225 of 22 December 1999）Art. 132 －2. 1（ii）；Corporate Reorganization Act（Act No. 154 of 13 December 2002）Art. 91 －2. 1（ii）.

④ Civil Code（Act No. 89 of 27 April 1896）Art. 424.

⑤ Civil Rehabilitation Act（Act No. 225 of 22 December 1999）Art. 163. 1；Corporate Reorganization Act（Act No. 154 of 13 December 2002）Art. 184. 1.

⑥ Civil Rehabilitation Act（Act No. 225 of 22 December 1999）Art. 163. 2；Corporate Reorganization Act（Act No. 154 of 13 December 2002）Art. 184. 2.

⑦ Civil Rehabilitation Act（Act No. 225 of 22 December 1999）Art. 209. 3；Corporate Reorganization Act（Act No. 154 of 13 December 2002）Art. 244. 3.

日期。

在重整型程序中,法院会以命令方式规定重整计划草案的制作期限,①并可以依申请或者依职权,对该期限予以延长。但是,若无例外情况,延期次数不得超过两次。② 99

按照实践惯例,日本法院会为每个案件设置办理时间表:对于民事再生案件,从申请之日起算,一般应在5个月内裁定批准再生计划;对于公司更生案件,从申请之日起算,一般应在1年内裁定批准更生计划。一般而言,大多数日本案件可在前述紧凑的时间框架内完结。具体在实务中,债务人或其管理人的律师会负责具体协调并制作重整计划草案。财务顾问、会计师等各类专业人士则会辅助律师进行文件起草和谈判工作。 100

如果重整计划草案包含任何正常业务范围之外的重大交易,那么这些交易均需经过监督人同意(未指定管理人的民事更生程序)③或法院批准(公司更生程序、指定了管理人的民事更生程序)。④ 但在对这类交易事项进行审查时,日本法未要求以听证方式听取利害关系人的意见。 101

在重整型程序中,参与方既可通过重整计划对债务人的资产作营业整体出售,⑤也可不通过重整计划而在法院准许下进行这类营运出售。但是,法院只有经审查认为该出售为成功拯救债务人业务所必须时,才会批准。⑥ 由上述规则可见,在日本进行"预先打包"式出售(pre-packaged sale)是可能的。无论启动的是哪类破产程序, 102

① Civil Rehabilitation Act (Act No. 225 of 22 December 1999) Art. 163; Rules of Civil Rehabilitation (Rules of the Supreme Court No. 3 of 31 January 2000) Art. 84; Corporate Reorganization Act (Act No. 154 of 13 December 2002) Art. 184; Rules of Corporate Reorganization (Rules of the Supreme Court No. 2 of 19 February 2003) Art. 50.

② Civil Rehabilitation Act (Act No. 225 of 22 December 1999) Art. 163. 3; Rules of Civil Rehabilitation (Rules of the Supreme Court No. 3 of 31 January 2000) Art. 84. 3; Corporate Reorganization Act (Act No. 154 of 13 December 2002) Art. 184. 4; Rules of Corporate Reorganization (Rules of the Supreme Court No. 2 of 19 February 2003) Art. 50. 2.

③ Civil Rehabilitation Act (Act No. 225 of 22 December 1999) Art. 54. 2.

④ Civil Rehabilitation Act (Act No. 225 of 22 December 1999) Art. 54; Corporate Reorganization Act (Act No. 154 of 13 December 2002) Art. 72. 2.

⑤ Corporate Reorganization Act (Act No. 154 of 13 December 2002) Art. 174(vi). 尽管《民事再生法》并未明文允许债务人通过重整计划转让其业务,但普遍认为这类转让是符合法律规定的。Makoto Ito, Hasan-ho, Minji saisei-ho (Yuhikaku Publishing Co. Ltd., 4th ed., 2018) at p. 1033.

⑥ Civil Rehabilitation Act (Act No. 225 of 22 December 1999) Art. 42; Corporate Reorganization Act (Act No. 154 of 13 December 2002) Art. 46. 1 proviso and 46. 2.

债务人均可在申请前与意向收购方达成协议，而这类“申请前协议”会在破产程序中被视作待履行合同，适用待履行合同规则。因而日本实务中常见的安排是，由债务人与意向收购方在申请前即达成简单的协议，约定由某意向收购方在重整投资人的竞争中取得“第一席位”，进而成为债务人业务的承接者。目前，日本关于这类营运出售的规则还在发展中，仍有不少问题有待明确。例如，这类营运出售究竟在什么情形中须以拍卖方式确定买受人，以及应如何确定具体条件等。

103 根据东京地区法院的实践惯例，只要在民事再生程序、公司更生程序中对债务人的资产进行营运出售，无论是否通过重整计划进行，都需经过法院批准。

104 所有可能受重整计划影响的债权人，①均有权就重整计划草案接受通知并参加表决。②

105 在公司更生程序中，更生计划一旦经过各个债权人组的法定多数决通过，就对担保债权人、优先无担保债权人、普通无担保债权人均有约束力。③ 而在民事再生程序中，再生计划依法经表决通过的，一般只对普通无担保债权人具有约束力。④ 除此之外，鉴于公司更生程序中设有多个债权人组，因此在公司更生程序中，法院可依法强制批准更生计划。⑤ 但鉴于民事再生程序通常只设有一个无担保债权人组，因此法院不能强制批准再生计划。

106 在公司更生程序中，各个债权人组、股东组应当分别投票表决。⑥ 实务中，公司更生程序一般分为两个债权人组，即担保债权人组和无担保债权人组。⑦ 而在民事再生程序中，一般只设一个有表决权的债权人组，即债权已获确认的普通无担保债权人组。

---

① Civil Rehabilitation Act (Act No. 225 of 22 December 1999) Art. 35. 3 (i); Corporate Reorganization Act (Act No. 154 of 13 December 2002) Art. 43. 3(i).

② Civil Rehabilitation Act (Act No. 225 of 22 December 1999) Art. 87; Corporate Reorganization Act (Act No. 154 of 13 December 2002) Art. 136. 1.

③ Corporate Reorganization Act (Act No. 154 of 13 December 2002) Art. 203. 共益债权可在其到期时随时受偿。Art. 132. 1 of the Corporate Reorganization Act.

④ 在重整程序中涉及合同约定的劣后债权的，该类债权将区别于其他债权，受到单独处理。并且，如果债务人已资不抵债，那么合同约定的劣后债权人不享有表决权。See Arts. 174 -2. 1, 174 -2. 2 and 87. 3 of the Civil Rehabilitation Act (Act No. 225 of 22 December 1999) and Art. 136. 3 of the Corporate Reorganization Act (Act No. 154 of 13 December 2002).

⑤ Corporate Reorganization Act (Act No. 154 of 13 December 2002) Art. 200.

⑥ Corporate Reorganization Act (Act No. 154 of 13 December 2002) Arts. 197. 1 and 168. 1.

⑦ Corporate Reorganization Act (Act No. 154 of 13 December 2002) Art. 196. 2.

未经全体债权人一致同意,重整计划不得免除第三方的责任与义务。[①] 107

就投票方式而言,日本法既允许债权人以书面方式邮寄投票,[②]也允许代理投 108
票,[③]目前还在探讨以电子方式投票的问题。

在民事再生程序中,再生计划的表决通过标准为:(1)出席债权人会议的有表决 109
权的债权人过半数同意(包括预先填写投票表格,提前投票的债权人);(2)投票同意的债权人所代表的表决权占总额的1/2以上。[④]

在公司更生程序中,更生计划的表决通过标准为:(1)对于优先无担保债权人组或 110
者普通无担保债权人组,须经代表该组表决权总额1/2以上的债权人同意。[⑤] (2)对于担保债权人组,则需区分情形适用:①更生计划拟延长担保债权清偿期限的,须经代表担保债权表决权总额2/3以上的担保债权人同意;[⑥]②更生计划拟全部或部分免除担保债务的,须经代表担保债权表决权总额3/4以上的担保债权人同意。[⑦]

重整计划可以对股东权益进行调整。[⑧] 但是,根据日本法,企业已经资不抵债 111
的,其股东对重整计划不享有表决权。[⑨] 因此,这在实务中"不幸"地意味着,债务人的股东几乎从未享有过表决权。

重整计划一经债权人会议通过,法院将依法审查该重整计划,并视情形作出批 112
准裁定。[⑩] 有以下情形之一的,法院将裁定不予批准:[⑪]

(1)相关破产程序或重整计划违反法律规定且该缺陷无法补正的(但是违法程

① Civil Rehabilitation Act (Act No. 225 of 22 December 1999) Art. 177. 2; Corporate Reorganization Act (Act No. 154 of 13 December 2002) Art. 203. 2.

② Civil Rehabilitation Act (Act No. 225 of 22 December 1999) Arts. 169. 2(ii) and 169. 2(iii); Corporate Reorganization Act (Act No. 154 of 13 December 2002) Arts. 189. 2(ii) and 189. 2(iii).

③ Civil Rehabilitation Act (Act No. 225 of 22 December 1999) Art. 172. 1; Corporate Reorganization Act (Act No. 154 of 13 December 2002) Art. 193. 1.

④ Civil Rehabilitation Act (Act No. 225 of 22 December 1999) Art. 172 -3. 1.

⑤ Corporate Reorganization Act (Act No. 154 of 13 December 2002) Art. 196. 5.

⑥ Corporate Reorganization Act (Act No. 154 of 13 December 2002) Art. 196. 5(ii)(a).

⑦ Corporate Reorganization Act (Act No. 154 of 13 December 2002) Art. 196. 5(ii)(b).

⑧ Civil Rehabilitation Act (Act No. 225 of 22 December 1999) Art. 154. 3; Corporate Reorganization Act (Act No. 154 of 13 December 2002) Arts. 174, 174 -2 and 177 -2.

⑨ Corporate Reorganization Act (Act No. 154 of 13 December 2002) Art. 166. 2.

⑩ Civil Rehabilitation Act (Act No. 225 of 22 December 1999) Art. 174. 1; Corporate Reorganization Act (Act No. 154 of 13 December 2002) Art. 199. 1.

⑪ Civil Rehabilitation Act (Act No. 225 of 22 December 1999) Art. 174. 2; Corporate Reorganization Act (Act No. 154 of 13 December 2002) Art. 199. 2.

度显著轻微的不属此情形）。

(2)重整计划不具可行性的。

(3)通过重整计划的决议是以非法方式取得的。

(4)通过重整计划的决议有违全体债权人共同利益的。

重整计划一经法院批准，对债务人和全体债权人均有约束力，[①]各有关债权也必须根据重整计划受偿。[②] 就偿债期限而言，民事再生程序中的偿债期限原则上不得超过10年，[③]公司更生程序中的偿债期限原则上不得超过15年。[④] 此外，重整计划涉及向投资人出售债务人业务的，在重整计划获得批准后，债务人的既有债务通常会立即得到“一次性偿付”(one lump sum)。在实践中，使用这类清偿方式的重整计划正越来越多。

113 对于法院作出的重整计划批准裁定，利害关系人可以提出上诉。[⑤] 一般而言，民事再生程序中的利害关系人包括：无担保债权人、债务人（或其管理人）、股东（如果重整计划规定有减资等安排）。公司更生程序中的利害关系人则包括：管理人、债务人、债权人和股东。在民事再生程序中，经债权人表决通过的再生计划自法院作出的批准裁定产生终局效力、不可上诉之时起生效。[⑥] 而在公司更生程序中，经债权人表决通过的更生计划自法院作出批准裁定之时起立即生效，其生效时间早于批准裁定产生终局效力且不可上诉的时间。[⑦] 但是，在关于更生计划的上诉决定作出前，法院可以作出禁令，限制更生计划的生效。[⑧]

114 在重整型程序中，债权人表决均不予通过重整计划的，法院不仅将裁定终止程序，还可能裁定开始清算型程序。[⑨] 而在公司更生程序中，只要有一个债权人组表决

① Civil Rehabilitation Act (Act No. 225 of 22 December 1999) Art. 177; Corporate Reorganization Act (Act No. 154 of 13 December 2002) Art. 203.

② Civil Rehabilitation Act (Act No. 225 of 22 December 1999) Art. 178; Corporate Reorganization Act (Act No. 154 of 13 December 2002) Art. 204.

③ Civil Rehabilitation Act (Act No. 225 of 22 December 1999) Art. 155. 3.

④ Corporate Reorganization Act (Act No. 154 of 13 December 2002) Art. 168. 5.

⑤ Civil Rehabilitation Act (Act No. 225 of 22 December 1999) Art. 175. 1; Corporate Reorganization Act (Act No. 154 of 13 December 2002) Art. 202. 1.

⑥ Civil Rehabilitation Act (Act No. 225 of 22 December 1999) Art. 176.

⑦ Corporate Reorganization Act (Act No. 154 of 13 December 2002) Arts. 201 and 202. 4.

⑧ Corporate Reorganization Act (Act No. 154 of 13 December 2002) Art. 202. 4 proviso.

⑨ Civil Rehabilitation Act (Act No. 225 of 22 December 1999) Arts. 191, 249 and 250; Corporate Reorganization Act (Act No. 154 of 13 December 2002) Arts. 236, 251 and 252.

通过重整计划,法院便有权强制批准重整计划,并以修改重整计划的方式保护异议债权人的利益。①

当成功重整需要对债务人整体业务、主要财产进行出售时(出售式重整),一般情况下,债务人的旧法人实体会在之后进入清算。上市公司采用这一模式重整的,大多数情况下会在投资人收购其业务和主要财产后失去其独立上市地位。但是,无论重整计划是否涉及债务人业务或主要财产的出售,或者股票注销、股票增发等具体安排,债务人都很少能够重新上市。 115

为进一步缩短程序时间,《民事再生法》规定有简易的民事再生程序。在这类简易程序中,经代表债权额占债权总额3/5以上的债权人同意,债权人会议可以直接通过再生计划,而无须进行债权审查程序。② 除此之外,经全体债权人一致同意,再生计划也可直接确定其最终生效版本,而无须再经过债权确认和债权人会议表决程序。③ 另需说明,在前述简易程序中,即使债权人未能成功申报债权,其享有的债权和其他权利也不会因此丧失。 116

三、企业集团破产

虽然日本法未对什么构成企业集团作出定义,但对于一家公司直接或间接控股另一家公司时的重整管辖问题,日本破产法作出如下规定: 117

(1)企业集团内某公司的民事再生或公司更生程序正在进行的,针对该集团内另一公司提出的民事再生申请,可以向正在审理前一公司重整型程序的法院提出。④

(2)企业集团内某公司的公司更生程序正在进行的,针对集团内另一公司提出的公司更生申请,可以向正在审理前一公司重整型程序的法院提出。⑤

(3)对于因会计目的而合并处理(consolidated for accounting purposes)的公司,适用与企业集团相同的管辖规则。⑥

截至目前,日本尚未就破产程序的协调审理、合并审理建立正式制度。不过,在 118

---

① Corporate Reorganization Act (Act No. 154 of 13 December 2002) Art. 200.

② Civil Rehabilitation Act (Act No. 225 of 22 December 1999) Art. 211. 1.

③ Civil Rehabilitation Act (Act No. 225 of 22 December 1999) Art. 217. 1.

④ Civil Rehabilitation Act (Act No. 225 of 22 December 1999) Arts. 5. 3 and 5. 4.

⑤ Corporate Reorganization Act (Act No. 154 of 13 December 2002) Arts. 5. 3 and 5. 4.

⑥ Civil Rehabilitation Act (Act No. 225 of 22 December 1999) Art. 5. 5; Corporate Reorganization Act (Act No. 154 of 13 December 2002) Art. 5. 5. See also Art. 5. 5 of the Bankruptcy Act (Act No. 75 of 2 June 2004).

日本法院实践中，各关联公司破产程序通常由同一家法院审理。因此，虽然从法律上来看，各关联公司的破产案件均得到单独处理，但事实上，法院和企业集团的法律代表团队都会将相关案件视为整体而合并处理。

119 日本法并未明确允许对破产程序进行"实质合并"。但是，在日本重整实务中，相关方有时会通过重整计划的条件设置来间接实现典型的"实质合并"效果。例如，重整计划可以对集团内各成员公司的债权人按同一比例进行清偿，或者将集团内部的债权债务作为劣后债权处理。只要相关重整计划能获得债权人表决通过、法院批准，这类条件设置就将产生约束力。

120 当债务人向另一公司转让其业务整体或重要部分时，无论该转让双方是否属于同一个企业集团，均需遵守以下规则：(1)在重整计划之外进行业务转让的，须经法院批准；①(2)通过重整计划进行业务转让的，应严格依照经债权人依法通过的重整计划进行。② 除此之外，受让业务一方的债权人也有机会对相关交易计划发表意见。③

121 日本法未规定如何处理集团内部的债权债务问题。在非关联债权人未对此提出异议的情况下，债务人的关联公司可以像一般债权人一样对重整计划行使表决权。然而，债权人对此提出异议的，法院应当对关联公司的表决权问题作出决定。④另外，如前述及，重整计划可以将集团内部债权债务作为劣后债权，该计划一经债权人表决通过、法院批准，对各方均有约束力。

四、中小企业

122 本报告第15、16段述及，日本各县的商工会议所地方分会均设有名为"中小企业再生支援协议会"的组织，⑤负责为本地陷入困境的中小微型企业提供业务重组

---

① Civil Rehabilitation Act (Act No. 225 of 22 December 1999) Art. 42. 1; Corporate Reorganization Act (Act No. 154 of 13 December 2002) Arts. 46. 1 and 46. 2. See also Art. 78. 2 (iii) of the Bankruptcy Act (Act No. 75 of 2 June 2004).

② Corporate Reorganization Act (Act No. 154 of 13 December 2002) Art. 167. 2.

③ Civil Rehabilitation Act (Act No. 225 of 22 December 1999) Art. 42. 2; Corporate Reorganization Act (Act No. 154 of 13 December 2002) Arts. 46. 3, 46. 4 and 167. 2.

④ Civil Rehabilitation Act (Act No. 225 of 22 December 1999) Art. 170. 2 (iii); Corporate Reorganization Act (Act No. 154 of 13 December 2002) Art. 191. 2 (iv).

⑤ Act on Strengthening Industrial Competitiveness (Act No. 98 of 11 December 2013) Art. 135. 1. See also generally Shin-Ichiro Abe, *The Role of Mediation in Japanese Insolvency Practice* (2017) 14 (4) Transnational Dispute Management.

支持，促进各方达成重组安排。这类组织会向遭遇财务困难的中小微企业提供与重组有关的咨询与援助服务。具体而言，如果中小企业再生支援协议会认为某困境企业的业务具有可行性，其将协助该企业制作重组方案。除此之外，各地的中小企业再生支援协议会一般都组建有专家团队，该团队将协助债务人开展具体的重组活动，如将债务人停止支付的情况通知各债权人、召集债权人会议讨论重组方案并通过决议等。但较为遗憾的是，中小企业再生支援协议会采用的工作程序并不对外公开。

五、国际破产和跨境破产法

日本于2000年颁布《关于外国破产程序的承认与协助法》[①]（以下简称《承认与协助法》）。该法采纳了《联合国贸易法委员会跨国界破产示范法》（1997年）并作出部分修改，同时规定了日本承认与协助外国破产程序的具体程序。根据该法的规定，东京地区法院对日本跨境破产承认与协助案件享有专属管辖权。[②] 123

日本法规定，只要债务人的住所地（domicile）、居所地（residence）、营业机构（business office）或其他“营业所”（establishment）所在地之一位于外国破产程序申请地，外国破产程序的管理人即有权申请东京地区法院承认该程序。[③]对于这类申请，只要符合法律规定，东京地区法院一般就会予以裁定承认。但是，如果存在申请人未能支付承认与协助程序费用、违反日本公共政策等例外情形，[④]东京地区法院不会裁定承认。但东京地区法院裁定承认外国破产程序的，其后即可依利益相关方的申请，作出具体协助命令，给予外国破产程序各类协助措施，如以禁令方式禁止追偿债务、中止债务人财产相关司法程序等。[⑤] 也就是说，日本法院作出的承认裁定本身并无具体效力，其功能更大意义上是为作出协助命令而提供基础。 124

① Act No. 129 of 2000.

② Act on Recognition and Assistance for Foreign Insolvency Proceedings (Act No. 129 of 2000) Art. 4.

③ Act on Recognition and Assistance for Foreign Insolvency Proceedings (Act No. 129 of 2000) Art. 17.

④ Act on Recognition and Assistance for Foreign Insolvency Proceedings (Act No. 129 of 2000) Art. 21.

⑤ Act on Recognition and Assistance for Foreign Insolvency Proceedings (Act No. 129 of 2000) Art. 25.

125 在日本启动的破产程序已在国外多个国家、地区获得承认，包括美国、①中国香港等。②

126 日本实践中很少使用议定书（protocols）这类工具。在雷曼兄弟证券（Lehman Securities）国际破产案中，日本债务人考虑到议定书会对国内程序和国内债权人利益造成影响，并未成为雷曼案议定书的签署方，而是一直保持着议定书“观察员”（observer）的身份。③

127 不时有批评指出，债权人无法充分获取日本庭内重整程序的信息，是日本破产程序的“特征”之一。实践中，特别是在同时涉及日本、美国等多个司法管辖区的破产案件中，由于美国法对破产程序信息披露作出更详尽的要求，债权人往往需要在对应的美国程序中反向获取日本庭内破产程序的信息。目前，为解决债权人信息获取不足的问题，日本正结合推进破产程序数字化的工作，一并探讨具体的解决方案，但预计实际解决仍需时日。

六、统计数据

128 日本并未对庭外重组数据进行公开，但关于正式重整程序的数据，在日本最高法院定期报告④和破产法官在法律评论期刊上发表的文章中⑤，有时会对日本年度破产案件的数量、案件办理时长等情况作出介绍。不过，一般这类统计情况只有日文版本。关于民事再生程序、公司更生程序的整体比较（参见表5）。

---

① 日本法院作出的破产程序开始裁定在美国以下案件中获得了承认（包括但不限于）：In re Spansion Japan Ltd. No. 09 – 11480（Bankr D Del, 28 May 2009）；In re Japan Airlines Corp No. 10 – 10198（JMP）, 2010 WL 1050075（Bankr SDNY, 17 February 2010）；In re Elpida Memory, Inc No. 12 – 10947（CSS）（Bankr D Del, 24 April 2012）；Sanko Steamship No. 1：12 – bk – 12815（Bankr Sdny, 8 August 2012）；Takata Corporation, et al., No. 17 – 11713（BLS）（Bankr D Del, 14 November 2017）。

② Re Kaoru Takamatsu [2019] HKCFI 802（date of judgment 25 March 2019）.

③ Yuri Ide, *Cross-border Insolvency Proceedings on Lehman Brothers Group* in Insolvency Proceedings of Cross-Border Group Companies, Cross-Border Business Restructuring-Case Study and the Latest Overseas Practice（Anderson, Mori & Tomotsune ed.）（Shoji Homu Co. Ltd., 2015）ch. 4, at p. 82.

④ 日本法院网站“司法统计”栏目（Courts in Japan, “Judicial Statistics”），<http://www.courts.go.jp/app/sihotokei_jp/search>（accessed 10 January 2020）。

⑤ 《新商法》（New Business Law, “Shoji Homu”）是由 Shoji Homu 株式会社出版的法律杂志，每月出版两期（半月刊）。它的目标受众更偏重商界人士而非学者。

表 5　民事再生程序与公司更生程序的主要区别

程序类型	民事再生	公司更生	公司更生(准债务人自行管理模式)
适用范围	自然人及各类型法人	股份有限公司	
申请主体	债务人 债权人 清算人(特殊情形下)	债务人 债权人(满足法定条件的) 股东(满足法定条件的)	
程序主导者	债务人	法院指定的管理人(一般为律师)	法院指定的管理人:由债务人原管理层成员担任管理人,由律师担任其他管理人或以其他职务身份提供紧密支持
程序监督者	多数情况下为监督人	管理人	监督人; 此外,鉴于监督人的履职期间将在破产程序开始时届满,法院可根据需要指定调查委员,对启动后的程序进行监督
担保债权	不中止	中止	
重整计划的表决通过标准	债权人人数和债权数额上的简单多数	无担保债权数额上的简单多数 + 担保债权数额上的特殊多数	

附:本报告引用的法律

Appendix of Legislation Referred to

1.《关于外国破产程序的承认和协助法》,Act on Recognition and Assistance for Foreign Insolvency Proceedings (Act No. 129 of 2000)。

2.《金融机构更生程序的特例等相关法律》,Act on Special Measures and Others for the Reorganization Proceedings of Financial Institutions (Act No. 95 of 21 June 1996)。

3.《产业活力再生特别措施法》,Act on Strengthening Industrial Competitiveness (Act No. 98 of 11 December 2013)。

4.《公司拆分中劳动合同继承法》,Act on the Succession to Labour Contracts

upon Company Split（Act No. 103 of 31 May 2000）。

5.《破产(清算)法》,Bankruptcy Act（Act No. 75 of 2 June 2004）。

6.《公司法》第二编第九章(特别清算程序),Chapter IX of section 2（Special Liquidation）of the Companies Act（Act No. 86 of 26 July 2005）。

7.《民法典》,Civil Code（Act No. 89 of 27 April 1896）。

8.《民事再生法》,Civil Rehabilitation Act（Act No. 225 of 22 December 1999）。

9.《民事诉讼法典》,Code of Civil Procedure（Act No. 109 of 26 June 1996）。

10.《刑事诉讼法典》,Code of Criminal Procedure（Act No. 131 of 10 July 1948）。

11.《商法典》,Commercial Code（Act No. 48 of 9 March 1899）。

12.《日本宪法》,Constitution of Japan（3 November 1946）。

13.《公司更生法》,Corporate Reorganization Act（Act No. 154 of 13 December 2002）。

14.《存款保险法》,Deposit Insurance Act（Act No. 34 of 1 April 1971）。

15.《劳动合同法》,Labour Contracts Act（Act No. 128 of 5 December 2007）。

16.《法人税法施行令》, Order for Enforcement of the Corporation Tax Act（Cabinet Order No. 97 of 31 March 1965）。

17.《刑法典》,Penal Code（Act No. 45 of 24 April 1907）。

18.《民事再生规则》,Rules of Civil Rehabilitation（Rules of the Supreme Court No. 3 of January 31,2000）。

19.《公司更生规则》,Rules of Corporate Reorganization（Rules of the Supreme Court No. 2 of 19 February 2003）。

20.《东京证券交易所股票上市规则》,Securities Listing Regulations of the Tokyo Stock Exchange,Inc.（as of 1 June 2018）。

老挝制度报告

Lee Hock Chye
Managing Partner, Rajah & Tann (Laos) Co, Ltd.
Ketsana Phommachane
Director of Department of International Cooperation,
Ministry of Justice, Lao People's Democratic Republic

一、概述

老挝人民民主共和国(以下简称老挝)的法律体系属社会主义法系和大陆法系。早期的老挝法律除倾向于遵循法国成文法规则之外,还受到了其他法域的影响。例如,老挝的刑法吸纳了越南刑法的元素,而老挝的现行商法采纳了部分日本和西方国家的商法概念。 1

首先需强调,老挝尚未有记录在案的企业破产案件,①因此本报告是基于法律规定本身②来介绍老挝企业破产的主要特点、一般原则和其他问题,而非根据实践经验(若有,则专门注明)。目前,老挝正在世界银行的帮助下进行破产制度改革,新法的主要特点将在本报告最后部分进行探讨。 2

在法律依据上,老挝企业重组活动适用的主要法律如下: 3

(1)《企业破产法》,适用于所有位于老挝境内或在其境内开展业务的破产企业,包括微型、小型和中型企业。③

(2)《企业法》④,适用于所有在老挝境内成立并开展业务的企业。

---

① World Bank, Doing Business (Resolving Insolvency) (2019).

② 应注意,老挝法律很少有准确可靠的英文译本,同一法律的不同英译本之间也可能对条款和术语表述不同。

③ Law on Bankruptcy of Enterprises (No. 06/94) (14 October 1994) (Enterprise Bankruptcy Law) Art. 3. 在实践中,国有企业破产问题并未根据《企业破产法》处理。老挝财政部作为国有企业的主要股东,将专门成立一个委员会处理这类案件。该委员会的组成包括对国有企业业务负有监督职责的相关部委。

④ No. 46/NA (26 December 2013).

(3)《担保交易法》[①],规定了在老挝可以设立的担保类型和担保债权人的权利。

4 除上述法律外,《商业银行法》[②]专门适用于商业银行,包括外国商业银行在老挝设有机构并经营业务的分支办事处。该法第五部分对商业银行的无力偿债和破产问题作出了规定。

5 老挝法不具域外效力。同时,老挝未采纳《联合国贸易法委员会跨国界破产示范法》(1997)。

6 个人企业、合伙企业和公司是老挝最常见的三类企业组织形式。个人企业由一人创建,并为其所有者的利益开展业务。所有者独自对个人企业债务承担无限责任。[③] 合伙企业基于两个或两个以上投资者为运作资本而签订的合同设立,目的为共同开展业务并分摊利润。[④] 合伙企业可以采取普通合伙形式,也可以采取有限合伙形式。在有限合伙中,有限合伙人以其投入的资金或财产数额为限对合伙企业的债务承担责任。[⑤] 而公司是通过将资本划分为同等价值股份的方式设立,[⑥]可以为独资有限公司、公众公司等有限公司。[⑦]

7 质押是设立于动产之上的担保,具体可基于实物、文件(如股票证明)、仓库库存、无形财产(如知识产权)以及未来资产或收益设立。[⑧]《担保交易法》并未就不动产之上的担保权规定专有名词,仅规定了不动产担保合同须以书面方式订立。[⑨]

8 动产担保应在国家资产管理部登记,不动产担保应在土地管理局和国家资产管理部登记。[⑩] 老挝法规定,财产担保登记信息应供公众免费获取。[⑪]

9 除需遵守特定限制外,持有优先权的债权人可以为另一担保债权人放弃自身优先权,[⑫]担保权人也可以向另一方转让其担保权。[⑬] 这些规定使债权人能够在破产

---

① No. 06/NA (20 May 2005).

② No. 03/NA (26 December 2006).

③ Enterprise Law (No. 46/NA) (26 December 2013) Art. 3(3).

④ Enterprise Law (No. 46/NA) (26 December 2013) Art. 3(4).

⑤ Enterprise Law (No. 46/NA) (26 December 2013) Art. 12(1).

⑥ Enterprise Law (No. 46/NA) (26 December 2013) Art. 3(7).

⑦ Enterprise Law (No. 46/NA) (26 December 2013) Art. 12(2).

⑧ Law on Secured Transactions (No. 06/NA) (20 May 2005) ch. 2.

⑨ Law on Secured Transactions (No. 06/NA) (20 May 2005) Art. 21.

⑩ Law on Secured Transactions (No. 06/NA) (20 May 2005) Art. 31. 1.

⑪ Law on Secured Transactions (No. 06/NA) (20 May 2005) Art. 31. 4.

⑫ Law on Secured Transactions (No. 06/NA) (20 May 2005) Art. 32. 1.

⑬ Law on Secured Transactions (No. 06/NA) (20 May 2005) Arts. 32. 2 and 32. 3.

企业债务重组中分享担保权。

二、现有企业拯救机制

(一)庭外重组和"破产前"程序

老挝并未出台正式的庭外重组制度或规则。若有庭外重组,大多也是基于双 10
边、自愿的合同进行。另外,老挝现行破产制度也不承认"破产前"程序。

目前,老挝对破产执业者这一概念的认识甚少。在没有任何破产执业者的情况 11
下,人们会期待由各类专业顾问参与企业债务重组,包括投资银行家、律师、会计师、行业专家等。

(二)正式破产程序

正式破产程序自提出破产申请时启动。有以下情形之一的,债权人可以申请法 12
院[1]裁定并宣告企业债务人破产:[2]

(1)债务人负债超过其清偿能力的(资产负债表破产)。

(2)债权人已发出三次或三次以上的偿债要求,且每次间隔不少于20日,但债务人在确认收到要求后仍未清偿债务的。

债务人预计自己无法清偿债务的,可以申请法院裁定并宣告其破产。[3] 债务人 13
申请中应附的文件材料包括:证明其采取过各类纾困方法的证据材料、债权人名单、债权债务清册等。[4]

法院决定受理破产申请的,应当在作出决定后的35日内召开债权人与债务人 14
会议。[5] 此外,法院应当在7日内决定是否受理破产申请。[6]

法院在审查破产申请时会优先进行调解。债务人也有权申请法院进行调解。[7] 15
法院可以指定一名调解员[8]以辅助债务人、债权人达成和解。调解过程是保密的,在

---

① 1994年《企业破产法》(No.06/94)并未对法院管辖作出规定。

② Law on Bankruptcy of Enterprises (No.06/94) (14 October 1994) Art.5.1.

③ Law on Bankruptcy of Enterprises (No.06/94) (14 October 1994) Art.5.2.

④ Law on Bankruptcy of Enterprises (No.06/94) (14 October 1994) Art.7.

⑤ Law on Bankruptcy of Enterprises (No.06/94) (14 October 1994) Art.10.3.

⑥ Law on Bankruptcy of Enterprises (No.06/94) (14 October 1994) Art.10.1.

⑦ Law on Bankruptcy of Enterprises (No.06/94) (14 October 1994) Art.12.1.

⑧ 1994年《企业破产法》(No.06/94)并未对调解员资质作出要求。

此期间，调解员可以申请法院暂停对破产申请进行听证。①

16 如果调解未能进行，或者调解期间达成的协议未得到执行，法院应当指定一个“合议庭”（judicial panel）裁定并宣告债务人破产，同时设立一个“资产监管委员会”（asset supervision committee）。下文将对该委员会进行介绍。②

1. 资产监管委员会

17 在法院审查破产申请时，以下两个机构将辅助法院作出决定：资产监管委员会和债权人会议。

18 资产监管委员会应由债务人代表、债权人代表、职工代表和相关政府机构代表组成，③同时有权提请法院临时采取“紧急且必要的措施”以保护债务人资产。④ 因此，在老挝法中，提出破产申请本身并不直接具有中止程序、中止偿债的效力。在必要时，法院可依职权决定采取“临时措施”以保护债务人资产，⑤包括中止程序、延期偿付等。

19 资产监管委员会的其他职责包括：制作债务人财产清单、检查并监管债务人资产、编制债权人名单和债权表、向社会公告债务人资产已处于监管之下以及决定债权申报期限。⑥

20 债务人受监管的资产范围为债务人所有和占有的全部资产，包括：(1)动产和不动产，包括出租和承租的财产；(2)现金和其他作为资本投入的资产；(3)应收账款。⑦

21 法院决定对债务人资产实施监管的，债务人虽然可以继续经营，但只能在法院和资产监管委员会的监督下进行。⑧ 例如，如果债务人负责人未将债务人资产已被监管的情况告知债权人而继续对外借款，那么该负责人应依法被追究刑事责任。⑨

① Law on Bankruptcy of Enterprises (No. 06/94) (14 October 1994) Art. 12. 2.
② Law on Bankruptcy of Enterprises (No. 06/94) (14 October 1994) Art. 13. 2.
③ Law on Bankruptcy of Enterprises (No. 06/94) (14 October 1994) Art. 15.
④ Law on Bankruptcy of Enterprises (No. 06/94) (14 October 1994) Art. 18(2).
⑤ Law on Bankruptcy of Enterprises (No. 06/94) (14 October 1994) Art. 14(3). 从老挝法中直译似为“为保护债务人安全”(to protect the security of the debtor)。
⑥ Law on Bankruptcy of Enterprises (No. 06/94) (14 October 1994) Art. 18.
⑦ Law on Bankruptcy of Enterprises (No. 06/94) (14 October 1994) Art. 17.
⑧ Law on Bankruptcy of Enterprises (No. 06/94) (14 October 1994) Art. 16.
⑨ Law on Bankruptcy of Enterprises (No. 06/94) (14 October 1994) Art. 48.

资产监管委员会因履职而产生的必要费用应由债务人承担。① 22

资产监管委员会可以在适当的时候召集债权人会议。代表债权总额25%以上的债权人提议召开债权人会议的,应当召开债权人会议。② 23

资产监管委员会在履职期间有不当行为的,法院可以免去需对此负责的个别或全部成员的职务。其后,法院应决定这些成员是否需承担赔偿责任,并指定新的成员或新的委员会。资产监管委员会成员的行为如果构成严重犯罪,应当依法受到检控。③ 24

资产监管委员会经检查发现,在申请法院裁定并宣告破产之前,债务人的"执行高管"(或称为"管理董事委员会",英文直译为 committee of managing directors)有隐瞒会计凭证、不当增加债务人负债、放弃应收款项等不当行为的,这些高管应依法被追究刑事责任。④ 25

2. 债权人会议

债权人会议的成员包括资产监管委员会编制的债权人名单中的债权人或其代表,也包括债务人代表、职工代表和工会代表等非债权人成员。⑤ 如果某人宣称其为债务人的债权人,但无任何证据可以支持,其将依法被追究刑事责任。⑥ 26

在债权人会议上,债务人的所有者或其代表(或者经所有者或其代表授权代为出席的人)有义务对债务人的各类重组方式作出解释,并对会议上提出的问题进行说明。⑦ 27

债权人会议应在以下处置选项中作出决定并提交至法院:(1)重整债务人;(2)出售业务;⑧(3)清算。⑨ 28

---

① Law on Bankruptcy of Enterprises (No.06/94) (14 October 1994) Art.18.2.

② Law on Bankruptcy of Enterprises (No.06/94) (14 October 1994) Art.20.

③ Law on Bankruptcy of Enterprises (No.06/94) (14 October 1994) Art.50.

④ Law on Bankruptcy of Enterprises (No.06/94) (14 October 1994) Art.47.

⑤ Law on Bankruptcy of Enterprises (No.06/94) (14 October 1994) Art.19.

⑥ Law on Bankruptcy of Enterprises (No.06/94) (14 October 1994) Art.51.

⑦ Law on Bankruptcy of Enterprises (No.06/94) (14 October 1994) Art.23.

⑧ 自法院决定对债务人资产实施监管之日起,任何个人或法人均可申请收购债务人的全部或部分业务。在仅申请收购部分业务的情形中,法院必须明确哪部分债务人资产可被出售。Art.33 of the Law on Bankruptcy of Enterprises (No.06/94) (14 October 1994). 法院选定的买方应当具有支付收购费用的能力,并且只要已全额支付,买方即可将资产出售或转让给他人,但未经法院批准,不得出售或转让债务人继续经营所需的资产。Arts.34 and 28 of the Enterprise Bankruptcy Law. 在此类业务出售活动中,根据《劳动法》(No.43/NA,2013年12月24日)第84条的要求,该业务所涉职工应收到提前通知并获得权利保障。

⑨ Law on Bankruptcy of Enterprises (No.06/94) (14 October 1994) Art.24.

债权人会议的决议需经代表债权总额2/3以上的债权人投票同意。① 老挝不对债权人进行分组。此外,如果重整计划未获通过,则债权人会议应当研究并向法院提交关于债务人财产分配的建议。②

29 如果法院决定批准债务人重整,则债务人的所有者或其代表将负责重整计划的执行,③而债权人享有监督权。④ 重整期间自法院作出决定之日起算不得超过两年,⑤在此期间债务人必须按照重整计划清偿债务。⑥

30 重整计划允许企业以增加票面价值、邀请债转股、发行新股、借贷等方式进行增资。⑦

31 有以下情形之一的,法院应当宣告债务人破产:

(1)债务人所有者或代表无计划重整债务人。

(2)债务人所有者或代表无法向债权人会议解释重整计划和重组债务人业务经营的各类方法。

(3)债务人的重整计划未获债权人会议通过。

(4)债权人申请法院宣告债务人破产,因为债务人重整期限已届满但其业务仍无法盈利。

(5)在重整过程中,债务人严重违反了法院决定。⑧

32 资产监管委员会和债权人会议依法均受法院监督。⑨

三、现行机制中的其他事项

33 老挝现行破产法中没有允许债务人单方中止或终止合同的规定。

34 在清算期间,债权清偿顺序如下:职工工资债权、政府享有的债权、担保债权、无担保债权。⑩ 由此可见,债务人对公共实体的债务和对私人实体的债务有所区别。

---

① Law on Bankruptcy of Enterprises (No.06/94) (14 October 1994) Art.25.
② Law on Bankruptcy of Enterprises (No.06/94) (14 October 1994) Art.21(2).
③ Law on Bankruptcy of Enterprises (No.06/94) (14 October 1994) Art.26.
④ Law on Bankruptcy of Enterprises (No.06/94) (14 October 1994) Art.27.
⑤ Law on Bankruptcy of Enterprises (No.06/94) (14 October 1994) Art.31.1.
⑥ Law on Bankruptcy of Enterprises (No.06/94) (14 October 1994) Art.31.2.
⑦ Law on Bankruptcy of Enterprises (No.06/94) (14 October 1994) Art.30.
⑧ Law on Bankruptcy of Enterprises (No.06/94) (14 October 1994) Art.35.
⑨ Law on Bankruptcy of Enterprises (No.06/94) (14 October 1994) Arts.14(2) and 14(4).
⑩ Law on Bankruptcy of Enterprises (No.06/94) (14 October 1994) Art.44.1. 这一顺序与《企业法》(No.46/NA,2013年12月26日)第69条的规定一致。

在清偿上,只有顺位在先的债权人得到全额清偿后,才可以清偿下一顺位的债权人。债务人资产不足以清偿某一顺位的债权的,该顺位各债权人按比例受偿。①

现有法律并未要求重整计划须遵循与清算相同的清偿顺序。 35

在老挝,境内外债权人的待遇没有区别。 36

为清算债务人而成立的清算委员会拥有“撤销权”(或称“追回权”,老挝法英文 37
翻译为 clawback)。具体而言,对于债务人在法院颁令实施资产监管前非法达成的交易,如低价出售资产、为已有债务提供担保、与关联方签订合同、让与或赠送资产等,清算委员会应当进行检查并撤销其效力。②

四、法律改革

2019 年 11 月 26 日,老挝国会表决通过了经修订的破产法,该法名为《企业重整 38
与破产法》(以下简称《重整与破产法》)。本部分将简要介绍《重整与破产法》。需注意,目前尚不清楚该法何时生效,同时英文翻译可能导致该法与下文评述之间存有偏差。此外,鉴于该法尚未公布,在此也省去了对该法章节编号的引用。

《重整与破产法》的显著特点包括:为小微企业重整引入了名为“和解程序” 39
(agreement for settlement procedure)的新制度;引入了新的破产执业者类型,即“管理人”(administrators);允许大中型企业自愿或者被他人提出重整申请。

(一)和解程序

本次破产法改革最为意义重大的进步之一,即为小微企业债务人引入了“和解 40
程序”新制度。在该程序中,一个已破产③或濒临破产的小微企业经过法院批准,可以通过简单、快捷和低成本的程序与债权人协商并达成和解协议。

小微企业可以自行向法院申请启动和解程序,也可以在债权人申请其破产后、 41
法院决定开始破产程序前,申请法院启动和解程序。提出和解申请时应同时提交小微企业财产清单、已知债权人清单、债权清册等申请材料。

如果和解申请满足形式和实质要求,法院将裁定开始和解程序,并指定一名管 42
理人主导程序进行。

和解程序开始裁定的作出也意味着所有对小微企业债务人的诉讼程序和追偿 43

① Law on Bankruptcy of Enterprises (No. 06/94) (14 October 1994) Arts. 44. 2 and 44. 3.

② Law on Bankruptcy of Enterprises (No. 06/94) (14 October 1994) Art. 40.

③ 《重整与破产法》对破产要件采取现金流标准,即债务人无法清偿到期债务或履行现有义务。

行为均应中止。即使是担保债权人,也不得对债务人提起诉讼或采取任何以占有、没收或扣押债务人资产为目的的行动。

44 小微企业债务人应当在管理人的协助下向法院提交和解协议草案。该草案只有经法院批准后才可提交至债权人会议表决。下列要求均获满足的,法院将对草案予以批准:

(1)管理人在其报告中声明支持该草案,并说明各债权人依照该草案将获得不低于清算状态下的清偿以及该草案公平合理且具备成功可能性等情况。

(2)所有担保债权人均已签署协议,确认已获得充分保护,或者法官已解决所有与"充分保护"相关的问题并对未签署前述协议的担保债权人发出充分保护令。

45 在和解协议草案获得法院批准后,管理人应当召集债权人会议对草案进行表决。在该会议上,担保债权人仅可就其债权未受担保的"剩余部分"进行表决,或者担保债权人也可为全体债权人利益而放弃其担保权。和解协议的表决通过标准为:出席会议的有表决权的债权人过半数同意,并且其所代表的债权额占无担保债权总额的2/3以上。

46 和解协议在获债权人表决通过后,需经法院批准方可对全体债权人产生约束力。和解协议未获债权人通过的,法院应当考虑宣告该小微企业破产。

47 和解协议一经法院批准,应当立即进入执行。在执行中,管理人应对债务人执行情况进行监督,控制、管理并分配受和解协议约束的财产,定期就执行过程向法院提交报告。和解协议的执行期限由协议自身约定,但从法院批准之日起算不得超过两年。

48 若有必要,经债权人会议同意,法院可以依债务人或管理人的申请对和解协议进行调整。

49 债务人未能遵守和解协议条款的,法院可以依债务人、管理人或任何债权人的申请撤销该和解协议。和解协议一旦被撤销,该和解程序就将转入清算程序,但该撤销不影响和解协议生效期间依据协议所作行为的效力。

(二)重整与清算申请

1. 重整与清算申请

50 《重整与破产法》区别于现行《企业破产法》的另一显著特点为,重整程序成为了债务人、债权人均可选择适用的机制。重整过程自申请人提交重整或破产申请(reorganisation or bankruptcy)时开始。

对于已破产或濒临破产的大中型企业，其合伙人或持股比例占20%以上有表决权股份的股东有权提出重整或破产申请。除此之外，无论债务人的规模大小，债权人均有权对已破产或濒临破产的债务人提出重整或破产申请，但需符合以下条件： 51

(1)提出申请的(一名或多名)债权人代表的债权额达到法定要求。

(2)债务人在收到债权人的偿债要求通知后仍未清偿债务。①

重整或破产申请必须提供相关证据支持，证明破产(濒临破产)的条件已获满足。

法院审查重整或破产申请以及应提交的证明文件后，将颁令启动程序并指派一名法官承办案件。申请符合相关条件的，承办法官应作出重整或破产程序的开始裁定(commencement order)。 52

开始裁定一经作出，全体已知债权人均应收到通知，债务人的股东则应补足未缴的出资。法院将指定一名管理人负责管理债务人的资产。需注意，程序开始裁定并不会自动授权管理人取代债务人的现有管理层。 53

管理人受指定后，应当履行以下职责：调查债务人的业务经营、财务状况和资产情况；评估在重整或破产程序中可供分配的债务人资产，并向法院和债权人会议报告；根据债务人提供的信息收集并列明债务人的所有资产；到相关登记机构检查、查询相关信息。简言之，在重整或破产程序前和程序中，除有限类别的个人财产外，债务人所有或控制的所有资产②均应由管理人管理。管理人有权申请法院撤销在法定临界期内发生的偏颇交易和低价交易。③ 另外，为了保护债务人资产和债权人或他人的权益，管理人既有权采取临时措施，也可就此申请法院作出临时措施。如果有必要，管理人可将易腐物等可能贬值的资产出售，但必须向法院报告。 54

重整或破产程序的开始具有中止效力，债权人针对债务人进行的所有追偿行为和法律程序，包括占有或扣押债务人资产的程序均应中止，但涉及担保债权人④且获得法院准许的有限情形除外。而在重整或破产程序的整个过程中，所有针对或涉及债务人的未结民事诉讼或争议解决程序均被中止。此外，对于涉及损害赔偿的民事 55

---

① 因此，尽管法律未赋予小微企业的债权人申请启动和解程序的权利，但债权人仍可提出重整或破产申请。随后，小微企业可以选择向法院申请启动和解程序。

② 因此，租赁财产也应包含在内。

③ 关于现行规定，见本报告第37段。

④ 根据《重整与破产法》经公众咨询后的反馈意见，老挝对该法草案进行了修改，修改后该法允许担保债权人向法院申请免受中止效力影响。

诉讼或刑事程序，如果这类程序将影响重整或破产程序，那么法院可以将其与债务人重整或破产程序合并处理。

2. 债权人会议

56 管理人应当召集第一次债权人会议，该次会议的主要任务为：批准对管理人的指定和管理人的费用；决定债务人是继续重整还是转入破产；决定是否允许债务人自行管理；核查债权并确定债权数额。至于其后的债权人会议，可能会审议重整计划等事项。

57 除上述内容外，债权人会议还享有债权人分组、监督债务人和管理人行为、反对债务人资产处分行为等权力。设立债权人委员会的，债权人委员会将履行与债权人会议职责类似的职责，但范围更小。因此，债权人会议和债权人委员会（更小程度上）是债权人监督重整或破产程序的重要渠道。

58 经债权人在人数和债权额上以法定多数决通过的决议，对全体债权人均有约束力。

3. 重整

59 如前所述，重整或破产程序的开始裁定和对管理人的指定并不会自动替代债务人的管理层，债务人可以在管理人、法院的监督下继续经营。但是，债权人会议决定债务人不再继续自行管理的，管理人应根据法院命令接管债务人。另外，据一般规则，任何可能对债务人偿债能力产生不利影响或者降低债务人价值的企业活动，均须得到管理人的批准并向法院报告。

60 对于债务人在程序开始裁定作出之日前签订的合同，管理人可以选择继续或终止履行。[①] 合同终止履行的，受影响的相对方可作为债权人在重组或破产程序中申报债权。合同继续履行的，因此而产生的债务均应在重整程序中受偿，或者在破产清算程序中享有优先权。

61 在重整程序期间，债务人或管理人可以新增融资以继续开展债务人业务。为获取新融资，债务人或管理人可以在债务人未附担保的资产之上设置担保，也可以在重整或破产程序中授予该融资以优先权。具体来说，这类信用贷款的本金和利息将仅次于管理人报酬、费用和其他破产费用受偿。

62 重整计划是重整程序的核心。债务人、管理人应当单独或共同制作重整计划，债权人和债权人委员会也可以提出不同的重整计划。重整计划应包含债务人的经

① 关于现行法律中的规定，见本报告第 33 段。

营计划、债权人分组、[①]偿债计划、执行期限等内容。随后，管理人应当召集债权人会议讨论并决议是否通过重整计划。重整计划的表决通过标准为：出席会议的债权人过半数同意，并且其所代表的债权额占债权总额2/3以上。重整计划需各债权人组分别表决通过。

所有债权人组均表决通过重整计划的，管理人应当申请法院批准该重整计划。 63
重整计划符合以下标准的，法院应予以批准：

(1)全体债权人，无论属于哪一个组别，根据重整计划获得的清偿率不会低于在破产清算状态下的清偿率。

(2)重整计划具有执行可行性，且可以相信债务人能成功执行该计划。

在重整计划获得债权人通过和法院批准之后，债务人将在管理人和债权人委员 64
会(如设立)的监督下执行重整计划。债务人应当定期向管理人和债权人委员会(如设立)提交报告，同时，债权人委员会有义务定期向法院和债权人会议报告情况。

重整计划在重整中可以随时被调整，但必须遵循与提出、批准新计划相同的 65
程序。

重整计划应当规定其执行期限，但自法院批准计划之日起不得超过三年。债务 66
人在重整计划全部执行完毕后成功重整的，该计划即为执行终结。在这一情形中，法院应裁定允许债务人恢复正常经营，并终结管理人对债务人资产的管理。

债务人在重整期届满后仍无法履行偿债义务，或者债务人在重整期间未能遵守 67
重整计划或法院命令的，该计划的执行也应终止。在这一情形中，法院可以宣告债务人破产。债权人会议未通过重整计划或者与之相关的修改或调整的，或者法院认为债务人可能无法根据重整计划成功重整的，法院也将宣告债务人破产。

4. 其他新特点

除上述内容外，《重整与破产法》还有许多经优化和新引入的规定，下文将简要 68
介绍其中部分规定。

在司法管辖上，无论案件所涉的金额大小，重整与破产案件应由位于省级或首 69
都的人民法院商事庭管辖，并将根据资质、技能和专业水平为每个案件指定一名承办法官。这一规定明确了管辖权，相较于《企业破产法》是一项重大进步。

本报告介绍《重整与破产法》时述及，老挝首次将管理人这一职业引入其破产制 70
度之中。《重整与破产法》同样对管理人的执业资格作出了要求。取得管理人资格

① 关于现行法律中的规定，见本报告第28段。

需符合以下条件：拥有指定领域的学位；完成规定的培训课程；未担任有利益冲突的职位；未曾因纪律处分而被解除公职或被判构成犯罪。符合条件的人可以申请老挝司法部任命其为管理人。老挝司法部负责建立和维护已注册的管理人名册。

71 管理人的职权较为广泛，包括：检查、归集债务人财产并编制成册；根据债务人、债权人的要求对重整计划发表意见或制作重整计划；监督、检查债务人的经营情况；在适当时接管债务人；审查债权申报等。此外，管理人承担大量职责，包括：检查债务人的财务状况并向承办法官和债权人会议报告；协助债务人与债权人就和解计划开展磋商；提议召集债权人会议等。管理人应当诚信履职，并为其任何违法行为承担责任。

72 管理人的履职费用和支出由法院决定，并由债务人承担。

73 如前述及，《重整与破产法》中的各类重整计划，即和解程序中的和解协议，重整或破产程序中的重整计划，必须确保各债权人均获得不少于债务人破产清算时可获得的清偿。[①] 根据《重整与破产法》，破产清算程序中的债权清偿顺序如下：破产费用（包括管理人报酬）；重整程序中的新增融资；担保债权；职工工资和养老金；国家享有的债权；[②]无担保债权。

74 《重整与破产法》还强化了针对债务人所有者、董事和高管的追责措施。例如，上述主体如果做出导致债务人破产的欺诈行为或者严重违反"忠实义务"（fiduciary duty）的行为，将被追究个人责任。

75 随着《重整与破产法》的通过，老挝需要更加关注培训法官和授予管理人资格的工作，从而确保《重整与破产法》能得到有效适用。

附：本报告引用的法律

Appendix of Legislation Referred to

1.《企业法》，Enterprise Law（No. 46/NA）（26 December 2013）。

2.《企业破产法》，Law on Bankruptcy of Enterprises（No. 06/94）（14 October 1994）。

3.《商业银行法》，Law on Commercial Banks（No. 03/NA）（26 December 2006）。

---

① 关于现行法律中的规定，见本报告第35段。

② 此处的职工债权和国家债权有法定数额限制。

4.《劳动法》,Law on Labour（No. 43/NA）（24 December 2013）。

5.《企业重整与破产法》,Law on Rehabilitation and Bankruptcy of Enterprises。

6.《担保交易法》,Law on Secured Transactions（No. 06/NA）（20 May 2005）。

马来西亚制度报告

Andrew Chiew Ean Vooi
Partner, Lee Hishammuddin Allen & Gledhill

一、企业破产法律概述

(一)企业

1 2016年前,马来西亚企业破产适用的主要法律为《1965年公司法》。在《1965年公司法》的规定中,重整安排更多被称为"债务偿还安排"(scheme of arrangement)程序,是适用于财务困境公司的唯一法定拯救机制。①

2 其后,《2016年公司法》②废除并取代了《1965年公司法》,《2016年公司法》主要基于公司法改革委员会的建议制定。公司法改革委员会是由马来西亚公司委员会(以下简称公司委员会)设立的机构。公司法改革委员会于2008年6月30日作出报告,针对企业破产法提出了一系列修改建议。

3 在这一系列修改建议中就包括引入公司自愿安排(corporate voluntary arrangement)③和司法管理(judicial management)④作为企业拯救机制。2018年3月1日,《2016年公司法》中有关企业拯救机制的规定生效实施。

4 公司法改革委员会还针对公司法人资格消灭提出了若干法律修改建议。这些修改建议体现在《2016年公司法》的第四部分,包括强制清算和自愿清算、清算人权力和义务、债权人权利(包括抵消互负债务的权利)和公司解散等。

---

① 《2016年公司法》第三部分第8章第1节第365~371条保留了与困境公司偿债安排和重整相关的规定。《1990年纳闽公司法》(the Labuan Companies Act 1990)第118条也规定有类似条款。

② Act 777.

③ Companies Act 2016 (Act 777) Pt III, Div 2, Subdivision 2, ss. 395 –402.

④ Companies Act 2016 (Act 777) Pt III, Div 8, Subdivision 1, ss. 403 –430.

《2016 年公司法》还规定有债权申报和清偿顺序规则,其中包括担保债权人和 5
无担保债权人的权利与义务。[1] 该法第 451、472、528 条则规定了与“无效处分”(void dispositions)和“偏颇清偿”(undue preference)相关的法律规则。[2]

《1956 年民法》[3]第 4 条第 1 款规定,以下企业破产清算事项适用个人破产的法 6
律规定:担保债权人、无担保债权人的权利;债权申报;对年金、未来债务、或有债务的估值等。《1967 年破产法》规定了个人破产相关法律。[4] 然而,《2016 年公司法》又通过其第 523、524、525 条,对债权申报、担保债权人和无担保债权人的权利与义务作出了具体规定。

根据《2016 年公司法》的规定,公司委员会的法定职责是监管企业(包括自愿安 7
排和司法管理中的企业)及其经营事务。公司委员会的首席执行官兼任公司注册处的负责人。[5]

在马来西亚,企业破产案件和相关问题由高等法院管辖。[6] 有两家高等法院共 8
同享有对这类案件的管辖权,分别为马来西亚高等法院(在 11 个半岛州)和“沙巴和沙捞越高等法院”(High Court of Sabah and Sarawak)。

此外,《1972 年公司(清算)规则》规定了清算程序的程序性规则。[7]《2018 年公 9
司(企业拯救机制)规则》[8]《2012 年法庭规则》[9]也适用于自愿安排、司法管理和债务偿还安排程序。

对于自愿安排、司法管理中的大部分程序,法院都应公开审理。[10] 而债务偿还安 10
排相关申请由法官在内庭(in chambers)审理,不向公众开放。[11]

---

① Companies Act 2016 (Act 777) ss. 524 –525. 见本报告第 160 ~165 段。

② 见本报告第 182 ~185 段。

③ Ordinance No. 5 of 1956.

④ Act 55 of 1967. The Insolvency Act 1967 (Act 55 of 1967) was until 6 October 2017 known as Bankruptcy Act 1967 [Bankruptcy (Amendment) Act 2017 (Act A1534)].

⑤ Companies Commission of Malaysia Act 2001 [P U (B) 127/2002, 16 April 2002] s. 20A.

⑥ 《2016 年公司法》第 2 条将“法院”定义为高等法院或高等法院的一名法官。

⑦ P U (A) 289/1972.

⑧ P U (A) 64, Effective as of 1 March 2018.

⑨ 《2012 年法庭规则》于 2012 年 8 月 1 日生效,但“O 91”部分的规定除外。

⑩ Companies (Corporate Rescue Mechanism) Rules 2018 [P U (A) 64, Effective as of 1 March 2018] r. 39.

⑪ 为了本报告的完整性,在此补充说明如下,清算申请在马来西亚属于公开审理范围。在依法进行通知后,债权人有权反对或支持清算申请;在某些情形中,债权人甚至可以申请取代申请人的位置。See Companies (Winding-Up) Rules 1972 [P U (A) 289/1972] rr. 5, 28, 33.

（二）企业组织

11 在马来西亚，商业活动也会依托个人独资企业、合伙企业进行，并须遵守《1956 年商业登记法》[①]《1961 年合伙企业法》[②]的规定。《1967 年破产法》则包含了与个人“无力偿债”（insolvency）和“破产”（bankruptcy）的相关规定，其中第 18 条允许债权人接受破产债务人的和解，或者就破产事务达成债务偿还安排计划。不过，和解协议或债务偿还安排计划须经债权人会议以特别决议通过，并经法院批准。[③]

12 《2012 年有限责任合伙企业法》[④]还允许设立有限责任合伙企业。有限合伙企业属于法人，具有独立于其合伙人的法律人格。目前，马来西亚法中没有可适用于有限合伙企业的企业拯救机制，《2012 年有限责任合伙企业法》仅规定有清算和解散程序。

13 高等法院有权管辖《1967 年破产法》下的破产事项和《2012 年有限责任合伙企业法》规定的清算程序。[⑤]

（三）担保

14 在马来西亚，不动产权往往会成为融资的担保物。在相关权利凭证可获取时，投资人通常会采取设立法定抵押（statutory charge）的方式，以获得占有、出售抵押财产的权利。此外，抵押需要根据《国家土地法》[⑥]进行登记。抵押登记赋予了受押人对土地不可剥夺的权益。[⑦]

15 在无法获取权利凭证时，投资人一般会接受将不动产权“完全让与”（absolute assignment）的方式。另外，对出售所得进行让与也是一种常见的担保方式。有效力的“完全让与”需根据《民法》第 11 条进行。

16 另一种常见的担保方式是依托债券在公司资产上设立固定抵押和浮动抵押。这类债券一旦出现违约，就允许债券持有人为公司指定接管人（receivers）或接管

---

① Act 197.

② Act 135.

③ Insolvency Act 1967（Act 55 of 1967）s.8(2).

④ Act 743.

⑤ 见《1967 年破产法》第 2 条与《2012 年有限责任合伙企业法》第 2 条对“法院”的定义。

⑥ Act 56 of 1965.

⑦ National Land Code（Act 56 of 1965）s.340.

经理人(receivers and managers)。《2016 年公司法》引入了若干关于指定公司接管经理人的规定,具体包括接管人和接管经理人在清算中可行使的权力等。①

《2016 年公司法》还规定,在公司资产上设立各类担保权时,必须在公司注册处进行登记。② 未经登记的担保,对于清算人和全体公司债权人来说,均属无效。③ 这一登记要求也适用于一系列“法定担保权”(statutorily-defined charges)。④ 17

二、企业拯救:庭外与庭内(治理与监督)

(一)庭外重组

在马来西亚,庭外重组活动并不少见。债务人可以自由与债权人接触(无论是否为担保债权人)并达成偿债协议。马来西亚国家银行(Bank Negara Malaysia)为了帮助困境企业在庭外成功重组,也设立了若干机构。 18

1. 庭外重组

债务人及其债权人可以就债务的清偿安排进行协商并达成协议。这类协议只要具备有价值的对价,即可对债务人及其债权人产生约束力。根据债权人实际情况的不同,这类协议通常会涉及重新安排偿债计划或者进行债务重组。 19

在庭外重组活动中,债权人通常要承担与已陷入破产的债务人进行交易的风险。在马来西亚,公司的偿债能力是从“商业意义”上进行测试的,即无论公司是否拥有资产,或者资产变现后能否足额清偿债务,只要公司没有能力清偿当前债务,即为不具备偿债能力(破产)。⑤ 20

因此,相关方需注意在庭外重组中不能发生偏颇清偿。此外,在庭外重组中设立的担保也必须依法办理登记,否则无法对公司的清算人或任何债权人发生效力。⑥ 21

---

① Companies Act 2016 (Act 777) s. 386.

② Companies Act 2016 (Act 777) s. 351(1).

③ Companies Act 2016 (Act 777) s. 352(2).

④ Companies Act 2016 (Act 777) s. 353.

⑤ *Sri Hartamas Development Sdn Bhd v. MBf Finance Bhd* [1990] 2 MLJ 31;该案由马来西亚最高法院在 *Sri Hartamas Development Sdn Bhd v. MBf Finance Bhd* [1992] 1 MLJ 313 案中予以确认。

⑥ Companies Act 2016 (Act 777) s. 352. 同时参见本报告第 17 段。

2. 企业债务重组委员会

22 马来西亚国家银行于1998年设立了企业债务重组委员会，作为政府在当时采取的预防性措施，这一委员会为马来西亚企业借款人及其债权人提供了平台，使各方无须诉诸法律程序便可制定出可行的债务解决方案。

23 企业债务重组委员会的运行受《马来西亚国家银行企业债务重组委员会参与者行为准则》（以下简称《行为准则》①）约束。根据《行为准则》的规定，企业债务重组委员会"旨在成为参与方之间关于债务重组安排进行调解的平台"②。该委员会的参与机构包括持牌银行、"发展金融机构"（development financial institutions）以及受马来西亚国家银行监管的其他机构。③

24 债务人寻求通过企业债务重组委员会重组其债务的，需要同时满足以下条件：④

（1）负债总额达1000万林吉特，并至少涉及两家参与企业债务重组委员会的金融机构。

（2）债务人未被解散、清算或接管，也不存在被解散、清算或接管的风险，并且当时不存在可导致债务人被解散、清算或接管的诉讼或条件。

（3）债务人符合以下资格之一：①可预计或证明该债务人即将陷入财务困境，或者在债务偿付方面已经出现困难但尚未发生违约；②债务人是在马来西亚证券交易所主板或ACE市场上市的公司，且公司已被列为PN17或GN3公司（分别对应主板上市和ACE市场上市的"问题企业"）。⑤

25 根据《行为准则》的规定，债务人提交重组申请后，企业债务重组委员会应初步评估该申请的可行性，并在申请之日起一个月内通知债务人和参与机构是否受理该申请。⑥

---

① Bank Negara Malaysia Corporate Debt Restructuring Committee Participants' Code of Conduct (updated 27 June 2018).《行为准则》第6段规定了6项主要重组原则，具体包括"第一损失原则"（first loss principle）、"重组后的借贷水平"（post-restructuring level of borrowing）、"对消费者资金缺口"（shortfall to customers）、"顺位"（ranking）、"新资金"（new monies）和"开立账户"（opening accounts）。

② Bank Negara Malaysia Corporate Debt Restructuring Committee Participants' Code of Conduct (updated 27 June 2018) at para. 4. 1.

③ Bank Negara Malaysia Corporate Debt Restructuring Committee Participants' Code of Conduct (updated 27 June 2018) at para. 3. 1.

④ Bank Negara Malaysia Corporate Debt Restructuring Committee Participants' Code of Conduct (updated 27 June 2018) at para. 5. 1.

⑤ 简要而言，PN17或GN3公司是遭遇了财务问题的公司。

⑥ Bank Negara Malaysia Corporate Debt Restructuring Committee Participants' Code of Conduct (updated 27 June 2018) at paras. 8. 1 –8. 3.

在收到企业债务重组委员会作出的受理申请通知后，参与机构应当遵守中止限 26
制。[①] 在 ***Megasteel Sdn Bhd v. Woodgrove Investments Pte Ltd.*** 案中，[②]法院曾作出禁令，限制债权人提出清算申请，因为双方正在参与企业债务重组委员会组织的谈判磋商。

3. 小型企业债务重组机制

为帮助陷入困境但仍具有经营可行性的中小企业，马来西亚国家银行于 2003 27
年推出了"小型债务重组机制"(small debt resolution scheme)。[③] 符合这一机制适用资格的中小企业被限定为，由马来西亚人持股(持股 51%)，且全职员工不超过 200 人或者年收入不超过 5000 万林吉特的经营中公司。

符合上述资格的困境中小企业可以向参与金融机构或者马来西亚国家银行提 28
交小型债务重组申请。申请获得批准的，重组各方将执行新的融资条款。申请被驳回的，马来西亚国家银行的小型债务重组机制秘书处将独立对该申请开展评估。

小型债务重组机制仅适用于商业性融资。 29

(二)破产前程序

首先需说明，"破产前程序"在本报告中指庭外重组和庭内程序之间的步骤；庭 30
内程序，是指以债务人符合破产标准为前提，在法院监督下进行、破产执业者参与的拯救型程序。这两类程序均不涉及清算。

因此，公司自愿安排程序、债务偿还安排程序均属于"破产前程序"。因为符合 31
破产标准并不是申请公司自愿安排或者债务偿还安排的前提。

另外，本报告第 53 段和第 54 段将述及，债务偿还安排计划在进入执行之前，需 32
经法院批准。公司自愿安排虽无此要求，但需由一名"被任命人"(nominee)评估公司自愿安排建议方案的可行性，并在执行期间指定一名监督人。

而司法管理程序必须证明债务人"已经或者即将无力偿债(破产)"[④]。本报告 33
第 70 段、第 71 段将述及，司法管理令一经颁布，债务人董事将丧失其权力，司法管

---

① Bank Negara Malaysia Corporate Debt Restructuring Committee Participants' Code of Conduct (updated 27 June 2018) at para. 9. 1. 同时参见本报告第 148 ~ 153 段。

② [2015] 1 LNS 1090.

③ Generally "Small Debt Resolution Scheme" *Bank Negara Malaysia*, <http://www. bnm. gov. my/index. php? rp = sdrsadvertorial%28english%26bm%29_ late > (accessed 10 January 2020).

④ 在 *Leadmont Development Sdn Bhd v. Infra Segi Sdn Bhd* [2019] 8 MLJ 473 案中，法院认为，这采用了《2016 年公司法》第 466 条中对"无力清偿债务"的定义。见本报告第 65 段。

理人将接管公司的管理事务。而在司法管理令颁布之后，司法管理人和法院都将参与程序。

1. 公司自愿安排

34 马来西亚公司委员会将公司自愿安排描述为“陷入财务困境的公司与债权人达成偿债计划或安排，且该计划或安排无须经法院批准”[①]。《2016 年公司法》中关于公司自愿安排程序的规定自 2018 年 3 月 1 日起生效实施。[②]

35 公司自愿安排不适用于：[③](1)公众公司；(2)属于持牌机构的公司，或者依法受马来西亚国家银行监管的指定支付系统运营商；(3)依法适用《2007 年资本市场与服务法》[④]的公司，如交易所的控股公司；(4)在其财产或业务上设立了押记的公司。这一规定遗憾地使大部分财务困境公司被排除在公司自愿管理适用范围之外，特别是大多数已因融资而向金融机构提供了担保的中小企业。

1.1 启动公司自愿安排

36 公司未受到司法管理令约束且未处于清算之中的，公司董事可以向公司及其债权人提出适用公司自愿安排的“建议”(proposal)。[⑤] 司法管理人[⑥]或清算人[⑦]也有权提出适用公司自愿安排的建议。

37 公司自愿安排的申请应当向马来西亚高等法院提交，申请应包括以下文件：

(1)关于公司自愿安排的建议方案(为避免对“建议”一词产生疑义，以下将建议载体统称为建议方案。——译者注)，该方案既可是清偿公司债务的和解协议，也可是关于公司事务的安排计划。[⑧]

(2)关于公司事务的声明，该声明须载明的信息包括公司债权人、债务、其他责任和公司资产详细情况等。[⑨]

(3)公司符合中止适用条件的声明。[⑩]

---

① Companies Commission of Malaysia, *Guidelines for Corporate Rescue Mechanism Under Division 8 Part III of the Companies Act* 2016 (5 December 2018) at para. 11.

② Federal Government Gazette P U (B) 106.

③ Companies Act 2016 (Act 777) s. 395.

④ Act 671.

⑤ Companies Act 2016 (Act 777) s. 396(1).

⑥ Companies Act 2016 (Act 777) s. 396(3)(a).

⑦ Companies Act 2016 (Act 777) s. 396(3)(b).

⑧ Companies Act 2016 (Act 777) s. 394.

⑨ Companies Act 2016 (Act 777) s. 397(b).

⑩ Companies Act 2016 (Act 777) s. 398(1)(c).

(4)被任命人同意担任职务的声明。①

(5)披露曾经提出的建议方案、申请中止的具体情况以及申请结果的声明。②

相关申请文件一经提交至法院,公司即受自动中止保护。③ 自动中止的有效期为28日,经债权人同意的,可以延长。④ 38

1.2 信息公开

公司董事应当在中止期开始后的7日内通知被任命人自动中止开始。⑤ 被任命人收到通知后,应当在中止期开始后的7日内完成以下信息公开的职责: 39

(1)通知公司注册处中止期已开始。

(2)通知公司以及已提出清算申请的债权人。

(3)在公司委员会网站上和广泛流通发行的马来西亚语和英语报纸上发布公告。⑥

1.3 公司自愿安排的建议方案

被任命人有义务召集公司会议和债权人会议,以决议是否通过建议方案。⑦ 被任命人应当将每次会议的结果报告法院,同时通知公司注册处和其他法院准许通知的人员或机构。⑧ 40

在此之前,被任命人应当向董事提交一份声明,针对下列问题发表其意见:⑨ 41

(1)建议方案是否有合理预期将获得通过并执行。

(2)公司在拟取得的中止期间内是否有足够的资金继续经营。

(3)是否应召集公司会议和债权人会议以审议建议方案。

建议方案需经公司股东以简单多数决通过,并经代表出席会议(亲自或授权代表出席)并投票的债权人债权总额75%以上的多数决通过。⑩ 但依据《2016年公司 42

---

① Companies Act 2016 (Act 777) s.398(1)(d).

② Companies Act 2016 (Act 777) s.398(1)(f).

③ Companies Act 2016 (Act 777) s.398(1).

④ Companies Act 2016 (Act 777) Eighth Schedule, paras 3-8. 关于自动中止效力的进一步探讨,见本报告第127~130段。

⑤ Companies Act 2016 (Act 777) Eighth Schedule, para.9.

⑥ Companies Act 2016 (Act 777) Eighth Schedule, para.10.

⑦ Companies Act 2016 (Act 777) s.399(1).

⑧ Companies Act 2016 (Act 777) s.400(7).

⑨ Companies Act 2016 (Act 777) s.397(2).

⑩ Companies Act 2016 (Act 777) ss.400(2) and 400(3).

法》第399条召集的会议无权修改建议方案。①

43 建议方案一经通过，对全体债权人均有约束力，包括投票反对的债权人。②

44 建议方案获得通过后，应当指定一名监督人来监督其执行。监督人可由被任命人担任，也可以另行指定其他破产执业者担任。③

45 在公司自愿安排申请提出后、建议方案获公司债权人通过后，公司董事仍保留对公司的控制权。

2. 债务偿还安排

46 《2016年公司法》第366条允许困境公司向其债权人或某一组债权人提出债务偿还安排或和解计划。此类安排或和解计划"本质上是为公司及其债权人、公司成员利益而作出的，对公司的债权人、成员权利作出调整的计划。'债务偿还安排'一词仅适用于公司内部关系，不涉及任何其他公司"④。

47 债务偿还安排可适用于所有根据《2016年公司法》成立的公司。

2.1 启动债务偿还安排

48 以下主体可以申请法院作出命令，以简易方式召集会议并审议债务偿还安排计划（以下简称安排计划）的草案：⑤(1)公司；(2)任何公司成员或债权人；(3)清算人（公司正被清算的）；(4)司法管理人（公司正处于司法管理之中的）。

49 有关会议通知应当公告并发至全体债权人和公司成员。⑥ 关于安排计划法律效果的解释性说明，应当随通知一并发出，或者在相关公告中发布。⑦

50 前述解释性说明中需特别说明公司董事就安排计划享有的任何实质性利益（无论以董事、公司成员、债权人还是其他身份享有的利益），以及安排计划的法律效果（需对类似利益所产生的不同效果作说明，如债券受托人享有的利益）。⑧

51 如果收到公司书面要求，董事和公司债券的受托人均有义务在7日内提供与其

---

① Companies Act 2016 (Act 777) s. 400(6).

② Companies Act 2016 (Act 777) s. 400(5).

③ Companies Act 2016 (Act 777) ss. 396(2) and 401(1).

④ *Primus (Malaysia) Sdn Bhd v. Rin Kei Mei* [2012] 1 CLJ 176 at [43].

⑤ Companies Act 2016 (Act 777) s. 366(1).

⑥ Companies Act 2016 (Act 777) ss. 369(1) and 369(3).

⑦ 满足公告要求的另一替代方式是，在公告中载明债权人如何获取解释性说明副本的信息。See s. 369(1)(b) of the Companies Act 2016 (Act 777).

⑧ Companies Act 2016 (Act 777) ss. 369(1) and 369(2).

相关事项的必要信息。[①] 不履行这一义务的，将构成犯罪，导致监禁和/或罚款。[②]

2.2 通过安排计划

安排计划需经代表出席会议并投票的债权人、债权人组、公司成员或公司成员组的相应债权或股权总额的75%以上的多数决通过。[③] 同时，只有“能在清算中申报债权的人”才有权在会议上投票。[④] 52

安排计划只有经法院批准之后才可对全体债权人产生约束力。[⑤] 安排计划不具可行性或者必将导致失败结果的，法院将不予批准该安排计划。[⑥] 53

根据判例法，法院在决定是否批准安排计划时应考虑以下因素：[⑦] 54

(1)是否满足《2016年公司法》第366条规定的“债权人多数决”等条件。

(2)出席会议的人是否公平代表了某一债权人组或公司成员组，且法定多数的相关主体是否基于善意行事，而非胁迫少数人以增加不利于少数人所属组别的利益。

(3)一名“理智且诚信的人”，在其所属组别，是否会基于对自身利益的考虑而同意该安排计划。

法院可以指定“已获准执业的清算人”(approved liquidator，以下简称执业清算人)来评估某项安排计划的可行性。执业清算人应当向安排计划申请人提交一份评估报告。该报告应当同时提交至债权人会议、公司成员会议。[⑧] 55

公司成员可以在会议上决议指示会计师、律师(可同时指令两者)就某项安排计划制作报告并提交至公司董事。[⑨] 该报告还应在公司的注册办事处向公司的股东和债权人公开。[⑩] 56

---

① Companies Act 2016 (Act 777) s.369(4).

② Companies Act 2016 (Act 777) s.369(5).

③ Companies Act 2016 (Act 777) s.366(3).

④ *Butterworth Products & Industries Sdn Bhd, Re* [1991] 3 CLJ 1762; *Transmile Group v. Malaysian Trustee Bhd* [2012] 9 CLJ 1071.

⑤ Companies Act 2016 (Act 777) s.366(3).

⑥ *RHB Bank Bhd v. Gula Perak Bhd* [2013] 1 LNS 1409; *Twenty Century Oils Sdn Bhd v. Bank of Commerce (M) Bhd* [1993] 2 CLJ 677.

⑦ *Re Sateras Resources (Malaysia) Bhd* [2005] 6 CLJ 194; *Transmile Group Bhd v. Malaysian Trustee Bhd* [2012] 9 CLJ 1071; *Alias Mohd Salleh v. Peninsular Park Sdn Bhd* [2016] 1 LNS 953.

⑧ Companies Act 2016 (Act 777) s.367.

⑨ Companies Act 2016 (Act 777) s.366(8)(a).

⑩ Companies Act 2016 (Act 777) s.366(8)(b).

57 法院在决定是否批准某项安排计划时，并不强制要求将公共利益纳入考虑范围。然而，法院确实曾基于公共政策拒绝批准个别安排计划。若出现以下情形，批准安排计划将违反公共政策：

（1）安排计划虽然获得了必要多数的债权人支持，但系由无再建希望的破产企业来承担，批准该安排计划将违背商业道德。①

（2）安排计划允许了违反"承诺"（undertaking）、信托或者法律规定的行为。②

58 安排计划一经法院批准，将对公司的全体债权人和成员产生约束力。③ 批准安排计划的决定还应提交至公司注册处，以使其生效。④

2.3 公司董事的职能

59 在债务偿还安排期间，公司董事仍然拥有公司控制权。但是，法院可发出限制令，指定一名由多数债权人提名并获法院批准的人选担任董事（该人选不得曾任该公司董事）。⑤ 经此程序任命的董事有权查阅公司的会计资料和其他记录，有权为履行职务而要求公司高管提供任何其需要的信息和解释性说明。⑥

（三）庭内破产程序

60 司法管理是在法院监督下进行的企业拯救程序。与公司自愿安排程序一样，马来西亚关于司法管理程序的规定也于2018年3月1日生效。⑦

61 司法管理程序将公司管理权置于法院指定的司法管理人处。司法管理人应当提交一份"建议书"（statement of proposal），说明其拟实现的本报告第65段第（2）项中的司法管理目标。该建议书需经债权人和公司成员表决通过。

62 与公司自愿安排程序一样，司法管理程序也不能适用于所有公司类型。法院不得作出司法管理令的公司类型包括：

（1）属于持牌机构的公司，或者依法受马来西亚国家银行监管的指定支付系统运营商。⑧

---

① *Sri Hartamas Development Sdn Bhd v. MBF Finance Bhd* [1990] 2 MLJ 31.

② *PECD Bhd v. AmTrustee Bhd* [2010] 1 CLJ 940.

③ Companies Act 2016 (Act 777) s.366(3).

④ Companies Act 2016 (Act 777) s.366(5).

⑤ Companies Act 2016 (Act 777) s.368(2).

⑥ Companies Act 2016 (Act 777) s.368(3). 关于限制令的进一步探讨，见本报告第131～143段。

⑦ Federal Government Gazette P U (B) 106.

⑧ Companies Act 2016 (Act 777) s.403(a).

(2)依法适用《2007年资本市场与服务法》的公司,如交易所的控股公司。①

(3)清算中的公司。②

(4)法院根据《2016年公司法》第409条的规定,确信具有以下情形的公司:①公司已经或者即将被指定接管人或接管经理人;②某类担保债权人反对作出司法管理令。③ 但需说明,近期马来西亚对《2016年公司法》第409条作出修订,允许任何担保债权人对司法管理令提出反对。④

1. 申请司法管理令

可以共同或者单独申请法院作出司法管理令并指定司法管理人的主体包括: 63

(1)公司(经公司成员决议)或其董事(经董事会决议)。

(2)公司的债权人,包括或有债权、预期债权的持有人。⑤

申请人应将申请司法管理的通知发布于广泛流通发行的马来西亚语报纸以及 64
英语报纸上。⑥ 该通知还须送达债务人(如果申请人是债权人)、任何已指定或有权指定接管人、接管经理人的权利人以及公司注册处。⑦

具备以下情形的,法院可以作出司法管理令并指定司法管理人。 65

(1)法院相信⑧公司已经或者即将无力清偿债务。"无力清偿债务"这一定义源于《2016年公司法》第466条。⑨ 根据该条规定,当公司出现以下情形之一时,即被视为无力清偿债务:

①公司负债超过马来西亚财政部长规定的金额(自2021年4月起被提高至

---

① Companies Act 2016 (Act 777) s. 403(b).

② Companies Act 2016 (Act 777) s. 405(6).

③ Companies Act 2016 (Act 777) s. 409. 在 *Leadmont Development Sdn Bhd v. Infra Segi Sdn Bhd* [2019] 8 MLJ 473 案中,法院在附带意见中表示,担保债权人即债券持有人。然而,在 *Re Ban Hin Electrical & Construction Sdn Bhd*(吉隆坡高等法院,O S No. WA -28JM -8 -10/2018)案(非公开判决)中,法院采纳了一种覆盖更广的观点,即担保债权人包括任何公司设定了担保权的债权人。

④ Companies Act (Amendment) Act 2019 (Act A1605) s. 12.

⑤ Companies Act 2016 (Act 777) s. 405(1).

⑥ Companies Act 2016 (Act 777) s. 408.

⑦ Companies Act 2016 (Act 777) s. 409.

⑧ 关于"相信"(satisfied)一词,Hoffman J 在 *Re Harris Simons Construction Ltd.* [1989] BCLC 202 中指出,"该规定要求法院'相信'公司实际或可能无力清偿债务,却只需'考虑'司法管理令可能实现上述目的之一。这一表述上的变化一定具有原因,我认为这表明后者需要满足的'说服'门槛应低于前者"。这一观点也被 *Leadmont Development Sdn Bhd v. Infra Segi Sdn Bhd* [2019] 8 MLJ 473 案的判决第483段引用。

⑨ Companies Act 2016 (Act 777) s. 405(8).

50,000 林吉特),且债权人已向公司送达偿债要求通知,但公司未在通知送达之日起 21 日内偿付债务或者提供令债权人满意的担保或偿债方案;②法院已有足够的证据确信公司已无力清偿债务。在确定公司是否无力清偿债务时,法院应当对其或有债务、预期债务加以考虑。

(2)法院认为颁布司法管理令可实现以下目标之一:

①使公司持续经营并生存;②使公司和相关方之间的安排计划获得批准;③使公司能够以比清算更有利的方式变现资产。①

66 法院还有权基于公共利益需要作出司法管理令并指定司法管理人,②但目前还未有公开报告的这类裁判先例。③

67 申请人在申请司法管理令时,还应当提出一名司法管理人人选。④ 司法管理人应当由独立的破产执业者担任,但不得为债务人的审计员。法院可以拒绝申请人的提名,并指定其他破产执业者担任司法管理人。⑤

68 债务人提出了司法管理人人选的,法院可以听取代表多数债权的债权人(包括或有债权、预期债权持有人)对该人选的反对意见。法院在综合考虑债权数额和反对理由后,认为反对理由合理的,可以邀请债权人重新提名一位破产执业者担任司法管理人。法院认为债权人提名的新人选合适的,可予以接受。⑥

69 司法管理令的有效期为自颁布之日起 6 个月,并可经司法管理人申请再延长 6 个月。⑦ 关于延长司法管理令申请的通知应当送达公司全体董事、成员、债权人以及任何有权指定接管人或接管经理人的权利人。⑧

2. 司法管理令的效力

70 司法管理令一经作出,《2016 年公司法》和公司章程赋予董事的所有权力和职责

---

① Companies Act 2016 (Act 777) ss. 404 and 405(1).

② Companies Act 2016 (Act 777) s. 405(5).

③ 《2016 年公司法》第 405(5)条的规定类似于《新加坡公司法》(Cap 50,2006 Rev. ed.) 第 227B 条第 10 项。在 *Re Bintan Lagoon Resort Ltd.* [2005] 4 *SLR*(*R*) 336 一案中,法院认为,这一"测试"不只是确定指定司法管理人是否符合公共利益,而是是否"为公共利益需要"。

④ Companies Act 2016 (Act 777) s. 407(1).

⑤ Companies Act 2016 (Act 777) s. 407(2).

⑥ Companies Act 2016 (Act 777) s. 407(3).

⑦ Companies Act 2016 (Act 777) s. 406(1).

⑧ Companies Act 2016 (Act 777) s. 406(2).

均交由司法管理人履行。① 已被指定的接管人或接管经理人也应当解除指定。②

司法管理人有义务为管理公司事务、业务和财产而作出所有可能且必要的履职行为,并完成法院命令要求的所有事项。③ 71

3. 司法管理人的建议书

司法管理人有义务向公司注册处和全体债权人发送一份建议书,阐述其意在实现的本报告第65段第(2)项所述的一个或多个法定目标。该建议书应当被同时提交至债权人会议。司法管理人必须在司法管理令颁布之日起60日内或者法院允许的更长期间内发送建议书。④ 72

司法管理人的建议书还应当发至公司全体成员。⑤ 有关建议书的通知应当在马来西亚广泛流通发行的报纸上,以马来西亚语和英语双语发布。⑥ 73

司法管理人的建议书需经债权人表决通过,建议书的表决通过标准为:在债权已获司法管理人确认且出席会议并投票(亲自出席或委派代表出席)的债权人中,由代表债权总额75%以上的债权人表决通过。只有申报了债权且已获确认的债权人才享有表决权。⑦ 经司法管理人同意,建议书可以在表决通过时进行调整。⑧ 74

建议书一经通过,对公司全体债权人产生约束力,而无论债权人是否投票支持。⑨ 司法管理人随后应将会议结果报告法院,同时通知公司注册处和其他法院准许通知的人员或机构。⑩ 75

债权人在会议上不予通过建议书的,法院在收到司法管理人的报告之后,可以选择撤销司法管理令,为司法管理令增加相应条款,附条件延期听证,或者作出法院认为合适的临时命令。⑪ 76

---

① Companies Act 2016 (Act 777) s.414(2).
② Companies Act 2016 (Act 777) s.411(1)(a).
③ Companies Act 2016 (Act 777) s.414(3).
④ Companies Act 2016 (Act 777) s.420(1)(b).
⑤ Companies Act 2016 (Act 777) s.420(2)(a).
⑥ Companies Act 2016 (Act 777) s.420(2)(b).
⑦ Companies (Corporate Rescue Mechanism) Rules 2018 [P U (A) 64, Effective as of 1 March 2018] rr.18 -32.
⑧ Companies Act 2016 (Act 777) s.421(2).
⑨ Companies Act 2016 (Act 777) s.421(3).
⑩ Companies Act 2016 (Act 777) s.421(4).
⑪ Companies Act 2016 (Act 777) s.421(5).

4. 撤销司法管理令

77 司法管理人认为司法管理令规定的目标已经实现或无法实现的，有义务向法院申请撤销司法管理令。[①]

78 如果司法管理人对公司事务、业务和财产的管理方式，正在或者已经不公平损害公司债权人或成员的利益，[②]或者司法管理人的任何实际或潜在的行为或疏漏，正在或者即将对公司的债权人或成员造成损害，那么公司的债权人或成员有权向法院申请救济。[③] 为了作出相应救济，法院可以限制司法管理人对未来公司事务、业务和财产的管理方式，要求司法管理人停止受到投诉的行为，召集债权人会议或者撤销司法管理令，并作出法院认为合适的终结要求。[④]

（四）法院参与

79 在马来西亚，法院参与破产程序的程度取决于当事人启动的具体程序类型。

1. 公司自愿安排

80 在公司自愿安排中，法院仅在执行阶段行使部分职能，这些职能包括：

（1）法院可以根据监督人的申请，对公司自愿安排中发生的特定事项给予指示。[⑤]

（2）作为诉讼处理机构，法院将审理债权人或其他相关方对监督人行为、疏漏或决定不服提起的诉讼。[⑥]

（3）法院有权更换正在履职的被任命人和监督人。[⑦]

81 在公司自愿安排程序中，法院不会就其收到的公司自愿安排申请作出任何命令。但建议方案未获债权人通过的，被任命人有义务就此通知法院。[⑧]

2. 债务偿还安排

82 至于债务偿还安排，法院将参与所有程序节点。

83 为了审议安排计划的草案，法院需颁令召集债权人会议和公司成员会议。[⑨] 法

---

① Companies Act 2016 (Act 777) s. 424(1).

② Companies Act 2016 (Act 777) s. 425(1)(a).

③ Companies Act 2016 (Act 777) s. 425(1)(b).

④ Companies Act 2016 (Act 777) ss. 425(2) and 425(3).

⑤ Companies Act 2016 (Act 777) s. 401(5).

⑥ Companies Act 2016 (Act 777) s. 401(4).

⑦ Companies Act 2016 (Act 777) s. 401(6).

⑧ Companies Act 2016 (Act 777) s. 400(7).

⑨ Companies Act 2016 (Act 777) s. 366.

院有权命令一位执业清算人来评估草案的可行性,[①]并有权作出命令,限制安排计划最终确定前对公司的诉讼。[②] 另外,法院可以在批准安排计划的同时作出其认为合适的调整或修改。[③] 法院有权作出命令,以一项安排计划重组一家公司或者合并重组两家以上的公司。[④]

3. 司法管理

在司法管理程序的启动过程中,法院将决定是否准许相关司法管理申请。法院需要确信本报告第65段第(2)项所述的法定目标能够实现。同时,法院有权拒绝申请人提名的司法管理人,而另行指定他人。[⑤] 84

法院在司法管理程序的全过程中享有广泛的权力。例如,法院可以根据司法管理人的申请延长司法管理令的有效期,[⑥]决定司法管理人的报酬,[⑦]指示司法管理人完成与司法管理令有关的其他事项,[⑧]授权司法管理人根据分期付款买卖、租赁或者所有权保留协议处置某些抵押财产或货物,[⑨]向司法管理人发出与其履职相关的指示,[⑩]延长司法管理人提交建议书的期限,[⑪]以及向任何受损害的债权人或公司成员提供救济。[⑫] 上述列举还未穷尽法院的全部权力。 85

(五)破产执业者

1. 公司自愿安排

在公司自愿安排程序中,"被任命人"必须由一名破产执业者担任。[⑬] "破产执业者"被定义为除"官方接管人"(official receiver)之外的执业清算人。[⑭] 86

---

① Companies Act 2016 (Act 777) s.367.

② Companies Act 2016 (Act 777) s.368.

③ Companies Act 2016 (Act 777) s.366(4).

④ Companies Act 2016 (Act 777) s.370.

⑤ Companies Act 2016 (Act 777) s.407(2).

⑥ Companies Act 2016 (Act 777) s.406(1).

⑦ Companies Act 2016 (Act 777) s.407(4)(c).

⑧ Companies Act 2016 (Act 777) s.414(3)(b).

⑨ Companies Act 2016 (Act 777) s.415(2).

⑩ Companies Act 2016 (Act 777) s.414(5).

⑪ Companies Act 2016 (Act 777) s.420(1).

⑫ Companies Act 2016 (Act 777) s.425.

⑬ Companies Act 2016 (Act 777) s.396(4).

⑭ Companies Act 2016 (Act 777) ("CA 2016") s.2. 除非另行指定一名破产执业者,否则官方接管人应担任公司的清算人。参见《2016年公司法》第477(1)条。官方接管人即根据《1967年破产法》任命的"破产署署长"(the director general of insolvency)。公司清算相关事项也属于官方接管人的职权范围,参见《2016年公司法》第480条。

87 在《2016年公司法》颁布之前，只有持牌审计师可以成为执业清算人。因此到目前为止，马来西亚的许多执业清算人都来自会计师事务所。但严格来讲，审计师资格已不再是必要条件。如果财政部长认为一个已获承认专业机构的成员具有足够的经验和能力，也可批准其成为清算人。①

88 在公司自愿安排中，被任命人由公司董事提名。② 董事还可提名该人选作为监督人或受托人来监督公司自愿安排的执行。③ 但是，如果公司自愿安排建议是由司法管理人提出的，那么司法管理人也可担任被任命人。④

89 被任命人在自愿安排程序中主要履行以下两项职责。

90 其一，被任命人需就本报告第41段所列事项发表意见。例如，是否有合理预期相关建议方案将获得通过并执行，公司在拟取得的中止期间内是否有足够资金继续经营等。为对建议方案和公司财务状况进行评估，被任命人可以要求董事向其提供所需信息，⑤被任命人未能获得所需信息的，有权撤回其自身对履职的同意，⑥一旦出现这种情况，将不可避免地导致公司自愿安排程序失败。另外，被任命人应履行本报告第40段述及的报告义务。

91 被任命人未能履行其法定职责的，法院可予以更换。《2016年公司法》第401(2)(a)条还赋予公司董事、官方接管人向法院申请更换被任命人的权利。如果被任命人因存在利益冲突等原因而不适合履行职责，法院也有权予以更换。⑦

92 其二，被任命人担任监督人的，应当确保建议方案依其条款获得执行。监督人在履行职责时，应当从债权人和其他受公司自愿安排影响方的利益出发。债权人或其他相关方对监督人的行为、疏漏或决定不服的，可以由债权人依法向法院提起诉讼。⑧

93 《2016年公司法》并未对被任命人和监督人的报酬作出规定。在实践中，公司将根据协商确定的数额向被任命人和监督人支付报酬。各方在协商确定数额时，可能会基于职务主体在建议方案及其执行上花费的时间计算。

---

① Companies Act 2016 (Act 777) s. 433(3).
② Companies Act 2016 (Act 777) s. 397(1).
③ Companies Act 2016 (Act 777) s. 396(2).
④ Companies Act 2016 (Act 777) s. 396(3).
⑤ Companies Act 2016 (Act 777) Seventh Schedule, para. 2.
⑥ Companies Act 2016 (Act 777) Seventh Schedule, para. 5(c).
⑦ Companies Act 2016 (Act 777) s. 401(2)(b).
⑧ Companies Act 2016 (Act 777) s. 401(4).

2. 司法管理

在司法管理程序中,申请人必须提名一位破产执业者作为司法管理人人选,且 94
该人选不得为公司的审计员。[①] 但正如本报告第67、68段所述,法院有权拒绝该提名,代表必要多数债权的债权人也可提出反对意见。

司法管理人被视为公司的代理人[②],其主要履行的职责包括: 95

(1)接管并控制属于公司或表面上属于公司的全部财产。[③]

(2)为管理公司事务、业务和财产而完成所有可能且必要的事项。[④]

(3)制备一份建议书,阐述其意在实现的法定目标(上文述及)并提交债权人会议表决通过。[⑤]

(4)根据建议书管理公司事务、业务和财产。[⑥]

(5)当司法管理令规定的目标已经实现或无法实现时,申请撤销司法管理令。[⑦]

根据《2016年公司法》附表9的规定,司法管理人享有广泛的权力。例如,司法 96
管理人有权接管、追收和占有公司的财产,并基于上述目的在适宜时启动相关司法程序;有权从外部获得借款并以公司财产提供担保;有权代表公司达成债务偿还安排或和解。

司法管理人有权处置附浮动担保的公司财产。[⑧] 经法院准许,司法管理人也可 97
以处置未附浮动担保的公司财产,以及处置分期付款买卖、租赁或所有权保留协议的标的物。法院认为处置上述财产可能有助于实现司法管理令规定目标的,应当予以准许。[⑨]

需注意,司法管理人对上述财产进行出售不能影响担保权人享有的优先权。因 98
此这类财产出售所得应当首先用于清偿担保权覆盖部分的数额,以及分期付款买卖、租赁或所有权保留协议下的应付款项。[⑩]

---

① Companies Act 2016 (Act 777) s.407(1).

② Companies Act 2016 (Act 777) s.416(1)(a).

③ Companies Act 2016 (Act 777) s.414(1).

④ Companies Act 2016 (Act 777) s.414(3(a).

⑤ Companies Act 2016 (Act 777) s.420(1).

⑥ Companies Act 2016 (Act 777) s.423(1).

⑦ Companies Act 2016 (Act 777) s.424(1).

⑧ Companies Act 2016 (Act 777) s.415(1).

⑨ Companies Act 2016 (Act 777) s.415(2).

⑩ Companies Act 2016 (Act 777) ss.415(5) -415(7).

99 对于公司在司法管理令颁布之时已有的债务，司法管理人无权清偿，但以下情形不受此限：该支付行为已获法院准许；该支付行为系依据经批准的安排计划作出的；该支付行为系为清偿前述担保权覆盖部分的数额以及分期付款买卖协议、租赁协议或所有权保留协议下的应付款项。[①]

100 根据《2016年公司法》第425条对公司债权人和成员的法定保护的规定，司法管理人履职时对公司的债权人和成员负有义务。

101 不同于公司自愿安排，《2016年公司法》第407(4)条对司法管理人的报酬作出了明确规定。具体而言，司法管理人有权以固定费率或按以下方式获取报酬：

(1)视情况由司法管理人与公司或其债权人协商确定。

(2)协商不成时，由债权人会议表决确定。表决确定的标准为：在以表决目的获得确认的债权中，由出席会议并投票（亲自出席或委派代表出席）的债权人所持债权总额的75%以上多数确定。

(3)上述方式均无法确定时，由法院依职权确定。

3. 债务偿还安排

102 尽管法律未明文要求破产执业者制作和执行安排计划，但在实践中，安排计划草案通常会在破产执业者的帮助下制作。

103 如前文述及，法院有权指定执业清算人来评估一项安排计划草案的可行性。然而，法律并未规定清算人制作报告的费用由谁支付。法院很有可能命令申请人支付这一费用，因为清算人的报告对确定一项安排计划的可行性有重要意义。

（六）困境实体中的董事和管理者

104 “董事”一词指任何占据公司董事职位（无论职位名称为何）的主体，也包括让多数董事惯于听命于其指示行事的主体，以及候补或替代董事。[②] 因此，从法律上来看，承认某主体为董事无须经过正式任命。

105 困境公司董事受普通法的“信义义务”（fiduciary duties）约束，需以公司的最佳利益行事，并在履职时尽到合理的技能、勤勉和注意义务。此外，董事还受《2016年公司法》第213～229条规定义务的约束。例如，董事应当基于适当的目的，为了公

① Companies Act 2016 (Act 777) s. 414(6).

② Companies Act 2016 (Act 777) s. 2.

司最佳利益，真诚地行使权力；[①]履行合理的技能、勤勉和注意义务；[②]禁止不当利用公司财产和董事职位等。[③]

在马来西亚法中，公司的"工作人员"(officer)包括董事、秘书和公司职工。[④] 106

公司职工受普通法"忠实义务"(duty of fidelity)的约束，需以公司的最佳利益 107
行事，并尽到合理的技能、勤勉和注意义务。虽然两者相似，但忠实义务与董事负有的普通法的信义义务并不相同。[⑤] 此外，公司有关人员也可能受到部分法定董事义务的约束，因为在《2016 年公司法》[⑥]的规定中，"董事"定义包括首席执行官、首席财务官、首席运营官和其他任何对公司管理承担主要责任的人。[⑦]

困境公司的董事和高管还可能因"欺诈交易"(fraudulent trading)和"渎职程序" 108
(misfeasance proceedings)而承担责任，根据《2016 年公司法》第 540 条和第 541 条的规定，可被判令支付赔偿金和恢复原状。[⑧]

此外，在公司清算过程中，法院认为公司过去或现在的工作人员构成与公司有 109
关的犯罪并应对此承担刑事责任的，可以指示清算人检控该工作人员或者将此情况报告财政部长。[⑨]

董事违反法定义务的，应当受到处罚。[⑩] 清算中公司的工作人员也可能因伪造 110
文件、未妥善保管公司账目等故意阻挠公司清算的行为而受到处罚。[⑪]

对于公司自愿安排和债务偿还安排中的困境公司来说，其董事应当继续遵守上 111
述义务。但对于司法管理中的公司来说，由于董事不再对公司享有控制权，所以情况有所不同。但对于指定司法管理人之前的不当行为，董事仍应承担责任。司法管理人可以因董事的欺诈交易和渎职行为而对其启动法律程序。[⑫]

上市公司的董事应受自身对马来西亚证券交易所作出的个人承诺约束，必须遵 112

---

① Companies Act 2016 (Act 777) s. 213(1).

② Companies Act 2016 (Act 777) s. 213(2).

③ Companies Act 2016 (Act 777) s. 218.

④ Companies Act 2016 (Act 777) s. 2.

⑤ *Muniandy a/l Nadasan v. Dato' Prem Krishna Sahgal* [2016] 11 MLJ 38.

⑥ Companies Act 2016 (Act 777) ss. 213 –218, 223 and 228.

⑦ Companies Act 2016 (Act 777) s. 210.

⑧ Companies Act 2016 (Act 777) ss. 540 and 541.

⑨ Companies Act 2016 (Act 777) s. 542(1).

⑩ For example, ss. 213, 218 and 540 of the Companies Act 2016 (Act 777).

⑪ Companies Act 2016 (Act 777) ss. 536, 538 and 539.

⑫ Companies Act 2016 (Act 777) s. 430(2)(b).

守马来西亚证券交易所上市要求中规定的义务。[①] 这些义务包括公布公司的财务表现，以及当债务中未清偿数额达公司净资产的5%以上时，需提交一份“合规方案”（regularisation plan）。[②]

113 在 *Tan Sri Dato' Hj Lamin Hj Mohd Yunus v. Bursa Malaysia Securities Bhd*[③] 案中，上诉法院认为，即使公司进入了临时清算程序，董事义务也继续以“剩余责任”（residuary obligations）的形式存在。

（七）程序的转换

114 马来西亚并不要求在债权人寻求清算困境公司前，公司必须经过重组。与之相反，如前文述及，公司处于清算中的，清算人可以向债权人提出安排计划或建议方案，也可以向某一债权人组提出安排计划。[④] 但公司处于清算中的，不得再为其申请司法管理令。[⑤]

115 《2016年公司法》并不禁止公司董事在经批准的安排计划实施失败后提出司法管理或公司自愿安排申请。然而，虽然董事有权提出申请，但相关建议书、建议方案能否获得债权人通过，仍然存疑。

116 经批准的公司自愿安排建议方案，如果未获所有方案约束方的完整执行，其效力将终止。[⑥]

117 司法管理令一经法院撤销，程序即告终结。此外，法院收到的报告一旦载明，司法管理人的建议书未获债权人会议通过，[⑦]或者司法管理令规定的目标无法实现的，法院应当撤销该司法管理令。[⑧]

118 进行债务偿还安排程序（尤其是清算人申请的情形）的公司也可能以解散告终。[⑨] 事实上，法院在批准向另一公司转让资产的安排计划时，可以指令不经清算而直接解散转让资产方的公司。[⑩]

---

① 马来西亚证券交易所的上市要求依据《2007年资本市场与服务法》第11条制定。
② Bursa Malaysia Securities Berhad, “Main Market Listing Requirements” at para. 9. 19(A).
③ [2012] 3 CLJ 837.
④ For example, *Kamuja Corp Sdn Bhd v. Aras Dimensi Sdn Bhd* [2015] 1 LNS 189.
⑤ Companies Act 2016 (Act 777) s. 405(6).
⑥ Companies Act 2016 (Act 777) s. 402.
⑦ Companies Act 2016 (Act 777) s. 421(5).
⑧ Companies Act 2016 (Act 777) s. 424(1).
⑨ Companies Act 2016 (Act 777) s. 370(2).
⑩ Companies Act 2016 (Act 777) s. 370(2)(d).

公司在上述情形中被解散,而在解散后又发现其他财产的,这些财产将被授予公司注册处。① 公司注册处可以对这类财产进行处置,财产出售所得在支付成本、开支和费用后,应根据《1965 年无人认领款项法》的规定,作为无人认领的款项处理。② 119

(八)重整融资

马来西亚法对于企业拯救过程中发生的费用未作具体规定。财务困境公司的股东或关联公司没有任何法定义务为困境公司提供资金帮助。 120

通常情况下,企业拯救中破产执业者费用、财务和法律顾问费等“直接成本”,将全部或部分由公司或其股东支付。公司经营成本则一般从公司现有资金中支付或者由股东承担。然而,在企业拯救活动正式开展之前,公司需要先从“白衣骑士”③或主要股东处获取资金。④ 121

马来西亚法对于在企业拯救前后向债务人提供融资的行为也未作特别规定。然而,债务人在这一阶段为融资提供的担保很容易被“挑战”为构成偏颇清偿,⑤资金方则可能无法作为担保债权人享有优先权。这可能是困境公司获取新融资以及“再融资”(refinancing)的主要障碍。 122

股东或第三方(包括资金方)向困境公司提供了财务资助的,应作为公司无担保债务,适用同比例原则清偿。此外,在此类融资安排中,以协议方式将某项债务“劣后清偿”的情况也不少见。 123

然而,在 ***Malaysian Trustees Bhd v. Transmile Group Bhd*** 案中,⑥上诉法院认为,债务人与某一债权人之间的劣后债权协议无法约束其他债权人。此类协议违反了马来西亚法中的同比例原则,该原则为《1965 年公司法》第 292 条(现为《2016 年公司法》第 527 条)⑦的法定要求。除非债权人自己明示同意,否则不得排除同比例原则的适用。债权人同意将其债权劣后或放弃权利的,只对自身有约束力。 124

困境公司也可通过出售自身资产为各类直接成本提供资金,但这取决于公司资 125

---

① Companies Act 2016 (Act 777) s. 557.

② Companies Act 2016 (Act 777) s. 558.

③ 近年的案例有:Barakah Offshore Petroleum Bhd. See Chester Tay,“Barakah Gets White Knight, Creditors' Support for Debt Restructuring,CEO Says” *the EdgeMarkets* (23 April 2019)。

④ For example, Bumi Armada Bhd. See “Billionaire Ananda Krishnan's Bumi Armada Near RM2bil Loan Deal” *the Star* (26 March 2019).

⑤ 见本报告第 182 ~185 段。

⑥ [2012] 3 MLJ 679.

⑦ *Malaysian Trustees Bhd v. Transmile Group Bhd* [2012] 3 MLJ 679 at 690.

产上是否设有担保和相关担保金额。担保文件中通常包括明文约定的条款，明确资产出售所得首先用于清偿担保债权。①

126 鉴于禁止“包揽诉讼”（champerty）规则的存在，第三方资助诉讼的行为在马来西亚是非法的。只要“一方同意资助另一方提起诉讼，并约定资助方从诉讼所得中获取一定比例回报”，则包揽诉讼成立。② 同时，法院的判例显示，这一规则包含向他人转让有关“追索权”（claim）的行为。③

（九）中止效力

1. 公司自愿安排

127 公司自提交公司自愿安排申请之时起，即享有28日的自动中止期。④

128 这一中止效力包括但不限于：中止对公司提出清算申请；中止对公司财产设置担保或基于分期付款买卖协议收回公司占有的货物（法院准许的除外）；中止司法管理申请和指定司法管理人；中止对公司及其财产提起或继续进行诉讼、中止执行或其他法律程序（法院许可除外）。⑤

129 对于28日的中止期，根据《2016年公司法》第399条召集的公司会议和债权人会议可予以延长。⑥ 经被任命人同意，还可设立“中止委员会”（moratorium committee），负责根据会议授权行使职能。⑦ 前述依法召开的会议只要达成以下条件，中止期就可获延长至不超过60日的任意时长：（1）经被任命人和公司成员同意；（2）经占债权总额75%以上的债权人同意。⑧

130 违反中止效力的行为属于刑事犯罪，⑨可根据《2016年公司法》第588（1）条处以罚款和/或监禁。

---

① 事实上，对于以下类型的财产，当法院依司法管理人申请批准进行处分时，应在法院命令中设定条件，将财产处置的净所得用于清偿相关协议下的担保权或应付款项：（1）附浮动抵押以外类型担保权的公司财产；（2）分期付款买卖、租赁或所有权保留协议下的任何标的物。See s. 415 of the Companies Act 2016（Act 777）.

② *Jacob and Toralf Consulting Sdn Bhd v. Siemens Industry Software Gmbh & Co Kg* [2018] MLJU 767; *Amal Bakti Sdn Bhd v. Milan Auto (M) Sdn Bhd* [2009] 6 CLJ 153.

③ *Khan Kam Chee v. Loke Wan Yat Realty Sdn Bhd* [1984] 1 CLJ 174.

④ Companies Act 2016 (Act 777) s.398(1) and Eighth Schedule, para. 3.

⑤ Generally Eighth Schedule, para. 17 of the Companies Act 2016 (Act 777).

⑥ Companies Act 2016 (Act 777) s.398 and Eighth Schedule, para. 3.

⑦ Companies Act 2016 (Act 777) Eighth Schedule, para. 13.

⑧ Companies Act 2016 (Act 777) Eighth Schedule, para. 3.

⑨ Companies Act 2016 (Act 777) s.588(1).

2. 债务偿还安排

提出债务偿还安排申请本身并不产生自动中止效力。然而,为确保公司有必要的“喘息空间”以起草并制订安排计划,可以根据《2016 年公司法》第 368(1)条申请限制令。 131

按照马来西亚法的规定,法院依申请作出限制令需满足一系列条件。 132

第一,法院需确信在公司与全体债权人或债权人组(该组需占债权总额的 1/2)[①]之间已形成了安排计划草案。在 *Re Kuala Lumpur Industries Bhd* 案中,法院认为:[②] 133

“法院在审查根据第 176(10)条提出的申请[③]时,需要至少见到一份安排计划的草案。这份草案不必达到提交债权人表决的完整度,但应当有足够的细节,使得法院能够评估其可行性,并当它最终以详细形式提交给债权人时,值得他们给予适当考虑。此外,法院必须确信,根据第 176(1)条[④]提出的申请是善意的。”

在 *Re Lityan Holdings Bhd* 案中,法院还认为,“债务人必须能够提出一份有专家意见支持的可行性方案,供法院考虑”。[⑤]

第二,法院需确信作出限制令有其必要性,能够使公司与债权人达成安排计划,并根据《2016 年公司法》第 366 条由债权人或公司成员表决通过。[⑥] 134

第三,申请人在提交限制令申请的同时,还应提交一份关于公司事务的详细声明。该声明内容的形成日期不可早于申请前三日。[⑦] 135

第四,法院需批准由多数债权人在申请中提名的人选担任公司董事。如果该人选尚未具备董事资格,则由法院直接指定该人选担任公司董事,无须遵照《2016 年公司法》或公司章程的规定。[⑧] 136

上述条件最初规定于《1965 年公司法》第 176(10A)条[⑨]中。其原因在于,在亚 137

---

① Companies Act 2016 (Act 777) s.368(2)(a); *Re Kai Peng Bhd* [2007] 8 CLJ 703.

② [1991] 3 CLJ 2867.

③ 《1965 年公司法》第 176(10)条的规定与《2016 年公司法》第 386(1)条类似。

④ 《1965 年公司法》第 176(1)条的规定与《2016 年公司法》第 366 条类似。

⑤ [2007] 3 CLJ 554.

⑥ Companies Act 2016 (Act 777) s.368(2)(b).

⑦ Companies Act 2016 (Act 777) s.368(2)(c).

⑧ Companies Act 2016 (Act 777) s.368(2)(d).

⑨ Section 14 of the Companies (Amendment) (No.2) Act 1998 (Act A1043).

洲金融危机期间,许多公司假借制订安排计划,滥用限制令以获得保护。[①]《1998 年公司(修正)(第 2 号)法》解释性说明的第 13 段指出:

"13. 第 14 条旨在修正 125 号法案的第 176 条,以确保债权人能够知悉依据第(10)款提出申请,且为避免滥用,确保限制令在特定条件下方可作出。"

138 限制令申请必须满足上述四项条件。未能满足条件的,很可能导致申请被驳回。[②] 此外,如果限制令仅为"单方"(ex parte)所取得,也应予以撤销。[③]

139 法院还有权限制对公司采取的任何措施或者法律程序。例如,在 *CHG Industries Bhd v. Bursa Malaysia Securities Bhd* 案中,法院认为可以根据《1965 年公司法》第 176(10)条作出限制令,限制马来西亚证券交易所继续进行一家上市公司的终止上市程序。[④]

140 至于效力时长,法院可以作出效力期间不超过 3 个月的限制令,还可依公司申请予以延长,但不得超过 9 个月。[⑤]

141 此外,如果清算令已作出,或者关于清算公司的决议已获通过,则不得再申请限制令。[⑥] 在这种情况下,公司应已受《2016 年公司法》其他规定的保护。[⑦]

142 限制令一经作出,任何主体试图对公司启动或继续进行诉讼或其他法律程序的,必须先获得法院准许。[⑧] 在债务之上确实存在争议的,法院应当准许。[⑨]

143 在法院限制令的生效期间,公司在正常经营过程之外的任何财产处分行为(包括处分"无形动产"、他人收购公司财产)均属无效,但法院另有命令的除外。[⑩] 例如,在 *Johan Shipping Sdn Bhd v. Public Bank Bhd*[⑪] 案中,公司在违反限制令的情况

---

① For example: *Metroplex Bhd v. Morgan Stanley Emerging Markets Inc*; *RHB Sakura Merchant Bankers Bhd* [2005] 6 MLJ 487.

② *Barakah Offshore Petroleum Berhad v. Mersing Construction & Engineering Sdn Bhd* [2019] MLJU 338.

③ *PECD Bhd v. Amtrustee Bhd* [2010] 1 CLJ 940.

④ [2007] 6 CLJ 710.

⑤ Companies Act 2016 (Act 777) s368(2).《1965 年公司法》第 176(10A)条明确规定,限制令的效力期间不得超过 90 日,并且只有在满足该条款中(a)至(d)项的规定条件时,才可基于"正当理由"予以延长。

⑥ Companies Act 2016 (Act 777) s.368(1).

⑦ Companies Act 2016 (Act 777) ss.451(2) and 471.

⑧ Companies Act 2016 (Act 777) s.368(1).

⑨ *Autoways Holdings Berhad v. PB Securities Sdn Bhd* [2000] 1 LNS 229.

⑩ Companies Act 2016 (Act 777) s.368(4).

⑪ [2015] 6 MLJ 835.

下发行债券，由于未经法院准许而被认定为无效。① 公司和工作人员违反禁止令的行为均属犯罪，如果被定罪，可被处以监禁和/或罚款。②

3. 司法管理

在申请人提出司法管理申请到申请被驳回的“保全期间”(interim period)内，公司将受自动中止制度的保护。这一期间的中止效力相对有限，包括：(1)不得通过清算公司的决议或者颁布清算公司的命令；③(2)不得强制执行公司财产上的担保，或根据分期付款买卖、租赁或所有权保留协议收回公司占有的标的物(经司法管理人同意或法院准许的除外，同时应遵守法院可能设置的条件)；④(3)不得对公司或其财产启动或继续进行诉讼、执行或其他法律程序，也不得对公司或其财产进行扣押(经司法管理人同意或法院准许的除外，同时应遵守法院可能设置的条件)。⑤ 144

司法管理令一经作出，将产生范围更广的中止效力，相较于之前，其额外效力包括：(1)不得指定接管人或接管经理人；⑥(2)不得为转让公司股份或改变任何公司成员地位而采取任何行动(经法院准许的除外，同时应遵守法院可能施加的条款)。⑦ 145

与公司自愿安排一样，任何违反司法管理中止效力的行为均属犯罪，⑧可被处以罚款和/或监禁。 146

4. 域外效力

尽管前述中止和限制令的效力范围及于困境公司的境外财产⑨，但其本身不具有任何域外效力。 147

5. 中止协议

在马来西亚，依据重组方案达成的“中止协议”(standstill agreement)对协议各方均有约束力。在本报告作者看来，违反具有约束力的中止协议而提起的诉讼程序， 148

---

① 该案中被审查的行为违反了《1965 年公司法》第 176(10C)条的规定，该规定与《2016 年公司法》第 368(4)条相似。

② Companies Act 2016 (Act 777) s.368(7).

③ Companies Act 2016 (Act 777) s.410(a).

④ Companies Act 2016 (Act 777) s.410(b).

⑤ Companies Act 2016 (Act 777) s.410(c).

⑥ Companies Act 2016 (Act 777) s.411(4)(b).

⑦ Companies Act 2016 (Act 777) s.411(4)(e).

⑧ Companies Act 2016 (Act 777) s.588(1).

⑨ “财产”一词的定义较为广泛，包括位于马来西亚外的财产。See s. 2 of the Companies Act 2016 (Act 777).

是可能被中止甚至终止的。

149 此外,在企业债务重组委员会参与的案件中,每一个参与机构均应遵守本报告第26段所述的中止限制。

150 在上述中止期间,各参与机构均应遵守以下限制:(1)继续提供并保持中止开始时的剩余授信额度;(2)不得对债务人采取、启动或继续进行任何法律措施、程序;(3)不得主张债务加速到期或者要求债务人清偿;(4)不得采取行动强制执行任何担保或保证,或基于担保或保证要求债务人清偿;(5)不得试图从债务人处获取担保权、保证或其他形式的担保(事先得到其他参与机构书面同意的除外);(6)不得向任何非参与机构出售、让与或转让其债权(相关交易文件允许的除外)。①

151 参与机构可以向企业债务重组委员会提出申请,准许其进行必要的诉讼,从而保护其地位。② 在这种情况下,企业债务重组委员会可以允许参与机构进行或继续进行诉讼,但在受限制的范围内,不得执行或强制执行所取得的判决。

152 在这一中止期内,债务人也必须同意履行一系列的义务,③具体而言,债务人未经全体参与机构事先批准,不得在其任何财产上增设担保权、新增借款或债务、为任何债权人新设优先权等。④

153 然而,如果各方是在法律程序启动后才达成中止协议,债权人可能会在为完成重组而中止法院程序方面遇到困难。近年来,法院倾向于不允许因这类原因而使待审事项处于未决状态。在债权人与债务人真诚地达成了重组协议等情形中,债权人也许只能撤回起诉,但仍保留重新起诉的权利。

(十)普通合同与特别合同

154 在马来西亚,协议中包含"破产约定"条款(ipso facto clauses)的情况并不少见,尤其在贷款协议中特别常见。这类条款使债权人有权在债务人进入清算、面临清算可能、启动重组等特定违约事由发生时提前终止协议。"破产约定"条款在马来西亚

---

① Bank Negara Malaysia Corporate Debt Restructuring Committee Participants' Code of Conduct (updated 27 June 2018) at para. 9. 3.

② Bank Negara Malaysia Corporate Debt Restructuring Committee Participants' Code of Conduct (updated 27 June 2018) at para. 9. 3.

③ Bank Negara Malaysia Corporate Debt Restructuring Committee Participants' Code of Conduct (updated 27 June 2018) at para. 9. 4.

④ Bank Negara Malaysia Corporate Debt Restructuring Committee Participants' Code of Conduct (updated 27 June 2018) para. 9. 4(d).

是有效且可执行的。

对于贷款协议,“破产约定”条款将不可避免地带来债务加速到期、立即执行贷款所附担保权的效果。同样,对于分期付款买卖、租赁协议,“破产约定”条款的应用将不可避免地导致交易终止、设备收回、出售人或出租人要求偿还所有到期和拖欠款项的效果。 155

当然,债权人有权不行使他们在“破产约定”条款中的权利,并继续履行原协议。然而在司法管理程序中,如果管理人在司法管理令作出之后提出或同意提出关于供应“水、电、燃气及通信等任何公共服务”的要求,供应商有权要求司法管理人个人对司法管理人获指定后产生的服务费用提供担保。① 同时,公共服务供应商不得以“先支付司法管理令作出前未付服务费用”为继续服务的条件。② 156

然而,在 ***Boulevard Plaza Sdn Bhd v. Gas District Cooling (Putrajaya) Sdn Bhd*** 案中,③法院对《2016 年公司法》第 392(6)条和第 392(7)条这两个类似规定进行了狭义解释,该案涉及接管经理人。④ 马来西亚高等法院认为,《2016 年公司法》第 392(7)条仅限于“水、电、燃气以及通信”的服务供应,并不包含向商业建筑提供空调服务。这一判决似乎是对《2016 年公司法》第 392(7)条作了过度的狭义解释,忽略了前文的“包括……在内的任何公共服务”。此后,上诉法院推翻了这一判决,但判决理由未公布。 157

笔者认为,《2016 年公司法》第 392(7)条规定的“通常含义”应当涵盖了所有类型的公共服务,而对《2016 年公司法》第 414(7)条也应作同样解释。 158

马来西亚法允许对合同权利进行转让。⑤ 转让人未发出明示的书面转让通知的,法律也认可受让人有权根据衡平法执行其受让的权利。⑥ 就这一点而言,对合同收益的转让是一种常见的融资担保方式。⑦ 但需说明,合同条款明确禁止合同未经 159

---

① Companies Act 2016 (Act 777) s. 414(7)(a).

② Companies Act 2016 (Act 777) s. 414(7)(b).

③ [2019] 5 CLJ 81.

④ 《2016 年公司法》第 392(7)条的规定与《2016 年公司法》第 414(7)条相似,其规定为:“除第(6)款另有规定外,供应商不得将‘支付指定接管人或接管经理人之前未付供应款’作为提供服务的条件,或者以任何方式使之实质上成为提供服务的条件。”

⑤ Civil Law Act 1956 (Ordinance No. 5 of 1956) s. 4(3).

⑥ *Public Finance Bhd v. Scotch Leasing Sdn Bhd*; *Perwira Habib Bank Malaysia (Intervener)* [1996] 3 CLJ 635; *CIMB Bank Bhd v. Sebang Gemilang Sdn Bhd* [2018] 5 CLJ 129.

⑦ For example: *Sabah Bank Bhd v. Petron Oil (M) Sdn Bhd* [2019] 3 CLJ 513.

相对方同意而转让的，该合同权利不得转让。[①]

（十一）债权的清偿顺序、优先权和处理方法

1. 债权

160 破产企业的债权一般分类如下：

（1）担保债权，即债权人被担保权覆盖的债权。附担保的融资和贷款债权均属这一类别。

（2）优先的无担保债权，概括而言（同时受法定例外情形的限制），包括清算成本和费用、职工工资和报酬、工人的法定补偿金、职工休假的应付薪资、法定社保分担额、养老金、公积金以及法定的联邦税款。[②] 这些债权优先于其他无担保债权受偿。

（3）无担保债权，即其他无附担保和优先受偿权的债权。[③]

2. 债权人组

161 在债务偿还安排程序中，如果发起人没有正确地划分不同的债权人组别，那么即使该安排计划在债权人会议上获得了必要的同意票数，也不会被法院批准。[④] 而就分组而言，当某些债权人之间的利益差异已经大到无法为了共同利益而协商时，这些债权人应被视为分别属于不同的独立组别。[⑤]

162 在 *Transmile Group Bhd v. Malaysian Trustee Bhd* 案[⑥]中，法院参考并适用了 *UDL Argos Engineering & Heavy Industries Co. Ltd. v. Li Oi Lin* 案中确立的权利人分组原则，具体如下：[⑦]

"……（2）权利人的权利差异已经大至无法为了共同利益而合理协商的，应当分开召集会议。权利人所持权利相似到能够从共同利益视角协商的，则应召集至同一会议。（3）这一判断所依据的相似性或差异性，是基于权利人对公司享有的法律权利，而不是其他非基于这类法律权利而产生的利益……（4）问题在于，安排计划

① *Merita Merchant Bank Singapore Ltd. v. Dewan Bahasa dan Pustaka* [2014] 9 CLJ 1064.

② Companies Act 2016 (Act 777) s. 527(1).

③ Companies Act 2016 (Act 777) s. 527.

④ *Re Sateras Resources (Malaysia) Bhd* [2005] 6 CLJ 194 at 209.

⑤ *Re Sateras Resources (Malaysia) Bhd* [2005] 6 CLJ 194 at 209.

⑥ [2012] 9 CLJ 1071.

⑦ [2002] 1 HKC 172 at [27], cited in *Transmile Group Bhd v. Malaysian Trustee Bhd* [2012] 9 CLJ 1071 at [24].

旨在免除或调整的权利,或者安排计划拟授予的新权利,其差异是否已大至该安排计划应被视为与多个债权人组达成的和解或安排。”

163 《2016年公司法》并未特别要求公司自愿安排区分不同的债权人组。然而,实务中是需要区分的,因为非经担保债权人同意,公司成员或债权人会议不得通过会影响担保权执行的公司自愿安排建议方案。① 这显然是被任命人在考虑建议方案是否合理、是否可执行时必须斟酌的问题。

164 监督人一旦执行了未妥当分组的公司自愿安排建议方案,依据本报告第80段第(2)项述及的规定,其行为可能会受到挑战而被起诉至法院。这一规则与公司法改革委员会提出的建议是一致的。②

165 至于司法管理程序,《2016年公司法》未要求司法管理人区分不同的债权人组。这似乎也与公司法改革委员会的建议一致。③ 然而,在没有区分债权人组的情况下,债权人有可能根据《2016年公司法》第425(1)条(本报告第78段述及)请求救济,但需证明未区分不同债权人组“不公平损害了债权人利益”。④

3. 债权处理过程

166 在债务偿还安排中,公司或者提出安排计划的人应当通过其财务顾问,以简易方式审查债权人申报的债权。⑤ 债权人将受邀在特定截止日期前提交债权证明。安排计划草案的解释性说明中应当列明安排计划拟对债权人发生的效力,并与会议通知一并发出。⑥ 债权人对债权审查结论不服的,可以在法院依申请批准安排计划的听证会上提出异议。

167 公司自愿安排中则无专门的债权审查程序。公司负债情况将是被任命人在考

① Companies Act 2016 (Act 777) s.400(4).

② Corporate Law Reform Committee for the Companies Commission of Malaysia, “A Consultative Document on Reviewing the Corporate Insolvency Regime-The Proposal for a Corporate Rehabilitation Framework” (August 2007) at p.60, para.3.15.

③ Corporate Law Reform Committee for the Companies Commission of Malaysia, “A Consultative Document on Reviewing the Corporate Insolvency Regime-The Proposal for a Corporate Rehabilitation Framework” (August 2007) at p.34, para.2.14.

④ *Prudential Assurance Company Ltd. v. PRG Powerhouse Ltd.* [2007] EWHC 1002 案是依据英国《破产法》对公司自愿安排作出的判决,对以公司自愿安排将产生不公平损害为由提起的诉讼挑战,该判决予以支持。这一判决在马来西亚法院可作为具有说服力的判例。

⑤ Companies Act 2016 (Act 777) s.368(1); *PB Securities Sdn Bhd v. Autoways Holdings Bhd* [2000] 4 CLJ 811.

⑥ Companies Act 2016 (Act 777) s.369(1)(a).

量公司自愿安排建议方案是否有被通过的合理预期时，需要依职权确定的事项之一。[①] 债权人对债权审查结论有异议的，可以根据《2016 年公司法》第 401（4）条提起诉讼。

168 然而，如果债务偿还安排或者公司自愿安排是由清算人提出的，清算人应组织债权人进行债权申报[②]并审查债权证明[③]。清算人不予认定债权的，债权人有权提起诉讼。[④]

169 在司法管理中，债权人应当在收到司法管理令之日起 14 日内提交债权证明表。[⑤] 司法管理人可以随时要求债权人提供债权证明相关佐证材料。[⑥] 只有提交了债权证明的债权人才享有表决权。[⑦]

（十二）境外债权人待遇

170 马来西亚法未对境外债权人问题作专门规定。

171 境外债权人的无担保债权，包括境外税务机关享有的债权，[⑧]均应作为无担保债权，在担保债权和前述优先的无担保债权之后按同比例原则受偿。

172 境外债权人试图追收债务人“境外”资产的，可能会因其“不当”的执行行为而承担责任，并承担恢复原状的义务。此外，清算程序一经开始，任何对公司财产或财物实施的查封、扣押、冻结和执行行为均属无效。[⑨]

（十三）债权人对程序的监督

173 在表决通过司法管理人的建议书之后，债权人会议可以设立一个债权人委员会来监督司法管理人履职。在监督期间，该委员会可以在合理的情况下要求司法管理

---

① Companies Act 2016 (Act 777) Seventh Schedule.

② Companies (Winding-Up) Rules 1972 [P U (A) 289/1972] r. 91.

③ Companies (Winding-Up) Rules 1972 [P U (A) 289/1972] r. 92.

④ Companies (Winding-Up) Rules 1972 [P U (A) 289/1972] r. 93.

⑤ Companies (Corporate Rescue Mechanism) Rules 2018 [P U (A) 64, effective as of 1 March 2018] r. 18(1) and Form 16.

⑥ Companies (Corporate Rescue Mechanism) Rules 2018 [P U (A) 64, effective as of 1 March 2018] r. 18(2).

⑦ Companies (Corporate Rescue Mechanism) Rules 2018 [P U (A) 64, effective as of 1 March 2018] r. 29.

⑧ 与之相比，根据马来西亚法应付未付的联邦税款优先于无担保债权受偿（除《2016 年公司法》第 527（1）条规定范围之外）。

⑨ Companies Act 2016 (Act 777) ss. 451(1) and 472(3); See also exceptions under s. 533.

人提供与其履职相关的信息。[①]

债权人委员会的成员数量须在 5～7 名。[②] 在其成员中，必须有一名公司职工代表和一名股东作为全体股东代表。[③] 174

除非另有决议，否则债权人委员会应当每 14 日召开一次会议。[④] 公司职工代表和股东代表无权在会议上投票，[⑤]也不得被指定为会议主席。[⑥] 债权人委员会决定的事项将以有表决权成员之多数签署的书面决议作出。[⑦] 175

1. 公司自愿安排

在公司自愿安排中，建议方案一旦获得债权人表决通过，[⑧]就将由监督人来监督其执行。债权人对监督人的任何行为、疏漏或决定不服的，可以向法院提起诉讼并要求纠正。[⑨] 176

2. 债务偿还安排

在债务偿还安排程序中，债权人通过债权人会议行使其监督权。安排计划须经占债权总额 75% 以上的债权人，或经占相应债权人组内债权额 75% 以上的债权人表决通过。[⑩] 除此之外，在法院批准和解或者安排计划之前，债权人均有权发表意见。[⑪] 177

（十四）职工、利益相关方和退休金问题

债务偿还安排、公司自愿安排相关法律并未对雇佣合同作特别规定。 178

---

① Companies Act 2016 (Act 777) s. 422.

② Companies (Corporate Rescue Mechanism) Rules 2018 [P U (A) 64, effective as of 1 March 2018] r. 36(1).

③ Companies (Corporate Rescue Mechanism) Rules 2018 [P U (A) 64, effective as of 1 March 2018] r. 36(1).

④ Companies (Corporate Rescue Mechanism) Rules 2018 [P U (A) 64, effective as of 1 March 2018] r. 36(2).

⑤ Companies (Corporate Rescue Mechanism) Rules 2018 [P U (A) 64, effective as of 1 March 2018] r. 36(3).

⑥ Companies (Corporate Rescue Mechanism) Rules 2018 [P U (A) 64, effective as of 1 March 2018] r. 36(4)(a).

⑦ Companies (Corporate Rescue Mechanism) Rules 2018 [P U (A) 64, effective as of 1 March 2018] r. 36(5).

⑧ 关于公司自愿安排建议方案，须在根据《2016 年公司法》第 399 条规定召开的会议上，按照《2016 年公司法》第 400 条规定的标准，经债权人表决通过。

⑨ Companies Act 2016 (Act 777) s. 401(4).

⑩ Companies Act 2016 (Act 777) s. 366(3).

⑪ Companies Act 2016 (Act 777) s. 366(4).

179 司法管理人或临时司法管理人受指定后，应当在司法管理令颁布之日起30日内决定是否继续履行雇佣合同。[①] 马来西亚法规定，司法管理人需对履职过程中签订或继续履行的雇佣合同承担个人责任，[②]该个人责任可以以通知方式声明免除。[③]

180 在本报告所述的任一企业拯救程序中，公司及其董事仍承担缴纳社会保险金、职工公积金相关款项的责任。同时，在这些程序中，公司仍然有义务支付职工工资。

181 企业拯救程序涉及将公司业务整体出售、转让至另一实体的，除非职工同意继续履行，否则雇佣合同应当终止。[④]

（十五）撤销和追回规则

182 对于申请启动债务偿还安排、公司自愿安排申请或其他庭外重组程序之前进行的偏颇清偿行为，法律未作规定。

183 而在司法管理程序中，如果公司进行交易（包括任何款项支付，转让、抵押或交付货物）的意图是让特定债权人优先于其他债权人受偿，且该交易发生之日在司法管理申请提交之前6个月内的，该交易应属无效。[⑤] 然而，如果该交易是基于善意达成的，且具备有价值的对价，则该交易有效。[⑥]

184 另外，公司将其全部财产转移或转让给受托人，以使所有债权人受益的行为也属无效。[⑦]

185 由于法律已经授权司法管理人以公司名义或代表公司提起任何诉讼，所以司法管理人有提起偏颇清偿之诉的资格。[⑧] 当公司资金不足以支付诉讼费用时，为提起此类诉讼，司法管理人也可以从债权人处筹集资金。司法管理人有权力对外借款并以公司财产为担保。[⑨]

---

① Companies Act 2016 (Act 777) s.416(3).

② Companies Act 2016 (Act 777) s.416 (1)(b).

③ Companies Act 2016 (Act 777) s.416(2).

④ *Kumpulan Kamuning Sdn Bhd v. Rajoo* [1983] 2 CLJ 242; *Amalgamated Properties & Industries Bhd v. Lee Mun Choong* [2000] 3 ILR 291; *Uniphoenix Corporation Berhad v. Wong Chan Ming* [1998] 3 ILR 914.

⑤ Companies Act 2016 (Act 777) s.426(1).

⑥ Companies Act 2016 (Act 777) s.426(3).

⑦ Companies Act 2016 (Act 777) s.426(2).

⑧ Companies Act 2016 (Act 777) Ninth Schedule, para. (e).

⑨ Companies Act 2016 (Act 777) Ninth Schedule, para. (c).

（十六）重整计划与营运出售

在马来西亚，载有持续经营、资产出售、调整偿债条款等内容的“重整计划”，可 186
以以公司、司法管理人提出的债务偿还安排计划，或者公司自愿安排建议方案为载体实现。

如前述及，公司或司法管理人需要申请一项法院命令来召集债权人会议或公司 187
成员会议。不同的债权人组或公司成员组（若有）应在会前完成分组。债权人表决通过重整计划的标准是：在出席会议并投票的债权人或债权人组中，经代表债权额占75%的债权人投票通过。重整计划只有在获得法院批准后，才对全体债权人和公司成员产生约束力。

法院在批准重整计划时，有权在其认为公正的限度内调整内容或设置条件。① 188
但如果重整计划未能获得债权人必要多数决通过，那么法院无权“强制批准”重整计划以约束全体债权人。②

此外，法院在重整计划执行方面拥有宽泛的权力，可以作出与执行相关的各类 189
命令，③例如，向买受人转让公司的全部或部分业务、财产或债务。④

在马来西亚现行的企业拯救机制中，“预先打包”式出售原则上是可行的。然 190
而，根据出售条款的不同，发起“预先打包”式出售可能受到异议债权人的抵制。在公司自愿安排或司法管理中，异议债权人很可能向法院提起诉讼，以挑战监督人或司法管理人的决定。⑤

三、企业集团破产

马来西亚法并未专门定义企业集团破产。 191

对于破产的企业集团，其重组可以通过安排计划来实现。如果成功完成的安排 192
计划涉及出售企业集团的整体营业或主要资产，则该企业集团可不经清盘而解散。⑥

然而，在马来西亚，如果企业集团内各公司已经分别启动了企业拯救程序，则相 193
关方可以申请将这些程序集合至法院民事庭或商事庭的同一法官处理，以此方式合

---

① Companies Act 2016 (Act 777) s. 366(4).
② *Transmile Group Bhd v. Malaysian Trustee Bhd* [2012] 9 CLJ 1071.
③ Companies Act 2016 (Act 777) ss. 370(1) and 370(2).
④ Companies Act 2016 (Act 777) s. 370(2).
⑤ Companies Act 2016 (Act 777) ss. 401(4) and 425(1).
⑥ Companies Act 2016 (Act 777) ss. 370(1) and 370(2)(d).

并程序或合并审理。[①] 此类申请所依据的理由如下：(1)相关程序具有相同法律问题或事实问题；(2)当事人寻求的救济涉及或产生于同一交易或同一系列交易；(3)其他适宜合并程序或合并审理的情形。[②]

四、其他事项

(一)中小企业

194 除前文介绍的“小型债务重组机制”外，马来西亚没有专门适用于中小企业纾困的法律。

(二)国际和跨境破产法

195 马来西亚现行破产法无域外效力。

196 马来西亚并未缔结任何跨境破产国际条约，也未将联合国《跨国界破产示范法》(1997年)或《关于承认和执行与破产有关判决的示范法》(2018年)采纳为国内法。

197 尽管破产执业者在获指定为司法管理人或清算人后，将接管并控制公司有权持有的全部财产，包括位于马来西亚以外的财产，[③]但境外司法管辖区是否承认司法管理人或清算人的权利，是由外国当地法院考虑的问题。

附：本报告引用的法律和政策性文件

Appendix of Legislation and Polices Referred to

1.《马来西亚国家银行企业债务重组委员会参与者行为准则》，Bank Negara Malaysia Corporate Debt Restructuring Committee Participants' Code of Conduct (updated 27 June 2018)。

2.《2007年资本市场与服务法》，Capital Market and Services Act 2007 (Act 671)。

3.《1956年民法》，Civil Law Act 1956 (Ordinance No. 5 of 1956)。

4.《1965年公司法》，Companies Act 1965。

---

① Rules of Court2012, O 4 r. 1(1)(c) and O 57 r. 1.

② Rules of Court 2012, O 4 r. 1(1).

③ Companies Act 2016 (Act 777) s. 414(1).

5.《2016 年公司法》,Companies Act 2016（Act 777）。

6.《1998 年公司(修正)(第 2 号)法》,Companies（Amendment）（No. 2）Act 1998（Act A1043）。

7.《2018 年公司(企业拯救机制)规则》, Companies （Corporate Rescue Mechanism）Rules 2018［P U（A）64,effective as of 1 March 2018］。

8.《1972 年公司(清算)规则》,Companies（Winding-up）Rules 1972［P U（A）289/1972］。

9.《关于〈2016 年公司法〉第三部分第八章企业拯救机制的指引》,Guidelines for Corporate Rescue Mechanism Under Division 8 Part Ⅲ of the Companies Act 2016（5 December 2018）。

10.《2012 年有限责任合伙企业法》,Limited Liability Partnerships Act 2012（Act 743）。

11.《国家土地法》,National Land Code（Act 56 of 1965）。

12.《1961 年合伙法》,Partnership Act 1961（Act 135）。

13.《1956 年商业登记法》,Registration of Businesses Act 1956（Act 197）。

14.《2012 年法庭规则》,Rules of Court 2012。

缅甸制度报告

Scott AtkinsPartner, Chair, Head of Risk Advisory, Norton Rose Fulbright Australia

一、引言

1 缅甸受英国殖民统治的影响,建立起普通法制度。自1948年缅甸实现国家独立后,当时既有的大部分法律被保留。但由于历史和政治环境的孤立,缅甸与其他普通法地区的交流较为有限。虽然这种"孤立"保护缅甸免受亚洲和全球金融危机直接带来的负面影响,但这也导致缅甸的法律改革,尤其是商法领域的改革,极大地落后于邻国和周边地区。

2 在2011年议会改革启动后,缅甸法律改革随即正式开始。在长达60年中央计划经济体制的背景下,推行法律改革是为了更好地推动经济发展。需特别指出的是,在缅甸经济中,中小微企业①发挥着重要作用,尤其在提供就业岗位方面。官方数据显示,在缅甸登记注册的12万余家企业中,中小微企业占比98%以上。另据估算,约83%的缅甸劳动力正在为未经注册的中小微企业②工作。

3 在中央计划经济时期,缅甸的企业破产法和破产程序基本上未能得到应用。在成员自愿清算程序中,也仅仅是向企业监管部门——投资及公司管理局按规定提交表格、进行备案。因此,在有效处理包括企业破产在内的企业、商业相关事务时,缅甸面临来自专业和机制方面的双重挑战。

4 2017年,基于19世纪英国公司法而制定的《1914年公司法》被废止,取而代之的是《2017年缅甸公司法》③。虽然公众都期待新破产法的出台,但《2017年缅甸公司法》仍原封不动地保留并沿用了《1914年公司法》第五章关于公司清算的规定。

① 详见本报告第十四部分对中小微企业破产问题的探讨。

② "Myanmar to accelerate SME development in early 2018" Xinhua Net (31 December 2017).

③ Enacted on 6 December 2017.

随着《2016 年金融机构法》[1]的出台,缅甸开始对银行业进行改革。该法授权缅 5
甸中央银行在银行破产[2]等情形中,可以命令银行董事会暂停行使职权,并指定接管人[3]接管银行的经营事务。该法还赋予中央银行在选择接管银行的重整方式上的广泛权力,[4]并规定了“非银行金融机构”(non-bank financial institutions)的重整规则和程序。[5] 在缅甸,中央银行对银行的清算活动拥有实质上的控制权。[6]

《2020 年破产法》(以下简称《破产法》)于 2019 年 11 月 14 日、12 月 2 日分获缅 6
甸联邦议会的下院人民院、上院民族院表决通过,并于 2020 年 2 月 14 日经总统签署后正式颁布。《破产法》以统一、全面的立法规定,取代了原来适用于个人和企业的各种破产法律规则(包括《2017 年缅甸公司法》第五章)。

《破产法》遵循了缅甸的立法传统,采用普通法模式构建其破产制度。此外,在 7
起草《破产法》的过程中,[7]起草组参考了世界各地的破产制度模式以及联合国国际贸易法委员会、世界银行、国际货币基金组织等国际组织发布的指导性原则,以制定最适合缅甸这种“转型中国家”的破产制度。在起草工作的各个阶段,起草组分别征求收集了缅甸银行业协会、缅甸注册会计师协会以及投资及公司管理局等机构的意见和建议。

2020 年 4 月 28 日,缅甸联邦最高法院颁布了名为《2020 年破产规则》的附属 8
法规,并于同日生效。鉴于缅甸破产法实践经验非常有限,本报告着重介绍与破产法相关的规定[8]本身。需说明的是,目前缅甸尚未发布《破产法》的官方英文译本。

其他与《破产法》实施相关的背景: 9

(1)缅甸并未签署任何与破产有关的国际条约,但《破产法》采纳了《联合国贸易法委员会跨国界破产示范法》(1997)[9]的规则。

---

① Enacted 25 January 2016.

② Financial Institution Law 2016 (enacted 25 January 2016) s. 94.

③ Financial Institution Law 2016 (enacted 25 January 2016) s. 96(a)(18).

④ Financial Institution Law 2016 (enacted 25 January 2016) ss. 104 to 111.

⑤ Financial Institution Law 2016 (enacted 25 January 2016) s. 112.

⑥ 例如,银行只有经中央银行批准才能启动自动清算,并且只有中央银行才有权向法院提出清算银行的申请。See ss. 113 and 120 of the Financial Institution Law 2016 (enacted 25 January 2016).

⑦ 缅甸是在亚洲开发银行的赞助和国际专家的协助下起草制定的《破产法》。

⑧ 本报告编写团队直接参与了《破产法》的起草工作,鉴于该法并未发布官方英文译本,本报告的注释基于非官方的法条译本形成。

⑨ 详见本报告第十五部分。

（2）缅甸尚无公开渠道供社会公众获取法院文件，一般来说，当事人以外的人参与法庭程序的情况也较为少见。缅甸每年会发布年度法律报告，其中有少量缅甸联邦最高法院的裁判。但是，据报告人所知，该法律报告已多年未涉及破产案例。近期，缅甸联邦最高法院开始在官网①上公开部分商事案件判决，预计未来与破产相关的裁判文书也能以此方式公开。

（3）电子登记注册平台“MyCo”的建立，②极大地简化了公司注册程序，为缅甸公司法改革提供了支持。在引入 MyCo 平台之前，缅甸的公司注册程序完全依靠纸质文件。随着 MyCo 平台的推出，缅甸的公司注册活动也更加活跃。截至 2020 年 9 月，根据《2017 年缅甸公司法》注册成立的公司已经有 67,000 余家。③ 尽管如此，在以中小微企业为经济支柱的缅甸，由所有者个人对公司债务承担无限责任的个人独资企业仍是最主要的企业形式。

另外，除不动产抵押之外，缅甸仅认可极少数的其他法定担保方式。实际上，直至现在，不动产抵押仍是中央银行唯一接受的担保方式。缅甸尚未针对财产担保设立专门的登记机构，目前 MyCo 平台可以登记公司的抵押、担保情况，记录公司的注册状态和董事名单，并向社会公众公开。《2018 年契约登记法》（取代《1909 年登记法》）④则强制要求，在价值超过 100,000 缅甸元的不动产上“设定利益”的，相关交易文件一旦获得签署，⑤就必须在签署后的 120 日内到不动产所在地⑥的指定机构进行登记。⑦ 动产交易则不存在前述强制登记要求。⑧ 利益相关方可在登记机关⑨查阅相关文件登记情况。

---

① 缅甸联邦最高法院“裁判文书专栏” <http://www.unionsupremecourt.gov.mm/?q=content/judgments>（accessed 9 February 2021）。

② Directorate of Investment & Company Administration, “Myanmar Companies Online (MyCo)”, <https://www.myco.dica.gov.mm> (accessed 15 January 2020).

③ Directorate of Investment & Company Administration, “Total Number of Companies” <https://www.dica.gov.mm/en/total-number-companies> (accessed 2 February 2021).

④ Enacted on 20 March 2018.

⑤ Deeds Registration Law 2018 (enacted 20 March 2018) s.21.

⑥ Deeds Registration Law 2018 (enacted 20 March 2018) s.25.

⑦ Deeds Registration Law 2018 (enacted 20 March 2018) s.16.

⑧ Deeds Registration Law 2018 (enacted 20 March 2018) s.17.

⑨ Deeds Registration Law 2018 (enacted 20 March 2018) s.68.

二、拯救:庭外与庭内(治理与监督)

(一)庭外重组

缅甸的重组活动均以非正式的庭外方式进行。普遍认为,在商事纠纷的处理方 10
面,法院的诉讼程序缓慢而效率低下,因此相关方往往主动回避以诉讼的方式解决商事争议。本地行政区或村镇管理部门通常是相关方寻求解决债务追偿等民事纠纷的第一站。然而,由于缺乏公开的裁判案例,庭外重组的法律效力尚不明确。据笔者所知,庭外重组尚无规范、统一的处理方式和程序,一般根据个案处理。

(二)破产前程序

缅甸目前没有正式的“破产前程序”或相关实践经验。 11

《2017 年缅甸公司法》[1]允许通过债务偿还安排(schemes of arrangement)对尚 12
未陷入破产的企业进行业务重组,或以债务调整方式帮助财务困境企业实现经济再生,但这种方式在实践中很少运用。《破产法》颁布后,原先关于债务偿还安排的规定依然有效。

根据债务偿还安排的相关规定,任何债权人、公司本身或公司成员均可向法院 13
申请召集公司债权人会议、公司成员会议(或者某组债权人、公司成员会议),以审议债务和解或安排计划草案。[2] 如果在会议上以超过 75% 的“多数决”通过了债务偿还安排计划(以下简称安排计划),且安排计划经法院批准,则该安排计划将对相关债权人(或某组债权人)、公司成员(或某组成员)产生法律约束力。[3]

债务偿还安排程序往往涉及与利益相关方的长期谈判,程序实施成本较高,更 14
适合大公司或企业集团的重组或再建。因此,遗憾的是,对主导缅甸经济的中小微企业来说,债务偿还安排程序可发挥的作用微乎其微。

相较之下,《破产法》第六章为中小微企业提供了一个更加实用、更为灵活的重 15
整程序。根据《破产法》第六章的规定,公司董事或经理可以保留对公司业务的经营控制权,同时任命根据《破产法》第三部分规定依法注册的破产执业者为“重整顾问”(rehabilitation adviser),协助推进重整计划的起草和磋商。该制度的设计目的就

---

① Myanmar Companies Law 2017 (enacted 6 December 2017) ss. 287 –289.

② Myanmar Companies Law 2017 (enacted 6 December 2017) s. 287(a).

③ Myanmar Companies Law 2017 (enacted 6 December 2017) s. 287(b).

是将重整的程序性事项(包括诉诸司法)和相关费用降至最低比例。具体可见本报告的第十五部分的探讨。

16 《破产法》旨在健全应对和处理破产的法律制度框架,因此该法适用的前提为企业陷入破产或即将破产。考虑到《破产法》正处于初期探索实践阶段以及缅甸对生产力发展的巨大需求,该法的主要目标之一就是鼓励使用正式破产程序。而希望随着人们对破产拯救、重整等概念的逐渐熟悉,“破产前程序”以及庭外重组实践也能进一步得到发展。

17 《破产法》明确规定了破产“前、中、后”任一阶段的争议均适用的调解规则。①

(三)正式破产程序概览

18 一方面,对于陷入财务困境的企业,上文述及的债务偿还安排程序是适用于拯救和重整的机制之一。

19 另一方面,《破产法》首次为自然人以外的债务人提供了以下重整机制选择:

(1)《破产法》第五章规定了适用于公司的拯救与重整机制(第五章程序)。

(2)《破产法》第六章专门规定了适用于中小微企业(无论是否注册为公司形式)的拯救与重整机制(第六章程序)。

20 《破产法》第五章、第六章旨在鼓励企业达成能够实现持续经营的重整计划,而非直接进入清算或破产程序;如果企业无法实现持续经营的首要目标,那么次要目标是尽可能确保企业存续;如果这两个目标均无法实现,接下来的目标才是为债权人争取优于清算的受偿结果。②

21 《破产法》规定的企业拯救和重整机制适用于所有根据《2017 年缅甸公司法》注册的公司,而无论本地公司还是外国公司。③ 唯一的例外是,银行和非银行金融机构重整应适用《2016 年金融机构法》的规定。④

22 《破产法》并未要求已陷入破产的公司在清算程序前必须进行重整,但需注意以下要点:

(1)对债务人的全部财产享有担保权的债权人,虽然无法基于该担保指定接管

---

① Myanmar Insolvency Law 2020 (Enacted 24 February 2020) ss. 118 and 262.

② Myanmar Insolvency Law 2020 (Enacted 24 February 2020) ss. 41 and 94.

③ Myanmar Insolvency Law 2020 (Enacted 24 February 2020) s. 2(k).

④ 见本报告第5段。

人(特定情形下除外)[1],但该债权人可在担保条款已违约的情况下,指定《破产法》第五章规定的“重整管理人”(rehabilitation manager)。[2]

(2)清算人可申请法院颁令指定重整管理人,法院一旦作出指定命令,可以撤销或中止用以指定清算人的清算令效力。[3]

23 《破产法》第五章规定的程序以指定重整管理人[4]为开始,重整管理人的职责包括管理公司事务和研究可行的重整方案。[5]

24 如果具备以下情形之一,公司可以在没有法院命令的情况下,以书面形式指定重整管理人:(1)公司董事会作出决议,认为公司无法清偿或可能无法清偿到期、未到期的债务,应予指定重整管理人;(2)如本报告第22段第(1)项所述,由担保债权人在特定情形下直接指定。[6]

25 同时,法院可依申请作出重整令,以此方式指定重整管理人。公司、公司董事、债权人(包括担保债权人)以及经指定的清算人均可单独或联合提出申请。[7] 如果公司已经处于清算程序中,那么只有清算人有权提出此类申请。[8]

26 指定重整管理人的前提为债务人已经破产或濒临破产,除此之外,担保债权人可以以其担保条款已违约为由要求指定重整管理人。从本报告第24段可见,缅甸在判断公司是否破产时采用的是现金流标准。

27 公司申请指定重整管理人的,应当经一名已注册的破产执业者[9]出具书面文件,确认该破产执业者已对公司提供的财务记录进行了审查,确认债权人清单准确无误,并且认为该公司启动的《破产法》第五章规定的程序是适当的。[10]

28 根据《破产法》的规定,公司的登记注册机关为投资及公司管理局,其负责人有权基于维护公共利益之需要向法院申请清算某公司,[11]但无权基于这一理由申请指定重整管理人。

---

① Myanmar Insolvency Law 2020 (enacted 24 February 2020) s. 29(b)(ii).
② Myanmar Insolvency Law 2020 (enacted 24 February 2020) s. 43(b).
③ Myanmar Insolvency Law 2020 (enacted 24 February 2020) ss. 45(a)(ii) and 45(d)(i).
④ Myanmar Insolvency Law 2020 (enacted 24 February 2020) s. 40(b).
⑤ Myanmar Insolvency Law 2020 (enacted 24 February 2020) s. 51.
⑥ Myanmar Insolvency Law 2020 (enacted 24 February 2020) ss. 43(a) and 43(b).
⑦ Myanmar Insolvency Law 2020 (enacted 24 February 2020) s. 45(a).
⑧ Myanmar Insolvency Law 2020 (enacted 24 February 2020 s. 45(c).
⑨ 见本报告第四部分。
⑩ Myanmar Insolvency Law 2020 (enacted 24 February 2020) s. 44(c)(ii).
⑪ Myanmar Insolvency Law 2020 (enacted 24 February 2020) ss. 161(b) and 162(b).

29 根据《破产法》的规定，在指定重整管理人的申请提交后、法院作出正式指定命令前，法院可作出保全命令，以保护债务人财产。① 保全命令可限制董事行使特定职权，禁止对债务人启动法律程序。②

30 《破产法》第五章规定的程序分为两个阶段：一是“重整阶段”（rescue stage）；二是“计划执行阶段”（plan stage）。重整阶段自指定重整管理人开始，至债权人表决通过重整计划为止。计划执行阶段（若有）自重整计划获通过时开始，至计划执行完毕而终止。③ 重整管理人一经指定即产生中止效力，并在整个重整阶段持续有效。④

31 向法院申请重整令后，申请人应当在合理时间内尽可能快地通知公司、担保债权人以及其他根据《2020年破产规则》需通知的人。⑤

32 重整管理人一经指定（无论以何种方式指定），都必须在被指定后的两个工作日内通知公司、公司登记注册处和全部已知债权人，并根据《2020年破产规则》的要求发布公告。⑥

33 对于债务人启动《破产法》第五章规定的程序时银行的呆账准备金提取要求，《破产法》未作特别规定。

三、支持架构（法院及政府机构）

34 缅甸缺少正式的破产前程序和司法实践，因此对破产前重组的监管大多根据案件的具体实际进行。

35 但需注意，《破产法》在缅甸首次建立了旨在发展培养专业化破产执业者的管理制度，他们对《破产法》的实施发挥着至关重要的作用。根据《破产法》第三部分注册的“破产执业者”不仅履行破产法下的传统职务（如清算人和管理人的职务），还将积极参与债务安排、和解协议和重整计划的制定、评估和执行工作。可以预见，在《破产法》管理制度下发展壮大的破产执业者队伍，未来将在缅甸破产法发展的立法、法规改革等方面发挥重要作用。

36 在缅甸正式破产程序中，司法机关主要发挥监督职能。和大多数普通法司法管

① Myanmar Insolvency Law 2020 (enacted 24 February 2020) ss. 46(b)(v).

② Myanmar Insolvency Law 2020 (enacted 24 February 2020) s. 46(c).

③ 详见本报告第十三部分对重整计划及计划执行阶段的探讨。

④ 详见本报告第八部分对中止效力的探讨。

⑤ Myanmar Insolvency Law 2020 (enacted 24 February 2020) s. 45(b).

⑥ Myanmar Insolvency Law 2020 (enacted 24 February 2020) s. 49(a).

辖区一样,司法机关的监督更大程度上是被动“反应”式的,这区别于大陆法法域以及采取“债务人自行管理”模式的司法管辖区所偏好的法院主导型模式。[①]

《破产法》规定,缅甸各省邦的高等法院享有对破产案件的管辖权。但是,缅甸联邦最高法院可以直接授权地区法院审理破产案件。[②] 缅甸司法系统尚未设立审理商事或公司案件的专门法院[③],在可预见的未来也暂无相关计划。尽管如此,《破产法》已明确规定,如果将来缅甸设立专门法院,则可将破产事务委托专门法院审理。 37

法院对公司债务人发挥着重要的监管作用,具体体现在:(1)作出清算公司的命令;[④](2)指定或解除指定破产执业者担任重整管理人、接管人或清算人;[⑤](3)裁量是否允许担保债权人在中止效力期间行使担保权;(4)处理破产相关程序性异议,如为审议、表决重整计划而召集、举行债权人会议时的违规行为;[⑥](5)处理因破产执业者的决定或行为受损者提出的异议,例如,债权人因申报债权未获确认而提起的诉讼挑战;[⑦](6)处理清算程序中的争议;[⑧](7)根据破产执业者的申请,为某些复杂问题提供司法指引。 38

缅甸联邦最高法院享有对《破产法》及其实施的最高司法监督权,并负责制定与《破产法》相关的实施细则和指引。[⑨] 39

至于法院间的沟通协调问题,除了在采纳了《跨国界破产示范法》(1997 年)的跨境破产情形中,《破产法》并未对法院间的沟通协调作特别规定。[⑩] 在缅甸国内司法程序中,法院间的沟通配合十分常见,但通常会因较为费时而导致程序拖延。 40

作为公司的登记注册机关,投资及公司管理局负责记录破产程序中法院作出的各项命令和各类破产职务主体的任免情况。投资及公司管理局的负责人可以维护社会公共利益为由向法院申请清算公司。鉴于目前缅甸有限的基础设施资源,投资 41

---

① 在《破产法》规定的第五章程序、第六章程序的运行中,大部分不需要司法介入。

② Myanmar Insolvency Law 2020 (enacted 24 February 2020) s. 401.

③ Myanmar Insolvency Law 2020 (enacted 24 February 2020) s. 417.

④ Myanmar Insolvency Law 2020 (enacted 24 February 2020) s. 145(b)(2).

⑤ For example, ss. 29(b)(iii), 43(c) and 167 of the Myanmar Insolvency Law 2020 (enacted 24 February 2020).

⑥ Myanmar Insolvency Law 2020 (enacted 24 February 2020) ss. 87 and 138.

⑦ For example, s. 201 of the Myanmar Insolvency Law 2020 (enacted 24 February 2020).

⑧ For example, ss. 39, 68, 80, 117, 131 and 192 of the Myanmar Insolvency Law 2020 (enacted 24 February 2020).

⑨ Myanmar Insolvency Law 2020 (enacted 24 February 2020) s. 416(a).

⑩ 详见本报告第十五部分。

及公司管理局还需记录与未注册中小微企业相关的命令和职务主体任免情况。[①]

42 《破产法》以及缅甸其他现行法律均未明确证券交易所在破产法律制度中所扮演的角色。截至2021年2月,缅甸唯一有效运行的证券交易所是拥有6家上市公司的仰光证券交易所。上市公司启动破产程序是仰光证券交易所规定的退市事由之一。[②]

四、破产职务承担者

(一)概述

43 缅甸具备资质的破产执业者非常少。缅甸注册会计师协会中有部分较年长的成员具有在20世纪60年代实行经济控制之前的从业经验。目前,缅甸破产业务仅涉及自愿清算登记所需的文书工作,实践中一般由执业会计师或者少数具有国内商事经验的律师负责。

44 然而,根据《破产法》第三章的规定,要建立专门化、专业化的破产执业者队伍,包括建立一个独立于缅甸注册会计师协会的专业组织或协会,为会计师、律师或其他背景的破产执业者服务。[③]

45 只有根据《破产法》第三章取得执业资格的破产执业者才能在破产程序中获得指定,而法律规定只有作为"经认可的"专业协会成员才能取得《破产法》第三章规定的执业资格。[④] 在这一专业协会成立之前,缅甸注册会计师协会代为履行其职责。[⑤] 这也印证了公众对于大部分破产执业者会是会计师的猜想,但《破产法》或其他法律法规均未禁止律师或其他专业人士取得破产执业资格。

46 此外,《2020年破产规则》将继续细化教育背景和专业能力要求,进一步明确破产执业者的准入门槛。

47 缅甸破产执业者监管委员会(以下简称监管委)是根据《破产法》设立的法定监管机构,负责对破产执业者及其专业协会的监督管理工作。监管委还负责确定破产

① 通过非正式的行政性安排进行。

② Yangon Stock Exchange, "Securities Listing Business Regulations" (enacted 30 October 2015; amended 16 October 2018) s. 27.

③ Myanmar Insolvency Law 2020 (enacted 24 February 2020) s. 19.

④ Myanmar Insolvency Law 2020 (enacted 24 February 2020) s. 21(a).

⑤ Myanmar Insolvency Law 2020 (enacted 24 February 2020) s. 19(c).

行业标准、职业道德标准,编制相关指南、手册和质量管控计划等工作。① 监管委也将联合专业协会开展工作,专业协会在监管委的监督下,负责指导破产执业者履职并确保其维持一定的专业水准。②

监管委下设纪律委员会,纪律委员会负责在第一时间处理纪律性事项,并在专业协会的辅助下处理投诉调查事宜。③ 监管委拥有对执业纪律性事项的最终处理权,相关方对纪律委员会的决定提起申诉的,应由监管委听证审理。④ 48

另外,根据《破产法》的规定,监管委有权确定破产执业者需配备的职业赔偿和忠诚保险标准。⑤ 49

破产执业者在《破产法》实施中发挥的重要作用,是对其实行严格监管的原因。如上所述,《破产法》规定的所有破产管理工作,均需指定履职的破产执业者具体办理或者至少提供建议、进行监督。 50

(二)《破产法》下的破产职务

《破产法》规定的"破产职务承担者"包括:接管公司财产的接管人;公司的重整管理人;中小微企业的"重整顾问"(rehabilitation adviser);重整计划监督人(无论债务人是公司还是中小微企业);公司的清算人(包括临时清算人)以及自然人的破产管理人。⑥ 51

破产职务主体的具体职权和职责根据职务的不同而有所区别,有时也取决于破产程序处于哪一阶段。下面将对接管人、重整管理人和清算人进行简要介绍。关于重整顾问的内容将在本报告第八部分进行探讨。 52

1. 接管人

如果具备《破产法》规定的特定情形,则可以依据债务人为债权人设定的担保而指定接管人。接管人的职权范围应按担保条款确定,一般包括管理债务人的业务、代表债务人签订新合同、出售资产等。⑦ 但如前述及,如果公司的全部资产均已被担保覆盖,则不得指定接管人,而应由担保债权人根据《破产法》第五章规定的程序指 53

① Myanmar Insolvency Law 2020 (enacted 24 February 2020) s. 16.
② Myanmar Insolvency Law 2020 (enacted 24 February 2020) s. 20.
③ Myanmar Insolvency Law 2020 (enacted 24 February 2020) s. 24.
④ Myanmar Insolvency Law 2020 (enacted 24 February 2020) s. 26.
⑤ Myanmar Insolvency Law 2020 (enacted 24 February 2020) s. 16(f).
⑥ Myanmar Insolvency Law 2020 (enacted 24 February 2020) s. 2(cc).
⑦ Myanmar Insolvency Law 2020 (enacted 24 February 2020) ss. 29(b) and 30.

定一名重整管理人。

2. 重整管理人

54 在《破产法》第五章规定的程序的“重整阶段”获得指定的重整管理人应当接管公司管理事务、研究重整方案并将重整计划提交债权人表决。[①]

55 在某些特殊情况下，重整管理人的人选可能会受到挑战。例如，即使公司已指定重整管理人，对公司全部财产享有担保权的债权人也可另行指定其他替代人选。[②]与此同时，如果存在对公司全部资产享有担保权且顺位更优先的债权人，该优先担保权人还可以另行指定他人以替代低顺位担保权人指定的人选。[③]

56 重整管理人是公司的代理人，[④]有权出售全部或部分公司业务，[⑤]但只有经担保权人同意或经法院批准，才可以处置担保财产。[⑥] 重整管理人可以任命或解除任命公司董事，在《破产法》第五章规定的程序之外的程序中，重整管理人还可行使董事职权并履行董事职能。[⑦] 重整管理人有义务为了全体债权人的最大利益行事，并尽可能地高效履职。[⑧]

57 重整管理人需对重整阶段产生的债务和其他义务承担个人责任，并有权从公司处获得补偿。[⑨] 此外，重整管理人可向公司董事、管理层等相关人员发出通知，要求在规定期限内提交“公司事务声明”（statement of affairs）。[⑩]

3. 清算人

58 清算人的指定方式包括公司主动委任和法院以命令指定。[⑪] 根据法律规定，清算人对公司享有广泛的管理权，包括出售或以其他方式处置公司资产、代表公司签订合同等。[⑫] 但是清算人有义务在必要限度内以有利于公司管理或清算的方式经营

---

① Myanmar Insolvency Law 2020 (enacted 24 February 2020) s. 51(a).
② Myanmar Insolvency Law 2020 (enacted 24 February 2020) s. 48(b).
③ Myanmar Insolvency Law 2020 (enacted 24 February 2020) s. 48(c).
④ Myanmar Insolvency Law 2020 (enacted 24 February 2020) s. 53.
⑤ Myanmar Insolvency Law 2020 (enacted 24 February 2020) s. 54(a)(ii).
⑥ Myanmar Insolvency Law 2020 (enacted 24 February 2020) s. 54(b).
⑦ Myanmar Insolvency Law 2020 (enacted 24 February 2020) ss. 54(a)(iii) and (iv).
⑧ Myanmar Insolvency Law 2020 (enacted 24 February 2020) s. 52.
⑨ Myanmar Insolvency Law 2020 (enacted 24 February 2020) s. 62.
⑩ Myanmar Insolvency Law 2020 (enacted 24 February 2020) s. 65(a).
⑪ Myanmar Insolvency Law 2020 (enacted 24 February 2020) ss. 158(b) and 164(a).
⑫ Myanmar Insolvency Law 2020 (enacted 24 February 2020) ss. 179(b)(iii) and (iv).

公司业务。[1] 另外,如前所述,当清算人认为有达成重整计划可能性且重整计划可以为债权人提供优于清算程序的受偿结果时,清算人可以向法院申请指定重整管理人。

另外,若有需要,本报告第51段中述及的破产职务主体可以向法院请求协助, 59
获取未移交的公司账册、记录等,[2]还可向法院申请相关人员到场协助制作文件、提供公司交易证据等。[3]

破产职务主体存在滥用或私占公司资产、需对公司的资产承担相关责任、违反 60
信义义务或其他对公司义务,或者存在其他不当行为的,法院可能会作出命令,要求其:(1)偿还、归还或补偿全部或部分的公司资金、财产及利息;(2)对公司进行赔偿。[4]

根据《破产法》的规定,破产职务主体有权"因有效履行了《破产法》规定的破产 61
职务工作而获得合理报酬"。[5] 这类报酬将由债权人委员会以决议方式决定,如果没有债权人委员会,则由债权人决定。[6] 破产职务主体认为报酬数额过低的,可提请法院予以审核。[7]

五、困境企业的董事和高管

《破产法》对"不当交易"制度进行了明确的规定:在清算程序开始之前,如果公 62
司董事"知道或者应当知道在合理预期内公司无法避免破产清算",而仍然决定让公司继续交易,则公司董事需对此承担个人责任,除非存在法定的抗辩事由。[8] 这种在公司陷入财务困境时要求董事对债权人利益承担个人责任的法定追责机制,主要是为了激励董事主动监控公司偿债能力,积极采取措施降低公司财务困境对债权人的负面影响。董事可采取的措施有:向破产执业者咨询可行的重整或重组选择,或根据《破产法》第五章规定的程序指定重整管理人。但同时,被指控"不当交易"的董事有若干法定的抗辩理由,这也为那些采取了必要、合理措施的董事们提供了有效

---

① Myanmar Insolvency Law 2020 (enacted 24 February 2020) s. 179(a)(i).
② Myanmar Insolvency Law 2020 (enacted 24 February 2020) s. 353(b).
③ Myanmar Insolvency Law 2020 (enacted 24 February 2020) s. 355(b).
④ Myanmar Insolvency Law 2020 (enacted 24 February 2020) s. 217(c).
⑤ Myanmar Insolvency Law 2020 (enacted 24 February 2020) s. 358(a).
⑥ Myanmar Insolvency Law 2020 (enacted 24 February 2020) s. 358(b).
⑦ Myanmar Insolvency Law 2020 (enacted 24 February 2020) s. 358(c).
⑧ 见本报告第120~122段。

的“安全港”保护。

63 公司一旦进入《破产法》第五章规定的程序，其董事就应当暂停或终止行使职权，[①]并有义务移交公司财产、提供公司事务信息并配合重整管理人履职。公司董事应当根据重整管理人的要求，提供关于公司架构、业务、营销、交易、财产等事务的信息，并应重整管理人的合理要求进行面谈。但是，公司董事可以在批准重整管理人有关事项时行使权力。[②] 除此之外，在重整阶段，重整管理人可以任命或解除任命公司董事。[③]

64 董事、经理等公司有关人员均可能被要求向重整管理人提交“公司事务声明”[④]；未能在指定期限内提交的，将会面临罚款。[⑤]

65 在表决通过的重整计划中，一般会明确其董事的职能定位和职责范围。[⑥]

66 另外，仰光证券交易所的上市公司启动自动清算或公司解散程序的，应当立即将有关情况通知仰光证券交易所。[⑦] 仰光证券交易所规则是在原有的破产法规则的背景下制定的，随着《破产法》的颁布，其规则也将面临相应调整。

六、破产程序的转换

67 在破产程序的选择方面，《破产法》并未规定不同程序间的优先顺序，但在程序适用方面有如下限制：(1)如前述及，除非在特定情形下，否则对公司全部财产享有担保权的债权人不得指定接管人，必须指定《破产法》第五章规定的程序的重整管理人；(2)当公司正处于《破产法》第五章或第六章规定的程序中时，不得对公司实施清算，除非经过批准并根据程序转换的相关法律规定进行；[⑧](3)当债务人是中小微企业的所有者时，法院可能会暂缓或驳回债权人对其提出的破产申请，并作出启动《破产法》第六章规定的程序的命令。债权人、该中小微企业的其他所有者(一个或

---

① 这不同于《破产法》第六章程序，第六章程序适用于债务人自行管理模式，专门针对中小微企业而设计，详见本报告第十四部分。

② Myanmar Insolvency Law 2020 (enacted 24 February 2020) s.55(c).

③ Myanmar Insolvency Law 2020 (enacted 24 February 2020) s.54(a)(iii).

④ Myanmar Insolvency Law 2020 (enacted 24 February 2020) s.65(a).

⑤ Myanmar Insolvency Law 2020 (enacted 24 February 2020) s.65(d).

⑥ Myanmar Insolvency Law 2020 (enacted 24 February 2020) s.72(b)(ii).

⑦ Yangon Stock Exchange, “Securities Listing Business Regulations” (enacted 30 October 2015; amended 16 October 2018) s.14.

⑧ Myanmar Insolvency Law 2020 (enacted 24 February 2020) s.146.

多个)或债务人本人均有权申请法院作出该命令,但是如果该中小微企业的《破产法》第六章程序尚未终结,那么债务人本人无权申请。①

对于处在清算程序中的公司,只有清算人可以申请法院作出重整令。② 68

重整管理人无法在《破产法》第五章程序的规定期限内制订重整计划的,公司将 69
转入清算程序,③一般情况下,重整管理人将成为该公司的清算人。④

另外,《破产法》第五章程序和第六章程序均允许对重整计划进行变更或终 70
止。⑤ 如果债权人无法就重整计划的变更达成一致,或者债权人、法院终止了重整计划的执行,则公司将从重整程序转入清算程序。⑥

在计划执行阶段中,当重整计划完成既定目标,债权人也根据重整计划获得清 71
偿后,计划监督人(一般由重整阶段的重整管理人担任)应当通知投资及公司管理局⑦,其获指定的职权也随之终止。⑧执行重整计划后需解散公司的,在向投资及公司管理局发出的通知中应当包含解散公司的申请。⑨

七、重整融资

《破产法》并未明确规定破产执业者可为其管理破产事务而采取的融资安排或 72
其他融资措施。但是,重整管理人代表公司签订合同而导致其承担个人责任的,有权从公司财产中得到补偿,并就此享有法定担保。

如前所述,重整管理人须对公司在重整阶段中经其明示或默示同意而负担的义 73
务承担个人责任。这类义务即“重整费用”(rehabilitation claims),包括因借款、购买货物、提供服务以及租用、出租、使用或占有财产而产生的公司债务。⑩

只要重整管理人善意履职且无过错,因其履职而形成的重整费用即可从公司财 74

① Myanmar Insolvency Law 2020 (enacted 24 February 2020) s. 254.
② Myanmar Insolvency Law 2020 (enacted 24 February 2020) s. 45(c).
③ Myanmar Insolvency Law 2020 (enacted 24 February 2020) s. 88(a)(ii).
④ Myanmar Insolvency Law 2020 (enacted 24 February 2020) s. 88(b).
⑤ 见本报告第134~136段。
⑥ Myanmar Insolvency Law 2020 (enacted 24 February 2020) ss. 85 and 88(a)(i), ss. 136 and 139(a)(i).
⑦ Myanmar Insolvency Law 2020 (enacted 24 February 2020) s. 84(a).
⑧ Myanmar Insolvency Law 2020 (enacted 24 February 2020) s. 84(b).
⑨ Myanmar Insolvency Law 2020 (enacted 24 February 2020) s. 84(d).
⑩ Myanmar Insolvency Law 2020 (enacted 24 February 2020) s. 62(b).

产中获得补偿。[①] 此外,重整管理人因其补偿权就公司财产享有担保,但清偿顺位在下列担保权之后:(1)在指定重整管理人时已经设立的固定担保;[②](2)担保债权人依法指定的接管人所享有的利益(仅优先于在指定接管人后形成的重整费用)。[③]

75 重整费用一般优先于无担保债权受偿,但以下债权除外:破产执业者履职费用、依法指定清算人的费用、破产执业者的报酬;就职工[④]在公司清算前的工作应支付的工资、薪金或者其他报酬;在公司清算前应支付员工的未休假补偿、裁员补偿金、用工期间的工伤赔偿。[⑤]

76 虽然《破产法》未明确规定重整融资或其他融资相关的"超级优先权",但重整管理人履职产生的费用、支出(包括因融资产生的全部费用)可享有担保而优先于其余大部分债权受偿。

77 无论是《破产法》第五章程序还是第六章程序,均未对重整计划规定的执行融资或资金支持问题加以限制,而是交由债权人会议自行决定。

八、中止效力

78 《破产法》规定有不同情形的中止效力,本部分主要探讨《破产法》第五章程序的中止效力。

79 如本报告第30段所述,《破产法》第五章程序的重整管理人一经指定,将自动对债权行使产生中止效力,并在重整阶段持续生效。在指定重整管理人的申请提交后、管理人正式指定前的"保全期间"内,符合条件的当事人也可以向法院申请中止令。[⑥]

80 重整管理人一经正式指定,任何人不得针对公司或其财产提起或继续进行诉讼、仲裁等法律程序,但法院批准并在法院同意的条件下进行的不受此限。[⑦] 在《破产法》第五章程序开始后对公司或其财产采取的扣押、保全、占有或执行行为也均属

---

① Myanmar Insolvency Law 2020 (enacted 24 February 2020) s. 62(f).

② 浮动担保,是指以不断变化、直至"结晶"事由发生时才得以固定的财产范围为对象的担保权。担保分为浮动担保和固定担保。

③ Myanmar Insolvency Law 2020 (enacted 24 February 2020) ss. 62(g) and 62(h).

④ 相关职工(relevant employee),是指公司在清算程序开始前雇佣的职工,不包括公司董事或前董事。See Myanmar Insolvency Law 2020 (enacted 24 February 2020) s. 196(a)(iii).

⑤ Myanmar Insolvency Law 2020 (enacted 24 February 2020) s. 196(b).

⑥ Myanmar Insolvency Law 2020 (enacted 24 February 2020) ss. 46(b)(v) and 46(c).

⑦ Myanmar Insolvency Law 2020 (enacted 24 February 2020) ss. 55(a) and 172(d).

无效。①

重整阶段的中止效力具体包括:(1)未经法院准许,不得针对公司债务的保证人提起或继续进行法律程序;②(2)未经法院准许或重整管理人书面同意,担保债权人不得执行或继续执行对公司财产享有的担保权;③(3)未经法院准许,公司正使用、占有之财产的所有权人或出租人不得擅自恢复占有或收回该财产。④ 81

在考虑是否准许担保债权人在重整阶段执行其担保权时,法院应当对担保债权的受损风险与《破产法》第五章程序效果的受损风险进行权衡,同时可以在批准行使担保权时附加条件;而在考虑是否允许所有权人、出租人收回财产时,法院也应当作同样的风险权衡。⑤ 82

经担保债权人书面同意或法院批准,重整管理人可以在公司正常经营过程中处分或处置浮动担保下的公司财产,⑥而法院只有在担保债权人利益得到充分保护的情况下才会批准前述处置。⑦ 83

根据《破产法》的规定,公司财产包括位于缅甸之外的财产,⑧因此该中止效力对缅甸境外的行为同样有效。 84

上述中止效力将于重整阶段结束时终止。如果重整阶段因重整计划获表决通过而终结,重整计划可能会对受约束的主体施加限制或条件,相关主体包括投票同意该计划的担保债权人、财产所有人、出租人等。此外,法院可以作出命令,限制不受重整计划约束的担保债权人、财产所有人或出租人的权利,但作出限制命令的前提为,法院认为不作限制将对实现重整计划目标造成重大不利影响,同时,相关担保债权人、财产所有人或出租人的利益已得到了充分保护。⑨ 85

《破产法》并不承认基于合同约定产生的中止效力。 86

九、普通和特殊合同

《破产法》并未对在破产程序前"合同终止"的情形作特殊规定。 87

① Myanmar Insolvency Law 2020 (enacted 24 February 2020) ss. 55(a) and 172(f).
② Myanmar Insolvency Law 2020 (enacted 24 February 2020) s. 57.
③ Myanmar Insolvency Law 2020 (enacted 24 February 2020) s. 56.
④ Myanmar Insolvency Law 2020 (enacted 24 February 2020) s. 55(b).
⑤ Myanmar Insolvency Law 2020 (enacted 24 February 2020) s. 58.
⑥ Myanmar Insolvency Law 2020 (enacted 24 February 2020) s. 59(a).
⑦ Myanmar Insolvency Law 2020 (enacted 24 February 2020) s. 59(b).
⑧ Myanmar Insolvency Law 2020 (enacted 24 February 2020) s. 2(jj).
⑨ Myanmar Insolvency Law 2020 (enacted 24 February 2020) s. 78.

88 重整管理人在获得指定后可以作出正式通知，拒绝履行《破产法》第五章程序开始之前的合同和其他义务（在公司财产上设立的担保权除外）。在这类情形中，拒绝履行合同实际上有助于企业实现重整。合同一经拒绝履行即失效，债权人有权就其损失申报债权。①

89 根据《破产法》的规定，在重整管理人被指定后，公司继续使用或占用某租赁场地的，重整管理人应当根据租赁协议支付相应租金或其他款项，但重整管理人在获指定后的7日内通知相关所有人或出租人公司已经实际停止经营且不打算继续行使该财产权利的，则无须再行支付。②

90 《破产法》规定，如果合同被解除，合同相对方有权因公司未履行合同而向法院请求损害赔偿。这一规定允许合同相对方向法院申请解除合同，同时，受损方有权依据合同条款或以其他法院认为适当的方式就合同未履行导致的损害主张赔偿。③

91 由于规则设计尚不够精细，《破产法》并未具体规定在公司陷入财务困境或破产时应如何处理劳动合同和其他特殊合同的问题，如公共服务合同、知识产权合同、金融衍生品合同等。同样，《破产法》未规定"破产约定条款"的法律效力。

十、债权的清偿顺序、优先权和处理方法

92 在《破产法》第五章程序的重整阶段，债权人申报债权的主要目的在于对重整计划行使表决权。《2020年破产规则》规定了申报债权的程序性要求。④

93 重整计划可在经债权人同意的情况下制定债权申报、债权顺位、优先权和其他关于债权处理的相关内容。但是，根据《破产法》的规定，重整计划必须载明计划未能生效时的债权清偿顺序，并且如果重整计划中的清偿顺序对某组债权人造成了不利影响，那么该重整计划须经该债权人组以法定多数表决通过。⑤

94 除了部分例外适用情形，根据《破产法》关于清算程序中债权清偿顺序的规定，下列债权优先于其他无担保债权受偿：

（1）破产执业者履职产生的合理费用，包括指定《破产法》第五章程序重整管理人以及《破产法》第六章程序重整顾问的有关费用。

---

① Myanmar Insolvency Law 2020 (enacted 24 February 2020) ss. 54(d) and 54(e).

② Myanmar Insolvency Law 2020 (enacted 24 February 2020) ss. 62(c) and 62(d).

③ Myanmar Insolvency Law 2020 (enacted 24 February 2020) s. 210(a).

④ Myanmar Insolvency Rules 2020 (enacted 28 April 2020) rr. 35 and 36.

⑤ Myanmar Insolvency Law 2020 (enacted 24 February 2020) s. 72(d).

(2)如果清算人由法院指定,向法院申请指定的相关费用。

(3)破产执业者的报酬。

(4)公司职工在清算程序开始前的工作应付工资、薪金以及其他报酬。

(5)在清算程序开始前应支付给公司相关职工的其他费用。

(6)如果公司从《破产法》第五章、第六章程序转为清算程序,在《破产法》第五章或第六章程序中发生且未清偿的债务。

(7)《2020 年破产规则》规定的其他优先债权。①

此外,同组债权享有同等清偿顺位,并且应当足额受偿;但公司财产不足以清偿 95
全部债务的,按比例受偿。②

虽然根据缅甸现行法律的规定,各类税款债权优先于其他无担保债权受偿,③但 96
《破产法》未规定税款债权享有优先的受偿顺位,因此在《破产法》规则下,私人主体和公共机构持有的债权平等受偿。

《破产法》也未对可证明(可申报)债权的交易问题作出规定。 97

十一、破产程序的债权人监督

《2017 年缅甸公司法》允许设立由公司债权人组成的检查委员会以协助清算人 98
实施清算。④

除接管程序之外,《破产法》规定的破产程序均允许设立债权人委员会。债权 99
人可通过债权人委员会在债权人会议上咨询已指定的破产执业者。而在《破产法》第五章程序中,债权人委员会的职能是咨询重整管理人并研究、审查重整计划草案。⑤

《2020 年破产规则》规定了与债权人委员会会议的组成、召集、召开、表决等相 100
关的程序和规则。⑥

在《破产法》第五章程序中指定的重整管理人,需在指定后 30 日内召开债权人 101
会议,并在会上报告重整进展;若已准备充分,则由该会议审议是否通过重整计划。⑦

---

① Myanmar Insolvency Law 2020 (enacted 24 February 2020) s. 196(b).

② Myanmar Insolvency Law 2020 (enacted 24 February 2020) s. 196(c).

③ Myanmar Companies Law 2017 (enacted 6 December 2017) s. 391(1)(a).

④ Myanmar Companies Law 2017 (enacted 6 December 2017) s. 364.

⑤ Myanmar Insolvency Law 2020 (enacted 24 February 2020) s. 66(a).

⑥ Myanmar Insolvency Rules 2020 (enacted 28 April 2020) rr. 31 –36.

⑦ Myanmar Insolvency Law 2020 (enacted 24 February 2020) s. 69(a)(i).

在该债权人会议上，债权人可获得第一次设立债权人委员会的机会。

102 如果第一次债权人会议未能对重整计划进行表决，根据《破产法》的规定，重整管理人有义务在被指定后的3个月内再召开一次债权人会议，对重整计划草案进行表决。① 这一会议的召开时间可以延期，但最长不得超过指定重整管理人后4个月。② 法院只有在具备某些特定情形时才会延长上述期限。③

103 法律允许召开债权人会议以变更或终止重整计划。④

104 经占债权人总人数10%以上或代表债权额占债权总额10%以上的债权人请求，重整管理人应当召开债权人会议。⑤ 在《破产法》第五章程序中，重整管理人认为有必要与债权人商议有关事项的，可以在任何时候召集债权人会议。⑥

105 正如本报告第61段指出的，根据《破产法》的规定，债权人和债权人委员会在决定破产执业者报酬时发挥着重要作用。

106 债权人委员会成员的成员身份并不会导致个人责任。债权人也无权因参加债权人会议或者担任债权人委员会成员而获得报酬。

十二、撤销、追回规则和“安全港”规定

107 根据《2017年缅甸破产法》的规定，清算程序开始后的股权转让、财产处分⑦以及构成“欺诈交易”（fraudulent transaction）、“偏颇交易”（preference transaction）的行为均属可撤销行为⑧。

108 《破产法》为破产执业者（接管人除外）提供了范围广泛的撤销权和追回权。

109 根据《破产法》第九章的规定，破产执业者还可申请法院撤销“低价交易”（undervalued transaction），即破产企业的赠与行为或者在交易中未收到任何对价或收到的对价显著低于己方对价的交易。⑨

110 破产执业者（接管人除外）还可就偏颇交易申请法院下令撤销。偏颇交易，是指

---

① Myanmar Insolvency Law 2020 (enacted 24 February 2020) s.71(a).

② Myanmar Insolvency Law 2020 (enacted 24 February 2020) s.71(c).

③ Myanmar Insolvency Law 2020 (enacted 24 February 2020) s.71(d).

④ 见本报告第134~135段。

⑤ Myanmar Insolvency Law 2020 (enacted 24 February 2020) s.69(a)(iii).

⑥ Myanmar Insolvency Law 2020 (enacted 24 February 2020) s.69(b).

⑦ Myanmar Companies Law 2017 (enacted 6 December 2017) ss.389(a) and 389(b).

⑧ Myanmar Companies Law 2017 (enacted 6 December 2017) s.393.

⑨ Myanmar Insolvency Law 2020 (enacted 24 February 2020) s.360(a).

无担保债权人通过该交易受偿的数额超过如果该交易被撤销而债权人申报债权时可从破产债务人处受偿的数额的交易。[①]

申请撤销低价交易和偏颇交易均需证明公司在达成交易之时已处于破产状态，但该交易是在破产程序开始前两个月内与破产主体的关联方达成的则无须证明。[②]符合撤销条件的，法院应当作出命令将破产企业恢复至未交易之状态，除非破产主体为继续经营业务、基于善意而达成交易，并且在交易时有合理理由相信该交易有利于破产主体。[③] 111

在缅甸法中，低价交易适用的“临界期”为破产程序开始前的 2 年内，但以下两类情形适用特殊临界期：(1)若该交易是与破产主体关联方达成的，则临界期为 4 年内；(2)若该交易具有阻止、阻碍或延迟债权人受偿之目的，则临界期为 5 年内。[④] 112

偏颇交易的临界期为破产程序开始前的 6 个月内，若交易相对方是破产主体的关联方，则临界期为 4 年内。[⑤] 113

如果法院认为，交易受益人进入该交易时基于善意且没有合理理由怀疑公司在交易时已破产，或者一个合理第三人从该交易受益人角度来看，没有理由怀疑公司已破产，那么法院不得颁令撤销该交易。[⑥] 114

对于不正当的偏颇交易或低价交易，法院将视情形作出不同命令，具体包括：确认转让的财产或交易所涉的部分财产所有权属于公司；解除或免除破产主体提供的全部(或部分)担保；命令交易方向法院指定的破产执业者交付其从破产主体处获得的合同款项等。[⑦] 115

公司在破产程序开始前 3 年内进行的“敲诈性信贷交易”(extortionate credit transaction)，或依据信贷条款支付过高金额的交易，以及其他严重违反一般公平交易原则的交易，均可由法院依法予以撤销。[⑧] 法院同样可对敲诈性信贷交易作出命 116

① Insolvency Law 2020 (enacted 24 February 2020) s.361(a).

② 《破产法》定义的“关联方”包括董事以及家族的关联人、关联公司及其董事和家族的关联人，以及对前述主体有控制权的相关主体。See Myanmar Insolvency Law 2020 (enacted 24 February 2020) s.2(c).

③ Myanmar Insolvency Law 2020 (enacted 24 February 2020) s.360(c)(i).

④ Myanmar Insolvency Law 2020 (enacted 24 February 2020) s.360(d).

⑤ Myanmar Insolvency Law 2020 (enacted 24 February 2020) s.361(e).

⑥ Myanmar Insolvency Law 2020 (enacted 24 February 2020) s.361(d).

⑦ Myanmar Insolvency Law 2020 (enacted 24 February 2020) s.362.

⑧ Myanmar Insolvency Law 2020 (enacted 24 February 2020) ss.363(a),363(b) and 363(c).

令，包括撤销公司在交易中的全部或部分义务。①

117 在破产程序开始前6个月内在公司营业或财产上设置浮动担保的，其效力同样可能受到破产执业者的诉讼挑战。② 如果该担保权人是公司的关联方，则临界期长达破产程序开始前的4年内。③

118 债权人无法直接向法院申请撤销交易的，可以提请法院指令相关破产执业者进行调查或提起诉讼。④

119 除非公司有充足的资金支持，否则破产执业者没有义务对低价交易或偏颇交易进行调查或提起诉讼。但是，法院可以根据债权人或公司成员的申请，在该债权人或公司成员提供资金补偿的前提下，指令破产执业者调查或提起诉讼。⑤

120 此外，如本报告第62段所述，《破产法》规定清算人有权针对公司的不当交易行为请求法院作出命令。在这种情况下，法院可命令对公司不当交易负有责任的董事，按照法院认为公正公平的方式对公司财产作出补偿，以确保债权人能获得清算程序不迟延启动情况下的受偿数额。⑥

121 至于如何获得"安全港"的保护。如果法院认为，董事在其知道或应当知道公司已无法避免进入破产清算之后，已采取一切措施尽量减少公司债权人潜在损失，则不会作出本报告第120段所述的命令。⑦

122 至于如何判断一名董事应当知道或查明的事实、应当得出的结论和采取的措施，其标准应为具备以下条件的勤勉履职主体本应达到的程度：(1)履行相同职能的主体在合理预期范围内应具备的知识、技能和经验；(2)该董事实际具有的知识、技能和经验。⑧

十三、重整计划和营运出售

123 如前述及，《破产法》规定了针对企业拯救和重整的程序以及针对中小微企业的程序。本部分将重点讨论《破产法》第五章的程序。

---

① Myanmar Insolvency Law 2020 (enacted 24 February 2020) s 363(e).
② Myanmar Insolvency Law 2020 (enacted 24 February 2020) ss. 364(a) and 364(b)(ii).
③ Myanmar Insolvency Law 2020 (enacted 24 February 2020) s. 364(b)(i).
④ Myanmar Insolvency Law 2020 (enacted 24 February 2020) s. 25.
⑤ Myanmar Insolvency Law 2020 (enacted 24 February 2020) s. 143(c).
⑥ Myanmar Insolvency Law 2020 (enacted 24 February 2020) s. 219(a).
⑦ Myanmar Insolvency Law 2020 (enacted 24 February 2020) s. 219(b).
⑧ Myanmar Insolvency Law 2020 (enacted 24 February 2020) s. 219(c).

当债权人表决通过重整计划后,《破产法》第五章程序进入计划执行阶段。[①] 重整计划可由重整管理人制作,包括债权人在内的任何利益相关方均有权提出重整计划草案,[②]这有可能导致债权人面临多份相互冲突、相互竞争的重整计划草案。 124

重整计划必须包含的详细信息包括:(1)计划监督人的身份;(2)董事和计划监督人各自的角色和职责;(3)债权清偿率、偿付方式和资金来源;(4)中止效力的性质和期限;(5)免除公司债务的范围和程度;(6)重整计划开始执行和继续执行的条件(若有);(7)重整计划终止的情形以及在计划成功执行完毕后公司控制权的归属(是回到董事处还是注销公司);(8)受重整计划约束的债权人的清偿顺序。[③] 125

如本报告第 93 段所述,重整计划必须遵守"不得减损"(no-worse-off)原则,除非债权顺位受到不利影响的每组债权人均作为单独的债权人组别表决通过重整计划,且每个表决组均以人数和债权额上的"双多数"表决通过。总体上的决定性原则为,重整计划须确保债权人的受偿比例不低于在重整计划未生效时债权人可获得的清偿比例。[④] 126

在适格主体向债权人提出重整计划草案时,重整管理人应当履行以下职责:(1)调查该重整计划草案的可行性以及是否可能实现本报告第 20 段述及的《破产法》第五章程序目标;(2)调查该重整计划草案能否使公司关联方或担保债权人受益;(3)研究重整计划通过时债权人的受偿情况;(4)比较重整计划未通过而公司被清算时债权人的受偿情况;(5)出具管理人报告,载明管理人对上述事项的意见及理由,其所知的对债权人作决定具有重大参考意义的信息,以及对债权人是否应当表决通过该重整计划的建议。[⑤] 127

在召开债权人会议之前,重整管理人应当随会议通知一并向全体债权人发送重整计划草案副本或者关于重整计划草案重要条款的摘要。[⑥] 同时附上关于重整计划的管理人报告副本。[⑦] 128

关于重整计划表决,表决通过的"多数"要求是指同时满足:(1)经代表出席会议并投票的债权人债权总额50%以上的债权人投票同意;(2)经出席会议并投票的 129

---

① Myanmar Insolvency Law 2020 (enacted 24 February 2020) s. 40(c).

② Myanmar Insolvency Law 2020 (enacted 24 February 2020) s. 72(a).

③ Myanmar Insolvency Law 2020 (enacted 24 February 2020) s. 72(b).

④ Myanmar Insolvency Law 2020 (enacted 24 February 2020) s. 72(c).

⑤ Myanmar Insolvency Law 2020 (enacted 24 February 2020) s. 51(c).

⑥ Myanmar Insolvency Law 2020 (enacted 24 February 2020) s. 72(e).

⑦ Myanmar Insolvency Law 2020 (enacted 24 February 2020) s. 72(f).

过半数债权人同意。[①]

130 重整计划一经法定多数债权人表决通过，重整管理人应当准备一份正式记录重整计划条款的文件，并在规定时间内安排公司代表（董事或重整管理人）和该重整计划的监督人（通常由重整管理人担任）签署该文件。[②]

131 经表决通过的重整计划对债权人在重整阶段前对公司享有的债权均具有约束力。[③] 但是，该重整计划无法阻止担保债权人实现债权或以其他方式处理担保权，但以下情形除外：（1）该重整计划包含禁止担保权行使的条款且担保债权人已投票同意该计划；（2）法院作出相应命令。[④] 就后一情形而言，法院只有在确认不作出命令将对实现重整计划目标产生重大不利影响，担保债权人利益已得到充分保护，并且不会使担保债权人承担重大损害风险时，才会作出禁止担保权行使的命令。[⑤]

132 此外，由于《破产法》规定重整计划是公司与其债权人、股东之间达成的和解安排，所以对于股东而言，无论股东是否出席会议或表决同意重整计划，其权利均可能受到重整计划的影响。[⑥] 只要获表决通过的重整计划未减少或转移股东股权相关权益（未对股东权益产生不公平损害），该重整计划就应当对公司股东具有约束力。[⑦]

133 计划监督人有义务以尽可能快速且高效的方式推进重整计划执行。[⑧]

134 经公司董事会请求，计划监督人可以召开债权人会议终止或变更已通过的重整计划。如果计划监督人认为相关方已违反或即将违反重整计划的重要条款，而变更计划是比终止计划更好的选择时，应当对重整计划予以变更。[⑨]

135 如果计划监督人认为已经出现严重违反重整计划的情况，并且合理的补救期限已过，计划监督人应召开债权人会议，商议终止重整计划。[⑩] 另外，经代表债权总额10%以上或占债权人总人数10%以上的债权人请求，计划监督人也应当召开债权人会议。[⑪]

---

① Myanmar Insolvency Law 2020 (enacted 24 February 2020) s.73(c).
② Myanmar Insolvency Law 2020 (enacted 24 February 2020) s.75(a).
③ Myanmar Insolvency Law 2020 (enacted 24 February 2020) s.77(a).
④ Myanmar Insolvency Law 2020 (enacted 24 February 2020) s.77(b).
⑤ Myanmar Insolvency Law 2020 (enacted 24 February 2020) ss.78(a) and 78(c).
⑥ Myanmar Insolvency Law 2020 (enacted 24 February 2020) ss.76(a)(i) and 76(a)(ii)(A).
⑦ Myanmar Insolvency Law 2020 (enacted 24 February 2020) s.77(e).
⑧ Myanmar Insolvency Law 2020 (enacted 24 February 2020) s.79(b)(ii).
⑨ Myanmar Insolvency Law 2020 (enacted 24 February 2020) s.85(a).
⑩ Myanmar Insolvency Law 2020 (enacted 24 February 2020) s.86(a)(i).
⑪ Myanmar Insolvency Law 2020 (enacted 24 February 2020) s.86(a)(ii).

计划监督人或者任何利益相关方可以在重整计划表决通过后的 28 日内(法院认为有充分理由可予以延长的除外),向法院申请终止已获通过的重整计划。① 概括而言,这类申请理由包括:债权人未能获得充分信息以行使表决权;重整计划是由公司关联方债权人表决通过的;存在重大程序违法情形;计划监督人存在不当行为;重整计划执行不当。② 136

终止重整计划的命令一旦作出,法院会视情况额外作出命令,调整下列主体依据重整计划已获得的利益:(1)违反重整计划的相关方、根据重整计划签订合同的相对方;(2)公司关联方。③ 137

如果债权人未表决通过重整计划,或者债权人、法院终止已通过的重整计划,公司将由重整程序转入清算程序。 138

《破产法》未对"预先打包"(pre-packaged)的重整计划作具体规定。 139

十四、中小微企业

中小微企业在缅甸商业主体中占较大比例。因此,为解决中小微企业(包括公司法人和非法人中小微企业)的破产问题,实现本报告第 20 段所述的制度目标,《破产法》第六章建立了专门适用于中小微企业的破产程序。 140

《破产法》第六章程序与《破产法》第五章程序在规定上有诸多共同点,但是《破产法》第六章程序专门为中小微企业设计,匹配中小微企业业务、营业和财产有限的特征,为中小微企业提供重整和破产程序的快捷通道。本部分将重点讨论《破产法》第六章程序的特点。 141

《破产法》第六章程序采用"债务人自行管理"(debtor-in-possession)模式,在该模式下,破产执业者可被委任为重整顾问,以协助中小微企业制定重整计划。法院监管是制度重点,但也对昂贵的诉讼程序加以限制。为应对世界银行所述的"债权人消极"现象(creditor passitvity)④,《破产法》第六章程序尽可能简化了债权人参与程序的要求和手续。中小微企业的一个显著特点为,企业债务规模以及相应清偿额 142

① Myanmar Insolvency Law 2020 (enacted 24 February 2020) ss. 87(b) and 87(e).

② Myanmar Insolvency Law 2020 (enacted 24 February 2020) s. 87(a).

③ Myanmar Insolvency Law 2020 (enacted 24 February 2020) s. 87(d).

④ World Bank, "Report on the Treatment of MSME Insolvency" (2017) at p. 12 – 14 and Box 3. 4. ("债权人消极"现象,是指在中小微企业破产程序中,由于中小微企业的资源有限,无担保债权人一般很难从中小微企业破产程序中获偿,因此无担保债权人基本无意愿付出成本参与破产程序和相关谈判。——译者注).

一般不会太高。

143 根据《破产法》的定义，《破产法》第六章程序仅适用于中小微企业的“经营债务”（business debt）。[①] 无论是否注册成立了公司，《破产法》第六章程序都不适用于因个人债务或消费债务而破产的企业。另外，为了避免设定过于复杂的准入规则，缅甸并不基于员工数或营业额来定义中小微企业。

144 具体而言，可适用《破产法》第六章程序的中小微企业包括以下两类：

（1）申请《破产法》第六章程序时累计经营债务不超过 10,000,000 缅甸元的公司法人。

（2）申请《破产法》第六章程序时累计经营债务超过 1,000,000 缅甸元的非法人企业。[②]

145 与《破产法》第五章程序一样，《破产法》第六章程序同样分为“重整阶段”“计划执行阶段”。重整阶段自指定重整顾问之时开始，至计划执行阶段启动或者中小微企业、企业所有者被破产清算之时结束。

146 在下列情形中，破产执业者可被委任为重整顾问：（1）中小微企业是公司法人的，由公司董事作出书面决议，认为按现金流标准判断，公司已无法或可能无法清偿债务，并应指定一名重整顾问；（2）如果中小微企业是非法人企业，则由中小微企业的所有者作出载有上述内容的书面声明；（3）如果中小微企业是合伙企业，则由其合伙人达成书面决议。[③]

147 由上述规则可见，债权人没有启动《破产法》第六章程序的权利。这一机制设计旨在激励中小微企业主动寻求破产执业者的帮助，而不是等待债权人付出更多成本并通过正式程序指定破产执业者。不过，《破产法》第八部分规定，如果中小微企业所有者向法院提出破产申请，法院有权对该中小微企业作出启动《破产法》第六章程序的命令或指示。[④] 在这类情形中，债权人也有权申请法院作出《破产法》第六章程序的命令。[⑤]

148 破产执业者在接受委任成为中小微企业的重整顾问后，应当以书面方式对下列

---

① 经营债务，是指企业（无论是实际出资还是出资要求）在经营或运营过程中，因向企业提供货物和服务而产生的债务。See Myanmar Insolvency Law 2020 (enacted 24 February 2020) s. 2(i).

② Myanmar Insolvency Law 2020 (enacted 24 February 2020) s. 2(u) read together with Myanmar Insolvency Rules 2020 (issued 28 April 2020) s. 62.

③ Myanmar Insolvency Law 2020 (enacted 24 February 2020) s. 97.

④ Myanmar Insolvency Law 2020 (enacted 24 February 2020) s. 254(a).

⑤ Myanmar Insolvency Law 2020 (enacted 24 February 2020) s. 254(b).

情况进行确认:已收到载明债权人姓名、地址和所持数额的债权人名单,并且在收到债权人名单、企业提供的其他记录并进行询问和调查后,认为由其履职可以实现《破产法》第六章程序的目标。[①]

关于重整顾问的委任情况,应当通知担保债权人,担保债权人可以在规定时间 149
内另行委任重整顾问。[②]

重整顾问的主要职能是为中小微企业董事或所有者提供建议和辅助,研究制定 150
可帮助中小微企业在重整阶段维持经营的重整方案。[③] 重整顾问的职责还包括对正在制定或预备提交审议的重整计划草案的可行性进行研究。为确保有效履职,重整顾问需采取在本报告第127段列举的与重整管理人职责相似的履职行动。[④]

重整顾问必须把债权人整体利益放在首位,尽可能高效推进调查,但是调查程 151
度和范围取决于资金支持的情况。因此,因资金问题而使调查受限的,重整顾问应当报告并披露相关限制情况。[⑤]

不同于重整管理人,重整顾问对中小微企业的债务和其他义务无须承担个人责 152
任。[⑥] 在《破产法》第六章程序中发生的租金等债务仍然属于企业债务而应在企业正常经营过程中予以清偿。[⑦] 重整顾问发现企业在日常运营过程中无法清偿债务的,应当将中小微企业由重整程序转入清算程序或个人破产程序。[⑧]

只有经重整顾问书面同意或经法院批准后,中小微企业的董事或所有者才可在 153
企业正常业务经营范围之外开展业务或处分财产,并对不属于中小微企业关联方的债权人的程序前债权进行清偿。[⑨] 而只有在法院批准后,才能对属于中小微企业关联方的债权人的程序前债权进行清偿。[⑩] 对于程序前债权的清偿,重整顾问、法院只有在公司可能达成重整计划,清偿相关债务确有必要且有助于实现《破产法》第六章程序目标时,才会同意予以清偿。[⑪]

---

① Myanmar Insolvency Law 2020 (enacted 24 February 2020) s. 98(c).
② Myanmar Insolvency Law 2020 (enacted 24 February 2020) s. 99.
③ Myanmar Insolvency Law 2020 (enacted 24 February 2020) ss. 102(a)(i) and 102(a)(ii).
④ Myanmar Insolvency Law 2020 (enacted 24 February 2020) s. 102(b).
⑤ Myanmar Insolvency Law 2020 (enacted 24 February 2020) s. 102(c).
⑥ Myanmar Insolvency Law 2020 (enacted 24 February 2020) s. 112(a).
⑦ Myanmar Insolvency Law 2020 (enacted 24 February 2020) s. 112(b).
⑧ Myanmar Insolvency Law 2020 (enacted 24 February 2020) s. 112(d).
⑨ Myanmar Insolvency Law 2020 (enacted 24 February 2020) ss. 105(d)(i) and 105(d)(iii).
⑩ Myanmar Insolvency Law 2020 (enacted 24 February 2020) s. 105(d)(ii).
⑪ Myanmar Insolvency Law 2020 (enacted 24 February 2020) s. 105(e).

154 《破产法》第六章程序关于中止效力的规定，包括对担保权的处理规定等，与前述《破产法》第五章程序基本相同。①

155 《破产法》第六章程序开始后，中小微企业有义务根据要求制备并向重整顾问提交一份公司事务声明，②除非重整顾问有理由怀疑该声明的准确性，否则一般会以其中信息为判断依据。③

156 重整顾问应当在收到公司事务声明后的5个工作日内，向公司事务声明中所列的各债权人发送通知，进行债权审核，并告知债务人、债权人，除非在规定时间内提出异议，否则在没有相反证据的情况下，公司事务声明中载明的债权债务情况将被视为正确。④《破产法》第六章程序并未规定其他债权申报或确认机制。

157 重整顾问还可委派调解员调解中小微企业与债权人、债务人之间关于债权债务的争议。⑤ 如果有债权债务争议无法在制订重整计划期间内解决，《破产法》第六章程序将因此以失败告终。调解员还可以调解与重整计划草案相关的争议。⑥

158 《破产法》规定，经占债权人总人数10%以上或者合计占债权总额10%以上的债权人请求，重整顾问应当召开债权人会议。⑦ 但是债权人会议并非《破产法》第六章程序中的必经程序。

159 重整顾问应当向每个债权人最后的已知地址寄送重整计划草案和通知，明确告知收件人自通知之日起21日内以书面方式投票同意或反对该草案。⑧ 同时，重整顾问应当告知债权人，自通知之日起21日内，除非重整计划草案获人数过半数且代表债权额占总债权额50%以上的债权人书面投票否决，否则重整计划将于自通知之日起的第28日生效。⑨ 发至债权人的通知和重整计划草案必须随附重整顾问出具的报告。⑩

160 中小微企业在进入《破产法》第六章程序后，应当在合理可行的情况下尽快履行

① 详见本报告第八部分。
② Myanmar Insolvency Law 2020 (enacted 24 February 2020) s. 114(a).
③ Myanmar Insolvency Law 2020 (enacted 24 February 2020) s. 115(a).
④ Myanmar Insolvency Law 2020 (enacted 24 February 2020) ss. 115(b) and 115(c).
⑤ Myanmar Insolvency Law 2020 (enacted 24 February 2020) s. 118(a)(i).
⑥ Myanmar Insolvency Law 2020 (enacted 24 February 2020) s. 118(a)(ii).
⑦ Myanmar Insolvency Law 2020 (enacted 24 February 2020) s. 119(a)(ii).
⑧ Myanmar Insolvency Law 2020 (enacted 24 February 2020) s. 122(a)(i).
⑨ Myanmar Insolvency Law 2020 (enacted 24 February 2020) s. 122(a)(ii).
⑩ Myanmar Insolvency Law 2020 (enacted 24 February 2020) s. 122(b).

通知义务,最迟不得晚于程序开始后的第 10 周。[①]

若出现以下情形之一,则重整顾问应在发出重整计划草案和通知之日起的 21 日内召集债权人会议:[②](1)经代表企业经营债务总额 30% 以上的债权人请求;(2)重整顾问已经获悉,债权人存在可导致重整计划无法通过的反对意见,但认为原计划或修改后的计划仍具一定通过可能性的。[③] 161

一旦重整计划草案获得债权人表决通过(无论是否修改),重整顾问应当制作一份正式文件来记录重整计划的条款,并安排中小微企业代表和计划监督人签署该重整计划。[④] 162

根据《破产法》的规定,《破产法》第六章程序的重整计划由中小微企业负责制定,或者经中小微企业同意,交由重整顾问制定。[⑤] 这就与《破产法》第五章程序明显不同,在《破产法》第五章程序中,重整计划可由重整管理人或任何利益相关方(如债权人)制作。《破产法》第六章程序对重整计划内容的要求与本报告第 125、126 段列举的要求基本相似。 163

最为重要的是,这类重整计划为债权人带来的清偿率不得低于重整计划未生效时债权人可获得的清偿率,[⑥]并且必须载明与重整计划未生效时的债权清偿顺序,需对清偿顺序进行调整的,受到不利影响的每组债权人均须以法定多数表决通过。[⑦] 164

在《破产法》第六章程序启动后的 10 周内,重整计划未能获表决通过的,《破产法》第六章程序即告终止。[⑧] 165

中小微企业的高管、所有者和董事,以及重整阶段开始前(包括开始时)对中小微企业享有债权的全部债权人,均受《破产法》第六章程序重整计划约束。[⑨] 至于重整计划能否约束担保债权人以及财产被企业占有的所有人或出租人,判断标准与《破产法》第五章程序相似。[⑩] 和《破产法》第五章程序相同,无论股东是否投票同意 166

---

① Myanmar Insolvency Law 2020 (enacted 24 February 2020) s. 122(c).

② Myanmar Insolvency Law 2020 (enacted 24 February 2020) s. 123(a).

③ 经中小微企业同意,债权人会议可以修改重整计划草案的条款,其后债权人会议可对修改后的重整计划进行表决。See Myanmar Insolvency Law 2020 (enacted 24 February 2020) s. 123(b).

④ Myanmar Insolvency Law 2020 (enacted 24 February 2020) s. 123(e).

⑤ Myanmar Insolvency Law 2020 (enacted 24 February 2020) s. 121(a).

⑥ Myanmar Insolvency Law 2020 (enacted 24 February 2020) s. 121(c).

⑦ Myanmar Insolvency Law 2020 (enacted 24 February 2020) s. 121(d).

⑧ Myanmar Insolvency Law 2020 (enacted 24 February 2020) s. 124(a).

⑨ Myanmar Insolvency Law 2020 (enacted 24 February 2020) s. 128(a).

⑩ 见本报告第 85 段。See also Myanmar Insolvency Law 2020 (enacted 24 February 2020) s. 128.

《破产法》第六章程序制定的重整计划,重整计划均可对股东权益造成一定影响。①

167 《破产法》第六章程序中制定的重整计划也可由债权人会议作出终止或变更。《破产法》第六章程序重整计划的终止或变更规则与《破产法》第五章程序(见本报告第138~141段)基本相同。② 在《破产法》第六章程序中,债权人未能通过或者终止计划执行的,中小微企业将转入清算或个人破产程序。

168 当属于公司法人的中小微企业转入清算时,将适用《破产法》关于清算程序的规定,但针对中小微公司的特点,缅甸进行了以下规则调整:(1)申请和备案费用减半收取;③(2)在清算程序中申报的由公司关联方持有或者受益的债权债务,劣后于其他债权清偿;④(3)中小微公司的清算人不承担对公司事务的调查义务,也无义务提起中小微公司或清算人有权提出的诉讼或主张,只有债权人或中小微公司成员申请,同时承诺就额外追收的费用给予清算人补偿并以法院认为合适的方式提供担保,法院才会另行作出命令或指示;⑤(4)如果中小微公司清算人在获指定后发现公司没有可供分配的资产,清算人必须将该情况通知投资及公司管理局。除非法院另有命令,否则该公司将在3个月后自动解散。⑥

十五、其他事项

(一)外国债权人待遇

169 根据《破产法》的规定,外国债权人与缅甸国内债权人享有同等待遇。

170 由于《破产法》规定的公司资产不受地域限制,所以外国债权人已就破产公司在国外的财产获得偿付的,其债权将在缅甸国内被视为已在该范围内受偿。

(二)企业集团破产

171 《破产法》并未针对企业集团规定专门的破产程序。

(三)国际和跨境破产

172 缅甸在20世纪下半叶和21世纪首个十年的历史导致其在立法、行政和司法方

① 见本报告第132段。See also Myanmar Insolvency Law 2020 (enacted 24 February 2020) s. 127 (b)(i).

② See generally Myanmar Insolvency Law 2020 (enacted 24 February 2020) ss. 135 – 138.

③ Myanmar Insolvency Law 2020 (enacted 24 February 2020) s. 141.

④ Myanmar Insolvency Law 2020 (enacted 24 February 2020) s. 142.

⑤ Myanmar Insolvency Law 2020 (enacted 24 February 2020) s. 143.

⑥ Myanmar Insolvency Law 2020 (enacted 24 February 2020) ss. 144(a) and 144(e).

面带有划疆而治的封闭倾向。然而,缅甸面向亚洲,乃至全世界开放的决心,很大程度上化为了缅甸自 2011 年以来的改革动力,而改革所带来的经济利益,也显著推动了缅甸公司和商法的现代化。

《破产法》第十章采纳了《跨国界破产示范法》(1997 年)的全部条文,这也佐证了缅甸已接纳了开放的普及主义的益处。但是,《破产法》第十章的启动实施需要总统另行签署并发布公告(截至 2021 年 2 月,尚未发布相关公告),同时明确保留了跨境破产程序中排除外国税收债权受偿的权利。① 173

据笔者所知,缅甸目前并未与其他司法管辖区就跨境破产合作问题签订破产相关条约或合作备忘录,也未就是否采纳《关于承认和执行破产相关判决示范法》(2018 年)进行讨论。虽然缅甸法律总体上允许对外国判决的承认与执行,②但据笔者了解,近年来没有外国法院主动寻求缅甸法院承认、执行这类判决的情况,也没有缅甸承认或执行外国破产程序或相关判决的情况,同时未出现缅甸破产程序或破产判决在其他司法管辖区获得承认的案例。 174

虽然缅甸目前尚未加入《JIN 指引》等与破产相关的法院间合作指引,但缅甸司法人员近来已参与了许多国际会议和司法座谈会。此外,《跨国界破产示范法》规定的合作义务可能会鼓励缅甸更多地参与这类法院间的沟通交流活动。 175

(四)其他

缅甸目前并未收集或公布破产相关数据,鉴于《破产法》仍属新法,且过去个人、企业破产法律制度的司法适用较少,导致缅甸缺乏可靠的破产实践数据。根据世界银行的推算,在缅甸原有的破产法律制度下,一项丧失抵押物回赎程序需要 5 年完成,债权回收率仅为 14.7% 左右。③ 176

有趣的是,在缅甸语里,"破产"意为"一无所有的乞丐"。这种在语言上对破产的污名化,又在其他诸多方面得到了强化,例如,缅甸宪法就禁止尚未获得免责的破产公民投票。④ 在缅甸,社会公众基本上不存在对破产问题的认知或认同。毫无疑 177

① Myanmar Insolvency Law 2020(enacted 24 February 2020) s.381(b).

② Code of Civil Procedure (1908) ss.13 and 44A. See also generally Minn Naing Oo "Country Report: Myanmar" in Recognitionand Enforcementof Foreign Judgmentsin Asia (Adeline Chonged) (Asian Business Law Institute,2017).

③ World Bank,"Doing Business(Resolving Insolvency) 2019" (2019) https://www.doingbusiness.org/en/data/exploretopics/resolving-insolvency (accessed 9 February 2021).

④ Constitution of the Republic of the Union of Myanmar (enacted 29 May 2008) s.392(d).

问,《破产法》的实施仍面临诸多挑战。但是,《破产法》融合了最佳国际破产实践经验,对已过时的缅甸破产法律制度进行了现代化革新,该法的出台本身已是了不起的成就,是缅甸进一步履行宪法承诺、发展市场经济的绝佳起点。①

附:本报告引用的法律、法规
Appendix of Legislation and Regulations Referred to

1.《民事诉讼法》,Code of Civil Procedure（1908）。

2.《1914 年公司法》,Companies Act 1914。

3.《2018 年契约登记法》,Deeds Registration Law 2018（enacted 20 March 2018）。

4.《2016 年金融机构法》, Financial Institution Law 2016（enacted 25 January 2016）。

5.《2020 年破产法》,Insolvency Law 2020（enacted 14 February 2020）。

6.《2020 年破产规则》,Insolvency Rules 2020（enacted 28 April 2020）。

7.《2017 年缅甸公司法》, Myanmar Companies Law 2017（enacted 6 December 2017）。

8.《1909 年登记法》,Registration Act 1909。

9. 仰光证券交易所,《证券上市业务规则》, Yangon Stock Exchange, Securities Listing Business Regulations（enacted 30 October 2015; amended 16 October 2018）。

① Constitution of the Republic of the Union of Myanmar（enacted 29 May 2008）s. 35.

菲律宾制度报告

Antonio Jose Gerardo T Paz
Partner, Angara Abello Concepcion Regala & Cruz Law Offices (ACCRALAW)

一、菲律宾法律制度概览

菲律宾的法律体系由一般和特别的法律、法规及法律程序构成,法律渊源包括宪法、成文法、国际条约、惯例以及司法判例。宪法①是国家的基本法,其他制定法为宪法的补充,提供具体规则和制度,明确惩罚和制裁,以有效规范公共和私人事务。非经法定程序废止,法律和法规均应被视为有效。② 1

制定法的效力位阶高于适用并解释法律法规的司法判例。尽管如此,菲律宾最高法院仍确立了"遵循先例"(stare decisis)原则③,使司法判例成为菲律宾法律体系的一部分。④ 因此,在菲律宾,司法判例具有约束下级法院裁判以及其他政府机构行为的法律效力。 2

菲律宾与其他国家签订的国际条约和协定也具有法律约束力。作为国际大家庭的一员,菲律宾签署和缔结了许多条约和公约,例如,《与贸易有关的投资措施协定》⑤、《经济、社会和文化权利国际公约》⑥。 3

---

① 《1987年菲律宾宪法》:1987年2月2日经公民表决通过并生效。

② Tan v. Bausch & Lomb, Inc GR No. 148420 (15 December 2005) 478 SCRA 115 at 123 - 124, citing Olsen and Co. v. Aldanese (1922) 43 Phil 259; San MiguelBrewery v. Magno (1967) 128 Phil 328.

③ 遵循先例原则,是指根据具有相似事实的先例所确定的法律原则或规则进行裁判。See Pepsi-Cola Products Philippines, Incorporated v. Pagdanganan (2006) 535 Phil 540.

④ Civil Code of the Philippines [Republic Act No. 386 (1949)] Art. 8.

⑤ 《与贸易有关的投资措施协定》在世界贸易组织(WTO)的前身——《关税与贸易总协定》的影响下协商制定,于1995年生效。菲律宾自1995年1月1日起即为世界贸易组织成员,并早在1979年12月27日就加入了《关税与贸易总协定》。

⑥ 菲律宾于1996年12月19日签署,并于1974年6月7日批准生效。

4 同时，被视为一般法的《菲律宾民法典》[①]（以下简称《民法典》）和由特别法组成的商事法律规范共同构成了菲律宾私法的重要部分。[②] 传统菲律宾商法包括适用于商业文件[③]、企业组织[④]、商业合同[⑤]、银行业[⑥]和破产[⑦]等领域的法律。

5 菲律宾主要的企业组织形式有公司、合伙企业和独资企业。证券交易委员会（以下简称证交会）负责管理合伙企业、公司及其分支机构的注册登记，贸易工业部则负责独资企业的相关事宜。

6 2019年2月21日，《第11232号共和国法》（又称《公司法修正案》）颁布实施。[⑧] 该法修订了旧公司法[⑨]，使菲律宾公司治理制度发生了极大改变。[⑩]《第11232号共和国法》主要规定了公司注册、成立、解散程序以及公司治理和管理的相关规则。

7 根据《第11232号共和国法》，公司独立于其股东、成员，是具有独立人格的法人实体，这意味着公司的债务和股东、成员的债务无关，反之亦然。[⑪] 但是，如果相关人员利用公司独立人格进行影响公共利益、以合法形式掩盖非法目的、隐匿、欺诈等行为或者犯罪行为，则可以此为由揭开法人面纱。在这种情况下，公司应被视为个人的集合体，公司责任也应直接归于其高管和股东。[⑫]

---

① 《第386号共和国法》，于1949年6月18日颁布，于1950年8月30日生效。

② 公法则主要包括以下几类：以《1987年菲律宾宪法》（1987年2月2日生效）为代表的宪法、以《行政法典》（第292号令）为代表的行政法律以及以《刑法修正案》（第3815号法）为主的刑事法律。

③ Negotiable Instruments Law (Act No. 2031), Warehouse Receipts Law (Act No. 2137), Trust Receipts Law (Presidential Decree No. 115).

④ Revised Corporation Code (Republic Act No. 11232).

⑤ Insurance Code (Presidential Decree No. 612, as amended by Republic Act No. 10607), Chattel Mortgage Law (Act No. 1508).

⑥ General Banking Law (Republic Act No. 8791), New Central Bank Act (Republic Act No. 7653).

⑦ Financial Recovery and Insolvency Act (Republic Act No. 10142).

⑧ 该法于2019年3月8日生效。

⑨ Batas Pambansa Blg 68 (1980)，也称《公司法》。

⑩ 根据《公司法修正案》的规定，一家公司可以永续经营，除非在其公司注册证书中注明其经营期限。在新法生效实施前成立的公司同样适用该规定，除非大多数股东坚持在公司章程中载明公司的经营期限，否则该公司可以永续经营。此外，新法规定，经营期限已过的公司可以重新恢复经营，并且允许设立“一人公司”。

⑪ Good Earth Emporium, Inc. v. Court of Appeals GR No. 82797 (27 February 1991) 194 SCRA 544 at 550.

⑫ Umali v. Court of Appeals (1990) 189 SCRA 529, citing United States v. Milwaukee Refrigerator Transit Co. 142 F 247 (1905).

以美国《统一合伙法》《统一有限合伙法》为参照，菲律宾《民法典》第1767～1867条对合伙企业问题作出规定。[①] 合伙企业也是独立于其合伙人的法律实体。[②] 然而，为清偿企业债务，合伙企业的债权人有权对合伙人财产进行追偿，从这个角度来说，合伙企业合伙人承担无限责任。[③] 但对于有限合伙企业，法律规定部分合伙人仅以其出资份额为限承担有限责任。[④] 8

独资企业是以个人形式存在的商业组织，独资经营者对企业经营承担无限责任。独资企业既不是自然人也不是法人，并不具备独立于其所有者的法律人格。因此，菲律宾法并未赋予独资企业提起诉讼或出庭抗辩的权利。[⑤] 9

与其他法域一样，菲律宾的个人和企业组织在正常业务经营中可进行附担保或无担保的信贷交易，如购买商品、服务或者贷款。菲律宾最常见的担保类型主要有不动产抵押、动产抵押、质押、一般保证（guaranty）和连带保证（suretyship）[⑥]（菲律宾法的担保权类型中，guaranty类似于中国法下的一般责任保证，具有从属性，保证人只有在债务人无法履行债务时才承担保证责任；而suretyship类似于中国法下的连带责任保证，具有一定独立性，债权人可径行向保证人追偿，而无论是否对债务人财产穷尽救济手段。——译者注）。 10

不动产抵押合同，是指债务人以不动产或不动产物权为担保，防止债务人在约定时间不履行其合同项下主要义务的一种担保方式。[⑦] 不动产抵押必须进行公共登记，必须经"公证员"（notary public）认可，并在财产登记处（registry of property）登记，否则该抵押无效。[⑧] 同时，未经登记的抵押合同在抵押权人与抵押人间仍为有效，但不 11

---

① Hector S De Leon, *Comments and Cases on Partnership, Agency and Trusts*, Rex Book Store, 2014, p. 6.

② Civil Code of the Philippines [Republic Act No. 386 (1949)] Art. 1768.

③ Civil Code of the Philippines [Republic Act No. 386 (1949)] Art. 1816.

④ Civil Code of the Philippines [Republic Act No. 386 (1949)] Art. 1843.

⑤ Mangila v. Court of Appeals, et al., GR No. 125027 (12 August 2002).

⑥ Hector S De Leon, *Comments and Cases on Credit Transactions*, Rex Book Store, 1995, p. 1.

⑦ Hector S De Leon, *Comments and Cases on Credit Transactions*, Rex Book Store, 1995, p. 365, citing 12 Manresa 467.

⑧ Hechanova v. Adil GR No. L-49940 (25 September 1986) 144 SCRA 450.

可对抗善意第三人。①

12 动产抵押则，是指将“私人财产”（personal property）在动产抵押登记处（chattel mortgage register）登记，以担保抵押人履行合同义务。② 根据司法判例，动产抵押即使未经登记，在交易方之间也具有法律约束力。③

13 质押同样以私人财产为对象，但与动产抵押不同的是，该私人财产（或财产性权利的证明文件）需依据当事人间的协议实际交付至债权人或第三人处，以担保合同义务的履行。④ 此外，关于质押物的信息和质押日期，也应当经过公共登记。⑤

14 “一般保证”和“连带责任保证”（可参见第10段的译者注）也属保护债权人利益的常用担保形式。这两类担保是由第三方在债务人不履行合同义务的情况下承担相应“主要”或“从属性”的保证责任。对于一般保证，债权人必须在穷尽所有法律救济手段并针对债务人全部财产进行追偿后，才可要求一般保证人承担责任；而对于连带责任保证，一旦债务人无法支付到期债务，债权人即可向连带责任保证人追偿。概括而言，一般保证是对债务人偿债能力的担保，而连带责任保证是对债务的担保。⑥

15 对于根据法律规定必须进行登记的担保财产，社会公众可通过查询获取相关信息。⑦ 在实践中，公众向保管记录的有关政府部门提交申请书并支付合理费用，可以获取经认证的担保契约或记录。菲律宾尚未建立专门用于财产担保登记的电子系统。对于不要求进行公共登记或仅体现在私人合同中的担保，只能请求合同方提供相关担保信息。

---

① Civil Code of the Philippines [Republic Act No. 386 (1949)] Art. 2125. See also Samanilla v. Cajucom GR No. L－13683 (28 March 1960) 107 Phil 432. 根据菲律宾对土地采用的“托伦斯登记制”（torrens system），在每宗土地上设定的担保应在所有权证明原件上标注有关担保情况，以便让第三方知晓担保内容。正是这种标注方式在法律上起到了公示并约束第三方的作用，因此一旦完成担保登记，就视为已对担保进行了“公示”：Presidential Decree No. 1529, s. 52。

② Civil Code of the Philippines [Republic Act No. 386 (1949)] Art. 2140.

③ Filipinas Marble Corp v. Intermediate Appellate Court GR No. L－68010 (30 May 1986) 142 SCRA 180.

④ Civil Code of the Philippines [Republic Act No. 386 (1949)] Art. 2093.

⑤ Civil Code of the Philippines [Republic Act No. 386 (1949)] Art. 2096.

⑥ E Zobel, Inc. v. Court of Appeals GR No. 113931 (6 May 1998) 352 Phil 608 at 614－615.

⑦ 1987 Philippine Constitution (effective 2 February 1987) Art. III, s. 7; Executive Order No. 2, series of 2016 (signed on 23 July 2016).

二、菲律宾破产法律制度

在菲律宾，在遵循《民法典》规定的前提下，破产程序适用特别法。① 总体而言， 16
破产是指一个人无力清偿到期债务的状态。在菲律宾法律体系中，“无力偿债”(insolvency)和“破产”(bankruptcy)是同义词，经常互换使用。

1909 年 5 月 20 日，菲律宾迎来了首部破产法，即“旨在延期偿付债务，救济破产 17
债务人，保护债权人并惩罚债务人欺诈行为”的《第 1956 号法》，即《破产法》。此后，菲律宾于 1981 年颁布《第 902 - A 号总统令》，引入了重整救济制度，“当公司资产或其他财产面临紧迫的减损、损失、浪费或毁坏危险，或者业务经营面临瘫痪风险，可能损害少数股东、诉讼当事人或一般公众的利益时”，可适用重整救济。②

重整案件的主管机构最初为证交会，③但是，随后重整相关管辖权就被转移至审 18
理一般案件的法院或被指定为商事法院的“地区初审法院”(regional trial courts)。④由于这一转变，菲律宾最高法院出台了《关于公司重整的临时程序规则》⑤以规范庭内重整程序。

然而，由于菲律宾在首部《破产法》仍具有效力的情况下又出台了新的破产 19
法律和相关规则，所以菲律宾破产重整实践曾陷入法律规则模糊且不确定的困局。⑥

正因为菲律宾国内关于破产重整制度的法律规定过于分散，在《破产法》实施 20
一百周年之际，菲律宾对建立统一、现代化的破产法律制度的呼声日益增强。⑦ 随着 2008 ~ 2009 年全球性金融危机的爆发，为促进经济增长、提高市场竞争力，降低交易成本，协助预防和解决金融危机，菲律宾对健全破产制度的需求也是与日俱

---

① Civil Code of the Philippines [Republic Act No. 386 (1949)] Art. 2237.

② Presidential Decree No. 902 - A, s. 6, as amended by Presidential Decree No. 1799.

③ Presidential Decree No. 902 - A, s. 6, as amended by Presidential Decree No. 1799.

④ Republic Act No. 8799, otherwise known as "The Securities Regulation Code" (approved 19 July 2000) s. 5. 2.

⑤ AM No. 00 - 8 - 10 - SC (21 November 2000), amended on 16 January 2009.

⑥ Laurence Hector B Arroyo, "Updating the Law on Corporate Rehabilitation" (2008) 53 Ateneo Law Journal 548 at 581.

⑦ House of Representatives, "Deliberations of the Committee on Economic Affairs joint with Committee on Banks and Financial Intermediaries" (2 December 2008) at p. 3.

增。[①] 在立法者的设想中，菲律宾的破产法律制度应当符合国际最佳实践，以一种公平、透明、可预期的方式分配市场风险，保护和最大化公司资产价值，维护利益相关方和市场经济的整体利益。[②]

21 2010 年 7 月 18 日，经过各部门大量的努力和磋商，《第 10142 号共和国法》，即《财务恢复和破产法》（以下简称《2010 年破产重整法》）颁布实施。值得注意的是，《2010 年破产重整法》正式采纳了联合国贸易法委员会《跨国界破产示范法》[③]的规则，使菲律宾成为东南亚国家联盟（以下简称东盟）中首个承认《跨国界破产示范法》，并将其采纳为国内破产法的国家。虽然法律已颁布实施，但菲律宾最高法院还需为跨境破产等程序制定具体程序性规则。[④]

22 2013 年，菲律宾最高法院制定并发布了《财务重整程序规则》[⑤]（以下简称《重整规则》），具体规定了跨境破产规则和程序，[⑥]以及依据《2010 年破产重整法》申请公司、合伙企业、独资企业重整的规则和程序。[⑦]

23 在菲律宾繁杂的商事法律中，《2010 年破产重整法》本质上是一部应对无力偿债（破产）的法律。《2010 年破产重整法》及其附属规定整合并统一了菲律宾已有的破产和重整法律，创新性地引入了国际最佳实践经验，建立起有实效、高质效的破产法律制度。[⑧]

24 《2010 年破产重整法》为破产债务人（包括自然人、法人）提供了重整或者清算择一进行的法定机制。《2010 年破产重整法》适用于所有类型的破产主体，包括正

---

① House of Representatives, "Deliberations of the Committee on Economic Affairs joint with Committee on Banks and Financial Intermediaries" (2 December 2008) at p. 4.

② House of Representatives, "Deliberations of the Committee on Economic Affairs joint with Committee on Banks and Financial Intermediaries" (2 December 2008) at p. 4.

③ Financial Rehabilitation and Insolvency Act of 2010 (Republic Act No. 10142) s. 139.

④ Financial Rehabilitation and Insolvency Act of 2010 (Republic Act No. 10142) ss. 6 and 139.

⑤ AM No. 12 – 12 – 11 – SC (27 August 2013).

⑥ Financial Rehabilitation Rules of Procedure (AM No. 12 – 12 – 11 – SC; 27 August 2013) r. 5.

⑦ Financial Rehabilitation Rules of Procedure (AM No. 12 – 12 – 11 – SC; 27 August 2013) r. 1, s. 2.

⑧ 这些指引包括：United Nations Commission on International Trade Law ("Uncitral") Legislative Guide on Insolvency Law, <http://www. uncitral. org/pdf/english/texts/insolven/05 – 80722_Ebook. pdf> (accessed 23 December 2019); The World Bank <http://www. worldbank. org/en/topic/financialsector/brief/ the-world-bank-principles-for-effective-insolvency-and-creditor-rights> (accessed 23 December 2019) and the principles and guidelines submitted under a technical project of the Asian Development Bank under RETA No. 5975: Promoting Regional Cooperation in the Development of Insolvency。

式注册成立的独资企业、合伙企业、公司[①]以及中小微企业实体。[②] 然而，其中的"债务人"不包括银行、保险公司和"预先保障"公司[③]（pre-need companies）。前述实体的破产问题则应分别适用《新中央银行法》[④]、《保险法》[⑤]和《第 9829 号共和国法（菲律宾的预先保障法）》[⑥]的相关规定。

国家和地方政府机构也不属于《2010 年破产重整法》的适用范围。[⑦] 尽管如此，但银行或者受政府所有、控制公司之外的其他政府金融机构，仍应适用《2010 年破产重整法》，法律另有规定的，从其规定。[⑧] 25

《2010 年破产重整法》的适用还包括具有菲律宾居民和公民身份的自然人。[⑨] 虽然本报告仅探讨法人破产问题，但特别值得一提的是，《2010 年破产重整法》提供了一种只适用于个人债务人的"延期偿付债务"救济措施。 26

在菲律宾，破产法律的首要目标是向债务人提供就到期债务进行协商的机会，并通过解除其合同义务的后续履行责任而使其获得经济重生。菲律宾破产法也为全体债权人提供了债务重组和确保破产财产公平分配的机会。[⑩] 27

《2010 年破产重整法》还旨在完善破产债务人的财产管理规则，以实现破产财产价值最大化，保护债权人利益。在菲律宾，对破产主体进行重整、清算的主要目的 28

① Financial Rehabilitation and Insolvency Act of 2010 (Republic Act No. 10142) s. 4(k).

② 在菲律宾，"中小微企业"（MSME），是指参与工业、农业经营或提供服务且符合以下条件的商业实体：(1) 资产规模在 1 亿菲律宾比索以下；(2) 雇佣规模少于 200 名员工。符合上述分类条件的即为中小微企业，不论其企业类型，即独资企业、联合经营、合伙企业或公司均可属于中小微企业。See "The MSME Sector at a Glance" Senate of the Philippines <https://www.senate.gov.ph/publications/AG%202012-03%20-%20MSME.pdf> (accessed 23 December 2019). 中小微企业同样可适用《2010 年破产重整法》规定的重整程序。See Francis Ed Lim, "Something's in store in the law for MSMEs" Philippine Daily Inquirer (17 November 2016).

③ 《2010 年破产重整法》第 5 条规定，"预先保障公司"，是指为解决特殊时期的个体资金需求（如大学教育、退休或特殊意外事件如死亡、生病或残疾）提供资金保障的公司。

④ Approved on 14 June 1993.

⑤ 18 December 1974, as amended by Republic Act No. 10607; approved on 15 August 2013.

⑥ Approved on 3 December 2009.

⑦ Financial Rehabilitation and Insolvency Act of 2010 (Republic Act No. 10142) s. 5.

⑧ Financial Rehabilitation and Insolvency Act of 2010 (Republic Act No. 10142) s. 5.

⑨ Financial Rehabilitation and Insolvency Act of 2010 (Republic Act No. 10142) s. 4(k), in relation to s. 4(o).

⑩ Jose C Vitug, Commercial Laws and Jurisprudence (Rex Book Store, 2006) at p. 536.

是保护全体债权人的利益。[1] 在这类情形中，债权人能够保有对破产债务人剩余财产的优先受偿权，而股东的所有者权益可受到的保护可忽略不计。[2] 此外，破产法同样认可担保债权人相较于无担保债权人所享有的优先权。[3]

29 根据《2010 年破产重整法》的规定，“破产”一词通常被定义为债务人无法清偿其在正常经营过程中的到期债务或者负债大于资产的财务状况。[4] 债务人为法人的，可以选择申请重整，[5]包括“法院监督型”(court-supervised)重整[6]和“预先协商”型重整(pre-negotiated)，[7]或者选择进行庭外重整。[8] 此外，作为替代选择，法人债务人还可申请进行“自愿清算”[9](voluntary liquidation)。但是，《2010 年破产重整法》并未规定公司必须启动破产程序的法定情形。值得注意的是，在自愿清算程序中，申请人无须证明债务人之前已重整，但在申请启动“非自愿清算”程序时，申请人需证明债务人已缺乏重整可能性。[10]

三、重整程序

（一）法院监督型重整程序

30 法庭监督型重整程序有两种启动方式：由债务人自行提出“自愿重整”申请[11]；由

① Cesar L Villanueva, Agency & Trusts, Partnerships & Joint Ventures (Rex Book Store, 2015) at p. 200 – 205.

② Cesar L Villanueva, Agency & Trusts, Partnerships & Joint Ventures (Rex Book Store, 2015) at p. 200 – 205.

③ Cesar L Villanueva, Agency & Trusts, Partnerships & Joint Ventures (Rex Book Store, 2015) at p. 200 – 205.

④ Financial Rehabilitation and Insolvency Act of 2010 (Republic Act No. 10142) s. 4(p).

⑤ 《2010 年破产重整法》对“重整”的定义为：如果债务人继续经营在经济上具有可行性，且维持债务人继续经营可使债权人根据重整计划的受偿额高于立即清算的受偿额，则帮助破产债务人成功恢复至正常经营和具有偿债能力状态。Financial Rehabilitation and Insolvency Act of 2010 (Republic Act No. 10142) (“FRIA”) s. 4(gg).

⑥ Financial Rehabilitation and Insolvency Act of 2010 (Republic Act No. 10142) ch. II.

⑦ Financial Rehabilitation and Insolvency Act of 2010 (Republic Act No. 10142) ch. III.

⑧ Financial Rehabilitation and Insolvency Act of 2010 (Republic Act No. 10142) ch. IV.

⑨ 《2010 年破产重整法》对“清算”的定义为：通过出售债务人的全部财产，清偿其未偿债务，若有剩余财产，则向股东分配，待事项全部处理完毕后，企业终止存续的程序。Financial Rehabilitation and Insolvency Act of 2010 (Republic Act No. 10142) ch. V.

⑩ Financial Rehabilitation and Insolvency Act of 2010 (Republic Act No. 10142) s. 91(b).

⑪ Financial Rehabilitation and Insolvency Act of 2010 (Republic Act No. 10142) s. 12.

债权人单独或共同提“非自愿重整申请”。[①] 两种申请方式均要求提交重整计划。[②]

下列主体可申请自愿重整:经独资企业的所有者同意申请重整的独资企业;经合伙企业多数合伙人同意申请重整的合伙企业;经公司董事会或受托人之多数表决同意申请重整,并经持现有股权2/3以上股东授权的公司;经2/3以上公司成员表决同意申请重整的“非股份公司”(non-stock corporations)。[③] 31

重整申请应当说明以下事实:债务人已陷入破产;[④]债务人重整或继续经营具有经济上可行性;[⑤]在债务人继续经营的情况下,债权人可根据重整计划获得相较于立即清算更高的受偿数额。[⑥] 32

当债务人所属企业集团中的一个或多个成员[⑦]已经预见债务人可能无法清偿相应的到期债务,并且该财务困境可能对其他集团成员的财务、经营状况造成一定负面影响,或影响其他集团成员所持有的对外股权权益时,企业集团的成员可以联合提出重整申请。[⑧] 33

债权人可以单独或共同对破产债务人提出非自愿重整申请,但前述债权人需至少持有1,000,000比索以上的债权或者持有的债权额达到公司认缴股本或合伙人出资额的25%(需满足两项条件中的较高者)。[⑨] 34

这类重整申请中应当明确以下事实:(1)申请人的债权不存在事实或法律上的实质性争议;(2)债务人已逾期60日未能偿付到期债权或者债务人无法履行到期义务。此外,如果某一债权人对债务人发起的止赎程序(fore closure)将导致债务人无法清偿到期债务,或者即使能够偿付债务,但会直接导致债务人破产,其他债权人也可以作为申请人提出重整申请。[⑩] 在两种情形中,申请人均需证明债务人真实具备 35

---

① Financial Rehabilitation and Insolvency Act of 2010 (Republic Act No. 10142) s. 14.

② Financial Rehabilitation and Insolvency Act of 2010 (Republic Act No. 10142) ss. 12(h) and 14(d).

③ Financial Rehabilitation and Insolvency Act of 2010 (Republic Act No. 10142) s. 12.

④ 参见本报告第29段对“破产”的定义。

⑤ Financial Rehabilitation and Insolvency Act of 2010 (Republic Act No. 10142) s. 12 in relation to s. 4(gg).

⑥ Financial Rehabilitation and Insolvency Act of 2010 (Republic Act No. 10142) s. 4(gg).

⑦ Financial Rehabilitation and Insolvency Act of 2010 (Republic Act No. 10142) s. 4(n). “债务人集团”(group of debtors)泛指:在母公司、子公司、其他关联公司等在财务上相关联的企业;由同一个人持有50%以上份额的合伙企业;为同一人所有的独资企业。

⑧ Financial Rehabilitation and Insolvency Act of 2010 (Republic Act No. 10142) s. 12.

⑨ Financial Rehabilitation and Insolvency Act of 2010 (Republic Act No. 10142) s. 13.

⑩ Financial Rehabilitation and Insolvency Act of 2010 (Republic Act No. 10142) s. 13.

重整可能性。[①]

1. 重整开始裁定

36 在法院监督型重整程序中(无论自愿或非自愿),当申请满足形式及实质要件后,法院将会作出重整开始裁定。[②] 重整开始裁定应当包括《2010 年破产重整法》第 16 条(a)项至(q)项所列明的内容,包括对债务人进入重整的公告、裁定的公开要求、申请送达情况、指定的“重整管理人”(rehabilitation receiver)[③]、中止命令[④]和初始听证的安排。[⑤] 重整程序自裁定作出之日[⑥]开始(“重整开始日”),其效力可追溯至重整申请提交之日。[⑦]

37 重整开始裁定具有以下法律效力:禁止债权人与债务人抵销债权债务[⑧];禁止对债务人财产之上设置的任何担保权进行生效“公示”[⑨];将针对债务人的全部诉讼程序集中至审查重整申请的法院进行审理,但法院可允许债务人在其他法院启动的诉讼继续进行;[⑩]在裁定作出后、重整计划表决通过或者法院驳回重整申请前(以较早者为准),免除包括罚金、利息在内的中央或地方政府税款和费用。[⑪]

38 除非法院依法撤销裁定,否则只要债务人仍具有重整可能性,重整开始裁定将在重整程序期间持续有效。[⑫]

2. 中止命令

39 重整开始裁定应包含中止法院内外任何诉讼和其他法律程序的命令,以中止任

---

① Financial Rehabilitation and Insolvency Act of 2010 (Republic Act No. 10142) s. 14.

② Financial Rehabilitation and Insolvency Act of 2010 (Republic Act No. 10142) s. 15.

③ 详见本报告第 55 ~65 段对重整管理人的探讨。重整管理人本质上是重整法院的职务承担者,在重整程序中以管理和最大化债务人财产为主要职责。

④ 详见本报告第 39 ~54 段对中止命令的探讨。

⑤ 详见本报告第 66 ~72 段对初始听证安排的探讨。

⑥ Financial Rehabilitation and Insolvency Act of 2010 (Republic Act No. 10142) s. 16.

⑦ Financial Rehabilitation and Insolvency Act of 2010 (Republic Act No. 10142) s 4(d).

⑧ Financial Rehabilitation and Insolvency Act of 2010 (Republic Act No. 10142) (“FRIA”) s. 17(c). 清算程序对抵销权(债权人、债务人互负债务)的处理方式则不同,这类债权债务在程序中依法自动抵销,若有剩余,将继续由清算程序处理: FRIA s. 124。

⑨ Financial Rehabilitation and Insolvency Act of 2010 (Republic Act No. 10142) s. 17(d).

⑩ Financial Rehabilitation and Insolvency Act of 2010 (Republic Act No. 10142) s. 17(e).

⑪ Financial Rehabilitation and Insolvency Act of 2010 (Republic Act No. 10142) s. 19.

⑫ Financial Rehabilitation and Insolvency Act of 2010 (Republic Act No. 10142) s. 21.

何针对债务人行使债权[①]、执行判决、扣押财产和获取临时救济的行为。[②] 同时,法院作出开始裁定后,任何在重整程序之外试图对债务人启动法律程序或以其他方式追收债权的行为,均足以构成"间接藐视法庭"行为(indirect contempt)。[③]

40 但需注意,法律并不禁止债权人或第三方对以个人名义行事的公司董事或高管提起诉讼。[④]

41 在 BF Homes, Incorporated v. Court of Appeals 案[⑤]中,菲律宾最高法院认为,中止债务人全部的未决诉讼意在确保"管理委员会"(management committee)[⑥]或重整管理人有效履职,免受任何来自司法程序或司法外的干预,避免未决诉讼影响或阻碍债务人公司重整。因为如果允许未决诉讼继续进行,只会增加管理委员会、重整管理人负担,使其时间、精力和资源分散与浪费在为公司出庭抗辩上,而未能用于公司重整和再生。

42 此外,即便是与"非金钱债权"相关的诉讼也应中止,例如,乘客因行李丢失而对航空公司提起的诉讼[⑦]、职工债权[⑧]以及主张撤销在住房和土地使用监管局备案的销售合同并要求返还相关价款的诉讼[⑨]。然而,因违反《惩治以其他目的透支资金或信用额度制作或开具支票法》[⑩]等法律而针对债务人提起的刑事诉讼不在破产重

① Financial Rehabilitation and Insolvency Act of 2010 (Republic Act No. 10142) s. 4(c). "债权"(claim)指针对债务人或其财产的请求权或主张,不论该请求权或主张的性质或特点、是否为金钱债权、是否已经结算、是否固定或者附条件、是否到期、是否存在争议等,其具体类别还包括:(1)中央或地方政府享有的税费、关税等债权;(2)对债务人董事和高管因其在权限内的履职行为而享有的债权。

② Financial Rehabilitation and Insolvency Act of 2010 (Republic Act No. 10142) s. 16(q).

③ 鉴于《2010 年破产重整法》规定的程序具有"对世"效力(in rem),中止命令对菲律宾以外的诉讼或法律程序应同样具有约束力。需注意,除《2010 年破产重整法》第 18 条列举的例外情形外,中止命令的效力及于其他所有行为。尽管如此,菲律宾法院中止命令的域外效力仍需受制于相关外国法的具体规定。

④ Financial Rehabilitation and Insolvency Act of 2010 (Republic Act No. 10142) s. 4(c).

⑤ GR No. 76879 (3 October 1990) 190 SCRA 262 at 269.

⑥ 下文述及,管理委员会将取代债务人公司的管理层并履行职责。

⑦ Philippine Airlines v. Spouses Sadic and Aisha Kurangking GR No. 146698 (24 September 2002).

⑧ Rubberworld (Phils), Inc. v. National Labor Relations Commission GR No. 126773 (14 April 1999).

⑨ Spouses Sobrejuanite v. ASB Development Corp GR No. 165675 (30 September 2005).

⑩ "An Act Penalizing the Making or Drawing and Issuance of a Check without Sufficient Funds or Credit and For Other Purposes", otherwise known as "The Bouncing Checks Law" (enacted 3 April 1979).

整法律规定的中止范围内。因为刑事诉讼的主要目的是惩罚罪犯，以威慑其不再犯相同或相似的罪行。①

43 中止命令还禁止债务人以任何方式对其财产进行出售、设置担保、转让或处分，但超出正常业务经营范围需要的除外②；除非法律明确规定③或者支付必要重整管理费用，否则债务人不得在重整开始后个别清偿债务。④

44 但是，对于未设担保的债务人财产，在符合具体法律规定的情形下，可以根据法院的命令进行出售、设置担保或者以其他方式处分。⑤

45 同时，对于已设担保的债务人财产，或者为第三人所有但由债务人实际持有的财产而第三人因金融、信贷或其他类似交易而享有担保权益的，法院可根据重整管理人的申请，经过通知和听证程序，颁令出售、转移、转让或处分该财产。只有经受影响的财产所有人或担保债权人同意，并且债务人以替代性的“优先权”（lien）、所有权为债权人提供同等水平的担保后，法院才会作出前述命令。⑥

46 如果债务人财产出现迅速折损、跌价或贬值的情况，法院可以根据受影响方申请，经通知和听证程序，命令债务人或重整管理人采取必要合理措施，以阻止财产的折损、跌价或贬值。⑦

47 如果财产减损无法避免，并且已危及担保债权人的担保权益或所有人的财产性利益，法院可允许对该财产启动止赎程序，并按照债权优先顺序和清偿规则对出售价款进行分配。⑧ 或者利害关系人可以请求法院作出命令，转移其优先权或所有权

---

① Panlilio v. Regional Trial Court GR No. 173846 (2 February 2011).

② Financial Rehabilitation and Insolvency Act of 2010 (Republic Act No. 10142) s. 4(y). “正常业务经营过程”相关交易，是指以经营债务人程序前既有业务为目的，基于通常业务条款进行的交易。

③ Financial Rehabilitation and Insolvency Act of 2010 (Republic Act No. 10142) s 16(q).

④ Financial Rehabilitation and Insolvency Act of 2010 (Republic Act No. 10142) s. 48; Financial Rehabilitation Rules of Procedure (AM No. 12-12-11-SC; 27 August 2013) r. 2, s. 47.

⑤ 对此，《2010 年破产重整法》第 52 条规定了以下行为：(1) 为债务人经营管理之利益，促进重整成功而进行的行为；提供替代性财产担保、抵押或质押。(2) 支付发生的破产管理费用。(3) 支付对被侵权人所负的赔偿款。(4) 回购通过司法或非司法途径拍卖的债务人财产。(5) 收回已设占有型担保的债务人财产。

⑥ Financial Rehabilitation and Insolvency Act of 2010 (Republic Act No. 10142) s. 50; Financial Rehabilitation Rules of Procedure (AM No. 12-12-11-SC; 27 August 2013) r. 2, s. 49.

⑦ Financial Rehabilitation and Insolvency Act of 2010 (Republic Act No. 10142) s. 53; Financial Rehabilitation Rules of Procedure (AM No. 12-12-11-SC; 27 August 2013) r. 2, s. 52.

⑧ Financial Rehabilitation and Insolvency Act of 2010 (Republic Act No. 10142) s. 53(a); Financial Rehabilitation Rules of Procedure (AM No. 12-12-11-SC; 27 August 2013) r. 2, s. 52(a); The rules on concurrence and preference of credits will be discussed later in the report.

至债务人的其他财产,但前提为其他对该财产享有优先权的债权人未提出异议。①

为保护担保债权人和债务人的利益,法院还可指令出售或处分财产,以最大化 48
财产价值。与止赎程序类似,出售所得收益将按照债权优先顺序和清偿规则进行分配。②

无论是担保债权人还是普通债权人,均受中止命令约束,然而,中止命令只能暂 49
停债权人实现担保权,担保债权人所享有的担保权、优先权及其价值不会因此受到损害。③ 尽管如此,如果担保物并非为债务人重整所必须,则法院可以根据重整管理人的建议或申请,允许担保债权人实现其担保或优先权或者启动止赎程序。④ 在这种情况下,担保债权人仅能就其仍未受偿的部分债权参与重整程序。⑤

在 Consuelo Metal Corp v. Planters Development Bank 案⑥中,菲律宾最高法院强 50
调,即使抵押人破产或进入清算程序,担保债权人也有权行使止赎权。只有在指定管理委员会或重整管理人后,或者在法院作出重整开始裁定、中止命令时才会暂停抵押权人行使止赎权,而即便如此,抵押权人仍有权在重整程序终结或中止命令被依法撤销后继续行使止赎权。

应该指出的是,在 Metropolitan Bank and Trust Company v. SF Naguiat Enterprises, 51
Inc 案⑦中,菲律宾最高法院强调,即使债权人可以行使止赎权,但其必须在启动止赎程序前先获得审理破产案件的法院批准。这是因为在法院已经接管并控制债务人财产的情况下,对抵押财产开启止赎程序会影响法院对债务人财产的控制和管理。

具有以下情形之一的,法院可以终止延期偿付状态、变更或设置继续中止条件 52
或者单独对某项债权解除中止效力:(1)债权人没有从担保财产处获得足够的保护;(2)债务人财产上担保权益的价值超过了该财产的市场公允价值,且该财产并非为重整程序所必须。⑧

① Financial Rehabilitation and Insolvency Act of 2010 (Republic Act No. 10142) s. 53 (b); FinancialRehabilitation Rules of Procedure (AM No. 12-12-11-SC; 27 August 2013) r. 2, s. 52 (b).

② Financial Rehabilitation and Insolvency Act of 2010 (Republic Act No. 10142) s. 53; Financial Rehabilitation Rules of Procedure (AM No. 12-12-11-SC; 27 August 2013), s. 52.

③ Financial Rehabilitation and Insolvency Act of 2010 (Republic Act No. 10142) s. 60.

④ Financial Rehabilitation and Insolvency Act of 2010 (Republic Act No. 10142) s. 60.

⑤ Financial Rehabilitation and Insolvency Act of 2010 (Republic Act No. 10142) s. 60.

⑥ GR No. 152580 (26 June 2008).

⑦ GR No. 178407 (18 March 2015).

⑧ Financial Rehabilitation and Insolvency Act of 2010 (Republic Act No. 10142) s. 61.

53 上述重整开始裁定及中止的效力同样适用于政府金融机构,无论其章程还是其他法律是否存在相反规定。①

54 根据相关限制性规定,中止命令的效力不及以下案件:在重整开始日,已经上诉至菲律宾最高法院的待决诉讼;案件已经在专门法院或准司法机构立案或待决的,并且作出中止命令的法院认为上述机构可以更加快捷、公平、有效地解决相关债权纠纷;证券市场参与者提起的债权追偿或者主张金钱、证券相关权益的诉讼。②

3. 重整管理人和管理委员会

55 根据《2010 年破产重整法》的规定,任何符合条件的自然人、法人机构均可被指定为重整管理人。③ 法人机构担任重整管理人的,必须指定一名符合所有资质要求的自然人作为代表,法人机构及其代表共同承担重整管理人的全部责任和义务。④

56 重整管理人在被指定前须至少持有 6 个月的菲律宾公民或居民身份,⑤并且不得有任何利益冲突,⑥但是,即便存在利益冲突,受利益冲突损害方仍可明示或默示豁免该利益冲突。⑦《重整规则》"规则 2"的第 21、22 条规定了担任重整管理人应当符合的条件。

57 尽管未提起重整申请的债权人或债务人也有权提名重整管理人人选,⑧但法院应当首先考虑重整申请人提议的人选。⑨ 如果债务人是证券市场参与者,法院应优先选择证券公司或投资者保护基金提名的合适人选。⑩ 如果超过半数的担保债权人和普通债权人提名同一位符合资质要求的自然人或法人机构,并就此提交了充分证

---

① Financial Rehabilitation and Insolvency Act of 2010 (Republic Act No. 10142) s. 20.

② Financial Rehabilitation and Insolvency Act of 2010 (Republic Act No. 10142) s. 18.

③ Financial Rehabilitation and Insolvency Act of 2010 (Republic Act No. 10142) s. 28.

④ Financial Rehabilitation and Insolvency Act of 2010 (Republic Act No. 10142) s. 28.

⑤ Financial Rehabilitation and Insolvency Act of 2010 (Republic Act No. 10142) s. 29(a).

⑥ Financial Rehabilitation and Insolvency Act of 2010 (Republic Act No. 10142) s. 40; Financial Rehabilitation Rules of Procedure (AM No. 12-12-11-SC; 27 August 2013) r. 2, s. 22. 如果某主体在对程序参与方进行判断的过程中会受到判断结果的实质性影响,则该主体应被视为具有利益冲突。

⑦ Financial Rehabilitation and Insolvency Act of 2010 (Republic Act No. 10142) s. 29(d).

⑧ Financial Rehabilitation and Insolvency Act of 2010 (Republic Act No. 10142) s. 30; Financial Rehabilitation Rules of Procedure (AM No. 12-12-11-SC; 27 August 2013) r. 2, s. 25.

⑨ Financial Rehabilitation and Insolvency Act of 2010 (Republic Act No. 10142) s. 30; Financial Rehabilitation Rules of Procedure (AM No. 12-12-11-SC; 27 August 2013) r. 2, s. 25.

⑩ Financial Rehabilitation and Insolvency Act of 2010 (Republic Act No. 10142) s. 30; Financial Rehabilitation Rules of Procedure (AM No. 12-12-11-SC; 27 August 2013) r. 2, s. 25.

明,法院应当指定该人选为重整管理人。①

重整管理人的职责和义务包括:在重整程序中管理债务人财产并最大化其财产价值;审查债务人重整计划的可行性;制作并向法院推荐重整计划;执行获批准的重整计划。② 58

法院可以依职权或依持债权总额50%以上债权人的申请,在任何时候以重整管理人不称职、具有重大过失、未能履职或未能以合理注意义务履职为由,解除对重整管理人的指定。③ 59

一般而言,即使公司处于重整程序中,现有的公司管理层也负责管理公司的日常经营。但是,公司在支出款项、偿付债务、出售财产、进行处分、转让、转移或设置担保等其他影响财产权益的行为时,必须事前获得法院批准。④ 60

此外,如果有明确可信的证据表明,债务人资产或其他财产正在或即将面临减损、损失、浪费或灭失危险;债务人公司的经营面临瘫痪危险;现有管理层存在严重管理不善、欺诈或其他不当行为,法院将会指定重整管理人或管理委员会,替代现有管理层履行职权。⑤ 61

管理委员会成员同样需满足重整管理人所需资质要求。⑥ 管理委员会应由三位具备资质的成员组成:由债务人提名的第一位成员;由占债权总额50%以上的债权人联合提名的第二位成员;由第一位和第二位成员共同提名的第三位成员,该成员将担任管理委员会的主席。⑦ 如果存在提名不能的情况,则由法院进行指定。⑧ 如果是因债务人管理层的重大失职才组建管理委员会,那么应由法院指定"第一位成员"。⑨ 管理委员会的行动和决定均须经全体成员多数意见表决通过。⑩ 62

---

① Financial Rehabilitation and Insolvency Act of 2010 (Republic Act No. 10142) s. 30; Financial Rehabilitation Rules of Procedure (AM No. 12-12-11-SC; 27 August 2013) r. 2, s. 25.

② Financial Rehabilitation and Insolvency Act of 2010 (Republic Act No. 10142) s. 30; Financial Rehabilitation Rules of Procedure (AM No. 12-12-11-SC; 27 August 2013) r. 2, s. 26.

③ Financial Rehabilitation and Insolvency Act of 2010 (Republic Act No. 10142) s. 30; Financial Rehabilitation Rules of Procedure (AM No. 12-12-11-SC; 27 August 2013) r. 2, s. 27.

④ Financial Rehabilitation and Insolvency Act of 2010 (Republic Act No. 10142) s. 47.

⑤ Financial Rehabilitation and Insolvency Act of 2010 (Republic Act No. 10142) s. 36; Financial Rehabilitation Rules of Procedure (AM No. 12-12-11-SC; 27 August 2013) r. 2, s. 31.

⑥ Financial Rehabilitation Rules of Procedure (AM No. 12-12-11-SC; 27 August 2013) r. 2, s. 36.

⑦ Financial Rehabilitation Rules of Procedure (AM No. 12-12-11-SC; 27 August 2013) r. 2, s. 34.

⑧ Financial Rehabilitation Rules of Procedure (AM No. 12-12-11-SC; 27 August 2013) r. 2, s. 34.

⑨ Financial Rehabilitation Rules of Procedure (AM No. 12-12-11-SC; 27 August 2013) r. 2, s. 31.

⑩ Financial Rehabilitation Rules of Procedure (AM No. 12-12-11-SC; 27 August 2013) r. 2, s. 35.

63 重整管理人或管理委员会将根据实际情况管理并控制债务人财产，并作为债务人管理机构承担相应的职权、权利和义务。[①] 事实上，重整管理人或管理委员会还可否决或撤销债务人公司管理层先前作出的行为。[②] 只要重整管理人或管理委员会成员及其聘用或雇佣的人员善意并勤勉地履行职责（包括那些法院批准行使的职责）、行使权力，即对其任何责任追究享有豁免权。[③]

64 此外还应注意，法院可要求申请人交纳“额外保证金”（additional bond，债权人申请重整的，需交纳大于等于其债权数额的保证金，若法院驳回申请或债权人自行撤回申请，债务人有权要求从保证金处获赔债权人之申请导致的费用、损失。——译者注）；授权重整管理人或管理委员会聘请其他个人或法人机构协助履职；批准增加重整管理人、管理委员会的报酬。[④]

65 重整管理人、管理委员会依法行使以下职权：提议并确定维护债权人、股东和社会公众利益以及实现债务人重整的最佳方式；在债务人继续经营已不再符合债权人以及利益相关方的最佳利益时，建议终止重整程序并解散债务人；调查债务人的行为和财务状况；向法院报告经查明的与破产相关的欺诈行为、不当行为、管理不善和违规事实；向法院报告债务人业务方面的重大不利变化；为有效履职聘请相关人员提供服务等。[⑤] 此外，法院可视情形对管理委员会职权作出限制。[⑥]

4. 法院的“初始听证”（initial hearing）

66 法院作出的重整开始裁定将载明初始听证[⑦]相关安排，在该次听证中，法院将处理以下事项：对依法、按时申报的债权进行确认；听取任何对获指定的重整管理人资质的异议，并在必要时指定新的重整管理人；指导债权人对申请和重整计划提出意见；指导重整管理人评估债务人的财务状况并提交报告。[⑧] 未提交债权证明的债权人虽不能参与重整程序，但会收到程序有关通知。[⑨]

---

① Financial Rehabilitation Rules of Procedure（AM No. 12 –12 –11 –SC；27 August 2013）r. 2，s. 33.

② Financial Rehabilitation Rules of Procedure（AM No. 12 –12 –11 –SC；27 August 2013）r. 2，s. 33.

③ Financial Rehabilitation and Insolvency Act of 2010（Republic Act No. 10142）s. 41；Financial Rehabilitation Rules of Procedure（AM No. 12 –12 –11 –SC；27 August 2013）r. 2，s. 38.

④ Financial Rehabilitation and Insolvency Act of 2010（Republic Act No. 10142）s. 36；Financial Rehabilitation Rules of Procedure（AM No. 12 –12 –11 –SC；27 August 2013）r. 2，s. 31.

⑤ Financial Rehabilitation Rules of Procedure（AM No. 12 –12 –11 –SC；27 August 2013）r. 2，s. 33.

⑥ Financial Rehabilitation Rules of Procedure（AM No. 12 –12 –11 –SC；27 August 2013）r. 2，s. 33.

⑦ Financial Rehabilitation and Insolvency Act of 2010（Republic Act No. 10142）s. 16（m）.

⑧ Financial Rehabilitation and Insolvency Act of 2010（Republic Act No. 10142）s. 22.

⑨ Financial Rehabilitation and Insolvency Act of 2010（Republic Act No. 10142）s. 23.

重整管理人应当向法院提交初步审查报告,[①]报告其关于债务人是否破产的调查结果。如果债务人确已破产,则重整管理人应当将破产原因、债务人在破产状态下的任何违法违规行为以及导致债务人破产的行为一并列入该报告。[②] 67

此外,重整管理人应当对重整计划中为实现重整所设定的基本假设、财务目标和程序是否现实、可行和合理提出意见,[③]重整管理人还应对债务人是否具有重整可能性作出初步判断。[④] 在这一阶段,重整管理人可以建议法院驳回重整申请并直接对债务人进行清算。[⑤] 68

法院在收到重整管理人的初步审查报告后,认为债务人确已破产且有很大可能成功重整的,应当依法、按程序受理重整申请。但是,如果存在以下情形之一,法院可以选择驳回重整申请:债务人未破产;该申请是为拖延债权人行权而进行的虚假申请;申请书、重整计划和相关附件包含实质性的虚假或误导性陈述;债务人存在虚假陈述或欺诈债权人的行为。[⑥] 依法驳回申请的,法院还可以命令申请人对因重整申请而受损的相关方进行赔偿。[⑦] 69

在 Philippine Asset Growth Two, Inc. v. Fastech Synergy Philippines, Inc 案[⑧]中,法院认为在重整申请中提交的附件材料无法说明申请人的业务具备重整可行性,并以申请人缺乏足够可供重整的资产以继续经营为由驳回了重整申请。在 MTV Klinika Health Spa, Inc. v. BDO Leasing and Finance, Inc 案[⑨]中,法院同样驳回了重整申请,尽管该案中的重整管理人出具了支持重整的意见,但法院认为申请人未提交可行的业务经营计划,其重整的条件、范围和目标缺乏实施基础,也未就此作出充分说明,同时在计划的执行方面缺乏资金支持。 70

---

① Financial Rehabilitation and Insolvency Act of 2010 (Republic Act No. 10142) s. 24; Financial Rehabilitation Rules of Procedure (AM No. 12-12-11-SC; 27 August 2013) r. 2, s. 16.

② Financial Rehabilitation and Insolvency Act of 2010 (Republic Act No. 10142) s. 24; Financial Rehabilitation Rules of Procedure (AM No. 12-12-11-SC; 27 August 2013) r. 2, s. 16.

③ Financial Rehabilitation and Insolvency Act of 2010 (Republic Act No. 10142) s. 24; Financial Rehabilitation Rules of Procedure (AM No. 12-12-11-SC; 27 August 2013) r. 2, s. 16.

④ Financial Rehabilitation and Insolvency Act of 2010 (Republic Act No. 10142) s. 24; Financial Rehabilitation Rules of Procedure (AM No. 12-12-11-SC; 27 August 2013) r. 2, s. 16.

⑤ Financial Rehabilitation and Insolvency Act of 2010 (Republic Act No. 10142) s. 24; Financial Rehabilitation Rules of Procedure (AM No. 12-12-11-SC; 27 August 2013) r. 2, s. 16.

⑥ Financial Rehabilitation and Insolvency Act of 2010 (Republic Act No. 10142) s. 25.

⑦ Financial Rehabilitation and Insolvency Act of 2010 (Republic Act No. 10142) s. 27.

⑧ GR No. 206528 (28 June 2016).

⑨ GR No. 216123 (24 July 2017).

71 在 BPI Family Savings Bank, Inc. v. St Michael Medical Center, Inc 案[①]中，因债务人在申请中未能证明已正式开始经营以保证其恢复，法院也将此点作为驳回重整申请的理由。该案申请人还未能证明其满足《2008 年公司重整程序规则》[②]中的关键性要求——提交保障重整计划执行的资金承诺以及对清算的分析，而这两者对确定重整具有适当性至关重要。

72 债务人已经破产且缺少重整可能性的，法院有权将债务人的重整程序转入清算。[③]

5. 重整计划

73 《2010 年破产重整法》规定的重整计划，是债务重组、重整目标相关内容的载体。申请人在提交自愿重整申请[④]、非自愿重整申请[⑤]的同时，需一并提交重整计划。但法律对于重整计划的制作方式未作硬性要求。

74 在满足《2010 年破产重整法》第 62 条以及《重整规则》“规则 2”第 61 条规定的基本条件的情况下，重整计划方可进行债权减免。其中较为重要的条件包括：为债权人提供充分的信息，包括债权在重整、清算中分别可受偿的数额，以便债权人进行比较，合理判断重整计划是否符合其利益需要；设立债权人表决组，明确每组债权人的待遇并建立保障同组债权人享有平等待遇的机制；明确重整方法以及重整计划的执行和监督方式；确保根据重整计划进行的偿付符合清算程序中的法定优先顺序等。[⑥]

---

① GR No. 205469 (25 March 2015).

② Rules of Procedure on Corporate Rehabilitation (2008) (A M No. 00 -8 -10 -SC; 2 December 2008).

③ Financial Rehabilitation and Insolvency Act of 2010 (Republic Act No. 10142) s. 25.

④ Financial Rehabilitation and Insolvency Act of 2010 (Republic Act No. 10142) s. 12(h).

⑤ Financial Rehabilitation and Insolvency Act of 2010 (Republic Act No. 10142) s. 14(d).

⑥ Financial Rehabilitation and Insolvency Act of 2010 (Republic Act No. 10142) (“FRIA”) s. 62; 《2010 年破产重整法》明确规定，债权人应当根据经法院批准的“清算方案”(liquidation plan)获得清偿。清算方案的制定和执行均需遵守《民法典》等法律关于债权清偿顺序的规定。《民法典》将债权总体分为三类：(1)《民法典》第 2241、2242 条列明的特殊优先债权；(2)《民法典》第 2244 条列明的普通优先债权；(3)《民法典》第 2245 条列明的普通债权。《民法典》规定的债权优先顺序可归纳如下：(1)优先清偿的税款债权仅限于《民法典》第 2241、2242 条规定的范围；(2)出售动产或不动产所得价款在清偿税款债权后，剩余部分用于清偿其他在《民法典》第 2241、2242 条中列明的债权、担保权并按比例分配：Arts. 2246 -2249 of the Civil Code；(3)特殊财产如果有大于所附优先权的价值，在清偿优先债权之后，应加入债务人自由财产并用以清偿其他债权，清偿顺序应遵守经《劳动法》(第 442 号总统令)第 110 条修订的《民法典》第 2244 条和《2010 年破产重整法》第 113 条的规定：Art. 2250 of the Civil Code；(4)在清偿《民法典》第 2244 条规定的债权和担保权之后仍有剩余财产的，其余全部普通债权应按比例就剩余财产受偿：Art. 2251 of the Civil Code。

在 Victorio-Aquino v. Pacific Plans, Inc 案[①]中,菲律宾最高法院指出,在批准重整计划时,法院应确保担保债权人享有的权利不受损害。因此,法院还可作出必要命令或启动必要程序,以确保重整计划及时、成功执行。例如,法院可根据有效执行和监督计划的需要或者为了在计划执行失败时维护债权人利益,对重整计划增设条款、条件或限制。 75

重整计划对其覆盖的全体债权人具有约束力。[②] 另外,在《2010 年破产重整法》规定的重整程序中,《重整规则》并没有为反对重整计划的少数债权人提供上诉这一救济途径。 76

在依法受理重整申请后,法院应当指示重整管理人对重整计划进行审查、修改并提出相关建议,并在 90 日内提交经审查确认或修改的重整计划。[③] 在此期间,法院还允许重整管理人与债务人及其所有债权人组进行协商。[④] 77

在债权人收到重整计划已预备提交审议通知后的 20 日内,重整管理人应当召集债权人对重整计划进行表决。[⑤] 重整管理人应当在 5 日内将债权人是否表决通过重整计划的相关情况报告法院。[⑥] 若重整计划未能获得全部受到计划不利影响或调整的债权人组表决通过,则重整计划应被视为未通过。[⑦] 对每个债权人组而言,如果经代表该表决组中债权总额 50% 以上的债权人投票同意,则该重整计划应被视为已表决通过。[⑧] 债权人的表决权额基于其在重整管理人提交的“债权登记表”(registry of claims)上所记载的债权数额计算。[⑨] 78

然而,即使债权人未能通过重整计划,在该重整计划符合下列法律规定条件的情形下,法院可直接予以批准:重整管理人建议直接批准该计划;该重整计划至少使债务人的股东、所有人或合伙人丧失了对债务人的控制性权益;重整计划可为异议债权人提供高于清算程序的受偿数额。[⑩] 79

---

① GR No. 193108 (10 December 2014).

② Financial Rehabilitation Rules of Procedure (AM No. 12-12-11-SC; 27 August 2013) r. 2, s. 67 (a).

③ Financial Rehabilitation and Insolvency Act of 2010 (Republic Act No. 10142) s. 26.

④ Financial Rehabilitation and Insolvency Act of 2010 (Republic Act No. 10142) s. 6.

⑤ Financial Rehabilitation and Insolvency Act of 2010 (Republic Act No. 10142) s. 64.

⑥ Financial Rehabilitation Rules of Procedure (AM No. 12-12-11-SC; 27 August 2013) r. 2, s. 62.

⑦ Financial Rehabilitation and Insolvency Act of 2010 (Republic Act No. 10142) s. 64.

⑧ Financial Rehabilitation and Insolvency Act of 2010 (Republic Act No. 10142) s. 64.

⑨ Financial Rehabilitation and Insolvency Act of 2010 (Republic Act No. 10142) s. 64.

⑩ Financial Rehabilitation and Insolvency Act of 2010 (Republic Act No. 10142) s. 64.

80 重整计划如果获通过，重整管理人应将该重整计划提交法院批准。法院应当在收到重整计划后的5日内通知债权人重整计划已提交法院批准。① 债权人可在收到通知之日起20日内提交书面异议意见。② 对重整计划提出异议的理由仅限于：债权人对重整计划的同意和支持系欺诈行为所诱导；重整计划所依据的数据或文件存在实质性错误或误导；重整计划事实上未获得债权人表决通过。③

81 如果债权人未在20日的期限内提出异议，则重整计划应被视为已获批准并付诸执行。④ 但是，如果债权人在异议期限内提出异议，法院将会在异议期届满之日起的10日内对债权人异议进行听证。⑤ 如果法院认为异议意见合理有据，在重整计划的缺陷可以补正的情况下，法院可作出命令，予以补正；⑥重整计划的缺陷无法补正的，法院还可裁量是否将该缺陷从重整计划中分离出来；而异议意见没有合理依据的，法院将依法批准重整计划。⑦

82 即便其他法律存在相反规定，但如果重整计划对债务人财务恢复和重建是必要的，即使债务人的所有人、合伙人或股东不同意重整计划或明确提出反对意见，法院也有权批准并执行该重整计划。⑧

83 法院对债务人相关的未决债权争议以及对债务人违反重整计划的指控保有管辖权。⑨ 法院应当自提交批准重整计划申请之日起的一年内裁定是否批准该计划。⑩ 在重整计划获得批准后，重整管理人或任何债权人均可申请法院修改重整计划，但需提交修改方案和理由。⑪

84 如果债务人违反重整计划的规定或者重整计划未能成功执行，法院可选择指令债务人在指定期限内予以补正，未能补正的，应自行转入清算程序或由法院直接颁

① Financial Rehabilitation and Insolvency Act of 2010 (Republic Act No. 10142) s. 65.
② Financial Rehabilitation and Insolvency Act of 2010 (Republic Act No. 10142) s. 66.
③ Financial Rehabilitation and Insolvency Act of 2010 (Republic Act No. 10142) s. 66.
④ Financial Rehabilitation Rules of Procedure (AM No. 12 -12 -11 -SC; 27 August 2013) r. 2, s. 66.
⑤ Financial Rehabilitation Rules of Procedure (AM No. 12 -12 -11 -SC; 27 August 2013) r. 2, s. 65.
⑥ Financial Rehabilitation Rules of Procedure (AM No. 12 -12 -11 -SC; 27 August 2013) r. 2, s. 65.
⑦ Financial Rehabilitation Rules of Procedure (AM No. 12 -12 -11 -SC; 27 August 2013) r. 2, s. 66.
⑧ Financial Rehabilitation Rules of Procedure (AM No. 12 -12 -11 -SC; 27 August 2013) r. 2, s. 66.
⑨ Financial Rehabilitation Rules of Procedure (AM No. 12 -12 -11 -SC; 27 August 2013) r. 2, s. 67.
⑩ Financial Rehabilitation Rules of Procedure (AM No. 12 -12 -11 -SC; 27 August 2013) r. 2, s. 70.
⑪ Financial Rehabilitation Rules of Procedure (AM No. 12 -12 -11 -SC; 27 August 2013) r. 2, s. 72.

令转入清算程序。[①] 法院也可允许债务人或重整管理人提出修改重整计划的方案，或作出其他命令以补救违反重整计划的行为。[②] 法院有权通过作出“执行令”(writ of execution)以执行重整计划的部分条款。[③]

6. 债权人委员会

法院监督型重整程序中，“债权人委员会”是重整管理人和债权人之间的主要纽带。[④] 债权人委员会可根据法院或重整管理人的授权，按照《重整规则》履行职能、完成任务以推进重整程序，[⑤]但是，未经书面特别授权，债权人委员会不能代表任何债权人行使权利、放弃权利或表态同意相关事项。[⑥] 85

法院在依法受理重整申请后，应当指令重整管理人在 2 周至 4 周内召集债务人与全体债权人召开会议，商议组建债权人委员会事宜。[⑦] 86

在该会议中，债权人可集体决定由各债权人组分派一名代表，组建债权人委员会。例如：(1)担保债权人组；(2)无担保的普通债权人组；(3)供应商及贸易债权人组；(4)职工债权人组。[⑧] 然而，《2010 年破产重整法》和《重整规则》并未对债权人委员会的成员人数进行限制。在重整管理人根据《重整规则》“规则 2”第 44 条编制的债权表所登记的债权中，经代表过半数债权数额的债权人同意，即可组建债权人委员会。[⑨] 但值得注意，无论是《2010 年破产重整法》还是《重整规则》，均未根据“是否与债务人具有关联”而对债权人加以区分。普遍观点认为，既然法律没有禁止性规定，那么无论债权人是否与债务人关联，只要经法院批准，均可成为债权人委员会成员。 87

---

① Financial Rehabilitation Rules of Procedure (AM No. 12 -12 -11 -SC; 27 August 2013) r. 2, s. 73 (l).

② Financial Rehabilitation Rules of Procedure (AM No. 12 -12 -11 -SC; 27 August 2013) r. 2, s. 73 (l).

③ Financial Rehabilitation Rules of Procedure (AM No. 12 -12 -11 -SC; 27 August 2013) r. 2, s. 73 (l).

④ Financial Rehabilitation and Insolvency Act of 2010 (Republic Act No. 10142) s. 43; Financial Rehabilitation Rules of Procedure (AM No. 12 -12 -11 -SC; 27 August 2013) r. 2, s. 42.

⑤ Financial Rehabilitation and Insolvency Act of 2010 (Republic Act No. 10142) s. 43; Financial Rehabilitation Rules of Procedure (AM No. 12 -12 -11 -SC; 27 August 2013) r. 2, s. 42.

⑥ Financial Rehabilitation and Insolvency Act of 2010 (Republic Act No. 10142) s. 43; Financial Rehabilitation Rules of Procedure (AM No. 12 -12 -11 -SC; 27 August 2013) r. 2, s. 42.

⑦ Financial Rehabilitation Rules of Procedure (AM No. 12 -12 -11 -SC; 27 August 2013) r. 2, s. 39.

⑧ Financial Rehabilitation Rules of Procedure (AM No. 12 -12 -11 -SC; 27 August 2013) r. 2, s. 39.

⑨ Financial Rehabilitation Rules of Procedure (AM No. 12 -12 -11 -SC; 27 August 2013) r. 2, s. 39.

88 一旦决定组建债权人委员会，每组债权人均有权通过邮寄或委托授权的方式推选其代表。① 每位债权人的表决权应以其在债权登记表中确认的数额占债权人组总额的比例为依据。② 法人的代表必须获得授权才可投票，一般这类授权需经董事会决议作出。③ 依法组建并履职的债权人委员会在获法院确认和批准后可以得到合理的费用补偿。④ 尽管《重整规则》未规定债权人委员会成员的成员身份导致的个人责任，但是法院有权审查认定债权人委员会成员在履职过程中是否负有个人责任。

89 在每组的债权人代表选定后，重整管理人应当召集全体成员选出债权人委员会主席。⑤ 每位代表可投一票，若有平票，则可能抽签选定。⑥ 债权人委员会主席的职责包括，在需要时召集债权人委员会会议，与重整管理人就重整计划起草、审核及修改过程中的意见和建议进行讨论等。⑦《重整规则》没有具体规定债权人委员会的表决规则，但是实践中，表决规则一般由法院指示确定或者由债权人委员会成员自行决定。

7. 破产费用和重整申请后的融资

90 《2010 年破产重整法》规定，“破产费用”（administrative expenses）是指与下列事由相关且合理、必要的费用，包括：提交申请的费用、因重整或清算程序产生或与之相关的费用、重整开始后债务人正常业务经营过程中产生的费用、重整开始后为资助债务人重整而产生的费用、支付重整管理人或清算人以及其他专业人士的报酬。⑧ 在开始裁定作出之后，破产费用可直接获得清偿而无须法院另行裁定。⑨

91 经过通知、听证程序并经法院批准后，重整管理人、其直接雇员以及“独立承包人”（independent contractor），可以向债务人收取合理费用作为报酬。但在听证前，

---

① 根据《重整规则》“规则 2”第 40 条的规定，为使该债权人投票有效，以邮寄或者委托方式投票的，投票时应当提交必要的授权文件。

② Financial Rehabilitation Rules of Procedure (AM No. 12－12－11－SC; 27 August 2013) r. 2, s. 40.

③ Financial Rehabilitation Rules of Procedure (AM No. 12－12－11－SC; 27 August 2013) r. 2, s. 40.

④ Financial Rehabilitation Rules of Procedure (AM No. 12－12－11－SC; 27 August 2013) r. 2, s. 42.

⑤ Financial Rehabilitation Rules of Procedure (AM No. 12－12－11－SC; 27 August 2013) r. 2, s. 41.

⑥ Financial Rehabilitation Rules of Procedure (AM No. 12－12－11－SC; 27 August 2013) r. 2, s. 41.

⑦ Financial Rehabilitation Rules of Procedure (AM No. 12－12－11－SC; 27 August 2013) r. 2, s. 41.

⑧ Financial Rehabilitation and Insolvency Act of 2010 (Republic Act No. 10142) s. 4(a); Financial Rehabilitation Rules of Procedure (AM No. 12－12－11－SC; 27 August 2013) r. 1, s. 5(a).

⑨ Financial Rehabilitation and Insolvency Act of 2010 (Republic Act No. 10142) s. 4(l), 16 and 112; Financial Rehabilitation Rules of Procedure (AM No. 12－12－11－SC; 27 August 2013) r. 2, s. 8(P).

重整管理人及其直接雇员即有权按劳计酬,获得合理补偿。①

法院在确定重整管理人及其雇员的补偿数额时应考虑以下情况:重整债务的规模;重整管理的服务时间;重整管理人、雇员或独立承包人的资历、经验、技能和声誉;为债务人带来的利益;所解决问题或任务的性质、复杂程度、重要程度和紧迫程度;在其他重整案件中通常支付给同等专业破产执业人的费用。② 后续发生实质性重大变化而影响已确定的补偿费用时,法院可依债务人的申请重新审核补偿费用并作出调整。③ 92

经法院批准,债务人可进行以下行为:进行无担保的信用交易;在未设担保的财产上新设担保;在原担保权人同意的情况下,二次抵押担保财产以进行信用交易;为实现重整承担额外的义务。④ 上述债务属于破产费用,均应在开始裁定作出后、债务到期时予以支付。⑤ 93

《2010 年破产重整法》规定,为维系债务人继续经营而向职工支付的报酬属于破产费用。为雇员在重整开始前提供的劳务而支付的遣散费为重整前债权,重整开始后为职工劳务而支付的工资和遣散费则属于破产费用。⑥《2010 年破产重整法》未对职工退休待遇作特别规定,为维护其权益,职工可以像其他债权人一样参与重整程序,包括参与债权人委员会。⑦ 94

8. 重整程序的终结

当重整计划执行完毕或无法继续执行时,法院将作出命令,终结重整程序。⑧ 95

因重整成功而终结程序的,债务能否继续存在,由重整计划的条款决定。因重整失败而终结程序的,法院针对债务人诉讼等法律程序作出的中止命令等其他命令将被撤销,⑨债权人可继续向债务人追偿债权或行使担保权。 96

一般情况下,若出现以下情形,则视为重整失败:法院依据《2010 年破产重整 97

① Financial Rehabilitation and Insolvency Act of 2010 (Republic Act No. 10142) s. 33.
② Financial Rehabilitation Rules of Procedure (AM No. 12 -12 -11 -SC; 27 August 2013) r. 2, s. 28.
③ Financial Rehabilitation Rules of Procedure (AM No. 12 -12 -11 -SC; 27 August 2013) r. 2, s. 28.
④ Financial Rehabilitation and Insolvency Act of 2010 (Republic Act No. 10142) s. 55.
⑤ Financial Rehabilitation and Insolvency Act of 2010 (Republic Act No. 10142).
⑥ Financial Rehabilitation and Insolvency Act of 2010 (Republic Act No. 10142) s. 56.
⑦ Financial Rehabilitation and Insolvency Act of 2010 (Republic Act No. 10142) s. 42.
⑧ Financial Rehabilitation and Insolvency Act of 2010 (Republic Act No. 10142) s. 74.
⑨ Financial Rehabilitation and Insolvency Act of 2010 (Republic Act No. 10142) s. 75; Financial Rehabilitation Rules of Procedure (AM No. 12 -12 -11 -SC; 27 August 2013) r. 2, s. 74.

法》第24条彻底驳回重整申请；债务人未能提交重整计划。此外，在债务人提交重整计划后，在法院确定的合理期限内，债务人实质上缺乏重整可能性的，也可视作重整失败。

98 在重整计划及经法院修改之版本的执行过程中，如果债务人无法履行重整计划规定的义务，或者无法实现重整计划的效果、设定和目标，包括无法遵守时间要求、满足债权人等参与方设定的和解条件，则属于重整失败。① 此外，在重整计划的批准或调整程序中如果有欺诈行为或其他类似情形，也属于重整失败。②

（二）重整程序中的上诉

99 在 New Frontier Sugar Corp v. Regional Trial Court, Br 39, Iloilo City 案③中，菲律宾最高法院明确，对涉及公司重整和公司内部争议的任何裁判和命令不服的，应当根据《1997年法庭规则》④“规则43”的规定，在收到地区初审法院作出判决、裁定或命令后的15日内向上诉法院提出上诉。

（三）“预先协商”型重整（pre-negotiated rehabilitation）

100 在“预先协商”型重整（以下简称预重整）中，破产债务人既可单独，也可与其债权人联合申请法院批准各方预先协商制定的重整计划，该计划需经代表债权总额2/3以上的债权人同意并签署，其中需包括代表担保债权总额50%以上的担保债权人同意，以及代表无担保债权总额50%以上的普通债权人同意。⑤ 预重整程序与法院监督型重整程序相似，对重整计划提出意见或异议、批准重整计划的程序也基本相同。如果法院发现债务人或债权人在推进预重整计划的过程中存在主观恶意，可将该重整程序转入清算程序。⑥

101 在批准预重整计划的申请提交后，法院应当在120日内裁定是否批准。⑦ 这与法院监督型重整的要求不同，如本报告第83段述及，在法院监督型重整程序中，法

① Financial Rehabilitation and Insolvency Act of 2010 (Republic Act No. 10142) s. 74; Financial Rehabilitation Rules of Procedure (AM No. 12-12-11-SC; 27 August 2013) r. 2, s. 73.

② Financial Rehabilitation and Insolvency Act of 2010 (Republic Act No. 10142) s. 74; Financial Rehabilitation Rules of Procedure (AM No. 12-12-11-SC; 27 August 2013) r. 2, s. 73.

③ GR No. 165001 (31 January 2007).

④ Effective on 1 July 1997.

⑤ Financial Rehabilitation and Insolvency Act of 2010 (Republic Act No. 10142) s. 76.

⑥ Financial Rehabilitation and Insolvency Act of 2010 (Republic Act No. 10142) s. 80.

⑦ Financial Rehabilitation and Insolvency Act of 2010 (Republic Act No. 10142) s. 81.

院应于申请提交后的一年内裁定是否批准。

(四)“庭外重整”(out-of-court or informal workout)

在进行庭外重整的过程中,经代表债权总额 50% 以上的债权人同意,债务人可与债权人达成不超过 120 日的“中止期间”(standstill period),以供各方协商并制定重组方案。① 102

达成中止期间的,关于上述中止期间的通知必须在菲律宾发行的报纸上每周②刊登一次、连续刊登两周,以使这一“中止期间”对合同相对方及其他债权人发生效力。③ 该通知必须邀请全体债权人参与重组方案的谈判协商,并说明一旦重组方案经下文所述的“法定多数”表决通过,将对全体债权人产生法定约束力。④ 103

为使庭外重组方案具有法律约束力,首先,债务人需同意进行庭外重整、达成重组方案;其次,重组方案需分别获得代表担保债权总额 67% 以上的担保债权人和代表普通债权总额 75% 以上的无担保债权人同意;最后,重组方案应当获得代表全部债权总额 85% 以上的(包括担保债权、无担保债权)债权人同意。⑤ 由上述规则可见,法院批准并非重组方案生效的必经程序。 104

一旦庭外重组方案获表决通过,关于该重组方案的公告应当在菲律宾已发行的报纸上每周刊登一次、连续刊登三周。⑥ 重组方案将自公告最后一次发布之日起的 15 日后生效。⑦ 庭外重整中达成的重组方案非必须经过法院批准,只要符合法定要求,庭外重组方案与法院监督型重整程序中批准的重整计划一样具有法律约束力。⑧此外,对庭外重组方案作出的任何修改须以协议方式进行,并依法通知全体债 105

① Financial Rehabilitation and Insolvency Act of 2010 (Republic Act No. 10142) s. 85; Financial Rehabilitation Rules of Procedure (AM No. 12 – 12 – 11 – SC; 27 August 2013) r. 4, s. 2.

② Financial Rehabilitation and Insolvency Act of 2010 (Republic Act No. 10142) s. 85; Financial Rehabilitation Rules of Procedure (AM No. 12 – 12 – 11 – SC; 27 August 2013) r. 4, s. 2.

③ Financial Rehabilitation and Insolvency Act of 2010 (Republic Act No. 10142) s. 85; Financial Rehabilitation Rules of Procedure (AM No. 12 – 12 – 11 – SC; 27 August 2013) r. 4, s. 2.

④ Financial Rehabilitation and Insolvency Act of 2010 (Republic Act No. 10142) s. 85; Financial Rehabilitation Rules of Procedure (AM No. 12 – 12 – 11 – SC; 27 August 2013) r. 4, s. 2.

⑤ Financial Rehabilitation and Insolvency Act of 2010 (Republic Act No. 10142) s. 84; Financial Rehabilitation Rules of Procedure (AM No. 12 – 12 – 11 – SC; 27 August 2013) r. 4, s. 1.

⑥ Financial Rehabilitation Rules of Procedure (AM No. 12 – 12 – 11 – SC; 27 August 2013) r. 4, s. 4.

⑦ Financial Rehabilitation Rules of Procedure (AM No. 12 – 12 – 11 – SC; 27 August 2013) r. 4, s. 6.

⑧ Financial Rehabilitation Rules of Procedure (AM No. 12 – 12 – 11 – SC; 27 August 2013) r. 4, s. 5.

权人。①

四、重整转清算

106 在法院监督型重整或预重整程序中，法院在收到重整管理人的初步审查报告后，认为债务人已破产且不具有实际重整可能性的，可作出命令，将其由重整程序转入清算程序。②

107 如果出现以下情形之一，重整程序也可转入清算程序：重整申请提交后一年内未通过重整计划的；③因重整失败或者重整申请基于非技术性理由被驳回的；④重整管理人认为债务人已缺乏重整可行性并建议清算的。⑤

108 此外，依债务人自己提出“重整转清算”申请，⑥或者依符合数额要求的三位以上债权人申请，法院也可以将重整程序转入清算程序。适格申请的债权人需持数额达 1,000,000 比索的债权，或者数额达债务人注册资本、合伙份额 25% 以上的债权（以其中较高者为准）。⑦ 在这种情况下，法院将立即作出清算令。⑧

关联实体的财产合并

109 根据《2010 年破产重整法》的规定，各法人均作为单独、独立的实体存在，但是，如果存在与债务人受同一利益方直接或间接拥有、控制的关联企业，那么债务人与该关联企业的资产、负债是可以合并或者合并计算的。⑨

110 但是，对债务人与关联企业之间资产及负债的合并处理需满足一定条件：债务人与关联企业在资产和负债方面混合之事实在重整程序启动之前已经存在；债务人与关联企业具有共同的债权人，且合并处理比分开处理更为方便；关联企业作为申请人，自愿申请加入债务人，与债务人合并处理资产和负债；债务人与关联企业合并

---

① Financial Rehabilitation Rules of Procedure（AM No. 12 –12 –11 –SC; 27 August 2013）r. 4, s. 6.

② Financial Rehabilitation and Insolvency Act of 2010（Republic Act No. 10142）s. 25(c).

③ Financial Rehabilitation and Insolvency Act of 2010（Republic Act No. 10142）s. 72.

④ Financial Rehabilitation and Insolvency Act of 2010（Republic Act No. 10142）s. 75.

⑤ Financial Rehabilitation and Insolvency Act of 2010（Republic Act No. 10142）s. 92.

⑥ Financial Rehabilitation and Insolvency Act of 2010（Republic Act No. 10142）s. 90.

⑦ Financial Rehabilitation and Insolvency Act of 2010（Republic Act No. 10142）s. 91.

⑧ Financial Rehabilitation and Insolvency Act of 2010（Republic Act No. 10142）（“FRIA”）s. 92. 在清算程序中，应当注意并遵守《民法典》以及其他法律关于债权清偿顺序的规定。See s. 133 of the Fria.

⑨ Financial Rehabilitation and Insolvency Act of 2010（Republic Act No. 10142）s. 7.

处理资产和负债既有利于各利益相关方,也有助于实现重整目标。[1]

五、外国债权人与外国企业待遇

《2010 年破产重整法》已明确采纳《跨国界破产示范法》等国际规则,该法允许外国债权人直接参与菲律宾法院的清算和重整程序。因而,菲律宾国内、国外法院和破产管理人之间有机会就跨境破产与重整进行协作。 111

概括而言,外国债权人与菲律宾国内债权人拥有同等权利。[2] 但是,相较联合国《跨国界破产示范法》第 13 条的规定,外国债权人参与菲律宾破产程序的途径和方式有所不同。 112

第一,对于《重整规则》规定的破产程序,外国债权人需符合以下规则要求,方可被承认与菲律宾债权人享有同等权利:

(1)《重整规则》"规则 5"的第 1 条规定,《重整规则》适用于以下情形:外国法院或外国代表就外国破产程序向菲律宾法院请求协助;菲律宾就适用《2010 年破产重整法》《重整规则》的破产程序向外国法院请求协助;外国破产程序与适用《2010 年破产重整法》《重整规则》的破产程序平行进行;位于境外的外国债权人有申请启动或者参与菲律宾法院监督型重整、预重整、庭外重整的利益诉求。

(2)《公共政策和互惠规则》"规则 5"的第 4 条规定,出现以下情形之一的,菲律宾法院应拒绝予以协助:破产程序明显违反菲律宾公共政策的;外国重整程序所在国拒绝承认菲律宾重整程序的;提出请求的外国债权人所在国未为菲律宾债权人提供对等权利待遇的。

(3)《重整规则》"规则 5"的第 3 条第 2 段规定,外国债权人参与程序并不影响相关法律规定的债权优先顺序(如《民法典》规定的债权优先顺序)。

需注意,联合国《跨国界破产示范法》中的模板条文并不包含《重整规则》规定的前两个限定条件。

第二,《重整规则》的措辞加强了对申请人依据《重整规则》启动相关程序的限制。联合国《跨国界破产示范法》的示范条款明确了外国债权人启动程序、参与程序的权利,但《重整规则》规定外国人提起申请的前提是当地已经启动破产程序。

---

① Financial Rehabilitation and Insolvency Act of 2010 (Republic Act No. 10142) s.7.

② Financial Rehabilitation Rules of Procedure (AM No. 12 - 12 - 11 - SC; 27 August 2013) r.5, s.3 (a).

第三，虽然联合国《跨国界破产示范法》模板条文规定"外国债权人的债权不应低于[此处指明'普通非优先债权'的顺位，但是，如果与该外国债权享有同等顺位的国内债权(如罚金或延期付款的债权)低于普通非优先债权受偿，则该外国债权应当低于普通无优先债权受偿]"①，但《重整规则》未作类似规定，而只简单规定外国债权人根据《重整规则》在菲律宾享有的权利"并不影响程序中相关法律规定的债权优先顺序"。②

113 在确定外国债权人、外国公司是否有权在菲律宾法院提起诉讼(如申请重整)或参与重整程序时，需考虑的原则包括：

(1)外国公司在菲律宾经营业务但缺乏相关经营许可的，不得在菲律宾法院起诉。③

(2)外国公司未在菲律宾经营业务的，可以就独立交易或者独立于其经营的诉因在菲律宾法院起诉而无须许可。

(3)对于未取得经营许可但在菲律宾经营业务的外国公司，与其订立有合同的菲律宾公民或法人实体，可能会因"禁止反言"而不得在菲律宾法院进行的诉讼中挑战该外国公司的法人资格。④

(4)外国公司在菲律宾经营业务并取得经营许可的，可以就任何交易在菲律宾法院起诉。⑤

114 根据《外国投资法》⑥第 3 条(d)项的规定，"在菲律宾经营业务"的范围包括：获取订单；服务合同；开设办公室，无论是办事机构(liaison offices)还是分支机构；委托在菲律宾常住的居民或者任何在菲律宾停留时间单年度累计 180 日以上的人作为其代表或分销商；参与对菲律宾企业、事务所、公司或其他实体的管理、监管或控制；开展与追求商业利益、实现企业组织目标有关的交易、工作或者履职行为。

---

① UNCITRAL Model Law on Cross-Border Insolvency, Art. 13, para. 2.

② Financial Rehabilitation Rules of Procedure (AM No. 12-12-11-SC; 27 August 2013) r. 5, s. 3.

③ Revised Corporation Code (Republic Act No. 11232) s. 150; B Van Zuiden Bros, Ltd. v. Gtvl Manufacturing Industries, Inc. GR No. 147905 (28 May 2007).

④ Communications Materials and Design, Inc. v. Court of Appeals, GR No. 102223 (22 August 1996).

⑤ Agilent Technologies Singapore v. Integrated Silicon Technology Phil Corp GR No. 154618 (14 April 2004).

⑥ Republic Act No. 7042 (13 June 1991).

六、董事及高管的责任[①]

《2010年破产重整法》为受到债务人董事和高管欺诈和恶意行为侵害的债权人提供保护，保护范围及于重整程序前发生的行为。在菲律宾，公司董事和高管在重整程序前或程序中，故意作出以下行为的，可按其出售、挪用或处分的财产价值或相关交易额（以较高者为准），被处以双倍金额的罚款：[②] 115

（1）在公司正常业务经营范围之外，处分债务人财产或其行为导致债务人财产被处分。

（2）授权或批准进行欺诈或者明显不利于债权人的交易。

（3）对债权人隐瞒债务人财产或者授权、批准他人隐瞒财产。

（4）挪用或不当处分债务人财产。

对此，法院在裁量确定董事和高管的责任时，应当综合考量股东及高管持有的股权或资本权益、对债务人公司的控制程度、对公司经营的参与程度等因素。[③] 116

同时，为防止债权人利益遭受损害，《2010年破产重整法》规定了董事、高管的刑事责任。董事、高管存在以下行为的，可能面临罚款、监禁等刑事处罚。[④] 117

（1）在重整程序前或者程序中：①隐匿、隐瞒、毁坏债务人财产或者导致财产被毁坏、隐匿的；②隐匿、毁坏、改变、损毁或篡改账册、契据、文件等书面材料，或者导致上述材料被隐匿、毁坏、改变、损毁或篡改的；③以欺诈债权人为目的实施支付、出售、分配、转让或转移债务人财产等行为。

（2）在知悉他人向债务人错误或虚假主张债权后：①未在知悉后的一个月内向重整管理人或清算人披露有关情况；②试图以虚构损失或费用的方式侵占债务人财产。

（3）故意违反《2010年破产重整法》中的禁止性规定，或者故意不履行法定义务。

---

① 242 Section 4(x) of the Financial Rehabilitation and Insolvency Act of 2010 (Republic Act No. 10142) 规定"高管"(officer)，是指根据法律、公司章程或其他同类文件规定或确定，具有管理职能的自然人，公司秘书、助理、秘书和外部审计员均不属高管。

② Financial Rehabilitation and Insolvency Act of 2010 (Republic Act No. 10142) s. 10; Financial Rehabilitation Rules of Procedure (AM No. 12-12-11-SC; 27 August 2013) r. 1, s. 11.

③ Financial Rehabilitation and Insolvency Act of 2010 (Republic Act No. 10142) s. 10; Financial Rehabilitation Rules of Procedure (AM No. 12-12-11-SC; 27 August 2013) r. 1, s. 11.

④ Financial Rehabilitation and Insolvency Act of 2010 (Republic Act No. 10142) s. 145.

118 上述第(3)条为兜底条款,意在规制董事、高管故意损害债权人权益和破产重整程序秩序的其他行为。

七、合同处理

119 在菲律宾,债务人与债权人、第三方之间有效且存续的合同,无论其何时生效,在重整程序开始后均应继续有效。[①] 但无论在重整开始裁定作出之前或之后,一旦法院依法予以撤销,则该合同立即失效。[②]

120 债务人有权在重整程序开始后 90 日内选择拒绝履行合同。合同未获债务人确认的,视为自动终止。[③] 在此情况下,合同相对方因债务人终止合同而产生的损害赔偿请求权属于"重整前"债权,可作为独立的债权主张,并向审理重整程序的法院提出。[④] 该债权应与其他债权一起被纳入重整计划的考虑范围。[⑤]

121 同时,合同一旦依法获得确认,则债务人在上述 90 日的期限内及期限届满后的合同义务和履行义务的费用应被视为破产费用,在到期后随时支付。[⑥]

122 菲律宾法律对于劳动合同规定了特殊的规则,在 Bank of the Philippine Islands v. BPI Employees Union-Davao Chapter Federation of Unions in BPI Unibank 案[⑦]中,法院确认,如果债务人选择不进行公司重整,而是出售其全部资产,那么劳动合同不可作为公司财产一并转让。

123 尽管如此,如果业务整体所有权转移以损害劳动者权益为目的或者基于其他恶意,那么承继业务的新雇主应被视为已接收原职工,并承担原雇主的违法责任。[⑧]

124 然而,《2010 年破产重整法》并未规定在这类情形中应如何对劳动合同进行重整。但是,鉴于法律并未限制职工流动,在任何情况下终止雇佣关系后的职工均可在国内另觅职位。

125 至于涉知识产权合同,《2010 年破产重整法》并未对债务人在破产程序中使用知识产权的问题作特别规定。因此,对于重整债务人基于合同享有的知识产权,应

① Financial Rehabilitation and Insolvency Act of 2010 (Republic Act No. 10142) s. 57.
② Financial Rehabilitation and Insolvency Act of 2010 (Republic Act No. 10142) s. 57.
③ Financial Rehabilitation and Insolvency Act of 2010 (Republic Act No. 10142) s. 57.
④ Financial Rehabilitation and Insolvency Act of 2010 (Republic Act No. 10142) s. 57.
⑤ Financial Rehabilitation and Insolvency Act of 2010 (Republic Act No. 10142) s. 57.
⑥ Financial Rehabilitation and Insolvency Act of 2010 (Republic Act No. 10142) s. 57.
⑦ GR No. 164301 (10 August 2010).
⑧ Penafrancia Tours and Travel Transport, Inc. v. Sarmiento GR No. 178397 (20 October 2010).

同样适用《2010年破产重整法》对一般合同的处理规则。[①]

八、追回规则与“安全港”规定

对于债务人在重整开始日前进行的涉及债务人资产的交易,如果该交易具有欺诈债权人的故意或者构成偏颇清偿,可能被依法予以撤销或者宣告无效。[②] 126

菲律宾法律将下列交易推定为具有欺诈债权人的故意:(1)在重整开始日前的90日内,向债务人提供不合理且不适当对价的交易、涉债权加速到期的交易、要求债务人提供担保或额外担保的交易;(2)在债务人已陷入破产时,债权人在交易中获得的利益超过其在债务人财产中应得分配额;(3)故意将债务人财产置于债权人可及范围之外,以阻止、延迟或阻碍债权人回收债权的交易,或者以其他方式损害债权人利益的交易。[③] 127

重整管理人、任何债权人均有权向法院提起诉讼,请求依法撤销上述交易或者宣告交易无效。[④] 128

除《2010年破产重整法》之外,《民法典》同样规定了可撤销合同规则,即以欺诈债权人为目的并导致债权人无法回收债权的合同为可撤销合同。[⑤] 129

根据司法实践,主张依据《民法典》撤销合同适用于以下情形:请求撤销合同的原告在相关财产转让之前已持有债权,但该债权可在之后才符合主张条件;债务人与第三方签订合同转让其“继承性权益”(patrimonial benefit),而债权人没有其他法律救济途径;被诉交易行为具有欺诈性,该交易系以设置权利负担的方式进行,而受让财产的第三方作出配合欺诈的行为。[⑥] 130

在 Ong v. Court of Appeals 案[⑦]中,菲律宾最高法院认为,合同撤销是对合同相对方、第三人的法定救济方式,旨在保障受损方得到赔偿并恢复到订立合同之前的原始状态。尽管这一法理解释是对《民法典》规则的适用,但可由此推论,重整语境下的合同撤销或宣告合同无效应具有相同法律效力。 131

---

① Financial Rehabilitation and Insolvency Act of 2010 (Republic Act No. 10142) s. 57.

② Financial Rehabilitation and Insolvency Act of 2010 (Republic Act No. 10142) s. 58.

③ Financial Rehabilitation and Insolvency Act of 2010 (Republic Act No. 10142) s. 58.

④ Financial Rehabilitation Rules of Procedure (AM No. 12 –12 –11 –SC; 27 August 2013) r. 2, s. 58.

⑤ Civil Code of the Philippines [Republic Act No. 386 (1949)] Art. 1381.

⑥ Siguan v. Lim GR No. 134685 (19 November 2591999).

⑦ GR No. 97347 (6 July 1999).

九、外国破产程序

132 根据《2010 年破产重整法》的规定，法院在收到外国破产程序的外国主体代表提交的申请之后，应当就该外国破产程序进行听证。①

133 其后，法院可作出命令，向外国实体给予救济，包括暂停针对债务人的全部诉讼、要求相关外国实体向外国代表移交财产或者提供其他必要救济。法院在考量是否批准救济时，需考虑以下因素：②

（1）菲律宾债权人是否得到保护以及菲律宾债权人是否不方便在外国破产程序中回收债权。

（2）统一的破产程序能否公平对待各债权人。

（3）其他司法管辖区是否已承认该外国程序。

（4）该外国破产程序所认可的债权人、其他利益相关方的权利，与《2010 年破产重整法》所规定的权利实质性相似的程度。

（5）外国破产程序与《2010 年破产重整法》及菲律宾原有破产法律规则下破产程序的相似和相异程度。③

134 另外，如果外国法院已作出判决、裁定，并就此请求菲律宾法院承认，则应适用《1997 年法庭规则》“规则 36”的第 48 条。该条规定，外国法院“对物”权属作出的判决、命令具有终局性；而“对人”作出的外国判决、裁定，是推定相关方与利益承继人之间享有权利的证据。无论在哪类情形中，菲律宾均可因管辖问题、未依法通知、存在共谋或欺诈行为、法律或事实认定明显错误等原因拒绝承认外国判决、裁定。④

十、结论和建议

135 菲律宾中央银行时任行长泰谭柯在 2015 年 SharePHIL 研讨会的演讲中，⑤讨论了破产法在提高国家市场能力、吸引潜在投资者方面的重要性。泰谭柯指出，尽管

---

① Financial Rehabilitation and Insolvency Act of 2010 (Republic Act No. 10142) s. 140.

② Financial Rehabilitation and Insolvency Act of 2010 (Republic Act No. 10142) s. 141.

③ Financial Rehabilitation and Insolvency Act of 2010 (Republic Act No. 10142) s. 142.

④ 1997 Rules of Court (effective 1 July 1997) r. 36, s. 48.

⑤ Amando M Tetangco, Jr, "Financial Rehabilitation and Insolvency Regime in the Philippines: Progress and Remaining Challenges", speech at SharePHIL's Seminar: All You Need to Know About Financial Rehabilitation and Insolvency Act (17 March 2015) <http://www.bsp.gov.ph/publications/speeches.asp? id =490& yr =2015> (accessed 24 December 2019).

看似矛盾,但有效的破产法律制度与建立市场信心息息相关,只有让更多投资者相信,自己的利益能够在企业经营不善时依然得到保障,他们才更愿意投入资金。

正是基于建立清楚明确的破产法律制度的重要性,菲律宾颁布了《2010 年破产 136
重整法》《重整规则》,既明确了制度发展路径,也保证了适应市场快速变化的能力。但是,为确保破产制度运行高效、稳定,仅有破产法条文是远远不够的。笔者同意泰谭柯的观点,建立一个有效的破产法律制度之关键在于,持续推进法律颁布后相关配套制度改革。法律的有效实施与法律条文本身一样重要。因此,只有在法院、破产管理人准确理解并适用《2010 年破产重整法》《重整规则》的基础之上,才能确保《2010 年破产重整法》有效施行。

泰谭柯指出,考虑到重整程序的专业性和特殊性,加强对司法工作者、破产从业 137
者以及其他利益相关方的专业化培训十分重要。笔者对此也非常认同,尤其是对完全没有相关业务经验的人来说,培训还应当囊括对基本商业知识、财务知识的培训。

前述原则在实践中的重要性越发凸显,2019 年年初,菲律宾一家本地大型造船 138
公司和菲律宾主要自由港口区的最大外国投资公司根据《2010 年破产重整法》申请自愿重整,这震惊了菲律宾商界。该案为菲律宾历史上最大的公司破产案件,让菲律宾的重整制度面对实践考验。

尽管如此,菲律宾始终希望,现有的重整与破产法律能够帮助市场主体实现经 139
济恢复和持续经营,或者至少为其提供一种"软着陆"的市场退出方式。这也正是菲律宾每天数以千计、正在经历重整或清算的企业所需要的。

未来,菲律宾将会继续完善重整与破产法律规定,通过不断完善破产法实施机 140
制,建立一个高效实施的破产法律制度,推动菲律宾迈向更为先进、更富成效和更有成果的未来。

附:本报告引用的法律

Appendix of Legislation Referred to

1.《1987 年菲律宾宪法》,1987 Philippine Constitution (effective 2 February 1987)。

2.《1997 年法庭规则》,1997 Rules of Court。

3.《行政法典》,Administrative Code (Executive Order No. 292)。

4.《惩治以其他目的透支资金或信用额度制作或开具支票法》, An Act

Penalizing the Making or Drawing and Issuance of a Check without Sufficient Funds or Credit and For Other Purposes (enacted 3 April 1979)。

5.《公司法(旧)》,(1980 年),Batas Pambansa Blg 68 (1980)。

6.《动产抵押法》,Chattel Mortgage Law (Act No. 1508)。

7.《菲律宾民法典》, Civil Code of the Philippines [Republic Act No. 386 (1949)]。

8.《财务恢复和破产法》,文中简称为《2010 年破产重整法》,Financial Recovery and Insolvency Act (Republic Act No. 10142)。

9.《财务重整程序规则》,Financial Rehabilitation Rules of Procedure (AM No. 12 - 12 - 11 - SC; 27 August 2013)。

10.《外国投资法》,Foreign Investments Act (Republic Act No. 7042; 13 June 1991)。

11.《普通银行法》,General Banking Law (Republic Act No. 8791)。

12.《保险法》, Insurance Code (Presidential Decree No. 612, as amended by Republic Act No. 10607)。

13.《票据法》,Negotiable Instruments Law (Act No. 2031)。

14.《新中央银行法》,New Central Bank Act (Republic Act No. 7653)。

15.《公司法修正案》,Revised Corporation Code (Republic Act No. 11232)。

16.《刑法修正案》,Revised Penal Code (Act No. 3815)。

17.《证券监管法》,Securities Regulation Code (Republic Act No. 8799)。

18.《信托收据法》,Trust Receipts Law (Presidential Decree No. 115)。

19.《仓单法》,Warehouse Receipts Law (Act No. 2137)。

新加坡制度报告

Manoj Pillay Sandrasegara *
沈观杰(Sim Kwan Kiat) **

一、概述

1 新加坡破产制度主要适用2018年出台的《破产、重组和解散法》,①这是一部整合了个人破产、企业破产和债务重组规则的综合性法律。本报告将重点探讨企业破产和债务重组方面的制度。

2 新加坡的企业破产制度由清算型程序和重整型程序组成,现行的3种主要程序类型为:(1)清算(liquidation);(2)司法管理(judicial management);(3)债务偿还安排(schemes of arrangement)。

3 《破产、重组和解散法》由新加坡国会于2018年10月通过,并于2020年7月30日生效施行。在该法颁行后,新加坡《破产法》②废止,《2006年公司法》[以下简称《公司法》(2006)]③也删去了有关企业破产和重组的规定。

4 在《破产、重组和解散法》通过之前,新加坡朝着建设成为国际债务重组中心的目标出发,逐步采取了多项重要措施,全面完善了其债务重组法律制度和配套体系。在债务人自行管理(debtor-in-possession)的原则性框架下,新加坡破产法对其他法域受到认可且机制完善的重组制度要素进行了吸收。下文会在述及相关背景时介绍修正案的内容。

5 近年来,在新加坡不断推出立法修正案的同时,新加坡法院也作出了大量具有里

* Partner and Joint Head, Restructuring and Insolvency Practice, WongPartnership LLP.
** Partner and Head, Restructuring and Insolvency Practice, Rajah & Tann Singapore LLP.

① Act 40 of 2018.

② Cap 20, 2009 Rev. ed.

③ Cap 50, 2006 Rev. ed.

程碑意义的判决，持续公开法院关于各项新规的解释与适用。与其他普通法地区一样，这类判决对于相关法律领域的理论发展至关重要。除此之外，新加坡法院还在推动法院间建立跨境破产合作机制方面发挥积极作用，例如新加坡在 2016 年推动组建破产司法交流联盟（以下简称 JIN 联盟）并发布相关合作指引和模式范本（modalities）。

（一）历史发展

6 在《破产、重组和解散法》之前，《公司法》是新加坡企业破产与重组事项适用的主要法律。《公司法》的第一个现代版本为《1967 年公司法》［以下简称《公司法》（1967）］[①]，该法于 1967 年 12 月 29 日生效，其参考模板可追溯至英国《1948 年公司法》。[②]

7 新加坡《公司法》自颁布实施以来已历经 17 次修订。其中，新加坡对破产与重组规则所作的关键修订是于 1987 年引入司法管理程序，此前的《公司法》（1967）只规定有清算程序和债务偿还安排程序。

8 随着 Pan 电气集团[③]（Pan electric Group）倒闭事件和 1985 年的经济衰退，新加坡政府认识到债务偿还安排程序不足以拯救面临暂时性财务问题的公司，其原因在于缺少能中止债务执行的法定途径，包括中止担保债权的执行。而司法管理程序则被视为解决这一问题的良策，因为根据司法管理的制度设计，其申请一经提交，将立即产生中止效力。[④]

9 1999 年 12 月，新加坡财政部、总检察署和金融管理局组建了公司立法和监管框架委员会（Company Legislation and Regulatory Framework Committee，以下简称公司

① Act 42 of 1967.

② 《1966 年公司法草案》（Companies Bill）在其解释性说明中指出："该草案紧密遵循马来西亚《1965 年公司法》的规定，因为立法者考虑到，为了促进区域整体对外和区域内的贸易和商业活动，新加坡关于公司制度的新法不应与马来西亚现行法律制度相异异。"马来西亚《1965 年公司法》基于澳大利亚《1961 年公司法》（Vic）的规则制定，而后者又以英国《1948 年公司法》为模板制定。

③ Pan 电气集团主要经营海上救助、酒店、房地产等产业，在该公司累积欠付 35 家银行、金融机构共计 4.53 亿新币的债务和价值 1.6 亿新币的未履行远期合同（forward contract）之后，该公司倒闭并被接管（receivership）。Pan 电气集团倒闭事件最终导致新加坡证券交易所和吉隆坡证券交易所关闭 3 天。See *The Pan Electric Crisis Hits the Stock Market*, National Library Board（December 1985）.

④ Law and Practice of Corporate Insolvency（Andrew Chan Chee Yin ed.）（LexisNexis，2014），at p. 137 – 139.

法委员会),负责对公司领域法律开展深入审查。然而,即使经过公司法委员会提出修法建议,《公司法》很大程度上仍像一块拼接材料(patchwork quilt)而缺乏系统集成。[1]

(二)近年发展

近年来,新加坡破产与重组制度的修法速率进一步加快,实践上的变革也相当 10
显著。

2010年11月,司法部成立了破产法审查委员会(Insolvency Law Review Committee, 11
以下简称破产法委员会),负责审查新加坡现行破产制度,以期对综合性的破产法案提出建议,使该法案更加符合新加坡的实践。破产法委员会于2013年发布了总结报告[2],即《2013年破产法委员会报告》。该报告关于重组的若干重要建议在2017年被新加坡法律正式采纳,包括:(1)在司法管理方面,允许公司不向法院提出正式申请而直接进入司法管理程序,以此方式减少司法管理程序启动上的成本、手续和时间。[3] 同时,制定法律规则,允许重整融资享有超级优先权(super-priority)。[4] (2)在债务偿还安排方面,制定法律规则,允许重整融资在债务偿还安排中享有超级优先权。[5] 同时,制定强制批准(cram-down)规则,即在某一债权人组不予通过债务偿还安排计划的情况下,法院仍可强制批准该计划。[6]

随后,在2015年,司法部长组建了强化新加坡国际债务重组中心委员会(the 12
Committee to Strengthen Singapore as an International Centre of Debt Restructuring,以下简称债务重组中心委员会),负责在之前破产法委员会建议的基础上,对相关法律再开展一轮全面审查,并就亟须推进的措施或法律改革提出建议,进而增强新加坡建设国际债务重组中心的成效。债务重组中心委员会于2016年发布了总结报告(《2016年债务重组中心委员会报告》),提出了诸多契合实践需求的中肯

---

① 相关主要建议可参见 Report of the Steering Committee for Review of the Companies Act, Ministry of Finance (June 2011)。

② 相关主要建议可参见 https://www.mlaw.gov.sg/files/news/announcements/2013/10/ReportoftheInsolvencyLaw ReviewCommittee.pdf (accessed 11 February 2021)。

③ 见本报告第93段。

④ 见本报告第114~119段。

⑤ 见本报告第114~119段。

⑥ 见本报告第183段。

意见。

13 债务重组中心委员会指出，现代破产制度除了促进对债务人财产的高效分配之外，还应向困境债务人、债权人和其他利害关系人提供债务重组和业务拯救的机制选择。这是因为，成功的重组符合各方的利益：债务人能够继续经营具有可行性的业务，债权人则可以获得比清算更优的清偿。①

14 债务重组中心委员会还认为，全球化意味着破产与重组工作往往会引发复杂的跨境问题，需要较为密切的协调合作，同时出于种种实践上的原因，这类工作往往需要由一个主导中心牵头协调。该委员会指出，新加坡在实践中已成为开展重大区域性重组活动的司法管辖区，也是主要的区域性金融中心，具备强大的专业人才储备和现代化、综合性的法律体系。新加坡的上述特点使其能更好地应对当前经济环境中亚太地区不断增长的债务重组需求。②

15 基于上述考虑，债务重组中心委员会最终提出了 17 条具体建议。就相关建议而言，该委员会采用了“整体分析方法”（holistic approach），所提建议并不限于完善新加坡法律规则本身，而是寻求完善整个破产与重组运行机制和配套体系。该委员会的主要建议包括：③

（1）规定中止制度具有域外效力④和中止保护及于债务人的关联实体，以此方式加强中止制度能效，为重组提供支持；⑤

（2）允许快速通过债务人和主要债权人预先磋商确定的重组计划，以此方式促进“预先打包”（pre-packaged）式重组的适用；⑥

（3）赋予符合条件的债权以“超级优先权”地位⑦，吸引不良债务专业投资者参与债权投资，以此方式增加重整融资的供给；

---

① Committee to Strengthen Singapore as an International Centre for Debt Restructuring, Report of the Committee (2016) at paras. 2.1 and 2.2 (Co-chairpersons: Indranee Rajah & Kannan Ramesh).

② Committee to Strengthen Singapore as an International Centre for Debt Restructuring, Report of the Committee (2016) at paras. 2.1 – 2.11 (Cochairpersons: Indranee Rajah & Kannan Ramesh).

③ 相关主要建议可参见 https://www.mlaw.gov.sg/files/news/press-releases/2016/04/Final%20DR%20Report.pdf (accessed 11 February 2021)。

④ 见本报告第 70 段。

⑤ 见本报告第 73 ~74 段。

⑥ 见本报告第 60 ~62 段。

⑦ 见本报告第 114 ~119 段。

(4)建设能够促进重组活动的高效法院,组建破产专家法官队伍,以法官主导的能动方式推进重组;

(5)鼓励替代性争议解决方式的使用(alternative dispute resolution processes, ADR);①

(6)加强新加坡破产从业人员的专业素质和实践技能。

在《2016 年债务重组中心委员会报告》公布之后,一系列公司法修正案于 2017 年生效。这些修正案引入了有关债务偿还安排和司法管理制度的新规则,采纳了《联合国贸易法委员会跨国界破产示范法》(以下简称《示范法》),显著提升了新加坡企业拯救和重组制度的框架支撑。 16

另外,破产法委员会和债务重组中心委员会提出的诸多建议也得到了《破产、重组和解散法》的采纳。 17

总体而言,近年来新加坡破产与重组制度的发展体现了其总体政策倾向,即以重组困境企业替代直接破产清算。② 在优化重组相关法律制度的目标导向下,新加坡以美国《破产法》③第 11 章为主要参照,完善了其来源于英国法的原有规则。作为上述努力的成果,新加坡发展了融合两种制度特点的独特法律规则,并为债务人提供了广泛的重组机制选择。④ 18

目前各方已达成共识,随着破产与重组实践的日益国际化,有必要在可行的情况下构建一种跨境破产合作机制。正因如此,新加坡采纳了《示范法》这一关于承认外国破产与重整程序主题的关键性国际倡议,并在组建 JIN 联盟和联合出台相关指引文件、合作范本的进程中发挥关键作用,进一步践行了新加坡关于致力于促进各国破产程序有效合作和高效互动的承诺。⑤ 19

二、企业拯救机制

一般而言,在新加坡进行企业拯救的债务人有 3 种机制选择:⑥(1)庭外重组; 20

---

① 见本报告第 40 ~41 段。

② Committee to Strengthen Singapore as an International Centre for Debt Restructuring, Report of the Committee (2016) at para. 3. 1 (Co-chairpersons: Indranee Rajah & Kannan Ramesh).

③ 11 USC.

④ 见本报告“二、企业拯救机制”部分。

⑤ 见本报告第 131 段。

⑥ 在私人接管(Private receivership)程序中,接管人须由担保权人指定。私人接管的主要目标为变现担保财产、实现担保权人利益而非进行公司拯救。因此本报告不作进一步探讨。

(2)债务偿还安排;(3)司法管理。

21 总体而言,3种机制各自的主要特点如下:

(1)庭外重组,即在不诉诸正式法院程序的情况下,以债务人、债权人达成一致的方式实现重组。一般为了完成债务重组,债务人需与每位债权人达成双边协议。但在银团贷款(syndicated banking facilities)、上市债券(listed bond)等较为复杂的商业安排中,根据相关协议文件的约定,也允许以多数或者绝对多数债权人同意的方式调整贷款或债券的具体条款。

(2)债务偿还安排,即依照法律规定和法定程序,由债务人与其债权人之间就修改或调整各自的权利义务而达成的和解或安排。债务人和债权人可以灵活制定债务偿还安排的条款,具体重组方式通常包括债转股、延期偿付、削减债务等。债务偿还安排的计划一旦获得债权人之法定多数同意、法院批准并且符合各项程序性规定的,对包括异议债权人在内的全体债权人均有约束力。债务人有意达成债务偿还安排的,可以通过现行法律制度中的各类工具来促成重组。例如,中止债权人诉讼①、使用"预先打包"式重组②、依法"强制约束"异议债权人③、授予重整融资"超级优先权"等。④ 在实践中,债务偿还安排一般被视为采用"债务人自行管理"模式的公司拯救制度,因为债务人的现有管理层一般可以继续控制企业。

(3)司法管理,即依照法律规定和法定程序,指定一名司法管理人取代企业的现有管理层,控制公司经营并管理公司事务。具体而言,指定司法管理人是为了实现以下法定目标中的一项或数项:①公司继续生存;②债务偿还安排计划获得批准;③以比清算更有利的方式变现公司资产。司法管理人以债务偿还安排方式重组债务的,同样可以使用前述第(2)项中所述的各类法律工具。

(一)影响重组机制选择的因素

22 新加坡法并未规定债务人实施公司拯救的固定模式。这种机制上的灵活性可保障债务人、债权人选择最契合自身需求的重组方式。在实践中,债务人往往会在确定重组方式前征求主要债权人的意见。一般情况下,要在庭外重组、债务偿还安排、司法管理之间作出选择,需要权衡和考量的商业和战略因素包括:

---

① 见本报告第70、73、74段。
② 见本报告第60~62段。
③ 见本报告第183段。
④ 见本报告第114~119段。

（1）债务人的财务困难程度；

（2）债权人数量、债权性质和总体债务规模；

（3）保护债务人不受诉讼、执行程序影响的需要；

（4）法院程序对债务人合同、牌照（licences）资质、客户与供应商信心的影响；

（5）债权人对债务人现有管理层、实控人的信任程度。

当债务人只需与少数银行债权人达成重组安排即可清偿全部贸易类债权时，债务人可能会尝试使用庭外重组方式。这是因为，在这类情形中，债务人及其银行债权人可能会更为偏好庭外重组的保密性和隐私性，以将重组对债务人经营的不利影响降至最低。 23

在债务人存在严重财务困难的情形中，例如在面对大量债权人诉讼之威胁时，债务人一般都需要法律给予一定保护（如中止诉讼和执行程序），以取得拟定重组计划所需的“喘息空间”。而为了获得这类中止保护，债务人只能依法启动债务偿还安排程序或司法管理程序。 24

除此之外，在“自行管理”的债务偿还安排程序和司法管理程序中做选择的另一核心考量是控制权，也即是由现有管理层继续控制企业的经营，还是应由司法管理人予以替代并接管企业。在这一点上，有以下需权衡的因素： 25

（1）债务人经营是否需要现有管理层的专业技能或专门知识；

（2）债权人是否信任债务人的现有管理层；

（3）债务人的客户、供应商对启动债务偿还安排或司法管理程序的看法；

（4）债务人的现有管理层是否面临因不当交易（wrongful trading）而承担个人责任的风险。

如果债务人所处的行业或经营的业务需要管理层具有较高的专业技能或专门知识，债权人可能更希望由现有的管理层继续控制企业经营，而不是指定一名可能缺少相关领域专业知识或经验的司法管理人予以替代。 26

一般情况下，债务人、债权人可能更倾向于使用债务偿还安排程序而非司法管理程序。这是因为，指定司法管理人往往会引发大量负面舆论。并且，由于司法管理通常被视为清算的前兆，指定司法管理人引发的负面舆论还会对债务人的声誉、业务往来和发展前景产生不利影响，最终影响重组成功的可能性。① 27

① Insolvency Law Review Committee，Report of the Insolvency Law Review Committee：Final Report (2013) at ch. 6，para. 11 (Chairman：Lee Eng Beng SC).

28 债权人在怀疑现有管理层存在欺诈、不当行为，或者对现有管理层缺乏信任时，可能更倾向于对债务人启动司法管理程序。这是因为，司法管理人有权调查并对其发现的管理层不当行为提起诉讼。此外，在特定情形中，如在对公司实施清算还是重组的决定达成前，司法管理人也可以为公司提供稳定、可信且适当的管理。① 需说明，司法管理人的职责并不仅限于调查和起诉管理层，如本报告第 21 段(3)部分所述，其职责还包括实施债务偿还安排和推进重组等。

29 即使在现有管理层与债权人间并不缺少信任的情形中，公司的董事也可能会更希望由司法管理人介入并接管。这是因为，当公司不再具有可全额清偿其债务的合理预期后，公司董事可能会因为公司的不当交易或破产交易(insolvent trading)而承担民事和/或刑事责任。② 而只要公司指定了司法管理人，由于司法管理人无须承担此类责任，因此也不用过多担心债务人因继续经营产生的新债务。

30 司法管理人还可能受指定对债务人的业务和资产实施出售，并将变现所得分配给债权人。这类"指定出售"尤其适用于拟进行的出售行为可能会被"挑战"为构成低价交易，而董事因害怕担责而不愿授权的情形。③ 另外，有时司法管理人也会对公司业务实施快速出售或"预先打包"式出售(pre-pack sale)，即债务人在指定司法管理人之前即已与购买方开展谈判，并在指定管理人后不久达成的交易。"预先打包"式出售允许公司在持续经营基础上出售其业务，因此可以为债权人提供更好的回报，并可避免因冗长的司法管理程序而损害业务交易伙伴的信心。

31 在适用新加坡债务偿还安排、司法管理制度时，可以根据重组活动的实际而对上述规则加以综合运用。

(二)债务偿还安排、司法管理中的法院监督

32 尽管债务偿还安排和司法管理制度存在诸多差异，但法院的监督在两类制度中均发挥关键作用。④ 新加坡的债务偿还安排程序有若干关键节点须经法院审批，如给予中止保护、召开债权人会议、批准重组计划等。⑤ 而司法管理程序同样须在法院

---

① Insolvency Law Review Committee, Report of the Insolvency Law Review Committee: Final Report (2013) at ch. 6, para. 17 (Chairman: Lee Eng Beng SC).

② 见本报告第 142 ~143 段。

③ 见本报告第 194 ~196 段。

④ Re Pacific Andes Resources Development Ltd. [2018] 5 SLR 125 at [60].

⑤ 见本报告第 75 ~84 段。

监督下进行,[1]具体如司法管理人的报酬应由法院核定、[2]司法管理人只能由“持牌破产从业者”担任并且受制于法院监管等。[3]

就法理依据而言,法院监督并非是法院对具体商业交易作指令,而是为确保程序的整体公平性而施加的强制控制措施。例如,对于在债务偿还安排程序中申请召开债权人会议的问题,新加坡法院判例认为,审查中的“首要审查焦点”是“召开债权人会议的公平性问题”,尤其在涉及异议债权人时,“财务信息披露的充分性是实现这一目标的关键所在”。因此,如果法院认为债权人会议的公平性可能受到“明显损害”,那么,即使一项债务偿还安排的计划(以下简称安排计划)很可能获得必要多数债权人通过,法院也应当不予批准。[4] 33

确保公平性的总体目标也体现在债务偿还安排制度的其他方面。例如,在基于表决目的而对债权人进行分组时,法院应根据该组债权人在其他可比较情形中获得的待遇(在无法以协商确定待遇的情形中),来检验该组债权人是否受到了偏袒或者损害。[5] 这一规则能确保债务偿还安排程序内外的债权人均受到公平对待。另一方面,法院还应对申请《公司法》第210条(10)款中止时申请人的善意问题加以考虑,如果相关债务人并没有认真提出安排计划草案的真实意图,则不允许其钻制度空子并通过滥用程序获得中止保护。这一规则也有助于确保程序的公平性。[6] 34

公平性问题同样是司法管理制度中的重要考量。例如,债权人可以以司法管理人在管理公司事务中不公平损害了债权人利益为由向法院申请救济,法院可依该申请发出命令,对未来的公司事务管理加以规范,并在最大限度上为不公平损害给予救济。[7] 35

对于亚洲地区的重组实践,法院的监督尤为重要。这是因为,在亚洲,上市公司的股票往往由国家持有或由某个家族集中持有。在这一背景下,对债务人或管理层过于友好的重组制度很可能被滥用,因为管理层、控股股东往往有动机提出更有利 36

---

① 见本报告第103~105段。

② 见本报告第137段。

③ 见本报告第96~97、135段。

④ Pathfinder Strategic Credit LP v. Empire Capital Resources Pte. Ltd. [2019] 2 SLR 77 at [52].

⑤ The Royal Bank of Scotland NV v. TT International Ltd. [2012] 2 SLR 213 at [133].

⑥ Re IM Skaugen SE [2019] 3 SLR 979 at [69]; Re Pacific Andes Resources Development Ltd. [2018] 5 SLR 125 at [59]–[61].

⑦ Insolvency, Restructuring and Dissolution Act 2018 (Act 40 of 2018) s. 115.

于其继续控制公司的方案。[①] 正因如此，法院的监督在防止债务人恶意损害债权人方面起到了关键作用。

(三)庭外重组

37 庭外重组是指无须适用庭内重整程序、破产程序而进行的重组活动，一般可各类型债务人均可使用。

38 虽然新加坡法未对使用或促进庭外重组作具体规定，但实践中已发展形成一定成果。例如，新加坡银行公会出台了《公司债务重组原则与指南》[②]（以下简称《ABS重组指南》），以此方式推出了一系列有助于促成庭外重组的原则。该文件旨在为借款人提供一个非法定的规则框架，为陷入财务困境的公司或企业集团考虑重组可行性时提供辅助。根据《ABS 重组指南》的说明，其终极目标在于推动形成拯救文化(rescue culture)，避免不必要的企业倒闭，进而实现比正式破产程序更高的回收率。[③] 另外，《ABS 重组指南》还明文鼓励在重组中实施以下行为：

(1)由债务人尽早提供完整、准确且经过独立核证的信息；

(2)平等分享信息；

(3)执行中止协议(standstill)，为准备、分析具体信息以及开展磋商、谈判提供空间；

(4)企业高管积极参与重组；

(5)在重组中尽早指定一家主导银行(lead bank)，由该行负责管理和协调整个重组过程；

(6)设立一个代表借款人利益的指导委员会；

(7)委任一名特别会计师或独立财务顾问。[④]

---

① Wan Wai Yee & Gerard McCormack, *Transplanting Chapter 11 of the US Bankruptcy Code into Singapore's Restructuring and Insolvency Laws: Opportunities and Challenges*, Journal of Corporate Law Studies (2018). Research Collection School of Law, Singapore Management University, at p. 26 - 27. (available at https://ink.library.smu.edu.sg/sol_research/2777/, accessed 11 February 2021).

② https://www.abs.org.sg/docs/library/spore_approach.pdf (accessed 11 February 2021).

③ The Association of Banks in Singapore, Principles & Guidelines for Restructuring of Corporate Debt at p. 2, https://www.abs.org.sg/docs/library/spore_approach.pdf (accessed 11 February 2021).

④ 这类专业人士的服务内容一般包括：审查债务人的财务控制体系；评估债务人的财务前景、财务现状和行动计划；预估清算情形中债务人的价值和对各债权人预期可获得的分配。

另外,庭外重组活动涉及债券的,常采用征求债券持有人同意的方式进行重组,即债券发行人在取得债券持有人同意后,对债券条款规定的违约责任作出调整和/或免除。① 部分债券重组活动可直接根据债券发行或相关信托契约中的"超级多数"(super-majority)条款进行,这意味着债券相关的调整或免除决定一但获得必要多数的持有人同意,该决定对全体债券持有人均有约束力,包括那些持反对意见的持有人。 39

新加坡法一般会鼓励当事人在各类民事程序中使用调解等 ADR 机制。《最高法院诉讼指引》规定,代理人和律师有义务建议其客户选择适当的 ADR 方式化解纠纷,并鼓励尽早考虑 ADR 机制的运用,促使民事案件得到公正、迅速且经济的处理。② 法院在对诉讼费进行裁量时,也会将当事人是否曾尝试调解等 ADR 方式纳入考量。③ 在新加坡,调解一般依据协议进行,当事人可以自由决定是否希望专业人士参与 ADR 活动。一般情况下,当事人都会在其律师的陪同下开展调解。2019 年 8 月,作为新加坡大力推进调解发展的有力证明,《联合国关于调解所产生的国际和解协议公约》④在新加坡得到正式签署,该公约也被称为《新加坡调解公约》。该公约针对调解协议的跨境执行问题作出规定,旨在为企业经营和贸易争端解决提供更大的确定性和保证,以此方式促进国际贸易和商业发展。 40

针对破产领域的 ADR 运用问题,《2016 年债务重组中心委员会报告》专门指出,美国破产法院以法院程序为主,结合使用 ADR 的方法特别成功。在美国的现行程序规则中,法官可以选择将破产案件中的部分独立问题(discrete issues)指定至 ADR 程序处理。鉴于债务重组中心委员会也将调解、仲裁视为解决破产程序相关纠纷的有效替代选择(但需注意,部分问题可能依法不可仲裁),该委员会建议出台法律规定,允许新加坡法院将破产程序中出现的争议交由 ADR 机制处理。而新加坡国际仲裁中心⑤、新加坡国际调解中心⑥和新加坡调解中心⑦(SMC)等位于新加 41

---

① 近来的债券重组案例涉及石油和天然气行业的公司,包括 2017 年的 Ezion Holdings Ltd. 案和 2018 年的 Pacific Radiance Ltd. 案。

② Supreme Court Practice Directions, paras 35B(2) and 35B(4).

③ Rules of Court (Cap 322, R 5, 2014 Rev. ed) O 59 r. 5(c).

④ GA Res 73/198, adopted at the United Nations General Assembly, 73rd Session (20 December 2018) (signed 7 August 2019).

⑤ 新加坡国际仲裁中心可依照自身仲裁规则和《联合国国际贸易法委员会仲裁规则》[GA Res 65/22, UN GAOR 65th Sess (2010)]进行仲裁。

⑥ 新加坡国际调解中心基于其组建的国际调解员名册,为希望以友好方式解决跨境商事纠纷的各方提供调解服务。

⑦ 新加坡调解中心提供的服务包括商事调解等。

坡的 ADR 机构，更是针对破产相关纠纷制定了具体规则和相关协议(protocol)。[①]

42 关于这一问题，新加坡法院也明确指出，破产调解员(例如，由新加坡调解中心组建的破产专家调解员名册)可以并且应当在拟定重组计划等方面发挥更大作用。[②] 这是因为，具备调解技巧和相关领域知识的中立第三方可以有效帮助债务人、债权人建立基本共识，从而为债务人最终重组成功铺平道路。[③] 在这一点上，《新加坡调解公约》可以提供实用的制度工具，助力与重组、破产相关的调解协议获得跨境执行。

(四)破产前程序

43 对于尚未破产或濒临破产的公司，按照新加坡法的规定，债务偿还安排是唯一可适用的法院监督式公司拯救程序。有鉴于此，本报告将新加坡的债务偿还安排程序置于“破产前程序”部分介绍。但应说明，债务偿还安排在大多数的分类方法中都属于破产程序类别。

44 债务偿还安排是公司与其债权人、成员和/或公司股权持有人之间就修改、调整公司各方的权利、利益而达成的和解或安排。[④] 债务偿还安排制度不以公司破产或濒临破产为适用条件。实践中以达成公司、成员和受让人间债务偿还安排的方式，完成对未破产公司的公开收购或并购的情形也并不少见。

45 对于面临严重财务困难的债务人，债务偿还安排可被用来达成债务和解或重组，以此方式实现公司拯救。当债务偿还安排被当作重组工具使用时，其安排计划的条款设置可较为灵活，如纳入债务减免、债务展期、实施债转股等具体方式。

46 债务偿还安排除了作为重组工具的内在灵活性，还兼具债务人自行管理(DIP)的特征，即允许公司的现有管理层继续控制公司，这也是债务偿还安排能在各项重组选择中获得较高欢迎度的原因。尤其是对于无法以庭外重组方式达成债务和解的公司，债务偿还安排是重要的自行管理式重组机制。在债务偿还安排制度中，如

---

① Committee to Strengthen Singapore as an International Centre for Debt Restructuring, Report of the Committee (2016) at ch. 3, paras. 3.52 – 3.70 (Co-chairpersons: Indranee Rajah & Kannan Ramesh).

② Re IM Skaugen SE [2019] 3 SLR 979 at [94]; Justice Kannan Ramesh, “Singapore Insolvency Conference 2018 – Keynote Address” (23 July 2018) at paras. 33 – 39.

③ Re IM Skaugen SE [2019] 3 SLR 979 at [94].

④ Insolvency, Restructuring and Dissolution Act 2018 (Act 40 of 2018) s. 63.

果出席会议并投票[①]的全体债权人(或各个债权组的债权人)过半数同意一项安排计划,并且其所代表的债权额占债权总额的3/4以上,该项安排计划即对公司全体债权人具有约束力。根据这一制度设计,债务偿还安排可以使债务人在不取得全体债权人一致同意的情况下(实践中很难取得全体一致同意)完成债务重组。

随着《公司法》(1967)的颁布施行,[②]新加坡正式引入适用于债务偿还安排制度的关键条文(《公司法》第210条和第211条)[③]。此外,《2016年债务重组中心委员会报告》还就债务偿还安排制度的优化提出建议,以吸引更多具有潜在重组需求的公司(包括外国公司)使用新加坡的债务偿还安排制度进行债务重组。其后,《2017年公司法(修订)》修订了债务偿还安排相关规则。[④] 尽管该次修法中的部分规则设计受到了美国《破产法》第11章规则的启发,新加坡仍保留了其债务偿还安排制度的部分原有特点,以回应关于美国《破产法》第11章规则过于偏向债务人等批评。[⑤] 47

经过2017年的法律修改后,新加坡债务偿还安排制度的新特征可归纳如下: 48

(1)经过强化的新加坡法院管辖权。修法后,与新加坡有实质联系(substantial connection with Singapore)的外国公司(债务人)也被纳入了新加坡法院的管辖范围。[⑥]

(2)经过强化的自动中止制度。修法后,为就债务偿还安排提出建议(proposal of a scheme)而申请中止的,自提交中止申请时起的30日内,针对该公司的所有法律程序均受制于该临时性的自动中止。[⑦] 并且,债务人的关联方也可一并申请获得相关中止保护。[⑧] 这一经过强化的中止制度还可在全球范围内对公司债权人发生对

---

① 债权人可以亲自投票或代理投票。

② Insolvency Law Review Committee, Report of the Insolvency Law Review Committee: Final Report (2013) at ch. 7, para. 1 (Chairman: Lee Eng Beng SC).

③ 《公司法》(Cap 50, 2006 Rev. ed.)第210、211条规定,在《破产、重组和解散法案》出台后仍继续有效,但存在若干例外规定。See section 63(2) of the Insolvency, Restructuring and Dissolution Act 2018 (Act 40 of 2018).

④ Act 15 of 2017.

⑤ See eg., Theodore Eisenberg & Stefan Sundgren, *Is Chapter 11 Too Favorable to Debtors? Evidence from Abroad*, 82 Cornell L. Rev. 1532.

⑥ Insolvency, Restructuring and Dissolution Act 2018 (Act 40 of 2018), s. 63(3) Read with ss. 246(1)(d) and 246(3). See paras. 52–55 below.

⑦ Insolvency, Restructuring and Dissolution Act 2018 (Act 40 of 2018), s. 64(8).

⑧ Insolvency, Restructuring and Dissolution Act 2018 (Act 40 of 2018), s. 65.

人效力(in personam)。[①]

(3)规定了跨组别强裁(cross-class cram-down)规则。[②] 修法后,即使债务偿还安排中的一个或数个债权人组未达到安排计划的表决通过标准,法院也有权强制批准该计划。[③]

(4)规定了"预先打包"的快速债务偿还安排程序。在该程序中,法院可以不召开债权人会议而直接批准安排计划。[④]

(5)规定了重整融资可享有的不同等级优先权。[⑤]

49 由上述特征可见,新加坡现行的债务偿还安排制度既保留了英联邦法域传统债务偿还安排制度的优势(包括灵活、快速、低成本等),还为债务人提供了一系列有助于促成债务重组的新工具。

50 为了减少债务偿还安排制度被债务人滥用的风险,应对修改后的制度过于偏向债务人等潜在批评,新加坡立法机关作出如下设计:一方面,原规定中的表决通过标准得以保留,即一项安排计划须经代表出席并投票的债权人(或所属组别)债权总额3/4以上通过(该标准源于英国法中的债务偿还安排制度),而不是美国《破产法》第11章规定的"2/3以上"[⑥]。另一方面,新加坡债务偿还安排制度还为债权人提供了进一步保护机制,即如能证明清算对债权人更有利,则异议债权人可以据此否决法院"强制批准"安排计划(并因此产生强制债务人进行清算的效力)。

51 最后,债务人还须确保对债务偿还安排事项和相关财务信息作充分披露,以此方式为债权人评估安排计划草案的可行性提供信息保障。[⑦]

1. 债务偿还安排的实施主体

52 任何根据《破产、重组和解散法》可被清算(liable to be wound up)的企业

---

① Insolvency, Restructuring and Dissolution Act 2018 (Act 40 of 2018) s. 64(5). See paras. 63–74 below.

② Insolvency, Restructuring and Dissolution Act 2018 (Act 40 of 2018) s. 70.

③ 见本报告第183段。

④ Insolvency, Restructuring and Dissolution Act 2018 (Act 40 of 2018) s. 71. 见本报告第60~62段。

⑤ 见本报告第114~119段。

⑥ US Bankruptcy Code 11 USC §1126(c).

⑦ Insolvency, Restructuring and Dissolution Act 2018 (Act 40 of 2018) ss. 64(4) and 64(6). 见本报告第77~79段。

(corporation),[①]均有资格适用债务偿还安排制度,[②]包括在新加坡注册成立的公司和在外国注册成立但与新加坡具有实质联系的公司。[③]

法院在决定一家外国公司是否与新加坡具有实质联系时,可综合考虑以下情况:[④] 53

(1)新加坡是否为该公司的主要利益中心地;[⑤]

(2)该公司是否在新加坡经营业务或有营业地;

(3)该公司是否在新加坡注册;

(4)该公司是否在新加坡持有实质性资产;

(5)该公司是否已选择新加坡法作为其借贷融资、交易或争议解决条款的准据法,或者已"服从新加坡法院的司法管辖"(submitted to the Singapore court's jurisdiction)。

国内外债务人根据新加坡法享有的待遇,除了外国公司需证明其与新加坡具有实质联系之外,一般不存在差别。这一平等原则高度契合新加坡关于建设债务重组中心的目标,也有助于吸引外国债务人、债权人将新加坡作为其跨境重组活动的主导管辖地(lead jurisdiction)。[⑥] 54

需注意,部分由《2017 年公司法(修订)》引入的规定并不适用于银行、持牌保险 55

---

① Companies Act (Cap 50,2006 Rev. ed.) ss. 210(11); Insolvency, Restructuring and Dissolution Act 2018 (Act 40 of 2018) s. 63(3).

② 关于"企业"一词的定义规定在《公司法》(2006)(Cap 50,2006 Rev. ed.)第 4 条中以及《破产法》(Act 40 of 2018)第 2 条(1)款中,根据新加坡法的定义,宣告不以商业目的组建的法人企业、有限责任合伙等特定类型的组织不属于"企业"。

③ Section 63(3) Read with ss. 246(1)(d) and 246(3) of the Insolvency, Restructuring and Dissolution Act 2018 (Act 40 of 2018).

④ Insolvency, Restructuring and Dissolution Act 2018 (Act 40 of 2018) s. 246(3).

⑤ Re Zetta Jet Pte. Ltd. [2019] 4 SLR 1343 案对《示范法》中债务人"主要利益中心"(COMI) 概念进行了探讨。该案中,法院认为,对于《示范法》第 16 条(3)款中以债务人的注册办公地为其主要利益中心的推定,如有其他因素可证明债务人的主要利益中心位于另一地点,则可以由该地点替代推定地作为主要利益中心地。同时,只需存在相反证据,即可反驳前述关于注册办公地为主要利益中心的推定(见本报告第 31、76 段);在确定主要利益中心地时应考量的因素是,一般可被第三方客观确定的因素,特别是对于债权人、潜在债权人这类第三方(见本报告第 76 段)。法院将更多地关注债权人在考虑是否向债务人作授信时会考量的因素(见本报告第 78 段)。这些考量因素须包括"固定的或预期长期存在的因素"(settled or intended permanence)(见本报告第 79 段);当不存在其他明确的倾向性结论时,债务人的注册办公地将被默认为主要利益中心所在地(见本报告第 81 段)。

⑥ Committee to Strengthen Singapore as an International Centre for Debt Restructuring, Report of the Committee (2016) at para. 1.7 (Co-chairpersons: Indranee Rajah & Kannan Ramesh.

公司、特定金融机构等部分类型的债务人。[①] 这部分规定包括：强化对债权人诉讼的中止效力的规定；中止效力范围可覆盖债务人的关联公司的规定；给予重整融资以“超级优先权”地位的规定；可约束异议债权人组的新增“强裁”规定。[②]

2. 债务偿还安排的程序

56 债务人、债权人或债务人股东均有权启动债务偿还安排程序。公司自愿启动债务偿还安排程序的，应当依照其章程进行。在实践中，公司一般会以董事会决议授权的方式启动债务偿还安排程序。法律既未规定利益相关方在启动程序前提出异议的正式程序，也未规定公司在启动程序前须与其员工进行协商。

57 尽管债务偿还安排是一种“自行管理”式重组机制，但仍需强调，法院会在关键节点对程序实施监督，保障债权人的利益和债权人会议公平进行，确保程序符合诚实信用的整体要求。[③]

58 在新加坡实践中，债务偿还安排程序可具体归纳如下：

（1）依法提出中止申请，限制债权人针对债务人及其财产的诉讼和执行（申请中止虽为可选步骤而非必选步骤，但为了使公司获得与债权人谈判并拟定相关建议所需的“喘息空间”，申请人一般都会提出中止申请）；[④]

（2）与公司的主要债权人磋商债务重组“建议”并拟定安排计划草案；

（3）申请法院批准召集债权人会议，依法表决安排计划；[⑤]

（4）向债权人发出会议通知，并附关于安排计划效力的解释性说明；[⑥]

（5）出席会议并投票的债权人过半数同意安排计划，且其所代表的债权额占债权总额的3/4以上的，该项安排计划即获通过，其后应由法院在听证中决定是否批

---

① Section 63(3) of the Insolvency, Restructuring and Dissolution Act 2018 (Act 40 of 2018) read with paragraph 3 of the Insolvency, Restructuring and Dissolution (Prescribed Companies and Entities) Order 2020 (S 619/2020).

② Insolvency, Restructuring and Dissolution Act 2018 (Act 40 of 2018) ss. 64 – 72. 见本报告第48段。

③ Pathfinder Strategic Credit LP v. Empire Capital Resources Pte. Ltd. [2019] 2 SLR 77 at [27], [51] and [52]. See paras. 33 above and 77 – 81 below.

④ Insolvency, Restructuring and Dissolution Act 2018 (Act 40 of 2018) s. 64.

⑤ Companies Act (Cap 50, 2006 Rev. ed.) s. 210(1).

⑥ Companies Act (Cap 50, 2006 Rev. ed.) s. 211(1)(a). 需特别说明，该解释性说明应当披露董事享有的任何实质性利益（无论是作为董事、成员、债权人、公司股东或以其他身份享有的利益），和董事相较于与其享有相似利益的债权人，根据债务偿还安排计划受到的任何不同影响。

准该计划;[1]

(6)法院应当就批准安排计划举行听证,并在听证中裁量权是否批准;[2]

(7)法院裁定批准安排计划的(法院可依职权适当调整或增加条款),应当将批准命令送会计与企业管理局(Accounting and Corporate Regulatory Authority)备案,该命令于备案之日起生效。[3]

一旦上述条件均得到满足,安排计划即对公司、各债权人组(包括持异议的、弃权的债权人)具有约束力。[4] 59

一项安排计划草案也可在不召开债权人会议的情况下获得法院批准,这一模式通常被称为"预先打包"("pre-packaged" or "pre-pack")的安排计划。这种由《2017年公司法(修订)》引入的新机制来自对美国《破产法》第11章规则的吸收。[5] 该制度的关键优势在于,"预先打包"的计划可以快速获得法院批准,有利于保护陷入财务困境公司的正常经营活动。同时,该制度的另一优势在于,通过对普通债务偿还安排程序作进一步精简,相关程序成本也有所降低。 60

公司应当向可能受"预先打包"的安排计划约束的债权人作出说明,公开披露公司的财产情况和财务前景,说明现有安排计划草案拟如何调整债权人的权利,并披 61

① 或者法院决定并在命令中明确的更早日期:参见 s 210(3AB) of the Companies Act (Cap 50,2006 Rev. ed.)。

② The Royal Bank of Scotland NV v. TT International Ltd. [2012] 2 SLR 213; Re Halley's Departmental Store Pte. Ltd. [1996] 1 SLR(R) 81. 关于法院如何具体行其裁量权的问题,本报告第80~81段将进行探讨。

③ Companies Act (Cap 50,2006 Rev. ed.) s. 210(5).

④ Companies Act (Cap 50,2006 Rev. ed.) s. 210(3AA).

⑤ 在美国《破产法》第11章的制度中,针对"预先谈判"(pre-negotiated)的重整计划的表决活动可以在第11章程序启动前进行。美国破产法院有权将相关表决票视同为申请后提交的表决票进行计票。如果一项预重整计划已获法律要求的"必要多数"债权人投票同意,则法院可以不召开债权人会议而直接批准该计划。但是,债务人有义务向债权人充分披露重整计划的具体情况,且在信息披露、征求表决票之间的时长不能"不合理的短"(参见 r 3018(b) of the Federal Rules of Bankruptcy Procedure)。在这一点上,对于证券公开交易的公司,一般可接受的投票期间为21日以上,而对于证券非公开交易的公司,一般可接受的投票期间为14日以上(See the Procedural Guidelines for Prepackaged Chapter 11 Cases in the United States for the Southern District of New York)。总体而言,"预先打包"(pre-pack)的第11章重整可以在30~45日内完成,而典型的第11章重整程序则可能需要两年时间完成。See Committee to Strengthen Singapore as an International Centre for Debt Restructuring, Report of the Committee (2016) at paras. 3. 35 and 3. 36 (Co-chairpersons: Indranee Rajah & Kannan Ramesh).

露其他有助于债权人就表决安排计划作知情决定(informed decision)的必要信息。① 但法院只有在确信债权人会议一旦召开即能满足安排计划的必要标准时，才会直接予以批准。②《破产、重组和解散法》并未明确申请人应如何就这一直接批准条件完成举证责任，在实务中可行的方法之一为通过签署表决票(ballot form)以证明债权人的支持。③ 此外，申请人还可以将已获必要多数债权人签署的锁票协议(lock-up agreements)或债权人支持协议(creditor-support agreements)作为证明。

62 需注意，《破产、重组和解散法》这类“预债务偿还安排制度”不同于美国《破产法》第11章的制度设计，不能与跨债权人组“强制批准”规则同时使用。④ 也就是说，在新加坡进行“预先打包”的债务偿还安排时，每一个债权人组均须满足必要的表决通过标准，否则法院无权批准“预先打包”的安排计划。

3. 中止制度

63 如上文所述，债务偿还安排程序通常以申请中止债权人对公司的诉讼和其他法律程序(包括清算程序)为起始。但是，依据《公司法》(2006)第210条(10)款申请中止，或者依据《破产、重组和解散法》第64条申请中止，是两种彼此独立但又密切关联的中止方式。下文将依次对两种方式进行介绍。

64 首先，就“第210条(10)款中止”而言，公司、公司成员或者债权人均可依据《公司法》(2006)第210条(10)款提出中止申请。该法律条款并未对提出申请所需的成员、债权人最低人数或最低权益数额作要求。

65 无论哪类申请人提出“第210条(10)款中止”，一般都适用相同的申请条件，即须同时满足：(1)公司未处于清算程序之中；⑤(2)该申请是善意的；⑥(3) 安排计划

---

① Insolvency, Restructuring and Dissolution Act 2018 (Act 40 of 2018) s.71(3).

② Insolvency, Restructuring and Dissolution Act 2018 (Act 40 of 2018) s.71.

③ 这类表决票可采用《美国纽约南区第11章预重整案件程序指引》所附的“第11章预重整表决票”(Prepackaged Chapter 11 Case Ballot Form)的形式。这也是2018年年初新加坡高等法院批准“预先打包”式债务偿还安排计划的首案中公司申请人采用的方法。可参见“Singapore's First ‘Pre-packaged’ Scheme of Arrangement” Shook Lin & Bok LLP (17 April 2018)。2021年1月，新加坡法院首次批准以《破产、重组和解散法案》为依据达成的“预先打包”式安排计划。See First Pre-pack Scheme Approved under Singapore's IRDA, Global Restructuring Review (25 January 2021).

④ Insolvency, Restructuring and Dissolution Act 2018 (Act 40 of 2018) s.70(1).

⑤ Companies Act (Cap 50, 2006 Rev. ed.) s.210(10).

⑥ Re Conchubar Aromatics Ltd. [2015] SGHC 322 at [14]; Re Pacific Andes Resources Development Ltd. [2018] 5 SLR 125 at [59].

具有可行性且有最终获得债权人普遍接受的合理预期。为保证法院能够对安排计划作出全方位评估,相关方应当向法院充分提供有关安排计划草案的具体信息。①

相较于清算程序、司法管理程序的中止效力,"第 210 条(10)款中止"所提供的保护相对较弱。例如,该中止只能限制对公司进行的诉讼,并不限制担保权的执行。同时,该中止并非自动生效,而需在法院审查是否准许召集债权人会议的申请时由公司另外提出申请。② 66

基于上述种种原因,《2017 年公司法(修订)》在第 211b 条规定中引入了经强化的中止制度,该条文现为《破产、重组和解散法》第 64 条(以下简称"第 64 条中止")。关于"第 64 条中止",只有公司自身有资格提出申请。但因这一新引入的中止制度为债务人提供了更大程度的保护(包括可限制担保权的执行,以及自申请之时起持续 30 日的自动中止效力),③较之于《公司法》(2006)"第 210 条(10)款中止",申请"第 64 条中止"所需满足的条件更多。 67

一般情况下,申请"第 64 条中止"需满足以下条件: 68

(1)公司未处于清算程序之中。④

(2)公司依据《公司法》第 210 条(1)款提出就债务偿还安排召集债权人会议的申请,或者依据《破产、重组和解散法》第 71 条(1)款提出了批准"预先打包"的安排计划的申请(或者承诺在实践允许的情况下尽快提出上述申请)。⑤

(3)公司并未申请"第 210 条(10)款中止"。⑥

(4)公司提出申请时,还应视情形一并提交下列文件材料:

①公司已提出安排计划草案的,应提交:(a)证明债权人支持该计划的证据;(b)说明这些债权人的支持对于计划能成功通过的重要性。

②公司尚未提出但拟提出安排计划草案的,应提交:上述(a)(b)项文件材料,同时附加(c)项——关于拟提出的安排计划草案简述,其中须包含充分的具体信息,

---

① Re Conchubar Aromatics Ltd. [2015] SGHC 322 at [12] – [13]; Re Pacific Andes Resources Development Ltd. [2018] 5 SLR 125 at [59] and [65].

② Insolvency Law Review Committee, Report of the Insolvency Law Review Committee: Final Report (2013) at paras. 7 and 16 (Chairman: Lee Eng Beng SC).

③ Insolvency, Restructuring and Dissolution Act 2018 (Act 40 of 2018) s. 64(8).

④ Insolvency, Restructuring and Dissolution Act 2018 (Act 40 of 2018) s. 64(2)(a).

⑤ Insolvency, Restructuring and Dissolution Act 2018 (Act 40 of 2018) s. 64(2)(b).

⑥ Insolvency, Restructuring and Dissolution Act 2018 (Act 40 of 2018) s. 64(2)(c).

以使法院能够评估该计划是否具有可行性以及是否值得交由债权人考虑。①

(5)公司提出申请时应一并提交担保债权人名单和与公司无关联、无担保的最大(largest)债权人名单。②

69 此外,当公司提出"第 64 条中止"申请时,还需满足一定的信息公开规定,包括在政府公报上就中止申请情况刊登公告,并将申请情况通知可能受到拟提出或已提出的安排计划草案影响的债权人,同时通知全体已知债权人。③

70 此外,"第 64 条中止"还可依申请对新加坡之外的行为加以限制,但受该中止限制的当事人必须处于新加坡法院的管辖范围内。④ 这类中止效力的扩大适用必须以法院管辖范围内特定的行为或当事人为目标。⑤ 其关键在于,这类中止从本质上不应被理解为具有域外效力(extraterritorial effect),而是针对限制对象产生的对人效力(in personam)。⑥

71 至于债务偿还安排的中止时间长短,则由法院依其裁量权决定。在实践中,债务人通常会争取获得 6 个月左右的中止期间。此外,就"第 64 条中止"的具体效力而言,法院可以命令方式限制以下行为:

(1)对公司实施清算;

(2)对公司资产指定接管人(receiver)或经理人(manager);

(3)不经法院同意而启动或继续进行针对公司的法律程序;

(4)不经法院同意而针对公司财产启动或继续进行扣押、冻结或其他法律程序;

(5)不经法院同意而对公司财产执行担保权,或者不经法院同意而收回公司根据动产租赁协议、分期付款协议、所有权保留协议等占有的动产;

---

① Insolvency, Restructuring and Dissolution Act 2018 (Act 40 of 2018) ss. 64(4)(a) and 64(4)(b). 同时参见 Re IM Skaugen SE [2019] 3 SLR 979 at [48]-[54],该案中,法院作出如下解释:关于《公司法》(2006)第 211 条(B)(4)(a)项和第 211 条(B)(4)(b)项,在公司已提交安排计划草案的情形中,应分开适用前述两项规定,但在公司拟提交安排计划草案的情形中,应同时适用两项规定。此外,《2017 年公司法(修订)》在其解释性说明中指出,第 211 条(C)款规定的要求类似于法院在 Re Conchubar Aromatics Ltd. [2015] SGHC 322 案采纳的方法。

② 债务人的无担保债权人超过 20 名的,则在无担保债权人名单中最多可编入债权额排名前 20 的"最大"债权人:See ss. 64(4)(c) and 64(4)(d) of the Insolvency, Restructuring and Dissolution Act 2018 (Act 40 of 2018)。

③ Insolvency, Restructuring and Dissolution Act 2018 (Act 40 of 2018) s. 64(3).

④ Insolvency, Restructuring and Dissolution Act 2018 (Act 40 of 2018) s. 64(5)(b). See also Re IM Skaugen SE [2019] 3 SLR 979 at [39].

⑤ Re IM Skaugen SE [2019] 3 SLR 979 at [86].

⑥ Re IM Skaugen SE [2019] 3 SLR 979 at [86].

(6)不经法院同意而根据租约对公司占有的场所行使重新进入(re-entry)或收回(forfeiture)的权利。

应注意,抵销(set-off)、净额结算(netting)等特定类型的合同权利已被排除在债务偿还安排和司法管理制度的中止效力范围之外。[①] 72

另外,鉴于实务中大量企业是以企业集团结构组建的,债务重组中心委员会认为,将中止保护的对象从处于程序中的公司扩大至该公司的关联实体是相当重要的,因为只有如此,在债权人针对该公司的关联实体采取行动时,公司的重组努力才不会因此受挫。[②] 而随着2017年的制度修订,法院现在可以依债务人关联实体(子公司、控股公司、最终控股公司等)申请,一并给予关联实体中止保护。[③] 73

对于这类中止保护对象上的扩大适用,法院只有在必要的法定条件得到满足后,才可予以准许。[④] 例如,申请中止的关联实体需要使法院相信其在债务人重组活动中"发挥着必要且不可或缺的作用",[⑤]并且该关联实体的债权人不会因中止的扩大适用而"受到不公平损害"。[⑥] 74

4. 债务偿还安排中的控制与监督

如前所述,债务偿还安排是一种"自行管理"制度,债务人的经营管理层仍可继续控制公司。[⑦] 在实践中,公司通常会委任一名具有债务重组专业知识的独立财务顾问提供相关服务。 75

在债务偿还安排程序中,法院会行使其监督职权,保持对债务人施加相当严格的约束(fairly tight leash)。[⑧] 法院应对各项重组措施予以严格审查,确保债务人善意行事,以在债务人与债权人的利益竞争中取得适当平衡。[⑨] 76

---

① Insolvency, Restructuring and Dissolution Act 2018 (Act 40 of 2018) ss. 64(12) and 96(5). 另参见 Electro Magnetic (S) Ltd. v. Development Bank of Singapore Ltd. [1994] 1 SLR(R) 574 at [11] - [18]。该案中,新加坡上诉法院认为,行使合同抵销权不受司法管理程序中止效力的限制。

② Committee to Strengthen Singapore as an International Centre for Debt Restructuring, Report of the Committee (2016) at ch. 3, paras. 3. 15 -3. 16 (Co-chairpersons: Indranee Rajah & Kannan Ramesh).

③ Insolvency, Restructuring and Dissolution Act 2018 (Act 40 of 2018) s. 65(1).

④ Insolvency, Restructuring and Dissolution Act 2018 (Act 40 of 2018) s. 65(2).

⑤ Insolvency, Restructuring and Dissolution Act 2018 (Act 40 of 2018) s. 65(2)(c).

⑥ Insolvency, Restructuring and Dissolution Act 2018 (Act 40 of 2018) s. 65(2)(e).

⑦ Re Pacific Andes Resources Development Ltd. [2018] 5 SLR 125 at [24].

⑧ Re Pacific Andes Resources Development Ltd. [2018] 5 SLR 125 at [61].

⑨ Re IM Skaugen SE [2019] 3 SLR 979 at [91].

77 法院对债务偿还安排程序行使监督权的第一个节点是，在公司申请法院批准召集债权人会议阶段。在此阶段（以下称为会议批准阶段），法院一般会要求债务人提交关于重组的建议，该建议无须达到预备提交债权人表决的完备性，但必须包含充分的具体信息，以使法院能够评估其计划是否具有可行性，以及当该安排计划草案最终制作完成后是否值得提交公司的债权人认真考虑。[①]

78 前述会议批准阶段信息披露的充分性标准如下：债务人有义务“向法院毫无保留地披露全部实质性信息，协助法院充分考虑如何召集债权人会议并就此作出决定”。[②] 该标准的核心在于，如果法院认为基于公司披露的财务信息无法公平召开债权人会议，则该公司披露的财务信息即未达到充分性标准。[③] 此外，在会议批准阶段，法院还会考虑债权人分组问题并予以指导。[④]

79 虽然对会议批准阶段信息披露的充分性作严格要求确有必要，但新加坡法院也承认，“对披露义务作过于严苛的要求可能会……限制真诚的重组尝试，特别是对那些缺乏资源和议价能力的小公司而言”[⑤]。因此，法院在审查披露充分性问题时会综合考虑以下因素：公司的规模和资源、拟重组的债务规模、申请的紧迫性、公司在会议批准阶段无法进一步披露的原因。

80 在债务偿还安排程序中，法院行使监督权的第二个节点是，在有关批准计划的听证阶段（以下称为计划批准阶段）。在此阶段，法院会最终考虑是否批准一项安排计划。该计划一经法院批准，对异议债权人在内的全体债权人均有约束力。这一约束性效力也是法院始终强调需维护程序诚信内核的关键原因。[⑥]

81 法院须确认以下3项条件得到满足后，方可批准一项安排计划：(1)在依法召集的债权人会议上，必要法定多数债权人表决通过该安排计划；(2)出席会议的债权人能公平代表各个债权人组，且占法定多数的债权人并未“强迫”(coerce)少数债权人；(3)只要债权组成员是一位普通的生意人(man of business)或者任一个理智且诚信的人(intelligent and honest man)，均会基于对自身利益的理性考虑而同意该安排

---

① Pathfinder Strategic Credit LP v. Empire Capital Resources Pte. Ltd. [2019] 2 SLR 77 at [29(a)]. 见本报告第33段。

② Pathfinder Strategic Credit LP v. Empire Capital Resources Pte. Ltd. [2019] 2 SLR 77 at [53].

③ Pathfinder Strategic Credit LP v. Empire Capital Resources Pte. Ltd. [2019] 2 SLR 77 at [63].

④ The Royal Bank of Scotland NV v. TT International Ltd. [2012] 2 SLR 213 at [62].

⑤ Pathfinder Strategic Credit LP v. Empire Capital Resources Pte. Ltd. [2019] 2 SLR 77 at [57].

⑥ The Royal Bank of Scotland NV v. TT International Ltd. [2012] 2 SLR 213 at [177].

计划。①

此外,对于债务人在自行管理中不能善意行事的担忧,法院还可依职权使用一些制度工具加以应对。例如,法院在给予“第210条(10)款中止”时可一并附加条件,包括:(1)要求在特定日期之前提出召集债权人会议的申请;(2)要求定期报告重组计划情况、其他司法管辖区进行卫星程序(satellite proceedings)的情况、债权人委员会成立情况等有关信息;(3)指定一名法院代表(court representative,由申请人承担费用)实施监督,并由法院代表负责向法院和债权人报告相关情况等。此外,法院也可使用科学分案、定期召开案件管理会议等“案管技术”(case management techniques),进一步加大法院的审查力度。② 82

除此之外,法院在给予“第64条中止”时,还应命令申请人就公司财务事项提交充分信息,以使债权人能够评估安排计划草案的可行性。③ 法院应当在个案中明确当事人应提交的具体信息项作出明确,其中可包括以下内容: 83

(1)公司各项重要财产的估值报告;

(2)公司收购或处分任何财产或者就任何财产设定担保的,应当在14日内报告相关交易信息;

(3)公司及其子公司的定期财务报告;

(4)对公司及其子公司业务盈利能力和营业现金流的预测。④

为了减少债权人关于对债务人自行管理监管不足的担忧,法院可以要求公司委任一名监督职能的会计师(monitoring accountant)或首席重组官(chief restructuring officer),由债务人或者债权人承担相应费用。上述职务主体对法院负有责任,并对债权人负有报告义务。⑤ 新加坡法院曾明确建议,可委任外部的第三方主体来履行这类职务,例如从新加坡调解中心组建的破产调解员名册中选择委任对象。⑥ 84

5.国际承认

不同于其他英联邦地区实施的债务偿还安排制度,修订后的新加坡制度具有部分属于正式破产程序的传统特征,包括中止保护、DIP融资可能性、限制以破产为合 85

---

① The Royal Bank of Scotland NV v. TT International Ltd. [2012] 2 SLR 213 at [70].

② Re Pacific Andes Resources Development Ltd. [2018] 5 SLR 125 at [61].

③ Insolvency, Restructuring and Dissolution Act 2018 (Act 40 of 2018) s.64(6).

④ Re IM Skaugen SE [2019] 3 SLR 979 at [92].

⑤ Re IM Skaugen SE [2019] 3 SLR 979 at [93].

⑥ Re IM Skaugen SE [2019] 3 SLR 979 at [93].

同终止条件的破产约定条款、允许跨组别强制批准等。此外，新加坡债务偿还安排程序还具有另一优势，即该程序可在《示范法》的规则下被视为完整的破产程序，因此能够获得外国法院按破产程序给予的承认，并且已经获得此类承认。①

（五）正式破产程序

86 公司如具备正式的破产原因，则既可通过债务偿还安排程序，也可通过司法管理程序进行重组。不同于债务偿还安排程序的适用条件，司法管理程序仅适用于无力清偿债务或者可能无力清偿债务的公司。② 根据新加坡法的规定，司法管理人也可以提出债务偿还安排计划，并且在实践中，司法管理中的重组建议也很可能会采用债务偿还安排作为重组工具。鉴于上文已在“破产前程序”中介绍了债务偿还安排制度，本部分将聚焦于新加坡的司法管理制度。

1. 司法管理程序的适用主体

87 与债务偿还安排的规则相似，司法管理程序可以适用于按《破产、重组和解散法》之规定可被清算的企业，③包括在新加坡注册成立的公司和在外国注册成立但与新加坡有实质联系的公司。④ 司法管理程序的适用范围排除了特定类型的债务人，包括持牌银行（licensed bank）、金融公司、保险公司等。⑤

2. 司法管理程序的启动

88 公司、公司的董事⑥或债权人（包括或有债权、预期债权的持有人）均有资格提出司法管理申请。⑦ 新加坡法并未对申请所需的最低人数或债权额作要求。

89 一旦以下两项条件得到满足，法院将对公司作出司法管理令并正式启动司法管理程序：⑧

（1）法院认定该公司无力清偿债务或可能无力清偿债务。

---

① See H & CS Holdings Pte. Ltd. v. Glencore International AG [2019] EWHC 1459 (Ch).

② Insolvency, Restructuring and Dissolution Act 2018 (Act 40 of 2018) s. 91(1)(a).

③ Insolvency, Restructuring and Dissolution Act 2018 (Act 40 of 2018) s. 88(1).

④ Section 88(1) Read with ss. 246(1)(d) and 246(3) of the Insolvency, Restructuring and Dissolution Act 2018 (Act 40 of 2018). See also para. 53 above.

⑤ Insolvency, Restructuring and Dissolution Act 2018 (Act 40 of 2018) s. 91(8).

⑥ 应当以成员大会或董事会决议的方式作出。

⑦ Insolvency, Restructuring and Dissolution Act 2018 (Act 40 of 2018) ss. 90 and 91(1). 这类申请应满足以下条件：(1)该公司无力清偿债务或可能无力清偿债务；(2)该公司有重整成功或保留其整体或部分业务持续经营的合理可能性，或者相比清算，采用重整方式更有利于保护债权人的利益。

⑧ Insolvency, Restructuring and Dissolution Act 2018 (Act 40 of 2018) s. 91(1).

(2)法院认为作出司法管理令可能实现以下目标中的一项或数项:①公司继续生存或者公司的整体、部分业务持续经营;②公司的债务偿还安排计划获得批准;③以比清算更有利的方式变现公司资产。

申请人应就其申请符合上述两项条件承担证明责任。就第一项条件而言,相关 90
公司如存在以下情形之一,即可被视为无力清偿债务:①

(1)债权额超过10,000美元的债权人已向该公司送达法定偿债书(statutory demand),要求公司偿付该项债务,而该公司在3周内既未清偿债务,也未提供令债权人满意的担保或担保、偿付的组合。

(2)在强制执行法院有利于债权人的判决、裁定或命令后,相关债权仍全部或部分未获清偿。

(3)经向法院举证证明,法院认为该公司无力清偿债务(包括或有债务、预期债务等)。

关于上述第(3)项情形,申请人既可证明该公司已按现金流标准破产(公司不能清 91
偿到期债务),也可证明该公司已按资产负债表标准破产(公司资不抵债)。②

法院一旦作出司法管理令,应当指定司法管理人对公司实施接管,并由司法管 92
理人来保管公司资产。下文将详细介绍司法管理人的职能与职责。③

除此之外,《破产、重组和解散法》还规定了庭外指定(out-of-court appointment) 93
程序,即公司除了申请法院作出司法管理令这一方式外,还可以以债权人决议的方式不经法院颁令而直接进入司法管理程序。庭外指定程序的适用条件为:公司应认为自身已无力清偿债务或可能陷入无力清偿状态,并且有合理的可能性去实现前述司法管理目标中的一项或数项,同时还需获得债权人在人数上、债权额上的多数同意。但需指出,庭外指定程序会受到浮动担保权人④否决权的制约,这是因为该类担

---

① Section 88(2)(f) Read with s. 125(2) of the Insolvency, Restructuring and Dissolution Act 2018 (Act 40 of 2018).

② Re Great Eastern Hotel [1988] 2 SLR(R) 276 at [85]; Re Dayang Construction and Engineering Pte. Ltd. [2002] 2 SLR(R) 197 at [40]; Malayan Plant (Pte) Ltd. v. Moscow Narodny Bank Ltd. [1979 -1980] SLR(R) 511 at [12].

③ 见本报告第98~99段。

④ 浮动担保是担保权的一种,其"本质上非固定的、不断变化,'悬浮于'(hovering over)……需受该担保权影响的财产上,直到一些事件的发生或行为的完成,使该浮动担保可及范围内的担保标的得以确定并固定":Illingworth v. Houldsworth [1904] AC 355 at 358。在浮动担保结晶(crystallised)并成为固定的(fixed)担保之前,其不依附于任何特定的具体财产。债务人可以在正常经营过程中像处理无担保财产一样处理浮动担保范围内的资产。

保权人可对公司全部的实质资产指定接管经理人(receiver and manager)。[①]

3. 中止保护

94 司法管理程序具有自动中止效力,在申请人提出司法管理申请之后、司法管理令作出前或该申请被驳回前,司法管理程序的自动中止效力及于以下范围:[②]

(1)对公司实施清算;

(2)对公司财产执行担保权或者收回由公司占有的动产,但是经法院同意并按法院条件进行的除外;[③]

(3)针对公司、其财产启动或继续进行法律程序,但是经法院同意并按法院条件进行的除外。

95 司法管理令一经作出,在该命令生效期间,范围更广的中止制度生效。除上述自动中止范围之外,司法管理令作出后的中止效力还及于:[④]

(1)对公司资产指定接管人或经理人;

(2)对公司占有的场所行使重新进入或收回的权利,但是经司法管理人同意,或者经法院同意并按法院条件进行的除外。

4. 司法管理人

96 申请人在提出司法管理申请时,应当同时提名一名司法管理人人选。[⑤] 根据《破产、重组和解散法》的规定,只有未担任该公司审计员的持牌破产从业者,才有资格被指定为司法管理人。[⑥] 对于申请人的提名,法院可以拒绝接受并指定他人担任司法管理人。[⑦] 在人数上和债权额上占多数的债权人,可以反对公司提名的司法管理人人选。法院则可邀请债权人另行提出人选,如果法院认为该人选合适,可接受债权人提出人选并作出指定。[⑧]

97 而在《破产、重组和解散法》规定的“庭外指定程序”中,司法管理人也只能由不

---

① Insolvency,Restructuring and Dissolution Act 2018 (Act 40 of 2018) s.94.

② Insolvency,Restructuring and Dissolution Act 2018 (Act 40 of 2018) s.95(1).

③ 根据分期付款协议、动产租赁协议或所有权保留协议进行。

④ Insolvency,Restructuring and Dissolution Act 2018 (Act 40 of 2018) s.96(4).

⑤ Insolvency,Restructuring and Dissolution Act 2018 (Act 40 of 2018) s.91(3)(a).

⑥ Insolvency,Restructuring and Dissolution Act 2018 (Act 40 of 2018) s.91(3)(a).

⑦ Insolvency,Restructuring and Dissolution Act 2018 (Act 40 of 2018) s.91(3)(c).

⑧ Insolvency,Restructuring and Dissolution Act 2018 (Act 40 of 2018) s.91(3)(d). 此外,财政部长认为符合公共利益需要的,也可提名司法管理人人选;参见 s.91(3)(f) of the Insolvency,Restructuring and Dissolution Act 2018 (Act 40 of 2018)。

担任该公司审计员的持牌破产从业者担任。[1] 同时，由于法院并未参与这类庭外指定程序，因此对于该程序中提名的人选，司法似乎并无介入空间。

司法管理人一旦获得指定，将替代董事履行《破产、重组和解散法》、《公司法》和公司章程授予董事的职权和职责。[2] 与之对应，公司原有董事会的职责也正式终止(functus officio)，[3]而由司法管理人负责与公司事务、业务和财产管理相关的所有必要事项和由法院准许进行的其他事项。根据《破产、重组和解散法》"第一附表"(First Schedule)的规定，司法管理人享有法律授予的一系列职权，包括占有和出售公司财产、借款、为公司财产设定抵押、支付因履职产生的必要费用和附带费用等。[4] 98

除依法享有的职权外，司法管理人还负有报告义务。根据法律规定，司法管理人应当向所有债权人发出建议说明(statement of proposals，以下简称建议书)，载明司法管理人为实现司法管理令设定的目标而提出的建议。[5] 建议书(其中可能包含债务偿还安排计划)应依法提交债权人会议表决。[6] 在该次会议上，债权人可以成立债权人委员会。该委员会有权要求司法管理人出席会议，并按照该委员会的合理要求，向其提供与管理人履职相关的信息。[7] 建议书如获债权人会议通过，则司法管理人应根据该建议书中的安排，履行与公司事务、业务和财产相关的管理职责。[8] 99

在申请人提出司法管理申请到对该申请进行听证的期间，法院可以指定一名临时司法管理人，该临时司法管理人可以履行控制公司继续经营(因为董事可能会因公司持续经营中的不当交易、欺诈交易而承担个人责任)、保护债权人利益等职责。[9] 法院作出的命令将决定临时司法管理人的职权范围以及是否替代董事行使职权等具体安排，但法院指定临时司法管理人的，一般会命令公司董事停止行使管理权。 100

根据《破产、重组和解散法》的规定，临时司法管理人也可由庭外指定程序作出 101

① Insolvency, Restructuring and Dissolution Act 2018 (Act 40 of 2018) s. 94(12).
② Insolvency, Restructuring and Dissolution Act 2018 (Act 40 of 2018) ss. 99(1) and 99(2).
③ Insolvency, Restructuring and Dissolution Act 2018 (Act 40 of 2018) s. 99(3).
④ Insolvency, Restructuring and Dissolution Act 2018 (Act 40 of 2018) s. 99(4) and First Schedule.
⑤ 在司法管理令作出后的 60 日内或者法院准许的更长期限内：参见 s 107(1) of the Insolvency, Restructuring and Dissolution Act 2018 (Act 40 of 2018)。
⑥ Insolvency, Restructuring and Dissolution Act 2018 (Act 40 of 2018) s. 108.
⑦ Insolvency, Restructuring and Dissolution Act 2018 (Act 40 of 2018) s. 109.
⑧ Insolvency, Restructuring and Dissolution Act 2018 (Act 40 of 2018) s. 110.
⑨ Insolvency, Restructuring and Dissolution Act 2018 (Act 40 of 2018) s. 92.

指定，但须满足下列要求：(1)公司成员或董事会以决议方式授权该指定；(2)遵守法律规定的通知期限；(3)被提名的临时司法管理人同意接受该指定；(4)被提名的临时司法管理人和公司董事需要向官方受托人(Official Receiver，也称为破产事务官)、公司注册局备案一系列法律要求的声明(statutory declarations)。① 临时司法管理人的任期要么终止于受指定后的第30日，②要么终止于债权人会议决议不予启动司法管理程序之时，以两者中较早者为实际终止时间。③

102 《破产、重组和解散法》并未再纳入《公司法》原有的司法管理人个人责任规定。④ 因为新加坡国会认识到，实务中的司法管理人一般都会以作出声明的方式免除其个人责任，因此关于施加个人责任的法律条款实际上也仅具理论上的意义罢了。⑤

5. 司法管理的控制与监督

103 司法管理程序须在法院监督下进行。司法管理人对于法院在命令中准许进行的所有事项均负有职责，⑥并可就履职中发生的问题申请法院给予指示。⑦

104 在司法管理程序中，公司的债权人或成员可以基于以下任一法定理由，向法院申请作出命令，保护债权人、成员利益：⑧

(1)在公司的事务、业务和财产管理中，司法管理人正在或者已经不公平损害债权人、成员利益的；⑨

(2)司法管理人在履职中的行为或疏忽(无论是实际发生的还是预期发生的)，已经造成或者即将造成这类不公平损害的。

105 法院经审查前述申请，认为适宜给予救济的，可以作出救济命令。⑩ 这类救济命令的具体内容包括限制司法管理人对未来公司事务的管理行为、要求调整司法管理

---

① Insolvency, Restructuring and Dissolution Act 2018 (Act 40 of 2018) s. 94(3).

② 官方受托人可允许将该期限延长。Insolvency, Restructuring and Dissolution Act 2018 (Act 40 of 2018) s. 94(6)(a).

③ Insolvency, Restructuring and Dissolution Act 2018 (Act 40 of 2018) s. 94(6).

④ 根据现已废止的《公司法》(2006)(Cap. 50, 2006 Rev. ed.)第227I条(1)款、227I条(2)款的规定，除非司法管理人作出免除其个人责任的声明，否则其应对履职期间签订或实施的合同承担个人责任，但有权就该责任获得补偿。

⑤ Insolvency Law Review Committee, Report of the Insolvency Law Review Committee: Final Report (2013) at para. 42 (Chairman: Lee Eng Beng SC).

⑥ Insolvency, Restructuring and Dissolution Act 2018 (Act 40 of 2018) s. 99(3).

⑦ Insolvency, Restructuring and Dissolution Act 2018 (Act 40 of 2018) s. 99(5).

⑧ Insolvency, Restructuring and Dissolution Act 2018 (Act 40 of 2018) s. 115(1).

⑨ 全体债权人、部分债权人或者代表公司债权总额1/4以上单一债权人。

⑩ Insolvency, Restructuring and Dissolution Act 2018 (Act 40 of 2018) s. 115(2).

人被投诉的行为(包括作为、不作为)、直接整体撤销司法管理令等。①

(六)正式破产程序的特殊规定

新加坡法对"涉公共利益机构"破产问题制定有若干专门性规定。② 例如,《电力法》③规定,未经能源市场管理局④同意,电力特许经营者不得进入司法管理程序,也不得依据《公司法》第210条或《破产、重组和解散法》第71条提出申请,除非其已提前14日将其申请意向以书面方式通知能源市场管理局。⑤ 另外,如果电力特许经营者已经或可能无力清偿债务,则能源市场管理局可以向贸易和工业部申请特别管理令(special administration order)。⑥ 根据该命令作出的指令,能源市场管理局可基于以下目标中的一项或数项,对该电力特许经营者的事务、业务和财产实施管理:⑦ 106

(1)电力供应的安全性和可靠性;

(2)特许经营者的生存或其整体或部分业务的存续;

(3)特许经营者的业务转让和持续经营。

在特别管理令制度中,能源市场管理局还负有保护特许经营者股东和债权人利益的职责。⑧ 107

对于无生存能力的金融机构,新加坡金融管理局(以下简称金管局)则根据《新加坡金融管理局法》⑨的规定享有"一揽子"处置权力。举例而言,金管局可以依法行使的职权包括:对特定金融机构的业务实施接管和控制;⑩实施强制性的业务转让⑪或股权转让⑫;实施强制性的股本重组等。⑬ 金管局在行使上述权力时,会考虑 108

---

① Insolvency, Restructuring and Dissolution Act 2018 (Act 40 of 2018) s. 115(3).

② 例如保险公司、保险经纪公司相关立法[Insurance Act (Cap 142, 2002 Rev. ed.)]、证券交易所、证券市场相关立法[Securities and Futures Act (Cap 289, 2006 Rev. ed.)]、电力特许经营者相关立法 [Electricity Act (Cap 89A, 2002 Rev. ed.)]和铁路特许经营者相关立法[Rapid Transit Systems Act (Cap 263A, 2004 Rev. ed.)]。

③ Cap 89A, 2002 Rev. ed.

④ Electricity Act (Cap 89A, 2002 Rev. ed.) s. 29(7)(b).

⑤ Electricity Act (Cap 89A, 2002 Rev. ed.) s. 29(7)(e).

⑥ Electricity Act (Cap 89A, 2002 Rev. ed.) s. 29(1).

⑦ Electricity Act (Cap 89A, 2002 Rev. ed.) s. 28(2).

⑧ Electricity Act (Cap 89A, 2002 Rev. ed.) s. 28(1)(b).

⑨ Cap 186, 1999 Rev. ed.

⑩ Monetary Authority of Singapore Act (Cap 186, 1999 Rev. ed.) s. 33.

⑪ Monetary Authority of Singapore Act (Cap 186, 1999 Rev. ed.) s. 57.

⑫ Monetary Authority of Singapore Act (Cap 186, 1999 Rev. ed.) s. 66.

⑬ Monetary Authority of Singapore Act (Cap 186, 1999 Rev. ed.) s. 69.

的因素有：该金融机构的倒闭是否会对新加坡的金融系统和经济状况产生广泛的不利影响；拟采取的处置措施是否符合公众利益等。[①]

（七）程序转换

109 新加坡法并未规定清算、重组程序之间的强制优先次序，也未要求在清算之前必须先进行重组或尝试重组。即使重组未能成功，相关方也有权终止重组并诉诸其他程序。

1. 债务偿还安排程序的转换

110 法院可依其裁量权决定以债务偿还安排进行企业拯救的时间限制。一般情况下，一项安排计划未能获得法定的必要多数债权人表决通过或法院批准的，该债务偿还安排程序终止。在这种情形中，对于法院已作出的中止命令，债务人、债权人、接管人和管理人可申请法院予以解除或更改。[②] 法院一旦解除相关中止命令，债权人即可继续申请对公司实施清算或司法管理。

2. 司法管理程序的转换

111 司法管理令的效力自颁令之日起持续 180 日，法院可依司法管理人的申请对该时限予以延长。[③] 此外，如出现以下情形之一，法院可提前解除司法管理令：

（1）债权人不予通过司法管理人提出的建议书的；[④]

（2）司法管理人正在司法管理程序中不公平损害债权人或成员利益的；[⑤]

（3）依据司法管理人提出的申请，司法管理令的目标似乎不能实现的。[⑥]

112 司法管理令一经终止，相应的中止效力也随之终止。[⑦] 因此，一旦司法管理令到期或解除，债权人也可以继续申请对公司实施清算。

113 在《破产、重组和解散法》规定的庭外指定程序中，司法管理人的任期为债权人会议作出指定之日起的 180 日，该任期届满后，针对该公司的司法管理程序应自动

---

① Monetary Authority of Singapore Act (Cap 186, 1999 Rev. ed.) s. 50.

② Insolvency, Restructuring and Dissolution Act 2018 (Act 40 of 2018) s. 64(10)(a).

③ Insolvency, Restructuring and Dissolution Act 2018 (Act 40 of 2018) s. 111(1).

④ Insolvency, Restructuring and Dissolution Act 2018 (Act 40 of 2018) s. 108(5).

⑤ Insolvency, Restructuring and Dissolution Act 2018 (Act 40 of 2018) s. 115.

⑥ 如果司法管理令中规定的目标已经实现或者不可能实现，则司法管理人应当向法院申请终结司法管理程序：112(1) of the Insolvency, Restructuring and Dissolution Act 2018 (Act 40 of 2018)。

⑦ Insolvency, Restructuring and Dissolution Act 2018 (Act 40 of 2018) s. 96(4).

终止。① 在此之后,债权人可以继续申请对公司实施清算。

(八)重整融资待遇

关于破产前程序、破产程序启动后的债务人融资,新加坡法规定有若干特殊规则,即对于在债务偿还安排、司法管理中向公司提供的重整融资,依公司或其司法管理人的申请,可依法授予该融资债权以超级优先权地位。② 114

根据债务偿还安排、司法管理制度作出的定义,重整融资须属于以下两类资金:③ 115

(1)公司生存所必需的资金和公司整体或部分业务持续经营所必需的资金;

(2)变现公司资产所必需的资金。

司法管理制度关于重整融资的定义还额外涵盖一类资金,即司法管理程序中法院批准一项债务偿还安排计划或"预先打包"的安排计划所必需的资金。④ 116

根据新加坡法的规定,法院可授予重整融资以不同等级的"超级优先权",各类优先权效力如下(从最低到最高):⑤ 117

(1)(a)级优先权:如果其后对公司实施清算,该重整融资将被视为清算成本和费用的一部分而享有相应优先受偿权;

(2)(b)级优先权:如果其后对公司实施清算,该重整融资将优先于《破产、重组和解散法》第203条(1)款(a)项至(i)项规定的各类优先债权和所有无担保债权受偿;

---

① Insolvency, Restructuring and Dissolution Act 2018 (Act 40 of 2018) s. 111(2). 对于该180日期限,法院可以依申请予以延长,或者经多数债权人(在人数上和债权数额上)的同意而延长:s. 111(3) of the Insolvency Act。

② 超级优先权是美国《破产法》第11章中的概念,其规则核心在于允许新获取的重整融资就债务人无附担保的财产优先受偿,其优先顺位先于所有无担保债权和其他破产管理费用。在美国,授予超级优先权一般都会成为"DIP融资"安排的一部分,因此该规则是美国重整融资产业的重要支柱。See Insolvency Law Review Committee, Report of the Insolvency Law Review Committee: Final Report (2013) at paras. 64 – 73 (Chairman: Lee Eng Beng SC); and Committee to Strengthen Singapore as an International Centre for Debt Restructuring, Report of the Committee (2016) at paras. 4.1 –4.2 (Co-chairpersons: Indranee Rajah & Kannan Ramesh).

③ Insolvency, Restructuring and Dissolution Act 2018 (Act 40 of 2018) ss. 67(9) and 101(10).

④ Under s. 210(4) of the Companies Act (Cap 50, 2006 Rev. ed.) or s. 71(5) of the Insolvency, Restructuring and Dissolution Act 2018 (Act 40 of 2018), respectively. See also s. 101(10)(b) of the Insolvency, Restructuring and Dissolution Act 2018 (Act 40 of 2018). 这是因为,在实务中,关于公司的重组建议书很可能会采用由司法管理人提出债务偿还安排计划的方式进行重组。

⑤ Insolvency, Restructuring and Dissolution Act 2018 (Act 40 of 2018) ss. 67 and 101.

(3)(c)级优先权：该重整融资将以公司资产作为其债权担保，享有相应的担保权；

(4)(d)级优先权：该重整融资将以公司已设置担保权的财产作为其债权担保，且其担保权优先级将等于或高于既有担保权。

118 申请人拟取得的重整融资优先权等级越高，法律规定的证明责任就越严格。例如，为取得(b)级优先权，申请人需证明其已为获取无附优先权的其他重整融资进行了合理尝试，但仍无法获得以同等条件出借的其他资金。①

119 申请人欲获取(d)级重整融资优先权的，不仅需证明公司无法在不附带优先权的基础上获得重整融资，还需证明现有担保权人的利益得到了“充分保护”。② 对于这一“充分保护”要件，申请人需证明担保权人已取得以下保护之一：(1)申请人向现有担保权人支付现金或者提供额外的替代性担保，以补偿担保权人可能因设置超级优先权而导致的权益减损；(2)法院已给予补偿以外的其他救济，以使现有担保权人能够实现“确实与其现有担保权等值的保障”。③

(九)资产出售

120 一般情况下，新加坡重组允许以出售无担保财产的方式为债务人继续经营提供资金。但是未经担保权人同意，不得对附有担保的财产进行出售。

121 司法管理制度除了适用上述一般性规则，还规定有若干例外情形。对于设有浮动担保的资产，司法管理人可以像出售无负担财产一样进行出售，④但是浮动担保权人有权就相关的财产出售所得和由出售所得换取的其他财产，享有与原先相同的优先权。⑤ 除了浮动担保财产之外，司法管理人在出售附有其他类型担保权益的财产

---

① Re Attilan Group Ltd. [2018] 3 SLR 898 at [72] – [74].

② 《破产、重组及解散法》规定的(d)级优先权概念也源于美国《破产法》第 11 章的超级优先权规则。即在公司财产之上已设有担保权的，如果出借人不愿基于可在现有担保权之后受偿的次级优先权(junior lien)新增授信，法院可授权公司在借款时在已附担保的财产之上设定更高等级或同等级的担保权。由于这一增信方式将影响现有担保权，法院会要求申请人证明现有担保权人的利益已得到充分保护。See Report of the Insolvency Law Review Committee：Final Report (2013) at para. 65 (4) (Chairman：Lee Eng Beng SC) and Committee to Strengthen Singapore as an International Centre for Debt Restructuring，Report of the Committee (2016) at para. 4. 3 (Co-chairpersons：Indranee Rajah & Kannan Ramesh).

③ Insolvency，Restructuring and Dissolution Act 2018 (Act 40 of 2018) ss. 67(6) and 101(7).

④ Insolvency，Restructuring and Dissolution Act 2018 (Act 40 of 2018) ss. 100(1) and 100(3).

⑤ Insolvency，Restructuring and Dissolution Act 2018 (Act 40 of 2018) s. 100(4).

时，应事前申请法院批准，[①]并将该出售所得的净收益用于清偿该财产担保所覆盖的债权额。[②] 此外，为了保障担保权人对财产处分行为提出异议机会，司法管理人申请法院处分担保财产的，应当提前 7 日通知担保权人。[③]

债务偿还安排制度则未对担保财产处分行为作类似的限制性规定。不过，在法院批准给予“第 64 条中止”的情形中，债务人取得财产、处分财产或在财产之上设定担保的，均须在交易后的 14 日内向法院报告有关情况。[④] 122

（十）第三方资助

对于在清算、司法管理中预期可发生的诉讼，新加坡允许第三方基于为调查、诉讼提供支持的目的而给予资助。 123

新加坡高等法院的判例认为，只要出售的标的足够明确，清算人可以向第三方出资者转让或出售公司的追究诉因成果之所得（proceeds of the fruits of the causes of action）以及诉因本身。[⑤] 这一观点的法律依据在于，清算人可以依法“以公司的名义出售不动产、动产和‘无形动产’（things in action）”[⑥]。此外，虽然这类财产出售权力受制于法院监管，[⑦]但是除非清算人恶意行使该权力，否则法院不会轻易干涉清算人行使裁量权。[⑧] 124

同样的法理也适用于司法管理程序，因为司法管理人依法同样享有“以公开拍 125

① 法院须认为这类处分可能有助于实现司法管理令目标中的一项或数项：Insolvency，Restructuring and Dissolution Act 2018（Act 40 of 2018）ss. 100(2) and 100(3)。

② Insolvency，Restructuring and Dissolution Act 2018（Act 40 of 2018）s. 100(5).

③ Insolvency，Restructuring and Dissolution Act 2018（Act 40 of 2018）s. 100(7).

④ Insolvency，Restructuring and Dissolution Act 2018（Act 40 of 2018）s. 64(6).

⑤ Re Vanguard Energy Pte. Ltd. [2015] 4 SLR 597 at [12(a)] and [24]；Solvadis Commodity Chemicals Gmbh v. Affert Resources Pte. Ltd. [2018] 5 SLR 1337 at [23] and [24].

⑥ Insolvency，Restructuring and Dissolution Act 2018（Act 40 of 2018）s. 144(2)(b). 法院判例认为，这一条款属于排除适用普通法帮助诉讼和包揽诉讼原则的法定例外规定。（帮助诉讼是指与诉讼程序无利害关系的人向诉讼当事人提供资金支持的行为；包揽诉讼则是帮助诉讼的一种，指以帮助诉讼换取一部分诉讼所得的行为）。法院在相关判例中指出，管理人负有以更有利的方式变现公司资产的职责和为追回有价值债权而行使的出售权力，如判定该条款不属于例外规则，则会妨碍前述立法目的的实现：Re Vanguard Energy Pte. Ltd. [2015] 4 SLR 597 at [27] and [29]；Solvadis Commodity Chemicals Gmbh v. Affert Resources Pte. Ltd. [2018] 5 SLR 1337 at [24] and [28]。

⑦ Under s. 144(3) of the Insolvency，Restructuring and Dissolution Act 2018（Act 40 of 2018）.

⑧ Solvadis Commodity Chemicals Gmbh v. Affert Resources Pte. Ltd. [2018] 5 SLR 1337 at [34] – [39].

卖或私人合同方式出售或处分公司财产的权力”。①

126 此外，根据《破产、重组和解散法》的明文授权，清算人②和司法管理人③可以对以其职务身份提起的撤销权诉讼之所得（如撤销偏颇清偿、低价交易等）进行转让，以此方式换取对这类诉讼的资金帮助。法律新引入的这类资金获取方式旨在提升破产职务承担者提起撤销权诉讼的可能性，从而使利益相关方普遍受益。正如新加坡议会指出的，这些规定无意影响普通法允许的其他资金帮助行为，例如针对“诉因”（属于公司的财产）和困境公司对潜在诉因调查活动的资助。④

（十一）终止合同的权利

127 债务人合同的相对方就合同终止、救济享有的权利一般取决于合同约定本身。在实务中，融资类、商业类协议中通常约定有以公司陷入破产或启动破产程序为条件的终止权条款（通常称为破产约定条款）。

128 但是，根据《破产、重组和解散法》的规定，债务人自愿提出司法管理或债务偿还安排申请的，其合同相对方不得依据合同中的破产约定条款行使权利。该法明确规定，相对方不得仅以债务人启动破产程序或陷入破产为由，行使以下权利：终止或调整与债务人订立的合同（或修改协议中的权利）；主张债务加速到期；废除合同中的相关期限。⑤

129 另外，根据《破产、重组和解散法》的规定，上述对破产约定条款的限制并不适用于特定合同类型，包括符合一定条件的金融合同、可能会影响新加坡国家利益或经济利益的合同、商船租赁合同等。⑥

三、破产程序的参与人和机构

（一）法院

130 新加坡高等法院配备有一定数量的专业破产法官，负责办理债务偿还安排、司

① Insolvency, Restructuring and Dissolution Act 2018 (Act 40 of 2018) First Schedule, para. (b).
② Insolvency, Restructuring and Dissolution Act 2018 (Act 40 of 2018) ss. 144(1)(g) and 177(1)(a).
③ Insolvency, Restructuring and Dissolution Act 2018 (Act 40 of 2018) s. 88 and First Schedule, para. (f).
④ Parliamentary Debates, Official Report (1 October 2018), Vol. 94 (Edwin Tong Chun Fai, Senior Minister of State for Law).
⑤ Insolvency, Restructuring and Dissolution Act 2018 (Act 40 of 2018) s. 440(1).
⑥ Insolvency, Restructuring and Dissolution Act 2018 (Act 40 of 2018) s. 440(5).

法管理案件并监督程序进行。① 当事人对高等法院就这类事项作出的司法裁判不服的，可以向上诉法院提出上诉。

新加坡允许并认可法院间的沟通交流。根据新加坡采纳的《示范法》第 25 条规 131
定，②新加坡法院应当与外国法院最大限度地进行合作，既可直接沟通交流，也可通过代表沟通交流。除此之外，新加坡还正式采纳了 JIN 联盟发布的《法院之间关于跨境破产事务交流合作指引》（以下简称《JIN 指引》）。新加坡首席大法官 Sundaresh Menon 最早于 2016 年年初提出制定《JIN 指引》与成立 JIN 联盟的建议，③这一建议在 2016 年 10 月由新加坡最高法院承办的 JIN 联盟首次会议上得到采纳。④ 该次会议的成果之一即为制定出台《JIN 指引》，该文件指明了处理跨境重组问题的最佳实践方式。特别是根据第 7 项指引（Guideline 7），新加坡法院可以直接与外国法院对接、沟通并直接回复。这类沟通交流既可服务于各法院有序接收文件、有序作出裁判之目的，也可服务于对联合听证有关程序性、管理性、准备性事务的合作办理。2019 年 4 月，新加坡举行的第三次 JIN 会议又进一步推动了法院间沟通交流机制的发展，该会详细审议了法院间沟通交流的模式范本（以下简称模式范本），侧重于对具体实践机制的研究（相较于《JIN 指引》中的原则性指引）。⑤ 该模式范本已于 2019 年 7 月对外发布。⑥ 除此之外，2021 年 10 月 5 日，新加坡最高法院和马来西亚联邦法院联合发布新闻，公布了两项协议（protocol），旨在促进新加坡法院与马来西亚法院就海事、运输和公司跨境破产法律领域开展沟通合

---

① 根据《公司法》（2006）（Cap 50，2006 Rev. ed.）第 4 条的定义，“法院”一词指高等法院或高等法院的一名法官。因此，所有需由“法院”审理的债务偿还安排、司法管理和清算相关案件，均由高等法院管辖。

② Insolvency，Restructuring and Dissolution Act 2018（Act 40 of 2018）Third Schedule.

③ “Response by Chief Justice Sundaresh Menon” at Opening of the Legal Year 2016（11 January 2016），paras. 24 and 25.

④ “Judicial Insolvency Network Discusses Guidelines for Cross-border Insolvency Matters” Supreme Court of Singapore（11 October 2016），https://www. supremecourt. gov. sg/news/media-releases/judicial-insolvency-network-discussesguidelines-for-cross-border-insolvency-matters（Accessed 15 February 2021）.

⑤ “3rd Conference of the Judicial Insolvency Network on 5 April 2019” Supreme Court of Singapore（14 May 2019），https://www. supremecourt. gov. sg/news/media-releases/media-release – – 3rd-conference-of-the-judicial-insolvencynetwork-on – 5 – april – 2019（Accessed 15 February 2021）.

⑥ “法院间沟通交流的模式范本”（The Modalities of Court-to-Court Communication）可见于 http://jin-global. org/modalities. html（accessed 15 February 2021）。

作。两项协议已于2021年7月23日正式生效。其中，两国之间的公司跨境破产协议主要适用于在新加坡、马来西亚启动的公司跨境破产、债务调整类程序，包括清算、司法管理、债务偿还安排和公司破产情形下的接管。[①]

（二）政府和监管机构

132 新加坡政府机构只有在特定行业主体破产时才会直接介入，[②]且一般不会在企业拯救活动中发挥主导作用。

133 在新加坡交易所（以下简称新交所）上市公司进行的企业拯救活动中，新交所监管公司（新交所下设的监管机构）有权要求该公司及时报告并更新其企业拯救进程，同时对该公司是否按上市规则持续履行对实质性信息的披露义务进行监督。例如，新交所监管公司为了保护市场公平性、秩序性和透明度，可以向相关上市公司发出问询并要求公开答复。[③]

（三）破产职务承担者

134 债务偿还安排程序一般不会强制指定破产执业者（如监督职能的会计师或独立财务顾问）实施接管，因此债务人的管理层可以继续保有对公司的控制权，但法院另有指示的除外。与之相对应，在司法管理程序中，法院一旦作出司法管理令，就必须指定司法管理人对公司的业务、财产实施接管。

135 另外，《破产、重组和解散法》引入了新的破产从业人员（清算人、司法管理人、接管人、管理人）执业资格制度。根据该制度，只有下列主体才有资格取得或持有破产执业者执照：[④]

（1）事务律师（solicitors）；

（2）公众会计师；

（3）《新加坡会计委员会法》第2条（1）款中的特许会计师（chartered accountants）；[⑤]

（4）其他具有规定资质的人员。

---

① Malaysia and Singapore implement protocols on Court-to-Court communication and cooperation in Admiralty, Shipping and Cross-Border Corporate Insolvency Matters（Federal Court of Malaysia and Supreme Court of Singapore）（5 October 2021）.

② 见本报告第106～108段述及的实例。

③ Singapore Exchange Listing Manual（last amended 15 July 2019）r. 1406 and Practice Note 1. 2.

④ Insolvency, Restructuring and Dissolution Act 2018（Act 40 of 2018）s. 50（2）.

⑤ Cap 294B, 2014 Rev. ed.

破产执业者未能遵守执业资格条件和《破产、重组和解散法》(破产执业者违反该法的行为不属于犯罪)相关规定的,可导致吊销执业资格等制裁。① 136

一般情况下,破产执业者一旦获得指定,应当及时制作并报批一份费用安排表(costs schedule),该表的报批方式与其履职报酬报批方式相同。② 一定程度上,这一费用安排表为债权人等利益相关方提供了控制并监督破产程序的抓手。正是由于该机制的作用,破产程序参与方需在初始阶段完成对破产程序目标的审查,并对破产执业者的职责范围作出明确。 137

另需说明,关于破产职务报酬,新加坡法院采用了"两步法"来确定破产执业者在个案中适当的报酬数额。其中第一步是将工作量化为数值。在这一过程中,新加坡法院一般会把时间成本作为计算基础,并按破产执业者提供的数据计算。第二步则是对第一步得出的数值进行调整。首先是尽可能直接调整可量化部分的数值,然后再对总数值按比例进行粗调(broad-brush),这类粗调需根据新加坡已建立的一系列原则行使裁量权。③ 除此之外,法院还应考虑破产执业者是否存在过度服务(over-servicing)的情况,这一术语虽然简单,但已足够涵盖所有非必要或重复履职的情况,尤其是在同时有其他专业人士(如律师)参与程序的情形中。④ 138

(四)困境企业的董事和管理者

1. 一般性规则

公司一旦陷入破产或出现财务危险状况,该公司董事即有义务将债权人利益纳入其考虑范围并作为"以公司最佳利益行事"义务的一部分。⑤ 作为这类义务的要求之一,董事应确保不会因董事自身利益而作出减损或不当利用公司资产,进而损害债权人利益的行为。⑥ 公司的财务健康状况越危险,公司的董事就越应将债权人利益在权重上优先于股东利益。⑦ 这一原则背后的法理在于,一旦公司有效交易和经营使用的资金是由债权人提供的(因股本资金已耗尽),债权人的利益就应"前 139

---

① Insolvency, Restructuring and Dissolution Act 2018 (Act 40 of 2018) s. 56.

② Kao Chai-Chau Linda v. Fong Wai Lyn Carolyn [2016] 1 SLR 21.

③ Kao Chai-Chau Linda v. Fong Wai Lyn Carolyn [2016] 1 SLR 21 at [41] to [44].

④ Kao Chai-Chau Linda v. Fong Wai Lyn Carolyn [2016] 1 SLR 21 at [53], [55] and [60].

⑤ Liquidators of Progen Engineering Pte. Ltd. v. Progen Holdings Ltd. [2010] 4 SLR 1089 at [48].

⑥ Prima Bulkship Pte. Ltd. v. Lim Say Wan [2017] 3 SLR 839 at [62].

⑦ Dynasty Line Ltd. v. Sukamto Sia [2014] 3 SLR 277 at [34].

移”而优先于股东利益。[①] 但是，董事并不对债权人直接负有该义务，而是对公司负有该义务。

140 虽然新加坡法未明确规定董事负有启动公司破产程序、重组程序的义务。但是，董事未能决定启动公司破产程序、重组程序的，可被认定为违反了“以公司最佳利益行事”的义务。不过，在实务中，似乎只有董事存在商业上的不当行为或者近似于不当行为时，才会被认定为应对此承担责任。

141 董事一旦违反其董事义务，可能因此面临相应的民事、刑事责任。董事可能就其因违反义务所获的利益或者因违反义务对公司造成的损失而对公司承担民事责任，同时还可能因此面临罚款或一定期限的监禁惩罚。[②]

142 根据《公司法》原有规定，董事如果允许陷入破产的公司继续经营并交易，可能因此被追究与破产交易（insolvent trading）、欺诈交易（fraudulent trading）相关的民事、刑事责任。

143 在《破产、重组和解散法》规定中，过去的破产交易制度已被不当交易（wrongful trading）制度所取代，新制度废除了民事责任需以刑事责任为前提的要求。在新不当交易制度中，如果董事知道或者应当知道公司正在进行不当交易（不当交易指在公司陷入破产后，无合理预期能全额给付相关债务的交易，或者因该交易发生的债务导致公司破产的交易[③]），法院可要求董事对法院指定范围内的全部或部分公司债务承担个人无限责任。[④]

144 《破产、重组和解散法》保留了相同的欺诈交易规定。公司董事的行为如满足以下要件，即构成欺诈交易：(1) 成为公司业务交易的相对方且主观明知的；(2) 在进行该交易行为时主观上有欺诈公司债权人的故意或者其他欺诈性故意的。[⑤] 董事行为一旦构成欺诈交易，不但可能就法院指定范围内的全部或部分公司债务承担个人无限责任，还可能被追究刑事责任。[⑥]

145 除上述义务外，新交所上市公司的董事和高管还有义务遵守新交所上市规则，其中包括持续披露对公司证券价格、价值有实质性影响信息的义务。董事、高管未

---

① ECRC Land Pte. Ltd. v. Ho Wing on Christopher [2004] 1 SLR(R) 105 at [49].

② Companies Act (Cap 50, 2006 Rev. ed.) s. 157.

③ Insolvency, Restructuring and Dissolution Act 2018 (Act 40 of 2018) s. 239(12).

④ Insolvency, Restructuring and Dissolution Act 2018 (Act 40 of 2018) s. 239(1).

⑤ Insolvency, Restructuring and Dissolution Act 2018 (Act 40 of 2018) s. 238(1).

⑥ Insolvency, Restructuring and Dissolution Act 2018 (Act 40 of 2018) s. 238(4).

能遵守相关规定的,新交所可以对其进行纪律处分。[1] 如果公司因故意、疏忽大意或者过失而未能遵守上市规则中的持续披露义务,该公司高管还可因此构成《证券和期货法》[2]中规定的犯罪行为。[3]

需特别注意,根据新交所的上市规则,如果上市公司借款协议违约,或者收到主要银行或债券受托人(trustee of debenture holders)要求偿付该公司或其子公司债务的通知,而董事认为支付该款项会引发公司现金流问题,应当立即公开相关情况。如出现上述情形,公司还应逐月公布包含以下内容的财务更新情况:[4] 146

(1)公司与其主要银行或债券受托人的谈判情况;

(2)公司未来发展方向或者其他可能对公司财务状况产生重大影响的实质性变化。

另外,一旦公司月度信息更新之间出现其他实质性变化,应当立即公布。[5] 147

2. 司法管理中的公司

在申请人提出司法管理申请后、法院对申请进行听证前的保全期间(interim period),除非法院指定有临时司法管理人,否则公司董事可以继续控制公司。 148

如前述及,一旦司法管理人受到指定,董事会将正式终止履行职权。尽管如此,为保障司法管理人妥善履职,各董事仍负有一定程序义务。首先,董事有义务向司法管理人提交公司事务声明(statement of affairs)。[6] 该公司事务声明应载明公司在司法管理令颁布之日的具体资产、负债等情况。 149

其次,公司董事还负有配合司法管理人履职的义务,其有义务按照司法管理人的合理要求,提供关于公司和公司业务、事务、财产的情况。[7] 根据《破产、重组和解散法》的规定,董事未能履行这类配合义务的,属于犯罪行为。 150

此外,在《破产、重组和解散法》规定的庭外指定程序中,至少一名董事需出席为决议是否启动司法管理而召集的债权人会议。[8] 在该次会议上,公司董事和公司秘 151

---

① Singapore Exchange Listing Manual (last amended 15 July 2019) ch. 13.

② Cap 289,2006 Rev. ed.

③ Securities and Futures Act (Cap 289,2006 Rev. ed.) s. 203 read with s. 331.

④ Singapore Exchange Listing Manual (last amended 15 July 2019) rr. 704(22) and 704(23).

⑤ Singapore Exchange Listing Manual (last amended 15 July 2019) r. 704(23).

⑥ 应当自公司收到司法管理令通知后 21 日内提交:ss. 106(1) and 106(2) of the Insolvency, Restructuring and Dissolution Act 2018 (Act 40 of 2018)。

⑦ Insolvency,Restructuring and Dissolution Act 2018 (Act 40 of 2018) s. 243.

⑧ Insolvency,Restructuring and Dissolution Act 2018 (Act 40 of 2018) s. 94(9).

书必须向债权人会议披露导致公司需适用司法管理程序的背景情况和事务状况。[①]

（五）债权人

1. 债权的清偿顺序、优先权和处理方法

1.1　清偿顺序和优先权

152 新加坡清算程序在对债务人资产进行分配时，各类程序前债权的清偿顺序为（从最高到最低）：

（1）担保债权，担保债权人有权实现其担保权，并从担保财产变现所得中收回债权；

（2）政府享有的债权，该类债权自生效之日起，优先于该日之后发生的其他所有债权受偿；[②]

（3）《破产、重组和解散法》第203条规定的优先债权（清算成本和费用、劳动报酬和薪资、裁员补偿金、职工超级年金、中央公积金分担额、[③]职工应休假补偿和死亡补偿）；

（4）对公司资产设置浮动担保的债权（需注意，只有当公司的资产不足以清偿前述类别的优先债权时，才会使附浮动担保的债权迟延受偿）；[④]

（5）《破产、重组和解散法》第203条规定的其他优先债权（工伤赔偿金、[⑤]所有应付税款、商品和服务税）；

（6）裁员补偿金（retrenchment benefits）；[⑥]

（7）其他的无担保债权；

（8）劣后债权；

（9）公司成员权益。

153 清算中的债权清偿顺序并不会自动适用于债务偿还安排和司法管理程序。[⑦] 但是，如果债权人在债务偿还安排、司法管理程序中享有的优先待遇与清算不同，则可

---

① Insolvency, Restructuring and Dissolution Act 2018 (Act 40 of 2018) s. 94(10).

② Government Proceedings Act (Cap 121, 1985 Rev. ed.) s. 10.

③ 中央公积金(The Central Provident Fund)是新加坡以雇佣关系为基础建立的强制性退休储蓄计划。

④ Insolvency, Restructuring and Dissolution Act 2018 (Act 40 of 2018) s. 203(6).

⑤ Under the Work Injury Compensation Act (Cap 354, 2009 Rev. ed.).

⑥ Under s. 47(1) of the Employment Act (Cap 91, 2009 Rev. ed.).

⑦ Chew Eu Hock Construction Co Pte. Ltd. v. Central Provident Fund Board [2003] 4 SLR(R) 137（司法管理案例）；Hitachi Plant Engineering & Construction Co. Ltd. v. Eltraco International Pte. Ltd. [2003] 4 SLR(R) 384（债务偿还安排案例）。

能引发对安排计划或司法管理人建议书公平性的质疑，导致法院不予批准安排计划、债权人异议等后果。因此，在债务偿还安排、司法管理实务中，各类程序前债权的优先顺位一般将遵循清算中的规则。

此外，公司在司法管理程序中为实现司法管理目标而保有财产的（如租赁、分期付款协议等），因此发生的费用属于司法管理费用而享有优先受偿顺位。① 具体而言，除了担保债权（浮动担保债权不属此类）和分期付款、动产租赁、所有权保留协议保障的债权，司法管理费用可以优先于其他任何债权受偿。② 154

1.2 债权申报和处理

为了确定与表决债务偿还安排计划、司法管理人建议书相对应的债权额，债权人应当申报其对公司享有的债权。 155

债务偿还安排程序中的债权申报流程如下：债权人应当按照债权人会议召集通知中载明的方式和期限提交债权证明，③否则无权在债权人会议上投票。④ 其后，法院指定的债权人会议主席将对依法提交的债权证明进行审查，⑤并至少在债权人会议召开之日的28日前完成审查，并将审查结果通知所有作出申报的债权人。⑥ 156

根据《破产、重组和解散法》和相关附属立法的规定，司法管理程序中的债权申报流程也大致相同。除非法院另有指示，否则每一个债权人都需申报其债权。⑦ 司法管理人应当确定债权申报的日期并就此发出公告。⑧ 各债权人需按规定的格式向 157

---

① 关于在司法管理中清算费用原则的适用，参见 Re Swiber Holdings Ltd. [2018] 5 SLR 1358 at [89] – [90]）；关于在英国的“管理程序”（administration）中的类推适用，参见 Pillar Denton Ltd. v. Jervis [2014] EWCA Civ. 180; [2014] 3 WLR 901。

② Insolvency, Restructuring and Dissolution Act 2018 (Act 40 of 2018) s. 102(1).

③ 法院可以依公司或债权人申请，对该期限予以延长：Insolvency, Restructuring and Dissolution Act 2018 (Act 40 of 2018) s. 68(3)。

④ Insolvency, Restructuring and Dissolution Act 2018 (Act 40 of 2018) s. 68(2).

⑤ Insolvency, Restructuring and Dissolution Act 2018 (Act 40 of 2018) s. 68(5).

⑥ Insolvency, Restructuring and Dissolution Act 2018 (Act 40 of 2018) s. 68(5); Insolvency, Restructuring and Dissolution (Proofs of Debt in Schemes of Arrangement) Regulations 2020 reg 5.

⑦ Insolvency, Restructuring and Dissolution (Judicial Management) Regulations 2020 (S 606/2020) reg 12.

⑧ 这类公告须在当地一类英文日报上刊登。司法管理人还应当根据其掌握的情况，书面通知每一位已知债权人和债权未获认可的人，以及每一位在事务声明（statement of affairs）中提及为债权人但并未申报债权的主体：Insolvency, Restructuring and Dissolution (Judicial Management) Regulations 2020 (S 606/2020) reg 45。

司法管理人提交债权证明材料。[1] 司法管理人应当对已提交的债权证明及所附依据进行审查，并以书面方式决定是否认可各项债权的存在及其全部或部分数额，同时还可要求债权人进一步提供证据以证明其主张。[2] 司法管理人不予认可某项债权的，应当书面向该债权人说明理由。[3]

158 债权人对司法管理人的决定不服的，可以申请法院对该决定予以撤销或变更。债权人如要对司法管理人不予认可债权的决定提出异议，必须在收到不予认可通知之日后的 21 日内提起诉讼。[4]

159 债权人对债权人会议主席、司法管理人基于表决之目的而认可或不予认可某项债权的决定提起诉讼挑战的，法院在审理时并不会适用全面审查标准（de novo standard）。与之相对应，法院对推翻债权人会议主席、司法管理人的专业判断将保持较为审慎的态度。但是，债权人会议主席、司法管理人的决定存在恶意、事实错误、法律适用错误或原则适用错误的，法院应予撤销或变更。[5]

160 需指出，在《破产、重组和解散法》的规定中，司法管理程序的债权申报流程与清算程序相同。[6] 司法管理人应当根据相关法律规定，[7]对可证明的债权进行估值，受到估值决定影响的任何人均可向法院提起诉讼。[8] 法院认为其可公正评估该项债权的，可自行评估并就该债权的估值作出指示。经法院评估的债权在司法管理中应作为可证明的债权。[9] 与之相对应，法院还可作出命令，将某项债权视为在司法管理中不可证明的债权。[10] 另外，公司与债权人之间存在相互交易的，只有交易内交叉债务抵销后的剩余部分，才属于司法管理中的可证债权。[11]

---

① Insolvency, Restructuring and Dissolution (Judicial Management) Regulations 2020 (S 606/2020) reg 13.

② Insolvency, Restructuring and Dissolution (Judicial Management) Regulations 2020 (S 606/2020) reg 46(1).

③ Insolvency, Restructuring and Dissolution (Judicial Management) Regulations 2020 (S 606/2020) reg 46(2).

④ 法院有权延长该期限：Insolvency, Restructuring and Dissolution (Judicial Management) Regulations 2020 (S 606/2020) reg 47。

⑤ The Royal Bank of Scotland NV v. TT International Ltd. [2012] 2 SLR 213 at [105].

⑥ Insolvency, Restructuring and Dissolution Act 2018 (Act 40 of 2018) s. 218.

⑦ Insolvency, Restructuring and Dissolution Act 2018 (Act 40 of 2018) s. 218(4).

⑧ Insolvency, Restructuring and Dissolution Act 2018 (Act 40 of 2018) s. 218(5).

⑨ Insolvency, Restructuring and Dissolution Act 2018 (Act 40 of 2018) s. 218(7).

⑩ Insolvency, Restructuring and Dissolution Act 2018 (Act 40 of 2018) s. 218(6).

⑪ Insolvency, Restructuring and Dissolution Act 2018 (Act 40 of 2018) s. 219(2).

最后,除了上述债权申报和处理程序,当事人还可自由使用 ADR 机制解决相关争议。 161

1.3 债权交易

新加坡法一般不限制破产前程序中的债权交易行为。同时,单纯转让诉因(起诉公司债务人的权利)、诉讼成果的行为,符合以下条件的,也不受普通法中帮助诉讼(maintenance)和包揽诉讼(champerty)原则的限制:(1) 诉因、诉讼成果的转让是附带于与该诉因紧密关联的财产(如债权)一并转让的;(2)受让转让标的的一方对诉讼结果享有合法利益;(3)该转让不存在损害法律公正实施的现实可能性。① 162

另需注意,在债务偿还安排、司法管理程序的债权人会议表决中,债权受让方可享有的表决权额等同于该项债权已获确认的金额,而非其收购债权时支付的金额。 163

2. 外国债权人的待遇

对于就同一债务人资产池主张权利的国内、国外债权人,新加坡法一般不会区别对待。但是,外国的税款债权、社会保险债权、职工超级年金债权、公积金债权或其他任何超级年金计划下的债权不适用平等保护原则。这一立场也体现在新加坡采纳的《示范法》第 13 条(1)款中。该条款规定,外国债权人与新加坡债权人在启动和参与新加坡破产程序方面享有同等权利,但应受到第 13 条(2)款所作的限制制约,即不能影响新加坡法对税款、社会保障债权的排除适用。该规定也与新加坡过往实践相一致,即新加坡法院不会执行外国税法,也不会直接或间接协助执行外国税法。② 164

此外,《示范法》第 32 条还将普通法中适用于跨境破产的财产混同规则(hotchpot rule)制定为成文规则,③即一项债权已在外国破产程序中部分受偿的,在新加坡破产程序的同组别其他债权之受偿达到同一清偿比例之前,该债权不得再获得清偿。财产混同规则并不适用于担保债权和物权(right in rem,也称对世权)。 165

3. 中止制度对担保债权的影响

根据新加坡法的规定,债务偿还安排的“第 64 条中止”和司法管理程序的自动 166

① Re Vanguard Energy Pte. Ltd. [2015] 4 SLR 597 at [43]; JEB Recoveries LLP v. Binstock [2015] EWHC 1063; Re Oasis Merchandising Services Ltd.; Ward v. Aitken [1995] 2 BCLC 493.

② Relfo Ltd. v. Bhimji Velji Jadva Varsani [2008] 4 SLR(R) 657.

③ 英国有关该问题的重要司法判例为:Banco de Portugal v. Waddell (1880) 5 App Cas 161。

中止一旦生效，将限制担保债权的执行。①

167 在上述中止生效期间，担保债权人可以向法院申请执行其担保权。对于这类申请，法院应参照一系列原则进行审查，包括但不限于：②

(1)准许执行该担保权不会妨碍中止目的实现的，一般应予以准许。

(2)法院应当对担保债权人与其他债权人享有的合法权益进行利益平衡。但在进行利益平衡的过程中，一般需给予担保债权的物权性权益(proprietary interests)以更大权重。

(3)一般情况下，如果拒绝该申请会对担保债权人造成重大损失，则已有足够理由使法院准许执行该担保权。但是，如果准许执行担保权会对其他债权人造成更大的实质性损失，或者对其他债权人造成的损失与该担保债权人因此获得的利益不成比例，鉴于这类情形中其他利益大于担保债权人的损失，法院可不予准许。

4. 债权人对程序的监督

168 另就债权人监督而言，新加坡的司法管理、债务偿还安排制度中规定有债权人会议、债权人委员会机制，清算程序中还规定有检查委员会(committee of inspection)。

169 首先需指出，即使某一案件中未设立债权人委员会，司法管理人、一般清算人也会适当考虑债权人的意见。

170 除了债务偿还安排程序，新加坡各类程序中通常只存在一个代表债权人的机构。

171 此外，鉴于上文已述及司法管理、债务偿还安排中的债权人会议表决规则。下文仅就核心要点作探讨。

172 债权人会议采用的投票方式一般由公司提出建议，法院最后批准。目前实务中传统且常用的投票方式仍是亲自或以代理方式提交表决票。尽管新加坡法并未禁止使用电子方式投票，但在现有实践中还不多见。未来，新加坡实务可能会更多应用电子方式投票，但这也取决于由新冠疫情推动的数字化改革能否持续。

---

① Insolvency, Restructuring and Dissolution Act 2018 (Act 40 of 2018) ss. 64(1) and 96(4). See also paras. 71, 94 and 95 above.

② In re Atlantic Computer Systems plc (No. 1) [1992] Ch. 505 at 542 – 544; Hinckley Singapore Trading Pte. Ltd. v. Sogo Department Stores (S) Pte. Ltd. [2001] 3 SLR(R) 119.

4.1 司法管理

如本报告第99段所述，司法管理程序将召开一次债权人会议，由该次会议决定是否通过司法管理人为实现司法管理目标而提出的建议书。[①] 在该次会议上，债权人可以成立由5名以上7名以下代表组成的委员会（其中须包括1名职工和1名股东），由该委员会负责监督司法管理人履职。[②] 173

债权人依法完成债权申报的，可以在债权人会议上行使表决权。[③] 对于各项债权申报，司法管理人既可作出认可或不予认可的决定，也可将该项债权标记为“不认可”但允许该申报人投票，并在“不认可”意见得到维持后，宣告对应的表决票无效。对于司法管理人不予认可债权的决定，债权人可以依法提起诉讼。[④] 174

根据新加坡法的规定，以下类型债权的持有人不享有表决权：担保债权（除非担保债权人在申报中以确认其仅享有无担保债权的方式放弃担保利益）、未结算（**unliquidated**）债权和或有（contingent）债权。[⑤] 175

在司法管理人已认可的债权人中，过半数同意司法管理人提出的建议书，且其代表的债权额占已获认可的债权总额1/2以上的，该建议书（可经司法管理人同意作一定调整）即获通过。[⑥] 176

司法管理程序中设立有债权人委员会以监督管理人履职的，该委员会可要求司法管理人出席其会议并在合理的限度内向委员会提供与管理人履职相关的信息。[⑦] 177

关于对债权人会议、债权人委员会表决结果的诉讼救济规则，新加坡法未作规定。 178

4.2 债务偿还安排

债务偿还安排会根据债权人对公司享有的法律权利的相似性或相异性（如是否附财产担保）进行债权人分组。[⑧] 因此，债权人组别的数量取决于该程序中债权人 179

---

① Insolvency, Restructuring and Dissolution Act 2018 (Act 40 of 2018) s. 107.

② Insolvency, Restructuring and Dissolution Act 2018 (Act 40 of 2018) s. 109.

③ Insolvency, Restructuring and Dissolution (Judicial Management) Regulations 2020 (S 606/2020) reg 37.

④ ERPIMA SA v. Chee Yoh Chuang [1997] 1 SLR(R) 923.

⑤ Insolvency, Restructuring and Dissolution (Judicial Management) Regulations 2020 (S 606/2020) regs 39(2) and 38(1)(a).

⑥ Insolvency, Restructuring and Dissolution Act 2018 (Act 40 of 2018) s. 108(3).

⑦ Insolvency, Restructuring and Dissolution Act 2018 (Act 40 of 2018) s. 109.

⑧ The Royal Bank of Scotland NV v. TT International Ltd. [2012] 2 SLR 213 at [130] – [133].

所享有法律权利之间的差异。

180 一般情况下，一项安排计划需要获得每一个债权人组的表决通过，即需各组内债权人过半数同意安排计划，且其所代表的债权额占该组债权总额的75%以上。①

181 在债务偿还安排程序中，只要债权人会议主席对某项债权申报予以认可，该项债权的持有人即享有表决权。② 债权人会议主席除了认可或不予认可某项债权之外，也可以将该项债权标记为“不认可”但允许其持有人投票，并在“不认可”的意见得到维持后，宣告相应的表决票无效。此外，在确定表决结果能否达到“必要多数”的通过标准时，应当不计入公司关联债权人的表决票。③

182 债务偿还安排制度同样未规定对债权人会议表决结果的诉讼救济规则。不过，根据《破产、重组和解散法》第68条的规定，在债务偿还安排程序中，债权人在提出初步证据证明认可或不予认可某项债权的决定是不正确后，有权对他人申报的债权进行检查，但检查的范围需与其表决权相关。④ 债权人会议主席与债务人、债权人就不予认可、认可、检查债权等相关事项发生争议的，可由一名独立的评审员（assessor）处理争议。这类独立评审员的选任方式如下：(1)由争议各方通过协议委任；(2)未达成协议的，由法院依争议任一方或债务人之申请指定。⑤

183 根据《破产、重组和解散法》的规定，债务偿还安排程序中即使有部分异议债权人组（dissenting class）不予通过安排计划，法院也有权强制批准计划而使异议债权人组受该计划约束，但法院强制批准安排计划须满足以下条件：⑥

(1)至少有一个债权人组的必要多数表决通过该项安排计划；

(2)拟受该项安排计划约束的全体债权人过半数同意该项安排计划，且其代表的债权额占全部类型债权总额的75%以上；

(3)法院认为该项安排计划并未不公平对待异议债权人组，且对于异议债权人组而言是公平公正（fair and equitable）的。

就第(3)项条件而言，“公平公正”的具体要求包括：①异议债权人在安排计划中获得的清偿不应少于其在清算中可获得的清偿；②担保债权人的担保权未受到不

① Companies Act (Cap 50,2006 Rev. ed.) s.210(3AB); Insolvency,Restructuring and Dissolution Act 2018 (Act 40 of 2018) s.64(3).

② Insolvency,Restructuring and Dissolution Act 2018 (Act 40 of 2018) s.68.

③ SK Engineering & Construction Co. Ltd. v. Conchubar Aromatics Ltd. [2017] 2 SLR 898 at [67].

④ The Royal Bank of Scotland NV v. TT International Ltd. [2012] 2 SLR 213.

⑤ Insolvency,Restructuring and Dissolution Act 2018 (Act 40 of 2018) s.68(9).

⑥ Insolvency,Restructuring and Dissolution Act 2018 (Act 40 of 2018) s.70(3).

利影响;③异议无担保债权人获得的分配不可少于劣后债权人、股东获得的分配等。①

另外,司法管理程序如使用债务偿还安排进行重组,司法管理人应当召集两次债权人会议:第一次会议供全体债权人表决司法管理人提出的建议书;第二次会议供参与程序的债权人分组表决安排计划草案。 184

4.3 职责和报酬

债权人如在司法管理中受任担任债权人委员会成员,或者在清算中受任担任检查委员会成员,不会因其作为成员期间的履职行为而承担个人责任。 185

相关委员会的成员如出现不当履职行为,则债权人会议(该成员作为债权人代表时)或分担人会议(meeting of contributories,该成员在清算中作为分担人代表时)可通过普通决议将该成员免职。 186

一般情况下,各类委员会的成员无权取得报酬。但是,如果检查委员会成员在监督清算程序期间提供了与资产管理相关的特殊服务,或者为公司、公司利益而向清算人供应了货物,在经法院批准之后,该成员可以取得相应的报酬或货款。 187

4.4 信息获取

在新加坡实务中,公司的重组程序正在或将要对债权人权利造成影响的,相关债权人一般可以获知重组程序相关信息。同时,公司为了获得并维持债权人对重组活动的支持,一般会尽可能地满足债权人关于重组程序信息披露的要求。这一做法与新加坡上诉法院在 Pathfinder Strategic Credit LP v. Empire Capital Resources Pte. Ltd. 案中对信息披露问题阐释的透明性原则(principle of transparency)是一致的。② 188

在债务偿还安排程序中,关于召集债权人会议的通知应当随附一份解释性说明。该说明应对安排计划草案拟作出的债务和解、重组安排效力作阐释,并对拟由董事享有但有违于其他债权人利益的任何实质性利益进行披露。③ 189

在司法管理程序中,司法管理人为了实现司法管理制度规定的目标,也需提交一份有关其建议的说明,即建议书。④ 190

---

① Insolvency,Restructuring and Dissolution Act 2018 (Act 40 of 2018) s.70(4).

② [2019] 2 SLR 77 at [53] – [54].

③ Companies Act (Cap 50,2006 Rev. ed.) s.211(1)(a). See also Pathfinder Strategic Credit LP v. Empire Capital Resources Pte. Ltd. [2019] 2 SLR 77 at [44],[45],[47] and [51].

④ Insolvency,Restructuring and Dissolution Act 2018 (Act 40 of 2018) s.89(1).

191 在新加坡法律实践中，最高法院是负责保管案件档案的职能机构，公众可以向该院申请查阅有关案件档案和法院文件。这类可供查阅的文件资料包括：提出债务偿还安排、司法管理申请时存档的原讼传票(originating summons)、用以支持或回应有关事项的宣誓书(affidavit)等。① 新加坡法院常态化地批准这类查阅申请。

四、撤销、追回规则和安全港规定

192 新加坡法规定，债务人在部分类型破产程序(主要为司法管理程序、清算程序)开始前进行的特定交易行为可撤销，具体类型包括：

(1)低价交易(undervalue transactions)；②

(2)偏颇清偿(unfair preferences)；③

(3)敲诈性信贷交易(extortionate credit transactions)；④

(4)为已有价值设立浮动担保的行为(transactions which create floating charges for past value)；⑤

(5)欺诈债权人的交易(transactions defrauding creditors)；⑥

(6)可登记但未登记的押记(registrable but unregistered charges)；⑦

(7)债务人在提出清算申请后的处分行为；⑧

(8)公司为全体债权人的利益而将公司全部财产转让、让与至信托受托人(trustee)的行为。⑨

193 清算人和司法管理人均可对低价交易、偏颇清偿和敲诈性信贷交易行使撤销权。⑩ 而对于欺诈债权人的交易，无论公司是否处于清算、司法管理或其他程序之中，任何利益受损方均有权请求撤销。⑪ 除此之外，第192段所述的其他行为只能在

---

① Order 60 rr. 2 and 4 of the Rules of Court (Cap 322, R 5, 2014 Rev. ed.), Read with Supreme Court Practice Directions para. 24.

② Insolvency, Restructuring and Dissolution Act 2018 (Act 40 of 2018) s. 224.

③ Insolvency, Restructuring and Dissolution Act 2018 (Act 40 of 2018) s. 225.

④ Insolvency, Restructuring and Dissolution Act 2018 (Act 40 of 2018) s. 228.

⑤ Insolvency, Restructuring and Dissolution Act 2018 (Act 40 of 2018) s. 229.

⑥ Insolvency, Restructuring and Dissolution Act 2018 (Act 40 of 2018) s. 438.

⑦ Companies Act (Cap 50, 2006 Rev. ed.) s. 131.

⑧ Insolvency, Restructuring and Dissolution Act 2018 (Act 40 of 2018) s. 130.

⑨ Insolvency, Restructuring and Dissolution Act 2018 (Act 40 of 2018) s. 205.

⑩ Insolvency, Restructuring and Dissolution Act 2018 (Act 40 of 2018) ss. 224, 225, 228 and 229.

⑪ Insolvency, Restructuring and Dissolution Act 2018 (Act 40 of 2018) s. 438(5).

清算程序中获得撤销,因此本报告不再进一步探讨。

(一)低价交易

在新加坡法的规定中,低价交易是指公司未就其交易行为获得任何对价,或者所获对价显著低于另一方所获对价的交易。如果公司在申请清算或司法管理之前的3年[①]内进行了这类低价交易,且该公司在交易时已经破产或将因此陷入破产的,则该交易可撤销。[②] 而如果该交易是在公司与其关联方[③]之间进行的,则应推定该公司在交易时已经破产或将因此陷入破产。司法管理人、清算人应对其拟撤销的交易行为构成低价交易承担证明责任。[④] 194

一旦证明某交易行为构成了低价交易,法院即可行使其在救济上广泛的裁量权,恢复受影响的公司至交易前的状态。为此,法院可给予的救济有:要求交易相对方向受影响的公司返还被转让的财产;命令解除财产担保;命令由特定主体给付款项等。 195

对于撤销权的行使,低价交易相对方享有一项抗辩权(defence),即如果其能证明该项交易是为了经营之目的而基于善意达成的,并且在交易之时有合理理由相信该项交易对公司有利,则有权以此作为抗辩,对抗撤销权的行使。[⑤] 此外,如果第三方在不知情的情况下,善意取得了低价交易涉及的财产并给付了相应对价,第三方取得财产权的效力应受到法律保护,[⑥]同时第三方就相关财产享有的衍生利益也受到法律保护。[⑦] 196

(二)偏颇清偿

偏颇清偿的本质是使特定债权人取得比在清算中更有利的优先地位(包括作出偿付)。如果该交易行为发生在清算或司法管理申请前的一年[⑧]内,则该交易行为可撤销。[⑨] 但需注意,交易行为构成偏颇清偿的要件之一为债务人具有偏颇清偿债 197

---

① Insolvency, Restructuring and Dissolution Act 2018 (Act 40 of 2018) s. 226(1)(a).
② Insolvency, Restructuring and Dissolution Act 2018 (Act 40 of 2018) ss. 224 and 226.
③ Insolvency, Restructuring and Dissolution Act 2018 (Act 40 of 2018) s. 364.
④ Insolvency, Restructuring and Dissolution Act 2018 (Act 40 of 2018) s. 224.
⑤ Insolvency, Restructuring and Dissolution Act 2018 (Act 40 of 2018) s. 224(4).
⑥ Insolvency, Restructuring and Dissolution Act 2018 (Act 40 of 2018) s. 227(3).
⑦ Insolvency, Restructuring and Dissolution Act 2018 (Act 40 of 2018) s. 227(3).
⑧ Insolvency, Restructuring and Dissolution Act 2018 (Act 40 of 2018) s. 226(1)(c).
⑨ Insolvency, Restructuring and Dissolution Act 2018 (Act 40 of 2018) s. 225.

权人的主观故意。①

198 对公司与其关联方间进行的偏颇清偿行为行使撤销权的，临界期将延长至两年，②并且将推定该公司具有偏颇清偿其关联方的主观故意。如要反驳这一关于主观故意的推定，关联方需在优势证据规则（balance of probabilities）基础上证明交易并未受到破产公司偏颇清偿故意的影响。③

199 类似于对低价交易的救济规则，法院一旦认定某项交易构成偏颇清偿，可在救济上行使其广泛的裁量权，从而使受影响的公司恢复至交易前的状态。就这一点而言，法院在偏颇清偿、低价交易的处理上享有相同权力。

200 此外，适用于偏颇清偿的善意保护规则也与低价交易适用的相同，即第三方善意取得偏颇清偿相关财产的，其效力应受法律保护。

（三）敲诈性信贷交易

201 敲诈性信贷交易也属可撤销交易。如果该交易是在清算程序开始前的 3 年内达成，并且从授信一方所承受的风险考量，该信贷条款所要求支付的金额严重过高（grossly exorbitant，无论是无条件支付，还是在特定条件下的“或有”支付），或者该信贷交易是严苛、不合理或者实质上不公平的，该交易将被推定为敲诈性信贷交易，但有相反证据足以证明不构成敲诈性信贷交易的除外。④

202 一旦某项交易被认定为敲诈性信贷交易，法院可以撤销或变更该项交易，或者要求债权人返还其在该项交易中获得的款项。这类根据法院的要求支付或返还债务人的款项和财产，应属破产公司的资产。⑤

（四）为已有价值设立浮动担保的行为

203 破产公司在申请人提出清算申请前一年内设立的浮动担保（为关联方设立浮动担保的，则临界期为申请前的两年内）原则上无效，但在设立该浮动担保之时或之后，公司取得了与该浮动担保价值相当的对价的（包括支付款项、提供服务或货物、减免债务及利息），⑥或者可证明公司在设立完成浮动担保后短期内未处于破产状

---

① Liquidators of Progen Engineering Pte. Ltd. v. Progen Holdings Ltd. [2010] 4 SLR 1089.

② Insolvency, Restructuring and Dissolution Act 2018 (Act 40 of 2018) s. 226(1)(b).

③ Liquidators of Progen Engineering Pte. Ltd. v. Progen Holdings Ltd. [2010] 4 SLR 1089 at [36].

④ Insolvency, Restructuring and Dissolution Act 2018 (Act 40 of 2018) s. 228.

⑤ Insolvency, Restructuring and Dissolution Act 2018 (Act 40 of 2018) s. 228.

⑥ Insolvency, Restructuring and Dissolution Act 2018 (Act 40 of 2018) s. 229 (also applies in judicial management).

态的，则对该浮动担保的设立有效。

值得注意的是，在一些情形下，如果设立浮动担保的行为属于无效行为，该行为可能同时构成偏颇清偿。因为在这类情形中，债务人也向其特定现有债权人提供了优先于其他债权人的价值（value）。然而，偏颇清偿规则还要求证明债务人具有偏颇清偿债权人的主观故意，而为已有价值设立浮动担保的行为则无须证明这类主观要件。 204

（五）欺诈债权人的交易

如果某项低价交易是基于以下目的之一达成的，则任何受到或可能受到该交易损害的受害人（新加坡法中使用“victim”一词）均有权申请撤销该项交易：（1）将财产转移至债权人（正在或可能向债务人主张债权的主体）可追索范围之外的；（2）在其他方面损害债权人利益的。[①] 无论债务人是否进入破产程序，交易受害人均可申请撤销该项交易。[②] 此外，如果公司正处于清算程序或司法管理程序之中，官方受托人、清算人或司法管理人（视情形）也有权申请撤销这类交易。[③] 205

（六）对撤销权诉讼的资助

撤销权诉讼一般应由提起诉讼的一方提供资金。清算人或司法管理人提起撤销权诉讼的，会请求将相关费用作为清算程序、司法管理程序的费用而从债务人财产中直接支付。除此之外，相关方也可考虑通过第三方资助的方式获得撤销权诉讼所需资金。[④] 206

五、雇佣、利益相关方和退休金问题

企业陷入财务困境时，往往会引发雇佣关系问题。但对于雇佣合同、集体性劳资协议或退休金计划的重组，新加坡法并未提供任何特殊处理工具。因此，在新加坡实践中，雇佣关系问题应作为破产程序的一部分而适用现行劳动法制度处理。 207

下文将以新加坡法为根据，探讨部分与雇佣合同、集体性劳资协议和退休金计划有关的具体问题。 208

---

① Insolvency, Restructuring and Dissolution Act 2018 (Act 40 of 2018) ss. 438 – 439.

② Insolvency, Restructuring and Dissolution Act 2018 (Act 40 of 2018) s. 438(5)(d).

③ Insolvency, Restructuring and Dissolution Act 2018 (Act 40 of 2018) s. 438(5)(c).

④ 见本报告第 123 ~126 段。

（一）雇佣合同、集体性劳资协议的履行和终止

1. 司法管理程序

209 公司进入司法管理程序的，该公司作为雇主签订的雇佣合同、集体性劳资协议并不会因进入程序而自动终止。

210 对于这类雇佣合同和集体性劳资协议，司法管理人可以发出终止合同的通知，或者拒绝履行合同并拒付工资，以此方式终止合同。

211 根据《公司法》原有规定，除非司法管理人通知相对方免除其个人责任，否则司法管理人应对其选择继续履行的雇佣合同承担个人责任。[①] 在实务中，这类通知免责的方法已得到全面且常态化的使用。因此，如本报告第102段所述，《破产、重组和解散法》不再纳入对司法管理人施以个人责任的条款。

2. 债务偿还安排程序

212 公司在向债权人提出安排计划草案时，可以在安排计划中明确规定如何重组公司以及是否终止雇佣合同、集体性劳资协议、退休金计划等安排。不过，鉴于债务偿还安排属于适用自行管理模式的制度，第三方并未取代公司的现有管理层，因此在一般债务偿还安排案件中，是否终止雇佣合同、集体性劳资协议、退休金计划这类问题并不突出。

（二）重组程序对职工债权、退休金债权的处理

1. 司法管理

213 司法管理人在其提出的建议书中，可以就如何处理职工未付薪金、未付补偿、退休金债权等问题提出方案。

214 司法管理人有义务做好与管理公司业务、事务和财产有关的一切工作，[②]包括在企业继续经营等情形中向仍然在岗的职工支付工资。但是，司法管理人无权免除在司法管理程序前产生的任何职工债权，除非法院准许免除或者生效的债务偿还安排计划作出免除。[③]

2. 债务偿还安排

215 一项安排计划草案在适当情形中也会对如何处理职工未付薪金、未付补偿、退

---

① Companies Act (Cap 50, 2006 Rev. ed.) s. 227I; cf Insolvency, Restructuring and Dissolution Act 2018 (Act 40 of 2018) s. 102.

② Insolvency, Restructuring and Dissolution Act 2018 (Act 40 of 2018) s. 99(3)(a).

③ Insolvency, Restructuring and Dissolution Act 2018 (Act 40 of 2018) s. 99(6).

休金债权等问题提出方案。

六、中小企业

首先需明确，在本部分关于新加坡法律制度的介绍中，中小企业(SMEs)的定义为：(1)企业最少有30%的股份由新加坡国内主体持有；(2)该企业所属的企业集团年营业额不超过100万美元，或者该集团的雇佣规模不超过200人。① 216

新加坡法并未对困境中小企业的处置作特别规定。② 中小企业可以使用《破产、重组和解散法》提供的各类工具进行重组和重整。此外，在新加坡法中，企业家破产并不享有任何特殊待遇或有利待遇，而是适用与其他个人主体完全相同的破产制度。 217

由于新加坡中小企业的性质各异以及现有重组工具的普遍可适用性，新加坡的中小企业重组实务并不存在所谓的标准模式或典型成果。在新加坡，中小企业的重组结果很大程度上取决于该企业的实际情况，如业务的性质、造成财务困境的原因、重组的具体目的等。近年来，中小企业对新加坡各类现行重组制度的认识普遍有所加深。但一般而言，中小企业只有在具备足够的资金(或潜在投资)、足够的资产，并能确保对其的债务重组在经济上可行时，才会决定启动司法管理或债务偿还安排程序。 218

七、国际和跨境破产法

新加坡已经采纳《示范法》并对其规定作出个别修改。③ 219

需特别注意，新加坡在采纳《示范法》的立法过程中有意删减了《示范法》第6条规定中的“明显”(manifestly)一词。对此，新加坡高等法院指出，这一删减的意义 220

---

① Update in definition of SMEs in relation to eligibility for Enhanced Training Support for SMEs Scheme SkillsFuture Singapore Agency (21 April 2014), https://www.skillsconnect.gov.sg/sop/portal/Important%20Notes/SME_definition_not_updated.jsp (accessed 15 February 2021).

② 为应对新冠疫情，新加坡司法部针对小微企业推出了经简化的破产机制，该机制于2021年1月29日生效实施，最初确定的生效时间为6个月(后进一步延长一年至2022年7月28日)。该类程序的适用条件包括：小微企业的年营业额不得超过1000万新加坡元；债权人不得超过50人；雇员不得超过30人。在适用于小微企业的简化破产程序中，债务人在制作“预先打包”的安排计划时可受到中止保护。同时，该程序关于“预先打包”式安排计划的表决通过门槛也有所降低。

③ Re Zetta Jet Pte. Ltd. [2019] 4 SLR 1343.

在于,新加坡公共政策例外适用的反向排除标准,将低于采纳《示范法》但未修改《示范法》第6条的地区。①

221 自新加坡采纳《示范法》之后,外国对公司指定的破产管理人等职务主体,可以依据该法向新加坡高等法院申请承认相关外国破产程序和外国指定的管理人等主体。②

222 除《示范法》外,新加坡没有参加其他与跨境破产有关的国际条约。

八、统计

223 新加坡的企业破产相关统计数据会公布于律政部破产事务办公室(Insolvency Office)的网站上。③

224 这类统计数据包括申请公司强制清算(compulsory liquidation)的数量和现处于清算程序中公司的数量(以年为时间单位统计)。新加坡并未公布其对清算申请的处理速度。但根据实务经验,新加坡对申请的实际处理速度会根据个案情况有所差异。假设该公司清算申请提出后未出现争议,则自申请提交之日起,法院一般需要4周至6周时间作出决定。

225 新加坡并未公布与公司重组型程序(包含债务偿还安排程序和司法管理程序)有关的官方数据。

226 如需进一步了解新加坡企业破产制度相关情况,可参考律政部破产事务办公室的网站或总检察署办公室的网站④,其中保存了新加坡所有的法律法规等信息。

附:本报告引用的法律

Appendix of Legislation Referred to

1.《会计师(公众会计师)规则》,Accountants (Public Accountants) Rules (Cap 2,R 1,2006 Rev. ed.)。

2.《破产法》,Bankruptcy Act (Cap 20,2009 Rev. ed.)。

3.《2017年公司法(修订)》,Companies(Amendmenl) (Act 15 of 2017)。

---

① Re Zetta Jet Pte. Ltd. [2018] 4 SLR 801.

② Re Zetta Jet Pte. Ltd. [2018] 4 SLR 801.

③ See https://io.mlaw.gov.sg/corporate-insolvency/statistics/ (accessed 15 February 2021).

④ See https://sso.agc.gov.sg/ (accessed 15 February 2021).

4.《民法》,Civil Law Act（Cap 43,1999 Rev. ed.）。

5.《1967 年公司法》,Companies Act（Act 42 of 1967）。

6.《2006 年公司法》,Companies Act（Cap 50,2006 Rev. ed.）。

7.《电力法》,Electricity Act（Cap 89A,2002 Rev. ed.）。

8.《雇佣法》,Employment Act（Cap 91,2009 Rev. ed.）。

9.《政府程序法》,Government Proceedings Act（Cap 121,1985 Rev. ed.）。

10.《破产、重组和解散法》, Insolvency, Restructuring and Dissolution Act 2018（Act 40 of 2018）。

11.《2020 年破产、重整和解散法（修订）》, Insolvency, Restructuring and Dissolution（Amendment）Act 2020（No. 39 of 2020）。

12.《2020 年破产、重整和解散（司法管理）条例》, Insolvency, Restructuring and Dissolution（Judicial Management）Regulations 2020（S 606/2020）。

13.《2020 年破产、重整和解散（特定公司与实体）命令》, Insolvency, Restructuring and Dissolution（Prescribed Companies and Entities）Order 2020（S 619/2020）。

14.《2020 年破产、重整和解散（债务偿还安排程序中的债权证明）条例》, Insolvency, Restructuring and Dissolution（Proofs of Debt in Schemes of Arrangement）Regulations 2020（S 604/2020）。

15.《保险法》,Insurance Act（Cap 142,2002 Rev. ed.）。

16.《新加坡金融管理局法》,Monetary Authority of Singapore Act（Cap 186,1999 Rev. ed.）。

17.《捷运系统法》,Rapid Transit Systems Act（Cap 263A,2004 Rev. ed.）。

18.《法庭规则》,Rules of Court（Cap 322,R 5,2014 Rev. ed.）。

19.《证券和期货法》,Securities and Futures Act（Cap 289,2006 Rev. ed.）。

20.《新加坡会计委员会法》,Singapore Accountancy Commission Act（Cap 294B, 2014 Rev. ed.）。

21.《工伤赔偿法》,Work Injury Compensation Act（Cap 354,2009 Rev. ed.）。

韩国制度报告

Chiyong Rim　Partner, Kim & Chang

一、概述

1　韩国属于大陆法系国家，实行三级法院体系，包括一审法院(地方法院、家庭法院、首尔行政法院、首尔重整法院)、二审法院(高等法院、韩国专利法院)和最高法院(韩国大法院)。韩国各地方法院通常设有民事、刑事、破产等专业庭，这些专业庭同属一个内部层级。在破产审判方面，各地方法院均设有破产专业庭，首尔中央地方法院则属于例外，该院的破产庭自 2017 年 3 月 1 日起升格成为独立的破产法院，即首尔重整法院。① 截至 2019 年，首尔重整法院共配备 35 名法官。②

2　理论上，韩国的法律体系由成文法构成，并未采用遵循先例(stare decisis)、判例约束力(binding precedents)这类原则。但在实践中，最高法院的判例具有实际上的法律约束力。如果下级法院所作裁判未能遵循最高法院的判例，上诉人可以据此请求最高法院对该案件的法律适用问题进行审查。③ 此外，由于首尔重整法院受理了全国近 40% 的重整和清算类案件，在实务中，重整法院所作裁判也具有重要的先例价值，但其裁判同样也不得逾越最高法院判例划定的"界限"。④

---

① 《法院组织法》(Act No. 8794, Revised 27 December 2016)第 40-5 条至第 40-7 条说明了设立首尔重整法院的理由。

② Ministry of Justice, Republic of Korea, "Republic of Korea Special Rehabilitation Proceedings for MSMEs" (May 2017), https://www.uncitral.org/pdf/english/workinggroups/wg_5/51stWG5/MSMEs_Rehabilitation_Proceedings_Korea_20170505.pdf (accessed 10 January 2020) at p. 8, para. 3. 1.

③ Act on Special Cases Concerning Procedures for Trial by the Supreme Court (Act No. 4769, 1 September 1994) Art. 4(1)(iv).

④ Sung Jun Hong, *Study of Introduction of Specialized Bankruptcy Court*, in Materials of the Symposium for Study of Introduction of Specialized Bankruptcy Court (Insolvency Law Institute of Korea, 2014) at p. 133-135; Jinman Lee, *Recent Topics and Updates from Korean Insolvency System*, (2018) 8(1) Korean Journal of Insolvency Law 51 at 52.

韩国《商法典》规定了5种企业组织形式。① (1)股份公司(joint stock corporation),此为韩国最为常用的企业类型,股份公司股东无须对公司债务承担责任,还可以在股票市场上以转让股份的方式收回投资。② (2)有限公司(limited corporation),该公司类型基于德国有限责任公司(GmbH)的参考模板引入,其成员(member)同样无须对公司的债务承担责任,但因公司章程中已载明各成员的信息,所以较难通过向第三方转让股权的方式收回投资。③ (3)有限责任公司(limited liability company),韩国于2011年基于美国法上的参考模版引入的这一公司类型,有限责任公司成员同样无须对企业债务承担责任。④ (4)普通合伙(general partnership),普通合伙企业具有独立的法律地位,但其全体合伙人需对合伙债务承担共同责任。⑤ (5)有限合伙(limited partnership),相较于普通合伙,有限合伙企业中的有限合伙人以其出资额为限承担相应责任。⑥ 3

另就担保规则而言,韩国法对不动产物权适用登记制度,登记是设立物上担保权的必要条件。非经适当登记程序,受担保人无法设立担保权。⑦ 除此之外,只要已登记的担保权未消灭,在其之上不可另设更高级别的担保权。⑧ 4

在土地、建筑物等不动产之上设置的担保形式主要为抵押。抵押权未经登记并载入抵押财产登记簿的,即使在受押人与抵押人之间也不能有效设立。⑨ 就抵押登记而言,抵押人和受押人均应向不动产登记机构提交申请。虽然该申请不能通过线 5

① Commercial Act (Act No. 1000) (enacted 1 January 1963, effective 14 May 2012, last amended 22 March 2016) Art. 170.

② Commercial Act (Act No. 1000, effective 14 May 2012, last amended 22 March 2016) Art. 331.

③ Commercial Act (Act No. 1000, effective 14 May 2012, last amended 22 March 2016) Arts. 553 and 556.

④ Commercial Act (Act No. 1000, effective 14 May 2012, last amended 22 March 2016) Art. 287 - 7.

⑤ Commercial Act (Act No. 1000, effective 14 May 2012, last amended 22 March 2016) Art. 212.

⑥ Commercial Act (Act No. 1000, effective 14 May 2012, last amended 22 March 2016) Art. 279.

⑦ Civil Act (Act No. 471, enacted 1 January 1960, effective 1 July 2013, last amended 31 October 2017) Art. 186.

⑧ Civil Act (Act No. 471, enacted 1 January 1960, effective 1 July 2013, last amended 31 October 2017) Arts. 330 and 370. See also Sangryong Ko, Property Law (Bubmoonsa, 2001) at p. 622.

⑨ Civil Act (Act No. 471, enacted 1 January 1960, effective 1 July 2013, last amended 31 October 2017) Art. 186. See also Sangryong Ko, Property Law (Bubmoonsa, 2001) at p. 637.

上提交,但相关登记信息可供线上查询。①

6 在动产之上设置的担保形式主要为质押(possessory pledge)。动产质押的设立方式为达成一份质押协议并向受质人交付质物。债权质押(如应收账款质押)与动产质押的设立方式相似,但相对于动产质押的交付要件,债权质押需以向第三方义务人送达书面通知的方式设立。

7 可在股权之上设置的担保形式同样为质押。股权质押分为两种类型:已登记的股权质押和未登记的股权质押。就两者之间的主要区别而言,对于已登记的股权质押,质权人享有的质权包括:(1)质权范围及于受押股票被宣告分派的现金或分红;(2)就处分受押股票之所得享有优先受偿权,但该股权的分红、孳息、派息不属于优先受偿范围。而对于未登记的股权质押,质权人不享有前述权利。② 另外,未登记的股权质押应通过以下步骤设立并公示:(1)质押人与受押人达成股权质押协议;(2)质押人将受质股权的相关凭证交付至受押人。③

8 值得注意,虽然《民法典》并未明文规定让与担保制度,但这类安排已成为广泛使用的担保方式。让与担保是指,为在特定财产之上设定担保,在债务人继续占有标的物情况下,将标的物所有权转移至债权人,约定在债权获清偿后再返还该所有权的安排。让与担保既可适用于动产也可适用于不动产,但两者的区别在于,不动产权属转移须经登记,而动产权属的转移则仅需交付。④

二、破产制度简述

9 在韩国,重整与破产清算事务主要适用《债务人重整与破产清算相关法律》⑤(以下简称《重整与破产法》)以及《企业结构调整(重组)促进法》⑥(以下简称《企促法》)。

10 《重整与破产法》是适用于庭内破产程序的主要法律。该法第2章规定了针对

---

① 韩国最高法院的不动产登记系统可见于 http://www.iros.go.kr。

② Commercial Act (Act No. 1000, effective 14 May 2012, last amended 22 March 2016) Art. 340 (1).

③ Commercial Act (Act No. 1000, effective 14 May 2012, last amended 22 March 2016) Art. 338 (1).

④ 89daka18884 (Supreme Court decision) (24 April 1990) (real estate); 99da65066 (Supreme Court decision) (23 June 2000) (personal property).

⑤ Debtor Rehabilitation and Bankruptcy Act (Act No. 7428, enacted 1 April 2006).

⑥ Corporate Restructuring Promotion Act (Act No. 15855). 韩国首部《企促法》于2001年9月15日生效施行。

企业和自然人的重整程序;第3章规定了针对企业和自然人的破产清算程序(以下简称清算程序);第5章采纳了联合国《国际贸易法委员会跨国界破产示范法》(1997年)(以下简称《示范法》)的部分规则并作修改。

自2006年起,韩国定期修改《重整与破产法》。其中,2014年针对中小企业、个人独资企业建立了程序简化的简易重整程序,①2016年扩增了债权人委员会职权,2017年扩大了首尔重整法院的破产案件地域管辖范围。 11

为全面实现《重整与破产法》的立法目标,韩国还就该法颁布了总统令②并出台实施规则③。 12

《企促法》适用于企业的庭外重组安排,该法将原先金融机构用于重组濒临破产企业的机制上升为正式立法,并就防止异议债权人钳制问题作出针对性规定。 13

《企促法》是一部日落法(sunset law),2023年实施的已经是第6版,该版《企促法》应于2023年10月失效。 14

目前,韩国的金融服务委员会(Financial Services Commission)、司法部已针对《重整与破产法》《企促法》修改工作组建特别工作组,旨在实现两部法律之间的协调配合、整体融合,进一步提高企业重组和重整程序质效。 15

三、庭外重组

韩国探索庭外重组机制的时间可追溯到1998年6月25日。当时,为实现促进困境企业重组的目标,约210家韩国本土银行共同订立了《企业结构调整运营协议》(Corporation Restructuring Agreement)。其后,韩国的商业银行、保险公司等金融机构以该协议为基础,又专门建立了框架性的《金融机构自律性协议》(Autonomous Agreement for Financial Institutions),为以私人协议为基础的庭外重组活动提供支持。在该框架协议中,公司的主银行债权人(main creditor bank)④可以组织债务人的金融机构债权人召开会议,由代表未受偿债权总额3/4以上的债权人以绝对多数 16

---

① 详见本报告"十八、小型企业债务人"的内容。

② Arts. 120 and 336 of the Debtor Rehabilitation and Bankruptcy Act (Act No. 7428, enacted 1 April 2006). 韩国总统于2006年颁布这一总统令,规定在首尔市之外从事经营活动的债务人均属于首尔重整法院的管辖范围,并根据《重整与破产法》第120、336条,明确指定了特定金融交易安全港规则使用的相关支付与结算系统。

③ 最高法院于2006年发布该规则,规定了与《重整与破产法》配套的程序性事项。

④ 一般而言,主银行债权人是对债务人作出"主要"融资授信并监督、评估其财务状况和偿付能力的银行。

决通过重组安排（如降低利率、债务展期等）。[①] 该决议对债务人的所有金融机构债权人均有约束力，包括投票反对的金融机构。但是，反对该重组安排的金融机构有权据此要求其他金融机构收购其对该债务人的全部债权。[②]

17 在近年实务中，韩国庭外重组实践根据债务人行业、债务规模的不同而有所不同，其实质上仍属于金融机构之间自愿达成的特殊协议。例如，在现代海运公司、韩进海运公司的庭外重组案中，两公司的重组目的即在于降低租船费用，调整债务人已发行债券中的未偿数额以及继续参与由国际主要运输公司组成的海运联盟。

18 韩国第1版至第4版的《企促法》仅适用于大型企业，有鉴于此，韩国又建立了小型企业快速重组机制（fast-track workout programme）。该机制以债权人会议决议作为企业重组的基础，替代了原《企促法》规定的协议方式。另外，韩国还发展形成个别特殊机制。如在外国买方以分期付款买卖的方式订购船舶时，大型银行通常会对外国买方出具退款保函。因此，一旦造船企业陷入财务困境，在有保函和无保函的债权人之间，则会产生利益冲突。为协调不同债权人的利益，韩国多家大型银行针对造船企业重组专门达成了一系列规则。这些规则以自愿协议为基础，由少数银行参与并推动重组，同时根据债务人实际来设置重组条款。

四、破产前程序

19 韩国没有英国式的公司自愿安排（company voluntary arrangements）、债务偿还安排（schemes of arrangement）程序可供企业选择。但针对企业债券的债务重组，韩国《商法典》规定有债务调整（debt adjustment）程序。在该债务调整程序中，各债券持有人应当根据其持有的债券类型分别召开会议。[③] 因此，如果企业发行了多批债券，且各批债券的利率、期限各不相同，则应分类型召开债券持有人会议。各类债券持有人会议的表决通过标准为：经代表出席会议债券持有人表决权总额2/3以上的债券持有人同意，且其所代表的表决权额占该类债券表决权总额的1/3以上。[④] 决议如获债券持有人会议通过，债务人应当在会议结束后的7日内申请法院批准，决

---

① Corporate Restructuring Promotion Act（Act No. 15855）Art. 17(2).

② Corporate Restructuring Promotion Act（Act No. 15855）Art. 27.

③ Commercial Act（Act No. 1000, effective 14 May 2012, last amended 22 March 2016）Art. 491.

④ Commercial Act（Act No. 1000, effective 14 May 2012, last amended 22 March 2016）Arts. 434 and 495.

议自法院批准后立即生效。① 近年来,在熊津能源公司、大宇造船海洋工程公司等大型企业的债务调整实务中,债券持有人会议的决议已形成一定固定模式,即获通过的债务调整决议一般包含债转股、债券展期等重组安排,但不会削减债券本金。

除了上述适用于债券的债务重组程序,本报告还将《企促法》规定的庭外重组程序也归类为破产前程序。这类程序以庭外安排重组公司债务,由金融债权人主导并监督,无须经法院监督。② 20

《企促法》规定的重组程序仅适用于困境企业的金融债权,并不包括贸易债权、税款债权等非金融债权。③ 另外,金融债权人向第三方转让金融债权的,在其将转让情况通知金融债权人协议会(financial creditors' council,以下简称金融协议会)第一次会议之后,第三方受让人方可以取得原债权人的地位,但金融协议会另有决定的除外。④ 21

(一)《企促法》共同管理程序的启动

在根据《企促法》启动重组前,主银行债权人应当评估债务人的信用风险,⑤确定企业是否出现财务困境征兆。此外,如果其他银行债权人在自行评估某企业信用风险时,发现该企业已陷入财务困境,应当将有关情况通知该企业的主银行债权人。⑥ 22

关于前述"困境"的认定标准,根据《企促法》的规定,在排除企业正常经营过程中发生的借款往来之后,如果该企业在无其他外在资金支持的情况下将无力清偿债务,则主银行债权人应当认定该企业为困境企业,并将这一结论和理由依据通知该企业。⑦ 企业可以对该认定结论提出异议,主银行债权人应当对企业提出的异议进行审查,并通知该企业其审查决定。⑧ 23

---

① Commercial Act (Act No. 1000, effective 14 May 2012, last amended 22 March 2016) Arts. 496 · and 498.

② See generally, Min Han & Hoin Lee, *Out-of-Court Workout in the Republic of Korea: Focusing on Workout under the Corporate Restructuring Promotion Law*, (2010) 7(4) International Corporate Rescue 220.

③ Corporate Restructuring Promotion Act (Act No. 15855) (CPRA) Arts. 2 and 8. 根据《企促法》第2条的定义,金融债权系指因金融机构向困境债务人或第三方授信而发生的生效债权。

④ Corporate Restructuring Promotion Act (Act No. 15855) Art. 9(7).

⑤ Corporate Restructuring Promotion Act (Act No. 15855) Art. 4.

⑥ Corporate Restructuring Promotion Act (Act No. 15855) Art. 4.

⑦ Corporate Restructuring Promotion Act (Act No. 15855) Art. 5.

⑧ Corporate Restructuring Promotion Act (Act No. 15855) Art. 6.

24 与此同时,企业在收到主银行债权人将其认定为困境企业的通知后,可以向主银行债权人提出两类申请:(1)依据《企促法》启动共同管理程序(joint management proceeding)[①];(2)由主银行债权人单独实施管理(management)。[②] 企业申请启动共同管理程序的,应当向金融协议会提交重组计划草案和金融债权人名单。

25 在适用对象上,《企促法》的共同管理程序不可适用于政府机构、公共组织、特定类型的金融公司和依据外国法设立的公司。[③]

26 企业自收到主银行债权人将其认定为困境企业的通知后6个月内,既未提出上述任一类申请,也未依据《重整与破产法》启动重整程序的,主银行债权人有义务继续监测该企业的信用风险和偿债能力情况,并适时采取必要措施。[④]

(二)金融协议会第一次会议与债权暂停行使

27 企业申请启动共同管理程序的,主银行债权人应当自收到申请后14日内发出通知,召开金融协议会第一次会议。主银行债权人可以要求全体金融债权人在第一次会议结束之前不得主张抵销、行使债权或就企业财产设置新担保权。[⑤] 金融债权人在主银行债权人要求暂停行权后仍行使其债权的,应当在共同管理程序启动后立即解除。[⑥] 各金融债权人应当自收到金融协议会第一次会议的通知后5日内,根据通知之日(date of the notice)前一日的债权情况,向主银行债权人申报其债权数额和偿债条件。[⑦] 金融债权人将根据其申报债权占金融债权总额的比例享有表决权。[⑧]

28 金融协议会第一次会议应当自通知之日起14日内召开。[⑨] 在该会议上,金融债权人应决议是否启动共同管理程序,并确定参与程序的金融债权人名单。此外,金融协议会还可决定是否暂停行使债权(包括担保债权)。决定暂停行使债权的,应一并确定暂停期限。[⑩]

29 在第一次会议结束后,金融协议会可以聘请会计师事务所或第三方专业人士对

① Corporate Restructuring Promotion Act (Act No. 15855) Art. 8.
② Corporate Restructuring Promotion Act (Act No. 15855) Art. 21.
③ Corporate Restructuring Promotion Act (Act No. 15855) Art. 6(6).
④ Corporate Restructuring Promotion Act (Act No. 15855) Art. 7.
⑤ Corporate Restructuring Promotion Act (Act No. 15855) Art. 9(3).
⑥ Corporate Restructuring Promotion Act (Act No. 15855) Art. 9(4).
⑦ Corporate Restructuring Promotion Act (Act No. 15855) Art. 26(1).
⑧ Corporate Restructuring Promotion Act (Act No. 15855) Art. 26(2).
⑨ Corporate Restructuring Promotion Act (Act No. 15855) Art. 9(1).
⑩ Corporate Restructuring Promotion Act (Act No. 15855) Arts. 11(1) and 11(2).

困境企业的资产负债情况进行尽职调查,并与该企业协商和评估继续经营可行性。① 经参考尽职调查结果,主银行债权人应当向金融协议会提交一份共同管理计划(joint management plan)。该计划可包括债务重组、融资增信、债务人自救措施等内容。②

(三)表决通过共同管理计划并执行合作备忘录

金融协议会可召开会议审议并通过主银行债权人提交的共同管理计划。③ 共同 30
管理计划须经代表金融债权总额 3/4 以上的金融债权人表决通过。若单一金融债权人持有的债权占债权总额 3/4 以上,则需同时经金融协议会参会人数 2/5 以上的金融债权人同意。④ 在共同管理计划通过后,金融协议会应与债务人就该计划的执行安排达成协议。⑤ 这类协议通常称作合作备忘录(memorandum of understanding)。这类合作备忘录除包括共同管理计划外,还应包括计划的具体执行方案、共同管理的目标、取得利害关系人(包括股东、工会)同意的情况、⑥公司治理结构优化安排、公司未能执行备忘录时应采取的措施等内容。⑦

共同管理计划、合作备忘录中一般会涉及以下重组方式:债务展期,实施债转 31
股,降低利率,新增授信,拆分重组现有业务、转让整体业务、出售公司资产、降低经营成本等具体自救措施。

(四)共同管理程序的终止

根据《企促法》的规定,如有以下情形之一的,共同管理程序终止:(1)债权中止 32
行使期间届满,金融协议会未能通过共同管理计划的,程序视为终结。⑧ (2)自合作备忘录签订之时起超过 3 年,共同管理程序仍未完结的,相关方应依法组建管理评估委员会(management evaluation committee),对共同管理计划的有效性进行评估,而主银行债权人应向金融协议会报告该共同管理计划的可行性和继续进行的

---

① Corporate Restructuring Promotion Act (Act No. 15855) Art. 12.
② Corporate Restructuring Promotion Act (Act No. 15855) Art. 13(2).
③ Corporate Restructuring Promotion Act (Act No. 15855) Art. 13(1).
④ Corporate Restructuring Promotion Act (Act No. 15855) Art. 24(2).
⑤ Corporate Restructuring Promotion Act (Act No. 15855) Art. 14(1).
⑥ 取得利害关系人同意并非法律的强制性要求,但属于这类重组活动的实践惯例。
⑦ Corporate Restructuring Promotion Act (Act No. 15855) Art. 14(2).
⑧ Corporate Restructuring Promotion Act (Act No. 15855) Art. 13(2).

必要性。[1] 如果经评估认为，债务人未能履行合作备忘录载明的义务，或者共同管理程序可能无法重组债务人，则可以终止程序。[2] (3)经依法确认，债务人已通过共同管理程序解除财务困境，或者合作备忘录已得到全部履行的，该程序终结。[3]

(五)其他相关规定

33 《企促法》规定，债权人对共同管理程序提出书面异议的，无论是反对程序的启动，还是反对债转股、降低利率、新增授信等具体重组方式，都有权要求表决通过共同管理计划的债权人依法收购其债权，[4]并且该债权的收购价格不得低于异议债权人预计可从该企业清算中受偿的数额。[5] 但是，由于这一收购价格一般低于市场价格，有学者认为该规则违反了《宪法》关于保护财产权的规定。[6]

34 此外，《企促法》还规定，表决同意重组计划的债权人未能按该计划之规定向债务人新增授信的，须承担相应责任。[7] 但韩国最高法院对上述规定进行了缩限解释，最高法院判例认为，即使金融协议会决议要求金融债权人为债务人新增授信，其效力也仅限于困境企业的重组计划本身。因此，除非某金融债权人与该企业单独签订有贷款合同，否则该金融债权人不负有向债务人提供贷款的义务。[8]

35 综上所述，《企促法》规定的共同管理程序本质上属于庭外重组程序。一般情况下，普通的私下重组过程与共同管理程序高度相似。但在启动《企促法》共同管理程序之后，债权人之间发生争议的，可以通过金融债权人的调解委员会解决。对于该委员会所作的决定，相关方有权直接向法院提起诉讼。[9]

36 进行私下重组以及《企促法》共同管理程序有其优势之处。第一，进行私下重组

---

① Corporate Restructuring Promotion Act (Act No. 15855) Art. 16(1).

② Corporate Restructuring Promotion Act (Act No. 15855) (CPRA) Art. 19. 在共同管理程序期间，主银行债权人将按季度审查共同管理程序的进度和情况，并向金融债权人委员会报告其审查结果。此外，共同管理程序的进度应至少每年公布一次。可参见《企促法》第 15 条(1) 款。

③ Corporate Restructuring Promotion Act (Act No. 15855) Arts. 20(1) and 20(2).

④ Corporate Restructuring Promotion Act (Act No. 15855) Art. 27.

⑤ Corporate Restructuring Promotion Act (Act No. 15855) Art. 27(3).

⑥ 2004na68399 号 9 (Seoul High Court Order) (26 April 2005)。此案随后被移交宪法法院审理，由该院负责对第 1 版《企促法》(第 15855 号法律)中有关条款进行合宪性审查。但在案件被移交至宪法法院审理之后，案件原告自愿撤诉。See Jeongman Kim, *Review and Alternative Plan for Unconstitutionality of the CRPA*, Symposium for the CRPA, Seoul Bar Association 2010, p. 45.

⑦ Corporate Restructuring Promotion Act (Act No. 15855) Art. 29.

⑧ 2013Ma1998 (Supreme Court Order) (4 September 2014).

⑨ Corporate Restructuring Promotion Act (Act No. 15855) Art. 25(1).

或共同管理程序一般不会导致借款协议违约;第二,庭外重组可以削减主债务数额,进而基于主债务与保证义务之间的从属关系减轻保证人的责任。① 相较之下,重整程序的启动一般会被视为违约事由,而企业通过重整程序削减的债务数额,也不会影响保证人应当承担的保证责任。

五、正式破产程序:《重整与破产法》第2章重整程序

(一)申请与启动

韩国法规定,企业已经破产或可能破产,才有资格启动重整程序。② 在申请主体 37
上,债务人可以自愿向法院申请重整,③符合特定条件的股东、债权人也有权提出重整申请。④ 法院收到重整申请之后,认为债务人具有以下重整原因之一的,应当作出重整程序开始裁定(以下简称开始裁定):(1)债务人可能无力清偿到期债务;(2)债务人已经资不抵债;(3)债务人无法在不显著妨碍其继续经营的情况下偿付到期债务。⑤ 实务中,如果债权人未提出异议,那么相比债权人、股东提出的重整申请,法院更倾向于就债务人自愿提出的重整申请作出开始裁定。此外,在韩国,提出重整申请本身并不会产生自动中止诉讼、赋权管理人等效力,⑥只有法院就重整申请作出开始裁定后,才会产生自动中止效力。⑦ 如果法院基于管理人未能提出重整计划草案或者债务人继续经营价值显著低于清算价值等原因,认为债务人重整成功可能性较低,则可以依法驳回重整申请。⑧

---

① See 2004Da46601 (Supreme Court decision) (23 December 2004).

② Debtor Rehabilitation and Bankruptcy Act (Act No. 7428, enacted 1 April 2006) Art. 34(1).

③ Debtor Rehabilitation and Bankruptcy Act (Act No. 7428, enacted 1 April 2006) Art. 34(1).

④ Debtor Rehabilitation and Bankruptcy Act (Act No. 7428, enacted 1 April 2006) Art. 34(2). 代表债权额达到债务人实缴资本1/10以上的债权人、出资额占债务人实缴资本1/10以上的股东,均有权对债务人提出重整申请。

⑤ Debtor Rehabilitation and Bankruptcy Act (Act No. 7428, enacted 1 April 2006) Arts. 34(1)(1) and 34(1)(2). See Yong-Seok Park, *Efficiency of Korean New Rehabilitation Proceeding*, (2008) 7 Journal of Korean Law 251.

⑥ Debtor Rehabilitation and Bankruptcy Act (Act No. 7428, enacted 1 April 2006) Art. 56.

⑦ 韩国学者在各类文章中不加区分混用“管理人”(administrator)一词——既指代法院指定的接管人(receiver),也指代破产管理人(trustee)。但在本文中,“管理人”一词指法院为重整程序指定的破产从业者,而破产管理人则指法院为清算程序指定的破产从业者。

⑧ Debtor Rehabilitation and Bankruptcy Act (Act No. 7428, enacted 1 April 2006) Art. 286.

（二）开始裁定

38 法院应当在收到重整申请后的1个月内决定是否对债务人开始重整程序。[①] 法院决定开始程序的，应当作出开始裁定，并在裁定中列明管理人指定情况、债权申报期限、重整计划草案提交期限等内容。[②] 开始裁定一经作出，具有中止效力，以债务人为被告或原告的所有民事程序、行政程序均应中止。[③] 管理人接管债务人后，应当承继并继续进行被中止的诉讼程序。[④] 但是，对于债务人非当事人但与案件结果紧密相关的诉讼案件，例如债务人为案件被告的保证人或财产担保人时，开始裁定的中止效力并不及于这类诉讼。

39 《重整与破产法》规定，法院作出的开始裁定将禁止全体债权人回收债权（包括担保债权）。在重整程序开始前即享有重整债权的债权人，在重整期间既不能对债务人提起诉讼，也不能对债务人财产行使担保权。[⑤] 如有必要，法院可准许债务人对中小企业债权人和关键供应商（critical vendors，指如不清偿其债权则会对债务人重整造成风险的供应商）作小额支付。[⑥] 但即使在法院准许小额支付的情况下，相关债权人也无权就担保物行使担保权，或在重整期间以诉讼方式回收债权。[⑦] 如前述及，法院作出开始裁定还可中止与债务人相关的未决诉讼和执行程序。[⑧] 理论上，法院有权解除重整程序对执行程序、担保权的中止效力，[⑨]但在实务中很少真正作这类解除。

---

① Debtor Rehabilitation and Bankruptcy Act (Act No. 7428, enacted 1 April 2006) Art. 49.

② Debtor Rehabilitation and Bankruptcy Act (Act No. 7428, enacted 1 April 2006) Art. 50(1).

③ Debtor Rehabilitation and Bankruptcy Act (Act No. 7428, enacted 1 April 2006) Art. 59.

④ Debtor Rehabilitation and Bankruptcy Act (Act No. 7428, enacted 1 April 2006) Art. 59(1).

⑤ Debtor Rehabilitation and Bankruptcy Act (Act No. 7428, enacted 1 April 2006) Art. 131. See Part J below for more discussion on stay.

⑥ Debtor Rehabilitation and Bankruptcy Act (Act No. 7428, enacted 1 April 2006) (DRBA) Art. 132. 管理人可以申请法院准许对中小企业享有的债权作全部或部分偿付，但应当逐项说服法院其拟偿付的债权满足下列条件：(1)债权人是中小企业（通常年营收低于1亿美元）；(2)不予偿付将导致中小企业陷入财务困境；(3)相对于债务人规模，拟偿付的债权额相对较小。See Art. 131 of the DRBA.

⑦ 2003Da6781 (Supreme Court decision) (23 April 2004).

⑧ Debtor Rehabilitation and Bankruptcy Act (Act No. 7428, enacted 1 April 2006) Arts. 59(1) and 58(1).

⑨ Debtor Rehabilitation and Bankruptcy Act (Act No. 7428, enacted 1 April 2006) (DRBA) Art. 58(8). 另外，根据《重整与破产法》第131条的授权，法院可以允许管理人在程序开始后支付特定类型款项。

(三)编制债权表

如前述及,在重整程序开始裁定中,法院应当明确:管理人指定情况、管理人应向法院提交债权表的日期以及债权人可向法院申报债权的截止日期。[①] 对于申报的各项债权,管理人应当列明各债权人名称、地址、债权性质、债权数额、相关优先权(如有),对于重整程序开始时仍诉讼未决的债权,管理人还应一并列明相关案号和审理法院。[②] 对于管理人知道或应当知道的有争议债权,即使管理人有意不予认可该债权的真实性,也应将该债权、债权人列入债权表,但是客观事实显示该债权明显不存在的,管理人可不列入。[③] 对于申报的债权,管理人应对其效力和内容进行审查。[④] 40

(四)债权类型

在《重整与破产法》第2章重整程序中,债权人通常被分为三种类型:无担保债权人、担保债权人、共益债权人。[⑤] 一般情况下,有担保或无担保债权人除了根据重整计划受偿外,不可再另外受偿,[⑥]而共益债权则不受此限,共益债权包括重整程序开始后因法定情形发生的债权[⑦]和在程序开始前保全期间内经法院准许发生的债权等。[⑧] 41

(五)提交债权证明

如前述及,管理人应将全部债权编制成债权表。对于各债权人而言,如果债权表关于其债权的记载已准确无误,则无须再提交债权证明。但债权表未列入其债权 42

---

① Debtor Rehabilitation and Bankruptcy Act (Act No. 7428, enacted 1 April 2006) Art. 50.

② Debtor Rehabilitation and Bankruptcy Act (Act No. 7428, enacted 1 April 2006) Art. 147.

③ 2011Gue256 (Supreme Court Order) (13 February 2012).

④ Debtor Rehabilitation and Bankruptcy Act (Act No. 7428, enacted 1 April 2006) Art. 161(1).

⑤ 共益债权无须向法院申报,未经共益债权人同意,其债权数额不受减损。工资、特定税款和因管理人在开始裁定作出后订立合同发生的债权,均属于典型的共益债权。《债务人重整与破产清算相关法律》第179条列举了所有共益债权类型。

⑥ 《债务人重整与破产清算相关法律》第144条允许担保债权人、无担保债权人在债权申报截止日之前行使抵销权。但需注意,在清算程序中行使抵销权没有时间限制。

⑦ Debtor Rehabilitation and Bankruptcy Act (Act No. 7428, enacted 1 April 2006) Arts. 179(1)(3) and 179(1)(5).

⑧ Debtor Rehabilitation and Bankruptcy Act (Act No. 7428, enacted 1 April 2006) Art. 179(1)(8). 例如,在提交申请后、裁定程序开始前的保全期间内发生的燃气费用等公共服务债权。

或记载有误的，则债权人应在规定的债权申报期内提交债权证明，[①]以使重整程序、重整计划正确反映其债权。债权人因不能归责于自身的事由，未能在申报期内提交债权证明的，可以在申报期届满后、第二次利害关系人会议（interested parties' meeting）前补充申报。[②] 债权人未能在规定期内提交债权证明的，可能导致其债权丧失，或者其债权数额只能以债权表记载为准。[③]

（六）债权审查程序

43 债权被列入债权表的，视为债权人已按时申报债权。[④] 利害关系人向法院提交证明材料后，有权查阅和复制该债权表。[⑤] 需说明，债权审查程序的目的是审查债权人提交的债权证明材料，而非审查管理人编入债权表的全部债权。

（七）确认债权的两条路径

44 按照《重整与破产法》的规定，重整程序一经启动，对于管理人不予认可或其他债权人提出异议的债权，申报债权的一方有两条确认债权的路径：（1）调整现有法律救济程序。针对该债权已有未结诉讼且该诉讼非由破产法院审理的，管理人应当在诉讼程序中承继债务人的诉讼资格。（2）提起诉讼。相关方未就该债权启动诉讼程序的，债权人可以在首尔重整法院提起简易诉讼程序。[⑥]

45 另一相关问题是，如果债务人在申请重整前已与债权人订立含有国际仲裁条款的协议，当事人能否不受重整程序限制而继续提起国际仲裁？根据韩国法的规定，管理人原则上应受债务人在重整前达成的国际仲裁条款约束。但在实务中，管理人可能会以破产财产或债务人资产不足以支付仲裁费用为由，拒绝进行仲裁。[⑦] 除此之外，管理人还应受到在重整程序之中达成的国际仲裁条款约束。如前述及，对于某项债权申报的真实性或其数额，管理人可不予认可，其他债权人也可提出异议，但异议债权人须向重整法院提起简易债权确认之诉。需注

---

① Debtor Rehabilitation and Bankruptcy Act (Act No. 7428, enacted 1 April 2006) Arts. 148, 149 and 150.

② Debtor Rehabilitation and Bankruptcy Act (Act No. 7428, enacted 1 April 2006) Art. 152(3)(1).

③ Debtor Rehabilitation and Bankruptcy Act (Act No. 7428, enacted 1 April 2006) Art. 151.

④ Debtor Rehabilitation and Bankruptcy Act (Act No. 7428, enacted 1 April 2006) Art. 151.

⑤ Debtor Rehabilitation and Bankruptcy Act (Act No. 7428, enacted 1 April 2006) Art. 160.

⑥ Debtor Rehabilitation and Bankruptcy Act (Act No. 7428, enacted 1 April 2006) Arts. 170, 171 and 172.

⑦ Minho Yang, *Effect of Insolvency Proceedings to Arbitration Proceedings*, in Issues of Civil Litigation Vol. 23 (Foundation of Judicial Development, 2015) at p. 249.

意，对于依据《重整与破产法》进行的债权确认纠纷，仲裁机构并无管辖权。债权人在重整开始前已获仲裁裁决的，可以将该裁决与其他债权证明材料一并提交至法院。实践中，以仲裁裁决为依据的债权申报，一般都能得到确认并登记在法院书记员制作的债权表中，因为仲裁裁决已足够为债权提供初步证据（prima facie evidence）。

至于国内仲裁，在韩国实践中，重整程序开始的中止效力及于国内仲裁程序。46
除非重整程序开始时已存在未结的仲裁程序，否则国内争议方不得基于债务人协议中的仲裁条款提起仲裁。因此，债权人委托的律师将会建议，鉴于重整法院对债权确认简易程序等破产事务享有专属管辖权，即使各方已达成以国内司法程序或仲裁程序为争议解决方式的明确条款，债权人也应向重整法院提起简易债权确认之诉。但应说明，对于重整程序开始时已经启动但尚未终结的法院程序，不受该专属管辖限制。

（八）担保债权

《重整与破产法》第141条(4)款将债权分为有担保部分和无担保部分：有担保 47
部分是担保物价值可覆盖的部分，无担保部分是债权超出担保物价值的部分。因此，同一债权人可同时作为担保债权人和无担保债权人参与重整程序，并在不同债权人组内分别享有表决权。其中，有担保部分的债权由担保物的清算价值保障，无担保部分（如有）则与其他无担保债权在同一顺位平等受偿。此外，重整计划中的降息免息、债务展期、削减本金等措施也将区分适用于担保债权人组和无担保债权人组。①

（九）重整计划的提出与批准

在债权申报期届满后，管理人应在法院规定的时限内制作并向法院提交重整计 48
划草案。② 债务人、股东和已向法院申报债权的债权人也可以制作并提交自己版本的重整计划草案。③ 不过，实务中债务人、股东同时提交竞争性重整计划（competing plans）的情况并不多见。法院应向以下主体送达重整计划草案的副本或摘要：管理人、债务人、已完成申报的股东、债权人、与债务人事务相关的政府监管机构，即司法

① Debtor Rehabilitation and Bankruptcy Act (Act No. 7428, enacted 1 April 2006) Art. 236(1).
② Debtor Rehabilitation and Bankruptcy Act (Act No. 7428, enacted 1 April 2006) Art. 220(1).
③ Debtor Rehabilitation and Bankruptcy Act (Act No. 7428, enacted 1 April 2006) Art. 221.

部、金融服务委员会(Financial Supervisory Commission)。[①] 而司法部、金融服务委员会等政府监管机构和债务人工会也可就重整计划草案发表意见。[②]

49 按照《重整与破产法》的规定,在韩国提交"预先打包"的重整计划(以下简称预重整计划)是可行的,即申请人可以将重整申请和重整计划草案一并打包提交法院。[③] 债务人或债权人制作预重整计划并经代表1/2以上债权总额的债权人同意,可将该计划提交至法院。[④] 其后,还未同意预重整计划的债权人可以以书面方式向法院表示同意。[⑤] 一旦债务人、债权人向法院提交预重整计划,管理人便不能再提交自己制作的重整计划草案,但可在法院准许下撤回已提交的草案。[⑥] 在预重整计划提交后,法院将召集债权人会议审议该计划。[⑦] 预重整计划一经法院批准,立即生效。[⑧] 此外,对于法院批准或不予批准预重整计划的决定,任何利害关系人均有权提出上诉,但未向法院申报权利的主体无权提出上诉。[⑨]

50 下文"十五、重整计划和营运出售"部分会对重整计划的内容(不论是否为预重整计划)、批准程序和效力问题进行探讨。

(十)终止重整程序

51 不论在法院批准重整计划之前抑或之后,如果事实表明债务人已明显无法重整成功,法院可以依职权,或者依管理人或债权人的申请,裁定终止重整程序。[⑩] 重整程序因债务人未能执行重整计划而终止的,法院可以宣告债务人破产并进行清算。[⑪]

---

① Debtor Rehabilitation and Bankruptcy Act (Act No. 7428, enacted 1 April 2006) Arts. 226 and 232. 法院收到两份以上重整计划草案的,应转送每一份方案至相关政府机构。关于司法部和金融服务委员会职能的详细介绍,参见本报告中的"六、支持架构(法院和政府机构)"部分。

② Debtor Rehabilitation and Bankruptcy Act (Act No. 7428, enacted 1 April 2006) Arts. 183, 226, 227 and 242.

③ 预重整机制是首尔中央地方法院破产庭(现在的首尔重整法院)自2011年4月开始探索的快审程序之一。这类快审程序设置的重整时间表非常紧凑,旨在促使债务人在主要债权人(包括金融机构)的协助下,尽快完成重整程序并恢复正常经营(通常在6个月内完结)。

④ Debtor Rehabilitation and Bankruptcy Act (Act No. 7428, enacted 1 April 2006) Art. 223.

⑤ Debtor Rehabilitation and Bankruptcy Act (Act No. 7428, enacted 1 April 2006) Art. 223(3).

⑥ Debtor Rehabilitation and Bankruptcy Act (Act No. 7428, enacted 1 April 2006) Art. 223(6).

⑦ Debtor Rehabilitation and Bankruptcy Act (Act No. 7428, enacted 1 April 2006) Art. 224.

⑧ Debtor Rehabilitation and Bankruptcy Act (Act No. 7428, enacted 1 April 2006) Art. 246.

⑨ Debtor Rehabilitation and Bankruptcy Act (Act No. 7428, enacted 1 April 2006) Art. 247(1).

⑩ Debtor Rehabilitation and Bankruptcy Act (Act No. 7428, enacted 1 April 2006) Arts. 286(1) and 288(1).

⑪ Debtor Rehabilitation and Bankruptcy Act (Act No. 7428, enacted 1 April 2006) Art. 6(2)(2).

(十一)信息获取

在韩国,破产案件利害关系人有权获取案件信息,查阅和复制管理人、债权人向法院提交的文件材料。① 法院会在其网站上公开相关的具体信息,例如谁在何时提交了什么文件、听证会的召开时间、法院作出裁定的时间等。② 此外,法院还应向债权人委员会提供《重整与破产法》相关《最高法院规则》第 39 条所列举的文件。③ 52

六、支持架构(法院和政府机构)

(一)法院

首尔重整法院在韩国破产办理机制中发挥重要作用。对于企业地址所在地或主要营业地位于首尔市的重整或清算案件,首尔重整法院享有专属管辖权。对于债权人超过 300 名且债务数额高于 500 亿韩元的企业重整或清算案件,首尔重整法院享有非专属管辖权。④ 此外,首尔重整法院还集中管辖韩国的破产撤销之诉和债权确认之诉。⑤ 53

自首尔重整法院设立之后,法院、申请人更为经常地使用经管债务人(debtor-in-possession)、假马竞标(stalking horse)、退出式融资(exit loan,即适时获利退出的融资)、预重整计划等新概念,重整程序、清算程序也在整体上比过去更快捷且可预测。 54

(二)金融服务委员会和司法部

《重整与破产法》允许对所有类型的法人实体提出破产申请,包括银行、保险公司、证券公司、投资信托公司等金融机构。⑥ 但《金融产业结构改善法》针对金融机构破产作出了特别规定。金融机构由金融服务委员会负责监管,该委员会隶属于政 55

① Debtor Rehabilitation and Bankruptcy Act (Act No. 7428, enacted 1 April 2006) Art. 28.

② Slb. scourt. go. kr (accessed 8 January 2020).

③ Debtor Rehabilitation and Bankruptcy Act (Act No. 7428, enacted 1 April 2006) Art. 22.《最高法院规则》第 39 条明确列举了法院有权作出的所有裁定、命令类型,以及管理人、审查委员(examiner)、审计人应向法院提交的文件类型。

④ Debtor Rehabilitation and Bankruptcy Act (Act No. 7428, enacted 1 April 2006) (DRBA) Art. 3; Presidential Decree of the DRBA, Art. 1 –2.

⑤ Debtor Rehabilitation and Bankruptcy Act (Act No. 7428, enacted 1 April 2006) Arts. 105(2) and 172(2).

⑥ Debtor Rehabilitation and Bankruptcy Act (Act No. 7428, enacted 1 April 2006) Art. 347(2); Financial Industry Restructuring Act (Act No. 5257, enacted 1 March 1997) Art. 16; 2001ha247 号(首尔中央地方法院破产庭)(17 October 2001)。

府行政分支，有权向濒临破产的金融机构发出名为及时纠正措施（Timely Corrective Measures）的命令。[①] 对此，金融服务委员会可行使广泛职权，包括转让困境金融机构的业务；为保障向其他金融机构转移业务而向困境金融机构委任管理人员；有序清算困境机构的业务和资产并做好向法院申请破产的准备等。[②] 金融服务委员会发现金融机构具备破产原因的，即使金融机构管理者已向法院提交破产清算申请，也可据此提出破产清算申请并推荐破产管理人人选。[③] 只要委员会推荐人选适合担任困境机构管理人，法院就应当接受其推荐。[④]

56 在股份公司重整案件中，法院应当将债务人的重整申请和重整程序开始裁定通知司法部、金融服务委员会和其他债务人事务的监管机构。[⑤] 除此之外，法院还应当将利害关系人会议召开日期、管理人变更等情况通知司法部和金融服务委员会，[⑥]此外还可就重整计划草案征求司法部、金融服务委员会的意见。[⑦] 在重整程序期间，司法部、金融服务委员会可随时就应否批准重整计划提出意见。[⑧] 法院裁定批准重整计划的，应当将批准裁定一并送达司法部和金融服务委员会。[⑨]

57 实务中，司法部很少实际参与重整程序，其职能主要是定期审查、修改《重整与破产法》。

七、利益相关方

（一）破产职务承担者

1. 法院指定管理人

58 管理人是企业重整中重要的破产管理职务主体，根据韩国法规定，法院可通过以下两种方式之一选定管理人：（1）直接指定（appoint）一名管理人（可由任何第三方或者债务人现任董事代表担任）；（2）在裁定重整程序开始时，依法确

① Financial Industry Restructuring Act (Act No. 5257, enacted 1 March 1997) Art. 10.
② Financial Industry Restructuring Act (Act No. 5257, enacted 1 March 1997) Art. 14.
③ Financial Industry Restructuring Act (Act No. 5257, enacted 1 March 1997) Art. 15(1).
④ Financial Industry Restructuring Act (Act No. 5257, enacted March 1997) Art. 15.
⑤ Debtor Rehabilitation and Bankruptcy Act (Act No. 7428, enacted 1 April 2006) Arts. 40 and 52.
⑥ Debtor Rehabilitation and Bankruptcy Act (Act No. 7428, enacted 1 April 2006) Art. 52.
⑦ Debtor Rehabilitation and Bankruptcy Act (Act No. 7428, enacted 1 April 2006) Art. 226.
⑧ Debtor Rehabilitation and Bankruptcy Act (Act No. 7428, enacted 1 April 2006) Art. 242.
⑨ Debtor Rehabilitation and Bankruptcy Act (Act No. 7428, enacted 1 April 2006) Art. 245.

定(determine)债务人的现任董事代表作为管理人。① 但是,相关董事如存在隐匿、侵吞债务人资产等行为,或者在债务人经营管理中存在重大过失,则不能担任管理人。② 因此,从上述指定规则可见,《重整与破产法》采用了一种较为独特的债务人自行管理模式。③ 另外,在对债务人提出非自愿重整申请后、重整程序开始前,法院还可以指定临时管理人。④ 在实务中,债务人自愿申请重整的,法院一般不会指定临时管理人,而会以保全命令等方式冻结债务人资产、维持债务人现状,并快速作出重整程序开始裁定。

《重整与破产法》规定有3种管理人指定方式(见表1)。 59

表1 《重整与破产法》规定的管理人指定方式

方式一	法院指定债务人的现任董事代表担任管理人,参见本报告第58段
方式二	法院指定与债务人无特定关系的第三方担任管理人。这类管理人通常是会计师、商人或银行家,并且已完成由各类非盈利组织运营支持的管理人课程[1]
方式三	依法确定由债务人的现任董事代表作为管理人。例如,债务人股东大会在重整程序期间选举的代表,可以不经法院指定而直接作为管理人。又如,在债务人实施债转股后,新股东可以选举新的董事作为新管理人[2]

〔1〕Debtor Rehabilitation and Bankruptcy Act (Act No.7428,enacted 1 April 2006) Art.74(2).
〔2〕Debtor Rehabilitation and Bankruptcy Act (Act No.7428,enacted 1 April 2006) Art.74(3).

韩国2006年至2013年的重整案例显示,在首尔重整法院受理的重整案件中,一半以上使用了上述"方式三"确定管理人,仅7%的案件被指定第三方担任管理人,90%以上的案件都是将债务人的现任董事指定为或直接依法确定为管理人。⑤ 60

2. 管理人的职权与义务

管理人一经法院指定,随即被授予债务人资产相关职权,有权对债务人实施接管、出售财产,并将出售所得分配给债权人。⑥ 债务人的董事既不得侵害管理人的权 61

① Debtor Rehabilitation and Bankruptcy Act (Act No.7428,enacted 1 April 2006) Art.51(1).

② Debtor Rehabilitation and Bankruptcy Act (Act No.7428,enacted 1 April 2006) Art.74.

③ 《重整与破产法》于2006年引入了这一独特的"债务人自行管理"机制。自此开始,韩国的重整申请数量快速增加,各方提起重整申请时间也有所提前。

④ Hankuk Daily Newspaper Case 2013hoehap142 (Seoul Central District Court) and Good Morning City Case 2003hoe25 (Seoul Central District Court) (30 September 2003). 该两案均指定了临时管理人(provisional administrator)。

⑤ Insolvency Division of the Seoul Central District Court, Practical Guide of Rehabilitation Cases vols 1 and 2 (Parkyoungsa, 4th ed., 2014) at p. 211. 本书由该院法官共同编著。

⑥ Debtor Rehabilitation and Bankruptcy Act (Act No.7428,enacted 1 April 2006) Art.56(1).

利，也不得干涉管理人行使职权。① 法院一旦裁定破产程序开始，债务人的董事、股东即被剥夺了对债务人事务、资产的管理权和处分权。此外，在实务中，法院很少指定联合管理人。

62 管理人享有处分债务人位于韩国内外的财产并继续经营其业务的专属职权。②但是，管理人有意订立合同或放弃债务人权利的，应当事前取得法院的授权。③ 如果管理人履职行为会对债务人资产、经营造成影响，包括获得贷款、提起诉讼、处置资产、放弃权利等，均须经过法院准许。④ 此外，管理人或其继任者应当就其担任管理人期间的履职情况履行报告义务。⑤

63 韩国法院判例明确指出，管理人既不等同于债务人，也不是债务人的代理人或代表，而是某种公共受信人（public fiduciary），即作为债务人、债权人、股东等利益相关方集合体的管理者而履行职责。⑥

64 管理人到位后，应当尽快完成对债务人资产的评估⑦并向法院提交债务人的财产清单和资产负债表。⑧ 除此之外，管理人还应当在第一次利害关系人会议上，向法院和管理委员会报告与债务人重整相关的必要信息，⑨包括造成债务人财务困境的原因、重整申请情况、债务人的经营与财产状况等。这些必要信息可同时用于评估债务人原董事应承担的责任。原董事对债务人的财务困境负有责任的，管理人有权依据《重整与破产法》第114、115条的规定，申请保全该董事的财产。⑩ 此外，管理人还有义务向法院提出重整计划草案，并在法院的监督下严格执行重整计划。⑪

---

① Debtor Rehabilitation and Bankruptcy Act (Act No. 7428, enacted 1 April 2006) Art. 56(2).

② Debtor Rehabilitation and Bankruptcy Act (Act No. 7428, enacted 1 April 2006) Arts. 56 and 640.

③ Debtor Rehabilitation and Bankruptcy Act (Act No. 7428, enacted 1 April 2006) Arts. 61(1)(1), 61(1)(2), 61(1)(7) and 640.

④ Debtor Rehabilitation and Bankruptcy Act (Act No. 7428, enacted 1 April 2006) Art. 61.

⑤ Debtor Rehabilitation and Bankruptcy Act (Act No. 7428, enacted 1 April 2006) Art. 84.

⑥ The Supreme Court decisions of 2010Da63836 (28 March 2013), 87Daka1559 (11 November 1988) and 73Da692 (25 June 1974).

⑦ Debtor Rehabilitation and Bankruptcy Act (Act No. 7428, enacted 1 April 2006) Art. 90.

⑧ Debtor Rehabilitation and Bankruptcy Act (Act No. 7428, enacted 1 April 2006) Art. 91.

⑨ 关于管理委员会的职能，可参见本报告第65段。

⑩ Debtor Rehabilitation and Bankruptcy Act (Act No. 7428, enacted 1 April 2006) (DRBA) Art. 92. 《重整与破产法》第114、115条规定有简易程序，如果债务人的原董事因侵占、欺诈等行为而对债务人陷入困境负有责任，则管理人可通过简易程序进行追责。

⑪ Debtor Rehabilitation and Bankruptcy Act (Act No. 7428, enacted 1 April 2006) Art. 257(1).

(二)管理委员会

韩国于1998年引入管理委员会(management committee)制度,管理委员会作为各地方法院的内设机构,旨在以公正、快捷的方式管理破产程序。其职能包括:向法院提出指定管理人的意见、监督管理人履职情况、审查重整计划、监督债权人获取信息、评估重整进度等。[①] 管理委员会由注册会计师、银行业人士、经济学家组成,这些成员将负责评估债务人资产和债务人申报的财务状况,并向法院提供专业建议。[②] 65

(三)首席重组官

尽管《重整与破产法》未强制要求公司委任首席重组官(Chief restructuring officer),但首尔重整法院已对首席重组官制度进行探索。在大型重整案件中,首尔重整法院会在程序开始后,指示债务人保留一名由债权人委员会推荐产生的首席重组官——通常由退休银行家、会计师或大公司退休高管担任。[③] 首席重组官的主要职责为:监督债务人在重整期间的活动、对债务人在重整中遇到的问题提供咨询建议、定期向法院报告债务人事务等。债务人有义务向首席重组官支付报酬。[④] 66

(四)债权人委员会

根据韩国法规定,债权人委员会由10名以下债权人组成,其中须同时包含担保债权人和无担保债权人。[⑤] 小数额债权人可以成为债权人委员会成员。[⑥] 韩国法未强制要求小型企业在重整中设立债权人委员会。[⑦] 但如果设立债权人委员会,债权人委员会可以就是否开始或终结重整程序、指定管理人、选定审计师等事项提出意 67

---

① Debtor Rehabilitation and Bankruptcy Act (Act No. 7428, enacted 1 April 2006) Art. 17. 目前,所有地方法院均已组建管理委员会。

② Debtor Rehabilitation and Bankruptcy Act (Act No. 7428, enacted 1 April 2006) Arts. 16(3) and 17(1).

③ 法院一般会建议债务人按照债权人委员会的推荐意见委任首席重组官,债权人委员会有权按照《债务人重整与破产清算相关法律》第21条(1)款的规定提出这类推荐意见。

④ Seoul Central District Court, Report on Forum for Judges of National Rehabilitation and Liquidation (2014) at p. 34 -42.

⑤ Debtor Rehabilitation and Bankruptcy Act (Act No. 7428, enacted 1 April 2006) Art. 20(2).

⑥ Debtor Rehabilitation and Bankruptcy Act (Act No. 7428, enacted 1 April 2006) Art. 20(3).

⑦ Debtor Rehabilitation and Bankruptcy Act (Act No. 7428, enacted 1 April 2006) Art. 20(1).

见。① 在决议方式上，债权人委员会基于成员人数上的多数决作决定，而不是基于成员债权额上的多数决作决定。② 法院有义务向债权人委员会提供破产申请、开始裁定、审计报告等案件重要信息。③

68 自2011年起，法院开始在审理大型重整案件中适用《重整与破产法》第21条，即批准由债务人支付债权人委员会聘请专业人士的费用。在这类案件中，即使是不属于债权人委员会成员的债权人，也可依靠债权人委员会的工作更为便捷地获取信息。并且，除非管理人与债权人之间对此产生冲突，否则法院不会介入这类信息披露过程。

八、程序转换

69 根据韩国法，清算程序转重整程序具有理论上的可行性，④但在实务中极少出现。

70 与之相对应，重整失败转破产清算的问题则更为复杂。这类程序转换涉及多种情形，既包括强制转换，也包括依裁量权转换。一方面，重整失败发生在法院批准重整计划之后，如出现债务人未能执行重整计划等情形，法院应当对债务人强制启动清算程序。⑤ 另一方面，如果重整失败发生在法院批准重整计划之前，则法院可以依其裁量权将重整程序转入清算程序。⑥ 实践中，为了避免对未来有意申请重整的债务人造成"寒蝉效应"，法院很少会仅依裁量权而将重整程序转入破产清算。⑦

71 重整程序被强制转入清算程序的，程序涉及的债权人应再次向法院申报债权。

---

① Debtor Rehabilitation and Bankruptcy Act (Act No.7428, enacted 1 April 2006) Art.21(1)(2).

② Debtor Rehabilitation and Bankruptcy Act (Act No.7428, enacted 1 April 2006) Art.21(2).

③ Debtor Rehabilitation and Bankruptcy Act (Act No.7428, enacted 1 April 2006) Art.21.

④ 2001年5月11日，首尔中央地方法院对Dong Ah construction公司作出破产宣告（案号2001ha111）。但该公司在2001年之后仍继续在部分施工场所经营其建筑业务。其后，有意收购该公司的债权人提出了重整Dong Ah construction公司的申请。该案经过2007年的重整程序（案号2006hoehap16）以并购方式顺利审结。

⑤ Debtor Rehabilitation and Bankruptcy Act (Act No.7428, enacted 1 April 2006) Art.6 (1).

⑥ Debtor Rehabilitation and Bankruptcy Act (Act No.7428, enacted 1 April 2006) Art.6 (2).

⑦ 值得说明，由于法院希望有序处置并解散债务人，首尔重整法院审理的韩进公司破产清算案件系由重整程序转入（案号2016hoehap100211）。根据《重整与破产法》的规定，首尔重整法院重新组建了合议庭审理程序转换后的清算案件（不同于原重整案件的合议庭），并重新分配了清算的案号（2017hahap15）。

而如果是法院依裁量权将重整程序转入清算程序,则重整期间申报的债权在清算程序中视为已申报。① 但需注意,重整程序中债权人在申报债权时,无须把以外币计价的债权转换为以韩元计价。然而,在重整程序转入清算程序后,该债权必须转换为以韩元计价,从而使债权人能够获得以韩元为单位计算的分配款项。②

在重整程序转入清算程序后,原重整期间发生的共益债权、裁定重整程序开始前产生的税款债权,均属于破产财团债权(bankruptcy estate claims)。③ 韩国法律规定,这类破产财团债权的持有人不得依据《民事执行法》对破产财产启动强制拍卖程序,④已经开始的强制拍卖程序也应中止。⑤ 72

九、重整融资

在韩国,大多数 DIP 融资(DIP financing)都发生在重整程序开始后到重整计划获批准之间,或者发生在重整计划获批准之后,很少发生在重整申请至程序开始之间。 73

《重整与破产法》原则上不承认共益债权之间存在优先顺序,但在重整申请提出后,经法院准许取得的新借款,通常可以较其他共益债权优先受偿,⑥其他共益债权则按其债权数额平等受偿。⑦ 然而,根据韩国法的规定,一旦重整失败并转入破产清算,这类原本适用于 DIP 融资的超级优先权规则也不再适用。因此,这一规则衔接上的空白也导致韩国债务人在获取重整资金时难上加难。 74

韩国还不时出现进攻型 DIP 融资(Offensive DIP financing)的情况,即资金方在债务人申请重整前并不经营借款业务,但却基于特定目的在重整程序中为债务人提供融资。⑧ 在这类融资活动中,大部分的资金方都会使用兼并、并购等方法,同时配 75

---

① Debtor Rehabilitation and Bankruptcy Act (Act No. 7428, enacted 1 April 2006) Art. 6(5).

② Debtor Rehabilitation and Bankruptcy Act (Act No. 7428, enacted 1 April 2006) Arts. 6(5) and 137.

③ Debtor Rehabilitation and Bankruptcy Act (Act No. 7428, enacted 1 April 2006) Art. 473(2).

④ Civil Execution Act (Act No. 6627, enacted 1 July 2002).

⑤ 2006Ma260 (Supreme Court Order) (27 June 2008); 2006Ma1277 (Supreme Court Order) (12 July 2007).

⑥ Debtor Rehabilitation and Bankruptcy Act (Act No. 7428, enacted 1 April 2006) Art. 180(7).

⑦ Debtor Rehabilitation and Bankruptcy Act (Act No. 7428, enacted 1 April 2006) Art. 180(7).

⑧ Daewoo Logistics 2009hoehap 109 (Seoul Central District Court) (23 July 2009). 关于 Jinyang Tech 案的退场融资情况,参见 Jungyoung Jeong, *DIP Financing in Korean Rehabilitation Proceedings*, (2011) 2(2) Korean Journal of Insolvency Law147 at 164 – 165。

以发行新股、新债的方式完成退出融资(exit financing)。一般情况下,作为退出融资安排的一部分,债务人的原管理层将失去其对债务人的控制权。实践中很少有管理层在这类退出融资中既能保留控制权,又能获得融资。

76 目前,对于庭外重组到庭内重整过渡期间的程序前 DIP 融资,韩国法未对相关权利、具体规定进行明确,这仍属韩国需进一步推动的立法任务。

十、中止与延期偿付

77 法院在裁定重整程序开始之前,可以依利害关系人的申请(自收到申请 7 日内)或者依职权,对债务人的财产作出保全命令。① 但是,即使法院对债务人财产作出保全命令,债务人合同的相对方依然可以以债务人未给付为由终止合同。②

78 法院还可依利害关系人的申请或者依职权作出概括性中止命令(comprehensive stay order)③,禁止债权人行使担保权、对债务人财产申请临时保全等。④ 但是,这一中止命令既不适用于共益债权,也不适用于与税款有关的保全、执行程序。⑤ 此外,法院还可作出命令,中止针对债务人清算程序和与债务人财产相关的行政程序、司法程序。⑥

79 如本报告第 39 段所述,法院一旦作出重整程序开始裁定,将产生自动中止效力。按照韩国法规定,这种中止效力理论上及于债务人境外财产所在地,⑦但是,这类中止的实际效果以外国法院对韩国破产程序的承认为前提。另外,《重整与破产法》并未针对违反法院命令的行为规定藐视法庭(contempt of court)罚则,但对于债权人已就债务人境外资产受偿的情形,该法规定了分配调整规则。⑧

---

① Debtor Rehabilitation and Bankruptcy Act (Act No. 7428, enacted 1 April 2006) Art. 43.

② 2007Da9856 (Supreme Court decision) (10 May 2007).

③ 总体而言,保全命令与概括性中止命令的区别在于,前者禁止债务人偿付债务,后者则禁止债权人行使权利。

④ Debtor Rehabilitation and Bankruptcy Act (Act No. 7428, enacted 1 April 2006) Art. 45.

⑤ 《债务人重整与破产清算相关法律》第 45 条(1)款并未禁止税务官启动征税程序。See Insolvency Division of the Seoul Central District Court, Practical Guide of Rehabilitation Cases vols 1 and 2 (Parkyoungsa, 4th ed, 2014) at p. 112. 本书由该院法官共同编著。

⑥ Debtor Rehabilitation and Bankruptcy Act (Act No. 7428, enacted 1 April 2006) Art. 44.

⑦ Debtor Rehabilitation and Bankruptcy Act (Act No. 7428, enacted 1 April 2006) Art. 640.

⑧ Debtor Rehabilitation and Bankruptcy Act (Act No. 7428, enacted 1 April 2006) Art. 642.

十一、普通合同与特殊合同[①]

(一)概述

在重整程序中,管理人有权在法院裁定开始重整程序后[②]对待履行合同进行承继、终止或解除。[③] 管理人关于解除或终止合同的决定,应当在利害关系人会议审议重整计划草案之前作出。[④] 管理人未在截止日期前作出决定的,视为承继该合同。[⑤] 此外,债务人待履行合同的相对方有权要求管理人在规定期限内以书面形式通知其承继或终止合同的意向。[⑥] 管理人未在期限内答复的,视为管理人承继该合同。[⑦] 对于大多数类型的待履行合同,管理人都须经法院批准才可终止合同。[⑧] 80

另一方面,管理人承继任何待履行合同,均无须法院批准。[⑨] 实践中,管理人可通过提交合同承继清单或者向合同相对方发送书面通知的方式,告知待履行合同承继情况。对于合同相对方,在收到承继或终止待履行合同的通知之前,应当在正常经营过程中继续履行原合同义务。原则上,除了下文列举的例外情形(请参见特殊合同部分的例外规定。——译者注),管理人可以依法终止任何待履行合同。[⑩] 81

尽管《重整与破产法》未明文禁止合同债权转共益债权,但在实践中的预期是,管理人承继待履行合同并不会使承继前未偿的合同债权转为共益债权。因此,根据韩国法的规定,除了承继施工合同的债权,其他合同承继前应偿付的债权一般仍属 82

---

① See generally Soogeun Oh & Heejong Song, *National Report for the Republic of Korea*, in Treatment of Contracts in Insolvency (Dennis Faber et al eds) (Oxford University Press,2013) at p.405 -429.

② Debtor Rehabilitation and Bankruptcy Act (Act No.7428,enacted 1 April 2006) Art.119. 管理人不能只拒绝履行某一待履行合同而不终止该合同。管理人不享有转让待履行合同的特别权力。

③ 最高法院就如何认定待履行合同规定的标准如下:如果合同一方的义务以合同相对方的义务为交换,或者从合同成立、履行和存在的角度来看,合同各方的义务在法律上、经济上相互交织,为对方履行义务发挥担保功能的,则该合同为待履行合同。See 2005da38263 (Supreme Court decision) (6 September 2007).

④ Debtor Rehabilitation and Bankruptcy Act (Act No.7428,enacted 1 April 2006) Art.119(2).

⑤ Debtor Rehabilitation and Bankruptcy Act (Act No.7428,enacted 1 April 2006) Art.119(2).

⑥ Debtor Rehabilitation and Bankruptcy Act (Act No.7428,enacted 1 April 2006) Art.119(2).

⑦ Debtor Rehabilitation and Bankruptcy Act (Act No.7428,enacted 1 April 2006) Art.119(2).

⑧ Debtor Rehabilitation and Bankruptcy Act (Act No.7428,enacted 1 April 2006) Art.61(1)(iv).

⑨ Debtor Rehabilitation and Bankruptcy Act (Act No.7428,enacted 1 April 2006) Art.61 (1)(4).

⑩ Debtor Rehabilitation and Bankruptcy Act (Act No.7428,enacted 1 April 2006) Art.124(4).

普通债权。[①] 此外，管理人一旦承继合同则不得无故终止合同。管理人违反合同的，则相对方对此享有的损害赔偿权属于共益债权。[②]

83 另外，《重整与破产法》也未明确规定待履行合同中破产约定条款（ipso facto clauses）的效力。[③] 韩国最高法院的判例认为，为保护管理人承继或终止待履行合同的选择权，法院可以认定破产约定条款无效。[④] 但对此问题，韩国其他法院的判例观点仍存在分歧。例如，首尔中央地方法院在其审理的一个禁令案件中认为，对于破产约定条款的效力，应当予以尊重。[⑤] 而首尔重整法院则坚持认为，破产约定条款原则上应属无效。[⑥] 目前而言，首尔重整法院关于破产约定条款无效的观点，得到了学者和破产律师的普遍支持。

（二）特殊合同

84 韩国的破产法并未对知识产权许可合同作特别规定。知识产权许可人进入破产程序的，被许可人并不享有法律上的特殊保护。因此，许可人的管理人决定终止知识产权许可合同的，被许可人不能继续主张合同有效。[⑦] 目前，越来越多学者、律师呼吁完善相关法律规定，切实保护知识产权被许可人在许可人破产时的合法权益。

85 在商业地产的出租人破产时，《重整与破产法》则对承租人的租赁合同给予特别保护。该法规定，承租人具有以下两类情形之一的，管理人不得对该租赁合同行使承继或终止合同的选择权：（1）承租人在该地实际居住或开展经营活动的；（2）承租人将该场所登记为居住地或企业注册地的。因此，即使出租人破产，上述两类承租人仍有权在合同约定的租赁期内继续使用该租赁标的作为居住或经营场所。[⑧]

86 另外，韩国法还对公共服务合同作出特别规定。在重整程序开始后，水、电、燃

① 2002Da65691（Supreme Court decision）（11 February 2003）.

② Debtor Rehabilitation and Bankruptcy Act（Act No. 7428, enacted 1 April 2006）Art. 179（1）（7）; 2001Da68068（Supreme Court decision）（28 May 2002）.

③ 外国法院在案件中曾对以《重整与破产法》为准据法的“破产约定条款”问题进行处理。See Fibria v. Pan Ocean［2014］EWHC 2124（Ch）;［2014］1 Bus LR 1041.

④ 2005Da38263（Supreme Court decision）（6 September 2007）.

⑤ 2013 Kahap80074（Seoul Central District Court decision）（24 January 2014）.

⑥ 2008Hoehwak562［Seoul Central District Court（Bankruptcy Panel）decision］（11 January 2010）.

⑦ Soogeun Oh & Heejong Song, *National Report for the Republic of Korea*, in Treatment of Contracts in Insolvency（Dennis Faber et al., eds.）（Oxford University Press, 2013）at p. 425.

⑧ Debtor Rehabilitation and Bankruptcy Act（Act No. 7428, enacted 1 April 2006）Art. 124.

气、电信等公共服务方不得以重整申请前发生的服务费用未获支付为由拒绝继续提供服务。[①] 最高法院更是将该规则扩大适用至重整申请前已因违约被中断电力供给的案件,因此,只要在重整程序开始后管理人承继公共服务合同,相关服务的供给方应立即恢复提供服务,且不得要求先予给付款项。[②] 但是,管理人承继合同后仍不支付服务费用的,公共服务方可以停止供给服务。

管理人终止待履行合同还可能引发法律冲突(conflict of laws)问题。例如,在 87
韩国重整程序中,如果管理人选择终止某项待履行合同,但该合同的准据法规定继续履行,则相对方可能无权依据《重整与破产法》终止合同,而须根据原准据法继续履行。因而在实务中,合同谈判方一般会坚持以英国法作为其合同的准据法,以此方式确保合同事项可依据英国法进行诉讼救济。这是因为,英国法中认可毁约性违约(repudiatory breach)的概念,因此合同相对方可以将管理人终止履行合同的决定视为毁约性违约,并因此获得相应救济。

十二、债权的清偿顺序、优先权和处理方法[③]

韩国重整程序中各项权利的优先顺位如下:取回权;共益债权;担保债权;无担 88
保债权;劣后债权。[④]

按照法律规定,取回权不受重整程序制约。[⑤] 因此,相关所有权人可以要求取回 89
被债务人占有的财产,而不受重整程序的影响。

以在途货物取回的情形为例,在出卖人依据买卖合同向买受人发运货物,但尚 90
未收到相应给付的期间,如果货物的买受人在收到货物之前即启动了重整程序(货物尚在运输途中),则出卖人在重整程序中就该货物对买受人(债务人)享有取回权。类似的取回权规则还适用于委托他人代为购买货物等情形。[⑥] 除此之外,取回权人也无须在重整程序中提交权利证明。[⑦]

---

① Debtor Rehabilitation and Bankruptcy Act (Act No. 7428, enacted 1 April 2006) Art. 122(1).

② 2009Ma1930 (Supreme Court decision) (11 February 2010).

③ See generally Soogeun Oh & Heejong Song, *Priority in Insolvency Proceedings*, (2008) 7 Journal of Korean Law 283 –331.

④ Debtor Rehabilitation and Bankruptcy Act (Act No. 7428, enacted 1 April 2006) Art. 217.

⑤ Debtor Rehabilitation and Bankruptcy Act (Act No. 7428, enacted 1 April 2006) Art. 70.

⑥ Debtor Rehabilitation and Bankruptcy Act (Act No. 7428, enacted 1 April 2006) Art. 71.

⑦ Debtor Rehabilitation and Bankruptcy Act (Act No. 7428, enacted 1 April 2006) Art. 71.

91 在重整程序中的任一时间，共益债权均优先于有担保或无担保债权受偿。① 除了 DIP 融资可依法享有优先权之外（如本报告第 74 段所述），各类共益债权之间应当按比例受偿。典型的共益债权类型包括：②

（1）司法程序发生的成本、费用，如公告费、管理人报酬、因债权人委员会聘请专业人士完成必要工作而发生的费用等；

（2）DIP 融资、债务人为继续经营购买原材料和其他必要服务而发生的费用、在重整申请提出前 20 日内向债务人交付货物而产生的债权；

（3）特定税款债权，主要为重整程序开始后产生的应付税款；

（4）欠付的工资、遣散费和因工伤事故产生的赔偿金。

92 即使管理人认可某项共益债权的存在及其数额，且债务人的资产又足够支付该项共益债权，管理人在偿付该项共益债权之前，仍需获得法院批准。③ 在重整程序期间，共益债权持有人可以用共益债权抵销其对债务人所负债务。④

93 如果管理人不予认可某项共益债权的存在或其数额，主张该项债权的当事人可以向有管辖权的法院提起民事诉讼，这类案件不由破产庭审理，而由法院的民事庭（civil division）审理。⑤

94 国内、国外的共益债权持有人可能会在国内外提起诉讼。但是，共益债权人在执行法院针对债务人资产作出的有利判决时，会受到一定限制。韩国法规定，如有以下两类情形之一，共益债权人不得执行法院作出的有利判决：（1）执行该判决会实质性妨碍债务人重整活动，且债务人有其他可变现资产的；（2）债务人资产不足以清偿全部共益债权的。⑥

95 如前述及，重整程序一旦开始，担保债权人不可对相关担保物行使担保权。⑦《重整与破产法》未规定这一禁止性效力可依申请解除。在实践中，如果债务人根据法院批准的重整计划出售担保物，则对担保物享有担保权的债权人，将从担保物的

---

① Debtor Rehabilitation and Bankruptcy Act（Act No. 7428, enacted 1 April 2006）Art. 180（2）.

② 《债务人重整与破产清算相关法律》第 179 条列举了共益债权的类型。

③ Debtor Rehabilitation and Bankruptcy Act（Act No. 7428, enacted 1 April 2006）Art. 61（1）（8）.

④ Debtor Rehabilitation and Bankruptcy Act（Act No. 7428, enacted 1 April 2006）Art. 180.

⑤ Debtor Rehabilitation and Bankruptcy Act（Act No. 7428, enacted 1 April 2006）Art. 180（1）.

⑥ Debtor Rehabilitation and Bankruptcy Act（Act No. 7428, enacted 1 April 2006）Art. 180（3）.

⑦ Debtor Rehabilitation and Bankruptcy Act（Act No. 7428, enacted 1 April 2006）Art. 131.

出售所得中优先受偿。[①] 除此之外,即使债务人未能按照法院批准的重整计划清偿调整后的债权,担保债权人也不可在重整期间执行担保权。对于这类情形,受影响的担保债权人有权申请终止重整程序。[②]

关于特殊关联方在重整中的权益,韩国判例已确立如下规则:母公司、关联公司、大股东等债务人的特殊关联方,较之于其他无担保债权人或股东,其享有的债权和利息应当在重整计划中受到不利对待。[③] 在实务中,重整计划一般会从实质上注销与债务人特殊关联(specially-related)的债权人的全部股票,或者免除其依据借款协议对债务人享有的债权。 96

根据韩国法规定,债权人在第一次利害关系人会议前就债权优先清偿次序达成协议的,应当将该协议提交至法院并由法院列入重整计划。[④] 这一规定旨在为金融债权人在重组阶段达成的安排提供确定性,但很少在重整程序中实际使用。 97

韩国法还规定,特殊关联人(如大股东)对债务人的债权,包括借款债权或承担保证责任后的追偿权,可以相较同组的其他债权受到不利对待。[⑤] 例如,特殊关联人的债权可能受到全部或大幅核减,其持股比例也可能通过注销股票而大幅降低。在对特殊关联人适用这一不利规则时,无须满足《重整与破产法》第243条(1)款(4)项关于保障债权人最佳利益的法定要求。也就是说,对于与债务人存在特殊关联关系的债权人而言,其在重整程序中受偿的数额可以低于其本可在清算程序中受偿的数额。 98

十三、职工、利益相关方和退休金问题

在韩国,对雇主开始重整程序并不会自动中止其与职工之间的雇佣合同。但是,面临财务困境的雇主可能会以缩减营业规模、裁掉部分员工的方式节约劳务成本。对于这一重整程序期间裁员问题,《重整与破产法》未作特别规定,因此仍需适用《劳动标准法》[⑥]和最高法院有关判例。此外,鉴于雇佣合同也属于待履行合同,管理人终止雇佣合同同样须经法院批准。[⑦] 考虑法院在准许终止雇佣合同时已根据 99

---

① Insolvency Division of the Seoul Central District Court, Practical Guide of Rehabilitation Cases Vols 1 and 2 (Parkyoungsa, 4th ed., 2014) at p. 658. 本书由该院法官共同编著。

② Debtor Rehabilitation and Bankruptcy Act (Act No. 7428, enacted 1 April 2006) Art. 287.

③ 2001Gue132 (Supreme Court Order) (18 June 2004).

④ Debtor Rehabilitation and Bankruptcy Act (Act No. 7428, enacted 1 April 2006) Art. 193(3).

⑤ Debtor Rehabilitation and Bankruptcy Act (Act No. 7428, enacted 1 April 2006) Art. 218(2).

⑥ Act No. 5309, enacted 13 March 1997.

⑦ Debtor Rehabilitation and Bankruptcy Act (Act No. 7428, enacted 1 April 2006) Art. 61(1)(iv).

《劳动标准法》要求审查裁员申请，因此，被裁员的一方再对终止雇佣合同的效力问题提出异议就很难获得支持。

100 如前第91段(4)部分所述，未付的工资、遣散费和因工伤事故发生的赔偿金均属于共益债权。[①] 同时，债务人的全体职工，不论其离职时间的早晚或发生在重整程序开始之前或之后，均可就其工资、遣散费债权主张优先受偿。但是，并不能说《重整与破产法》这一规则很好地保护了职工权益。因为根据《民事执行法》的规定，职工最后3个月的工资、最后3年的遣散费[②]及因工伤事故产生的赔偿金，都将在韩国执行程序的止赎出售(foreclosure sale)中享有最高级别的优先权，[③]甚至优先于税款债权和担保债权。[④] 但是，重整程序一旦开始，这一最高级别的优先权即会丧失。因而在实务中，现有的职工债权政策反而会成为债务人继续生存的阻碍。

101 根据《雇员退休收入保障法》[⑤]，韩国雇主可以设立固定收益退休金计划(Defined Benefit Retirement Pension Program)，由该退休金计划的提供方负责向退休职工发放遣散费。因此，在《雇员退休收入保障法》引入固定收益退休金计划制度后，即使雇主破产，职工也可较有保障地获得遣散费。

102 韩国法还规定，管理人无权终止劳资集体谈判协议(collective bargaining agreements)。[⑥] 对于管理层与工会在重整程序开始前达成的劳资协议，管理人也无权变更或调整。因此，韩国关于劳资协议的特殊规定也会影响债务人重整。

十四、撤销、追回规则和安全港规定

103 根据《重整与破产法》的规定，以下4类交易在重整程序中属于可撤销行为：[⑦]

(1)欺诈性转让(fraudulent transfers)：指以不合理的低价出售财产等会损害债权人利益的财产转让行为，构成欺诈性转让的前提为受让人知道该转让会损害债权人利益。[⑧]

---

① Debtor Rehabilitation and Bankruptcy Act (Act No. 7428, enacted 1 April 2006) Art. 473(x).

② Employee Retirement Benefit Security Act (Act No. 5513, enacted 1 July 1998) Art. 12(2).

③ Civil Execution Act (Act No. 6627, enacted 26 January 2002, effective 3 February 2016).

④ Labour Standards Act (Act No. 5309, enacted 13 March 1997) Art. 38.

⑤ Act No. 5513, enacted 1 July 1998.

⑥ Debtor Rehabilitation and Bankruptcy Act (Act No. 7428, enacted 1 April 2006) Art. 119(4).

⑦ 本部分所述的撤销和安全港规则大多数也适用于清算程序。See generally s. 2 of ch. 3 of the Debtor Rehabilitation and Bankruptcy Act (Act No. 7428, enacted 1 April 2006).

⑧ Debtor Rehabilitation and Bankruptcy Act (Act No. 7428, enacted 1 April 2006) Art. 100(1)(1).

(2)破产交易(insolvent trading):指在提出破产申请等破产事件(insolvency event)发生之后仍向债权人清偿债务、提供担保的行为,构成破产交易的前提为相关债权人、接受给付的人已经知道破产事件的出现。①

(3)偏颇清偿(unfair preference):指在破产事件发生前的60日的临界期内,债务人对尚无实质偿付义务的特定债权进行清偿、提供担保的行为,构成偏颇清偿的前提为受偿人或债权人知道该行为会损害其他债权人利益。②

(4)无偿行为(gratuitous act)或可被视为无偿行为的有偿行为:指在债务人停止支付或破产申请提交之后,或者在破产申请提交前的6个月内,债务人作出的赠与、无对价而成为他人债务的保证人等无偿的行为。③

相关交易的受让方对欺诈性转让(如低价出售)损害效果的主观认识,是决定该 104
交易是否可撤销的关键因素。受让方应当对其不知道相关转让存在损害效果承担举证责任。欺诈性转让不受任何临界期的限制,而偏颇清偿则适用60日的追溯临界期,以申请提交之日为止。④

对于债务人在无收到相应对价情况下为其关联方、母公司的债务提供保证的行 105
为,可以依据本报告第103段(4)部分的规则予以撤销。⑤ 然而,关于母公司为子公司提供保证是否可撤销的问题,一直存在争议。这是因为,在母公司为子公司借款提供保证的情形中,母公司一般可以从中获取子公司股权价值提升的收益。但相较而言,子公司如为关联方、母公司债务提供保证,则很难证明子公司可以获得相应的收益,除非子公司按照市场费率获得了佣金或其他企业收益(如部分借款所得,或通过为整个企业集团融资以显著提升交易地位)。

最高法院判例认为,子公司在没有直接收益的情况下,以融资换取集团整体交 106
易地位或信用状况的提升,并不构成对该保证行为的合理对价。同时,债务人对关联方债务提供保证并可因此获得一定经济利益之事实,也不属于对可撤销行为的有效抗辩。⑥

需说明,前述4类可撤销交易只是在管理人、债务人与交易相对方之间属可撤销。 107

① Debtor Rehabilitation and Bankruptcy Act (Act No. 7428, enacted 1 April 2006) Art. 100(1)(2).

② Debtor Rehabilitation and Bankruptcy Act (Act No. 7428, enacted 1 April 2006) Art. 100(1)(3).

③ Debtor Rehabilitation and Bankruptcy Act (Act No. 7428, enacted 1 April 2006) Art. 100(1)(4).

④ 如果是债务人与其特殊关联方进行的偏颇清偿(转让)行为,该临界期延长至1年。See Art. 101(2) of the Debtor Rehabilitation and Bankruptcy Act (Act No. 7428, enacted 1 April 2006).

⑤ 2000da63523 (Supreme Court decision) (9 February 2016).

⑥ 97da20755 (Supreme Court decision) (26 March 1999).

管理人可以通过两种方式行使撤销权：一是以主张撤销权作为抗辩；二是提起诉讼。① 另外，在韩国法的规定中，依据有执行名义的契据（enforceable deed，如法院判决等）提起的强制拍卖、继续拍卖程序也可能构成偏颇清偿，从而属于可撤销行为。②

108 最高法院的判例指出，对特定类型债权人进行的偏颇清偿还可能同时构成欺诈性转让，管理人可以不受临界期限制而对该行为行使撤销权。③ 综上所述，《重整与破产法》中的撤销规则仍有待大幅修订以增加适用上的透明度，因为该法现有条款既不能明确区分欺诈性和偏颇性的交易，也未明确规定例外情形。

109 就撤销权行使期限而言，管理人应当在法院作出开始裁定后的 2 年内行使撤销权。④ 如果某项交易被撤销，债务人有义务就其资产在无效交易中所获利益赔偿相关权利人，同时，只要债务人仍持有相关可被追索权利的财产，权利人的赔偿请求权将被作为共益债权，优于无担保债权受偿。⑤ 此外，关于清偿担保债权是否可撤销的问题，则需视程序类型区分处理，因为该行为在重整程序中可撤销，但在清算程序中不可撤销。⑥

110 根据《重整与破产法》的规定，原则上管理人只能撤销债务人所作的财产转让、设定担保、个别清偿等行为，并不能阻却债权人在重整程序中主张抵销。但是，债务人为了特定债权人利益而在重整程序开始前行使抵销权的，管理人可依法撤销该抵销行为。因此，债务人、债权人在重整程序开始前达成的抵销协议也属于可撤销范围。⑦

111 《重整与破产法》包含两类安全港规则。第一类安全港规则旨在保障支付清算系统、证券期货结算系统经适当审批后所作支付、清算行为的终局性。属于支付清算系统成员的银行、证券经纪公司，在进入重整程序后不能适用待履行合同、撤销权规则，即其管理人无权抵销、撤销，也不可承继或终止待履行合同。⑧ 而在中央对手方（Central Clearing Counterparty）的参与机构进入重整程序时，根据《重整与破产

---

① Debtor Rehabilitation and Bankruptcy Act (Act No. 7428, enacted 1 April 2006) Art. 105(1).

② Debtor Rehabilitation and Bankruptcy Act (Act No. 7428, enacted 1 April 2006) Art. 104.

③ 2016da247209 (Supreme Court decision) (12 April 2018); 2014da18131 (Supreme Court decision) (14 January 2016).

④ Debtor Rehabilitation and Bankruptcy Act (Act No. 7428, enacted 1 April 2006) Art. 112.

⑤ Debtor Rehabilitation and Bankruptcy Act (Act No. 7428, enacted 1 April 2006) Art. 108.

⑥ 与美国法不同，在韩国法中，债务人在破产前对已设足额担保的债权进行清偿的，也可视为偏颇清偿。See 2000Da50275 (Supreme Court decision) (28 February 2003).

⑦ 2001Da39473 (Supreme Court decision) (24 September 2002).

⑧ Debtor Rehabilitation and Bankruptcy Act (Act No. 7428, enacted 1 April 2006) Arts. 120(1) and 120(2).

法》第120条(1)款的规定,中央清算规则仅适用于中央对手方中陷入破产的具体成员机构,而不适用于中央对手方的清算机构自身。

第二类安全港规则旨在保护特定的金融衍生品、证券借贷、回购交易等适格金融交易(qualified financial transactions)的终止和净额结算效力。① 具体而言,只要特定交易属于适格金融交易,并且是依据载有基本条款的单一协议作出的,该交易中的法人公司(无论是否为金融机构)、私人企业等各类交易主体均可因此享有一定特殊待遇。② 112

进一步讲,第二类安全港规则将适格金融交易排除在管理人撤销权、待履行合同选择权的适用范围之外,而有关禁止在重整程序前对债务人及其资产行使抵销权、担保权命令的规则,也将适格金融交易排除在其适用范围之外。此外,对于这类与破产金融机构衍生品交易相关的待履行合同,金融服务委员会等政府机构同样无权介入。但就目前实践而言,适用这类安全港规则的司法案例还不多。 113

十五、重整计划和营运出售

如上述及,债务人并不独享重整计划的制作权。即使在债务人已经提出重整计划草案之后,股东、债权人等其他利益相关方也可制作并提出自己版本的重整计划草案。法院如收到了多份竞争性重整计划,应当在第二次利害关系人会议之前决定具体对哪份重整计划进行表决。在该次会议上,表决权人应对该计划是否符合《重整与破产法》的相关要求进行审议。③ 尽管法律允许债权人自主开展表决并将表决结果直接报送法院,④但是几乎所有的重整案件,债权人都会在法官主持下,在法庭现场进行表决。 114

韩国法规定,重整计划可以重新调整债务的偿还期限,调整后的偿还期限原则上不得超过10年,但根据重整计划发行公司债券的,债券偿还期限不受该10年限制。⑤ 而重整计划内容则依法应当包括:债权、股权的调整情况(如变更债权、股权的所附条件、实施债转股等);共益债权的清偿情况;用以清偿重整债权的资金 115

---

① Debtor Rehabilitation and Bankruptcy Act (Act No. 7428, enacted 1 April 2006) Art. 120(3).

② Joon Park & Suhn-Kyung Hong, *Special Treatment of Derivatives in Korean Insolvency Proceedings: Comparison with the United States and Japan*, (2008) 7 Journal of Korean Law 349 at 357.

③ Debtor Rehabilitation and Bankruptcy Act (Act No. 7428, enacted 1 April 2006) Art. 231.

④ Debtor Rehabilitation and Bankruptcy Act (Act No. 7428, enacted 1 April 2006) Art. 236.

⑤ Debtor Rehabilitation and Bankruptcy Act (Act No. 7428, enacted 1 April 2006) Art. 195.

来源;盈余收入的使用安排等。① 在实务中,重整计划经常采用的债务调整方式包括降低债务的本金和利率、债务展期、注销现有股票并发行新股票等。此外,韩国司法重整实务中经常实施债转股式重组。在这类债务人根据重整计划向股东、债权人发行新股票的情形中,根据《重整与破产法》第206条的规定,还应同时遵守资本市场相关法律。在这类案件中,利害关系人之间往往会因发行新股时的股权价值问题发生争议。

116 在重整实践中,法院会基于权利人对重整计划的表决权性质,将权利人划分为股东组、担保债权人组和无担保债权人组。但在确定债权清偿数额或债转股比例时,特定类型的无担保债权可较同组其他债权享有一定差别待遇。以贸易债权为例,相较于银行贷款和债务人股东履行保证责任后的追偿权,贸易债权一般可享有更有利的待遇。② 而对于符合法定要求的重整计划,需满足以下表决通过标准:(1)代表担保债权总额3/4以上的债权人表决同意;(2)代表无担保债权总额2/3以上的债权人表决同意;(3)代表股权总额1/2以上的股东表决同意(应注意,如果重整程序开始时债务人已资不抵债,则股东对重整计划不享有表决权)。③ 除资不抵债公司的股东外,以下主体也不享有重整计划表决权:权利不受重整计划影响的相关方、重整程序开始后应计利息部分债权人、税款债权人、刑事罚金债权人等。④

117 重整计划一经利害关系人会议依法通过,法院应当尽快决定是否批准该计划。⑤ 但是,如果重整计划违反了公平对待国内外债权人的原则,即使各表决组均已表决通过该计划,法院也不得批准该计划。⑥

118 重整计划未获一个或数个债权人组通过的,法院可行使裁量权,强制批准重整计划。但是,如果所有的表决组均未通过重整计划,则法院无权强制批准重整

---

① Debtor Rehabilitation and Bankruptcy Act (Act No.7428, enacted 1 April 2006) Art.193.

② 《重整与破产法》第218条(2)款规定将债务人的关联人享有的特定债权作为劣后债权。管理人基于借款协议发生的债权和履行保证责任后的追偿权都属于典型的劣后债权。可参见本报告第98段。

③ Debtor Rehabilitation and Bankruptcy Act (Act No.7428, enacted 1 April 2006) Art.146(2).

④ Debtor Rehabilitation and Bankruptcy Act (Act No.7428, enacted 1 April 2006) Art.191.

⑤ Debtor Rehabilitation and Bankruptcy Act (Act No.7428, enacted 1 April 2006) Art.242(1). 韩国法并未对法院裁定批准重整计划的时间设置限制。实务中,部分重整计划于第二次利害关系人会议上获得批准,另一些则在该会议后的几日内获得批准。

⑥ 92Gue10 (Supreme Court Order) (15 June 1992). 该案认定了这份重整计划对外国债权人给予了歧视性待遇。

计划。[①] 另外,对于债务人而言,在《重整与破产法》第 244 条规定的强制批准程序中,债务人可以通过修改担保债权清偿条款的方式处理债权人异议。不过,依据第 244 条强制批准重整计划时,该计划必须满足公平、公正、可行性要求。例如,债务人将担保物继续抵押或质押给担保债权人即满足该要求。因而在韩国的强制批准实践中,针对担保债权的典型安排为:留债并以现金延后清偿,留债的数额净值等同于担保债权的既有数额,同时降低重整计划获批准后担保债权的利率。除此之外,债务人如果准备根据重整计划以公允的市场价格出售担保物,并将出售所得扣除成本后分配给担保债权人,则该计划也可满足公平公正要求。[②]

重整计划一经批准,无论重整程序是否终结,未获该重整计划认可的担保债权、 119
无担保债权均不可逆地失去效力。[③] 此外,为缩短重整程序时间,尽快恢复债务人启动重整前的状态,除非重整计划执行遇到阻碍,法院应当在债务人按重整计划清偿债权人后,依利害关系人申请或依职权,尽快终结重整程序。[④]

十六、出售、兼并和收购

在重整程序中,债务人可以在法院监督下继续经营其业务。[⑤] 法院作出开始 120
裁定的,应同时明确管理人需事前报请法院批准的事项范围,并为管理人无须法院事前批准的财产处分、原材料采购等交易行为设置价格限制。[⑥] 实际上,债务人的所有的 DIP 融资行为,除了在正常经营过程中进行的交易之外,均需法院批准。

在实务中,债务人在重整期间出售土地、建筑物等固定资产的情形极为少见,因 121
为重整中的债务人一般已无可供出售的有价值财产。但也存在一些债务人在重整计划批准前即出售建筑工地和工厂的案例。这类案例大多涉及以兼并、并购、债转股等方式向第三方转移债务人经营管理权的重整安排。

---

① 73ma787 (Supreme Court Order) (13 March 1974).

② Debtor Rehabilitation and Bankruptcy Act (Act No. 7428, enacted 1 April 2006) Art. 244(1).

③ Debtor Rehabilitation and Bankruptcy Act (Act No. 7428, enacted 1 April 2006) Art. 251. See also 2012Da84417 (Supreme Court decision) (1 January 2014).

④ Debtor Rehabilitation and Bankruptcy Act (Act No. 7428, enacted 1 April 2006) Art. 283(1). 根据韩国梨花女子大学法学院吴守根(OH Soon Geun)教授在 1997 年得出的调查结果,1997 年前,韩国的重整程序从开始裁定作出至终结裁定作出之间平均用时 10 年。See Chiyong Rim, Research on Bankruptcy Law (Pakyoungsa, 2004) at p. 466.

⑤ Debtor Rehabilitation and Bankruptcy Act (Act No. 7428, enacted 1 April 2006) Arts. 81, 84 and 257.

⑥ Debtor Rehabilitation and Bankruptcy Act (Act No. 7428, enacted 1 April 2006) Art. 61.

122 实务中，这类经营管理权转移活动的一般流程如下：管理人会在法院批准重整计划之后为债务人寻找投资机构。投资机构以向债务人提供的借款为对价，转换取得债务人发行的新股。这类债权、股权的转换比一般为“50∶50”。大型公司实施债转股后，公司的原股东很可能会失去其经营管理权，投资方则会因此为新的大股东，原债权人则成为新的小股东。但是，如果公司本身财务状况并不差，即使公司股权可能被注销，公司的原有大股东仍可借助从金融机构处取得的新贷款，在略微削减公司债务的同时，保持其原有的经营管理权。在这类情形中，大股东将会用新取得的贷款购买债务人发行的新股，而公司原有股权也不会被全部注销。韩国实践之所以允许上述做法，是因为韩国法院在重整中适用相对优先规则（relative priority rule）而非绝对优先规则，即只要求重整中股权的减值比例大于无担保债权的减值比例即可。

123 《重整与破产法》规定，未经担保权人同意，债务人不得对担保财产进行自由而无负担（free and clear）的出售。因此，在出售担保财产的案件中，担保权人一般都能从各类替代性保障措施中获得充分补偿。

十七、企业集团破产

124 《重整与破产法》并未规定企业集团合并重整规则。韩国也未引入“实质合并”概念。企业集团内的各公司原则上需分别提出重整申请和重整计划。

125 在实务中，法院为了协调推进相关破产程序，有时会将企业集团中成员公司的重整案件，移交至正在办理该集团内另一公司重整案件的法院审理，并指定同一破产执业者担任管理人，但是，每个案件的债权人分组、重整计划表决、重整计划批准等程序均分别进行。

126 协调处理好企业集团内部的利益冲突问题，是有序推进并成功实施企业集团重整的关键所在。但是，关于是否应撤销成员公司之间的偏颇清偿、是否应承继或终止成员公司之间待履行合同等问题，目前韩国实践尚未形成定式。

十八、小型企业债务人

127 韩国的普通重整程序（如上介绍）为重组公众公司而设计，涉及的利益相关方众多。对小型企业而言，普通重整程序既耗费时间，又成本高企。因此，为了有效应对这一问题，惠及小型企业群体，《重整与破产法》于 2014 年增设简易重整程序。①

---

① 该简易程序还适用于符合规定条件的自然人。

简易重整程序可以适用于债务总额(包括担保债务)不超过30亿韩元的小型企业,[①]并且只可由债务人自愿申请启动。[②] 债务人在申请启动简易重整程序时,需一并确定在债务人不符合简易重整程序适用条件时,其是否同时申请启动普通重整程序。[③] 128

对于小型企业,法院可依其裁量权不指定管理人。[④] 在法院不指定管理人的案件中,企业的原有代表将像其被指定为管理人一样,继续管理债务人事务,但是,如果存在严重的管理不善、欺诈、侵占等需指定第三方担任管理人的情形,则原代表不得继续管理债务人事务。[⑤] 129

在机制设计上,韩国的简易重整程序减少了重整程序需为专业服务支付的费用,允许法官、律师采用《重整与破产法》规定的简单方式来评估小型企业的营运价值和清算价值,无须再聘请注册会计师提供服务。[⑥] 此外,为了保障重整计划更易获得通过,简易重整程序还降低了表决通过标准,即仅需无担保债权人在数额上、人数上的简单多数决即可通过重整计划。[⑦] 此外,在简易重整程序中,法院还可省去召开第一次利害关系人会议的环节。该会一般用于管理人说明债务人破产原因、财务现状、资产负债评估等情况。[⑧] 130

从法院作出开始裁定之日到批准重整计划之日,韩国适用于企业的普通重整程序平均用时为238.8日。而在2015年7月1日至2019年6月30日,首尔重整法院审理企业简易重整程序的平均用时仅为124.4日。[⑨] 131

十九、国际与跨境破产法

《重整与破产法》规定,国内、国外债权人享有同等权利、负有同等义务。[⑩] 最高 132

---

① Debtor Rehabilitation and Bankruptcy Act (Act No. 7428, enacted 1 April 2006) Art. 293 -2(2).

② Debtor Rehabilitation and Bankruptcy Act (Act No. 7428, enacted 1 April 2006) Art. 293 -4(1).

③ Debtor Rehabilitation and Bankruptcy Act (Act No. 7428, enacted 1 April 2006) Art. 293 -4.

④ Debtor Rehabilitation and Bankruptcy Act (Act No. 7428, enacted 1 April 2006) Art. 293 -6.

⑤ Debtor Rehabilitation and Bankruptcy Act (Act No. 7428, enacted 1 April 2006) Art. 293 -6.

⑥ Debtor Rehabilitation and Bankruptcy Act (Act No. 7428, enacted 1 April 2006) Art. 293 -7.

⑦ Debtor Rehabilitation and Bankruptcy Act (Act No. 7428, enacted 1 April 2006) Art. 293 -8. 在普通重整程序中,重整计划须经代表无担保债权总额2/3以上的债权人通过。参见本报告第116段。另外,在担保债权人的法定人数要求方面,简易程序与普通程序没有区别。

⑧ Debtor Rehabilitation and Bankruptcy Act (Act No. 7428, enacted 1 April 2006) Art. 98.

⑨ 2019年8月,首尔重整法院在本报告撰写过程中向笔者提供了相关数据。

⑩ 该规定源于《韩国宪法》第11条关于平等待遇的规定。2011年11月29日第99Hunma494号案宪法法院判决释明,外籍劳工也同样享有《韩国宪法》保护的基本人权。

法院曾因某项重整计划规定外国债权人晚于同组国内债权人受偿，而认定该重整计划无正当理由歧视外国债权人，有违公平公正要求。① 此外，韩国一宗超大型企业重整案件也体现了这一原则。在该案中，外国债权人于2003年4月3日向法院申请非自愿重整某韩国企业。该重整申请受到韩国债务人和社会公众的强烈反对。韩国舆论还因此对外国投资者进行了猛烈抨击。尽管如此，首尔中央地方法院仍于2003年5月14日作出了重整程序开始裁定。

133 另外，《重整与破产法》第5章旨在处理国际破产和跨境破产问题，该章适用于以下事项：②

（1）外国破产程序的代表请求韩国法院承认该外国破产程序并给予相关救济；

（2）外国破产程序的代表向韩国法院申请启动韩国重整程序或者参加正在进行的韩国重整程序；

（3）韩国破产程序相关的破产执业者、债务人以及其他经韩国法院准许的人，到其他司法管辖区参与外国法院程序，寻求外国法院的承认和救济；

（4）在韩国和外国存在多个同时进行的破产程序时，需要韩国和外国的法院和相关破产职务承担者就承认外国破产程序等事项进行沟通合作。

134 《重整与破产法》不会自动给予外国破产程序以承认效力，这不同于《示范法》第20条关于外国主要破产程序承认效力的规定。根据韩国破产法，在外国启动的破产程序，首先需获得韩国法院依据《重整与破产法》作出的承认外国破产程序裁定，进而再获得韩国法院作出的救济命令（relief orders），自此外国破产程序方可对韩国发生效力并影响国内财产。此外，在申请主体上，只有外国破产程序代表才有权提出承认申请。③ 在受到承认申请后，韩国法院应当在1个月内裁定是否承认外国破产程序。④ 但需注意，作出承认裁定仅是下一步作出救济命令的基础。⑤ 外国破产程序只有通过韩国法院的救济命令才能影响债务人位于韩国国内的业务和资

---

① 92Gue10 (Supreme Court Order) (15 June 1992). 韩国法院作出该决定的法律依据为已被废止的《企业重整法》(Act No. 1214, enacted 12 December 1962)。

② See generally Chiyong Rim, *South Korea*, in Cross-Border Insolvency: A Commentary on the UNCITRAL Model Law (Look Chan Ho gen ed.) (Globe Law and Business, 4th ed., 2017) at p. 579–596.

③ Debtor Rehabilitation and Bankruptcy Act (Act No. 7428, enacted 1 April 2006) Art. 631(1).

④ Debtor Rehabilitation and Bankruptcy Act (Act No. 7428, enacted 1 April 2006) Art. 632(1).

⑤ Chiyong Rim, Research on Bankruptcy Law Vol. 4 (Pakyoungsa, 2015) at p. 257.

产。不过，法院既可一并作出承认裁定和救济命令，也可分别作出。根据韩国法规定，法院作出承认裁定之后，可以视相关必要性作出以下救济命令：

(1)中止针对债务人位于韩国的财产、业务的诉讼和其他法律程序；①

(2)中止或禁止以下行为：执行担保权、申请临时保全、进行《民事执行法》规定的强制出售程序、对债务人资产或业务申请禁令；②

(3)禁止债务人处分财产或向特定债权人支付款项；③

(4)指定国际破产管理人(international insolvency trustee)；④

(5)给予其他管理债务人财产、业务所需的必要救济。⑤

承认外国破产程序的案件由首尔重整法院专属管辖。⑥ 135

此外，韩国法院指定的国际破产管理人行使重要职能。这类国际破产管理人一 136
经指定，即享有控制、处分债务人在韩国业务和财产的专属职权，其中还包括在韩国法院准许下将财产转移至其他司法管辖区的权力。⑦

丹麦 ARTEC 公司案是韩国跨境破产典型案例。ARTEC 公司因一份于 2009 年 137
签订的合同而对某韩国公司享有债权。2010 年，哥本哈根海事和商事法院裁定对 ARTEC 公司启动破产程序。其后，该法院为 ARTEC 公司指定的破产管理人(trustee)将 ARTEC 公司对韩国公司享有的债权转让给一个由奥地利、丹麦公司组成的企业集团。该集团随后在韩国境内对相关公司提起诉讼，要求韩国公司偿付该债权。然而，根据《重整与破产法》第 3 条的规定，对债权人负有债务的第三方住所地将被视为债权人的财产所在地。因此，ARTEC 公司对韩国公司享有债权，可以视为 ARTEC 公司在韩国境内持有财产。

在该案中，首尔高等法院认为，如果外国破产程序代表要对债务人在韩国境 138
内的财产行使管理权和处分权，首先应取得韩国法院对该外国破产程序作出的承认裁定，然后再根据《重整与破产法》第 637 条规定，由韩国法院指定该代表为国

---

① Debtor Rehabilitation and Bankruptcy Act (Act No. 7428, enacted 1 April 2006) Art. 636(1)(1).

② Debtor Rehabilitation and Bankruptcy Act (Act No. 7428, enacted 1 April 2006) Art. 636(1)(2).

③ Debtor Rehabilitation and Bankruptcy Act (Act No. 7428, enacted 1 April 2006) Art. 636(1)(3).

④ Debtor Rehabilitation and Bankruptcy Act (Act No. 7428, enacted 1 April 2006) Art. 636(1)(4).

⑤ Debtor Rehabilitation and Bankruptcy Act (Act No. 7428, enacted 1 April 2006) Art. 636(1)(5).

⑥ Debtor Rehabilitation and Bankruptcy Act (Act No. 7428, enacted 1 April 2006) Art. 630.

⑦ 该规定与 1997 年《示范法》的规定不同。《示范法》允许外国管理人(administrator or trustee)直接处分债务人的境外资产，无须另行获取救济命令。

际破产管理人。[①] 但在法院未指定该代表为国际破产管理人的情况下，有权转让该公司对韩国公司债权的主体仍是 ARTEC 公司的董事代表，而非其丹麦管理人。[②]

139 从该案可见，按照韩国法，如果外国破产程序代表有意处分债务人位于韩国境内的财产，或者提起与债务人韩国境内财产有关的诉讼，应当首先获得首尔重整法院作出指定其为国际破产管理人的救济命令。[③]

140 截至 2019 年，韩国已对来自多个司法管辖区的外国破产程序作出承认，程序类型涵盖重整程序和清算程序。截至目前，已获韩国承认的司法管辖区有：荷兰[④]、美国[⑤]、英国[⑥]、日本[⑦]、菲律宾等[⑧]。在承认英国管理程序和美国《破产法》第 11 章程序的案件中，首尔中央地方法院破产庭（现为首尔重整法院）均将案件中的境外破产程序代表指定为国际破产管理人，并授予其管理和处分债务人业务、财产等专属职权。[⑨]

---

① 2012Na77541，77558（Seoul Appellate Court decision）（25 July 2014）（no appeal）.

② 本案原告，即奥地利、丹麦公司组成的集团，在 ARTEC 前董事代表在诉讼程序中向韩国相对方通知债权转让情况之后，取得胜诉。

③ Debtor Rehabilitation and Bankruptcy Act（Act No. 7428，enacted 1 April 2006）Arts. 637 and 636（1）（iv）.

④ 2007kookseoung 1［Seoul Central District Court（Bankruptcy Division）Order］（18 October 2007）. 债务人为 LG Philips Displays Holding BV 公司，处于海托根博斯法院审理的清算程序之中。

⑤ 2007kookseoung 2［Seoul Central District Court（Bankruptcy Division）Order］（12 February 2008），债务人为 Mr Oh，处于美国加利福尼亚州中央地区破产法院圣安娜法庭审理的第 11 章程序之中；20147kookseoung 1 号［Seoul Central District Court（Bankruptcy Division）Order］（9 April 2014），债务人是 Mr Kang 和 Mrs Kang，处于美国弗吉尼亚州东区破产法院审理的美国第 11 章程序之中；2016kookseoung 100000［Seoul Central District Court（Bankruptcy Division）Order］（12 September 2016），债务人是 Phoenix Heliparts Inc.，处于美国亚利桑那州地区破产法院审理的美国第 11 章程序中。

⑥ 2016kookseoung 100001［Seoul Central District Court（Bankruptcy Division）Order］（10 October 2016）. 债务人是 Lehman Brothers International（Europe），处于英国高等法院审理的管理程序（administration proceeding）之中。

⑦ 2012kookseoung 1［Seoul Central District Court（Bankruptcy Division）Order］（30 August 2012），债务人是 Sanko Kisen Kabushiki Kaisha，在东京地区法院审理的企业重整程序之中；2015kookseoung 100001［Seoul Central District Court（Bankruptcy Division）Order］（28 December 2015），债务人是 Daiichi Chuo Kisen Kabushiki Kaisha，处于东京地区法院审理的民事再生程序之中。

⑧ 2019kookseoung 100000 号（Seoul Bankruptcy Court Order）（25 January 2019）. 债务人是 HHIC-Phil Inc.，处于奥隆阿波市地区法院审理的有关程序之中。

⑨ 2010Kookji2［Seoul Central District Court（Bankruptcy Division）Order］（6 December 2010）；2016Kookji100001［Seoul Central District Court（Bankruptcy Division）Order］（9 November 2016）；2016Kookji10000［Seoul Central District Court（Bankruptcy Division）Order］（17 October 2016）.

而韩进海运公司重整转清算案则涉及韩国对程序转换问题的跨境处理。在该案韩国重整程序转入清算程序后,韩国破产管理人就清算程序单独向日本提出了承认申请,但仅向美国法院报告了该程序转换情况。① 由此可见,是否需要就转换后的韩国清算程序申请承认,取决于相应司法管辖区的跨境破产法规则。 141

另一颇为有趣的问题是外国破产程序的免责效力,该问题在一宗个人跨境破产案例中有所体现。欧先生(Mr Oh)是一位在美国居住并经营企业的自然人,其在美国申请了个人重整。经过重整,欧先生的重整计划获得美国破产法院批准,因而根据美国《破产法》的规定,该重整计划列明的欧先生债务均获免责。其后,韩国法院也裁定承认了欧先生的美国重整程序。② 但在该案中,欧先生的某韩国企业债权人虽曾收到有关欧先生重整申请的通知,但该企业既未提交债权证明,其债权也未被列入重整计划。因此,在韩国企业发现欧先生的美国重整程序被韩国法院裁定承认之后,立即以欧先生在韩国境内持有财产为由,对欧先生提出非自愿破产申请,要求对欧先生启动韩国清算程序。欧先生则请求韩国法院驳回该申请,主张其美国重整程序已获韩国承认,所负债务已获免责,该韩国企业不再是其债权人。 142

对此,首尔中央地方法院破产庭并未承认美国裁定批准重整计划的债务免除效力,而裁定对欧先生启动清算程序。③ 143

该案随后被上诉至最高法院,④最高法院对首尔中央地方法院破产庭的判决予以维持,认为:(1)《重整与破产法》中的承认裁定和救济命令是对外国破产程序给予的程序性支持,而非关于债权调整的实质性措施;(2)由于法院作出免责裁定会涉及根据实体法来确认债权的问题,关于免责效力的争议,由债务人、债权人以独立民事诉讼程序的方式解决更为适当;(3)即使美国破产程序已产生免责效力,但对外国法院免责裁定的承认方式,不应与承认外国法院普通判决的方式相异;(4)在欧先生启动美国破产程序时,韩国法仍采用属地主义原则(不同于《重整与破产法》采用的普及主义原则),因而韩国公司有理由认为美国的破产程序不会影响到债务人位于韩国境内的资产,对其合理预期,法院应予保护。综上所述,最高法院认为,承认外 144

---

① See Chiyong Rim, *Legal Issue in Hanjin Shipping's Insolvency*, (2018) 92 Business Finance Law 39 at 56 –57.

② 2007Kookseoung 2 [Seoul Central District Court (Bankruptcy Division) decision] (12 February 2008).

③ 2008hahap20 [Seoul Central District Court (Bankruptcy Division) Order] (9 July 2008).

④ 2009ma1600 (Supreme Court Order) (25 March 2010).

国破产程序的免责效力有悖于韩国公共政策。对于这一判决，学界的观点不一，部分意见支持、认可最高法院的观点，认为承认免责裁定效力也应适用《民事诉讼法》中关于承认外国判决的方法，而部分反对意见则认为，外国破产程序依据《重整与破产法》获得承认的效力应当及于该程序的免责效力。①

145 根据《重整与破产法》的规定，即使某外国破产程序已获韩国法院承认，韩国仍然可依债务人、债权人等适格利害关系人的申请，在外国破产程序之外单独或平行地对同一债务人启动韩国破产程序。② 同时，如果存在平行的韩国破产程序和已获承认的外国破产程序，而国内程序均未终结，韩国法院可以以推进本国破产程序为主，同时修改或撤回已对外国破产程序作出的裁定和命令。③

146 在同一债务人之上同时存在韩国和外国破产程序（一个或数个）的情形中，债权人已在外国破产程序中受偿或已通过庭外程序从债务人国外资产中受偿的，在同组别、同顺位其他债权人达到同一清偿比例前，不得再从韩国破产程序中受偿。④ 从上述规定可见，《重整与破产法》中财产混同规则（hotchpot rule）的适用范围比《示范法》更广，因为在《示范法》中，财产混同规则只适用于无担保债权人在境外破产程序中受偿的情况，而韩国未作这种限制。

147 关于破产程序中财产混同规则的适用问题，韩国尚未形成法院判例，也未建立实践规则。目前来看，《重整与破产法》中的财产混同规则主要适用于债权人在平行的外国破产程序中受偿的情形。但目前还未明确财产混同规则是否适用于以下几类情形：（1）无平行外国破产程序的情况下，债务人自愿用国外资产偿付债权人的；（2）债权人对债务人位于韩国之外的财产执行担保权并就此受偿的。此外还有返还问题，即如果某一债权人在外国破产程序中的受偿比例超过其他国内债权人通过国内破产程序受偿的比例，该债权人是否有义务返还其从外国破产程序的部分受偿。

① 更多关于相关最高法院判决的详细分析，可参见 Min Han, *Recognition of Insolvency Effects of a Foreign Insolvency Proceeding: Focusing on the Effect of Discharge*, in Trade Development through Harmonization of Commercial Law (M P Ramaswamy & J Ribeiro eds.) (New Zealand Association of Comparative Law, 2015), p. 345 – 363。

② Debtor Rehabilitation and Bankruptcy Act (Act No. 7428, enacted 1 April 2006) Arts. 633 and 638 (1). See 2008hahap8 [Seoul Central District Court (Bankruptcy Division) Order] (20 February 2009). 2007 年，首尔中央地方法院破产庭在 LG Philips Displays Holding BV 案中承认了荷兰清算程序，但在其后又裁定对同一债务人启动韩国的破产清算程序。

③ Debtor Rehabilitation and Bankruptcy Act (Act No. 7428, enacted 1 April 2006) Art. 638.

④ Debtor Rehabilitation and Bankruptcy Act (Act No. 7428, enacted 1 April 2006) Art. 642.

对此,学界的观点存在分歧。有观点主张,基于不当得利原则的适用,该债权人应当退还超比例受偿的部分。① 也有观点认为,债权人无须返还这类超比例受偿的部分,因为从外国破产程序中受偿是符合国内实体法规定的。②

如前述及,在韩国启动的破产程序效力及于债务人韩国之外的财产。至于债务人财产所在地是否承认韩国的破产程序,以及能在多大程度上协助执行韩国破产程序,取决于当地法律规定。 148

韩进海运公司破产案是有关跨境破产合作的典型案例。为了将韩进公司出售美国资产所得资金转移至韩国国内,首尔重整法院和新泽西地区破产法院于2017年共同召开电话会议。③ 会后,美国法院批准了韩进公司管理人关于将资金调取至韩国国内的申请。除了该案,首尔重整法院还曾在多个案件中与外国法院合作。在与美国弗吉尼亚州东区破产法院的合作中,首尔重整法院批准了美国《破产法》第11章程序中韩国债务人对财产出售所得进行转移。④ 在与澳大利亚联邦法院的合作中,首尔重整法院对韩进公司在韩国清算的现状进行了答复。⑤ 149

为了进一步加强与外国法院的交流与合作,首尔重整法院与美国纽约南区破产法院、⑥新加坡最高法院⑦等部分外国法院针对平行破产程序的合作签署了备忘录(memoranda of understanding)。 150

关于韩国重整程序或清算程序开始后,能否中止对债务人的外国仲裁程序的问题,取决于外国法院就此作出的承认裁定和中止命令。《重整与破产法》并未明确规定 151

---

① Matsushita Junichi, *Outbound Effect of Local Insolvency Proceedings*, in Shinzaibanjitsutaikei Vol. 3 (Seilinshoyin,2002) at p. 467.

② Kwang Hyun Suk, International Private Law and International Litigation Vol. 5 (Pakyoungsa,2012) at p. 564.

③ 该次韩进海运案的电话会议持续了1个小时7分钟。《重整与破产法》允许韩国法院与外国法院就特定破产事项开展司法合作。本报告作者曾代表韩进海运的外国债权人参与程序,因此保存了该次电话会议的记录。

④ 20147kookji 1 [Seoul Central District Court (Bankruptcy Division) Order] (8 September 2017).

⑤ Chiyong Rim, *Country Report: Korea*, in Collier International Insolvency Guide Vol. 3 (LexisNexis, 2019) at p. 30 -60, relying on Judge Youngseok Kim's report at the 133th Symposium for Study of the Korea Private International Law (unpublished).

⑥ 《纽约南区法院、首尔重整法院谅解备忘录》Memorandum of Understanding between the Bankruptcy Court for the Southern District of New York and the Seoul Bankruptcy Court (23 April 2018)。

⑦ 《新加坡最高法院、首尔重整法院谅解备忘录》, Memorandum of Understanding between the Supreme Court of Singapore and the Seoul Bankruptcy Court (16 May 2018)。

应如何处理外国的司法和仲裁程序。因此，要防止韩国与外国发生程序冲突，唯一的解决路径仍是适用国际礼让（international comity）原则或者作出让步（concession）。

152 因此，韩国破产法并不必然禁止相关权利人诉诸外国司法程序、仲裁程序，也不禁止下列行为：(1)在韩国破产程序开始时存在正在进行、尚未终结的国外程序的，继续进行该程序；(2)在韩国破产程序开始后，于国外提起新的司法程序或仲裁程序。根据实践惯例，韩国法院一般允许外国司法程序、仲裁程序继续进行，同时会将相关外国程序的裁定、判决纳入其裁判时的考量范围。

153 在三善航运（Samsun Logix）、Korea Line 公司重整案中，与两家公司有关的伦敦仲裁程序均正常进行，韩国法院一直等待伦敦仲裁裁决作出之后才进行裁判。但应注意，韩国重整程序的中止效力及于重整程序开始之前或之后启动的国内仲裁程序。而在 Korea Line 案①中，首尔重整法院还中止了与伦敦仲裁庭待裁决事项相关的简易程序。因此，由上述案例可见，韩国法院一般会承认外国仲裁裁决和判决的效力，并将其作为裁判依据。

154 关于这一国际仲裁效力问题，最高法院判例明确指出，如果仲裁裁决是以《承认及执行外国仲裁裁决公约》(1958 年)(《纽约公约》)为依据作出，除非存在《纽约公约》第 5 条列举的例外情形，否则破产案件审理法院应当受该仲裁裁决的约束。②

155 对于债务人约定以外国法为准据法的合同，在该债务人的韩国重整程序开始后，关于管理人是否有承继或终止待履行合同的选择权、管理人终止待履行合同的损害赔偿权是作为重整债权还是共益债权的问题，应当适用《重整与破产法》。但关于待履行合同导致的损失赔偿金数额，则可适用该合同约定的外国准据法。③

156 此外，学者对适用于抵销的法律冲突规范也存在分歧。有学者认为，债权抵销应当以交叉债权（cross-claim，即抵销中与原债权相对应的债权）的准据法为适用法。也有观点认为，抵销应适用原债权和交叉债权均可适用的准据法。然而，法院和学术界一般都同意《重整与破产法》是适用于抵销的额外准据法。这一观点也在最高法院近期的案例中有所体现。

157 这一案例④主要涉及光船租购协议（bare boat charter hire purchase）所引发的抵销问题。在该案中，原债权人已经进入重整程序，而交叉债权的持有人因对第三方

① Korea Line v. Cosco Bulk (No. 1382 of 2011, no reported judgment).
② 2006da20290 (Supreme Court decision) (28 May 2009).
③ 2012da104526, 2012da104533 (Supreme Court decision) (28 May 2015).
④ 2012Da108764 (Supreme Court decision) (29 January 2015).

负有债务,所以第三方根据韩国法保全(attached)了该债权。具体就该案中的准据法而言,光船租购协议以英国法为准据法,而对交叉债权的保全则是以韩国法院依据《民事执行法》作出的保全命令为基础。

最高法院认为,由于英国法为原债权和交叉债权均适用的准据法,有关债权抵销的法定要求、方式、效力问题均应适用英国法,但是,因为保全命令是依据韩国法作出的,保全的效力应以韩国法为准据法。综上所述,最高法院依据《民法典》作出解释,认为抵销的效力能够对抗保全效力,因此主张抵销的一方胜诉。但需注意,假设该案中抵销效力对抗保全效力的问题适用英国法,则根据案件事实,已获得保全一方的债权人可能胜诉。① 158

二十、统计数据

根据法院管理部(National Court Administration)的年度报告,②自 2006 年《重整与破产法》生效实施以来,韩国破产案件数量明显增长。以企业重整为例,在 2005 年,韩国企业重整案件数量仅为 22 宗,而在 2006 年的重整案件数量则迅速增长至 76 宗,这类案件数量持续增长至今(见表 2)。 159

表 2 《重整与破产法》实施之后的破产案件数量

单位:宗

项目	2006 年	2007 年	2008 年	2009 年	2010 年	2011 年	2012 年	2013 年	2014 年	2015 年	2016 年	2017 年
企业重整	76	116	366	669	637	712	803	835	873	925	936	878
个人重整	41	99	216	523	597	678	727	830	840	855	741	573
个人债务调整	56,165	51,416	47,483	54,607	46,972	65,171	90,368	105,885	110,707	100,096	90,400	81,592

① See Suhn-Kyoung Hong & Seong-Koo Cheong, *Chapter* 30: *South Korea*, in Set-Off Law and Practice: An International Handbook (William Johnston, Thomas Werlen & Frederick Link eds.) (Oxford University Press, 3rd ed., 2018) at paras. 30.01 - 30.36.

② 韩国的法院管理部由一名部长负责领导(由大法官兼任)。法院管理部部长将在首席大法官的指导和监督下履行司法行政职能,包括组织管理、预算、装备等。See Supreme Court of Korea, https://eng.scourt.go.kr/eng/supreme/about/introduction.jsp (accessed 15 January 2020).

续表

项目	2006年	2007年	2008年	2009年	2010年	2011年	2012年	2013年	2014年	2015年	2016年	2017年
企业破产清算	132	132	191	226	254	312	396	461	539	587	740	699
个人破产清算	123, 691	154, 039	118, 643	110, 955	84, 775	69, 754	61, 546	56, 983	55, 467	53, 865	50, 288	44, 246
合计	180, 105	205, 802	168, 810	166, 980	133, 235	136, 627	153, 840	164, 994	168, 426	156, 328	143, 105	127, 988

数据来源：韩国法院管理部的年度报告。

附：本报告引用的法律和政策
Appendix of Legislation Referred to

1.《最高法院特别案件审判程序法》，Act on Special Cases Concerning Procedures for Trial by the Supreme Court（Act No. 4769，enacted 1 September 1994）。

2.《民法典》，Civil Act（Act No. 471，enacted 1 January 1960，effective 1 July 2013，Last amended 31 October 2017）。

3.《民事执行法》，Civil Execution Act（Act No. 6627，enacted 26 January 2002，effective 3 February 2016）。

4.《商法典》，Commercial Act（Act No. 1000，effective 14 May 2012 after the Latest Revision）。

5.《企业结构调整（重组）促进法》，Company Restructuring and Promotion Act（Act No. 15855）。

6.《韩国宪法》，Constitution of South Korea（enacted 25 February 1988）。

7.《企业重整法》，Corporate Reorganization Act（Act No. 1214，enacted 12 December 1962）。

8.《法院组织法》，Court Organization Act（Act No. 8794，Revised 27 December 2016）。

9.《债务人重整与破产清算相关法律》，Debtor Rehabilitation and Rehabilitation Act（Act No. 7428，enacted 1 April 2006）。

10.《雇员退休收入保障法》, Employee Retirement Benefit Security Act (Act No5513, enacted 1 July 1998)。

11.《金融产业结构改善法》, Financial Industry Restructuring Act (Act No. 5257, enacted 1 March 1997)。

12.《劳动标准法》, Labour Standards Act (Act No. 5309, enacted 13 March 1997)。

泰国制度报告

Dr Kanok Jullamon
泰国最高法院破产庭法官

一、概述

1 泰国的法律体系属于大陆法系，通过《破产法》(BE2483[①],1940)规定了其破产法规则。该部《破产法》以英国《1914年破产法》为制定蓝本，至今历经多次修改。[②]其中最为主要的修改，是在1997年亚洲金融危机的次年，即1998年，增加了适用于公司的重整章节(第3/1章)。在泰国法律体系中，《破产法》是一部独立的法律，既不隶属于民法，也不隶属于公司法。该法共设10章，其中关于清算的有8章(第1~8章)，关于重整的有2章(第3/1、3/2章)，适用范围包括自然人和企业的清算，以及企业的重整。在法律层级上，《破产法》与其他一般性法律同级。此外，截至目前，泰国尚未单独建立金融机构破产制度，也未参加任何以破产为主题的国际条约。

2 就破产管辖而言，泰国以债务人注册地和经营地来确定重整或清算程序的管辖地和管辖法院。[③] 法官在审理破产案件时，首先应适用相关的法律规定，但在合适情形中，可以参照最高法院对类案作出的裁判。在审案件事实与判例事实并无太大差异的，法院应当遵循在先的判例。[④]

3 泰国破产法院[⑤]等所有法院均属公共场所，社会公众有权参加破产案件庭审活

① 泰国采用佛历纪年(或称佛教纪元,BE)。此外,泰国《破产法》的英文译名为"Bankruptcy Act",但本报告英文版为了统一起见,仍然使用了"Insolvency Act"的译名。

② 《破产法》(1940年)历经十次修订,修订年份分别为1968年、1983年、1998年、1999年、2000年、2004年、2015年、2016年、2017年和2018年。

③ Insolvency Act BE 2483 (1940) ss. 7 and 150.

④ 泰国虽属于大陆法系,但仍采用遵循先例的原则。

⑤ 破产法院是泰国于1999年设立的专门法院。

动。[1] 但需注意，只有受到破产程序影响的相关方才有权查阅法院的案卷材料，并获取庭内重整程序的相关信息。

泰国的大部分企业组织都采用独资经营形式，其他则采用公司或合伙形式。[2] 4
在担保方式之中，抵押和质押在泰国最为常用，[3]此外还有留置，[4]上述担保权人均有权就其担保物优先受偿。[5] 在配套机制上，泰国建立了两个记录财产担保的数据库，一为内政部土地登记处所管理的数据库，二为担保交易记录系统。[6] 两个数据库均对公众公开，并可供在线搜索查询。

《破产法》第 90/33 条明确允许在重整中进行抵销（set-off），但未明确允许净额 5
结算（netting）。但是，鉴于净额结算的主要特征与抵销极为相似，笔者的观点认为，《破产法》同样允许进行净额结算。

二、拯救：庭外与庭内（治理与监督）

（一）庭外重组

在泰国，庭外重组一般通过各方达成的协议决定具体重组安排。然而，针对金 6
融机构债权人，泰国银行（泰国的央行）出台了庭外重组推荐政策，该文件（BE2561）最近一次修订于 2018 年 10 月 31 日。[7] 泰国银行庭外重组政策的法理基础是强调

---

[1] Constitution of the Kingdom of Thailand BE 2560 (2017) ss. 41(1) and 68.

[2] 泰国没有专门规范独资经营企业的法律。《民商法典》第 3 章第 22 节和《公众有限公司法》则规范公司和合伙企业。合伙企业有两种类型：未注册的合伙企业和经注册的合伙企业。前者不是独立法人而由合伙人承担合伙企业债务。经注册合伙企业则由两类合伙人组成：有限责任合伙人和无限责任合伙人。合伙人的类型根据合伙人承担合伙企业债务的方式确定。截至 2017 年 12 月 31 日，泰国从事经营活动的法人共计 680, 269 个，其中 26. 61%（181, 017 个）为合伙企业，73. 22%（498, 074 个）为有限公司，0. 17%（1178 个）为公众有限公司。具体参见 https://www. dbd. go. th/download/document_file/Statisic/2560/ H26/H26_2017. pdf (accessed 29 October 2019)。

[3] 《民商法典》第 3 章第 12、13 节分别规定了抵押（mortgage）和质押（pledge）。抵押与质押的主要差异在于交付担保物。抵押人不必将担保物交付受押人，而质押人则须向受押人交付担保物。

[4] 《民商法典》第 2 章第 2 节第 5 页规定有留置（possessory lien）。任何占有债务人财产且可以对债务人主张权利的债权人均享有留置权，留置权能使债权人继续占有财产直至其债权获偿。

[5] Civil and Commercial Code, ss. 251, 282, 702. 2 and 767.

[6] 土地登记处（www. dol. go. th）负责记录土地权利信息，而担保交易记录系统（https://esecured. dbd. go. th/esecure-home/）则负责记录《担保交易法》适用范围内的各类担保物信息。

[7] The Bank of Thailand Policy on Out-of-Court Workouts [31 October BE 2561(2018)].

诚信重组(good faith workout)原则的适用。具体而言,重组应以解决债务人的财务困境为目的,既保障金融机构债权人收回资金,也保证债务人通过重组活动受益,[1]但不得用于规避泰国对银行有关债务分类和准备金的监管要求。[2] 泰国银行在其政策中明确鼓励各金融机构就庭外重组确立明晰的具体政策、方式和步骤,包括分析足够数量的文件、精确把握债务人的偿债能力等。[3] 此外,庭外重组中有关财务报表的记录还应遵守泰国会计行业相关法律规定中的会计准则。[4] 在泰国,庭外重组不是启动正式重整或清算程序的前置条件。

7 在泰国,各类债务人均有权进行庭外重组。法律也未限制债务人的关联人、内部人、内部人的关联人、受益人、最终受益所有权人等主体以债权人身份参与债务人的庭外重组活动。同时,国内、国外的债务人在庭外重组活动中享有同等待遇。另需说明,根据上述泰国银行出台的政策,庭外重组所得的收益可享有一定税收豁免待遇。[5]

8 最后,《关于资产管理公司的王国法令》(BE2541,1998 年)还允许设立永久性的资产管理公司,以解决金融机构的不良贷款问题。

(二)破产前程序

9 泰国未就破产前程序出台专门的法律或规则,现有法律、规则仅适用于庭外重组和正式的庭内破产程序。

(三)正式破产程序概述

10 如前文述及,《破产法》规定了重整和清算两类庭内破产程序。两类程序在等级

---

① The Bank of Thailand Policy on Out-of-Court Workouts [3 August BE 2551(2008),as amended by the Policy dated 31 October BE 2561 (2018)] item 4. 2. 1(Purpose of Out-of-Court Workouts).

② The Bank of Thailand Policy on Out-of-Court Workouts [3 August BE 2551(2008),as amended by the Policy dated 31 October BE 2561 (2018)] item 4. 2. 1(Purpose of Out-of-Court Workouts).

③ The Bank of Thailand Policy on Out-of-Court Workouts [3 August BE 2551(2008),as amended by the Policy dated 31 October BE 2561 (2018)] item 4. 2. 2(Policy Statement and Measure in Out-of-Court Workouts).

④ The Bank of Thailand Policy on Out-of-Court Workouts [3 August BE 2551(2008),as amended by the Policy dated 31 October BE 2561 (2018)] item 4. 2. 4(Accounting Practice concerning Out-of-Court Workouts).

⑤ Royal Decree stipulated according to the Revenue Code on Tax Exemption(No. 340) BE 2541 (1998).

和优先级上不存在差别，当事人可以自行选择其适用的程序类型。《破产法》规定有两个重整章节：其一，适用于中小企业之外的企业（第3/1章）①；其二，专门适用于中小企业（第3/2章）。泰国的重整程序则旨在对债务人进行财务层面的拯救，帮助债权人公平受偿，同时促进国家的经济发展和贸易增长。

企业重整程序以提出重整申请为起始，债务人或其任何债权人均有权提出重整 11
申请。② 重整程序的开始条件为，债务人无力清偿到期债务（满足现金流标准）或者资不抵债（满足资产负债表标准），负债不少于10,000,000泰铢，并有造成财务困境的合理理由和重整预期。③ 需注意，在重整原因上，泰国法并未使用实际破产、濒临破产的概念。此外，在资产负债表标准中，或有负债（Contingent liability）也应被计入债务总额。④ 重整申请相关的全部举证责任应当由重整申请人承担。⑤ 此外，据笔者经验，自《破产法》1998年增加重整章节以来，还未有以强制债务人偿债为目的而申请重整的实例。但是，为了防止债务人滥用重整申请，首次提出重整申请后未能取得成功的，债务人需等待至少6个月方可再次提出申请。⑥ 另就申请方式而言，目前泰国法院只接受以纸质文件书面提出的申请。

《破产法》允许基于公共利益提出重整申请。泰国银行可以对商业银行、金融公 12
司、金融证券公司和不动产信贷公司（credit foncier company）提出重整申请。⑦ 证券交易委员会办公室可以对证券公司提出重整申请；⑧保险委员会办公室可以对保险公司提出重整申请。⑨

重整申请人应当提交以下材料：债务人财务状况证明；债权人名称和地址清单； 13
债务人重整的合理理由和预期；拟任重整计划人（planner）的人选、该人选的资质及

---

① Transaction Act BE 2558 (2015). 根据《破产法》第3/1章90/1条，企业包括有限公司、公众有限公司和相关部级规定列举的法人。因此，第3/1章重整程序不适用于个人债务人、合伙企业债务人。

② Insolvency Act BE 2483 (1940) s. 90/2.

③ Insolvency Act BE 2483 (1940) s. 90/3.

④ Insolvency Act BE 2483 (1940) s. 90/3.

⑤ Civil Procedure Code BE 2477 (1934), s. 84/1.

⑥ Insolvency Act BE 2483 (1940) s. 90/5(3).

⑦ 不动产信贷公司是正式注册成立的公众有限公司，从事以下不动产信贷业务：接收公众存款、发放抵押贷款和根据附带回赎权的买卖合同回购不动产。See "Financial Business under the Bank of Thailand's Supervision and Examination" Bank of Thailand, https://www.bot.or.th/English/Financial Institutions/Scope/Documents/ScopeOfSupervision.pdf (accessed 22 June 2019).

⑧ Insolvency Act BE 2483 (1940) ss. 90/4(3) and 90/4(4).

⑨ Insolvency Act BE 2483 (1940) s. 90/4(5).

该人选作出的同意。[①]

14 企业自愿申请重整的,应由董事会作出申请决定。[②] 该决定既无须获得股东大会批准,也无须事前与职工代表机构协商或报其批准。

15 自动中止保护自法院受理重整申请时起立即生效,无须法院另行作出命令。[③] 相关中止措施一般以保护债务人资产不受债权人执行为目的。这一中止期将持续至重整程序结束,即驳回重整申请、终止重整令或者终结重整程序之时。[④]

16 法院应当向债权人、债务人送达申请书副本。[⑤] 相关方可以对申请提出异议,但应当在第一次听证日的3日之前提出。[⑥] 异议所依据的理由可以针对法院作出重整令、指定重整计划人所需满足的要件。法院听证的日期通常安排在收到申请后1~2个月内。[⑦] 对于法院作出的决定,利害关系人可以向专门上诉法院(Court of Appeal for Specialised Cases)提起上诉,[⑧]但上诉不会延缓重整程序的进行。

17 另外,关于泰国正式破产程序的公开规则,重整申请信息不会在《泰国皇家公报》(Royal Gazette)和司法部网站上公布。但法院会将申请情况通知国内外已知债权人。[⑨] 不论债权人所处的位置,均适用相同的异议期限。

(四)支持架构(法院及政府机构)

18 在泰国,法院从申请人提交破产申请开始对破产程序实施监督。法院应当对破产申请内容(包括附属文件)是否符合《破产法》第90/6条的法定要求进行审查。[⑩] 法院一旦受理申请,应当立即确定听证日期,并将申请材料副本送达债权人、债务人。[⑪] 在确定听证日期时,法院可征求异议人或其他相关方的意见。[⑫] 法院要么作

---

① Insolvency Act BE 2483 (1940) s. 90/6.

② 在泰国,公司事务一般由公司的董事会代表公司决定。

③ Insolvency Act BE 2483 (1940) ss. 90/12(1) –90/12(11).

④ 关于中止和延期偿付效力的影响,参见第42段。

⑤ Insolvency Act BE 2483 (1940) s. 90/9. 1.

⑥ Insolvency Act BE 2483 (1940) s. 90/9. 3.

⑦ 《破产法》第90/9. 1条规定,"应当迅速确定听证日期",但未明确规定应当听证的具体日期。

⑧ Act on the Establishment of the Insolvency Court and its Procedure BE 2542(1999) s. 24. 专门上诉法院负责审理当事人就一审法院知识产权、国际贸易、税法、劳动法、破产法和家庭法案件提起的上诉。

⑨ Insolvency Act BE 2483 (1940) s. 90/9. 3.

⑩ Insolvency Act BE 2483 (1940) s. 90/10.

⑪ Insolvency Act BE 2483 (1940) s. 90/9.

⑫ Insolvency Act BE 2483 (1940) s. 90/10.

出重整令，要么驳回重整申请。[①]

在泰国，法院对破产程序的监管由三级专门的破产法院、破产庭行使，即初审审级的中央破产法院（Central Insolvency Court）[②]、专门上诉法院的破产庭[③]以及最高法院的破产庭[④]。泰国破产法将属地主义作为管辖基础。[⑤] 19

泰国的立法和司法机构还就破产实务和破产程序制定了具体规则。泰国议会于1999年颁布了《关于破产法院设立及其程序法》（BE2542）并于2015年修订《关于设立专门上诉法院法》（BE2558）。法院则于2006年出台了《破产实践规则》（BE2549），旨在规范重整和清算程序。在制定上述规则的过程中，立法和司法机构还征求了专业机构和律师等专业人士的意见。 20

在泰国，除上文提到的公共利益型申请之外，政府监管机构不会参与企业拯救活动。[⑥] 而自亚洲金融危机泰国大幅修订《破产法》起的20年内，政府监管机构也从未提出过公共利益型申请。另外，上市公司重整的，证券交易所会将重整申请情况通知投资者，并将该公司股票放入"重整中公司股票"的类别。[⑦] 21

（五）破产职务承担者

在泰国，重整程序涉及三类破产职务主体，即重整计划人、[⑧]重整计划管理人（plan administrator，以下简称计划管理人）[⑨]和破产受托人[⑩]（insolvency trustee，类似于破产事务官）。 22

重整计划人和计划管理人在履行职务前，须先在司法部下属的法律执行处债务 23

---

① Insolvency Act BE 2483 (1940) s. 90/10.

② Act on the Establishment of the Insolvency Court and its Procedure BE 2542 (1999).

③ Act on the Establishment of the Court of Appeal for Specialised Cases BE 2558 (2015).

④ Act on Court Organization BE 2543 (2000).

⑤ Insolvency Act BE 2483 (1940) s. 177.

⑥ 见本报告第12段。

⑦ BorJorPor 2300 Announcement of the Stock Exchange of Thailand on Practices regarding Disclosure of Information of Listed Companies [30 April BE 2536 (1993)]; BorJorPor 2900 Practices regarding Disclosure of Information of Listed Companies entering the Reorganisation Proceeding according to the Insolvency Act [27 January BE 2543 (2000)].

⑧ Insolvency Act BE 2483 (1940) s. 90/1. "重整计划人"即"重整计划的制作人"。

⑨ Insolvency Act BE 2483 (1940) s. 90/1. "计划管理人"是"根据经表决通过、法院批准的重整计划而对公司事务、财产具有管理权的人。"

⑩ 见本报告第26段。

人重整办公室登记注册。[①] 个人、机构、合伙企业和公司均可作为重整计划人或计划管理人。[②] 自然人担任重整计划人、计划管理人的，须持有财务、会计或者法律专业的学位，并具备 3 年以上的前述相关领域的工作经验。[③] 法人担任重整计划人、计划管理人的，其已缴清的注册资本不得低于 5,000,000 泰铢，且全职雇员人数不得少于 3 人，[④]且每位雇员都需达到上文对自然人担任重整计划人、计划管理人的资质要求。[⑤]

24 重整计划人可以通过两种方式指定：(1) 法院批准指定。[⑥] 申请人在提交重整申请之时，可一并提名重整计划人人选。[⑦] 如果重整相关方未对提名人选提出异议，或者异议方未能提出替代人选，法院认为该人选合适的，可指定其担任重整计划人。[⑧] (2) 债权人会议选定。如果前述异议人就指定重整计划人提出了替代人选，则应召开债权人会议，选定适合的重整计划人。[⑨] 最终参与重整程序的重整计划人，必须在债权人会议上获代表出席会议债权人债权总额 1/2 以上的简单多数决表决通过（债权人可现场出席或派代表出席），并经法院确认。[⑩]

25 计划管理人的指定也需经债权人会议表决通过并经法院确认。[⑪] 此外，《破产法》允许债务人的高管担任重整计划人或计划管理人，且高管担任这类职务无须经登记注册。[⑫]

26 另外，破产受托人属于政府公职人员（government official），[⑬]负责对重整案件全过程行使监督权，实施法庭前的第一层监督。破产受托人的职权包括召集债权人会

① Insolvency Act BE 2483 (1940) s. 90/16. See also the Ministry of Justice, Ministerial Rule on the Registration and Qualifications of the Planner and the Plan Administrator BE 2545 (2002).

② Insolvency Act BE 2483 (1940) ss. 90/6. 2 and 90/42(7).

③ Ministry of Justice, Ministerial Rule on the Registration and Qualifications of the Planner and the Plan Administrator BE 2545 (2002) item 13(3).

④ Ministry of Justice, Ministerial Rule on the Registration and Qualification of the Planner and the Plan Administrator BE 2545 (2002) items 14(2) and 25(4).

⑤ Ministry of Justice, Ministerial Rule on the Registration and Qualification of the Planner and the Plan Administrator BE 2545 (2002) items 14(2) and 14(4).

⑥ Insolvency Act BE 2483 (1940) s. 90/17. 1.

⑦ Insolvency Act BE 2483 (1940) ss. 90/6(4) and 90/6(5).

⑧ Insolvency Act BE 2483 (1940) s. 90/17. 1.

⑨ Insolvency Act BE 2483 (1940) s. 90/17. 1.

⑩ Insolvency Act BE 2483 (1940) s. 90/17. 3.

⑪ Insolvency Act BE 2483 (1940) ss. 90/46 and 90/58.

⑫ Insolvency Act BE 2483 (1940) ss. 90/6. 2 and 90/42(7).

⑬ Insolvency Act BE 2483 (1940) s. 6.

议、审查债权证明、检查重整程序进度报告等。①

在重整案件中,在法院指定重整计划人后,对债务人的控制权即从债务人高管处转移至重整计划人。② 重整计划人有权在正常业务范围内管理债务人的业务。③由于重整计划人的主要职能是制作重整计划,重整计划人如要在正常经营过程之外采取行动,应当事前经法院批准。④ 此外,重整计划人还有权强制债务人管理层向其提供文件。债务人的管理层、高管、职工或者第三方持有债务人的资产或掌握相关信息的,重整计划人还有权对相关人员开展调查。⑤ 27

然而,上述"正常业务范围"的限制并不适用于计划管理人。只要以重整成功为目的,计划管理人可以按照经表决通过和批准的重整计划开展任何行动。⑥ 28

另外,如果重整计划人、计划管理人存在不当行为,其在注册登记和任职时交纳的职业保证金(professional bonds)将被没收。⑦ 受影响的相关方对重整计划人、计划管理人和破产受托人的行为不服的,可以向法院提起诉讼挑战。⑧ 29

在重整案件中,法院一旦指定重整计划人,除了股东分红的权利,⑨债务人股东依法享有的权利均应转移至重整计划人处。⑩ 但需注意,重整计划人、计划管理人对债权人负责,而破产受托人则对法院负责。 30

破产受托人违反其义务的,相关方可依据侵权法规则⑪追究其责任,这可能导致破产受托人承担个人责任。⑫ 同时,根据泰国惯例,破产受托人不会受到专业赔偿或责任型保险的保护。 31

重整计划人应当在债权人会议上向债权人全面报告重整情况。⑬ 相关数据和信 32

---

① Insolvency Act BE 2483 (1940) ss. 90/44, 90/32 and 90/66.

② Insolvency Act BE 2483 (1940) s. 90/25.

③ Insolvency Act BE 2483 (1940) s. 90/25.

④ Insolvency Act BE 2483 (1940) s. 90/25.

⑤ Insolvency Act BE 2483 (1940) ss. 90/34 and 90/35.

⑥ Insolvency Act BE 2483 (1940) s. 90/59.

⑦ Ministry of Justice, Ministerial Rule of the Registration and Qualifications of the Planner and the Plan Administrator BE 2545 (2002) items 17, 20 and 27.

⑧ Act on the Establishment of the Insolvency Court and its Procedure BE 2542(1999) ss. 24 and 25.

⑨ Insolvency Act BE 2483 (1940) s. 90/25.

⑩ Civil and Commercial Code Title 3 subtitle 22 ch. 4 Pt 2; Public Limited Companies Act BE 2535 (1992) ch. 5.

⑪ Civil and Commercial Code Title 2 ch. 5; Liability for Wrongful Act of Officials Act BE 2539 (1996).

⑫ Civil and Commercial Code s. 420; Liability for Wrongful Act of Officials Act BE 2539 (1996) s. 6.

⑬ Insolvency Act BE 2483 (1940) s. 90/44.

息将有助于债权人对重整计划草案进行表决。① 此外，计划管理人每3个月还应当向破产受托人报告重整进展。② 破产受托人在向法院提交这类报告之前，会对报告作补充说明。

33 重整计划人和计划管理人报酬从债务人财产中支付。③ 计划管理人（不包括重整计划人）报酬应由债权人会议批准。④ 破产受托人作为政府公职人员，其薪酬由财政部支付。

（六）困境企业的董事和管理者

34 泰国的《破产法》《民商法典》中的公司部分⑤均未对困境企业董事、管理者的义务作具体规定。

35 泰国法允许在重整程序中先指定债务人高管担任重整计划人，待重整计划获得批准后，再指定该高管担任计划管理人，以此方式维持债务人自行管理。⑥ 这类经管债务人承担的职责与破产职务承担者相似⑦，应被视为全体债权人和利益相关方利益的代表。法律对经管债务人管理权作出的限制，与前述适用于重整计划人、计划管理人的限制相同。⑧ 此外，对于因债务人自行管理发生的董事责任，泰国法也未作特殊规定。同时，泰国不允许经管债务人的个别董事被债权人、专业顾问、破产职务承担者所取代。

36 对于非自行管理的债务人，其董事、管理者不享有重整程序任何剩余权力。所有关于债务人的管理性权力均被转移至重整计划人或计划管理人。⑨ 而困境企业的董事、管理者对监管机构承担的责任，也被相应地转移至重整计划人或计划管理人。

（七）程序转换

37 泰国重整程序失败后的终结情形包括五种，前四种为：(1) 法院根据《破产法》

---

① Insolvency Act BE 2483 (1940) s.90/46.
② Insolvency Act BE 2483 (1940) s.90/66.
③ Insolvency Act BE 2483 (1940) s.90/42(7).
④ Insolvency Act BE 2483 (1940) s.90/42(7).
⑤ Civil and Commercial Code Title 3 subtitle 22 ch.4.
⑥ Insolvency Act BE 2483 (1940) ss.90/6.2 and 90/42(7).
⑦ Insolvency Act BE 2483 (1940) ss.90/88 and 90/89.
⑧ Insolvency Act BE 2483 (1940) ss.90/88 and 90/89.
⑨ Insolvency Act BE 2483 (1940) ss.90/25 and 90/59.

第90/10条驳回重整申请;①(2)债权人会议未能根据《破产法》第90/17.5条选定重整计划人;(3)债权人会议未能根据《破产法》第90/48.4条表决通过重整计划草案;②(4)法院根据《破产法》第90/58.3条不予批准重整计划。③ 在前述四种情形中,法院会终止重整令并撤销案件。同时,如果债务人在前述情形中退出了重整程序,则该程序不会转入清算程序。至于第五种,如果根据债权人表决通过、法院批准的重整计划进行重整未能成功,且法院认为根据《破产法》第90/75条应当对债务人实施清算,则应作出接管令(receivership order),将案件转入清算程序。

《破产法》并未限制重整申请的次数,但该法明确规定,重整申请失败后,无论是债务人申请还是债权人申请,均需等待6个月,待该期间届满后方可再次提出申请。④ 38

(八)重整融资

重整程序中发生的直接费用包括申请费、债务人经营成本、重整计划人和计划管理人履职费用等。⑤ 上述费用将从债务人的无负担财产(unencumbered assets)中支付。据本报告作者所知,泰国尚不存在债务人资产不足以支付这些直接成本的案例。 39

泰国法并未规定如何处理重整申请前后和程序启动前后的债务人融资问题。程序启动后的融资行为均应基于合同进行,也就是说,这类融资的数额、范围和清偿顺序都需由合同约定。此外,根据泰国《破产法》,不能仅为了在重整期间就债务人持续经营进行融资,而出售债务人的资产。⑥ 40

对于股东及关联公司是否应直接或间接向困境债务人提供资金帮助的问题,《破产法》《民商法典》关于公司的部分均未作具体规定。股东、关联方或内部人在 41

① 法院如不能依照《破产法》第90/3条的规定确认以下事实之一,可以依法驳回申请:(1)债务人资不抵债或者无力清偿到期债务;(2)债务人负债不少于10,000,000泰铢;(3)债务人陷入财务困境具有合理理由;(4)有重整债务人业务的预期;(5)申请是基于善意作出。

② Insolvency Act BE 2483 (1940) s.90/46.具体而言,债权人会议表决通过重整计划有以下两种方式:(1)各债权人组均通过重整计划,也即各组别内债权人过半数同意重整计划,且其所代表的债权额占相应组别债权总额的2/3以上;(2)至少有一个债权人组通过重整计划,也即该组债权人过半数同意重整计划草案,且其所代表的债权额占该组债权总额的2/3以上,同时各组内表决同意的债权人代表的债权额占全体债权人债权总额的1/2以上。

③ 见本报告第65段。

④ Insolvency Act BE 2483 (1940) s.90/5(3).

⑤ Insolvency Act BE 2483 (1940) ss.90/6,90/7,90/42(7) and 130.

⑥ Insolvency Act BE 2483 (1940) ss.90/12(9),90/42 and 90/60.

重整前向债务人提供的借款，均不会在后续破产财产的清算和分配中作劣后处理。此外，泰国法也未具体规定破产程序中为债权调查和追收提供第三方资助诉讼的行为。

（九）中止及延期偿付效力

42 法院一旦受理重整申请，自动中止立即生效。① 一般情况下，中止效力可以有效防止债务人的资产减损。至于担保权，中止的效力之一即为禁止担保债权人就担保物行权，但担保权人在担保范围内未得到充分保护，或者重整计划自法院受理申请一年期届满后仍未获批准的，担保权可以行使。② 但需说明的是，破产职务承担者在中止期间无权使用、消耗或处分担保财产。③ 此外，如果债务人占有他人所有物或融资租赁物，而该财产又是债务人继续经营所必需的，则所有权人、融资租赁权人不得收回该财产。④ 在自动中止生效期间，未决的诉讼和未执行的判决将被暂缓处理，法院也将暂缓办理有关案件。⑤ 此外，中止规则还包括：在自动中止生效期间，相关方不得提出清算申请；⑥刑事责任不属于中止范围等。⑦

43 泰国法规定的中止效力仅及于泰国境内，⑧不能延伸至境外或影响在泰国之外发生的行为。⑨ 债权人、债务人违反中止的行为一概无效。⑩ 泰国法律并不承认庭外重组中的合同性中止（又称中止协议，standstill agreement）。

（十）普通合同与特殊合同

44 在重整程序中，计划管理人有权根据经表决通过、法院批准的重整计划，决定终止或继续履行特定合同。⑪ 计划管理人如需终止履行合同，需证明继续履行合同会使该债务人受到损失。⑫ 除此之外，泰国没有其他适用于待履行合同的具体规则。

---

① Insolvency Act BE 2483 (1940) s. 90/12.
② Insolvency Act BE 2483 (1940) s. 90/12(6).
③ Insolvency Act BE 2483 (1940) ss. 90/12(6) and 90/12(9).
④ Insolvency Act BE 2483 (1940) s. 90/12(8).
⑤ Insolvency Act BE 2483 (1940) s. 90/12(5).
⑥ Insolvency Act BE 2483 (1940) s. 90/12(4).
⑦ Insolvency Act BE 2483 (1940) s. 90/12.
⑧ Insolvency Act BE 2483 (1940) s. 177. 1.
⑨ Insolvency Act BE 2483 (1940) s. 177. 1.
⑩ Insolvency Act BE 2483 (1940) s. 90/12. 4.
⑪ Insolvency Act BE 2483 (1940) s. 90/41 bis.
⑫ Insolvency Act BE 2483 (1940) ss. 90/41 bis and 90/42.

相对方因终止合同遭受损失的,可以就其损失申报债权。① 但是,即使合同得以继续履行,该合同中的待付款项也不享有任何优先权。

至于公共服务合同,根据自动中止规则,公共服务供应方不得单方停止服务供给,但法院另有命令或者债务人在法院发出重组令后连续两次未缴纳公共服务费用的除外。② 45

《破产法》中没有关于知识产权合同、金融衍生品合同等特殊类型合同的具体规定。法律也未对破产约定条款的效力作具体规定,但这类条款在实务中应属有效。此外,《破产法》还笼统地规定,相关方可以依据重整计划进行合同转让或让与。③ 46

(十一)优先权、清偿顺序和处理方法

在泰国重整程序中,全体程序前债权人,即重整程序开始前的已有债权人,均应按照《破产法》第90/42之二条规定的标准分类分组,主要分为三类:担保债权人、无担保债权人和劣后债权人。每类债权人还可再分为多个组别。④ 关于担保债权人,应按其担保数额分组。持有担保债权额占债务人负债总额15%以上的担保债权人应分为一组,其他担保债权人则被分为一组。而对于无担保债权人的分组,则以债权性质的相似性为根据。泰国法关于债权人分组的规定十分宽泛,目的是给重整计划人留下裁量空间,以通过债权人分组推动重整成功。重整计划一旦生效,债权人应当按重整计划的具体条款受偿。 47

重整程序的债权处理以债权人向破产受托人提交债权证明为始(包括提交相关佐证材料)。⑤ 债权人应当自法院关于指定重整计划人的命令公布后1个月内申报债权。⑥ 未在截止日期前申报债权的,不能在重整程序中获偿。⑦ 破产受托人将对各项债权申报进行审查。⑧ 债权人、债务人对破产受托人认可或不予认可某项债权 48

---

① Insolvency Act BE 2483 (1940) ss.90/41 bis.3 and 90/26.2.

② Insolvency Act BE 2483 (1940) s.90/12(11).

③ Insolvency Act BE 2483 (1940) s.90/42(6).

④ Insolvency Act BE 2483 (1940) s.90/42 bis.

⑤ 债权证明为模板化的格式文件,而佐证材料需视债权的性质而定,包括借贷协议、担保协议、出售协议、信用卡使用声明等。

⑥ Insolvency Act BE 2483 (1940) s.90/26.1.

⑦ Insolvency Act BE 2483 (1940) s.90/61.

⑧ Insolvency Act BE 2483 (1940) ss.90/32.1 and 90/32.2.

的决定不服的，可以向中央破产法院提起诉讼，①虽然债权争议也可通过替代性争议解决方式（ADR）处理，但在实务中并不常见。

49 在泰国重整程序中，税务机关享有的税款债权、退休金权益担保方的债权、职工的未付工资等债权均不享有优先受偿权。② 另外，因债权处理程序而产生的费用、成本均应从债务人财产中支付，无须申报，③但上述费用不能在债权人受偿前支付。④

50 劣后债权基于合同约定产生，在其他债权全额受偿后方可受偿。⑤ 此外，根据《破产法》第90/46条之二（3）款，在表决重整计划时，劣后债权人将被视作已同意重整计划。另外，泰国法允许债权人在重整期间交易债权，⑥债权受让人可替代享有原债权相关的全部权利。⑦

（十二）外国债权人待遇

51 《破产法》明确规定，不得给予外国债权人歧视或偏见性待遇。债权人享有的待遇应取决于其债权性质（有担保或无担保），而非其国籍。至于税款债权，泰国税务机关与外国税务机关地位平等，⑧均作为普通无担保债权受偿。⑨

52 根据泰国法，外国债权人如要就泰国程序中债务人的境外资产受偿，必须将境外资产归入债务人的国内资产池中进行分配，⑩但据笔者所知，实践中暂未出现这样的案例。

（十三）程序中的债权人监督

53 重整程序应当召开债权人会议以决定是否通过重整计划人制备的重整计划草案。⑪ 债权人会议表决通过重整计划的，⑫可以投票设立债权人委员会监督计划的

---

① Insolvency Act BE 2483（1940）s. 90/32. 3.
② Insolvency Act BE 2483（1940）ss. 90/42,90/42 bis and 90/42 ter.
③ Insolvency Act BE 2483（1940）s. 90/27. 3.
④ Insolvency Act BE 2483（1940）s. 90/27. 3.
⑤ Insolvency Act BE 2483（1940）s. 130 bis.
⑥ Insolvency Act BE 2483（1940）s. 90/42(6).
⑦ Insolvency Act BE 2483（1940）s. 90/42(6).
⑧ Insolvency Act BE 2483（1940）ss. 90/42,90/42 bis and 90/42 ter.
⑨ Insolvency Act BE 2483（1940）ss. 90/42,90/42 bis and 90/42 ter.
⑩ Insolvency Act BE 2483（1940）s. 178(2).
⑪ Insolvency Act BE 2483（1940）s. 90/46.
⑫ 关于重整计划的表决通过标准，参见第37段第2个脚注。

执行。[①] 债权人会议、债权人委员会的成员资格[②]仅限于已申报债权的债权人。[③] 对于不属于债权人的主体，即使属于专业人士，也无权成为债权人会议或债权人委员会的成员。[④]

债权人委员会的成员只要在债权人会议授权的范围内行事且无过失，便无须对其行为承担个人责任。[⑤] 此外，除非另有约定，否则债权人委员会的成员不会获得报酬。[⑥] 54

（十四）职工、利益相关方和退休金问题

根据泰国法，债务人陷入困境或者进入重整的，其订立的雇佣合同或者其他视为雇主的合同不享有区别待遇。[⑦] 另外，困境或破产公司职工债权和退休金也不会得到特殊保护。[⑧] 职工债权和退休金债权持有人要获得清偿，应当像其他债权人一样申报债权。[⑨] 但需注意，在重整程序开始后，债务人仍有义务继续支付程序后持续累计的前述职工权益。[⑩] 55

在企业重整实务中，程序前发生的退休金债权，可能会根据重整计划人在重整计划中提出的安排受到调整。[⑪] 退休金债权人根据重整计划的受偿额可能少于其债权额。 56

（十五）撤销权、追回规则和安全港规定

《破产法》规定，欺诈性转让[⑫]和偏颇清偿[⑬]均属可撤销。 57

对于债务人和第三方基于欺诈债权人故意而进行的交易，可以依据欺诈性转让规则予以撤销。但是，要证明交易人的主观故意并非易事。因此，对于债务人和第 58

---

① Insolvency Act BE 2483 (1940) s. 90/55.

② 任何债权人均有资格成为债权人委员会成员，但债权人委员会的成员人数不得少于 3 名，不得超过 7 名。See Insolvency Act BE 2483 (1940) s. 90/55.

③ Insolvency Act BE 2483 (1940) s. 90/46.

④ Insolvency Act BE 2483 (1940) s. 90/46.

⑤ Insolvency Act BE 2483 (1940) s. 90/55; Civil and Commercial Code, ss. 812, 820 and 823.

⑥ Insolvency Act BE 2483 (1940) s. 90/55; Civil and Commercial Code, s. 803.

⑦ Insolvency Act BE 2483 (1940) ss. 90/41 bis and 90/42(10).

⑧ Insolvency Act BE 2483 (1940) ss. 90/41 bis and 90/42(10).

⑨ Insolvency Act BE 2483 (1940) s. 90/26.

⑩ Insolvency Act BE 2483 (1940) s. 90/12(9).

⑪ Insolvency Act BE 2483 (1940) s. 90/42.

⑫ Insolvency Act BE 2483 (1940) s. 90/40.

⑬ Insolvency Act BE 2483 (1940) s. 90/41.

三方的欺诈意图，法律规定有三种可反驳的推定故意：(1)在申请重整前一年内和申请重整后的行为；(2)无偿转让债务人财产的行为；(3)低价转让债务人财产的行为。在申请主体上，只有重整计划人、计划管理人和破产受托人有权提出撤销欺诈性转让的申请，[①]债权人无权提出这类申请。[②]

59 另外，对于债务人在申请重整前3个月内和申请重整后对债权人的偏颇清偿行为，均可依据偏颇清偿规则予以撤销。[③] 债权人属于债务人关联方的，撤销行为临界期向前延至申请前1年内。[④] 偏颇清偿规定仅针对债务人单方的意图。[⑤] 与欺诈性转让的申请主体一样，只有重整计划人、计划管理人和破产受托人有权申请撤销偏颇清偿，债权人无权申请。

60 无论欺诈性转让还是偏颇清偿行为，撤销权诉讼的结果均为恢复财产（或其价值）原状。[⑥] 不过，对于在重整申请前已收到相关财产的善意第三方，其权利不受追回规则的影响。[⑦]

61 为追回财产提起诉讼的费用由债务人财产支付。[⑧] 泰国法未对私人资助诉讼的行为作规定。一般情况下，债权人不得以提供资金为对价换取最终财产分配中的优先待遇。

（十六）重整计划与营运出售

62 关于重整方式，《破产法》仅概括规定了重整程序通过庭内的重整计划实现其程序目的。[⑨] 而关于具体的重整工具，则包括清偿债务、债务展期、调低清偿数额、对债务人增资或减资、获取投资或新资本、出售非核心资产、指定计划管理人等。[⑩] 根据规定，重整计划的执行期限不得超过5年。[⑪] 在实践中，泰国没有可供公司使用的“预先打包”式重整程序，包括“预先打包”式出售。

---

① Insolvency Act BE 2483 (1940) s. 90/40.
② Insolvency Act BE 2483 (1940) s. 90/40.
③ Insolvency Act BE 2483 (1940) s. 90/41. 3.
④ Insolvency Act BE 2483 (1940) ss. 6 and 90/41. 2.
⑤ Insolvency Act BE 2483 (1940) s. 90/41.
⑥ 在民商事程序中，可以依据《民商法典》第237～240条行使一般性的撤销权。
⑦ Civil and Commercial Code, s. 238; Insolvency Act BE 2483 (1940) s. 90/41. 3.
⑧ Insolvency Act BE 2483 (1940) ss. 90/12(9) and 90/42.
⑨ Insolvency Act BE 2483 (1940) s. 90/42.
⑩ Insolvency Act BE 2483 (1940) s. 90/42.
⑪ Insolvency Act BE 2483 (1940) s. 90/42(9).

只有重整计划人有权提交重整计划。[①] 在《泰国皇家公报》公布重整计划人的任命之后，重整计划人必须在 3 个月内提交重组方案，该期限最多可再延长 2 个月。[②] 63

对于各债权人而言，无论其债权是否存在争议，均应按照本报告第 47 段述及的规则进行分组。泰国法并未规定各债权人组的人数上限或下限。[③] 各债权人组均作为整体来投票决定是否通过重整计划草案。[④] 在投票表决之前，可受草案影响的债权人应当就债权人会议召开日期，收到单独的书面通知。[⑤] 债权人可以亲自投票或委托代理人投票，[⑥]但不可通过电子方式投票。[⑦] 在企业重整中，企业股东对重整计划不享有表决权。[⑧] 在表决中，如果有一个以上债权人组通过重整计划，即该组债权人过半数同意重整计划，且其所代表该组债权总额 2/3 以上的债权额，同时各组投票同意的债权人代表的债权额占全体债权人债权总额的 1/2 以上，则“强制通过”生效，视为债权人会议表决通过该重整计划。[⑨] 根据泰国法，担保债权、优先债权、国家持有债权等所有类型的债权均可受重整计划调整。[⑩] 但重整计划未获通过的，法院应当作出命令，终止重整令。[⑪] 64

债权人会议通过的重整计划须经法院批准方可产生约束力。[⑫] 法院须确信以下条件得到满足，方可批准重整计划：(1)重整计划载有法律要求的所有内容；(2)同一组别内的债权人均受到了公平对待；(3)债权人依照重整计划获得的清偿，不少于债务人在清算中可获得的清偿。[⑬] 法院在批准重整计划之前，还会考虑重整计划的整体公正性以及各参与方是否诚实守信。[⑭] 重整计划是否经过独立调查并非法院批 65

---

① Insolvency Act BE 2483 (1940) ss. 90/1, 90/24, 90/25 and 90/44.

② Insolvency Act BE 2483 (1940) s. 90/43. 法律并未规定可以延期的具体情形。在实务中，重整计划人如需与利益相关方额外征求意见或磋商，可以作为合理的延期理由。

③ Insolvency Act BE 2483 (1940) s. 90/42 bis.

④ Insolvency Act BE 2483 (1940) s. 90/46.

⑤ Insolvency Act BE 2483 (1940) s. 90/44.

⑥ Insolvency Act BE 2483 (1940) s. 90/46.

⑦ Insolvency Act BE 2483 (1940) s. 90/46.

⑧ Insolvency Act BE 2483 (1940) s. 90/46.

⑨ Insolvency Act BE 2483 (1940) s. 90/46.

⑩ Insolvency Act BE 2483 (1940) s. 90/42.

⑪ Insolvency Act BE 2483 (1940) s. 90/48. 4.

⑫ Insolvency Act BE 2483 (1940) ss. 90/46, 90/58 and 90/60.

⑬ Insolvency Act BE 2483 (1940) s. 90/58.

⑭ Insolvency Act BE 2483 (1940) s. 90/58.

准重整计划的前置条件。重整计划一经批准,将对全体收到债权人会议出席通知的债权人产生约束力,无论其是否参与重整计划投票。① 计划管理人应当按照重整计划处置债务人的资产。② 对于重整计划未涉及的资产,没有允许处置的例外规定。③

66 债权人对法院批准重整计划的裁定有异议的,可以在获得中央破产法院准许后提起上诉,④但提起上诉不会延缓已批准重整计划的实施,⑤但允许为了促成重整而对已批准的重整计划进行修改。⑥

三、企业集团破产

67 泰国《民商法典》《破产法》均未对企业集团破产问题作出规定。企业集团中遭遇财务问题的成员公司需单独提出重整申请。据笔者所知,泰国还未有企业集团破产的案例。

四、中小微企业破产

68 在泰国,中小微企业被具体分为两种类型:小型企业和中型企业⑦,基于行业以及职工人数或固定资产价值划分。⑧《破产法》第3/2章规定了适用于中小企业的快速重整程序。在该程序中,无论是中小企业自愿申请或债权人申请重整,在申请时均应一并提交已获债权人会议通过的重整计划,即获代表2/3以上债权总额的债权人投票同意的重整计划。⑨ 在这种方式下,法院在审查重整申请后,可以直接在颁布重整令的同时批准重整计划,或者直接驳回重整申请。⑩ 法院在作出重整令之前,必须认定债务人已无力清偿债务,且负债不少于2,000,000泰铢或者3,000,000泰

① Insolvency Act BE 2483 (1940) s.90/60.
② Insolvency Act BE 2483 (1940) s.90/59.
③ Insolvency Act BE 2483 (1940) ss.90/42 and 90/59.
④ Act on the Establishment of the Insolvency Court and its Procedure BE 2542(1999) ss.24,25 and 26.
⑤ Act on the Establishment of the Insolvency Court and its Procedure BE 2542(1999) ss.24,25 and 26.
⑥ Insolvency Act BE 2483 (1940) s.90/63.
⑦ Act on Promotion of Small and Medium Enterprises BE 2543 (2000) s.4.
⑧ Ministry of Industry,Ministerial Rule BE 2545 (2002).以中型、小型制造业企业的划分为例,雇员人数不足50人或者资产价值不超过5千万泰铢的,属于小型企业;雇员人数在50~200人之间或者资产价值在5千万泰铢至2亿泰铢之间的,属于中型企业。
⑨ Insolvency Act BE 2483 (1940) ss.90/93 and 90/95.
⑩ Insolvency Act BE 2483 (1940) s.90/100.

铢(根据企业类型)。[①] 而作为批准重整计划的要件,法院必须确信:(1)重整计划载有法律要求的所有内容;(2)重整计划已获债权人会议正式通过;(3)重整计划中的优先权顺序与清算中的规定一致;[②](4)债权人依照重整计划获得的清偿,不少于债务人在清算中可获得的清偿;(5)同一组别内的债权人均受到了公平对待。[③] 另需说明的是,由于缺少重整成功的可能性,无可变价资产的中小企业不能适用这类快速重整程序。中小企业的重整计划一经法院批准,应当按照该重整计划清偿债务,[④]未被列入重整计划的程序前债务将被免除。[⑤] 泰国法并未在个人财产方面对中小企业的企业家提供特殊保护,譬如保护住房、基本生活用品等。[⑥]

五、国际和跨境破产法

泰国依据《破产法》作出裁定、判决的效力范围仅及于泰国境内资产。[⑦] 与此同 69
时,外国破产判决和破产程序也不能影响位于泰国境内的资产。[⑧] 因此,上文述及的泰国法中止保护只及于债务人位于泰国的资产。泰国破产职务主体不能据此寻求从境外收回债务人资产。据笔者了解,目前尚未有外国司法机构对泰国的破产职务主体、破产判决、破产程序给予承认的先例。

自2016年以来,泰国即在考虑采纳联合国国际贸易法委员会《跨国界破产示范 70
法》(1997年),相关立法草案仍在审议中。但截至目前,泰国暂未计划采纳《关于承认和执行与破产有关的判决示范法》(2018年)。此外,泰国也未就破产事务签订任何跨境合作条约或合作备忘录,同时,泰国法官未参与破产司法交流联盟(JIN联盟)这类法院间国际合作项目,也未签署相关指引文件。

---

① Insolvency Act BE 2483 (1940) ss. 90/92, 90/95 and 90/100.

② 清算中的债权清偿顺序如下:(1)因管理已故债务人财产发生的费用;(2)破产受托人因管理债务人财产发生的费用;(3)与已故债务人生活水平相适应的丧葬费用;(4)回收法院费用而发生的费用;(5)债权人提起诉讼发生的费用以及由法院或者破产管理人确定的律师费;(6)接管令作出前6个月内的应缴关税和税款,以及因债务人的雇员在接管令作出之前提供服务而根据相关法律有权取得的报酬;(7)其他债权。See s. 130 of the Insolvency Act BE 2483 (1940).

③ Insolvency Act BE 2483 (1940) s. 90/101.

④ Insolvency Act BE 2483 (1940) ss. 90/96 and 90/107.

⑤ Insolvency Act BE 2483 (1940) s. 90/119.

⑥ Insolvency Act BE 2483 (1940) ss. 90/96 and 90/104.

⑦ Insolvency Act BE 2483 (1940) s. 177. 1.

⑧ Insolvency Act BE 2483 (1940) s. 177. 2.

六、统计数据

71 社会公众可以在司法部办公室规划和预算处网站上查询泰国的重整和清算案件的数据。[①] 目前可供查询的统计数据具体包括：上一年度的案件数量、新申请数量、结案率和审理期限。根据泰国2018年《司法统计年鉴》(BE2561)，[②]2018年中央破产法院共审理41宗企业重整案件，其中23宗为新申请案件，并在年内审结30宗。[③] 此外，中央破产法院还作出16个批准重整计划裁定[④]。2018年，专门上诉法院和最高法院则分别收到28宗和3宗企业重整申请。[⑤] 目前，泰国破产法相关资料暂没有英文版本。

附：本报告引用的法律、政策性文件
Appendix of Legislation and Policies Referred to

1.《法院组织法》，Act on Court Organization BE2543(2000)。

2.《中小企业促进法》，Act on Promotion of Small and Medium Enterprises BE2543(2000)。

3.《关于设立专门上诉法院法》，Act on the Establishment of the Court of Appeal

---

① Office of the Planning and Budget of the Office of the Judiciary, https://oppb. coj. go. th/th/page/item/index/id/4 (accessed 29 October 2019).

② Data System and Statistics Section, Office of the Planning and Budget, Office of the Judiciary, Thailand, "Annual Judicial Statistics, Thailand 2018 (B. E. 2561)", https://oppb. coj. go. th/th/file/get/file/201906079a98865ab5f339b74bc5a44518f3be5f104536. pdf (accessed 6 January 2020).

③ Data System and Statistics Section, Office of the Planning and Budget, Office of the Judiciary, Thailand, "Annual Judicial Statistics, Thailand 2018 (B. E. 2561)" at p. 45, https://oppb. coj. go. th/th/file/get/file/201906079a98865ab5f339b74bc5a44518f3be5f104536. pdf (accessed 6 January 2020).

④ Data System and Statistics Section, Office of the Planning and Budget, Office of the Judiciary, Thailand, "Annual Judicial Statistics, Thailand 2018 (B. E. 2561)" at p. 46, https://oppb. coj. go. th/th/file/get/file/201906079a98865ab5f339b74bc5a44518f3be5f104536. pdf (accessed 6 January 2020).

⑤ Data System and Statistics Section, Office of the Planning and Budget, Office of the Judiciary, Thailand, "Annual Judicial Statistics, Thailand 2018 (B. E. 2561)" at p. 24 and 29, https://oppb. coj. go. th/th/file/get/file/201906079a98865ab5f339 b74bc5a44518f3be5f104536. pdf (accessed 6 January 2020).

for Specialised Cases BE2558(2015)。

4.《关于破产法院设立及其程序法》,Act on the Establishment of the Insolvency Court and its Procedure BE2542(1999)。

5.《2008年泰国银行关于庭外重组的政策》,Bank of Thailand Policy on Out-of-Court Workouts [3 August BE 2551 (2008)]。

6.《2018年泰国银行关于庭外重组的政策》,Bank of Thailand Policy on Out-of-Court Workouts [31 October BE 2561 (2018)]。

7.《泰国证券交易所关于上市公司信息披露工作的公告》,BorJorPor 2300 Announcement of the Stock Exchange of Thailand on Practices regarding Disclosure of Information of Listed Companies [30 April BE 2536 (1993)]。

8.《关于上市公司根据〈破产法〉进入重整程序信息披露工作的指引》, BorJorPor 2900 Practices regarding Disclosure of Information of Listed Companies entering the Reorganisation Proceeding according to the Insolvency Act [27 January BE 2543 (2000)]。

9.《民商法典》,Civil and Commercial Code。

10.《民事诉讼法典》,Civil Procedure Code BE 2477 (1934)。

11.《泰王国宪法》,Constitution of the Kingdom of Thailand BE 2560 (2017)。

12.《破产法》,Insolvency Act BE 2483 (1940)。

13.《公职人员不当行为责任法》,Liability for Wrongful Act of Officials Act BE 2539 (1996)。

14.《工业部部级规定》,Ministry of Industry,Ministerial Rule BE 2545 (2002)。

15.《司法部关于重整计划人、计划管理人资格和注册手续的部级规定》, Ministry of Justice,Ministerial Rule on the Registration and Qualifications of the Planner and the Plan Administrator BE 2545 (2002)。

16.《公众有限公司法》,Public Limited Companies Act BE 2535 (1992)。

17.《〈税收豁免法〉附属皇家法令》, Royal Decree Stipulated according to the Revenue Code on Tax Exemption (No. 340) BE 2541 (1998)。

18.《担保交易法》,Secured Transaction Act BE 2558 (2015)。

19.《关于资产管理公司的王国法令》, Royal Decree on Asset Management Companies,BE 2541(1998)。

20.《破产实践规则》,Insolvency Rules of Fratice,BE 2549(2006)。

越南制度报告

Dr Vu Thanh Van
Founder, Avenir Legal

一、概述

(一)越南法律制度概述

1 越南现行法律体系源于法国法,一般被认为属于大陆法系。但是,由于历史原因,越南法在发展中同时受到了苏联社会主义法、普通法的较大影响,因此,越南法律体系也可以说是独具特色的混合体系。

2 1986 年,越南启动经济改革(越南称为 Doi Moi,即革新),其法律制度自此得到快速发展。1990 年,越南基于英国航运法规则,首次制定并颁布《海商法》;1997 年,越南首次颁布《商法》《信贷机构法》;2015 年,越南颁布新的《民法典》。[①]《民法典》的颁布实施是越南法律发展中的里程碑事件。自此,越南历史上首次将公平(equity)原则和法院判例确立为正式的法律渊源。[②]

3 在越南,公司的设立、结构、治理、重组[③]和解散均适用《企业法》。2020 年越南新通过的《企业法》[④]规定有两类常用的企业组织形式:

(1)股份有限公司,这类公司须有 3 名以上股东,公司股本须按相等份额划分为股份。[⑤]

(2)有限责任公司,这类公司须有 1 名以上、50 名以下成员(企业或个人),其股

---

① No. 91/2015/QH13,2015 年 11 月 24 日由国会通过。

② Civil Code (No. 91/2015/QH13) Art. 6. 2.

③ 在《企业法》(No. 59/2020/QH14)的适用范围内,企业重组包括企业的兼并、分立、合并、分拆。

④ 《企业法》(No. 59/2020/QH14)于 2020 年 6 月 17 日由国会通过,并于 2021 年 1 月 1 日生效施行。

⑤ Law on Enterprises (No. 59/2020/QH14) Art. 111. 1.

本须以股权形式分配至各成员。[1]

对于股份有限公司的股东和有限责任公司的成员,其个人仅需对公司债务承担有限责任。除了该两类公司,《企业法》还规定有合伙[2]及非法人组织[3]这两种相对少用的企业形式。此外,越南《合作社法》还规定有合作社类组织,[4]但这类组织形式很少使用。

在越南,质押和抵押是两种常见的财产担保方式。两者之间的主要区别在于:质押财产的,质押人需将担保财产交付质权人,由质权人占有该财产;[5]而抵押财产的,抵押人将保持对被抵押财产的占有和控制。[6] 4

此外,还有一类财产担保方式为《民法典》规定的留置。[7] 另需说明,基于《海商法》中的海事请求权产生的船舶优先权(maritime lien)[8]并不被视作财产担保,尽管船舶优先权在清偿顺序上优先于其他担保债权受偿。[9] 5

《民法典》还规定有其他担保方式,包括押金、租赁保证金、[10]代管定金和所有权保留。[11] 但越南并不将融资租赁、售后回租交易和回购交易视为财产担保式安排。 6

债权人有权就债务人破产程序前的交易行使抵销权。[12] 同时,尽管越南的金融衍生品交易中经常使用终止净额结算(close-out netting)的概念,但该概念尚未得到越南法正式认可。 7

---

① Law on Enterprises (No. 59/2020/QH14) Arts. 46. 1 and 74. 1. 越南有限责任公司的"股权"概念类似于普通法法域中的有限责任合伙权益(interests)概念。

② Law on Enterprises (No. 59/2020/QH14) Art. 177. 1. 合伙企业由两个以上的个人(普通合伙人)共有,同时还可有一个或多个有限合伙人。对于合伙企业的债务,普通合伙人承担无限责任,有限合伙人承担有限责任。

③ Law on Enterprises (No. 59/2020/QH14) Art. 188. 1. 非法人组织完全由一个所有者(proprietary owner)所有,所有者对非法人组织债务承担无限责任。

④ 《合作社法》于2012年11月20日由国会通过,根据2012年12月3日第25/2012/L-CTN号总统令颁布实施。

⑤ Civil Code (No. 91/2015/QH13) Art. 309.

⑥ Civil Code (No. 91/2015/QH13) Art. 317.

⑦ Civil Code (No. 91/2015/QH13) Arts. 346 –350.

⑧ Maritime Code (No. 95/2015/QH13) Arts. 40 and 41.

⑨ Maritime Code (No. 95/2015/QH13) Art. 40. 2.

⑩ 租赁保证金是指动产承租人向出租人交付一定数额的金钱、贵金属或宝石,以此方式担保承租人对租赁物返还义务的履行。See Art. 329. 1 of the Civil Code (No. 91/2015/QH13).

⑪ Civil Code (No. 91/2015/QH13) Arts. 328 –334.

⑫ Bankruptcy Law (No. 51/2014/QH11) Art. 51. 3.《民法典》(No. 91/2015/QH13)第378条规定了适用于抵销的法律原则。

8 根据越南政府 2017 年 9 月 1 日颁布的第 102/2017/ND-CP 号《政府关于财产担保登记的法令》(以下简称第 102 号法令)，越南现有的财产担保登记机构包括：

(1)越南司法部下属的全国担保交易登记机构，负责对各类财产之上的担保权进行登记，但以下类型财产之上的担保权除外：①土地及与土地有关的财产；②船舶；③航空器。

(2)省级自然资源与环境部门下属的土地登记机构，负责对土地及与土地有关财产之上的担保权进行登记。

(3)越南交通运输部下属的越南海事局，负责对船舶之上的担保权进行登记。

(4)越南交通运输部下属的越南民用航空局，负责对航空器之上设置的担保权实施登记。

目前仅有全国担保交易登记机构允许以电子方式登记，[①]但在目前阶段，只有信贷机构有资格通过网络提交登记材料。

9 一般情况下，任何机构或个人均有权要求前述登记机构向其提供担保登记信息。但这类信息并不供公众免费获取，每一次查询均需支付费用。[②]

(二)越南破产法概述

10 越南在联合国开发计划署(United Nations Development Programme)和澳大利亚国际开发署(Australian Agency for International Development)的帮助下，于 1993 年颁布首部《破产法》。但随着情况的发展变化，为解决《破产法》在实施上的低效，应对未来亚洲、全球金融危机的类似处置需要，越南需要对破产制度进行全面改革。

11 2014 年 6 月 19 日，越南国会通过新的《破产法》，[③]该法于 2015 年 1 月 1 日生效施行。

12 在 2014 年《破产法》的制定过程中，最高人民法院领导的起草委员会参考了《联合国贸易法委员会破产法立法指南》《国际证监会客户资产保护原则》(IOSCO Principles Cprotection of Elient Assets)提出的概念和原则，对日本、俄罗斯、拉脱维亚

---

① 司法部全国担保交易登记机构线上登记系统，"Ministry of Justice National Registration Agency for Secured Transactions Online Registration System"，https://dktructuyen.moj.gov.vn/home.html?___store=default&___from_store=vietnam (accessed 10 January 2020)。

② Decree No. 102/2017/ND-CP dated 1 September 2017 of the Government on registration of security，Arts. 59 and 61.

③ No. 51/2014/QH13，2014 年 6 月 19 日由国会通过。

等国的破产法规则加以借鉴,并就破产法修改工作公开征求社会意见,同时通过世界银行和国际金融公司举行的会议和研讨会,收集了国际破产法专家关于越南破产法的修改建议。

在2014年《破产法》颁布后,最高人民法院审判委员会于2016年8月25日颁布第03/2016/NQ-HDTP号决议(以下简称第3号决议),①为2014年《破产法》的实施提供司法指引。作为该决议的要求之一,越南法官在破产案件审理中应当对最高人民法院认可的判例进行适用。② 除此之外,该项决议还规定,法官在裁判中可以对其他法院的破产案件生效判决、裁决进行参照。③ 13

越南法中规定有特别法优于一般法原则(doctrine of lex specialis)。因此,作为特别法,《破产法》与一般法的规定存在不一致时,④《破产法》优先适用。⑤ 14

《破产法》自2014年颁布后持续实施至今,从未修改。但按照越南实践惯例,对于《破产法》这类法律,一般每隔7年或10年会进行一轮审查,并在审查后修改或替换相关规则。 15

总体而言,越南尚未建立破产案件信息公开机制。虽然最高人民法院在其官网中设有宣告破产公告(Notice on Declaration of Bankruptcy)栏目⑥,该栏目可供公众自由查询且无须支付费用,但较为可惜的是,该栏目并未做到定期更新。 16

《破产法》未限制公众参与破产案件庭审的权利。因此根据一般规则,社会公众可以参加破产案件的庭审,但法官认为不应公开审理的除外。⑦ 17

越南尚未出台个人破产制度,⑧只有企业和合作社可以适用破产程序,⑨且中小 18

---

① 最高人民法院审判委员会发布的决议在越南法中属于有法律意义的文件。这些决议作为司法指引性规范,对下级法院具有约束力。

② Resolution No. 03/2016/NQ-HDTP, Art. 4. 1.

③ Resolution No. 03/2016/NQ-HDTP, Art. 4. 2.

④ The Law on Enterprises (No. 59/2020/QH14) is an Example of a General Law.

⑤ Law on Enterprises (No. 59/2020/QH14) Arts. 3 and 214.

⑥ 官网该栏目中包含下级法院立案受理的破产申请案件信息。The Supreme People's Court of the Socialist Republic of Vietnam, https://www. toaan. gov. vn/webcenter/portal/tatc/ thong-bao-tuyen-bo-pha-san (accessed 15 January 2020).

⑦ 例如,法官可能为保护当事人的商业秘密而决定不公开审理某一案件。See Art. 15. 2 of the Civil Procedure Code (No. 92/2015/QH13) dated 25 November 2015.

⑧ 越南大部分与个人债务有关的法律问题都属于民法适用范围。例如,《民法典》(No. 91/2015/QH13)第280条中包含关于免除金钱给付义务的规定。但在现行法下,尚未有适用于自然人债务人的债务减免或集体清偿制度。

⑨ Bankruptcy Law (No. 51/2014/QH11) Art. 3. 1.

微企业与大型企业适用相同的破产程序。在法院管辖上,越南的破产案件由债务人总部所在地的区一级法院管辖,[①]如果案件存在以下情形之一的,则省一级法院可行使管辖权:(1)破产案件所涉财产所在地或程序相关方住所地位于越南之外的;(2)债务人同时在越南两个以上的省级行政区设有办事机构或持有财产的。[②]

19 《破产法》规定有企业重整[③]和清算[④]两类制度。但需注意,困境信贷机构重整不属于《破产法》的适用范围,而应适用银行业相关法律。[⑤] 但是,破产信贷机构在依据银行业法律规范进行重整后,仍无法恢复偿债能力的,则应依据《破产法》启动清算程序。[⑥]

二、拯救:庭外和庭内(治理与监督)

(一)庭外重组

20 越南法既未规定任何形式的庭外重组安排,也未出台以促进庭外重组为目标的正式法律制度。同时,越南实务中也还未形成庭外重组惯例。

21 因此就庭外重组而言,在现行规则下,债务人和债权人可依据一般性法律自由协商重组条款,法院无须监督。重组中达成的安排只要依法有效,即具合同法上的效力,但不能依据《破产法》获得法院认可。

(二)破产前程序

22 越南法并未区分破产前程序和正式破产程序,也未规定任何旨在处理财务困境的破产前正式程序。

23 实务中,借款企业如果陷入财务困境,会尝试与债权人协商获得债务展期或者就到期债务获取再融资。如果债权人不同意展期,或者借款人无法获得足够的债权融资、股权融资以清偿到期债务,债权人有权选择按照借款条件加速债权到期或者

---

① Bankruptcy Law (No.51/2014/QH11) Art.8. 1.

② Bankruptcy Law (No.51/2014/QH11) Arts.8. 1(a) and 8. 1(b).

③ Bankruptcy Law (No.51/2014/QH11) ch. Ⅶ.

④ Bankruptcy Law (No.51/2014/QH11) ch. Ⅸ.

⑤ Bankruptcy Law (No.51/2014/QH11) Arts. 98 and 99. See also the Law on Credit Institutions (No. 47/2010/QH12) passed by the National Assembly on 16 June 2010 (last amended 15 January 2018) Arts. 5. 34, 145, and 155.

⑥ Bankruptcy Law (No. 51/2014/QH11) ch. Ⅷ; Law on Credit Institutions (No. 47/2010/QH12) Arts. 155 and 156.

执行担保权(如有)。除此之外,债务到期后的3个月等候期一经届满,债权人便可对借款人提出破产申请。①

(三)破产程序

《破产法》规定有两类破产程序:(1)重整程序;(2)清算程序。重整属于第一阶段破产程序,旨在恢复债务人的偿债能力。而清算则属于第二阶段破产程序,旨在对债务人全部财产实施清算并在清算后解散债务人。关于两类程序的关系,本报告第66、67段将述及,越南法要求对企业实施清算前应首先尝试重整。 24

越南法中有两类旨在实施企业拯救的重整型程序:(1)《破产法》第8章规定的重整程序,该程序可适用于除信贷机构以外的企业;(2)《信贷机构法》②第8章第1部分规定的特别接管程序(special control administration proceedings),该程序只适用于破产的信贷机构。信贷机构具体包括商业银行、金融公司、融资租赁公司、政策银行和信用社。 25

除此之外,越南法排除前述两类重整程序对以下特殊类型企业的适用(以下统称为"受排除企业"): 26

(1)根据政府2006年7月11日第67/2006/ND-CP号法令(以下简称第67号法令)规定,完全由国家所有且运营的国防工业或特定公用事业的"特殊企业"。③

(2)根据政府2008年11月3日第114/2008/ND-CP号法令(以下简称第114号法令)的规定,包括证券公司、基金管理公司、证券投资公司等证券业企业,以及保险公司和彩票公司。

对于针对"受排除企业"的破产申请,法院应当根据相应情形,依据第67号法令的第6、9条或者第114号法令第10、11条的规定,拒绝接受针对"受排除企业"的破产申请。但是,对该债务人负有监管职责的政府机构④以书面方式确认,政府不会申请或者已停止申请对债务人采取"依法恢复偿债能力的措施"的,⑤法院应当接受该申请。如果收到这类政府作出的书面确认,法院将对"受排除企业"启动相应破产程

---

① Bankruptcy Law (No.51/2014/QH11) Art.5.1.

② No.47/2010/QH12.

③ 该法最后一次修订于2015年4月6日。

④ 如国防部、财政部或国家证券委员会。

⑤ 根据第67号法令第6条和第114号法令第7条,法院需以书面形式将破产申请材料通知相关政府机构。而根据第114号法令第8.3条,财政部或国家证券委员应当在收到法院通知后的15日内,向法院作出答复。

序(包括重整程序)。[①]

27 但是,在法院拒绝接受针对“受排除企业”的破产申请后,《破产法》和第67号法令、第114号法令均未规定此时“受排除企业”仍可适用的正式破产程序。[②] 因此,如出现这一情形,似乎“受排除企业”的债权人只能与相关政府机构、债务人进行协商并尝试推动庭外重组。

28 越南采用现金流标准来决定一家公司是否破产。公司未能在债务到期后的3个月内清偿债务的,即被视为破产。[③]《破产法》并未将或有债务、资产负债表破产、濒临破产等情形作为考量因素。因此,债务人不能以其业务在一般情况下已不具经济可行性为由,申请启动破产程序。

29 根据越南法的规定,债务人、任何债权人(包括职工债权人[④])、符合规定的利害关系人[⑤]均有权提出破产申请,但申请人需对债务人符合前述破产标准承担证明责任。越南法并未对债权人申请时的最低人数、数额作要求。

30 另外,越南法规定有破产申请防滥用规则。例如,在破产程序开始前,法院可召集困境企业、企业所有者、债权人、利害关系人召开会议,求证申请中关于企业破产主张的正当性。[⑥] 除此之外,破产申请人还依法负有诚信行事(act in good faith)的义务。[⑦]

31 申请人提交破产申请或与破产程序有关的申请的,均应直接提交或以邮递方式提交法院。[⑧] 现行机制暂不允许以网络方式提交各类申请。

32 《破产法》并未规定国家权力机关(包括检察机关)有权申请对特定类型的公司启动破产程序。但是,政府机构作为有限责任公司的所有者或股份公司股东的,可以对其所有的有限责任公司,或者由其持有20%以上股份的股份公司,提出破产申请。[⑨]

---

① 第67号法令并未规定相关国家机构对法院的答复义务和书面确认的时限要求。

② 据笔者所知,目前还没有“受排除企业”破产案例。

③ Bankruptcy Law (No.51/2014/QH11) Art.4.1.

④ Bankruptcy Law (No.51/2014/QH11) Art.5.2.

⑤ 利害关系人可包括:工会、只有一个成员的有限责任公司、非法人组织的所有人、合伙企业的普通合伙人、合作社的成员、持有股份公司已发行普通股总额20%以上(如公司章程规定为20%以下的,从其规定)的股东或股东团体。See Arts.5.2 –5.6 of the Bankruptcy Law (No.51/2014/QH11).

⑥ Bankruptcy Law (No.51/2014/QH11) Art.42.3.

⑦ Bankruptcy Law (No.51/2014/QH11) Art.19.4.

⑧ Bankruptcy Law (No.51/2014/QH11) Art.30.1.

⑨ Bankruptcy Law (No.51/2014/QH11) Arts.5.4 and 5.5.

33 总体而言,在现行规则之下,除信贷机构破产不能适用《破产法》而应适用《信贷机构法》外,①其他金融机构或国有企业适用的破产程序法律规则未受调整。

34 根据越南法的规定,股份公司自愿申请重整应由公司大会(general meeting)决定;②超过1名成员的有限责任公司自愿申请重整的,应当由公司的成员委员会决定;只有1名成员(所有者)的有限责任公司自愿申请重整的,应当由该所有者决定。③

35 法院经调查认为,债务人已符合本报告第28段所述的破产标准的,④可以对债务人启动破产程序。在判断债务人是否符合破产标准时,法院应当审查与申请相关的全部文件材料,⑤调查与破产程序开始条件相关的所有事实,⑥并可为审查破产程序是否符合开始标准而进行非正式听证。⑦ 法院应当自收到破产申请起30日内决定是否受理该申请(决定是否启动破产程序)。⑧

36 越南法鼓励友好解决争议(amicable resolution)原则。⑨ 该原则同样适用于破产案件。在法院收到破产申请后,如果债务人及其债权人在申请之日起的3个工作日内,书面请求法院给予不超过20日的谈判期间,法院可予以准许。⑩ 如果各方在法院批准的谈判期间达成协议,则法院可允许申请人撤回申请,⑪但不会以裁定方式确

① 适用于信贷机构的重整型程序在《信贷机构法》(No.47/2010/QH12)中称为"特别接管程序"。

② Law on Enterprises (No.59/2020/QH14) Arts.138.2 and 153.2(p).

③ Law on Enterprises (No.59/2020/QH14) Arts.55.2(l),76.1(m) and 76.2. 此外,债务人是合伙企业、非法人组织或合作社的,应当分别由普通合伙人会议(general partners' council)、企业所有者或成员大会决定是否申请启动重整程序。See Arts.182.3 and 190.1 of the Law on Enterprises (No.59/2020/QH14) and Art.32.13 of the Law on Cooperatives (No.25/2012/L-CTN).

④ Bankruptcy Law (No.51/2014/QH11) Art.42.2.

⑤ 根据《破产法》(No.51/2014/QH11)第26.2条,债权人申请债务人破产的,应提交债权人对债务人享有到期债权的证明文件。债务人自愿申请破产的,应提交近3年财务报告、关于其破产情况的解释性说明、债权债务人名单、财产清单等。See Art.28.3 of the Bankruptcy Law (No.51/2014/QH11).

⑥ Bankruptcy Law (No.51/2014/QH11) Art.9.1. See also Art.9.1(b) of Circular No.01/2015/TT-CA dated 8 October 2015 of the Chief Judge of the Supreme Court (Circular 01).

⑦ 申请人、债务人、债权人和其他利害关系人应当出席该次听证。See Art.42.3 of the Bankruptcy Law (No.51/2014/QH11).

⑧ Article 39 read together with Arts.31,32.1(a),38.1 and 38.2 of the Bankruptcy Law (No.51/2014/QH11).

⑨ Civil Code (No.91/2015/QH13) Art.7.2.

⑩ Bankruptcy Law (No.51/2014/QH11) Art.37.1.

⑪ Bankruptcy Law (No.51/2014/QH11) Art.37.2.

认这类协议的效力。各方在谈判期间未能达成协议的，法院应当继续就是否启动破产程序作出决定。①

37 在法院作出启动或不予启动破产程序的决定之后，对该决定不服的申请人或者任何利害关系人，②均可向上级法院提出上诉。③ 上级法院对此作出的决定具有终局效力。④

38 根据越南法的规定，法院一旦接受破产申请（此处的“接受”不同于“受理”。——译者注），即产生自动中止效力，⑤对债务人合同的履行也可能一并暂停。⑥ 此外，根据《破产法》第70.1条的规定，法院还可作出禁令，强制债务人或第三方进行或不进行特定交易或行为，如准许出售易腐物品、冻结银行账户、禁止债务人转让财产等。⑦ 并且，法院可以依禁令申请人的请求而解除禁令，或者在不予启动破产程序（不予受理破产申请）后解除这类禁令。⑧

39 现行越南法并未要求公开破产程序申请等材料，但公众公司和上市公司有义务遵守法律中关于信息披露的要求。⑨

40 另外，对于法院作出的启动破产程序决定，应当在全国商业登记门户网站（National Business Registration Portal）和该法院的官网（如有）上公布，⑩并在债务人总部所在省份发行的当地报纸上连续两期发布。⑪ 债务人在收到法院启动破产程序的决定之后，有义务立即作出公告（public announcement）。⑫

41 根据越南国家银行（越南央行，以下简称国家银行）关于贷款资产分类以及贷款

---

① Bankruptcy Law（No. 51/2014/QH11）Art. 37. 3.

② 概括而言，利害关系人包括债务人、债权人、职工、股东、企业所有者以及其他可因相关破产程序享有利益或承担责任的主体。

③ Bankruptcy Law（No. 51/2014/QH11）Art. 44. 1.

④ Bankruptcy Law（No. 51/2014/QH11）Art. 44. 8. 上诉程序时长可达30日。

⑤ 关于自动中止制度将于本报告第78段详述。

⑥ 关于合同暂停履行规则将于本报告第85段详述。

⑦ Bankruptcy Law（No. 51/2014/QH11）Art. 70. 1.

⑧ Resolution No. 03/2016/NQ-HDTP, Art. 5. 2.

⑨ 根据财政部第155/2015/TT-BTC号《财政部关于证券市场信息披露的规定》（Circular No. 155/2015/TT-BTC），上市公司在收到法院关于申请人对其提交破产申请的通知之后，应当在24小时内公开披露有关情况。

⑩ 全国商业登记门户网站（计划投资部），National Business Registration Portal, Ministry of Planning and Investment, https://dangkykinhdoanh. gov. vn/en/Pages/default. aspx（accessed 10 January 2020）。

⑪ Bankruptcy Law（No. 51/2014/QH11）Art. 43. 1.

⑫ Bankruptcy Law（No. 51/2014/QH11）Art. 20. 3.

损失准备金的规定,[①]银行应当为所有已逾期10日且未获清偿的债务,或者其认为无法收回的债务提取准备金。因此,借款人进入破产程序的,银行依法须为相关债务提取准备金。

(四)支持架构(法院及政府机构)

对于信贷机构和“受排除企业”,特定政府机构会参与其破产前处置过程并实施监管。[②] 但对于其他债务人进行的破产前程序,法院、政府机构不会介入并实施监管。 42

法院会对重整程序(信贷机构、“受排除企业”以外类型的债务人)和清算程序(所有类型债务人)进行监督。[③] 对于接受破产申请的法院,该院院长(首席法官)应指定一名法官负责审理该破产申请、承办破产案件并具体履行监督职能。[④] 举例而言,在破产程序中进行的以下事项都需法院批准:指定或解除指定破产管理人(以下简称管理人)、处分债务人财产、对债务人执行担保权、召集债权人会议等。[⑤] 管理人的大部分决定也需事前获得法院批准。[⑥] 此外,法院还可依职权或者依管理人、债务人或其他利害关系人(如债权人或债务人的职工)申请,就具体事项作出指示或命令。[⑦] 43

最高人民法院还就破产案件办理出台了若干解释性规定和实践指引,供下级法院在实践中遵循。这些规定和指引一般以通知或者审判委员会决议的形式作出。在制定这些规定和指引的过程中,最高人民法院通常会传阅并公开相关文件草案,征求利益相关方和公众意见,以此方式为律师协会等专业组织提供审查、评论的机会。 44

越南政府对破产程序也承担一定职责。根据越南法的规定,政府有责任就《破 45

① 国家银行2013年1月21日第02/2013/TT-NHNN号通知,即《国家银行关于资产分类、风险准备金设立的级别和方法、信贷机构和外资银行分支机构金融活动中信用风险准备金使用的规定》(最近一次修改于2014年3月20日)第10、11条。

② 例如,国家银行将对陷入困境的银行启动特别接管程序;财政部和国家证券委员会将对困境保险公司、证券公司的庭外重组活动进行监督。此外,政府机构是困境特殊企业的所有者或出资者的,对该特殊企业的庭外重组活动负有监督职责。

③ 见本报告第24~26段。

④ Bankruptcy Law (No. 51/2014/QH11) Arts. 31. 1 and 42. 4.

⑤ Bankruptcy Law (No. 51/2014/QH11) Art. 9.

⑥ Bankruptcy Law (No. 51/2014/QH11) Art. 16.

⑦ Bankruptcy Law (No. 51/2014/QH11) Art. 60. 1.

产法》实施工作出台指引性规定。① 例如，政府已专门颁布有关管理人监理的法令。② 国家银行也就困境银行特别接管程序出台指引③并直接实施这类程序。根据第114号法令的规定，财政部和国家证券委员会也有职责依法监管涉保险、证券公司这两类“受排除债权人”的企业拯救活动。

46 另外，为了保护投资者，证券交易所有权暂停上市公司的证券交易或终止其上市。就此而言，证券交易所也可对破产的上市公司行使职权。④

47 越南允许法院在国内、国际层面开展沟通交流。在国内层面，审理法院可以请求国内另一法院代为收回债务人资产、收集证据、采集证人证言。⑤ 此外，法院在审查中发现其对破产申请无管辖权的，应当提出申请，将该破产申请转至有管辖权的法院审理。⑥ 在国际层面，为获得国际司法协助，越南法院可以根据越南与外国法院所在地的双边司法协助条约，或者基于互惠原则，就涉外破产案件与外国法院进行沟通。⑦ 但据笔者所知，迄今为止，越南破产案件还未曾得到国际层面的司法协助。

（五）破产职务承担者

48 一般情况下，破产前程序并不涉及管理人等破产执业者。但在困境信贷机构特别接管程序中，国家银行将指定特别接管委员会负责接管。⑧ 特别接管委员会由一名国家银行官员领导，委员会成员除了国家银行工作人员之外，还可纳入独立的银行业专家和其他信贷机构工作人员。⑨

49 破产程序一旦开始，法院应当指定管理人参与程序，管理人应一并参与重整和清算程序。⑩

50 管理人需具备相关资质并持有司法部颁发的破产管理执业资格证书（以下简称

---

① Bankruptcy Law（No.51/2014/QH11）Art.133.

② Decree No.22/2015/ND-CP dated 16 February 2015 of the Government（Decree 22）.

③ Law on State Bank of Vietnam（No.46/2010QH12）passed by the National Assembly on 16 June 2010, Art.4.12; Law on Credit Institutions（No.47/2010/QH12）ch.Ⅷ.

④ Law No.70/2006/QH11 on securities, passed by the National Assembly on 29 June 2006, Art.37.

⑤ Bankruptcy Law（No.51/2014/QH11）Art.50.1.

⑥ Bankruptcy Law（No.51/2014/QH11）Article 33.1.

⑦ See generally Bankruptcy Law（No.51/2014/QH11）ch.XI.

⑧ Law on Credit Institutions（No.47/2010/QH12）Art.145a.2(b).

⑨ Article 9 of the Circular 07/2013/TT-NHNN dated 14 March 2013 issued by the State Bank of Vietnam on provisions on special control for credit institutions.

⑩ Bankruptcy Law（No.51/2014/QH11）Art.45.1.

破产执业证)。[①] 合伙企业、非法人组织已注册破产管理业务为其经营内容的,也可提供破产管理服务。[②] 但持有破产执业证的个人和参与破产管理服务的合伙企业、非法人组织,只有经其居所地或所在地司法部门登记后,才可作为管理人履职。[③]

法院决定对债务人启动破产程序后,应当颁令指定管理人。[④] 下文将述及,在越南制度中,管理人虽享有广泛职权,但不会替代企业的现有管理层行使职权。 51

申请人在提交破产申请的同时可提名一名管理人人选,[⑤]但法院发现提名人选不符合资质条件的,可依职权拒绝该提名。[⑥] 对于法院指定或更换管理人的决定,相关方可以基于该指定、更换不符合法定的指定[⑦]或更换理由[⑧]等原因,提出异议。例如,持破产执业证的有资质主体与破产程序存在利益冲突的,或者属于债务人关联人的,不得被指定为管理人。[⑨] 管理人在获指定后有违反义务或放任不公(allow bias)行为的,应予以更换。[⑩] 52

管理人行使的职权范围覆盖广泛,其中关于债务人的包括:获取、占有债务人经营相关的证据和文件;保管债务人财产;根据法院的命令出售债务人财产;安排对债务人财产的评估和处分;在债务人无法律代表人(representative at law)时作为其授权代表等。[⑪] 此外,对于债务人已经取得但尚未登记的担保权,管理人还有义务依法办理登记。[⑫] 而管理人职权中关于债权人的包括:依其裁量请求法院执行已被中止的担保权;[⑬]审查债务人破产申请前的交易,申请撤销其中的可撤销交易。[⑭] 53

---

① 具备资质的主体可以为律师、会计师或其他持有法律、会计、金融或银行类大学学位且至少在相关行业工作5年的个人。See Art. 12 of the Bankruptcy Law (No. 51/2014/QH11).

② 非法人组织的所有者、合伙企业的合伙人须持有破产执业证。See Art. 13 of the Bankruptcy Law (No. 51/2014/QH11).

③ Decree 22, Arts. 9 and 10.

④ 该案主审法官应当在决定对债务人启动破产程序之日后的3个工作日内指定管理人。See Art. 45. 1 of the Bankruptcy Law (No. 51/2014/QH11).

⑤ Bankruptcy Law (No. 51/2014/QH11) Arts. 26. 3, 27. 3, 28. 4 and 29. 2.

⑥ Decree 22, Arts. 19 and 20. 例如,被提名的管理人与该案存在利益冲突或正在受到刑事检控的,将被取消指定资格。

⑦ Bankruptcy Law (No. 51/2014/QH11) Art. 45. 2.

⑧ Bankruptcy Law (No. 51/2014/QH11) Art. 46. 1.

⑨ Decree 22, Art. 19.

⑩ Decree 22, Arts. 3 and 19.

⑪ Bankruptcy Law (No. 51/2014/QH11) Art. 16.

⑫ Bankruptcy Law (No. 51/2014/QH11) Art. 69.

⑬ Bankruptcy Law (No. 51/2014/QH11) Art. 53. 2.

⑭ Bankruptcy Law (No. 51/2014/QH11) Art. 59. 4. 见本报告第103段中的可撤销交易类型。

54 在破产程序中，管理人对债务人、债权人和法院负有诸多法定义务，包括但不限于：①

(1)公正、独立、透明、诚信行使职权；

(2)对债务人经营状况保密；

(3)避免利益冲突且不得获取未经授权的利益。

根据《民法典》的代理规定，管理人作为债务人的代理人时，对债务人负有以被代理人最佳利益行事等代理人义务。②

55 管理人的有多次违反其义务的，将面临被吊销破产执业证的风险。③ 同时，债务人、债权人、债务人股东等破产程序参与者还可依据《民法典》，对违反规定义务的管理人提起民事诉讼。此外，管理人还可能因违反义务的行为面临刑事追责风险。④ 举例而言，管理人履职中有欺诈或者贿赂行为的，应当承担相应刑事责任。⑤

56 尽管越南法明确要求管理人应取得执业责任保险，⑥但鉴于目前市场上缺少责任赔偿型保险产品，在现阶段还不可能实现。⑦

57 管理人还应定期向其居所地或所在地司法部门提交工作报告。⑧ 这些报告并不对外公开。在法院、判决执行机构询问有关情况时，管理人可能还需报告其职责、职权的履行情况，⑨但是，管理人并无义务向债务人、债权人披露或者提供此类报告。

58 至于管理人报酬，可基于小时费率、固定费率或破产财产百分比计算。⑩ 每个案件的具体报酬安排将根据案件实际有所不同，但管理人与法院、债权人会议或者债务人就此达成协议的，则以协议为准。⑪ 只要债务人及其债权人同意，越南法也允许向管理人支付奖金式(bonus)的报酬，⑫但现行关税制度(tariff system)会限制特定

① Bankruptcy Law (No. 51/2014/QH11) Arts. 17 and 46. 1(b); Decree 22, Arts. 2. 3 and 3.

② Civil Code (No. 91/2015/QH13) Art. 134. 1.

③ Bankruptcy Law (No. 51/2014/QH11) Arts. 15. 1(d), 46. 1(a) and 46. 1(b).

④ Bankruptcy Law (No. 51/2014/QH11) Art. 129. 2.

⑤ Criminal Code (No. 100/2015/QH13) passed by the National Assembly on 27 November 2015, amended in 2017, Arts. 174 and 354.

⑥ Bankruptcy Law (No. 51/2014/QH11) Art. 16. 5; Decree 22, Arts. 7. 4 and 13. 4.

⑦ 从实践上看，司法部似乎未严格执行这一有关执业保险强制覆盖政策的监管要求。

⑧ Decree 22, Arts. 21. 2 and 21. 3.

⑨ Bankruptcy Law (No. 51/2014/QH11) Art. 16. 6.

⑩ Decree 22, Arts. 7. 5 and 13. 5.

⑪ Decree 22, Arts. 21. 4(a) and 21. 5.

⑫ Decree 22, Art. 21. 5.

情形中管理人可领取的最高报酬金额。①

(六)困境企业的董事、管理者

根据越南法的规定,债务人一旦陷入破产,债务人的管理层、所有者有义务提出破产申请,②未能履行该破产申请义务的,其个人应对债权人等利害关系人因此发生的损失承担责任。③ 59

越南公司法还规定,公司的董事、管理者对公司负有忠实义务(fiduciary duty),上述主体在行使权力或履行职责时,应当以公司的最佳利益行事。④ 公司的董事、管理者有权就公司的解散、清算等关键事项进行表决。⑤ 因此,董事、管理者在行使表决权过程中违反忠实义务的,可能导致其个人在公司股东、成员提起的民事诉讼中承担民事责任。 60

一般而言,《破产法》允许债务人在法院或管理人的监督下继续控制和自行管理其经营活动,⑥即企业的董事、管理人员可继续保有原地位并正常履行管理职责。 61

一般情况下,破产程序中的债务人董事或管理者在履行自身职权时,除了应遵守管理人的指示和要求外,无须遵守任何特殊的审批规则,也不对管理人负有特殊义务。⑦ 62

另外,债务人进行的大多数经营行为均需事前获得管理人的同意,这类事项包括但不限于:出售或出租债务人财产、获取融资、终止有效合同、支付职工工资等。⑧此外,债务人及其管理层有义务遵守法院、管理人的指示和要求。⑨ 63

在破产程序中,管理人、债权人均不享有更换董事或管理人员的权力,但是,债 64

---

① Decree 22, Arts. 21. 4(b) and 21. 4(c).

② 公司的法律代表人(通常是公司的主席或首席执行官)发现公司陷入破产的,应当提出破产申请:参见2014年《破产法》(No. 51/2014/QH11)第5.3条。此外,股份公司的董事会主席,单一成员的有限责任公司的所有者或者合伙企业的普通合伙人,发现企业符合破产标准的,也有义务提出破产申请。See Art. 5. 4 of the 2014 Bankruptcy Law.

③ Bankruptcy Law (No. 51/2014/QH11) Art. 28. 5.

④ Law on Enterprises (No. 59/2020/QH14) Arts. 83. 2 and 165. 1.

⑤ Law on Enterprises (No. 59/2020/QH14) Arts. 55. 2(l) and 153. 2(p).

⑥ Bankruptcy Law (No. 51/2014/QH11) Art. 47. 1. 越南《破产法》中没有类似于《联合国贸易法委员会破产法立法指南》(2005年)中所定义的"债务人自行管理"经管债务人(debtor-in-possession 或 DIP)这类概念。因为在越南,所有破产案件均需指定管理人。

⑦ Bankruptcy Law (No. 51/2014/QH11) Art. 18. 1.

⑧ Bankruptcy Law (No. 51/2014/QH11) Art. 49. 1.

⑨ Bankruptcy Law (No. 51/2014/QH11) Arts. 18. 1 and 130. 3.

权人会议或管理人认为债务人的法律代表人(可能董事担任)无能力管理公司业务的,或者债务人存在《破产法》第48条第1款中的放弃债权、隐匿资产等禁止性行为的,法院可以依申请更换法律代表人。① 此外,在对困境银行的特别接管程序中,国家银行可依职权更换该银行的董事。②

65 债务人的董事、管理者一般不会直接对相关监管机构负有义务。但是,困境信贷机构一旦进入特别接管程序,其董事会和首席执行官将对国家银行负有诸多义务,包括但不限于:制定重组计划、执行经国家银行批准的重组计划、遵守国家银行及该行指定的特别接管委员会所作指示和要求等。③

(七)程序转换

66 如前述及,重整是越南破产程序的必要组成部分。在法院启动破产程序后,应当首先尝试采取必要措施重整债务人。④ 因此,法院不可能在破产程序启动后再接受针对同一债务人的清算申请。

67 根据越南法的规定,只有出现以下情形之一时,才可对债务人实施清算:(1)法院发现债务人资产不足以支付破产成本和费用的;⑤(2)债权人会议未能召集或者拒绝通过实施重整的决议的;⑥(3)债权人会议通过实施清算的决议的;⑦(4)债务人未能提交重整计划草案的;⑧(5)债务人制定的重整计划草案未获债权人会议通过的。⑨

68 债权人可以对重整设置时间限制,⑩但相关限制须在债权人会议通过重整计划的决议中作出说明,未予说明的,重整期间的限制为自债权人表决通过重整计划起3

---

① Bankruptcy Law (No.51/2014/QH11) Art.47.2.

② Law on Credit Institutions (No.47/2010/QH12) Art.146.3(a).

③ Law on Credit Institutions (No.47/2010/QH12) Art.146.3.

④ 法院应当在破产管理人编制完成债权人清册、债务人制作完成资产情况报告后(以两者中较后一日为准)的20日内召开第一次债权人会议。

⑤ Bankruptcy Law (No.51/2014/QH11) Art.105.1.如出现这一情形,法院将对债务人启动简易破产程序,先对债务人作出宣告破产裁定,其后实施清算。See Arts.105.2 and 105.3 of the 2014 Bankruptcy Law.

⑥ Bankruptcy Law (No.51/2014/QH11) Art.106.

⑦ Bankruptcy Law (No.51/2014/QH11) Art.107.1.

⑧ Bankruptcy Law (No.51/2014/QH11) Art.107.2(a).

⑨ Bankruptcy Law (No.51/2014/QH11) Art.107.2(b).

⑩ Bankruptcy Law (No.51/2014/QH11) Art.89.1.

年以内。[1]

重整程序的终止情形包括:(1)债务人重整成功;(2)债务人未能执行已获通过的重整计划;(3)重整期间届满后债务人仍处于破产状态。[2] 在第(2)(3)项重整程序失败的情形中,法院应当裁定终止重整程序,[3]宣告债务人破产,[4]其后将程序转入清算。在法院作出宣告破产裁定之后,发现债务人仍存在其他资产的,该案的判决执行机构会根据法院的命令,按照本报告第93段所述的清偿顺序进行分配。[5] 69

(八)重整融资

启动破产程序产生的直接成本、费用包括:申请人交纳的申请费、按预计数额预交的破产费用(如应付的管理人报酬、评估费等)[6]和法院预支给该案管理人的费用款项。[7] 法院可以对申请人预交的破产费用予以返还,但发现申请人在申请中存在不诚信行为的,不予返还。[8] 70

破产程序发生的所有成本、费用均应从债务人财产处置所得和债务人现有资金(如有)中支付。[9] 越南法并未明确规定各类破产费用之间的清偿顺序。在实务中,法院可授予管理人预支款项以更优先的受偿顺位。 71

如前述及,法院发现债务人资产不足以支付预计发生的破产费用的,应当直接实施清算。[10] 72

越南法允许在破产程序开始后向债务人提供融资。[11] 这类程序中融资的优先受偿顺位在税款债权和其他无担保债权之前,但在破产费用、职工工资、社会保险分担 73

---

① Bankruptcy Law (No. 51/2014/QH11) Art. 89. 2.

② Bankruptcy Law (No. 51/2014/QH11) Art. 95. 1.

③ Bankruptcy Law (No. 51/2014/QH11) Arts. 95. 1(b) and 95. 1(c).

④ Bankruptcy Law (No. 51/2014/QH11) Arts. 107. 2(c) and 108.

⑤ Bankruptcy Law (No. 51/2014/QH11) Arts. 127. 2 and 127. 3.

⑥ Bankruptcy Law (No. 51/2014/QH11) Arts. 22 and 23. 2. 申请费和预计发生的破产费用应当在法院发出缴费要求通知后的15日内支付。See Art. 38. 2 of the 2014 Bankruptcy Law.

⑦ 应预支给管理人的具体预付款数额由案件主审法官决定。See Art. 21. 8 of Decree 22.

⑧ Bankruptcy Law (No. 51/2014/QH11) Arts. 19. 4 and 23. 4.

⑨ Bankruptcy Law (No. 51/2014/QH11) Art. 23. 虽然该条并未规定可处置的财产是否须为无担保财产,但更合理的结论是该条不适用于担保财产。

⑩ Bankruptcy Law (No. 51/2014/QH11) Art. 105. 1.

⑪ 特别接管中的困境信贷机构可根据国家银行的指示,获取国家银行或其他信贷机构提供的贷款。See Circular No. 01/2018/TT-NHNN dated 26 January 2018 of the SBV (SBV Circular 01) Art. 5.

额(social security contributions)之后。[①] 但需说明,如果融资是在破产程序前向债务人提供的,则不享有这一优先待遇。

74 债务人为向继续经营提供资金,可以对其资产进行出售。[②] 但是,在债权人会议通过重整计划的决议生效前进行这类交易,需经管理人同意。[③]

75 越南法还允许在破产程序中出售附担保财产,但出售附担保财产所得应首先清偿担保权可覆盖的债权数额。[④] 法院可依管理人申请批准这类出售行为。[⑤]

76 在越南,债务人的关联人、股东、所有者不负有向债务人提供财务资助的义务。但如果债务人的关联人、股东、所有者确实提供了融资,现有规定也未要求将股东、关联人的借款债权劣后清偿(subordinated)。

77 越南法并未对破产前或正式破产后使用第三方资金进行诉讼的行为加以限制,但是未经法院批准,第三方为程序提供资金的行为很可能无效。据笔者了解,在越南实务中使用第三方资金进行诉讼的情况极为少见。

(九)中止和延期偿付效力

78 法院一旦接受破产申请,自动中止将在5日内生效。[⑥] 这一中止效力广泛覆盖债务人和第三方的行为。除了本报告第82段所述的例外情形,涉及债务人财务责任的所有民事诉讼(正在进行、尚未终结的诉讼)均应中止。[⑦] 民事判决、仲裁裁决的强制执行也应中止。[⑧] 此外,对债务人财产执行担保权也应暂停。[⑨]

79 虽然担保权执行会在法院接受破产申请后受到自动中止限制,但担保债权人有

---

① Bankruptcy Law (No.51/2014/QH11) Art.54.1(c). 出借人向特别接管中的困境信贷机构提供程序中借款的,该借款的受偿顺位优先于其他债权,包括未能就出售担保财产所得足额受偿的担保债权。See Art.13.4 of SBV Circular 01.

② Bankruptcy Law (No.51/2014/QH11) Art.88.2(g).

③ Bankruptcy Law (No.51/2014/QH11) Arts.49.1(a) and 92.1.

④ Bankruptcy Law (No.51/2014/QH11) Art.53.3. 然而,越南法并未规定这类出售行为需通知担保债权人或经担保债权人同意。但在实务中,管理人很可能会通知担保债权人相关担保财产的出售情况。此外,如果没有相关担保债权人提出申请,除非担保财产是易腐物,否则法院更倾向于不予批准这类出售。See Art.53.2 of the 2014 Bankruptcy Law.

⑤ Bankruptcy Law (No.51/2014/QH11) Art.53.1.

⑥ Bankruptcy Law (No.51/2014/QH11) Art.41. 为避免"accept"一词歧义,应作如下说明:法院接受(accept)破产申请的,应自接受之日起30日内决定是否启动破产程序。See Art.42.1 of the 2014 Bankruptcy Law.

⑦ Bankruptcy Law (No.51/2014/QH11) Art.41.2.

⑧ Bankruptcy Law (No.51/2014/QH11) Art.41.1.

⑨ Bankruptcy Law (No.51/2014/QH11) Art.41.3.

权要求管理人向法院申请批准执行其担保权。[1] 此外,由于越南法既未规定需对担保作替代安排,也未规定担保权因中止损害可享有赔偿请求权,所以担保债权人如提出关于担保替代安排或损害赔偿的请求,不太可能获得法院的支持。

《破产法》并未对所有权保留买卖作专门规定。然而,鉴于《民法典》将所有权保留作为财产担保方式之一,[2]出卖人在所有权保留安排中享有的标的物取回权可能被暂停行使。与之类似的,《破产法》对融资租赁安排同样未作专门规定。但是,如果承租人进入破产程序,出租人一般可取回其租赁物。[3] 80

《破产法》规定该法效力及于债务人位于越南之外的财产、股东和债权人,[4]因此理论上讲,越南破产程序的中止效力可以通过越南法院、外国法院之间的司法协助安排影响到境外债权人、股东的行为。[5] 81

越南法规定有若干可排除中止限制的例外情形。执行赔偿个人生命、健康或名誉损失的待执行判决,执行追索未付工资的待执行判决,不受中止效力限制。[6]此外,管理人还可向法院申请先行处置易腐物和价值可能发生明显减损的担保财产。[7] 82

如出现以下情形之一,破产程序的中止限制将被解除:(1)法院裁定不予启动破产程序;[8](2)法院裁定批准债权人会议通过的重整计划。[9] 另外,对于违反法定中止限制和《破产法》其他规定的行为,应按其违法严重程度予以行政处罚或刑事检控。[10] 83

《破产法》并未承认中止协议(standstill agreement)这类合同性的中止安排,但这类协议也许是可以通过民事诉讼获得执行的。然而,这类合同性中止安排不能阻却申请人提出破产申请。 84

---

① Bankruptcy Law (No.51/2014/QH11) Art.53.1.

② Civil Code (No.91/2015/QH13) Arts.331 –334.

③ Bankruptcy Law (No.51/2014/QH11) Art.56. See also Art.17.1 of the Decree No.39/2014/ND-CP dated 7 May 2014 of the Government (last amended 20 March 2019) on financial companies and financial lease companies.

④ Bankruptcy Law (No.51/2014/QH11) Art.116.

⑤ Bankruptcy Law (No.51/2014/QH11) Art.117.

⑥ Bankruptcy Law (No.51/2014/QH11) Art.41.1.

⑦ Bankruptcy Law (No.51/2014/QH11) Art.41.3.

⑧ Bankruptcy Law (No.51/2014/QH11) Art.71.1.

⑨ Bankruptcy Law (No.51/2014/QH11) Art.92.1.

⑩ Bankruptcy Law (No.51/2014/QH11) Art.129.1.

（十）普通合同和特殊合同

85 自法院接受破产申请之日起5日内，债务人或债权人可以向法院申请暂停履行某项待履行合同，[①]法院应当自收到申请之日起的5日内，决定是否准许。[②] 法院裁定启动破产程序的，应当在程序启动后的5日内决定是否继续暂停之前已暂停履行的合同。法院认为履行该合同会对债务人不利（unfavourable）的，应当裁定继续暂停履行。[③] 另外，法院裁定不予启动破产程序的，应当解除相关暂停履行限制。[④]

86 由上述规则可见，虽然第78段所述的中止限制自动生效，但暂停履行合同等保全措施只能依申请适用，即由法院依据申请人的请求而以命令方式作出。[⑤]

87 上述暂停履行合同规则适用于所有类型的合同，[⑥]但不适用于易腐物或价值将发生明显减损的担保财产相关合同。如第82段所述，法院可批准先行处置这类担保财产。

88 《破产法》未对破产约定条款的效力问题作出规定。同时，鉴于《民法典》也未对这类条款作限制，所以理论上破产约定条款应属有效。

89 《破产法》也未明确如何处理公共服务、知识产权、金融衍生品、分期付款买卖等特殊类型合同。就租赁合同而言，出租人一般可依法对租赁物行使取回权，[⑦]但法院认为租赁物（如营业场所）在债务人重整中的经营活动起关键作用的，可能会作出禁令，要求出租人继续履行租约。[⑧]

90 一般而言，只要不违反合同本身的约定，债务人的合同是可以被转让或让与他人的。[⑨] 另据越南法规定，对债务人合同义务进行转让的，应当取得合同相对方的同意，[⑩]而对债务人合同权利进行转让的则无须取得相对方同意。[⑪] 在实务中，管理

---

① Bankruptcy Law (No.51/2014/QH11) Art.61.1.
② Bankruptcy Law (No.51/2014/QH11) Art.61.3.
③ Bankruptcy Law (No.51/2014/QH11) Art.61.4.
④ Bankruptcy Law (No.51/2014/QH11) Art.61.5.
⑤ Bankruptcy Law (No.51/2014/QH11) Arts.61 and 70.
⑥ Bankruptcy Law (No.51/2014/QH11) Art.61.1.
⑦ Bankruptcy Law (No.51/2014/QH11) Art.56.1.
⑧ Bankruptcy Law (No.51/2014/QH11) Art.70.1(g).
⑨ Civil Code (No.91/2015/QH13) Art.365.1.
⑩ Civil Code (No.91/2015/QH13) Art.370.
⑪ Civil Code (No.91/2015/QH13) Art.365.2.

人、债权人可以申请法院禁止这类合同转让或让与行为。①

(十一)债权的清偿顺序、优先权和处理方法

为在破产案件中主张债权,债权人应当在法院裁定启动破产程序后的30日内向管理人提交债权声明(statement of debt)。② 而管理人应在债权申报期届满后的15日内编制债权人清册,③以此方式确认债权。在债权人清册编制完成后,债务人、债权人均可申请法院进行审查。④ 债权人因不可抗力等原因未能按时申报债权的,可以就其债权被排除一事提起诉讼挑战。⑤ 对于确认债权、排除债权的结论,债务人、债权人均有权申请法院重新审查,法院仅需依其裁量作出决定,无须举行听证。⑥ 91

越南法并无区分"对私人实体负债"和"对公共实体负债"。债权人将按债权清偿顺序划分为有担保债权人组以及无担保债权人组。各项担保债权,无论发生于破产程序之前或之后,均优先于无担保债权受偿。⑦ 92

各类无担保债权的清偿顺序如下:(1)最优先的受偿顺位为破产费用;⑧(2)未付的职工工资和欠付的职工保险款项;⑨(3)破产程序开始后为恢复债务人经营而发生的债务;⑩(4)债务人对政府的付款义务(如税款、欠缴政府费用等);(5)债权人清册载明的普通无担保债权以及担保债权中担保物价值无法覆盖的"不足额"。⑪一般情况下,同一组别内各项债权平等受偿。⑫ 93

《破产法》既未明确规定劣后清偿规则,也未对破产程序中的债权交易问题作出 94

---

① 管理人、债权人可依据《破产法》(No.51/2014/QH11)第60.1条提出此类申请。

② Bankruptcy Law (No.51/2014/QH11) Art.66.1.自愿申请破产的债务人应当在其申请中一并提交未获清偿的债权债务清册。See Art.28.3(d) of the 2014 Bankruptcy Law.

③ Bankruptcy Law (No.51/2014/QH11) Art.67.1.

④ Bankruptcy Law (No.51/2014/QH11) Art.67.3.

⑤ Bankruptcy Law (No.51/2014/QH11) Art.66.4.

⑥ Bankruptcy Law (No.51/2014/QH11) Arts.67.3 and 67.4.

⑦ 《破产法》(No.. 51/2014/QH11)并未明文规定担保债权人的优先受偿权。但该法第53.1条(b)项规定,对于不属于债务人重整所必需的担保财产,可以按照其原有担保协议处置。而在这一阶段无担保债权人尚不能就债务人的任何财产受偿。此外,该法第53.3条(a)项和第53.3条(b)项明确规定,担保债权人应从担保财产的出售所得中优先受偿。出售担保财产所得不足以清偿担保债权的,不足额部分可作为无担保债权主张。上述规定都表明担保债权是优先于无担保债权受偿的。

⑧ Bankruptcy Law (No.51/2014/QH11) Art.54.1(a).

⑨ Bankruptcy Law (No.51/2014/QH11) Art.54.1(b).

⑩ Bankruptcy Law (No.51/2014/QH11) Art.54.1(c).

⑪ Bankruptcy Law (No.51/2014/QH11) Art.54.1(d).

⑫ Bankruptcy Law (No.51/2014/QH11) Art.54.3; Circular 01, Art.13.5.

规定。但债权人在破产程序开始后、重整计划生效前转让其债权的,可能需经管理人同意。[①] 另外,在法院批准重整计划之后,鉴于重整计划对破产程序各参与方均有约束力,各方均必须按照法院批准的重整计划进行债权转让(如有)。[②]

(十二)破产程序的债权人监督

95 在破产程序中,债权人会议是代表债权人利益的唯一机构。在债权人会议召开之前,法院应向各债权人发出会议召集通知。[③] 债权人会议的成员须为债权人清册所载明的债权人。[④] 债务人的职工、工会也可委派代表出席债权人会议,这类受委派参会的代表与债权人的权利、义务相同。[⑤]

96 法院应当自管理人编制完成债权人清册或债务人制作完成资产情况报告起(以两者中较后一日为准)的20日内召开第一次债权人会议。[⑥] 第一次债权人会议须通过以下三项决议之一:

(1)如果债权人发现债务人未破产的,应当决议撤回破产程序;

(2)对债务人实施重整;

(3)请求法院宣告债务人破产并直接实施清算。[⑦]

97 债权人会议有效召开的人数要求为代表无担保债权总额51%以上的债权人出席会议。[⑧] 如果一项决议获得出席会议的无担保债权人过半数同意,且其所代表的无担保债权额占总额的65%以上,则该项决议获得通过。[⑨] 在表决方式上,《破产法》并未明确允许通过网络、电子邮件表决。

98 债权人有权针对债权人会议的表决结果向法院提起诉讼。[⑩] 但对于债权人会议在表决中压制少数人利益的问题,《破产法》未提供规则性保护。

99 债权人会议可以设立债权人委员会。[⑪] 债权人委员会负责监督债权人会议决议

---

① Bankruptcy Law (No. 51/2014/QH11) Arts. 49 and 92. 1.

② Bankruptcy Law (No. 51/2014/QH11) Art. 92. 1.

③ Bankruptcy Law (No. 51/2014/QH11) Art. 75.

④ Bankruptcy Law (No. 51/2014/QH11) Art. 77. 1.

⑤ Bankruptcy Law (No. 51/2014/QH11) Art. 77. 2.

⑥ Bankruptcy Law (No. 51/2014/QH11) Art. 75. 1. 债务人应当在法院对其启动破产程序后的30日内制作资产情况报告。See Art. 65. 1 of the 2014 Bankruptcy Law.

⑦ Bankruptcy Law (No. 51/2014/QH11) Art. 83. 1.

⑧ Bankruptcy Law (No. 51/2014/QH11) Art. 79. 1.

⑨ Bankruptcy Law (No. 51/2014/QH11) Art. 81. 2.

⑩ Bankruptcy Law (No. 51/2014/QH11) Art. 85. 1.

⑪ Bankruptcy Law (No. 51/2014/QH11) Art. 81. 1(n).

执行情况,并代表债权人与管理人进行协调沟通。[1]

越南法中并无法定事由可使债权人会议、债权人委员会的成员因其成员身份承 100
担个人责任,但其成员也无权因成员身份而获得报酬。

(十三)职工、利益相关方和退休金问题

除本报告第93段所述的职工(包括董事、管理人员)就欠付工资、退休金权益享 101
有的优先受偿权之外,关于如何处理财务困境、破产程序中雇主的雇佣合同和集体性劳资协议的问题,越南法未作特别规定。

越南一般不限制雇主在业务、股权或资产转让中的职工转移行为,但雇主在转 102
让业务、资产时有义务制定职工安置计划。[2]

(十四)撤销和追回规则

对于债务人在法院裁定启动破产程序前6个月内[3]达成的交易或者为交易而采 103
取的行动,如存在以下情形之一的,属可撤销:

(1)向他人无偿或以低价转让财产的;[4]

(2)为已有无担保债务提供财产担保的;[5]

(3)预先支付或抵销未到期债务的;[6]

(4)赠与财产的;[7]

(5)在正常业务经营过程之外进行非正常交易的;[8]

(6)非法分配资产的。[9]

如果一项交易可撤销,则管理人应当向法院申请撤销,[10]债权人、债务人也有权 104

---

① Bankruptcy Law (No.51/2014/QH11) Art.82.2.

② Labour Code (No.10/2012/QH13) passed by the National Assembly on 18 June 2012, Arts. 45.2 and 46.

③ Bankruptcy Law (No.51/2014/QH11) (2014 Bankruptcy Law) Art.59.1.对于与债务人有关联的债权人,该临界期(lookback period)最长为18个月:See Art.59.2 of the 2014 Bankruptcy Law。

④ Bankruptcy Law (No.51/2014/QH11) Art.59.1(a).

⑤ Bankruptcy Law (No.51/2014/QH11) Art.59.1(b).

⑥ Bankruptcy Law (No.51/2014/QH11) Art.59.1(c).

⑦ Bankruptcy Law (No.51/2014/QH11) Art.59.1(d).

⑧ Bankruptcy Law (No.51/2014/QH11) Art.59.1(d).

⑨ Bankruptcy Law (No.51/2014/QH11) Art.59.1 (e).

⑩ Bankruptcy Law (No.51/2014/QH11) Art.59.4.

向法院申请撤销。[①] 根据越南现行规则,撤销权只能在庭内程序中行使,同时基本上不可能具有域外效力。

(十五)重整计划和营运出售

105 在重整阶段,债务人应与债权人谈判并制作重整计划草案。[②] 因此,重整计划草案虽然不一定由债权人提出,但债权人有权就重整计划草案受到通知并参与计划内容谈判。[③]

106 制作重整计划草案和提交债权人会议表决的程序如下:

(1)自债权人会议通过债务人实施重整的决议之日起30日内,债务人应当向法院、管理人、各债权人提交重整计划草案初稿,上述主体应审查并提出意见。[④]

(2)管理人、债权人会议应当自收到重整计划草案初稿起的10个工作日内(在无公共假日情况下的14个公历日内),审查该初稿并向债务人反馈意见。[⑤] 此外,管理人还应向法院报告重整计划草案初稿的提交情况。[⑥]

(3)法院应当在收到第(2)项所述的管理人报告后的15日内,对重整计划草案进行审查,决定是否提交债权人会议审议。[⑦]

(4)法院决定将重整计划草案提交债权人会议审议的,应当在决定之日起的10个工作日内召开债权人会议,审议并表决该重整计划草案。[⑧]

因此,一项重整计划草案从提交到获得债权人表决通过的整个过程最长可达73日(假设期间无公共假期)。在实务中,债务人与债权人确实可实现在第(2)(3)项规定的时限内完成谈判并敲定最终的重整计划。

107 《破产法》并未对重整计划的内容和范围作限制,但重整计划的内容必须包括为恢复债务人经营提出的建议措施以及清偿债权的条件、期限和计划。[⑨] 此外,越南法

---

① Bankruptcy Law (No.51/2014/QH11) Art.60.1.

② Bankruptcy Law (No.51/2014/QH11) Art.87.1.

③ Bankruptcy Law (No.51/2014/QH11) Arts.87.1 and 87.2.

④ Bankruptcy Law (No.51/2014/QH11) Art.87.1.

⑤ Bankruptcy Law (No.51/2014/QH11) Art.87.2.

⑥ Bankruptcy Law (No.51/2014/QH11) Art.87.3. 由第106段(1)项可见,此时重整计划草案初稿应该已由债务人提交至法院。尽管如此,法律仍严格要求管理人就草案初稿向法院进行报告。

⑦ Bankruptcy Law (No.51/2014/QH11) Art.87.4.

⑧ Bankruptcy Law (No.51/2014/QH11) Art.91.1.

⑨ Bankruptcy Law (No.51/2014/QH11) (2014 Bankruptcy Law) Art.88.1. 关于恢复债务人经营可提出的建议措施包括:寻求注入新资金、债务展期、重组或分拆业务、债转股、出售资产等。See Art.88.2 of the 2014 Bankruptcy Law.

也未具体要求重整计划须平等对待同一组别内的所有债权人。至于期限,如前述及,法律规定债务人的重整期间一般不得超过 3 年,但债权人同意延长的除外,①而实务中重整计划的执行期间通常为 1～2 年。此外,企业重整成功后一般能继续保留法人资格。②

上市公司实施重整的,应当公开披露最终达成的重整计划。③ 108

关于重整计划的表决规则,如果代表无担保债权总额 51% 以上的债权人出席了债权人会议,④而出席会议的无担保债权人过半数表决同意重整计划,且其代表的无担保债权额占总额 65% 以上的,该重整计划即获通过。⑤ 所有出席会议的债权人,无论是否为担保债权人或优先债权人,无论是否为债务人的关联人,均对重整计划享有表决权。而主持债权人会议的主审法官将决定具体投票方式。⑥ 鉴于越南法并未规定如何处理表决权争议,主审法官可采取其认为适当的方式解决这类争议。 109

债权人会议在表决通过重整计划之前,无须取得债务人股东同意。 110

重整计划一旦获得债权人会议通过,法院应当作出批准重整计划的裁定。⑦ 对于债权人会议通过的重整计划,法院虽然可以审查该计划的整体公平性,但无权否决或修改。相关方也不能对法院作出的批准重整计划裁定提起上诉。因此在实务中,法院如果发现依法通过的重整计划有违公平性,会指导相关方在计划之外另行达成协议。然而,尽管法院批准重整计划看似仅为形式要求,但在实践中却很有必要,这是因为,如果没有法院批准重整计划裁定的约束,很难期望相关方能完全遵守重整计划。 111

重整计划一经法院批准,不仅对全体债权人具有约束力,而且对管理人、职工等重整程序参与者也具有约束力。⑧ 112

越南法院无权强制批准被异议债权人不予通过的重整计划。因此,重整计划未获债权人表决通过的,按照程序顺序的规定,应对债务人实施清算。 113

---

① Bankruptcy Law (No. 51/2014/QH11) Art. 89. 2.

② Bankruptcy Law (No. 51/2014/QH11) Art. 96. 1.

③ Circular No. 155/2015/TT-BTC, Art. 9. 1(s).

④ Bankruptcy Law (No. 51/2014/QH11) Art. 79. 1.

⑤ Bankruptcy Law (No. 51/2014/QH11) Art. 91. 5.

⑥ Bankruptcy Law (No. 51/2014/QH11) Art. 81. 1(a).

⑦ Bankruptcy Law (No. 51/2014/QH11) Art. 92. 1. 债权人会议通过的重整计划除需经法院审查之外,无须再接受其他专业人士的独立审查。

⑧ Bankruptcy Law (No. 51/2014/QH11) Art. 92. 1.

三、企业集团破产

114 《破产法》并未定义企业集团(corporate group)、公司集团(group of companies)这类术语。同时,《企业法》也不将企业集团之整体视为单独的法人实体,①因此,在越南申请企业集团破产的,应当针对集团内的各成员公司分别提出申请。

四、国际破产和跨境破产

115 《破产法》并未对国外债权人作出歧视性规定,国外、国内债权人可就同一破产财产范围主张权利。此外,该法也未对国外债权人待遇作特别规定。

116 如前述及,《破产法》规定该法效力及于债务人位于越南之外的财产、债权人和股东。② 越南法院可基于司法协助安排请求外国法院对此予以协助。③ 然而,从实务上来看,越南管理人很少尝试追回债务人位于境外的资产,但如果管理人有意追回这类财产,则需请求相关外国法院就此作出协助命令。

117 据笔者所知,目前还未有越南指定的管理人、作出的破产案件判决和启动的破产程序获得过其他司法管辖区的承认。

118 越南既未采纳联合国贸易法委员会《跨国界破产示范法》(1997 年),也未采纳联合国《承认和执行与破产有关的判决示范法》(2018 年)。笔者也不清楚越南近期是否会考虑采纳相关国际贸易法委员会《跨国界破产示范法》和采纳的具体时间安排。此外,越南从未就破产事项与其他国家、地区签订跨境破产合作条约或达成备忘录。

附:本报告引用的法律
Appendix of Legislation Referred to

1.《破产法》,Bankruptcy Law（No. 51/2014/QH11）（No. 51/2014/QH11）。

2.《民法典》,Civil Code（No. 91/2015/QH13）（No. 91/2015/QH13）。

3.《关于为特别接管中的信贷机构提供贷款的通知》,Circular 01/2018/TT-

① Law on Enterprises（No. 59/2020/QH14）Art. 194. 1.

② Bankruptcy Law（No. 51/2014/QH11）Art. 116.

③ Bankruptcy Law（No. 51/2014/QH11）Art. 117.

NHNN dated 26 January 2018 Providing for Grant of Loans to Credit Institutions Placed under Special Control。

4.《越南国家银行关于信贷机构特别接管程序的规定》, Circular 07/2013/TT-NHNN Dated 14 March 2013 issued by the State Bank of Vietnam on Provisions on Special Control for Credit Institutions。

5.《国家银行关于资产分类、风险准备金设立的级别和方法、信贷机构和外资银行分支机构金融活动中信用风险准备金使用的规定》, Circular No. 02/2013/TT-NHNN dated 21 January 2013 of the State Bank of Vietnam Providing on Classification of Assets, Levels and Method of Setting up of Risk Provisions, and Use of Provisions Against Credit Risks in the Banking Activity of Credit Institutions, Foreign Banks' Branches。

6.《财政部关于证券市场信息披露的规定》, Circular No. 155/2015/TT-BTC Dated 6 October 2015 of the Ministry of Finance on Public Disclosure in Securities Market。

7.《刑法典》, Criminal Code (No. 100/2015/QH13)。

8.《政府关于特殊企业适用〈破产法〉以及资产管理、清算组的组织和运作指引的法令》, Decree No. 67/2006/ND-CP dated 11 July 2006 of the Government Guiding the Application of the Bankruptcy Law to Special Enterprises and the Organization and Operation of Asset Management and Liquidation Teams (Expired Date)。

9.《政府关于资产管理人员、资产管理和清算实践适用〈破产法〉若干条款实施细则的法令》, Decree No. 22/2015/ND-CP dated 16 February 2015 of the Government Providing Detailed Regulations on Implementation of Several Articles of the Bankruptcy Law for the Asset Management Officer, Asset Management and Liquidation Practicing。

10.《政府关于商事调解的法令》, Decree No. 22/2017/ND-CP dated 24 February 2017 of the Government on Commercial Mediation。

11.《政府关于金融公司和融资租赁公司经营的法令》, Decree No. 39/2014/ND-CP dated 7 May 2017 of the Government on Operation of Financial Companies and Financial Leasing Companies。

12.《政府关于财产担保登记的法令》, Decree No. 102/2017/ND-CP dated 1 September 2017 of the Government on Registration of Security Interests。

13.《政府关于保险业、证券业和其他金融业企业适用〈破产法〉若干条款实施细则的法令》,Decree No. 114/2008/ND-CP Dated 3 November 2008 of the Government Detailing the Implementation of a Number of Articles of the Bankruptcy Law Applicable to Enterprises Engaged in Insurance, Securities and other Financial Business Activities (Expired Date)。

14.《劳动法》,Labour Code (No. 10/2012/QH13) (No. 10/2012/QH13)。

15.《合作社法》,Law on Cooperatives (No. 25/2012/L-CTN) (No. 25/2012/L-CTN)。

16.《信贷机构法》,Law on Credit Institutions (No. 47/2010/QH12) (No. 47/2010/QH12)。

17.《企业法》,Law on Enterprises (No. 59/2020/QH14) (No. 59/2020/QH14)。

18.《证券法》,Law on Securities (No. 70/2006/QH11) (No. 70/2006/QH11)。

19.《越南国家银行法》,Law on the State Bank of Vietnam (No. 46/2010/QH12) (No. 46/2010/QH12)。

20.《海商法》,Maritime Code (No. 95/2015/QH13) (No. 95/2015/QH13)。

21.《最高人民法院审判委员会关于〈破产法〉若干条款实施指引的决议》, Resolution No. 03/2016/NQ-HDTP dated 25 August 2016 Issued by the Judges' Council of the Supreme People's Court Guiding the Implementation of a Number of Articles of the Law on Bankruptcy。

图书在版编目(CIP)数据

亚洲（亚太）企业重组与破产制度 / 新加坡亚洲商法研究所著；孟天一等译. -- 北京：法律出版社，2023

书名原文：Corporate Restructuring and Insolvency in Asia

ISBN 978-7-5197-8342-6

Ⅰ. ①亚… Ⅱ. ①新… ②孟… Ⅲ. ①企业管理－研究－亚洲②企业－破产－研究－亚洲 Ⅳ. ①F279.303

中国国家版本馆 CIP 数据核字(2023)第 180674 号

亚洲(亚太)企业重组与破产制度
YAZHOU (YA-TAI) QIYE CHONGZU YU POCHAN ZHIDU

新加坡亚洲商法研究所 著
孟天一 张怡扬 李文琳 梁爽 徐彦婷 译

策划编辑 蒋橙
责任编辑 蒋橙
装帧设计 鲍龙卉

出版发行 法律出版社
编辑统筹 法律应用出版分社
责任校对 晁明慧
责任印制 刘晓伟
经　　销 新华书店

开本 710 毫米×1000 毫米 1/16
印张 36.75　**字数** 635 千
版本 2023 年 10 月第 1 版
印次 2023 年 10 月第 1 次印刷
印刷 北京金康利印刷有限公司

地址：北京市丰台区莲花池西里 7 号(100073)
网址：www.lawpress.com.cn
投稿邮箱：info@lawpress.com.cn
举报盗版邮箱：jbwq@lawpress.com.cn

销售电话：010-83938349
客服电话：010-83938350
咨询电话：010-63939796

书号：ISBN 978-7-5197-8342-6　**定价**：148.00 元

凡购买本社图书，如有印装错误，我社负责退换。电话：010-83938349